盛名时的尼古拉·特斯拉。（摄于 1894 年）

（上）1893 年芝加哥世博会夜景。照明用电由西屋电气公司运用特斯拉多相交流系统提供。

（右）托马斯·康默福德·马丁，1893 年出版的、特斯拉一生唯一一部著作集《尼古拉·特斯拉的发明、研究及著述》的编辑者。（图片由"元科学基金会"提供）

（左上）1892 年，特斯拉在英国皇家科学院展示无线荧光灯（日光灯）。

（左下）托马斯·爱迪生（中间）在他的门洛帕克发明工厂。坐在爱迪生左侧的是查尔斯·巴彻勒，他是爱迪生的重要合伙人，正是他于大约 1883 年在巴黎将特斯拉介绍给了爱迪生。

（上）华道夫 - 阿斯多里亚酒店。特斯拉从1897—1920 年住在该酒店。（图片由"元科学基金会"提供）

（左）凯瑟琳·约翰逊，与特斯拉有过一段长期的柏拉图式恋情。（图片由小布朗提供）

（右上）马克·吐温在特斯拉实验室（1894 年）。（图片由"元科学基金会"提供）

（右下）罗伯特·安德伍德·约翰逊，《世纪》（Century）杂志的主编，特斯拉的密友之一。（图片由小布朗提供）

（右）18世纪末、19世纪初的尼亚加拉大瀑布。

（下左）爱德华·迪安·亚当斯，特斯拉的资助者之一，尼亚加拉大瀑布水电项目的负责人。（图片由"元科学基金会"提供）

（下右）查尔斯·尤金·兰斯洛特·布朗，特斯拉的重要支持者，第一个实现远距离传输多相交流电的工程师。（图片由"元科学基金会"提供）

MANUFACTURED FOR
THE NIAGARA FALLS POWER CO.
BY
WESTINGHOUSE ELECTRIC AND MFG CO.

— PATENTED — PITTSBURG PA·U·S·A
·1899·

（上）尼亚加拉大瀑布项目所在地悬挂的专利牌匾，牌匾上的文字意为"西屋电气制造有限公司为尼亚加拉电力有限公司制作，1899年于美国宾夕法尼亚州匹茨堡"。从中可以看到，特斯拉被列为多相交流系统的主要发明人。（图片由本书作者所摄）

（左）查尔斯·斯坦梅茨，起初是特斯拉的一位支持者，最后却成了特斯拉终身的劲敌之一。（图片由"元科学基金会"提供）

尼古拉·特斯拉正在展示他的发明——无灯丝无线冷光灯（cold wireless lamp）。
（原图刊于 1898 年的《电气评论》杂志）

（上）西屋电气制造公司1893年给芝加哥世博会提供照明所使用的特斯拉多相发电机。

（下）此图为多重曝光照片：1898年，特斯拉在位于休斯顿大街的实验室里，让50万伏的高压电流经他的身体，点亮了一盏无线荧光灯。（图片由"元科学基金会"提供）

（上）此图为多重曝光照片：在位于科罗拉多斯普林斯的实验室里，特斯拉坦然坐在长达 60 英尺的火花之下，光芒非常耀眼。（图片由尼古拉·特斯拉博物馆提供）

（下）沃登克里弗无线发射塔实景（约在 1903 年）。（图片由"元科学基金会"提供）

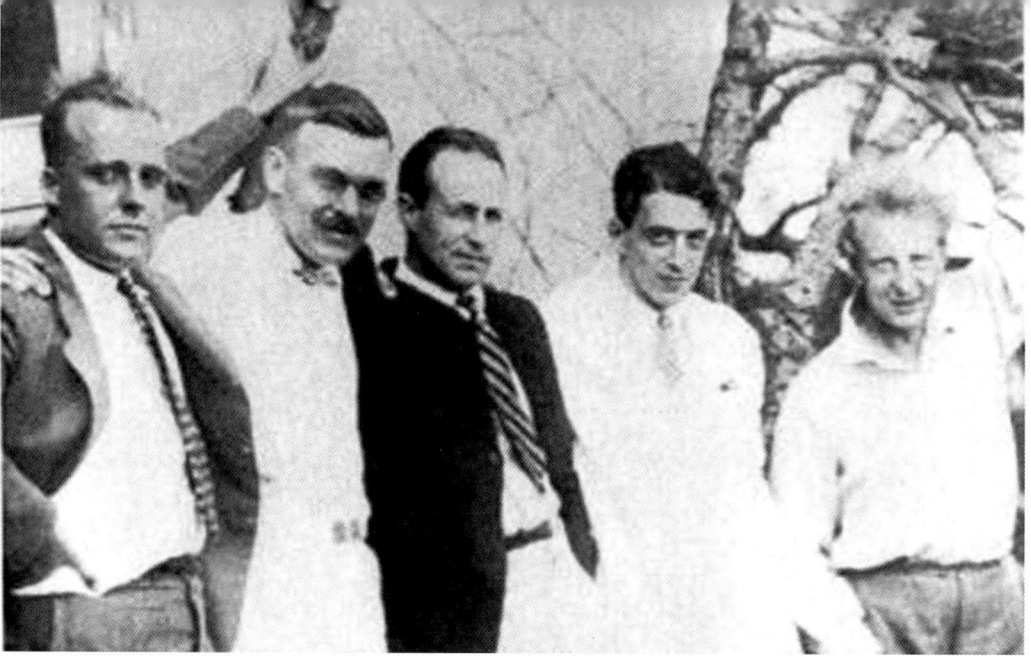

（上）杰克·哈蒙德（中间）和他的朋友，最右边为利奥波德·斯托科夫斯基。大约在1912年的时候，哈蒙德与特斯拉建立了伙伴关系，一同为美国海军完善遥控鱼雷和制导系统。（图片由哈蒙德城堡提供）

（下）1915年为无线电工程师学会（Institute of Radio Engineers）主席约翰·S. 斯通举行的晚宴。最后一排左起分别是：卡尔·F. 布劳恩（他和马可尼一同获得了1909年的诺贝尔物理学奖）、约翰·S. 斯通、乔纳森·泽纳克（来自塞维尔无线电站）、李·德福雷斯特（无线电先驱人物）、尼古拉·特斯拉、弗里茨·洛温斯坦（特斯拉的长期合作伙伴）、鲁道夫·戈尔德施密特。鲁道夫·戈尔德施密特是物理学家，他与照片中位于中间一排左起第三位的埃米尔·迈耶斯共事；迈耶斯经营着位于新泽西州塔克顿的德国无线电站。坐在后排最左边、布劳恩前面的是大卫·萨尔诺夫，他后来成为了美国无线电公司（RCA）和美国全国广播电视公司（NBC-TV）的总裁。（图片由史密森学会提供）

（左）如果沃登克里弗发射塔能够建成，将如此图一样；此图是科幻美术家弗兰克·R. 保罗所画的沃登克里弗发射塔假想图。（图片由史密森学会提供）

（右）在由自己发明的无线冷光灯照明下的尼古拉·特斯拉。（图片由史密森学会提供）

（下）尼古拉·特斯拉（约摄于 1925 年）。（图片由尼古拉·特斯拉博物馆提供）

（上）曾经立于克罗地亚戈斯皮奇城市广场上的尼古拉·特斯拉雕像，由弗朗哥·克尔斯尼奇所设计；在当地发生的一场战争中，该雕像被一枚炸弹炸毁。它的复制雕像现在平静地坐落于尼亚加拉大瀑布旁的戈特岛上。（图片由本书作者所摄）

（下）1942年，特斯拉去世前不久，特斯拉与塞尔维亚的彼得国王会面。图片最左边是特斯拉的侄子萨瓦·科萨诺维奇大使。（图片由史密森学会提供）

（右）1931年，《时代周刊》以特斯拉头像作为封面，以庆祝他的75岁生日。（图片经《时代周刊》允许刊印于此）

EN CENTS   July 20, 1931

TIME

The Weekly Newsmagazine

Keystone

NIKOLA TESLA*

All the world's his power house.

(See Science)

From a portrait by Princess Lwoff-Parlaghy.

Volume XVIII   Number 3

PERFECT PARTNERSHIP

George Westinghouse and Nikola Tesla. Seeking to make long distance electric power transmission a reality, they combined their skills, their genius and their belief in a new technology ... alternating current. Together they started a revolution that electrified the world. A Perfect Partnership.

20 世纪 90 年代的宣传海报,图中大标题意为"完美搭档",左下角的文字意为:"乔治·威斯汀豪斯与特斯拉正努力将远距离电力输送变为现实,他们把各自的本事、天赋和信念完美结合到了一项新技术——交流电上。他们将联手开启一次革命,为全世界提供电能。这将是一次完美的合作!"(图片由西屋电气公司提供)

特斯拉

[美] 马克·J.塞费尔（Marc J.Seifer） 著　李成文 杨炳钧 译

Tesla

Wizard
The Life and Times of Nikola Tesla
Biography of a Genius

重庆大学出版社

尼古拉·特斯拉是我父亲的舅舅（我奶奶安吉莉娜是特斯拉的姐姐）。我们家跟他关系一般，他只不过是一个住在远方、年老的亲戚而已，但我父亲和特斯拉之间的关系却非常的亲密。他们有完全相同的社会背景，各自的父亲都是塞尔维亚东正教牧师，都出生在奥匈帝国军事边界区的克罗地亚省的利卡县，两家相隔只有几英里；他们是这个大家庭中仅有的移民美国且将科学技术作为人生事业的成员。

我父亲尼古拉斯·约翰·泰尔博（或称尼古拉·约沃·特尔博耶维奇）比他舅舅特斯拉小30岁，比他晚30年来到美国，又比他晚30年去世。在我父亲还小的时候，特斯拉已经很有名了，他也成了我父亲科学事业上的榜样。父亲拥有美国国内外175项专利，其中最重要的是他在1923年取得的准双曲面齿轮的专利——从1930年起就在世界范围内被广泛用于轿车生产上。准双曲面齿轮将高等数学应用到了齿轮设计工艺中，这一成果堪比特斯拉将电学理论和电气工程相结合起来所获得的成果。特斯拉此后谈及我父亲时便很自豪地说："那是我的外甥、数学家。"这些专利给我父亲带来相当可观的经济回报和专业认可，这给常常穷困潦倒的特斯拉留下了很深的印象。

由于尼古拉·特斯拉和我父亲在种族和职业上有着很多惊人的相似点，因此我在了解特斯拉的独特个性（包括他十足的幽默感和他对金钱侠客般的淡漠）方面有着得天独厚的优势。20世纪30年代初，有一次特斯拉来看望我们，我父亲带他到当时底特律最好的布克-卡迪拉克酒店吃午餐。他们去早了，再过几分钟就可以免去两三美元（相当于现在的20~30美元）的酒店服务费。我父亲建议等一会儿，但特斯拉根本不听。他们在服务员的一阵忙乱之中坐了下来，特斯拉点了火锅、面包和牛奶，然后就按照他自己的喜好准备他的午餐去了（这可把我父亲逗乐了，却让酒店的服务生领班感到有些不自在）。

特斯拉于1943年1月去世。当时我还没满13岁，还意识不到他的过世对于我们家族、对于一个科学探索的利己主义时代而言，都标志着一个重要时期的结束。

回想起我曾经有机会早三四年和特斯拉见面，想到我从此再也没机会见到他了，我心中难免有些不安和遗憾。当时母亲和我在泽西海岸度完暑假，打算在返回底特律之前，在纽约待几天。我记得自己很不情愿地被拽去见特斯拉，他住在纽约客酒店的套房里。（当时我更愿意待在无线电城音乐厅[1]或是到码头上看远洋海轮。）

面对这个又高又瘦的老人，我非常害羞，甚至有些局促不安，几乎一句话也说不上来。要不是我父亲经常抱我和亲我，我可能会像任何"纯粹美国小男孩"一样，不喜欢被这个陌生人拥抱和亲吻。（我母亲的女性朋友们经常这样抱我、亲我，但我母亲的美国哥哥只是跟我有力地握握手。）特斯拉抱我、亲我、拍我的头，使我几乎没有意识到他有着一个人人皆知的特性——极强的细菌恐惧症。不用说，一个小男孩浑身都是"细菌"！所以我们可以想见，这种"特性"也许是特斯拉为了保护"个人空间"而想出来的一个借口吧。

特斯拉活着的时候非常有名，而且盛名持久不衰，因为他有着激起媒体兴趣的本领。然而当他去世后，这个国家以及整个世界都在忙于应对其他更加迫切的问题——战争以及战后重建、国际政治格局的重新调整、新技术史无前例的激增以及一个新的消费社会的诞生——特斯拉的声誉和社会认可度也随之淡去。只有美国科学界的少数人以及世界上那些一直敬佩塞尔维亚和南斯拉夫人的人们，还记得他的名字。

20世纪70年代初，我从洛杉矶（那儿的人几乎对特斯拉一无所知）搬到了华盛顿，这儿的人至少还听说过特斯拉的名字，我对尼古拉·特斯拉的生活和事业的兴趣渐渐苏醒。1975年2月，母亲打电话告诉我，她在《洛杉矶时报》上看到舅爷尼古拉即将被补录入美国发明家名人堂的消息；她说我应该看看这则消息。当晚我碰巧又在本地的一个电视新闻上看到一段报道发明家名人堂的节目，节目采访了一位10来岁的女孩，她发明了一种新式开罐器之类的东西。当时我还误以为名人堂在做商业广告呢，所以就去看别的节目了。

后来我读了一篇报道，才知道和特斯拉一起被列入发明家名人堂的还有发明飞机的莱特兄弟、发明电报机的萨缪尔·摩尔斯，还有特斯拉的对手、发明无线电报系统的古列尔莫·马可尼，也才知道该名人堂是由美国专利与商标局赞助设立的。获得名人堂殊荣的这些发明家在世的最亲近的亲属将出席一个精心设计的晚会，并领取入堂荣誉证书。因为没有哪位"特斯拉"甚或是哪位"泰尔博耶维奇"（Trbojevich）作为特斯拉的家属代表，电子及电气工程师协会（IEEE）的一名官员替特斯拉领取了荣誉证书。（IEEE认为特斯拉是电气科学的十二"使徒"[2]之一，坚持以他的名义在电力工程领域设立了一个年度奖。）几周后，当我出现在专利局时，他们非常高兴，并计划在当年（1976年）

---

[1] 无线电城音乐厅（Radio City Music Hall）：位于美国纽约曼哈顿区的世界最大的剧场之一。——译者注
[2] 使徒（apostles）：基督为宣扬他的教义而派出的十二位门徒，每一位都被称为使徒。——译者注

的费城国会大厅进行第二次颁奖典礼，让我作为领奖人代表，这次颁奖典礼是美国两百周年国庆活动的一部分。

从那以后，人们重新开始热心地关注特斯拉，包括他的各种科学成就以及他的人格、人生观和修养等。特斯拉革新了电能的生产和配给，而且对现代科技的很多方面都做出了重要贡献，但具有戏剧性的是，他所做的这一切都不以聚集巨额财富为目标。常有人批评他"商业意识淡薄"，他的这种利他主义也为他后来进一步实验他的新发明带来了资金上的限制。如果他能够通过大量实验来验证他的发明，谁知道他可能会取得多少新的进展呢！新的科学研究往往成本高昂，即使对于备受瞩目的特斯拉来说，要找到资金支持都绝非易事。

支持这次"特斯拉复兴"的机构有特斯拉纪念协会（Tesla Memorial Society）、特斯拉研究国际协会（International Tesla Society）等。前者是 1979 年在我的帮助下成立的，而且我荣幸地成为了该协会的荣誉主席兼执行委员会主席；后者于 1983 年成立，我是其终身会员。1984 年，我在第一次两年一度的 ITS 特斯拉座谈会上做演讲时，亲眼见到了另一个演讲者马克·J.塞费尔博士。他的论文《迷失的男巫》（*The Lost Wizard*）成了他的这部特斯拉传记的"种子"。塞费尔博士运用他的理论，对特斯拉的天才之谜进行了全面而成熟地解析，深深地打动了我。

对于这部关于特斯拉的新作，我最关心的事情之一就是其中出现了多少新信息。塞费尔博士不仅研究了特斯拉生活的主要方面，还研究了其他很多微小的方面。这使得他能够对特斯拉的人生看得更深刻，也使我们对特斯拉一生中的很多重要事件（比如沃登克里弗塔计划[1]的失败）有了新的解读方式。

塞费尔博士重新审视了特斯拉的大学时光，因为特斯拉的很多划时代的想法正是在这一时期形成的。他为我们揭示了特斯拉与很多关键人物之间关系的新信息，例如，他的编辑托马斯·康默福德·马丁以及在经济上支持他的约翰·雅各布·阿斯特和约翰·海斯·哈蒙德。《特斯拉》的一大亮点是它章次分明，严格按照时间顺序撰写，使读者能够简单而有序地了解特斯拉的人生发展和事业成就的宽度和广度。

我衷心祝贺塞费尔博士的十载"尼古拉·特斯拉之旅"终于圆满结束，结出硕果；同时，我也很高兴向读者朋友推荐这本《特斯拉》。

特斯拉纪念协会荣誉主席

威廉·H.泰尔博

---

[1] 沃登克里弗塔计划（Wardenclyffe tower project），又称作"特斯拉塔"，是尼古拉·特斯拉设计的一座无线电能传输塔，最终由于资金危机而以失败告终。——译者注

　　1976 年，我参加在纽约公共图书馆进行的一项研究时，偶然发现了一篇题为《鸽之回归》（*Return of the Dove*）的奇文。文章说，曾经有一个人不是在地球上出生的，他还是婴孩时于 1856 年在克罗地亚山林里着陆现世；他乃是天神下凡，由"大地母亲"抚养长大，他来人间的唯一目的就是要开创一个新世纪。他为人类带来了大量的发明——大体上可以这么说，是他建立了现代科技的主干体系。[1]

　　这个人的名字叫尼古拉·特斯拉，他的发明包括感应电动机、配电系统、荧光灯和霓虹灯、无线通信技术、遥控以及机器人技术。

　　"特斯拉？他是什么人物？"我曾好奇地自言自语道。因为我父亲在 20 世纪 50 年代初当了几年电视修理工，我孩童时期的一部分记忆就是帮父亲接电话、竖天线、测试和购买电子管、摆弄示波器，看着他安装电视机。但让我感到惊讶的是，我竟然从未听说过特斯拉这个人。

　　我在长岛[1]读小学时，有一件事我至今记忆犹新，这件事也为我现今的兴趣打下了基础。那大概是 1959 年的一个周六，我正在做我的"童子军"作业时，我脑中突然冒出一个水晶收音机的设计想法来。父亲和我搜集了一个玻璃罐、一副耳机、一个晶体检波器（用来把周围的交流无线电波转化成音频脉冲）、一截环绕玻璃罐的铜线、一个金属开关（交叉地与线圈贴在一起，用作"拨号盘"）、一小块将整个装置容纳在一起的木板以及 100 英尺的普通橡胶外套电线（用作天线，我们将其拉伸布设至二楼的一个窗口）。我们没有用电源插头——所有的能量都源自附近无线电台的广播信号。如此，当我们将其组装完毕时，收到的信号却十分微弱，我开始有点泄气。

　　父亲在屋子里踱来踱去，思忖着问题的所在，嘟哝道："一定是什么地方出了问题。"沉思了好一阵子，他突然用手示意："我知道了！"父亲走到辐射器旁，拉来了另一根电线，将其缠绕住玻璃罐，然后附上了一个接地线。突然，所有的无线电台的声音都变大、

---

[1] 长岛（Long Island）：美国纽约州东南端岛屿，位于长岛海峡和大西洋之间。——译者注

变清晰起来。我赶紧沿着线圈在玻璃罐上标记这些电台。那一刻我明白了：电能是通过无线方式从这些电台传输过来的，大地也与这一系统有着内在的联系。

将近20年过去了，如今的我已经研究生毕业、取得硕士学位两年了，在电子学方面也可以称得上精通了。然而，我却从未听说过孩童时代曾经陪我度过无数个日夜的器件的主要发明者，这真让我惊讶得难以言表。这还不算什么，甚至当我问父亲是否知道特斯拉时，他也说并不知道此人。

由于我生性喜欢追根究底，我开始研究起特斯拉的生平事迹。我首先从现有的两部传记着手，一部是约翰·奥尼尔的经典作品《浪子天才》（Prodigal Genius），一部是伊内兹·亨特和沃奈塔·德雷珀合著的《手握闪电的人》（Lightning in His Hand）。很快，我就找到19世纪末20世纪初的大量文献，还有贝尔格莱德的特斯拉博物馆编撰的厚厚的《尼古拉·特斯拉：讲座、专利和文章集》（Nikola Tesla: Lectures, Patents, Articles）。通过追踪特斯拉的实际专利文献，我开始断定：确有特斯拉其人，而且此人的研究成果对众多发明都有着根本性的影响。

特斯拉几乎不为人知的事实让我很困惑。于是，在1980年，即在我写了第一篇关于特斯拉的文章3年后，我开始撰写关于特斯拉生平的一篇博士论文，主要目的就是研究特斯拉的名字为何默默无闻这一问题。

在我写博士论文期间，又有几部重要的关于特斯拉的作品问世，包括由利兰·安德森和约翰·拉茨拉夫合编的百科式的、综合性的《特斯拉博士著作目录》（Dr. Nikola Tesla Bibliography）；由哈特兄弟再版的特斯拉1919年自传；玛格丽特·切尼的《特斯拉：被埋没的天才》（Tesla: Man Out of Time）；两本由约翰·拉茨拉夫编写的特斯拉著述概略；由特斯拉博物馆编撰的《科罗拉多斯普林斯笔记》（Colorado Springs Notes）；还有最近由利兰·安德森编印的特斯拉告知其律师的关于无线通信历史的证词。

然而，即使有了这些最新的资料，还是没有任何关于特斯拉本人的充分而全面的论述。事实上，在把所有这些文献都研究过后，仍有很多矛盾之处和不解的谜题。这不仅包括特斯拉模糊不清的早年时光，他的大学时期，他与像托马斯·爱迪生、古列尔莫·马可尼[1]、乔治·威斯汀豪斯和J.P.摩根这些重要人物的关系，还包括特斯拉各项发明成就的价值，以及他在这些发明产生过程中的确切地位。

本书正试图解决这些谜题。因为有关特斯拉的各项记载之间有很多明显的间断之处，

---

[1] 古列尔莫·马可尼（Guglielmo Marconi）：意大利无线电工程师、企业家，实用无线电报通信的创始人。1897年，他在伦敦成立"马可尼无线电报公司"。1909年他与卡尔·布劳恩（Karl Braun）一起获得诺贝尔物理学奖。——译者注

本书按年代顺序清晰地呈现了特斯拉的生平。本书还论述了很多问题，比如为什么在19世纪末20世纪初，特斯拉成为世界各大报纸头条人物之后会突然默默无闻；为什么特斯拉从未获得过诺贝尔奖（虽然他曾经获得了一次提名）；在两次世界大战期间特斯拉都做了些什么；他的无线传输电能计划是否可行等。

本书从心理历史学的视角，不仅讨论了造就天才特斯拉的诸多因素，也论及导致他最终落寞的各种怪癖。本书还用这种方式描述了特斯拉与很多和他往来的人物之间的关系，比如约翰·雅各布·阿斯特、T.C.马丁、J.P.摩根、大小约翰·海斯·哈蒙德、大小迈克尔·普平、斯坦福·怀特、马克·吐温、拉迪亚德·吉卜林、富兰克林·德拉诺·罗斯福、乔治·西尔威斯特·菲尔埃克、提图斯·德博布拉和J.埃德加·胡佛，这些人物中的大多数都未在其他关于特斯拉的著述中涉及或论及。

因为特斯拉的生平事迹是如此充满争议和错综复杂，所以我还考证了这样一些问题，如特斯拉是否收到了来自外太空的脉冲？为什么他与J.P.摩根在创建多功能全球无线配电及信息传输系统上的合伙关系最终会破裂？他与罗伯特·约翰逊和凯瑟琳·约翰逊的确切关系是怎样的？他的粒子束流武器系统及秘密文件到底发生了什么？因为本书的撰写基本上基于第一手资料而非现有的各种特斯拉传记，所以它提供了关于特斯拉生平事迹的全新视角。由于本书旨在解开谜团和揭示真实的特斯拉，而最近由塔德·怀斯撰写的《特斯拉传》（Tesla）对这位发明家的故事进行了小说式的讲述，所以本书并没有引用怀斯的描述。不过，怀斯的《特斯拉传》中最突出的故事之一，即1908年6月特斯拉负有重要责任的、重创位于西伯利亚中部的通古斯的离奇爆炸事件[1]，在第二版中的新附录中有所述及。

我已经访遍了主要的特斯拉档案中心，比如位于华盛顿的史密森学会、纽约的哥伦比亚大学以及位于前南斯拉夫首都贝尔格莱德的特斯拉博物馆。得益于《信息自由法》（Freedom of Information Act），我能够登录特斯拉研究者的内部网站，搜集到以往任何一部特斯拉传记中都未讨论过的许多文档。另外，由于我还是一个笔迹分析家，所以我还利用这一专业知识分析出了特斯拉的很多重要个性特征。通过这一手段，我还发现了迄今为止没有人报道过的一件事：特斯拉在1906年因他伟大的沃登克里弗塔无线输电计划的破灭而精神崩溃。

---

[1] 1908年，西伯利亚中部通古斯河附近2000平方千米的松林区被大型空中爆炸夷为平地，此即有名的通古斯事件（Tunguska Event）。——译者注

特斯拉一直活到 86 岁，所以他的故事跨越近一个世纪。特斯拉在"新时代" [1] 思潮追随者中被当作神一样来崇拜，但他在商界和学术界却受到部分颇具影响力的人的排挤。特斯拉常被人看作是一个能呼雷唤电的来自另外一个世界的男巫，他自己也认可这种超自然的角色，常把自己比作万能的上帝，或大谈星际交流，以此引起轰动效应，成为媒体的头条新闻。鉴于他的成就巨大、影响深远且有档案记载，将他的名字从很多历史书上抹去的做法是不可原谅的。我们必须了解发生这种现象的原因，这样才能有望为我们的后代澄清历史记录。

奇怪的是，特斯拉去世后，越往后推移，就有越来越多关于他的生平历史的文献涌现。本书得以问世，我们要特别感谢约翰·奥尼尔、特斯拉纪念协会、贝尔格莱德的特斯拉博物馆以及特斯拉研究国际协会（ITS），还要感谢众多特斯拉研究者们。他们新近写了很多关于特斯拉的东西，而且连续参加了自 1984 年开始的隔年一次的 ITS 讨论会。该讨论会在科罗拉多斯普林斯举行，特斯拉的大部分壮观的实验正是在此进行的。

因为特斯拉总是放眼未来，所以，似乎可以恰如其分地引用特斯拉自传的开头来作为这篇序的结尾。虽然它写于三代人之前，但它在 21 世纪的今天同样适用：

> 人类的进步和发展极其依赖于发明。发明是富于创造力的人类大脑的重要产物，它的终极目标是用头脑彻底地掌控物质世界，并使自然力量服务于人类的各种需要。发明家的艰巨任务正在于此，但他们常常被误解，并且得不到应有的回报。但发明家在发挥其特有能力的过程中获得了快乐，他们知道如果没有发明家，人类可能早就已经在与各种残酷现实的艰苦斗争中灭亡了，而自己正是发明家这一独特而重要的群体的一员，这样一来，他的心理得到了极大的安慰和补偿。对我而言，我特别享受发明所带来的绝妙乐趣，所以多年来，我的生活中从来不乏乐不可支的时刻。 [2]

---

[1] 此处的"新时代"与"新时代运动"（New Age Movement）有关。"新时代运动"又称"新世纪运动"或"新纪元运动"，是 20 世纪六七十年代起结合了基督教信仰、东方神秘宗教、形而上哲学、玄术、心理分析、太空科学思想、政治、音乐、环保等诸多元素形成的一种新的精神信仰运动，借以唤醒现代人，摆脱传统观念及社会制度的束缚，而寻求自然界的真理。换句话说，"新时代运动"是一种对近代物质主义的批判与反省，寻求超物欲的精神满足，内心和平和谐，进而达到天人合一的境界。——译者注

目 录
CONTENTS

第一章
继承遗产

> 几乎没有哪个民族的命运比塞尔维亚民族更悲惨。塞尔维亚在国家鼎盛之时，其领土几乎涵盖了巴尔干半岛整个北部以及现在的奥地利的大部分地区，但在1389年那场抗击奥斯曼军队的致命的科索沃波尔耶战争之后，辉煌一时的塞尔维亚沦为了这个亚洲游牧民族建立的帝国的可悲的奴隶。塞尔维亚牺牲了自己的自由，遏止了奥斯曼帝国继续野蛮地入侵欧洲其他国家，欧洲人永远也无法偿还他们欠塞尔维亚的这笔巨债。
>
> ——尼古拉·特斯拉[1]

那是一个夏天，尼古拉·特斯拉出生在群山之间的一处高地后沿的名为史密里安（Smiljan）的小村庄。他出生时，大雨倾盆，雷声大作。这个塞尔维亚族家庭居住在克罗地亚的利卡省，地处高地的平缓河谷地带，那儿仍有野猪和鹿栖息，农民们仍乘坐四轮牛车出行。该省虽然离亚得里亚海不远，但未受到海洋的侵蚀。因为其西部是韦莱比特山，它沿着海岸绵延了一省的距离，形成了海岸线上的一道陡峭的天然屏障；东部是狄那里克阿尔卑斯山脉（即迪纳拉山脉），链条般的群山从奥地利开始，经由巴尔干半岛，一直绵延至南端的克里特岛。

史密里安隐秘地坐落于中心地带，距东边的卡尔洛巴格小海港有50英里，离西边喧嚣的戈斯皮奇城有6英里，离西南部有着瀑布奇观的普利特维策十六湖国家公园有45英里。该公园是坐落在迪纳拉山脉脚下的一个连环大裂口，其间洞穴错落，溪流纵横，气势恢宏的瀑布随处可见。[2]

克罗地亚在19世纪初曾短暂地成为拿破仑所占领的伊利里亚诸省中的一部分，此时却成了奥匈帝国的一块领地。克罗地亚与波斯尼亚、黑塞哥维那、黑山、塞尔维亚和斯洛文尼亚这些斯拉夫国家相邻，其北部是统治的哈布斯堡王朝，南部是奥斯曼帝国，克罗地亚就如三明治一般夹在两者之间。

在古代的很多个世纪里，大部分的亚得里亚海岸都由伊利里亚人统治。伊利里亚人被认为是起源于奥地利周边地区的一个海盗部落。由于成功地阻碍了亚历山大等帝国统治者对他们疆域的侵扰，很多伊利里亚人都一跃成为社会显要人物，有些在基督时代还成为了帝王。

斯拉夫人最初是一些紧密团结的宗族，被称为"扎德鲁加"[1]，他们首先被拜占庭人于 2 世纪在现在的贝尔格莱德地区发现。特斯拉的长相颇具北阿尔巴尼亚黑格斯人（Ghegs）的特征，据描述，这个部落的人身材高大，鼻子突出，头颅扁平。和其他的斯拉夫人一样，这些人最初都是异教徒，他们崇拜自然神灵和雷电之神。特斯拉早期的祖先可能生于乌克兰。他们很有可能一直南游，经过罗马尼亚，到达塞尔维亚，定居在多瑙河畔的贝尔格莱德地区。14 世纪后期的科索沃战争以后，他们穿过科索沃平原，进入黑山，然后在 18 世纪后期继续北移，进入克罗地亚。3

所有的斯拉夫人都说同一种语言。克罗地亚人和塞尔维亚人的主要区别源于他们各自不同的历史。克罗地亚人将罗马教皇奉为他们的精神领袖，信仰罗马天主教；而塞尔维亚人信奉拜占庭教皇，信仰希腊东正教。罗马天主教教士坚持独身主义，而希腊东正教教士可以结婚。

在东部和中部地区，斯拉夫人更加成功地保持了他们对被称为塞尔维亚王国的地区的控制；而东部的克罗地亚则被外部统治者——比如公元 800 年的查理曼大帝所占领。克罗地亚坚持法兰克人[2]的基督教教化政策；而塞尔维亚人和保加利亚人驱逐了罗马教皇的统治，恢复了他们的异教信仰，包括动物祭祀和多神信仰，很多古代的异教神被奉为神圣，受到了高于耶稣的赞颂和敬仰。特斯拉的守护神尼古拉斯就是一个 4 世纪的保护水手的神。4

尽管两地人讲同一种语言，但克罗地亚人采用了拉丁字母，而塞尔维亚人和保加利亚人采用了希腊东正教所使用斯拉夫字母，这使得两地区人的关系愈加疏远。5

在被土耳其人统治以前，从 9 世纪到 14 世纪，塞尔维亚一直保持着自治。这段时期是塞尔维亚的黄金时代，因为拜占庭帝国承认了塞尔维亚的自治地位。由于这期间的塞尔维亚帝王性情仁慈，塞尔维亚中世纪的艺术充满活力，十分繁荣，随处可见林立的高大寺院。6

相反，同时期的克罗地亚要动乱得多。受西欧的影响，统治阶层试图建立有着贵族和农奴的封建制度，结果没有成功。这种政策直接与扎德鲁加世代相袭的民主制度相对立，克罗地亚因此从未建立一个统一的民族身份。尽管如此，克罗地亚的

---

[1] 扎德鲁加（zadrugas）：一种在南部斯拉夫民族历史上存在过的乡村共同体。——译者注
[2] 法兰克人（Franks）：3 世纪居住在莱茵河流域的日耳曼民族。——译者注

一个独立分支拉古萨［Ragusa，杜布罗夫尼克（Dubrovnik）的意大利名］自己建成了一个商业港口，建立了一支与威尼斯竞争的重要海上力量；拉古萨成了一个南斯拉夫文化的大熔炉，一个伊利里亚人统一南斯拉夫的理想的标志。

然而，1389年6月15日，约3万人的土耳其军队在科索沃战争中荡平了塞尔维亚，塞尔维亚的国家身份从此永远地改变了。残酷的土耳其侵略者大肆摧毁塞尔维亚教堂，或将其改造成清真寺。他们将最健壮的男孩选编到土耳其军队中，火烧和拷打男性；强迫女性改变宗教信仰，嫁给土耳其人。许多塞尔维亚人都逃亡了，住在黑山崎岖的山林中或克罗地亚隐秘的山谷里。留下的人有的成为了富有的土耳其人的属下，其余的（大部分为混血）成为了贱民。

科索沃战争对于塞尔维亚人的重要意义好比《出埃及记》（*Exodus*）之于犹太人，又如耶稣受难像之于基督教徒。每年都有一个纪念这一重大悲剧的日子，叫作"Vidov Dan"，即"我们将见证"[7]的日子。一个塞尔维亚人告诉作者，"这一直伴随着我们"[8]。大屠杀和随后对整个王国的侮辱成为了伟大史诗的主要主题，这些史诗帮助统一了经历过数个世纪苦难的塞尔维亚人民的民族身份。

塞尔维亚人与克罗地亚人不同，塞尔维亚人有科索沃战争，而克罗地亚人则没有经历这种全方位影响的重大事件。加之塞尔维亚人笃信希腊东正教，不管他们居于何地，塞尔维亚人都感到一种民族的凝聚力。

特斯拉出生的世纪以拿破仑的崛起为标志。1809年，拿破仑大帝从奥匈帝国统治者手中夺取了克罗地亚，建立起法国对其的统治。拿破仑沿亚得里亚海岸将其领地一直向南扩张，统一了伊利里亚各省，宣扬法国的自由主义理想。这一思想促进了当时已经落后的以贵族和农奴为代表的封建制度的瓦解，唤醒了统一巴尔干半岛国家的思想。法国的占领同时也引起了人们对法国文化的认同感。特斯拉的祖父和外曾祖父都曾效力于拿破仑大帝。[9]

得到俄国人的支持，并在富有传奇色彩的猪农乔治·彼得罗维奇的领导下，塞尔维亚各部在1804年取得了统一。乔治·彼得罗维奇又被称为卡拉-乔治（Kara-George，土耳其语，意为黑乔治），此人为黑山后裔，曾在奥地利军队受过训练。然而，1811年拿破仑入侵俄国，俄国对塞尔维亚的援助也因此中断。

4万土耳其侵略军开进塞尔维亚，将一个个城市夷为平地，大肆屠杀平民百姓。塞尔维亚人常常被活活钉死，因疼痛而极度扭曲的尸体铺满了通往城市的道路。超过 15 岁的被俘男性都被杀害，女性和孩子则被卖为奴隶。卡拉 - 乔治逃亡国外。

塞尔维亚的新领导人米罗什是一个狡诈的叛徒，他铤而走险，里外串通，在塞尔维亚和苏丹[1]之间两面讨好。1817 年，卡拉 - 乔治回到国内被斩首，其头颅被米罗什送往了土耳其的伊斯坦布尔。作为一个骇人的专制统治者，米罗什的残暴不亚于任何一个土耳其帕夏[2]，但他却在 1830 年成为了塞尔维亚的正式领导人。

在当时智慧超群的人物中，有一个塞尔维亚学者，名为武克·卡拉吉奇（1787—1864）。武克曾在维也纳和圣彼得堡受过教育，他认为"所有的南斯拉夫人都属于一个民族"[10]。

武克请求米罗什修建学校，制定宪法。他还和他的一个学生编撰了一部塞尔维亚 - 克罗地亚词典，建立了两种语言的书面语的联系。他出版了很多叙事民间歌谣，这引起了歌德的注意。通过这种途径，塞尔维亚独特的文学经过翻译，传播到了西方世界，塞尔维亚人的苦境也为西方世界所知。[11]

1843 年，奥地利帝王斐迪南在特斯拉出生地克罗地亚颁布了一个禁令，禁止讨论任何关于伊利里亚的话题，想以此隔离塞尔维亚人和克罗地亚人。1867 年，二元君主制的奥匈帝国建立，克罗地亚成了新兴帝国的一个半自治的省。与此同时，在塞尔维亚，迈克尔·奥布雷诺维奇最终成功地"使土耳其卫戍部队……撤出贝尔格莱德"，将塞尔维亚转变成了一个君主立宪制国家。

所以说，特斯拉的成长背景中充满了各种交叉的影响：修道式的生活环境、曾经很伟大的拜占庭文化遗产以及与野蛮的侵略者进行的持续战争。作为一个在克罗地亚长大的塞尔维亚人，特斯拉的身上继承了很多东西：部落礼仪、平等原则、经过修改的希腊正统天主教教义、泛神论信仰以及各种迷信。（克罗地亚的）妇女们用黑色的装束遮住全身；男人们在一个口袋里装着十字架，另一个口袋里却带着武器。生活在欧洲文明社会的边缘地带，塞尔维亚人认为他们是欧洲的守护者，使欧洲免受亚洲游牧部落的骚扰。几百年来，他们用自己的鲜血恪守着这项职责。

---

[1] 苏丹（Sultan）：某些伊斯兰国家统治者的称号。——译者注
[2] 帕夏（Pasha）：古代土耳其和埃及的高级官衔。——译者注

第二章
童年时代（1856—1874）

　　　　现在，我得告诉你我的一次奇异的经历，这次经历在我后来的人生中结出了果实。当时，我们遇到了一股空前干燥的寒流。人们走过雪地时，身后会留下一串发光的印迹。我抚摸我家小猫马查克的后背时，只见一道亮光闪现，我的手上产生了星星点点的火花。父亲说："这只不过是电而已，和打雷时你在树上看到的火花是一回事。"我母亲却似乎有点担心。"别再玩弄猫了，"她说，"小心起火！"我的心思这时已经开始天马行空了：大自然是不是一只猫？如果是，那么是谁在抚摸她的后背呢？我得出的结论是：只可能是上帝。

　　　　我不想夸大在我幼年天真的想象中这一不可思议的景象所带给我的影响，但从那时起，我每每总在问自己：什么是电？我始终找不到问题的答案。8年过去了，对于这个问题，我还是不得其解。

——尼古拉·特斯拉 [1]

　　尼古拉·特斯拉是一个有地位的边疆扎德鲁加的后裔，他们家族最初姓氏是德拉加尼奇（Draganic）[2]。18 世纪中期，他们所在的部族迁移到了克罗地亚，就改姓特斯拉了。特斯拉是"一个行号名，就像史密斯……或者卡彭特一样"[1]，它用于形容一种木匠用的斧头，这种斧头有着"很宽的切刃，而且切刃与手柄成直角"[3]。按照这种方法推测，特斯拉家族的姓可能是由于他们的牙齿与这种斧头长得很相似而得来的。

　　特斯拉的祖父也叫尼古拉·特斯拉，出生于 1789 年前后，1809—1813 年为拿破仑的伊利里亚军队的一名士官。拿破仑大帝团结巴尔干半岛各国，推翻了奥匈帝国政权的压迫，所以和其他生活在克罗地亚的塞尔维亚人一样，效力于拿破仑大帝的老尼古拉·特斯拉受到了人们的尊敬。他"所在的地区属于有名的军事边界区[2]，该区从亚得里亚海一直延伸至多瑙河流域，包括（特斯拉的出生地）里卡省

---

［1］英语文化中有用人名指代某一行当的现象，比如用"史密斯"（Smith）指代金属工匠（如铁匠等），用"卡彭特"（Carpenter）指代木匠。——译者注

［2］军事边界区（military frontier，又称 military border 或 military krajina）：从 17 世纪晚期到 19 世纪奥地利哈布斯堡王朝为抵御土耳其帝国入侵而建立的军事防御区域，范围涉及克罗地亚、斯洛文尼亚、罗马尼亚、塞尔维亚、德国、匈牙利等国的地域。——译者注

在内；它被哈布斯堡王朝称作'独立体'，拥有独立于该王朝其他部分的军事行政体系，因此（区内的人）并不属于封建君主的臣民"[4]。他们大部分都是塞尔维亚人，都是以保护领土不受土耳其侵犯为己任的勇士。作为回报，塞尔维亚人与克罗地亚人不同，他们能拥有自己的国土。

1815 年，拿破仑在滑铁卢战败。不久后，老尼古拉·特斯拉与一位赫赫有名的军官的女儿阿纳·卡利尼奇结婚。伊利里亚王国解体后，特斯拉的祖父移居到戈斯皮奇（Gospić）。在那儿，他和妻子终于能在一个文明的环境中养家过活。[5]

1819 年 2 月 3 日，特斯拉的父亲米卢廷·特斯拉出世。家里共有 5 个孩子，在戈斯皮奇仅有的一所德语小学里上学。和他的哥哥约瑟普一样，米卢廷尝试继承父亲的事业。他十八九岁的时候考上了奥匈帝国的一所军官学校。不过，他非常反感军队集体生活的琐碎细节。一次，一位军官因为米卢廷没有擦亮他的铜纽扣而批评了他，高度敏感的米卢廷愤然辍学。[6]

约瑟普后来成了一名官员，再后来成了一名数学教授，先是在戈斯皮奇执教，后来在奥地利的一所军官学校执教[7]；而米卢廷在政治上很活跃，他还写过诗，当过牧师。米卢廷在当地报纸上以 "Plume Srbin Pravicich"（意为"正义之士"）为笔名发表社论，宣扬"南斯拉夫思想"。特斯拉写道，他父亲的"写作风格备受推崇……文笔充满机智而辛辣"。米卢廷呼吁各民族社会平等，提倡对儿童实施义务教育，并呼吁在克罗地亚建立塞尔维亚学校。[8]

米卢廷的这些文章引起了精英知识分子的关注。1847 年，他与朱卡·曼迪奇结婚，朱卡出身于一个颇有声望的塞尔维亚家族。[9]

朱卡的外祖父叫托马·布迪萨夫列维奇（1777—1840），是一个留着大白胡须、有着帝王风范的牧师，身上戴着法国荣誉勋章，这枚勋章是 1811 年因为他在法国占领克罗地亚时领导有功而由拿破仑亲自授予的。索卡·布迪萨夫列维奇是托马的 7 个孩子之一，她遵照家族的传统，嫁给了一位塞尔维亚牧师尼古拉·曼迪。尼古拉·曼迪出身于一个有着军事传统的牧师家庭。他们的女儿朱卡出生于 1821 年，她就是特斯拉的母亲。[10]

作为家中 8 个女儿中的老大，朱卡的负担很快就加重了，因为她的母亲得了眼病，视力急剧下降，最终完全失明。

"我母亲……是一个很了不起的女人，她有着一般女人少有的技能和勇气。"

特斯拉写道。这也许是由于她身上肩负着过多责任的缘故吧，比如，她 16 岁时，全家人都不幸死于霍乱，她必须为去世的亲人准备葬礼。朱卡不识字，但她却背下了很多重要的塞尔维亚史诗，还能大段大段地背诵《圣经》。[11]

往上追溯，特斯拉身上还有着塞尔维亚社会"受教育贵族"的血统。在特斯拉父母双方的祖辈数代人中，不乏文官武将，他们中有很多人还获得过博士头衔。朱卡的一个哥哥帕约·曼迪奇是奥匈帝国皇家军队的一名陆军元帅；另一个哥哥曼迪奇曾经经营过奥地利的一所军官学校。[12]

朱卡的第三个哥哥，也是后来尼古拉最喜欢的舅舅佩塔尔·曼迪奇还很年轻的时候就不幸痛失爱妻。1850 年，佩塔尔入职戈米尔耶（Gomirje）大教堂，后来还荣升为波斯尼亚的地区主教。[13]

1848 年，得益于曼迪奇的名声，米卢廷·特斯拉在塞尼（Senj）获得了一个教区。[14]塞尼距意大利的里亚斯特港只有 75 英里，是北部沿海的一个要塞。教堂高高耸立在危崖之上，是用石头建成的。通过教堂，可以将湛蓝的亚得里亚海和山峦起伏的克尔克（Krk）岛、茨雷斯（Cres）岛和拉布（Rab）岛尽收眼底。

老特斯拉夫妇在塞尼生活了 8 年，在那里他们生下了 3 个孩子（一个儿子和两个女儿）：达内（Dane，不读"戴恩"），1849 年生，是他们的第一个儿子；安吉莉娜，1850 年生，她就是特斯拉纪念协会的现任荣誉主席威廉·泰尔博的奶奶；还有米尔卡，她比安吉莉娜晚两年出生，和她的姐姐与母亲一样，米尔卡最终嫁给了一个塞尔维亚东正教牧师。

朱卡为他的儿子达内感到骄傲。达内常常和海边的渔夫们在一起，回来时便能讲述一些精彩的冒险故事。和他后来出生的弟弟特斯拉一样，达内天生具有极强的记忆力和想象力。[15]

因为一次关于"劳动"的深刻的布道，米卢廷被大主教授予了一枚红色肩章，并被提拔为有着 40 多户人家的史密里安农庄圣会的主教[16]。这个农庄就坐落在离戈斯皮奇 6 英里的地方。米卢廷后来回老家了，当时他父亲还健在。1855 年，这位年轻的牧师和他怀有身孕的妻子以及 3 个孩子挤在牛车上，越过韦莱比特（Velebit）山脉，穿过里卡谷，跋涉 50 英里，来到了他们的新家。

1856 年，尼古拉·特斯拉出世。3 年后，他的妹妹马里察也出生了，她就是南斯拉夫第一位驻美大使萨瓦·科萨诺维奇的母亲，萨瓦也是贝尔格莱德特斯拉博物馆的主要创建人。

史密里安有着小男孩们成长的理想环境。尼古拉在很大程度上是由他的两个姐姐带大的。他度过了一个乡下孩子纯真顽皮的童年，常常惹恼仆人，逗弄小鸟和农田里的小动物，还从他的哥哥和母亲那里学会了各种发明。

春天和夏天，小男孩们会到当地的河里游泳或捉青蛙；到了秋天，他们修筑一些"水坝"；早冬时节，他们多次尝试阻止季节性洪水淹没田地，不过结果都是徒劳。[17]他们最喜欢的玩物之一是他们发明的一架光滑的水车，这架水车包含了一些内在的原理，它成为了后来特斯拉发明无叶蒸汽涡轮的基础。

其他的发明包括：一杆玉米秆玩具枪（其中的一些原理后来被特斯拉用于发明粒子束流武器），一个用来逮青蛙的特殊钓钩，用于捕鸟的网，还有一把试图用于从谷仓顶滑翔而下的伞。这把伞的实验以失败告终，小尼古[1]肯定是铆足了劲跳的，因为他这一跳让他足足躺了6个星期。[18]

小尼古最具创意的发明可能要数一个以16个五月虫作为动力的螺旋推进器。他把五月虫4个一排地黏或者缝到木制的桨叶上。"这些小虫极其高效，因为它们一旦开始，就不知道停下来，一直转啊转，一个小时都不停……一切进展顺利，直到一个陌生小男孩的出现。他是一个退休了的奥地利军官的儿子。那可恶的家伙把五月虫生吃了，还吃得津津有味，就像他吃的是上好的蓝蚝一样。这个恶心的场景终结了我在这一很有前途的领域的一切努力，从那以后，我再也没有碰过任何五月虫或其他昆虫。"[19]

尼古拉3岁时的这些童年往事，直到他80多岁都还记忆犹新。特斯拉在他们家的猫马查克身上倾注了很多感情，"它是我快乐的源泉……我无法充分地向你形容我和小猫的感情有多深"。

晚饭后，小尼古就和他的小猫冲出屋子，在教堂附近嬉戏。马查克会"抓住我的裤脚，它似乎在努力地让我相信它是会咬人的，但当它像针一样锋利的门牙刺进我的衣服时，我的肌肤却感觉不到什么压力，只是感觉它们与肌肤温柔地接触，就像蝴蝶停落在花瓣上一样温柔"。

特斯拉最喜欢和马查克在草地里打滚。"我们滚啊，滚啊……高兴得像发了疯似的。"

---

[1] 尼古（Niko）：尼古拉的昵称。英语国家较亲密的人之间常以昵称相呼，比如安德鲁（Andrew）的昵称是安迪（Andy），这样的例子有很多。——译者注

在这个平静的环境中，小尼古认识了各种动物。"我常抱起一个，轻轻抚摸它，"他写道，"（特别是）那只光鲜艳丽的公鸡，它很喜欢我。"[20] 同样是在这一时期，小尼古开始研究夜晚，对这一话题的兴趣也使得他后来发明了多种飞行器。不过，对于鸟类，他却是又爱又恨。

> "要不是因为我有一个劲敌……我的童年可就快乐到极致了。……它就是我家的公鹅，这个畜生长得又高又丑，有着鸵鸟一般的脖子，鳄鱼一样的嘴和狡黠的眼睛，目光中透出人一样的机智和洞察力。"

> 一个夏天，母亲给我洗完澡后，让我光着身子，把我抱到外面晒太阳。母亲进屋后，公鹅一看到我就向我发起攻击。这个畜生知道啄哪儿最疼，它咬住我不放，把我凸出来的脐带都快扯出来了。母亲及时赶来，才使我免受更大的皮肉之苦，她说："你应该清楚，一旦你惹怒了公鹅或者公鸡，就没法再跟它们和睦相处，它们会和你打斗到死。"[21]

特斯拉和其他动物还有一些"恩恩怨怨"，比如一只当地的狼（所幸的是，这只狼没有伤害他，而是转身跑开了），他家的奶牛（特斯拉经常骑它，有一次从奶牛背上摔了下来），还有大乌鸦（据特斯拉说，他躲在灌木丛中，然后像只猫一样蹦出来，空手将大乌鸦擒获）。

特斯拉还常讲起他的两个姑姑的故事。她们经常上他家来玩。一个姑姑叫韦瓦，她"有两颗象牙似的龅牙。她特别喜欢我，亲我的时候，她的龅牙就深深陷进我娇嫩的脸颊，"特斯拉回忆道，"不过，相比另一个姑姑，我更喜欢这一个……因为另一个姑姑亲我的时候会把她的嘴唇紧贴着我的嘴一阵啧啧地猛亲，我得极力挣扎才能勉强喘过气来。"

特斯拉还很小——他母亲可以一把将他抱在怀里的时候，有一天，这两个姑姑都来了。"她们问我她俩谁更漂亮，我很认真地看了一下她俩的脸，想了一下，指指其中一个答道：'这个——没有另一个丑。'"[22]

特斯拉有着他父亲一样的幽默感。有一次，一个有着斗鸡眼的职员在特斯拉父子俩旁边劈柴，他父亲提醒那人："看在上帝份上，你可得小心，千万别见啥劈啥，而是要劈你想劈的地方。"

据说老特斯拉常常自言自语，甚至会自个儿用不同的声音语调进行对话。这个习性在特斯拉身上也能发现，尤其是到了晚年。[23] 米卢廷还训练他的儿子们的记忆力和直觉能力。他能够用好几种语言完整地背诵很多作品，他常常开玩笑说，如果部分经典著作遗失了，他可以将它们复原出来。"我父亲……能流利地讲很多语言，而且在数学方面也有很高的造诣。他什么书都读，有一个很大的藏书室，这也为我创造了优越的条件，使我在家的那几年学到了大量的知识。"[24]

这个藏书室里有歌德和席勒[1]的德语作品，达兰贝尔[2]百科全书式的法语作品，还有一些英语作品，大多都是十八九世纪的经典作品。[25]

特斯拉丰富多彩的自传至今仍是了解他童年时期情况的主要资料来源。达内和父母亲在他的自传里占有突出的位置，但他在书中却很少提到他的两个姐姐。当然，特斯拉是爱她们的，他一生都经常与她们进行信件往来，但她们似乎没有对他的成长有什么大的影响。对这位未来的发明家影响较大的是他母亲不知疲倦的工作习惯和喜好发明的天性。

米卢廷要管理教区，发表文章；朱卡则安排仆人干活，打理农场。她要负责种庄稼，给一家人缝衣服，她还会设计刺绣（这项手艺也让她在当地远近闻名）。特斯拉喜欢发明的天性的养成得归功于他的母亲：她设计了很多家具，包括各种搅拌机、织布机和厨具。"我母亲是发明世家的后代。"朱卡天不亮就开始工作，一直到晚上11点才歇手。[26]

1863年，特斯拉家遭遇了一场灾祸。[27]一次，"有着非凡禀赋的"达内骑着家里的马外出。这匹马是"阿拉伯品种，像人一样聪明"，但特别容易受到惊吓。上个冬季，它驮着米卢廷在深山里遇到了几匹狼，它一惊，就把米卢廷摔下马，它自己却慌忙跑回家去了，把不省人事的米卢廷抛在了林中。好在它很聪明，能够把搜寻的一伙人带回到事发现场，使特斯拉的父亲得救。全家人都对这匹马"悉心照料，宠爱有加"。达内也从马上摔下，但却因伤势过重，不幸去世。全家一直没有从悲痛中真正恢复过来。"达内的夭折使我父母痛心不已。……想起哥哥优异的成绩，再和我一比较，我的每一份努力都显得苍白。不管我真心地做了什么，都只会勾起父母更强烈的失子之痛。所以在成长的过程中，我一直对自己没有多少信心。"[28]

哥哥的去世和父母的嫌弃（尤其是他母亲），使特斯拉很烦闷。于是，这个7

---

[1] 席勒（Schiller, 1759—1805）：德国著名诗人及剧作家。——译者注
[2] 达兰贝尔（Jean le Rond d'Alembert, 1717—1783）：法国哲学家和百科全书派成员。——译者注

岁的小男孩离家出走了，躲在了一个"难以进入的、一年才被人拜访一次的"山间小教堂里。他到达那儿的时候，夜幕已经降临。小男孩没有什么办法，只能挤进去，在里面躲了一个晚上。"这是一次很糟糕的经历。"[29]

这次灾祸后不久，米卢廷得到晋升，得以掌管戈斯皮奇镇"洋葱头似的圆顶教堂"所辖的教区。[30]一家人因此搬到几英里外的戈斯皮奇，在那儿，特斯拉的父亲还在当地的高中学校教宗教课。[31]尼古拉已经到了上学的年龄，于是就在那儿开始接受正规教育。但他非常不适应城市的生活，他非常怀念那曾给他带来快乐的农场和田园生活。"这次搬迁对我来说就像一次灾难。我的心都快碎了。我多么舍不得我们家的鸽子、鸡和绵羊，还有那群壮观的鹅——它们早晨会飞到云端，太阳下山时，就以战斗机般的阵形从觅食地返回，它们的整齐和娴熟程度，就连现代最精锐的飞行员中队也会自愧不如。"[32]

特斯拉会半夜从噩梦中惊醒，他说自己在梦里看到了达内的死和葬礼，葬礼上好像还有一个打开着的棺材。"这个情景历历在目，无论我怎样努力都挥之不去。……为了摆脱这些折磨人的景象，我试着去想点其他的东西……不断地想象出一些新的形象。……关于生与死的痛苦念头，以及由迷信思想带来的恐惧压迫着我，我持续地生活在对恶灵、鬼怪、恶魔和各种黑夜邪恶怪兽的恐惧之中。"[33]

正是在这段时间，特斯拉开始有我们今天所谓的离体体验[1]，虽然特斯拉从不认为这是造成各种神秘或超常幻象的原因。"刚开始有点模糊……我能看到自己在不断地旅行……到达一些陌生的地方、城市和国家并生活在那里，认识那儿的人并和他们成为朋友……尽管非常难以置信，但事实上，我感觉它们就如同真实生活一样亲切，而且表现的强烈程度一点儿也不比真实生活弱。"[34]

特斯拉称，他的这种鲜明表象[2]能力实在太强了，以至他有时候需要他的姐姐帮他分辨哪个是幻象，哪个不是。和哥哥达内一样，他的思绪常被烦心的闪光打断。这种心理、神经上的干扰在他的一生中一直存在。从积极的一面来讲，这个问题也是由他对发明的爱好引起的。他可以用这种形象化能力在脑海中造出各种东西，甚至可以在把它们付诸图纸设计和造出实体之前，就在心里对其进行操作和修改。

---

[1] 离体体验（out-of-body experience），或称灵魂离体体验，指感觉到自己离开了自己的肉体，在自己的肉体之外活动的体验，比如人病危时，感觉自己死了，但又活过来。类似于灵魂出窍现象。——译者注

[2] 鲜明表象（eidetic imagery）：又称全现心象、遗觉表象，心理学术语，指在刺激停止作用后，脑中继续保持的异常清晰、鲜明的表象。它是表象的一种特殊形式，以鲜明、生动性为特征。——译者注

读小学时，尼古拉得到了一份帮戈斯皮奇图书馆整理图书的工作。但父母不准他晚上读书，怕因灯光太暗把眼睛看坏了；米卢廷为了阻止他晚上看书，甚至会"勃然大怒"。[35]尼古拉还是没被吓到，他会偷一些家里的蜡烛，把屋里的缝隙都封好，然后借着烛光通宵读书。特斯拉说有一本书改变了他的人生，那就是《奥鲍菲》（Abafi），这是一部关于奥鲍之子的小说，作者是约希卡，被翻译成了塞尔维亚语。"一直到 8 岁，我的性格都很柔弱、犹豫不决。……在某种程度上，这本书唤醒了我沉睡已久的意志力，我开始锻炼我的自制力。……起初我的决心像 4 月的雪一样容易消退，但不久我就战胜了我的软弱，我感觉到一种从未有过的快感——一种按自己的意志行事的快感。"[36]

于是，到了 12 岁时，他已经能够很好地进行自我评价和自我控制。在他的一生中，这种矛盾心理会不时地表现出来。与此同时，也许是因为哥哥的死、与父母紧张的关系以及他对性欲的压制给他带来压力的缘故，特斯拉还养成了一些怪癖。[37]他甚至积郁成疾。他说是马克·吐温的作品扭转了他的萎靡不振，治愈了他的病。"25年后，我见到了克莱门斯[1]先生，并和他建立了友谊……我把我的这段经历告诉了他，让我吃惊的是，这位幽默大师竟突然流下了眼泪。[38]这段时期，我染上了很多奇怪的习惯。……我非常厌恶女人的耳环，但却喜欢其他诸如手镯的饰物。……一看到珍珠，我会感觉极其不适，但却对那些发光的、有着尖锐边缘的物件很着迷。……可能除非有人用左轮手枪指着我，不然我绝对不会碰别人一根头发。看到桃子，我就会感觉像发烧一样。……直至现在（当时特斯拉 61 岁），我仍对部分这些东西的刺激很敏感。"[39]

然而，和一般男孩一样，这位少年也有过很多冒险经历，有几次还差点儿没了命。有一次，他"掉到了正在沸腾的大牛奶罐中，那牛奶是父亲刚挤来的"；[40]另一次，他在一个木筏下面的水中游泳，差点被淹死；还有一次，他差点被附近的一个大坝的瀑布卷走。这些当然是很不愉快的经历，但特斯拉觉得，其中有一次经历让他感到最难过："镇上有一个很富有的太太，她经常去教堂，浓妆艳抹，穿着很宽大的长裙，后面跟着一群侍从。一个礼拜天，我敲完钟从钟楼急冲下来，刚好碰见这位太太拖着长裙往外走，我来不及躲开，一下踩到了她的裙子上，结果把它撕破了。

---

[1]这是马克·吐温的原名，即塞缪尔·兰霍恩·克莱门斯（Samuel Langhorne Clemens）。他是幽默大师、小说家，美国最知名的作家之一，曾被推崇为"美国文坛巨子"，擅长写讽刺小说。——译者注

我父亲大怒，他轻轻地给了我一记耳光。这是他对我唯一的体罚，但我甚至到现在都还能感觉得到它。"[41]

尼古拉变成了一个受排斥的人，他极力回避社会交往。好在他的发明头脑弥补了这些不足。一天，当地的消防员拿来他们的新发动机，然后点燃火，实验新发动机的性能。令消防官兵难堪的是，从当地河里抽水的软管竟抽不出水来。特斯拉凭直觉意识到可能是水管的什么地方被堵塞了。他毫不犹豫地扯下自己的好衣服，奋力跳入水中，疏通了水管。他因此成了英雄。这件事成了特斯拉保持发明兴趣的一个强大的动力。而且，这件事也让他有了新的发现：不仅从父母那儿可以得到爱和表扬，从社会上也可以获得爱慕与赞美。

从10岁到14岁，尼古拉在雷亚尔中学（相当于初中）上学。（好像他父亲和伯父都在那儿教书。）这是一个很新的学校，有一个设备先进的物理实验室。"几乎从我上学的那天起，我就对电学很感兴趣，"他写道，"我把我能找到的关于电学的书都读了……还用电池和感应线圈做实验。"[42]

特斯拉还开始尝试用气压差产生的电来带动水轮机和发动机。他的目标是造出一个永恒运动的机器，并通过保持恒定的真空状态，利用空气的流动来使之运转。他希望这样能使发电机永不停息地转动。当然，由于逻辑上的缺陷，这个目标是无法实现的。

在看了一张尼亚加拉瀑布[1]的照片后，特斯拉对他的伯父约瑟普豪言道，将来有一天他会在瀑布下面安一个巨轮，然后用它来发电。他很可能参观过蔚为壮观的普里特维采湖[2]的瀑布群，因为那儿离他们学校只有一天的路程。

1987年，14岁的尼古拉从戈斯皮奇转学至卡尔洛瓦茨（Karlovac）的雷亚尔高级中学。学校坐落于萨格勒布[3]附近的萨瓦河[4]的支流边的沼泽地附近。尼古拉和他的姑妈斯坦卡和姑父布兰科维奇上校住在一起。姑父是"一匹老战马"（老兵）。[43]

---

[1]尼亚加拉瀑布（Niagara Falls）：位于加拿大和美国交界的尼亚加拉河中段，号称世界七大奇景之一，与南美的伊瓜苏瀑布及非洲的维多利亚瀑布合称世界三大瀑布。——译者注
[2]普里特维采湖（Plitvice Lakes）：普里特维采湖位于克罗地亚西部山脉峡谷中，由16个天然湖泊和周围区域组成，有"欧洲的九寨沟"之称，是克罗地亚最美的也是最有名的国家公园（又叫十六湖国家公园）。1979年被联合国教科文组织列为世界文化遗产。——译者注
[3]萨格勒布（Zagreb）：克罗地亚的首都，位于克罗地亚的西北部。——译者注
[4]萨瓦河（Sava River）：欧洲南部巴尔干半岛西部河流。全长940千米，流域涵盖了斯洛文尼亚、克罗地亚、波斯尼亚及塞尔维亚北部的大部分地区，至贝尔格莱德汇入多瑙河。——译者注

在卡尔洛瓦茨上学期间，他"经常去拜访住在托明加耶（Tomingaj）的表姐米莉察·佐里奇。……常常是假期去……他发现那里算得上是一个避难所。……"[44]

在卡尔洛瓦茨，他学了几种语言和数学。对他影响最大的是物理教师马丁·塞库利奇教授。这位教授"用他自己发明的仪器演示定律。那是一个……包着锡纸的、可以自由旋转的球，只要将它连接到静电起电机上，它就会快速旋转起来。我无法形容我当时看着他展示这一神奇现象时的强烈感受。每一个景象都在我脑海里无数遍地浮现。"[45]

特斯拉学习非常刻苦，他把 4 年的学习时间压缩成了 3 年。然后，他开始想法子把可能会遭到反对的个人决定告诉父亲：自己不打算当牧师，而想去学工程学。他努力地跟父亲解释道，"我爱的不是人类，而是人性"。

在卡尔洛瓦茨学习的最后一年，有一次，特斯拉在附近的一片湿地里探索了一整天，结果他开始发烧，他说那是疟疾[1]。可能由于吃不饱的缘故，他的病情进一步恶化。"姑妈给我吃的食物就像是用来喂金丝雀的。……每当姑父往我盘子里多夹了点吃的时，她会立马夺走，然后很激动地说：'当心，尼古拉的身体很弱！'我本来胃口就像狼一样地好，所以这回遭受了坦塔罗斯[2]般的痛苦。但我生活的氛围却很文雅，很有艺术品位，这对于那个时代及其环境来说是很不寻常的。"[46]

毕业时，特斯拉收到父亲的通知，说让他去旅行，暂时不要回家，因为当时镇上爆发了传染病。可是这位少年还是回到了戈斯皮奇。街道上到处堆满了尸体；空气中弥漫着浓浓的烟雾，因为人们错误地认为，霍乱不是通过饮用水，而是通过空气传播的。由于特斯拉本来身体就比较虚弱，他很快也染上了传染病。他卧病在床 9 个月，差点死去。"我的身体越来越衰弱，我想我可能活不了多久了。在最后关头，我父亲冲进房间……'也许，'我对他说，'如果你让我学工程学，我就会好起来。'他郑重地答道：'你会的，而且你肯定能上世界上最好的理工院校。'我知道他是认真的。"[47]

后来，特斯拉一家搬到了奥地利格拉茨[3]的一个理工学校，它坐落在离奥地利北端 175 英里处。但是，特斯拉必须首先服 3 年兵役。当时爆发了和土耳其的一场

---

[1] 疟疾（malaria）：源自意大利语"毒气"的意思；昔时认为疟疾系因沼泽地之瘴气所致。——译者注

[2] 坦塔罗斯（Tantalus）：希腊神话中宙斯之子。相传他因泄露众神的秘密而被罚浸在深及下颚的地狱水中，当他口渴想喝水时，水就退去；当他伸手去摘低垂在头顶的水果时，水果就升高……他因此而痛苦不堪。——译者注

[3] 格拉茨（Graz）：奥地利东南部城市，奥地利第二大城市。——译者注

大规模战争，所以米卢廷让儿子收拾好行李，到山林里去，以躲避征兵。在那儿，特斯拉不会引起别人的注意，同时可以恢复他的健康。"那段时间，我很多时候都在山林里闲逛，身上带着打猎的装备和一捆书。和大自然的亲密接触让我身心都日渐变强……但是，我的关于科学定律的知识却非常有限。"[48]

这段时期比较荒唐的发明设计包括：一种"能越过大洋传递信件和包裹的水下管道……"和一种能把人从地球的一头送到另一头的"环赤道圈"。[49]不过，有一天，特斯拉在一处山腰滚雪球的时候却发现了一种能使水库释放能量的隐藏触发机制："如果我们……找到了合适的条件，雪球就会越滚越大，与地面接触的面积也渐渐扩大，把旁边的雪都卷了起来，就好像那是一个巨型地毯一样；然后突然就雪崩了……把山坡'剥'得干干净净，把雪、树、土壤和其他一切可以带走的东西都清理走了。"[50]

但与战争的接触还是不可避免的，特斯拉会时不时地撞见罪恶的战争场面。25年后，他回忆道："我看到过有人被吊死，有的被活活打死，有的被击毙，有的被砍成几段，有的被尖木棍刺穿，有的被砍头，有的小孩被刺刀像挑棉花一样挑起，满脸惊惧地挣扎着。"[51]特斯拉很幸运地没有被抓住，于1875年回到了戈斯皮奇。特斯拉得到了军事边界区当局（Military Frontier Authority）新设的一种奖学金，于新学期在奥地利开始了新的学习生活。

第三章
大学时光（1875—1882）

> 我费了数年的心血才取得了一定的成果，在很多人看来，这些成果简直难以达成；现在许多人都宣称这些成果属于他们，而且这些人的数量还在迅速增长，如同（美国）内战后南方上校的数量一样。

——尼古拉·特斯拉[1]

在维也纳以南80千米施蒂里亚州（Styria）的首府有一所学校。米卢廷为儿子选择了这个学校，因为它是该地区最先进的学校。几年前，物理学家、哲学家厄恩斯特·马赫和心理生理学家古斯塔夫·西奥多·费希纳都曾在该校任教。特斯拉一心想成为教授，所以他选修了罗格纳教授（他很会表演，这是出了名的）的算术和几何课，谨小慎微、一丝不苟的德国教授珀施尔的理论物理和实验物理学课，还有奥勒教授的积分学。"奥勒是教过我的老师里面最优秀的一位。他特别关注我的进步，经常在教室里待一两个小时，给我出一些问题让我解决，我从中获得很多快乐。"[2]他选修的其他课程包括分析化学、矿物学、机械建造、植物学、波动论、光学、法语和英语。[3]为了节省开支，他和科斯塔·库里希奇一起住，科斯塔是他在塞尔维亚学生会认识的，后来成了贝尔格莱德的哲学教授。[4]

特斯拉一头扎进他的学习中，学习强度极大，每天学习长达20个小时。他将自己的专业改成了工程学；还学习了课程以外的数门外语——他能够讲的有9门；像笛卡儿、歌德、斯宾塞和莎士比亚等人的文学作品，很多部分他都熟记于心。"我有一个怪癖：我一旦开始做什么事，就一定要把它完成才罢休。"他回忆道，还回想起了他后来给自己布置的一个任务。他收集了伏尔泰的"一百部用小号字印刷的大部头作品"，这些作品是伏尔泰"这个怪人每天喝22杯黑咖啡写成的"。[5]这项任务治愈了他的强迫症，但并没有改变他无情地克己和特立独行的风格。因为老师常表扬他，其他学生开始嫉妒他，不过起初特斯拉并不受其影响。

暑假来了，这位大一学年成绩全部为"A+"[6]的年轻的尖子生回到家，期待着父母的表扬。但相反的是，父亲竭力劝儿子待在戈斯皮奇。他的老师曾瞒着特斯拉悄悄写信给米卢廷，警告他：这个男生痴迷于长时间、高强度的学习，面临着损伤身体健康的危险。父子关系出现了一点裂缝，部分原因是军事边界区当局被撤销了，由该机构提供的奖学金也因此不复存在了。

由于特斯拉苦行僧式的学习习惯，加上他与老师的关系十分亲密，其他学生都嫉恨他，在他们的冷嘲热讽之下，特斯拉开始放纵自己，他学会了赌博。"他开始在学生们最喜欢去的'植物园'咖啡馆打牌、打台球、下象棋，他精湛的技术吸引了一大堆人围观他的表演。"[7]特斯拉的父亲"在生活上一直以身作则，他无法原谅这种无度挥霍时间和金钱的行为……""只要我愿意，我随时都可以停止这一切，"他告诉父亲，"但要放弃这种我愿意用天堂的快乐来换取的生活，值得吗？"[8]

大二的时候，在珀施尔教授的物理课上出现了一台从巴黎运来的格拉姆直流电发电机[1]。这台发电机上装了一种普通转向器（它能将发电机的电流转移到电动机上）。电在自然状态下是交流电。这意味着电流的方向会快速地变化。这就好比一条河一下往下游流，然后往上游流，接着又往下游流，每秒钟都如此往复很多次。[9]我们可以想象到，要利用这样一条河的水能将是何等困难，比如，在利用水车时，水车的水轮也将随着水流不停地改变它的方向。这台发电机的转向器由很多钢丝刷组成，它们使电流向一个方向流，即直流电（DC）。这台发电机非常笨拙，而且火花很大。

当珀施尔教授给学生们展示这台新式设备时，特斯拉直觉地判断：发电机的换向器是多余的，而且，没有换向器，交流电（AC）照样可以被毫无障碍地利用。他说出了他的这一观点，这在当时看来简直是异想天开。珀施尔用了余下的课堂时间仔细地解释特斯拉的这一目标是如何地无法实现。为了进一步阐明这一点，让特斯拉难堪，珀施尔断开了"多余的"换向器，结果假装惊讶地发现：发电机无法再工作了。[10]"特斯拉先生可以做很多事情，但这一点他实现不了，他的构想简直就像永恒运动一样不可能实现。"[11]特斯拉用剩下的4年时间执着地证明：珀施尔教授是错的。

特斯拉同时还在奥勒教授的指导之下进行的另一项发明是一种飞行机器。很小的时候，特斯拉就听祖父讲拿破仑运用热气球的故事，拿破仑用其来观测敌军活动

---

[1] Gramme dynamo：一种发电机，1870年比利时工程师齐纳布·格拉姆（Zénobe Gramme）获得了这项发明的专利。——译者注

和投掷炸弹。不用说，那时的他在学校里还研究了热气球的飞行原理，并且很有可能展望了这种发明物将在他上大学时飞行在奥地利的上空。

大三时，特斯拉在学校里遇到了困难。因为他在学习上超越了他的同学，他开始觉得无聊。因为无法找到解决交流电问题的办法，他感到很沮丧。他开始赌得更厉害，有时候一赌就是连续 24 小时。虽然特斯拉常常将他赢来的钱还给输得很惨的赌客，但别人却不这样做。有一个学期，他输掉了身上所有的钱，包括他的学费。他父亲大怒，而他母亲则找到他，给了他"一沓钱"，对他说："你尽情地去玩吧，你越早输光我们所拥有的一切越好，我知道你一定能熬过去的。"[12]

这位无畏的年轻人把他起先输掉的钱赢了回来，并把剩下的钱交给了家人。"就在那时，我战胜了我的赌瘾，"他写道，"我就像从心上割除一块肉一样彻底戒了赌，不留下一丝欲念。从那以后，我对于任何一种形式的赌博都没有丝毫兴趣。"[13] 这话显得有些夸张了，因为特斯拉后来还是放手地赌了，据说他到了美国之后玩起了台球。爱迪生的一名雇员回忆道："他玩得很漂亮。特斯拉不是一个得分高手，但他展现出来的弹边击球的技术，不亚于一个专业的台球能手。"[14] 还有传言说，在数年后的19 世纪初，特斯拉还轻而易举地在台球上赢过一些富有的纽约名流。[15]

又到了考试时间，特斯拉却没有准备好。他请求延期，但被拒绝了。最后一个学期，他没有任何成绩，他也因此没能从奥地利理工学校毕业。他很有可能是被开除的，部分是因为赌博，也有推测说是因为他"作风不检点"。[16] 据特斯拉的室友说，特斯拉的"表亲之前一直给他寄钱，但因为他被开除而停止了对他的资金援助"。因为害怕父母知道这一切，特斯拉一言不发地消失了。"他的朋友们到处找都找不到他，最后认为他跳河身亡了。"

悄悄地收拾好他的实验装备，特斯拉启程南下，越过斯洛文尼亚边界，在 1878 年春末到达了马里博尔[1]，并在那里找工作。他在街上和当地人打牌（今天仍是当地的一个传统），很快就从一个工程师那里获得了一份工作，"每月能挣 60 弗罗林[2]。"[17] 但这份工作只持续了很短的一段时间。特斯拉继续旅行，经过萨格勒布，来到了一个海边的小村庄加阁。他不愿回家，因为他不想面对自己的父母。然而，与此同时，特斯拉仍然继续探寻他一直想解决的问题的答案——将换向器从直流电

---

[1] 马里博尔（Maribor）：斯洛文尼亚第二大城市。——译者注
[2] 弗罗林（florin）：1849 年以来在英国流通的 2 先令银币；1971 年 2 月起当作 10 便士使用。——译者注

发电机中移去。

特斯拉的表兄尼古拉·普里比奇博士从小在南斯拉夫长大，他回忆起 20 世纪 20 年代当他还是个小男孩的时候听到的一段故事："我母亲告诉我……（特斯拉来我们家时，）他总喜欢一个人待着。早晨，他会到林中沉思。他会测量一棵树到另一棵树之间的距离，边做笔记，边做实验（在树之间拉电线，传输电流）。从旁边经过的农民对这个古怪的家伙感到很惊奇……他们会走近我，跟我说：'真令人难过，你表弟像是疯了。'"18

库里希奇告诉米卢廷，他曾在马里博尔见过特斯拉。米卢廷终于知道了他儿子的去向，于是，他启程往北，去和儿子讨论他的学业问题。特斯拉拒绝再回到格拉茨，米卢廷于是想出了一个办法：让儿子到另一所大学里重新开始学习。最终，他们回到了戈斯皮奇。

特斯拉再一次被他的家人所接受，他又开始到教堂去听他父亲布道。在那里，他认识了安娜。她"身材高挑，美丽动人，有着一双非常善解人意的眼睛"。在特斯拉生命中第一次，也是唯一的一次，特斯拉说："我坠入爱河了。"尼古拉喜欢安娜的陪伴，他会带着她到河边漫步，或者回到史密里安，在那里谈论他们的未来。他想成为一名电气工程师；她想养儿育女，建立家庭。19

第二年，米卢廷去世了。一个月后，到了 1880 年，特斯拉启程前往波西米亚（Bohemia）[1]（现为捷克共和国的一部分），去那里"完成父亲的心愿，继续我的学业"。他答应要给安娜写信，但他们的爱情注定没有结果，因为此后不久，安娜就嫁人了。

那年的夏季学期，特斯拉进入了布拉格大学查尔斯 - 费迪南德分校学习。布拉格大学是欧洲最著名的大学之一。

在此 10 年前，厄内斯特·马赫从格拉茨调到布拉格大学担任校长，据他所说，布拉格是一个"人才济济"的城市，街道标语常常用 6 种语言进行标注。不过，这个城市虽然遍布着宏伟的建筑，其卫生条件却极其糟糕。为了免患伤寒，人们必须将水煮沸，或从北边获取天然矿泉水。20

特斯拉在该大学就读两年后，哈佛大学心理学家威廉·詹姆斯[2]来访问，与马

---

[1] 波西米亚：欧洲中部历史上的王国。5 世纪时捷克人在此定居。——译者注

[2] 威廉·詹姆斯（William James，1842—1910）：美国本土心理学家、哲学家，美国机能主义心理学和实用主义哲学的先驱，美国心理学会的创始人之一。——译者注

赫及其对手卡尔·斯顿夫见面。斯顿夫是"哲学普通教授"，是广受争议、曾经当过牧师的弗朗兹·布伦塔诺的学生，也是特斯拉的哲学老师。布伦塔诺曾影响过另一个学生，即西格蒙德·弗洛伊德。特斯拉学习过的其他课程包括海因赖希·杜雷格的解析几何、卡雷尔·多马利普的实验物理学，还有安东·普赫塔的高等数学。杜雷格和多马利普都是"普通教授"，而普赫塔是从位于布拉格的德国工业大学请来的"杰出教授"。[21]

特斯拉跟随斯顿夫学习了苏格兰哲学家大卫·休谟。斯顿夫小的时候是个音乐神童。他性情尖刻，"嗅觉敏锐"。[22]他对很多重要的心理学家持反对态度，包括赫赫有名的威廉·冯特[1]和马赫。但同时，他也帮助很多后来成绩斐然的学生塑造了他们的思想，比如现象学家埃德蒙德·胡塞尔[2]，格式塔心理学家[3]沃尔夫冈·科勒。[23]

斯顿夫是休谟"激进怀疑论"（radical skepticism）的极力拥护者，他支持"白板"（tabula rasa）的观点。亚里士多德和约翰·洛克都批判了"天赋观念"（innate ideas）这一概念。斯顿夫提出：刚出生的人的思想是一个白板（该词源于拉丁语"tabula rasa"）；人出生后，所有"事物的主要性质"（即关于世界的真理和知识）会作用于这个白板之上。特斯拉学习到，大脑通过各种感官对"输入数据"进行记录。休谟认为，思想只不过是对各种因果式感觉进行简单编辑后的一个产物。我们称之为"思想"的东西就是从这些初始印象中衍生出来的二次印象。意志，"甚至连灵魂都被休谟归纳为印象或印象的集合体"。[24]在此期间，特斯拉还学习了笛卡儿的理论。笛卡儿将动物（包括人）看成"只能完成一些具有机械特征的行为的自动机体"。[25]

这一思想深刻地影响了特斯拉的世界观。而且有点讽刺意味的是，它也作为一种机械论的模板，引导特斯拉发现了他最原创的诸多发明（虽然"原创发现"这一概念与亚里士多德"外在动机"的假定是完全对立的）。按照这一观点，特斯拉所有的发现都源于外部世界（特斯拉自己也是这么认为的）。

虽然特斯拉没有公开地引用被斯顿夫认为是对手的东西，但回顾一下可以发现，

---

[1] 威廉·冯特（Wilhelm Wundt，1832—1920）：德国心理学家、哲学家，被誉为实验心理学之父。1879年在莱比锡大学建立了世界上第一个心理学实验室。——译者注

[2] 埃德蒙德·胡塞尔（Edmund Husserl，1859—1938）：德国哲学家，现象学的奠基人。——译者注

[3] 格式塔心理学（Gestalt psychology）：20世纪的重要心理学流派，现代知觉理论的基础，强调任何事物的整体不等于它的各个部分的总和。格式塔学说创始于19世纪末的奥地利和德国，而韦尔特海梅尔、科勒和K.科夫卡的研究奠定了格式塔学派的基础。——译者注

很明显，斯顿夫的反对并没能阻止特斯拉研究马赫在波动力学方面所进行的各种实验。马赫于 1838 年生于摩拉维亚（Moravia，现为捷克共和国的一部分），1860 年毕业于维也纳大学，1864 年成为格拉茨大学的正教授，1867 年当上布拉格大学实验物理学系主任。马赫受到了两个人的精神物理学研究的影响，一位是格拉茨大学的费希纳，一位是柏林大学的路德维格·冯·赫姆霍尔兹。在其影响下，马赫和他的布拉格大学同事、著名的生理学家和哲学家扬·普尔基涅研究了人眼的运动方式。眼和耳都从外部世界搜集信息，对信息进行分析，然后通过神经的电脉冲，传到大脑中相应的信息加工中心。很多其他著名科学家都曾采取这种传统的研究思路，包括艾萨克·牛顿、约翰·沃尔夫冈·冯·歌德、赫伯特·斯宾塞，他们都是特斯拉非常喜欢的人物。

在他的实验室里，马赫制造了一个"非常有名的仪器，叫作造波机（wave machine），它能产生前进波、驻波、纵波和横波……"马赫通过这些声波展现了很多机械效应，"证明了声音和电磁活动的相似性"。通过这个方法，以太的机械原理（mechanical theory of the ether）也得到了证明。[26]

马赫结合机械运动、电学和光学现象对声波进行了研究，结果发现，当气流的速度达到音速时，其对物体产生的作用性质会发生巨大的变化。这个临界值后来被称为 1 马赫[1]。

马赫还写过关于以太构造的文章，他提出假设：以太构造与宇宙万物间的万有引力有着天然的联系。马赫受到佛教著作的显著影响（这也慢慢感染了同校的大学生，引发了他们的种种深奥的讨论），他提出假设：宇宙之中没有任何一个事件能与其他事件分离开来。"一个系统的惯性可以归纳为是该系统和宇宙中其余部分之间的一种函数关系。"[27] 将这个观点加以延伸，它同样适用于心理事件与外界影响之间的关系。和斯顿夫一样，马赫认为每一个心理事件必然产生相应的物理行为。[28]

马赫的著述与特斯拉后来的研究和哲学观是如此相似，但在特斯拉的出版物里却没提及马赫，这似乎有点奇怪。

到了那个学期末特斯拉离开该大学时，他在解决交流电的难题上，无论在理论还是实践方面，都已经取得了巨大的进展。"正是在这座城市，"特斯拉说，"我

---

[1] 马赫（Mach）：飞机、火箭等在空气中移动的速度与音速的比。由奥地利物理学家马赫（Ernst Mach）得名。1 马赫即一倍音速：马赫数小于 1 者为亚音速，马赫数大于 5 则为超高音速。——译者注

取得了决定性的进展，这表现在将换向器从交流电发电机上分离，并从全新的角度研究这一现象。"[29]

父亲去世后，特斯拉不得不自食其力。他先是做实习教师，但发现自己并不喜欢教书。他的叔叔帕约建议他到匈牙利去，在那儿，他可以从叔叔的战友费伦茨·普斯卡斯那里获得一份工作。普斯卡斯和他的哥哥蒂瓦达尔经营了新兴的"美式"电话局。[30]1881 年 1 月，特斯拉搬到了匈牙利首都布达佩斯，但他失望地发现，电话局还未开始营业。

普斯卡斯兄弟业务非常繁忙。他们在圣彼得堡经营了业务；在巴黎，他们负责监管了托马斯·爱迪生白炽灯巴黎展览会，并安装了那儿的歌剧院的照明系统。[31]既没钱也没工作的特斯拉找到了匈牙利政府中央电报局工程部，费了一番口舌之后，他终于获得了一个绘图员兼设计师的职位。尽管工作的薪水只够维持他的基本生活，但特斯拉还是利用每一点盈余资金购买设备，继续做他的实验。

匈牙利的工程师安东尼·西盖蒂是特斯拉的老同学。他"有着阿波罗般的美男子身材……头很大，而且头的一侧还长有一个包……这使得他的样子有点吓人"[32]。他成了特斯拉的心腹好友。有很多个夜晚，当这位初露头角的发明家没有沉浸在研究中时，两位好友就会在当地的咖啡馆会面，在那儿谈论当天发生的事情，或者玩一些友好的游戏，比如比赛谁喝的牛奶多。特斯拉说，有一次，安东尼喝了 38 瓶牛奶！特斯拉只好认输。[33]

由于资金匮乏，经常入不敷出，特斯拉只有一套正装，而且已经破旧得难以再继续穿了。一个宗教节日来临时，西盖蒂问特斯拉准备穿什么衣服。这位年轻的发明家一时语塞，他突然想到一个"聪明的"点子——将他的外套的里子往外翻，这样衣服看上去就像新的一样了。整个晚上，特斯拉都在裁、熨他的衣服。但是，如果一件事从一个错误的前提出发，再多的修补也无济于事。结果他的整套衣服看起来非常滑稽，特斯拉只好待在家中。[34]

几个月后，"美式"电话局在布达佩斯开业了，特斯拉也随即有了工作。这家新企业使年轻的工程师们亲身学习到了当时最先进的发明应该如何操作。特斯拉也第一次了解到托马斯·爱迪生的成果。爱迪生被誉为是"发明家中的拿破仑"，他改进了贝尔发明的电话，促进了通信领域的革命。特斯拉能爬到电线杆上检查线路、维修设备；地面上的他是一名机械师和数学家。他研究了感应原理：一个物体如果带有电荷或电磁电荷，则它即使在与另一个物体没有接触的情况下，也会使另一个物体产生相应的电荷、动力或磁力。他还研究了爱迪生的很多发明，比如他的复式电报（能使4个摩尔斯编码消息同时向两个方向发送），还有他的感应触发式的碳磁盘扬声器（今天的任何一部电话话筒，都仍在运用这种又扁又圆、易拆除的设备）。天性使然，特斯拉把各种器械拆开，然后构想改进它们的方法。通过把碳磁盘变成圆锥形，他制造出了一种扩音器——它能重复信号，从而增强信号的传递。特斯拉发明了现代扩音器的雏形，但他一直不屑于为他的这一发明申请专利。

除了和好友西盖蒂一起放松消遣之外，特斯拉把所有业余时间都用于继续寻找从直流电机中移去转向器的解决办法以及在没有笨拙的调解器的情况下利用交流电的方法。虽然答案似乎已经近在眼前了，但它却不会自己现身。特斯拉用了数百个小时组装、调试设备，并和他的朋友讨论他的观点。[35]

特斯拉一门心思地进行演算，翻阅他人的著述。他后来写道："对我来说，那是一个神圣的誓言，一个关乎生死的问题。我知道，如果我失败了，我将被毁灭。"[36]他固执而狂热地追求他的目标，甚至牺牲了睡眠和一切休息时间，竭尽全力地想彻底证明：他是对的，珀施尔教授和其他人是错的。结果，由于体力和脑力的过度消耗，他遭受了一次严重的神经崩溃，得了一种"完全难以置信的"疾病。据称他的脉搏猛增至每分钟250下，他身体不停地抽搐和颤抖。[37]"我能听到……三个房间以外手表的滴答声。一只苍蝇飞落到桌上……也会让我的耳朵感到一阵沉闷的撞击声。车子远远地经过……就会让我全身发抖……我必须将橡胶气垫垫在床下，才能得到些许的休息。……如果太阳光时断时续，它们会给我的大脑造成不停的打击，力度大得能让我晕过去。……在黑暗中，我有蝙蝠般的感觉，能通过前额上一个奇异得有点令我毛骨悚然的感觉点……察觉到物体的存在。"一个令人敬重的医生"称他的病很罕见，而且无法治愈"。尽管特斯拉拼命地支撑着自己的生命，但他康复的希望却很渺茫。[38]

特斯拉将自己的康复归功于"一种活下来继续工作的强烈欲望"和喜好运动的西盖蒂的帮助。西盖蒂强迫他到户外去，让他做一些有益健康的运动。神秘主义者将特斯拉的神奇康复归因于他的松果腺[1]得到激发，从而使他的意识达到了一种更

---

[1] 松果腺（pineal gland 或 pineal body）：脑内的内分泌腺体，可调节褪黑激素（其基本功能就是参与人体抗氧化系统的运转，防止细胞产生氧化损伤）的产生。——译者注

高层次的神秘状态。[39] 一次，特斯拉和西盖蒂在日落时分的公园里散步，解决发电机问题的答案突然变得清晰起来，当时，他正朗诵歌德《浮士德》里的一段"光辉篇章"：

> 看！夕阳西下，红光漫天；
>
> 村庄里炉火四起，绿烟缭绕。
>
> 夕阳西沉，余晖褪尽，一日时光已成过往。
>
> 它催生出一幕幕新的生命场景，都将醒来。
>
> 啊！高飞的翅膀，载我向前吧，
>
> 带我到达最后一缕阳光召唤的地方。

"当我念出这些振奋人心的句子时，"特斯拉道，"真理（突然）显现出来。我用一根木棍在沙地上画出各种图表。这些图表 6 年后被展示给了我所在的单位——美国电气工程师学会。……即使皮格马利翁见到他的雕像复活也不可能比我当时的心情更激动。我愿意用一千个我可能偶然发现的大自然之秘密来交换这一个秘密，为了攫取这个秘密，我不计一切代价，甚至冒着生命危险。"[40]

特斯拉强调，他的概念化过程包含了新的原理，而不仅仅只是将前人的成果加以改进。

特斯拉的这项交流电方面的发明后来被称作旋转磁场（rotating magnetic field）。简单地说，就是特斯拉运用了两个电路（而不是通常情况下的单个电路）来传输电能，这样就能产生两股相位差为 90 度的电流。它的效应即是：通过电磁感应，接受磁体（或称电动机电枢）会在空中旋转，从而持续地吸引一连串稳定的电子流，不管电荷是正电荷还是负电荷。他还得出了解释这一效应的机制。[41]

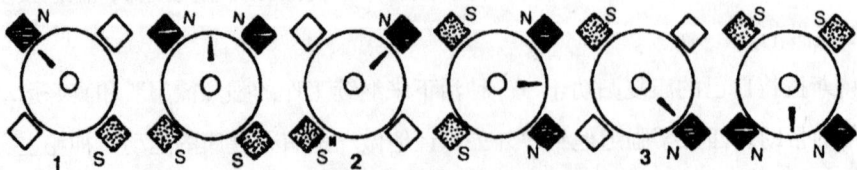

演示磁场旋转的发电机示意图
（注意观察以上各阶段中"N"的变化）

1888 年，特斯拉在他对美国电气工程师学会所做的演讲中第一次提到了这个示意图（或者是与此图十分类似的示意图）。每一个小方块代表了同一个电枢在它旋转轨迹中不同的点。有两个相互独立的电路，或者使两股电流对角交叉，使它们之间的相位差同步成 90 度。例如，在第一个位置（第一个小图）时，电枢指向电路磁场的北极（该电路为南北向，电从右下方向左上方流动）；另一个电路（电从左下方向右上方流动）处在变化的位置，使得两个电极都没有电荷。如果我们看看右边的小图（该图是几分之一秒后，随着交电流持续流动而发生的情形），会发现电荷开始进入第二个电路（即电从左下方向右上方流动）；此时，另一个电路的电荷也开始反方向流动，但电磁场的磁极保持不变。由于在这几分之一秒中产生了两个北极，电枢旋转到二者之间。在第三个小图中，那个电从右下方向左上方流动的电路在其改变其磁极的过程中被中和了，而那个电从左下方向右上方流动的电路保持了它刚形成的极性。因此，电枢继续向最北的位置转动。[42]

“在不到两个月的时间里，”特斯拉写道，“我几乎改良了所有类型的电动机，并对现在以我的名字命名的系统作了一些改进……那是一段快乐的时期，我感到了前所未有的完满和快乐。灵感像一股川流不息的清泉不断地涌现在我的脑海里，我唯一的困难是如何将这些灵感牢牢地抓住。”[43] 在这段时期，特斯拉不仅发明了单相电动机（其中两个电路成 90 度的相位差），还发明了多相电动机（使用 3 个或 3 个以上相同频率的、相互间成非 90 度的多种相位差的电路）。电动机会完整地在他脑海里运转；然后他就会酝酿出改进和补充设计的方案；最后，他会用一个笔记本记下这些方案，并在上面进行各种精细的数学演算。这种按部就班的程序渐渐成为了他的一种习惯。

原先就雇用过特斯拉的费伦茨·普斯卡斯问他，是否愿意去帮他的哥哥蒂瓦达尔经营在巴黎新开的爱迪生照明公司。特斯拉称：“我欣然接受了。”[44] 他还为西盖蒂提供了一个职位，这样特斯拉可以很幸运地和好友一起踏上新的征程。

特斯拉是第一个构想出旋转磁场的人么？答案是否定的。早在 1824 年，一个称为弗朗索瓦·阿拉戈的法国天文学家就做过用圆铜片使磁铁臂旋转的实验。

第一个和特斯拉 1882 年所呈现的旋转磁场相似的、可操作的旋转磁场，是 3 年前由沃尔特·贝利先生设计出来的。贝利于 1879 年 6 月 28 日在伦敦物理学会（Physical Society of London）公开了论文《实现阿拉戈旋转的一种方式》（*A*

Mode of Producing Arago's Rotations）[45]，阐释了旋转磁场的原理。这一发明包含两块电池，电池由两对电磁体连接起来，这两对电磁体成"X"形相交，还有一个充当开关作用的转换器。这个旋转磁场是通过交替地启动转换器而产生和维持的。在这种情况下，贝利称："在电磁体的作用之下，整个磁场就会间歇性地旋转，这使得圆铜片也旋转起来。"[46]

两年后，在1881年的巴黎博览会上，马塞尔·德普雷展示了他的成果。他预测："使两股不同步的交流电通过电磁体，即使没有转换器的协助，也能产生出旋转磁场。"[47]德普雷的发明在本次电气展上还获得一个奖项，然而，他的发明有一个很大的问题：两股电流中，有一股电流是"由机器本身提供的"。此外，这一发明从没有得到实践的验证。[48]

在特斯拉将他的旋转磁场的成果公诸世界（1882年初）之后，又有其他的科学家发明出了特斯拉旋转磁场的类似物。他们中就包括意大利都灵的加利莱奥·费拉里斯教授（1885—1888年），还有美国的一名工程师查尔斯·布拉德利（1887年）。费拉里斯受到了卢西恩·戈拉尔和乔治·吉布斯的成果的影响。这两人在19世纪80年代中期设计了交流电变压器。1883年，他们在伦敦的皇家水族馆呈现了他们的交流电系统。[49]1885年，他们在意大利安装交流电配电系统时遇到了费拉里斯。[50]乔治·威斯汀豪斯用5万美元将他们的这一发明买下；次年，威斯汀豪斯的首席工程师威廉·斯坦利将其安装于马萨诸塞州的大巴灵顿（Great Barrington）。然而，戈拉尔和吉布斯二人的发明仍然没有去除转换器，而去除转换器正是特斯拉设计的最明确目的。

费拉里斯发表过一篇关于他独立发现的旋转磁场成果的论文，他在该文中写道："这个原理对于电动机来说不会有任何商业价值。"学习了特斯拉的成果之后，费拉里斯说道："与我的成果相比，特斯拉的研究又有了很大的进步。"[51]

在9项特斯拉交流电相关专利得到批准后，布拉德利于1887年5月8日申请了一项多相交流电设备的专利（专利号为390439）。同年，哈塞尔万德用集流环代替直流电汤姆森-休斯顿装置中的转换器，也设计了直流电枢上的二相和三相绕组[1]。[52]

一位伦敦的物理学教授西尔维纳斯·P.汤普森在他1897年的一本关于交流电动

---

[1] 绕组（winding）：构成与变压器标注的某一电压值相对应的电气线路的一组线匝。——译者注

机的综合教科书中，讨论了特斯拉发明优先权的问题。汤普森（与伊莱休·汤姆森没有关系）在当时被认为"可能是健在的最好的电学科作者"，他说，特斯拉的研究与前人以及同时代人都有着明显的不同，他"发现了一种新的以电传电的电能传输方法"[53]。

有一个悬而未解的问题是，特斯拉到底知不知道贝利的研究。他很有可能曾读过贝利的论文，虽然当时没有人（包括贝利）认识到特斯拉研究的意义，也没人明白如何将其转化成实用的发明。[54]特斯拉在 19 世纪 90 年代初说过："我知道，通过间歇性地改变发动机其中一个部件的电极而使电动机转动并非新事物……但是，在这样的情形下，我运用了真正的交流电；我的发明体现在我发现了运用交流电的模式或方法。"[55]

几年后，一个广为人知的、关于"特斯拉多相交流电系统"（Tesla Alternating Current Polyphase System）专利优先权的诉讼案上，美国康涅狄格巡回法庭（U.S. Circuit Court of Connecticut）的法官汤森指出，在特斯拉的发明问世以及他 1888 年在美国电气工程师学会所做的讲座之前，还没有交流电动机；再者，参加特斯拉讲座的人中，没有谁具有公认的专利优先权。贝利处理的是"与实际脱节的抽象问题，而特斯拉创造出了一个切实可操作的产品，开启了该领域的一次革命"[56]。特斯拉的诸多专利还被证实与一些个人的专利相冲突，比如查尔斯·布拉德利的专利、蒙斯·卡巴内利亚斯和迪梅尼的专利、威廉·斯坦利的专利以及伊莱休·汤姆森的专利。[57]

在之前涉及相似的专利优先权争议的一个案件中，汤森法官对今天人们所谓的"显而易见的教条"（doctrine of obviousness）作了回应：

> 一种看似简单的新发明物，常常会让没有经验的人认为：任何熟悉该学科的人都可以发明此物。但关键问题是，在相同的领域里，有数十甚至数百名其他同行也在辛苦工作，但之前却没有人发明它。……贝利以及其他人（比如布拉德利、费拉里斯、斯坦利）没有发现特斯拉发明的成果，他们讨论的是带有转换器的电气照明机器。……诸多杰出的电学家一致认为：由于交流电的方向顺逆不定，而且方向改变的速度太快，交流电动机无法实现；未来的电动机将属于整流直流电动机。

> 要将阿拉戈的"玩意儿"转化为电动机……还有待特斯拉的天才头脑

来完成。[58]

　　特斯拉发现了如何有效地利用旋转磁场，而这真的只是特斯拉发明的一小部分。在他的发明出现之前，电只能输送大约一英里，而且电只能用于住宅的照明。而在特斯拉的发明出现之后，电已经能输送几百英里，而且电不仅能用于照明，还能用于家用电器以及工厂里的各种机器。在科技革命快速前进的道路上，特斯拉的发明是一个飞跃。

第四章
结识门洛帕克男巫[1]（1882—1885）

哦，他很健谈，而且，可以这么说，他也很能吃。我还记得第一次看见他时的情景。那段时间，我们正在巴黎郊外的一个小地方做实验。一天，一个瘦瘦高高的年轻人找到我们，说他想找一份工作。我们给了他工作，想着他很快就会厌倦这份新工作，因为我们当时一天要工作20~24个小时。但他却一直坚持了下来。工作的忙碌有所缓和之后，我的一个职员跟他说："特斯拉，你工作非常勤奋，现在我要带你去巴黎，让你好好地吃一顿。"于是他带着他去了巴黎最贵的一家餐馆。在那里，他们烤了两块薄牛排，中间夹一块加厚牛排。特斯拉很轻松地吃掉了其中一块大牛排，然后我那个职员对他说："老兄，还想来点儿啥？我请客。""哦，先生，如果你不介意的话，"我这位学徒答道，"我想再来一份牛排。"他离开我后，又去干了其他的事情，并取得了不少成绩。

——托马斯·爱迪生[1]

在费伦茨·普斯卡斯的建议之下，特斯拉于1882年4月离开布达佩斯，前往巴黎。他很高兴能有机会见到来自美国的叫作爱迪生的人。他准备制造他发明的电动机，并寻找投资者。同时，他的这段经历还有报酬。19世纪80年代的巴黎是现代时尚的中心：男人们穿着燕尾服，戴着丝织高顶礼帽；女人们扎着麻花辫，穿着有饰边、带裙撑的长裙；富有的游客们准备把最新潮的华丽服饰带回自己的国家去。来迎接特斯拉的是费伦茨的哥哥蒂瓦达尔·普斯卡斯，他是一个严肃的司机，但同时也是一个很能"侃"的人。[2]特斯拉的头脑本来就天马行空，这回可算遇到一个"强有力的同盟"了。特斯拉一面学习各种操作，一面与普斯卡斯商量秘密地接近查尔斯·巴彻勒的策略。他们想把特斯拉的新电动机介绍给巴彻勒，他是新成立的欧洲大陆爱迪生公司（Compagnie Continental Edison）的经理。

巴彻勒之前是英格兰曼彻斯特居民。他是一个"能工巧匠"。一年前，他的公司——科茨线扣公司（Coates Thread Company）——发明出了一种新型的造扣机器，因此派他到美国来介绍该机器。[3]在美国，他遇到了爱迪生，并很快成为了爱迪生最

---

[1] 此处的"男巫"指代爱迪生。门洛帕克（Menlo Park）是美国新泽西州东北部一个小村庄，1876—1887年，爱迪生的实验室曾设在该地。——译者注

信任的合伙人。巴彻勒改进了最初的留声机，并完善了电灯泡的灯丝。他还在美国新泽西州经营生意，后来又把业务扩展到欧洲。他拥有爱迪生的很多国际公司 10% 的股份。[4] 巴彻勒心胸开阔，虽然他非常繁忙，却平易近人。

也许安东尼·西盖蒂与特斯拉是同时从布达佩斯移居到法国的，因为他们两人都受雇于普斯卡斯，而且"在巴黎，他们几乎经常在一起"。西盖蒂写道："特斯拉……当时对他革新电动机的想法非常狂热，他和我谈过很多次，还跟我讲他想制造和生产……无须转换器的电动机……的计划。"[5]

巴彻勒在塞纳河畔的伊夫里买下了一个工厂，用于制造发电机和灯泡。作为爱迪生最亲密的伙伴，巴彻勒规划在全欧洲建立多个照明设备制造中心。他在英格兰也有计划，当时伦敦的水晶宫博览会上正在展出爱迪生新发明的白炽灯。[6] 巴彻勒需要一批能干的人去执行各种要务，他经常给爱迪生写信，谈及各种工人的技术水平问题。他对普斯卡斯的印象尤为深刻。普斯卡斯在 1881 年巴黎博览会上成功地组织了爱迪生照明设备展。"普斯卡斯……是唯一知道积极进取的工人，"他写道，"我认为你应该坚持（让他成为合伙人）。"[7]

不到 6 个月的时间，欧洲大陆爱迪生公司就生产出了优于美国所造的电灯。[8] 公司在欧洲的大部分主要城市建立了照明设备制造中心，用来生产室内照明设备以及用于城市街道照明的室外弧光灯[1]。特斯拉上班的地点是在塞纳河畔的伊夫里市，他和其他工人一起接受培训，以便能到户外辅助运行这些设备。"我永远无法忘记这座魔力城市给我留下的深刻印象。到那以后的几天里，我游荡穿梭于街道之间，被这全新的景象迷住了。有很多东西吸引着我，让我无法抗拒。但可惜的是，我的收入拿到手不久就被花掉了。当普斯卡斯问我近况如何时，我（回答）道：'这个月后 29 天最难熬！'"[9]

每天上午上班前，特斯拉清晨 5 点钟起床，然后在塞纳河的一个公共浴池里游 27 圈；晚上，他会和工人们打台球，谈论他的交流电新发明。"他们中有一个叫 D. 坎宁安的先生是机械车间的领班，他主动提出愿意为我建立股份公司。这个提议对当时的我来说几乎滑稽到了极点，它对我而言毫无意义，但我知道这是美国人的做事方式。"[10]

---

[1] 弧光灯（arc lamp）：一种用碳质电极产生的电弧做光源的强光灯，由于色温与日光的色温相当接近，常被用来当作室外彩色摄影的照明灯。——译者注

T.C.马丁写道："事实上，虽然有一个商业圈的朋友劝诱和怂恿特斯拉成立一个公司，以开发他的发明，但年轻而缺乏社会经验的特斯拉一心想的却是赶快找个机会发表他的观点。他相信，这些观点不仅是电学理论的巨大进步，而且肯定会对整个发电机制造业产生深远影响。"[11]

业余时间，特斯拉会习惯性地把他关于交流电发明的设计细节和数学推演记在笔记本上[12]，并研究飞行器的不同设计方案。他可能已经找到资助人了，因为他收到了一个"法国知名制造商"[13]约他外出打猎的邀请。也许特斯拉还没有从在布达佩斯时差点让他丧命的古怪疾病中完全康复过来——这次外出后，他又开始"感觉我的脑袋着了火。我看到灯里仿佛有一个小太阳；整个晚上我都用冷敷的办法来减少剧烈的头痛"。这些文字是特斯拉40年后写的，但他称"这些刺眼的景象仍时常会出现在我眼前，就像一个能打开诸多可能性的新点子会突然袭来一样"[14]。

夏天，特斯拉要么在巴黎歌剧院里负责舞台灯光，要么到巴伐利亚（Bavaria）协助剧院配线。到了秋天，他会帮助巴黎新建的中心电站铺设地下电缆，或前往柏林，在咖啡馆安装白炽灯。[15]

那年年末，特斯拉"向公司的一个管理人员劳先生呈交了一份改进他们发电机的计划，并得到一个机会"。路易斯·劳是欧洲大陆爱迪生公司在蒙沙宁大街（rue Montchanien）的董事，"他家里的全套照明用的都是爱迪生的产品，非常漂亮"[16]。他允许特斯拉实施他的现代化计划。不久后，这位青年发明家的自动调节器就已完成设计，并受到了欢迎。[17]特斯拉或许还期望自己的新贡献能够得到报酬，但在得到报酬之前，他就被派往斯特拉斯堡[1]工作。

1883年1月，巴彻勒用船将200盏灯运到了坐落在火车站旁的斯特拉斯堡发电厂。[18]之后没到3个月，特斯拉就来到这里，对这些灯的使用情况进行检查。他在这里待了一年。

巴彻勒一直在催促爱迪生尽快检查那些从美国买来的发电机，让它们至少能坚持两到三天全负荷发电，因为有漏洞的电枢和不良的绝缘性能已经变成了常见的毛病。这类问题在斯特拉斯堡发电厂显得尤为突出。[19]由于"所有的车间的构造不同"，[20]所以需要训练有素而富于创造力的工程师来使一切顺利运转。巴彻勒

---

[1]斯特拉斯堡（Strasbourg）：法国东北部城市，与德国隔莱茵河相望，目前属于法国领土。但是在历史上，德国和法国曾多次交替拥有对斯特拉斯堡的主权，因而该市是法国和德国两种不同文化的交会之地。——译者注

将特斯拉派到斯特拉斯堡，显示出他对特斯拉的能力很有信心。然而，巴彻勒在他给爱迪生的信件中似乎并没有提到特斯拉。不管怎样，特斯拉对斯特拉斯堡的情况的描述与巴彻勒的叙述相吻合："配线有缺陷，正当开张仪式之时，一道墙的大面积线路竟在年老的威廉一世在场的情况下，突然因为短路而被烧坏。德国政府拒绝购买斯特拉斯堡发电厂，这家法国公司面临着严重的损失。凭借着我的德语水平和过往经验，我被委以重任，去那里解决一系列难题。"[21]

特斯拉预料到自己将会在斯特拉斯堡待很长时间，所以他从巴黎随身带了用于制造他第一台交流电动机的材料。只要一有时间，特斯拉就在"火车站对面的一个机械店"[22]的密室里悄悄地造电动机。然而，他的第一台电动机到了夏天都还没能开始工作。他的助手安东尼·西盖蒂铸了铁盘，特斯拉将其"安放在一枚针上"，并用线圈将其部分缠绕好。[23]"最后，"特斯拉写道，"我目睹了电动机在没有滑动触点(sliding contact)也就是转向器的情况下，因不同相位的交流电影响而产生的转动，这跟我一年前所设想的结果完全一样。我感到了无比的满足和喜悦，不过这种喜悦无法跟我第一次发现原理时的狂喜相比。"[24]

特斯拉将他的新发明拿给他的朋友斯特拉斯堡市长博赞先生看，博赞竭力帮他吸引富有的投资人，"但让我感到难堪的是……没有任何回应"。他一回到巴黎，便索要他在斯特拉斯堡艰难取得成功的奖励，因为这是公司之前向他承诺过的。他找到了公司老板，"经过数天的艰难周旋后，我开始意识到，我要的奖励只不过是空中楼阁而已……巴彻勒先生催我到美国去重新设计各种爱迪生发明的机器。我决定到这个前途光明的国家碰碰运气……"[25]

特斯拉的第一个主要传记作家约翰·奥尼尔提到，巴彻勒给爱迪生写了一封介绍信，信中写道："我认识两个很了不起的人，一个是你，另一个就是这位年轻人。"[26]这个被反复提及的故事的真实性无据可依。例如，巴彻勒在特斯拉到达美国至少3个月前还在美国[27]，因此，他并不需要写信给爱迪生。再说，爱迪生在他去视察他在欧洲的公司运营情况时，就在巴黎见过特斯拉，尽管他在欧洲的这次短暂停留鲜为人知。[28]奥尼尔还错误地称巴彻勒是爱迪生的"前助理"[29]，而巴彻勒可能是爱迪生一生最亲近的同事。不过，爱迪生的确证实道："特斯拉在纽约为我工作。他是我的助手巴彻勒从巴黎带来的。"[30]但爱迪生没有提及巴彻勒对特斯拉才能的赏识。1883年10月28日，在特斯拉为欧洲大陆爱迪生公司工作整整一年后（他当时正驻扎在斯特拉斯堡），巴彻勒列出了"两三个人……的名字，根据他们的工作表现，我可以说他们很能干：巡视员斯托特先生，我的助手维西埃先生，还有杰弗里先生（他所在的厂总是受到很高的评价）……其他还有一些能干的人，但我认为这几个是最棒的"[31]。如果巴彻勒像奥尼尔所宣称的那样看重特斯拉，那特斯拉的名字理所当然应该列在这封信里，或者列在我所读过的巴彻勒写给爱迪生的其他信件中。

去美国前，特斯拉曾和一个科学家有过交往，他正在研究存在于一般饮用水中的微生物。几年前与霍乱的抗争使特斯拉产生了恐惧，在此影响下，他得了一种恐惧症，使他不敢接触未净化的水，吃饭前他会仔细擦洗他的餐具，他尽量避免去不卫生的餐馆就餐。后来他写道："如果你能花几分钟时间，看看那些丑陋不堪的带毛动物是如何互相厮打，看到它们喷溅出的东西融入水中，那么你就再也不会喝一滴没有煮沸或是未经杀菌的水了。"[32]

1884 年春，特斯拉带着佩塔尔和帕约两位叔叔给他提供的旅费，[33] 收拾好他的行李装备，登上了驶往美国的轮船。尽管他的船票和部分行李被偷，但这并没有阻碍他出发的脚步。"我的决心，加之我的机敏，使我最终战胜了困难……我想尽办法，最后还是登上了赴纽约的船，身上带着被偷后剩下的财物、我写的一些诗和文章，还有一个装有各种演算过程的包袱，这些演算涉及一个'无法解决'的积分问题的解决方法以及我的飞行器设计方案。"[34] 旅途显然并不愉快。船上发生了一系列的"暴乱"，特斯拉还差点被撞出船去。[35]

1808 年，汉弗莱·戴维通过在两个有狭小间隙的碳棒间传送电流，发明了一种人工照明物。这个简单发明物后来发展成为了弧光灯，被用在了 19 世纪 60 年代的灯塔里，并由摩西·法默在 1876 年的费城世界博览会上展出。到了 1877 年，众多研究者都在探索将白炽效果置于玻璃外壳内，因为这样一来，白炽灯将变得更加安全，从而易于拓展市场，推广普及至一般家庭。于是，一场竞赛就在一些发明家之间展开了，比如查尔斯·布拉什、托马斯·爱迪生、摩西·法默、圣乔治·莱恩-福克斯、海勒姆·马克沁、威廉·索耶、乔瑟夫·斯旺。

"要不是因为我偶得机会，电灯也不可能发展成现在这个样子。"爱迪生说道。[36] 正因如此，爱迪生后来挑战法默的合伙人威廉·华莱士，和他比赛谁将第一个发明高效的电灯。爱迪生夸口道，他很快就会用 50 万只白炽灯照亮整个纽约城。他和他的公司经理格罗夫纳·洛厄里也因此确保了从一些投资人手中募集到大量资金，比如第一条横贯全美铁路的拥有者亨利·维拉德、金融家 J. 皮尔庞特·摩根。

经过 3 年的研究，一个叫作威廉·索耶的嗜酒如命的电报员和他的律师兼合伙人阿尔比恩·曼于 1878 年 11 月开始申请一项白炽灯的专利，这种白炽灯运用了碳棒（丝），内部充满氮气。他们宣称他们已经打败了爱迪生。另一个竞争者约瑟夫·斯旺拿掉了氮气，保留了碳灯丝，发明了一种低电阻灯。爱迪生意识到，若使用低电阻方案，将电传输至几百英尺以外所需要的功率非常巨大。于是，他于 1878 年 9 月发明了一种高电阻真空灯，这种灯的能耗大大减少。他革命性地发明了一种称为支线的配线模式。[37] 他发明的新式斯普伦格尔泵（Sprengel pump）更是锦上添花。威廉·克鲁克斯一直推荐将这种泵用作玻璃密闭管的真空抽气设备。此时离他申请另一个专利的时间（1879 年 4 月 22 日）仅相隔 6 个月。他的这项新设计降低了功率要求，从而将铜的成本投入降低了百分之五十。[38]

这场竞争非常激烈，爱迪生的资金支持者们都有点战战兢兢了。他们给爱迪生提议：他们买下索耶公司的专利，然后将爱迪生公司和索耶公司合并。那时爱迪生还没将碳确定为灯丝材料，他竭尽资本搞实验，实验过的材料包括硼、铱、镁、铂、硅和氧化锆。同时，他还派专人去南美的亚马孙河地区、玻利维亚以及日本、印尼的苏门答腊岛寻找稀有的竹子（这也在他当时考虑的材料之列）。直到 1881 年，他才最终将对象锁定在一种碳化纸上。

然而，在此期间，索耶和曼在爱迪生不知道的情况下，找到了洛厄里。他们发明的灯比爱迪生的优良，并已获得专利，投入使用。洛厄里想让爱迪生参加"四方"讨论，但爱迪生只是派了一个代表去参加，这个代表"不敢将洛厄里的话一五一十地转达给爱迪生，但爱迪生听了还是因为洛厄里的骑墙态度而气得直发抖。……他一边吐烟雾，一边咒骂，称那并不新鲜——就是缺乏信用！"[39]

爱迪生坚决不与索耶和斯旺或者其他任何人联合。他继续进行大肆的宣传活动，宣称他发明的灯是"真正的阿拉丁神灯[1]，……是一个伟大发明家的胜利"[40]。

在华尔街巨头的支持下，爱迪生开始为门洛帕克村庄以及纽约富商的私人住宅提供照明。其中的第一个私人住宅便是 J. 皮尔庞特·摩根的邻近三十六街和曼迪逊大道[2]的住所。那一年是 1881 年。

---

[1] 阿拉丁神灯（Aladdin's lamp）：源自《天方夜谭》，该灯可满足持有者的一切愿望。——译者注
[2] 曼迪逊大道（Madison Avenue）：纽约一街道名，美国主要的广告公司、公共关系事务所集中于此。——译者注

　　为了运行发电机，爱迪生设计了一台蒸汽机和锅炉，然后将发电装置安装在房子后面新挖的地窖里的马厩下面。通过院子下面一个砖砌的通道，电线被连接到家里相关装置中新安装的白炽灯上。"当然了，发电装置经常发生短路或是崩溃。即使运行状态最好的时候，这些发电装置也给其主人和邻居带来了不少的麻烦：邻居们都抱怨发电机的噪声太大。隔壁的詹姆斯·M.布朗夫人称，发电机的振动使她的房子都有些颤动。"[41]

　　第二年（也就是1882年）的9月4日，曼哈顿珍珠街（Pearl Street）新建的总电站开始发电。该电站向华尔街很多大楼提供照明电源，包括摩根的办公楼。

　　1884年晚春，特斯拉乘船抵达纽约。当时，历时十余年修建的标志性建筑布鲁克林大桥[1]竣工不久，自由女神像的最后部件也快安装到位。此时的特斯拉28岁，"高高瘦瘦的，面容消瘦而精致"[42]，留着很神气的胡子，看上去还是一副少年模样。

　　特斯拉对这片"新大陆"的第一印象是：它的文明程度很低，与欧洲各大城市相比，它在生活方式上落后了一百来年。为了去找一个老朋友，特斯拉推迟了一天见爱迪生。在途中他碰巧"经过一家机械修理店，店里的领班正试着修理一台电机……修好无望，他已经决定放弃了"[43]。这个故事的其中一个版本是：特斯拉同意"无偿"[44]帮他修好电机。特斯拉后来有一次透露道："我参与了这种电机的设计，但我没告诉他们。我问道……'如果我把它修好，你会给我什么报酬？''20美元。'他答道。我脱了外衣，开始工作……一个小时后，电机已经能完全正常运转了。"[45]这个故事很重要，因为通过它不同的两个版本，出现了两个不同的特斯拉：一个以钱为行为动机，另一个则相反。

　　不管怎样，特斯拉对"新大陆"的粗糙特性感到很震惊。[46]他小心翼翼地来到了爱迪生的新实验室。这个实验室之前是一家铁厂，坐落在戈尔克大街（Goerck Street），离当时爱迪生正在建造的珍珠街总电站只相距几个街区。[47]巴彻勒可能已先一步见过了特斯拉，并将他介绍给了爱迪生。"见到爱迪生，我兴奋到了极点。"特斯拉说道。[48]

　　爱迪生可能知道特兰西瓦尼亚（Transylvania）与特斯拉的故乡很近，而且他对居住在特兰西瓦尼的被称为"吸血鬼"的弗拉德·德古拉伯爵的传说很感兴趣，

---

[1]布鲁克林大桥（Brooklyn Bridge）：美国最老的悬索桥之一，其桥面横跨东河，连接美国纽约州纽约市的曼哈顿与布鲁克林。它在完工时是世界上最长的悬索桥以及第一座使用由钢铁制成的悬索的桥梁。——译者注

所以爱迪生问新来的特斯拉："可曾尝过人肉？"[49]

特斯拉对爱迪生的这个问题很是震惊，令他同样感到惊讶的是，爱迪生"完全无视最基本的一些卫生原则"[50]。他回答说"没有"，并问爱迪生平时都吃些什么。

"你是说，我吃了些什么，能让我这样聪明绝顶吗？"

特斯拉点了点头。

"哦，我每天都吃威尔士兔肉，"爱迪生答道，"经过一夜又一夜的辛苦工作，只有威尔士兔肉早餐能够恢复我的脑力。"

爱迪生只是玩笑式地怂恿他尝试，但初出茅庐的特斯拉却将他的话信以为真，也开始效仿爱迪生吃起了这一特别饮食，尽管特斯拉自己的胃很不适应。[51]

关于这次与爱迪生的会面，特斯拉的描述纷繁不一，主要取决于他在讲述这次经历时的心情以及观众的规模大小和具体情况。在他的自传里，他写道："和爱迪生见面是我生命里非常难忘的一次经历。这位杰出人物让我很是惊叹：他年轻时没有有利条件，也没受过科学的训练，却取得了如此大的成就。我学习过十来门语言，钻研过文学和艺术，并在实验室里度过了我最好的年华……我感觉我大部分的生命都被浪费掉了。"[52]

特斯拉很快就意识到，他所接受过的教育和训练以及他的数学能力，比起爱迪生单一而缓慢地反复实验（trial and error）的方法，在工程上有一种极大优势。1931年，爱迪生去世，特斯拉当时痛苦地追忆道："如果爱迪生要在草堆里找一根针，他不会先停下来认真分析针最有可能掉在哪里，而是会立刻开始行动，像一只狂热而勤奋的蜜蜂一样，一根稻草一根稻草地搜索，直到找出目标为止……作为他的实践的亲眼目睹者，我为他感到遗憾。因为我知道，哪怕一个小小的理论，再加上计算，就能为他省去90%的力气……完全凭借着他作为一个发明家的直觉和美国人特有的实用精神……他能取得这么多巨大的成就，这是一个十足的奇迹。"[53]

这就难怪特斯拉在向爱迪生描述他新发明的交流电机时，遭到了坚持实用至上的爱迪生的彻底否定。特斯拉不得不勉强接受巴彻勒的建议，即重新设计当时占有绝对优势的直流电机。据特斯拉说："经理向我承诺，如果完成了这项任务，将给我5万美元。"[54]于是，特斯拉着手开始工作，他"夜以继日地做实验，假日也不例外"，这也是这个工厂的一贯作风。[55]

托马斯·阿尔瓦·爱迪生是一个极其复杂难懂的人。他脾气很坏，但富有创造力和想象力，有决心且坚韧不屈。他是实力强大的竞争者，是世界上独一无二、最能搞发明的人。他的祖父约翰·爱迪生是一个保守党人士，在美国独立战争时曾因叛国罪被审，并被放逐加拿大；他的父亲塞缪尔·爱迪生曾将儿子绑在柱子上，当众打了他，原因是阿尔（Al，当时大家都这么叫他）在一个谷仓里引起了大火，差点烧着了社区里的其他建筑。[56] 在他通往华尔街的奋斗道路上，他与别人进行过争斗，以机智挫败过别人，并无数次地把和他竞争的发明家们远远地甩在身后。在爱迪生一系列"技高一筹的发明"中，突出的发明包括电话送话器（话筒）、电子笔、音乐电话，以及双工[1]电报机（它能使电报机同时往两个方向发送 4 份信息）等。

了解爱迪生的人都知道，爱迪生常常在他的研发中心——世界上第一个发明工厂——里咒骂人，和他的员工们开玩笑。他将一种防护电网围在公司的地板边缘，使得公司免于蟑螂的骚扰；他还使用"麻痹控鼠器电击体型更大的有害动物"；他有时甚至在洗脸台上装上电线，搞得员工们都小心翼翼的。爱迪生是一个能说会道、擅长编故事的人。产品对于消费者的使用价值及其生产成本是"成就大小的唯一检验标准……爱迪生所做的一切都是为了实现这一目标"[57]。

爱迪生不仅是一个顶尖的技师，还是另一个完全不同的发明领域里的创造者。他最新颖的独创作品当属一个会发声的机器——留声机。凭借这一发明，爱迪生跻身于不朽人物的殿堂，他被称为"门洛帕克的男巫"。

爱迪生曾多次邀请公众参观他的实验室，所有不同层次的人都对他发明的各种机器感到惊叹，比如能唱歌、能再现鸟鸣声的留声机，能发出樱桃红色光的工艺灯以及其他各种能减轻人们工作负担的机器。

对于爱迪生来说，电灯的发明不仅是一项新的、巧妙的技术，它还蕴涵了一个新产业的种子。它在该领域中的诞生，将燃气公司的库存推向了坟墓。不过，爱迪生计划利用燃气公司的输气管道，在管道里安放铜线，而非危险的燃气，用电取代燃气。爱迪生将他的工作中心从新泽西州搬到了纽约市。在那里，他们全家在著名的格拉莫西公园（Gramercy Park）租了一所房子。有很多名人都居住在格拉莫西公园，比如大作家马克·吐温和斯特芬·克莱恩、雕刻家奥古斯特·圣 - 高登斯、建筑家斯坦福·怀特、《世纪》（*Century*）杂志的编辑理查德·沃森·吉尔德，还有

---

[1] 双工（Duplex Separation，简称 duplex）：信息在两点之间能够在两个方向上同时发送的工作方式。两台通信设备之间，允许有双向的资料传输。——译者注

出版家詹姆斯·哈珀。[58] 爱迪生后来记叙了他想精心组织一场家庭照明革命的计划：
"我心里一直有建设中心电站的想法……我找了一张纽约市的保险图，在上面划了一个区域，该区域被华尔街、运河、百老汇和东河[1] 所围绕。我在珍珠街购买了两幢破旧的楼房。每幢花了我 75000 美元。跟你说，这个价格真让我惊骇不已。"[59]

爱迪生在资金上问题重重。这不仅在于高昂的启动成本，还在于直流系统极低的效率、诸多关于发明专利的法庭之争，还有与众多的竞争对手的市场战役。这些竞争对手包括电刷电气公司（Brush Electric）、加固电气公司（Consolidated Electric）、索耶 - 曼电气公司（Sawyer-Man）、天鹅白炽灯公司（Swan Incandescent）、汤姆森 - 休斯顿电气公司（Thomson-Houston）、美国电气公司（United States Electric）和威斯汀豪斯公司（Westinghouse Corporation）。

"告诉威斯汀豪斯，叫他坚持做空气制动。他知道关于空气制动的一切。"爱迪生抱怨道[60]。但威斯汀豪斯不听他的。

除了威斯汀豪斯，爱迪生的另一个主要竞争对手是伊莱休·汤姆森。趁着爱迪生与索耶卷入法律纷争之际，汤姆森钻了专利归属尚不明确的空子，擅自将爱迪生给他的白炽灯用作模板，通过汤姆森 - 休斯顿电气公司生产和销售了大量的白炽灯。1883 年 10 月 8 日，专利局作出裁决：威廉·索耶先于爱迪生发明"带碳棒的白炽灯"[61]。虽然这个裁决后来被推翻，改判对爱迪生有利，但当时它却使汤姆森得以继续他的侵权行为。得益于索耶的专利优先权，汤姆森认为他"在道义上畅行无阻"[62]，因为他认为没有谁是被明确认定的白炽灯发明者。

正因如此，爱迪生非常讨厌汤姆森和威斯汀豪斯：前者背叛了爱迪生的信任，而后者现在站在了索耶的一边。出于安全、审美和实用方面的考虑，爱迪生积极推广地下电缆和直流电。"没有人能踩着高跷将水管和煤气管道架到空中。"爱迪生说道。[63] 他宣扬这样一个事实：过去有很多电工死于他的竞争对手的高架电线上。然而，这场争论最终演变成了直流电和交流电之争：爱迪生支持直流电，而汤姆森和威斯汀豪斯却开始实验交流电。因为交流电所使用的电压要高得多，故而爱迪生警告大众不要使用交流电。

弗朗西斯·厄普顿是爱迪生雇用的数学家，他是海姆霍兹实验室（Helmholtz's

---

[1] 东河（the East River）：纽约州东南部一海峡，连接上纽约湾与长岛海峡，并将曼哈顿岛与长岛分隔开来。——译者注

laboratory）的毕业生。从所接受的欧洲教育经历来看，他和特斯拉十分相似，属于同辈人。厄普顿在 1879 年做过估算，要点亮哪怕只是 9 个城市街区的 8640 盏电灯，其花费也将达到 200812 美元，因为这需要 803250 磅的铜线。通过更巧妙地架设电线，改进电灯的设计以及"一项符合并联电路的发明"，爱迪生将铜线的成本降低了近90%。但不管他怎么做，电站的辐射半径却无法超过两英里。[64]

被爱迪生亲切地称为"文化能人"的厄普顿建议参考交流电的最新成果来解决问题。于是，在 1884 年，他被派往欧洲与卡尔·济佩尔诺夫斯基、奥托·布拉蒂和马克斯·德里进行商谈。这三人都是匈牙利人，他们已经大大地改进了格拉德 - 吉布斯的交流变量器。爱迪生甚至开出 5000 美元的价格来购买这三人的交流电系统。但这实际上主要是为了安抚厄普顿，爱迪生并不看好交流电；况且，如果他的"愚蠢至极的对手们"要搞交流电的话，他绝不愿参与其中。[65]20 年的经验、他非凡的创造才能以及用直流电所实现的奇迹般的成果，都必须物有所值，而不能付诸东流，问题肯定能得到解决。

据爱迪生最早的一个传记作者、门洛帕克和戈尔克大街的长期员工 W.L. 迪克森所说："特斯拉是科学殿堂里的一颗闪耀的明星，他的天赋在当时就已经鲜明地展露出来了，使他成为了当时的一流专家之一。特斯拉'杰出的才智'让迪克森和其他的员工'彻底着迷'。因为特斯拉有时会'快速拟出各种项目的方案'，让［我们］兴奋不已；他有时会给我们讲述他离奇的童年家庭往事，让［我们］感动至极，对他深表同情……和大多数极具天赋的人一样，他非常质朴，很乐于通过给建议或是亲自动手来帮助那些感到困惑的技术员工。"[66]

虽然爱迪生对特斯拉的交流电动机不感兴趣，但特斯拉却"在短短几周时间里赢得了爱迪生的信任"。特斯拉曾经把亨利·维拉德的"俄勒冈"号远洋客轮（世界上第一艘用电照明的轮船）上的一组严重损坏的发电机修好，取得了最大的一次成功。"凌晨 5 点钟，"特斯拉回忆道，"在我经过第五大道，去往厂里的路上，我遇见了爱迪生，他身边还有巴彻勒和其他几个正要回家休息的人。"

"'这人就像巴黎人一样，夜间还东奔西跑的。'他说道。当我告诉他，我刚从'俄勒冈'号下来，而且把两个机器都修好了的时候，他只是一语不发地看着我……但走出去一段距离后，我听到他说：'巴彻勒，这是个相当不错的家伙。'从那以后，我在工作方面有了充分的自由。"[67]

特斯拉当时的工作地点有时在珍珠大街中心电站，有时在戈尔克铁厂。他安装和修理室内白炽灯和室外弧光灯，组装了很多爱迪生的直流发电机，还设计了24种不同的机器，这些机器后来成为了标准，取代了爱迪生原先使用的标准。[68] 同时，他还获得了一些产品的相关专利，比如弧光灯、调节器、发电机以及直流装置的转换器。他试图用他的新发明接近他的老板，获得加薪，并赢取爱迪生曾经郑重承诺过要给他的一大笔奖金。

公司的工作氛围比较随意，特斯拉时不时地与爱迪生、巴彻勒和其他一些公司高层人物一起进餐，比如爱迪生照明公司总裁爱德华·约翰逊、工程师及机械制造的小企业家哈利·利沃尔。他们最喜欢去的地方是爱迪生样品陈列馆对面的一家餐馆，它位于第五大街65号。吃饭的时候，大家一起闲聊、讲笑话。[69] 饭后，有些人会去台球室，在那里，特斯拉的反弹技术和超前计算的能力让在场的人佩服不已。[70]

利沃尔自吹他与爱迪生和巴彻勒签订了一个协议，要成立一个资本达1万美元的制造轴系的公司，由爱迪生和巴彻勒提供机器和资金，利沃尔自己提供工具和服务。[71] 特斯拉听了很是羡慕，他请利沃尔支招，特别是如何获得加薪，使他的薪水能从目前的每周区区18美元涨到较称心的25美元。"利沃尔欣然答应帮特斯拉向巴彻勒求个情……但令他非常惊讶的是，巴彻勒断然拒绝了这一请求。"

"不行，"巴彻勒回答道，"林子里像特斯拉这样的员工到处都是，用每周18美元的工资，我想找几个就能找几个。"在这段插曲之后不久，塔特开始受雇于爱迪生，作为爱迪生的秘书，利沃尔提及过他。塔特说，巴彻勒"所说的'林子'很可能就是指我在哈莱姆[1]附近未能找到的那片林子"[72]。关于这个故事，特斯拉的叙述版本略有不同："9个月以来，我在（爱迪生机械厂）每天上午10点半开始工作，一直工作到次日凌晨5点钟。一直以来，我越来越急于研究出我的新发明（即交流感应电动机），决心要把这项发明摆在爱迪生的面前。关于这一点，我至今仍然记得一件很奇怪的事。那是1884年年末的一天，工厂的经理巴彻勒先生带我去科尼岛[2]玩，在那里，我见到了爱迪生，还有他的前妻。我一直等待的有利时刻终于到来了，我正准备开口，突然一个长相恐怖的流浪汉一把抓住爱迪生，将他拉走了，使我无法实施我的计划。"[73]

---

[1] 哈莱姆（Harlem）：纽约的黑人住宅区。——译者注
[2] 科尼岛（Coney Island）：美国纽约市长岛西南端的一处海水浴场、游乐场。——译者注

　　分析一下这个故事，我们会发现时间上有些误差，因为爱迪生的妻子1884年7月得了伤寒病，于8月9日去世。而特斯拉到达纽约的时间是5月或6月。假如爱迪生的妻子当时在场，那么这件事应该发生于6月末或7月初，也就是说特斯拉刚开始在那里上班才几周时间。在一个节奏紧凑的工作环境里（正如上文提到的上班时间所示），即使是几个星期，也似乎是很长的一段时间了。不管怎么说，爱迪生妻子的去世以及爱迪生对诸如伊莱休·汤姆森、乔治·威斯汀豪斯这样支持交流电的人的深恶痛绝，都说明不可能有讨论交流电发明的"有利"时刻。"经理曾经向我承诺，（如果我能重新设计设备，）他将给我5万美元，但当我向他请求这笔钱的时候，他只是笑了笑。'你还是很像个巴黎人，'爱迪生说道，'当你完全成为一个美国人时，你就会懂得美国式的玩笑。'"[74]

　　如果特斯拉之前真的和爱迪生签订了一份"完成协议"[75]的话，特斯拉应该会将其写进他的文字里。因为一个模糊的约定，而要兑现这样一大笔钱，几乎是不可能的，不过这却非常符合爱迪生的本性——"许诺给予员工高昂（但很不确定）的奖励，以此来吸引员工为他卖命，哪怕他只给他们很低的薪水"。在这方面，失聪的爱迪生经常装聋作哑。据闻，他有时会"欺骗"受过大学教育的专家和员工们，他曾骗化学家马丁·罗萨诺夫说，他的第一个电灯的灯丝是用林堡干酪[1]做成的！这次经历深深地伤害了特斯拉，于是他毅然离开了爱迪生的公司，开始创办自己的公司。[76]

---

　　[1]林堡干酪（Limburger cheese）：原产于比利时的一种气味浓烈的软干酪。——译者注

第五章
自由大街（1886—1888）

> 有好些日子，我吃了上顿，没有下顿。但我从来不怕劳动，我去到一个工地上，几个人正在那里挖一条沟……我说我想和他们一起干。老板看我身上穿着好衣服，双手白皙，便向着其他人大笑起来……不过，他最后说道："好吧，在手上吐一口唾沫，到沟里干活去吧。"我比任何人都干得卖力。一天下来，我挣了两美元。
>
> ——尼古拉·特斯拉[1]

尽管特斯拉感觉被欺骗了，于1885年初离开了爱迪生的机械厂，但在那里工作的那段时间也使他看清了工作中的爱迪生。同时，这促使特斯拉开始创建自己的公司——他在一个笔记本上详细记述了弧光灯设计方面的各种改进方案以及直流转换器的制造情况。特斯拉开始明白：爱迪生只不过是个凡人，也会犯错；而他自己有一个远比爱迪生先进的设计。特斯拉重新鼓起了信心。

1885年3月，特斯拉认识了知名的专利律师莱缪尔·瑟雷尔，还有瑟雷尔的专利艺术家[1]拉斐尔·内特，瑟雷尔曾经是爱迪生的一个代理商。[2]瑟雷尔教会特斯拉如何将复杂的发明分解成多个独立的改良成果。在第30天，他们为特斯拉申请到了第一项专利（专利号335786）——改进了弧光灯的设计，使其能够发出均匀的光，而不再忽明忽暗。5月和6月，他们为特斯拉申请了其他的专利——改进了的转换器，使其不再冒火花，并使其能通过一种附有电刷的新型独立电路来调控电流。7月，他们又为特斯拉申请了另一项弧光灯方面的专利——它使得用坏了的弧光灯在更换新的碳灯丝前能自动地脱离电路。不幸的是，伊莱休在特斯拉之前就完成了这项设计。虽然特斯拉因为不了解美国当时的科技发展状况而遭遇了"尴尬"，但他有很多创造、创新和改进成果，而且它们都是可以申请专利的。[3]

在特斯拉去往瑟雷尔办公室的途中，他遇见了来自新泽西州的两位生意人B.A.韦

---

[1] 专利艺术家（patent artist）的主要工作是为客户的专利绘图、绘表，甚至还帮助客户完善其想法，考察专利的可行性，为其专利的营销出谋划策等。他们的客户包括专利律师、公司、独立发明家等。——译者注

尔和罗伯特·莱恩。[4] 他们称对交流电动机很感兴趣，虽然特斯拉对此半信半疑，但他还是同意以他的名义与两人在韦尔所在的新泽西拉赫维（Rahway）创建一个照明制造公司。在那里，他和来自戈登出版公司的保罗·诺伊斯一起合作，经过一年的辛苦工作，终于完成了各种设备的安装，建成了他的第一个，也是唯一的城市弧光灯照明系统，用于城市街道和一些工厂的照明。[5] 该系统的高效和这种新颖的方法引起了《电气评论》的编辑乔治·沃辛顿的注意，他在 1886 年 8 月 14 日那一期的《电气评论》上以头版报道了特斯拉的公司。

作为回报，在接下来的几个月里，特斯拉照明制造公司在《电气评论》上刊登广告。韦尔雇请纽约市的机械美术师赖特先生为电灯和发电机画图；同时，在特斯拉的帮助下，韦尔还加上了大胆的文字，宣称（他们的弧光灯照明系统）是"最完美的……全新的……能自动调节的系统"。在比大多数电气广告大 4 倍的醒目广告中，特斯拉保证，他们公司的弧光灯系统"绝对安全，非常省电……并且不会闪，也不会发出嘶嘶的杂音"[6]。

特斯拉获得了这家公司的股权，他的口袋里已经有了点钱，他搬到了曼哈顿的一个带花园的公寓里。他在花园的路面上装饰了"欧洲风格的彩色玻璃球"。但特斯拉的喜悦是短暂的。"小孩们闯进院子里，将玻璃球偷走；特斯拉于是将玻璃球换成了金属球。但金属球又被偷了。于是，特斯拉就让园丁每天晚上都将金属球拿到屋里。"[7]

很不幸，不管是公司的经理韦尔，还是副经理莱恩，都不关心特斯拉的其他发明。在他们看来，交流发动机似乎是一种无用的发明。敏感的特斯拉被激怒了，因为他之所以推迟研发交流系统直至拉赫维的项目完成，就是因为他以为他的支持者最终会支持他研发交流发动机。令特斯拉震惊的是，他被排挤出了自己的公司，受到了"我有生以来最人的一次打击"[8]。"除了一本雕印得非常漂亮、但无实际价值的股权证书外，特斯拉已经一无所有。"[9] 他破产了。自己信任的人竟背叛了自己，这让这位发明家认为，1886 年冬天至 1887 年这段时间"充满了让人头疼的事情和苦涩的泪水；物质的匮乏加剧了我的痛苦。"[10] 他甚至被迫沦为了挖沟工人——这项工作对于这位自视甚高的顶尖发明家来说，显得尤为掉价。"我在各个科学学科领域、机械学和文学方面所受过的高等教育对我来说仿佛是个讽刺。"[11]

到了 1887 年春，特斯拉的危机有所缓解。特斯拉在工程方面的天赋引起了挖沟工程队工头的注意，工头于是将他介绍给了受雇于西部联盟电报公司（Western Union Telegraph Company）的杰出工程师阿尔弗雷德·S.布朗。布朗本人拥有众多弧光灯方面的专利，[12] 他很有可能已经看过《电气评论》上关于特斯拉的文章和广告。布朗非常清楚当时占主流的直流装置的局限性，他立即就被特斯拉在交流电方面的发明吸引住了，并联系了查尔斯·F.佩克。佩克是来自新泽西州恩格尔伍德（Englewood）的"著名律师"。[13] 佩克"了解在交流电方面的工业开发屡屡失败，因此对交流电有着极大的偏见，他甚至根本不屑于去观察一些交流电方面的测试"。

"我很受挫，"特斯拉回忆道，"直到我突发灵感。你记不记得'哥伦布直立鸡蛋'的故事？我问佩克。据说，在一次晚宴上，这位伟大的探险家问那些嘲笑他探险事业的人，谁能将鸡蛋直立起来。他们都试了，但没人能做到。这时，只见哥伦布拿起鸡蛋，轻轻磕了一下蛋壳的一端，将鸡蛋直立了起来。这也许只是一个虚构的故事，但哥伦布确实受到了西班牙女王伊莎贝拉的接见，并赢得了女王的支持。"

"所以你也打算在我面前直立鸡蛋吗？"佩克问道。

"是的，但我不用磕破蛋壳就可以将蛋直立起来。如果我做到了，你是否会承认我比哥伦布更胜一筹？"

"行，没问题。"佩克答道。

特斯拉终于得到了这位大律师的关注，于是直奔主题："那你会改变你的态度，像伊莎贝拉支持哥伦布那样支持我吗？"

"虽然我没有王冠珠宝可以典当，"佩克马上答复道，"但我的鹿皮裤里还算有几文达克特[1]，或多或少能帮帮你。"[14]

与佩克的这次见面后，特斯拉冲到当地的一家铁匠铺，手里拿着一个煮熟了的鸡蛋。他让铁匠帮他用铁和黄铜铸造了一个一模一样的蛋。然后，他回到实验室，用多相电路围成一个圆圈。当他把铁蛋放到圆圈的中央，铁蛋便开始旋转起来。随着转速不断增加，铁蛋便不再晃荡，而是稳稳地直立了起来。特斯拉不仅"比哥伦布更胜一筹"，还能轻松地展示旋转磁场背后的原理。佩克被特斯拉征服了。接着，特斯拉、佩克和布朗三人以特斯拉的名义组建了一家新的电气公司。

佩克认识银行家约翰·C.摩尔，而摩尔又与J.P.摩根有联系。最终，摩根提供了大部分的资金；布朗提供技术，并将实验室建在曼哈顿自由大街89号，与今天的

---

[1] 达克特（ducat）：又译杜卡，中世纪在许多欧洲国家通用的、铸有公爵头像的金币。——译者注

世界贸易中心很近；而特斯拉则同意将他的专利收益与他们进行五五分成。事实上，他们三人共享了一项交流发电机的专利，佩克和特斯拉共享了转换器、电动机以及电力传输方面的另外 5 项专利，这一时期产生的其余发明都划在了特斯拉电气公司的名下。他们的第一项专利是在 1887 年 4 月 30 日申请到的。[15] 特斯拉终于成功了。他将在发明领域开始一段史无前例的旅程，紧张而坚持不懈地工作 15 年。

特斯拉一心希望在众多领域里处于领先地位，并且意识到新技术可以影响历史进程。他在工作中保持着旺盛的精力，他的工作时间表让他周围的人感到震惊。他常常没日没夜地工作，几乎不休息，几度因工作过度而病倒。"特斯拉发明机器的速度跟机器被制造出来的速度一样快，他先后发明了一相、二相和三相电流的三套完整的交流电机器系统，还进行了四相、六相电流的实验。在这三套主要的交流电机器系统里面，一套是用于产生电流的发电机，一套是产生动力的发动机，一套是用于升降电压的变压器。他还发明了各种自动控制这些机器的装置。他不仅发明了这三套系统，还提供了将三者相互联系起来的方法，以及如何改装系统从而使其具有多种用途的方法。"[16] 他还推导出了这些发明背后的基本数学原理。

5 月 10 日，安东尼·西盖蒂抵达纽约，并于那周周末开始了他在自由大街的工作。特斯拉作为设计者，布朗作为技术专家，而西盖蒂做助手，三人开始生产他们的第一批交流感应电动机。佩克和布朗两人在接下来的 10 年里与特斯拉一起合作，默默地支持着他。佩克帮助特斯拉申请专利，在加利福尼亚、宾夕法尼亚和纽约各地寻求投资者。

没过几周，《电气世界》的编辑 T.C. 马丁到特斯拉厂里访问他，并说服他撰写关于交流电发明的第一篇文章。特斯拉当即就答应了他。马丁形容这位身材修长的电学家有着"一双我们在各种小说里读到过的目光敏锐、具有非凡洞察力的眼睛。他无书不读，且过日不忘；拥有罕见的语言能力，使出生于欧洲东部的他能用至少 6 种语言进行交谈和写作。他是一个不可多得的……情投意合的伙伴；和他交谈，开始会聊一些发生在身边的事情，接下来……可以延伸开去，聊及人生、责任和命运这些更大的话题"。[17]

T.C. 马丁签名时会特别突出字母 C。他是一个很不简单的人，在特斯拉的人生中产生了重大的影响。1893 年，他编辑了特斯拉一生中最重要的文集。马丁留着夺人眼球的八字胡，有一双又大又圆的深情的眼睛，剃着光头。特斯拉认识马丁时，马丁已经结婚。他和特斯拉同岁，曾经是一名神学院的学生，21 岁就从英格兰移民到了美国。19 世纪 70 年代末，在他移居牙买加岛前，马丁曾为门洛帕克男巫——爱迪生——工作过。1883 年，马丁回到纽约，并很快成为了《经营者与电气世界》（*Operator and Electrical World*）的编辑。这份杂志最初是由总是把指甲修得整整齐齐的 W.J. 约翰斯顿创立的，刚开始时只是"由纽约市西联公司经营者制作、发行的四页薄册子，在内部人员间流通"。[18] 但自从托马斯·爱迪生开始在该杂志上发表一些重要文章之后，该杂志声名鹊起。马丁受雇于该杂志后，杂志就立马更名为了《电气世界》。

次年，也就是 1884 年，T.C. 马丁成为了新成立的美国电气工程师学会（AIEE, American Institute of Electrical Engineers）的副主席。1886 年，马丁的第一本书《电机及其应用》（*The Electrical Motor and Its Applications*）面世。几个月后，他就被推选为 AIEE 主席。[19]

获得了新的成就，带有鲜明英国人态度的 T.C. 马丁的自尊心随即膨胀起来。经过精心策划，他和与他共事的编辑约瑟夫·韦茨勒，还有《电气世界》几个其他员工一起，组织了一场抗议《电气世界》的老板 W.J. 约翰斯顿的活动。约翰斯顿是个一本正经、学究气十足而又专横自大的人。[20] 约翰斯顿本身也是一个很能干的编辑，迫于压力，他解雇了他的编辑们，亲自干起了杂志编辑的工作，"仿佛马丁从来就没存在过一样"。

马丁和韦茨勒一起在《电气工程师》（*Electrical Engineer*）杂志社找到了新工作。这是一个与《电气世界》一同竞争的公司，这对搭档的加盟使该公司脱颖而出。马丁是爱迪生的朋友，他打算在新的工作阵地上把握住机遇。马丁是一位"勤奋而优雅的作家"[21]，他有能力成功混入上层社会圈子。他是一位领袖，一个机会主义者、自我主义者和有魅力的人，也是引人入胜、充满无限可能的机电工程领域里最具影响力的人物之一。在发现尼古拉·特斯拉这座富于远见和爆发力的新"火山"后，马丁开始接触特斯拉，打算为特斯拉精心策划，帮他铺路搭台，将他引入电气工程界。

这位塞尔维亚发明家总是神秘莫测。对于一些无足轻重的人，他可以断然拒绝与之来往，他喜欢遁世幽居的生活方式。但托马斯·康莫福德·马丁是一个机智老练、不达目的不罢休的家伙。他设法安排受人敬重的、来自康奈尔大学（Cornell University）的工程学教授威廉·安东尼来到自由大街，测试新型交流电动机的功效性。出于礼尚往来，特斯拉也前往康奈尔大学，将他的交流电机展示给安东尼和其他三个教授，分别是 R.H. 瑟斯顿、爱德华·尼古拉斯和威廉·瑞安。安东尼比他们年长 20 来岁，毕业于布朗大学[1]和耶鲁大学；他在康奈尔大学工作了 15 年，然后退职，在康涅狄格州曼彻斯特的马瑟电气公司（Mather Electrical Company）谋得一职，为其设计电测仪表。当时的安东尼即将成为美国电气工程师学会的主席。他对交流电机功效性测试的结果很满意。他和马丁都劝说特斯拉将他的交流电机成果呈现给刚成立不久的电气工程师学会。

马丁费尽口舌，最后才艰难地说服了特斯拉，请他参加电气工程师学会大会并"宣读他的任意一篇文章"。马丁说道："特斯拉是孤立无援的，因为多数（电气学家）对于（交流电机的）价值一无所知。"在赴会的前一天晚上，特斯拉用铅笔匆匆地写了他的演讲稿。要制造出一台高效的机器并非易事，但特斯拉最终还是成功地通过了安东尼教授的各种严格的有效性测试。"现在，要将交流电机投入商业开发已经没有什么障碍了……唯一的问题是，所制造的交流电机必须在当时的电路上运行，而这个国家当时的电路全都是高频电路。"22

1888 年 5 月 15 日，特斯拉在美国电气工程师学会大会上宣读了他具有划时代意义的论文《新型交流电机》（*A New Alternating Current Motor*）。当时，特斯拉已经申请通过了 40 项比较重要的交流系统专利中的 14 项，但他还是不愿意毫无保留地公布他的成果。特斯拉和他的公司知道，这项发明最少也值数十万美元。于是，在他们新的专利律师的建议下，特斯拉和公司开始寻找投资者。这些新的专利律师包括帕克·W. 佩奇、伦纳德·E. 柯蒂斯和萨缪尔·邓肯将军。最后一位是公司的领导之一，也是纽约律师协会（New York Bar Association）的资深会员。23 在特斯拉发表演讲的同时，特斯拉、佩克和布朗已经在和有意向的买主商谈了，比如来自旧金山的一位汽油生产商巴特沃斯先生，还有经邓肯将军介绍的、来自匹兹堡的乔治·威斯汀豪斯，24 但尚未达成任何结果。

威斯汀豪斯当时已经在运用一种交流系统，它是由"怪诞无常"的法国发明家卢西恩·戈拉尔和"热爱运动"的英国企业家约翰·迪克逊·吉布斯发明的。251885 年，威斯汀豪斯的电力部经理吉多·潘塔莱奥尼回意大利都灵参加父亲的葬礼。碰巧的

---

[1] 布朗大学（Brown University）：美国罗得岛普罗维登斯（Providence）的一所私立大学，常春藤联合会的传统成员。1764 年建校时取名罗得岛学院，1804 年改以捐助人尼古拉斯·布朗的姓氏命名。——译者注

是，经工程学教授利莱奥·费拉里斯的介绍，潘塔莱奥尼被介绍给了卢西恩·戈拉尔。费拉里斯是威斯汀豪斯 1882 年访问意大利时认识的；而戈拉尔则曾在蒂沃利和罗马两个城市安装威斯汀豪斯的交流设备。戈拉尔和吉布斯两年前就已经成为过新闻头条中的人物，因为当时他们在伦敦的皇家水族馆第一次展示了他们的发明；在都灵，他们的交流系统还获得了由意大利政府颁发的金质奖章和 400 英镑的奖金。同年的 11 月下旬，威斯汀豪斯在收到潘塔莱奥尼的电报请求后，购买了这项专利在美国的使用权利。

虽然匈牙利的 ZBD[1] 交流系统改进了戈拉尔 - 吉布斯系统，但该系统仍存在很多严重的问题。对威斯汀豪斯来说，爱迪生抢先购买了 ZBD 系统这一事实使问题变得更加复杂；爱迪生最初购买这一系统的初衷也许就是为了阻挠他的竞争对手们。[26]

同年，威斯汀豪斯在美国创建了西屋电气公司[2]，他任命威廉·斯坦利负责戈拉尔 - 吉布斯系统的改进工作。同时，他还将雷金纳德·贝尔菲尔德邀请到美国，贝尔菲尔德是一位工程师，两年前曾在伦敦的发明展上协助安装戈拉尔 - 吉布斯系统。斯坦利是布鲁克林本地人，曾为机关枪发明者海勒姆·马克沁工作过。他是一个身体虚弱、脸皮薄而喜怒无常的"小男人"[27]，目光敏锐，鹰钩鼻，留着纤细的八字胡和苜蓿式发型。虽然让斯坦利负责戈拉尔 - 吉布斯装置是威斯汀豪斯的主意，但斯坦利后来断言，威斯汀豪斯从未真正搞懂过戈拉尔 - 吉布斯系统，直到斯坦利使该系统正常运转。[28] 这不太可能，因为这只是流传于西屋电气公司上层的一个笑话，说的是斯坦利总爱宣称自己又有了新发现，只要他自己觉得是新发现就行。为了确保在竞争中不落下风，威斯汀豪斯还是建立了很多直流中心电站；同时，交流电的研究也在进行之中。[29]

斯坦利是一个"有些神经兮兮的、行为敏捷"[30] 又极为敏感的人。他和威斯汀豪斯从来没有真正相处融洽过。因为身体欠佳，斯坦利在总经理亨利·比莱斯比上校的建议下，带上雷金纳德·贝尔菲尔德，回到了他童年避暑的地方——马萨诸塞州的大巴林顿，在那里静静地研究戈拉尔 - 吉布斯系统。斯坦利改变了戈拉尔 - 吉布斯的结构，将其改成并联电路，并对各个装置进行独立控制；同时，他还发明了一

---

[1] ZBD 三个字母分别指代第四章中提及的卡尔·济佩尔诺夫斯基（Karl Zipernouski）、奥托·布拉蒂（Otto Blathy）和马克斯·德里（Max Deri）三位匈牙利人。——译者注

[2] 西屋电气公司（Westinghouse Electric Company）：世界著名的电工设备制造企业。1886 年 1 月 8 日，由乔治·威斯汀豪斯在美国宾夕法尼亚州创立，总部设在宾夕法尼亚州匹兹堡市。——译者注

个变压器，这个变压器能在线路输电的过程中将交流电的电压从 500 伏提高到 3000 伏，而当电进入家里时再将电压降至原始的水平。这项发明虽然和 ZBD 的结构很相似，但还是可以申请专利的。因为它使交流电的传输距离比当时主流的直流系统的低电压传输距离增加了 1/4~3/4 英里。[31]

1886 年 4 月 6 日，乔治·威斯汀豪斯和亨利·比莱斯比一起前往新罕布什尔亲眼见证特斯拉里程碑式的交流电机。在进入西屋电气公司之前，比莱斯比曾受雇于爱迪生机械厂，是该厂的一名机械工程师，也是珍珠大街电站的设计者之一。[32]"从那以后，"比莱斯比说道，"我们进步神速。"[33]威斯汀豪斯提到，到特斯拉发表演讲之时，他的公司"所建造的……交流系统中心电站数量超过了本国其他电气公司所建的所有直流系统中心电站数之和"。[34]然而，明白交流系统电站所包含原理的工程师却屈指可数。

托马斯·爱迪生与威斯汀豪斯以及第三个竞争者——汤姆森 - 休斯顿电气公司的汤姆森之间的竞争很激烈，所以随时关注竞争对手的动态，他已经收到了一份关于他已购买的交流电 ZBD 系统的报告。他在柏林的工程师指出，利用如此高的电压的机器是极其危险的。[35]汤姆森一年前在美国电气工程师学会做过一次关于交流电的演讲，他支持爱迪生的观点，即交流电过于危险。[36]所以，在特斯拉通过演讲公布其交流系统成果之前，一场关于直流电和交流电的争论其实就已经开始了，但争论各方的组成结构比较复杂。1886 年，也就是在特斯拉明确公布其高压交流系统成果的整整两年前，爱迪生就在给他经理的信中写道："如果威斯汀豪斯开始运用这种系统，无论系统大小，不出 6 个月，绝对会有顾客因之死亡。他所尝试的这个新事物需要进行大量的实验，才能将其投入实际的运用中，而且永远都无法摆脱危险。"[37]

特斯拉的演讲首先简要描述了"当下对于交流系统和直流系统各自的相对优点所存在的各种不同观点"。他讲道："争论的一个重要的问题是交流电是否能成功地用于运行电动机。"接着，他清晰地描述了当前的主流技术所存在的问题以及他对这些问题的优质解决办法。为了解释清楚，他不仅用语言，还用到了图表和简单的数学计算。特斯拉的演讲非常透彻详尽，很多工程师在对他的成果进行一番研究之后，都感觉他们已经完全搞懂了：

> 我很高兴给大家介绍一种通过交流电来配电和输送电能的新系统……我相信，这种系统很快就会具有出色的适应性……而且，运用这种系统，

很多迄今未能实现的成果将可以实现……

正如很多人所知，我们的发电机生产出的是交流电，我们通过转换器来将其转化成直流电，这种转换器是一种很复杂的装置，它是我们遇到的大部分问题的根源所在……经转换器转换而成的直流电无法被直接用于电动机上，所以我们必须将它们重新转化成交流电……因此，在现实中，所有的机器都是交流电机器，电流只在从发电机输送到电动机的外电路中才是直流电。[38]

虽然特斯拉的发明是一个非常新的事物，但他的演讲涉及了很多基本原理，所以人们很容易听懂。

演讲结束后，特斯拉在他的实验室里演示：他的同步电动机几乎可以在瞬间完成转向。他还用精确的数学计算描述如何确定电极的数量和每个电动机的速度，如何组装一相、二相和三相电动机，以及他的交流系统如何可以与直流装置联结起来。[39]

这样一来，电就可以从一个配送点输送至几百英里之外，不仅可以用于街道和住宅的照明，还可用于运行家电和工厂的机器。

演讲结束时，T.C. 马丁请威廉·安东尼教授点评他对特斯拉电机的独立测试。安东尼本人也设计过发电机，并在 10 年前的 1876 年费城展览会上展出过。安东尼紧张地使劲捋着他的胡须，他证实说，他曾带回康奈尔大学的特斯拉电机的效率堪比最好的直流电机，比较大的模型机的效率"高出 60% 多一点"，他说，特斯拉电机改变方向的速度"非常快，几乎无法确定电机改变方向的时间"[40]。

看到一个新来者赶在他之前公布了交流电方面的成果，伊莱休·汤姆森心里很恼火。这位喜欢吹毛求疵的教授向前走去，想证明他获得交流电成果的时间先于特斯拉，于是指出了他们各自发明的不同。"刚才特斯拉先生为我们描述了他全新的令人赞叹的小电机，我非常感兴趣，"他说着，脸上挤出一丝唐突的笑容，"你们也许知道，我的研究方向与特斯拉很接近，而且研究目标也相似。我所做的实验使用的是单交变电路（不是双交变电路），这个单交变电路为电动机提供动力，电动机利用交变原理产生旋转。"[41]

汤姆森不知道的是，他当时所讲的话很快就会反过来困扰他，因为他精确地指出了他的发明与特斯拉的发明之间的不同。汤姆森的单交变电路仍需要使用转向器，因此效率很低；而特斯拉的交流系统使用双相电路，或异相的多相电路，其构造方式使得转向器已经过时。当然，特斯拉认同汤姆森所讲的话的重要性，并重申了他的观点，明确指出他刚刚呈现的发明和汤姆森之前的成果并不相似。

"各位先生，"特斯拉说道，"能得到像汤姆森教授这样的权威人士的肯定，我感到非常荣幸。"他微笑着顿了一下，鞠了一躬以示感谢，然后巧妙而恰到好处地发出了致命的反击。"我曾有一个和汤姆森教授一模一样的电动机，不过他先于我发明了那个机器。……那个古怪的电机有一个缺点，那就是它必须要用到一对刷子（指转向器）。"[42]

通过这简短而尖锐的还击，特斯拉占据了有利的位置，但也树了一个敌人。在此后的人生中，这个敌人会持续不断地在交流电和其他很多发明［如特斯拉感应圈（Tesla coil，又称特斯拉空心变压器）］的专利上与他进行争斗。

这一下，威斯汀豪斯不得不加快他的步伐。经过对特斯拉各项专利申请近一个月的调查，加上安东尼教授的报告，威斯汀豪斯认识到这些专利的价值。[43]特斯拉发表演讲一周后的5月21日，威斯汀豪斯派亨利·比莱斯比上校到特斯拉的实验室去。比莱斯比在科特兰大街（Cortland Street）遇到了另一位工程师阿尔弗雷德·布朗，并被介绍给了查尔斯·佩克。佩克是特斯拉电气公司的律师兼主要资金支持者。他们三人，还有亨巴德先生，四人来到了自由大街，见到了特斯拉，并参观了正在运行中的机器。

"特斯拉先生和我想象中的出入很大，是一个直率而热情的人，"比莱斯比在给威斯汀豪斯的信中写道，"虽然他描述的东西我没能彻底理解，但我在其中发现了几个有趣的地方。我发现这种电机的基本原理正是目前沙伦伯格先生正在研究的原理。按照我的判断，这种电机……是成功的。启动后，它们的旋转方向瞬间改变，却没有发生任何短路。……为了不留下我对这个发明非常感兴趣的印象，我很快地结束了我的访问。"[44]

比莱斯比回到科特兰大街，布朗和佩克告诉他，因为公司和旧金山的巴特沃斯也在商谈，所以他必须"在这周五10点前"作一个决定。他们称安东尼教授已经加入加州辛迪加[1]，并愿意接受巴特沃斯提供的条件：价值25万美元的短期兑换券以及每瓦马力2.5美元的专利使用税。"我告诉他们这些条件太荒谬了，"比莱斯比

---

［1］辛迪加（syndicate）：某些人或工商企业的联合组织。——译者注

说道，"但他们回答说，他们不可能将这件事拖到周五之后。我告诉他们，我们不会太认真地考虑这件事，但我会在周五前给他们一个答复。"

比莱斯比建议威斯汀豪斯亲自到纽约去一趟，或者派沙伦伯格和另一位代表去。但熟悉旧金山辛迪加的威斯汀豪斯告诉比莱斯比设法拖延一下时间，尽量争取更多的有利条件。[45]

在那6个星期里，威斯汀豪斯和他的专家奥利弗·沙伦伯格与威廉·斯坦利，以及他的律师E.M.克尔进行了讨论。就在特斯拉发表演讲的3个星期前，沙伦伯格"偶然"发现一个松弛的弹簧在"一个移动的磁场中"旋转。"他当即告诉了当时在场的他的助手史迪威：'我们可以据此发明一个测量仪表，也许还能设计出一台电动机呢。'用了近两周时间，沙伦伯格就非常成功地设计和造出了一个感应式电流表。"这种电流表后来成了该领域的标准用具。而且，和特斯拉的发明一样，他的装置运用了旋转磁场。[46]然而，沙伦伯格并没有真正明白其中的原理，也没有时间为其申请一项专利。

另一方面，斯坦利宣称，特斯拉的发明里并没有什么新东西。他指出，1883年9月，他曾在笔记本里记录了交流电可以刺激感应线圈的现象。"我造了一个交流系统，所基于的原理和将电动势从电站传输到家庭以提供照明的原理相同。"他告诉威斯汀豪斯。[47]但事实是，斯坦利的交流系统仍然使用转向器。他的自负使他不能客观地作出判断——他的设计和特斯拉的设计是不同的。

克尔提醒威斯汀豪斯，除非他拥有具有足够竞争力的专利，否则他将处于不利地位。威斯汀豪斯知道，意大利都灵的费拉里斯教授在特斯拉发表演讲的一两个月前就发表过一篇关于总磁场的论文。早在1885年，费拉里斯还在大学里做过报告，介绍他所造的能在交流电场里旋转的圆盘。特斯拉欣然地称赞"费拉里斯教授不仅独立地得出了相同的理论结果，而且连最微小的细节都几乎相同"[48]，但费拉里斯错误地断定，"基于这个原理而造的电机不可能有什么商业价值"[49]。然而，克尔认识到了为费拉里斯的成果争取法律保护的重要性，他建议威斯汀豪斯买下该成果的美国专利权。于是潘塔莱奥尼被派往意大利。潘塔莱奥尼以5000法郎（折合1000美元）的价格买下了费拉里斯的专利。[50]但时间紧迫，特斯拉的人不可能一直在原地等待。威斯汀豪斯写信给克尔：

> 我一直在非常认真地思考电动机的问题。我认为，如果特斯拉有许多

未经专利局批准的专利申请，那么他的专利将可能基本上涵盖了沙伦伯格正在实验的、斯坦利自认为是他发明的电机。他很有可能会将他发明的时间往前推，以至于严重地影响费拉里斯；我们的投资也很有可能会付诸东流。

如果特斯拉的专利范围广泛到足以控制交流电机行业，那么西屋电气公司绝不能让其他人拥有特斯拉的这些专利。[51]

特斯拉辛迪加大胆地将专利使用税定在每瓦2.5美元。关于这一棘手的问题，威斯汀豪斯写道："这个价格好像有点高，但如果这是用交流电运行电动机的唯一办法，如果它能用于有轨电车的运行，那么，毫无疑问，不管交流电机的发明者定多少的专利使用税，我们都可以从它的使用者那里轻易收取。"[52] 威斯汀豪斯这句话的意思非常直白：专利使用税可以转嫁给消费者。后来，他为了省心，不得不放弃这个想法。

第六章
匹兹堡感应实验（1889）

> ［我对他的］第一印象是，［他有着］巨大的潜能……而这些潜能只有一部
> 分显著地表现了出来。但即使在一个肤浅的观察者看来，他身上所散发出的才气
> 都是显而易见的。他有着一副健壮的体格，身材匀称，身手敏捷，步履轻快，眼
> 睛如水晶般澄澈——他展现出了常人少有的健康和活力。他像一头森林里的雄狮，
> 惬意地大口呼吸着他自己的工厂里烟雾弥漫的空气。
>
> ——尼古拉·特斯拉对乔治·威斯汀豪斯的描述[1]

虽然乔治·威斯汀豪斯因为发明了火车的空气制动器而发了家，但他不仅仅是个铁路生意人。他是俄国威斯汀豪斯氏贵族家庭的后裔，他父亲也是一位发明家，拥有 6 项农耕机械的专利。乔治的哥哥叫亨利，后来成了他的合伙人。弟兄俩很小的时候就接触到了电池、莱顿瓶（一个里外贴有锡箔、用于储存电荷的玻璃瓶，类似今天的电容器）这类发明物。乔治·威斯汀豪斯曾当过骑兵，冷战时期曾是一位海军工程师，他富于经验、很有远见，他清楚：电的时代将会到来。

1888 年 7 月，特斯拉乘火车到匹兹堡去见乔治·威斯汀豪斯，落实出售他专利的事情。当时可能正值仲夏，但奇怪的是，这位发明家不畏酷热，一心想见到威斯汀豪斯。

威斯汀豪斯欢迎了这位瘦高的发明家。特斯拉眼前的威斯汀豪斯身材魁梧，留着海象般的八字胡、切斯特·A.阿瑟[1]式的短络腮胡；他的妻子长相出众，同样身材高挑，身后的裙撑有 3 英尺长。威斯汀豪斯为人亲切，自信十足，与身边的人相处融洽。他把特斯拉带到他家中，然后带他去参观他的工厂。威斯汀豪斯的电气公司有 400 多名员工，主要生产"交流发电机、变压器以及为白炽灯照明供电的中心电站的安装配件"[2]。威斯汀豪斯胸围宽大、体型壮硕，与这位长腿外国人在外形上对比鲜明。特斯拉走路的时候"昂首挺胸，身体笔直得像一柄剑……但看上去总是一副若有所思的样子，仿佛新的发明正在他脑子里成型"[3]。

---

[1] 切斯特·A.阿瑟（Chester A. Arthur，1829—1886）：美国第 21 任总统。——译者注

特斯拉描述道：

> 虽然已年过 40，威斯汀豪斯仍有着少年般的热情。他总是面带微笑，和蔼而礼貌，与我见过的那些粗鲁的人形成了鲜明的对比。他没有一句话是令人反感的，没有一个举止会冒犯他人——你可以把他想象成是一个具有法官风度的人，举手投足间体现出的修养堪称完美。然而，当他被惹怒时，你找不到比威斯汀豪斯更可怕的敌人。在平时的生活中，他像一个普通的运动员；而当他遇到似乎无法克服的困难时，他就会摇身变成一个超人。他享受奋斗，永远充满自信。当别人绝望地放弃时，他却能取得成功。[4]

威斯汀豪斯一向以他的远见和勇敢闻名，1887—1888 年，他的电气公司的销售额从 80 万美元增加到 300 多万美元，几乎翻了两番，虽然在此期间，他身陷与爱迪生的花费高昂的法律和宣传之战中。[5]他非常善于调动员工的工作热情，他自己是一个果断而实干的人；认识他的人，立马就会对他产生敬意，尤其是尼古拉·特斯拉。

威斯汀豪斯出价 5000 美元现金，买下了特斯拉专利 60 天的购买特权，并提出如果他们公司在 60 天后投票决定购买专利，则出价 1 万美元；每 6 个月一次，每次 2 万美元，连续三次向他支付专利使用税，合每瓦特 2.5 美元；让他持有西屋电气公司的 200 份股份。合计起来，支付给特斯拉的专利使用税费"第一年至少有 5000 美元，第二年有 1 万美元，而此后每年都有 1.5 万美元"。[6]威斯汀豪斯还同意为特斯拉支付一切在专利优先权问题上产生的法律诉讼费用，但增加了一个条件——如果败诉，那么将会降低支付费用。全部加在一起，刨除股份不算，威斯汀豪斯在特斯拉身上的初始投资费用达 7.5 万美元，专利使用税达 18 万美元，合计约 25.5 万美元。[7]

特斯拉持有他自己公司 4/9 的股票，其余部分由他的两个合伙人派克和布朗持有，前者持有约 3/9，后者持有约 2/9。[8]谈及威斯汀豪斯支付给他的总费用时，特斯拉还提到了他在欧洲的专利，尤其是英国和德国。[9]因此我们很难确定特斯拉从他的 40 项专利里确切地收益了多少。从特斯拉手里，威斯汀豪斯不仅买到了一种简易的感应电动机（或称异步电动机），还购买了很多同步电动机和依赖负荷型电动机，另外还买了电枢、涡轮、调节器和发电机等产品。后来，特斯拉可能还零零散散地出售过他的其他发明。他所持股份的价值也不清楚。

一年后，特斯拉在写给另一个金融家约翰·雅各布·阿斯特的信中说道："威斯汀豪斯先生同意以 50 万美元的价格购买我的旋转磁场的专利；尽管……有时经济很困难，但只要是他该给我的，他一分都不会少给。"[10] 由于特斯拉是想设法从阿斯特那里筹集资金，所以他可能夸大了这个数目。两年后，《电气评论》提到，西屋电气公司年度报告中列出购买特斯拉专利的费用为 21.6 万美元；[11] 除去支付给特斯拉的专利使用税费外，这个数字和比莱斯比的备忘录里的数字基本相符。如果真是这样，那么特斯拉拿到手的收入可能是这个数字的一半，即 10 万美元，刚好是 1888 年至 1897 年间分期收到的费用之和。[12]

当他和威斯汀豪斯的谈判还在进行期间，特斯拉就同意搬到匹兹堡，帮助威斯汀豪斯开发电动机。在匹兹堡期间，他很有可能没拿任何薪水，因为他有一个奇怪的"原则：自从我投身科学实验研究起，我从来不收取任何专业性劳务费用或补偿"[13]。不过，特斯拉通过他的专利获得收益，还收取专利使用税（或专利使用费），因此他是有收入来源的。此外，还有一个证据可以表明特斯拉在此期间没有任何日薪或周薪，那就是经乔治·威斯汀豪斯 1889 年 7 月 27 日签署的一份协议。它可以证明：特斯拉在匹兹堡工作过一年，在此期间，他的报酬是"150 份股本"[1]。作为回报，特斯拉承诺将他所有的专利都划在西屋电气公司的名下，比如，他的诸多感应电动机专利的产生就与西屋电气公司直接相关。不过，特斯拉还因为他的其他贡献而从威斯汀豪斯那里获得了其他的补偿。例如，特斯拉发现，用酸性钢[2]制造的变压器比用软铁制造的变压器性能要优越很多，他因这一创意获得了 1 万美元的奖励。[14]

特斯拉放弃了他在纽约的带花园公寓，住进了匹兹堡的一家酒店。匹兹堡的酒店很少，其中包括大都会酒店、迪凯纳酒店和安德森酒店。[15] 住酒店几乎成了特斯拉生活方式中永不分离的一部分。

特斯拉两个月前发表的那次演讲让他一举成名。"大约是在 1888 年 8 月中旬，在匹兹堡的威斯汀豪斯实验室里，"特斯拉后来的助手查尔斯·斯科特回忆道，"刚进入公司的我是 E. 斯普纳的助手，斯普纳负责在夜间管理发电机实验室。他打电话告诉我：'特斯拉要来了。'"

"我听过特斯拉的大名，"斯科特继续说道，"我读过［特斯拉］关于多相感应电动机的论文。我之前的大学教授曾断言，那是解决电机问题的一个完善的办法。

---

［1］股本（capital stock）：指股东在公司中所占的权益，多用于指股票。——译者注
［2］酸性钢（Bessemer steel）：又名酸性转炉钢或贝塞麦钢，由英国工程师亨利·贝塞麦爵士（Sir Henry Bessemer, 1813—1898）首创。贝塞麦以贝塞麦炼钢法闻名于世。——译者注

而现在，我将见到特斯拉本人。"

斯科特一头金发，戴着圆形无框眼镜。一年前，即 1887 年的夏天，斯科特只是知道"有交流电这种东西。……我两年前才……大学毕业，我不知道我为何从来没有从我的教授们那里听说过这些东西"。斯科特看过的关于特斯拉的唯一介绍是威廉·斯坦利发表于《电气世界》的一篇文章，这篇文章"令人着迷……它解答了很多谜团"[16]。一年后的今天，斯科特即将见到尼古拉·特斯拉本人，这位从容自如地解决了斯坦利提出的所有难题的科学家。"他从走廊里阔步走来，头和肩挺得笔直，眼睛里放着光芒。对我来说，那是一个重大的时刻。"[17]

斯科特后来成为了耶鲁大学的一名工程学教授。他是"特斯拉的电线工人……帮助特斯拉准备和实施实验。对于一个初出茅庐的毕业生，能接触这样一位富于创见、性格和蔼而友善的杰出人士，无疑是一个绝佳的机会。特斯拉常常用他丰富的想象力构建出一些看似宏伟的"空中楼阁"。但是，我怀疑他对当时的微型电动机的狂妄的预期能否真正实现……因为由微型电动机首创的多相系统……超出了早期人们最大胆的想象"[18]。

斯科特不仅是特斯拉的助手，随着时间的推移，他变成了特斯拉事业的拥护者；而且和很多同事的看法相反，他力挺这样一个事实，即特斯拉是感应电动机的发明者。另一个特斯拉的支持者是瑞士移民阿尔伯特·施密德，他与特斯拉共同获得了两项交流电方面的专利。虽然威斯汀豪斯本人也是特斯拉的支持者，但有一群其他工人总是想方设法地要剥去特斯拉的光环。早期的主要对头包括交流电流计的发明者奥利弗·沙伦伯格，还有奥利弗的助手刘易斯·B. 史迪威，史迪威发明了史迪威升压器（Stillwell booster），这种升压器的工作原理有点像特斯拉空心变压器。后期的主要对手是西屋电气公司的总裁安德鲁·W. 罗伯逊。

还有一位对手当然就是威廉·斯坦利，他是第一个成功发明交流系统的美国人。大约是 1892 年或 1893 年，斯坦利脱离了西屋电气公司，为的是销售他自己的多相电动机——这一行为明显是对特斯拉交流系统的专利侵权。几年后，法庭确认了斯坦利的侵权行为，斯坦利被迫从西屋购买特斯拉交流电机。[19]

想了解西屋阵营里的人对特斯拉的敌对情况，我们只需要读一读刘易斯·B. 史迪威 40 年后写的名为《纪念乔治·威斯汀豪斯》（*George Westinghouse Commemoration*）一书中关于交流电史的一章。该书由查尔斯·斯科特编辑，在西屋公司广为流传，并于 1985 年再版。史迪威的书中关于交流电史这一章的导言部分叙述了威斯汀豪斯是如何将戈拉尔 - 吉布斯系统引入美国，又如何对其进行了改进，接着由斯坦利做了实用演示……以及之后发生的事情。

1888 年，沙伦伯格发明了卓越的感应式电度表。就在这一年，尼古拉·特斯拉获得了他在美国的一些专利，其中包括多相电动机和多相系统。威斯汀豪斯立即购买了这些专利。特斯拉来到了匹兹堡，研制他的电动机。他试图通过改装使电动机适应现有的 133 周波单相循环电路，结果失败了。……将发动机和发电机直接连接起来具有一些显著的优点，但是它需要低周波。……特斯拉选择了两种频率作为标准，分别适用于 60 周波和用于转化成直流电的 30 周波。[20]

如果我们分析一下史迪威的这段文字就会注意到，虽然引文的中心句提到的是沙伦伯格，整段话讲的却是特斯拉。文中用"卓越"一词来形容沙伦伯格的一个偶然发现——弹簧与交流电发生了反应，[21] 而对发明了完整动力系统的科学家却没有用任何形容词！

特斯拉在他的自传里提到了同一件事情："我的交流系统是基于低频电流的使用的，西屋的专家们采用了 133 周波的循环电路，目的是确保变压时的优势［因为戈拉尔 - 吉布斯系统正是在同样的低频条件下运行的］。他们不想脱离电机的标准形式，所以我必须集中精力努力地使电机适应他们的条件。"[22]

已建的电站中有 120 个的电流频率都是每秒 133 周波，我们可以理解特斯拉当时所处的困境。由于沙伦伯格的电流计与当时主要的 133 周波单回路相兼容，所以特斯拉的多相电动机从逻辑上来说，也应该可以和 133 周波单回路相兼容。

1888 年 12 月，爱迪生开始允许 H.P. 布朗（布朗并非爱迪生的员工）到他的门洛帕克实验室用交流电电死各种动物，他和威斯汀豪斯的宣传之战也达到了巅峰。几个月前，布朗在哥伦比亚大学位于纽约的矿业学院（School of Mines）做了动物触电死亡的实验。布朗是一名电气工程师，住在五十四大街；很多同事的意外死亡让他感到了不安。他手上已经搜集了一份超过 80 个受害者的名单，尽管他们中的很多人死于直流电，但布朗断定，交流电才是真正的杀人凶手。两年内，布朗开始为各个监狱制造死刑电椅，售价为每把 1600 美元。他还做有偿的死刑执行者。1888 年夏，《纽约时报》刊文报道，他"折磨并电死了一条狗。……先是用 300 伏的直流电……当被电击时，那条狗发出了痛苦的叫声……当电压达到 700 伏时，狗挣脱了它的口罩，差一点跑了，然后被再一次绑上。当电压达到 1000 伏时，狗的身体都已经痛苦地扭曲了。……'如果我们用交流电，就会省很多麻烦。'布朗说道。有人提议让他一次性结束那条狗的痛苦，结果布朗用 300 伏的交流电将其杀死"[23]。

很多城市都采用电死的办法清除流浪狗。纽约州甚至在 1886 年成立了一个专门的委员会，"专门报道……最人性化的死刑"[24]。在纽约法医学会的支持下，布朗成了该委员会的首席发言人。

威廉·克姆勒是一个流氓，他用斧子将他的情妇活活砍死，然后他成了电刑的实验品。

布朗秘密地购买了一些西屋电机的工作模型，以继续他残酷的实验。而在公众看来，这是因为西屋的电机产生的电流频率更致命。威斯汀豪斯对这种破坏性的宣传自然感到非常不安。他和特斯拉面临这样一种可能，即在与现有的交流电和直流电技术的竞争中，新的交流多相系统可能永远无法获得成功，因为现有的交流电和直流电技术都只需要低得多的电压。

正当布朗准备拿更大型的动物做实验，以使委员会确信电能以"人道的"方式处决罪犯时，克姆勒案审判团开始就使用西屋交流电制作电椅的问题质疑众多电气专家。

通过这一争议，爱迪生看到了从反对西屋和特斯拉新技术的争论中获取利益的契机。"爱迪生设计的处决罪犯的电刑方案是目前已经提出的所有电刑方案中最好的。他提出给罪犯戴上连在一起的手铐，将罪犯的双手放在含有稀释了的苛性钾（即氢氧化钾）的水罐里，然后将其接到 1000 伏的交流电上……接着将黑帽子戴在死刑犯的头上，最后，在合适的时间闭合电路。巨大的电流穿过罪犯的两臂、心脏和大脑。罪犯瞬间死亡，感觉不到任何痛苦。"[25]

一直对威斯汀豪斯怀恨在心的爱迪生这下找到了一个报复前者的机会，他允许布朗使用他著名的实验室，用"西屋交流电"电死了 24 条狗，这些狗是布朗从当地的儿童手中以每条 25 美分的价格购买的。爱迪生也亲手用"西屋交流电"电死了两头小牛和一匹马！[26]

这使乔治·威斯汀豪斯感到了不安，他写信给《纽约时报》求助，让其申明：交流电并不比直流电危险，因为使人们触电和受伤的不只交流电，直流电也一样。[27]

威斯汀豪斯让公众相信他的交流系统是安全的。于是，几天后，布朗同样在《纽约时报》上挑战威斯汀豪斯，让威斯汀豪斯"当着众多资深电气专家的面接受我的挑战：威斯汀豪斯让交流电流过威斯汀豪斯的身体，而我让直流电流经我的身体；而且交流电的交变频率必须不低于每秒 300 次"[28]。

1889 年 7 月 23 日，克姆勒的律师 W. 伯克·科克兰让爱迪生发誓，接着质问了他。科克兰是一位爱尔兰移民，在法国接受教育，此时他正处于他在众议院的第二任期。科克兰因与坦慕尼协会[1]斗争已经在当地出了名，他还曾与总统候选人威廉·詹宁斯·布莱恩[2]的竞选对手威廉·麦金莱[3]进行过一系列的辩论，引来媒体的争相报道，因而以"少年演说家"之誉闻名全国。现在，他的目标是对付门洛帕克男巫。[29]

问：哈罗德·P. 布朗与你或者爱迪生公司有什么关系？

爱迪生：据我所知，没有……

问：如果将克姆勒固定在电椅上，并使电椅通电，会发生什么？……他会不会被烧成炭？

爱迪生：不会。他会变成木乃伊……

问：这是你的个人观点，还是有科学依据？

爱迪生：是我的个人观点，我从来没有杀过任何人……

"随后，科克兰先生影射了爱迪生公司和西屋公司之间的竞争，他问爱迪生是否像爱自己的兄弟一样爱威斯汀豪斯。场面顿时异常安静。接着爱迪生回答道：'我觉得威斯汀豪斯先生是一个非常能干的人。'……科克兰先生给'男巫'嘴里咬着的雪茄点了个火，然后让他离开。"[30]

真正的电刑是在大约一年后才实施的，但反对西屋交流电且认为其危险的公共舆论却一直持续不断。虽然爱迪生并不是电椅这一想法的原创者，但他却极尽所能地促使这一想法实现。他安排他的员工协助布朗，尤其是后来成为哈佛教授的极其聪敏的 A.E. 肯内利。此外，他不惜让布朗借用他的名气。

---

[1] 坦慕尼协会：纽约市民主党的执行委员会。它是为了反对"贵族式"联邦党的统治于 1789 年成立。1805 年坦慕尼协会成为慈善机构。其名称源自一个美国独立战争之前的协会名称，当时以慈善的印第安首长坦慕尼德的名字命名。人们将这个团体视同该市的民主党。——译者注

[2] 威廉·詹宁斯·布莱恩（William Jennings Bryan，1860—1925）：美国民主党领袖和演说家。他曾在内布拉斯加州开业当律师。1891—1895 年担任众议员。1896 年赢得民主党总统候选人的提名，1900 年和 1908 年又两次被提名，但竞选均告失败。——译者注

[3] 威廉·麦金莱（William McKinley，1843—1901）：美国第 25 任总统。他支持保护性关税并提出 1890 年的"麦金莱税法"。1896 年赢得共和党总统候选人提名，并在大选中击败了 W.J. 布莱恩。——译者注

强烈反对"电刑执行者"的声音也开始见诸报刊。例如，以下这篇评论就发表在了许多论文和刊物上："很难想象出比即将在克姆勒身上实施的这个实验更恐怖的了。……在一个秘密的地方，他将被迫经历心理上、精神上，也许还有身体上的一次折磨，没有人知道这个过程会持续多长时间。"[31]

实际的结果比这篇文章所预言的还要糟，克姆勒的行刑成了一个噩梦。整个过程被彻底搞砸了：电刑执行后，"克姆勒的胸部开始突起，口吐白沫，整个人都有明显要复活的迹象，在场的所有人都被这一幕吓着了"[32]。

这次行刑被比作野人和酷吏的行径，场面"堪比 16 世纪最黑暗的天主教镇压异教徒的异端裁判所的情景"。有一个目击者是詹金斯博士，他对此深表反感。他告诉《纽约时报》："我宁愿看十次绞刑，也不愿看一次这样的电刑。"媒体还采访了一些顶尖的电气学家。

"我不想谈论这件事，"威斯汀豪斯说道，"行刑过程非常残忍。他们如果用斧头解决问题都可能要比电刑强。"

甚至连爱迪生也深受触动。"我仅仅浏览过一篇关于克姆勒死亡的报道，"他说道，"文字令人不快。……在我看来，其中一个错误就是将一切问题都往博士们身上推。……首先，克姆勒的头发是绝缘的。其次，我觉得头顶部也不是实施电击的理想部位。……更好的方法是将手放进一罐水里……然后使水通电……我认为，下一个在电椅上被执行死刑的人将会瞬间死去，而不再经历今天在奥本发生的一幕。"[33]

虽然威斯汀豪斯尽力地远离不法行为，但从公司声誉的角度来讲，他的公司比爱迪生的公司遭受了更大的打击，因为电死克姆勒的毕竟是交流电。集体的疯狂诟病使特斯拉新交流电发明的投产变得举步维艰，更不用说制造正在盛行的戈拉尔·吉布斯交流电系统。

特斯拉已经意识到，如果公司想使用他的交流电发明，他们最终将不得不转而使用低频电流。但让他万万没有想到的是，"1890 年，他的感应电机直接被西屋放弃了。"[34]

威斯汀豪斯让人们知道，他现在已被弄得束手束脚，他的资助者们不愿继续将他们数万美元的钱浪费在没有成效的研究上。他们已经给了特斯拉一个改装他的装置以满足公司需要的好机会。要完全毁掉主流的装置以满足未经实验的这项新技术的需求的做法似乎是愚蠢的。而且，即使该电机最后被证明有利可图，他们也不愿意支付专利使用税。

进退两难的特斯拉和威斯汀豪斯进行了协商，提出了一个折中的解决方案：如果威斯汀豪斯答应让工人继续进行交流电机的研发和制造，他可以放弃合同中关于专利使用税的条款。

威斯汀豪斯陷入了困境。他知道，这个时候他必须缩减交流电机的研发投入，以迎合外界对特斯拉不断增长的敌意浪潮。同时，他也知道这项发明非常重要，他相信终究会找到解决办法。没人知道具体发生了什么，但威斯汀豪斯最后似乎对特斯拉做了一个心照不宣的承诺：如果特斯拉拿掉合同中每瓦2.5美元的专利使用税的条款，他愿意让他的公司重启特斯拉电机的研制工作。如果特斯拉电机最终上市且多相系统被采用，那么上文中提及的特斯拉年收入的数字，比如专利使用税收入（约为25.5万美元），都将得以实现。

特斯拉很清楚自己的发明的历史性意义。他知道，它将在很多方面改变这个世界，造福于人类。例如，他的电机将有可能省去人们数十万小时的劳力。同时，他的发明也将使他的名字载入史册，与诸如阿基米德、法拉第这样的伟大人物齐名。他还知道，他的交流系统是最高效的、非常重要的，一旦被采用，就会获得成功。他渴望继续做一个开拓创新的发明家。

特斯拉不关注资产负债表上的借贷情况，而是把他与威斯汀豪斯的合作看得更加灵活。他还真诚地与公司协商，并认为如果他能减轻潜在的债务负担，公司将多少对他进行补偿。他拿出诚意，希望他的付出能获得相应的回报。多年以后，在谈及威斯汀豪斯时，特斯拉说道："在我看来，乔治·威斯汀豪斯是世界上唯一在当时的情况下愿意采纳我的交流系统并能摆脱偏见、不唯利是图的人，是一个德高望重、勇于开拓的贵人。"[35]

然而，这只是面向外界的说法，他内心的感受要复杂得多。读过特斯拉写给公司的数十封信后，我们可以清晰地发现，虽然特斯拉与威斯汀豪斯保持着密切的关系，但我们可以隐隐感觉到特斯拉的不满情绪，主要是因为对于特斯拉的牺牲和他为公司所作的持续贡献，威斯汀豪斯并没有给予应有的赞赏。更令特斯拉感到失望的是，他对自己的专利充满了期待，但别人却将他的专利看得很简单，而且各种迹象似乎在告诉他：他发明的仅仅只是一个感应电机而已，而不是一个完整的电力系统。

最后，经过两年的停滞，西屋的人又重新启动了特斯拉电机的研制工作，试图使其变得切实可行。1891年，一个叫本杰明·拉米的，魁伟、随和而又认真勤学的年轻人开始重新实验特斯拉的专利产品以及特斯拉和斯科特的实验电机。拉米在纽约与特斯拉进行了交谈，并和斯科特就电机问题进行了讨论，最后给公司的管理层提出了一个重新研制特斯拉电机的计划。

拉米意识到，特斯拉已经"尝试过所有的办法"，还是未能将其电机适应高频电流，于是特斯拉不得不"重新采用低频电流……并坚信自己的多相系统的优越性"[36]。如上所述，这个想法遭到了拒绝——很有可能是遭到了沙伦伯格和史迪威的拒绝。作为一个初级工程师，拉米只能小心行事。在斯科特的协助下，他"最终获准"重新开始他自己的研究工作，尽管毫无疑问，很多上司都反对这一主意。"此时，60 周波系统很快就要成型了。"拉米说道。他因此提议公司采用这种频率的电流。沙伦伯格"大发脾气"，他"明确地告诉我"，他们完全不可能使用低频电流。"这对我来说很是严重的，因为在实验室里，我只是一个毛头小子，却和一个公司的权威专家进行了争论。我把我的情况给施密德先生解释了一下，他却只是哈哈大笑。……但是，有点出乎我的意料的是，从那以后，沙伦伯格先生总是站在我这边。……这当然让我更加了解这个人，每当我回顾过去，我总是为能结识这样一个人而感到荣幸之至。"

最有可能的是，施密德和斯科特一起在幕后分析给沙伦伯格：这下他们终于有机会采用特斯拉电机，而与此同时却不把功劳归于特斯拉。他们只需对外宣称，公司里有一个杰出的新工程师"发现了"低频电流的高效性，这样就可以顺理成章地将功劳归于拉米了。难怪施密德当时会哈哈大笑呢。看到拉米找到了解决问题的办法，沙伦伯格的态度发生了大逆转，他表扬了拉米。拉米有些天真地认为他"发明了第一台感应电机……这台电机的先进性接近任何一台现代感应电机。……我还……设计了针对尼亚加拉大瀑布的发电机，这是史无前例的。它们都是工程界奇迹般的成就。"[37] 拉米只是重新发现了特斯拉一直坚持的东西，却常常表现得似乎他就是交流电机这一想法的始创者。

未受过系统教育的读者接触到的都是些不全面的资料，而且这样的资料还很多，所以一提及交流电多相系统，他们就会认为，它是由"那位全能天才、西屋公司的顶梁柱 B.G. 拉米"发明的。[38] 但认真读过斯科特所著《特斯拉的电学成就》的人都知道事实真相："试图使特斯拉电机适应［当时盛行的］电流的不懈努力都是徒劳的——这个小小的电机坚持要得到它所需的电流，而非自己去适应已有的电流，最后它终于如愿以偿。"[39]

第七章
伪发明家（1889—1890）

> 基利发现：所有的交感流，不管是脑内的、重力的、磁的还是电的，都是由三重流构成的，这个事实支配着所有陆地、天体的正辐射和负辐射的秩序。……他发现，所有静止物体的分子运动的范围等于它们直径的1/3，所有超出这个范围的部分是由声音的作用引起的，此时的弦长为1/3，与构成物体中心的结合弦相反。
>
> ——《谁是我们这个时代最伟大的天才？》
> （摘自《评论纵览》杂志，1890年）[1]

特斯拉于1889年秋天离开匹兹堡，回到了纽约，建立了他的第二个实验室，该实验室就位于今天的格兰街（Grand Street）。在那里，特斯拉将开始研究高频机器、无线传输以及关于电磁辐射和光之间关系的理论。这位发明家尤其渴望复制德国学者海因里奇·赫兹的科学发现。赫兹是赫尔曼·路德维格·冯·赫姆霍兹的学生，赫姆霍兹最近刚公布了他在波传播方面里程碑式的实验成果。特斯拉说，这一成果"让我感到了前所未有的震撼"[2]。"在匹兹堡，我并不自由，"他继续说道，"我孤立无援，没法开展工作。……离开那里后，灵感和创意就像尼亚加拉大瀑布一样在我的大脑里涌现。"[3]

在特斯拉建好实验室前，他前往巴黎参加了世界博览会，目睹了巍峨的建筑奇迹埃菲尔铁塔的揭幕仪式。回到了这个充满了深刻记忆的城市，特斯拉可以去拜访他的老朋友，告诉他们自己从多么遥远的地方赶来。在那里，这位已开始崭露头角的发明家又一次驻足于卢浮宫，欣赏了拉斐尔的"奇作"；他自认为，自己在科学界的地位，正如拉斐尔在美术界的地位一样。[4]然而，特斯拉的感受是比较复杂的，因为他的劲敌的阴影伴随着他的这次旅行。托马斯·爱迪生不仅参加了这次博览会，还用了整整一英亩的地盘展示他的各种发明。他发明的留声机尤其引起了轰动，爱迪生也被人们奉为神明。

爱迪生在他年仅22岁的新任妻子米娜的陪伴下，在埃菲尔铁塔顶层与亚历山大·埃菲尔共进午餐；而此时的特斯拉则在博览会遇到了威廉·比耶克内斯教授，并一起"目睹了他展示精美的振动膜"[5]。比耶克内斯是斯德哥尔摩大学的一名挪威籍物理学家，他和朱尔斯 - 亨利·庞加莱一起，不仅复制了海因里奇·赫兹电磁波通过空间传播的研究成果，据赫兹称——还发现了多重共振，并研究出了这一现象的数学原理。[6]特斯拉仔细观察了比耶克内斯的振荡器——它能产生多种电磁波，并带有能增强电磁波的共振器；他还和比耶克内斯探讨了由这种振荡器产生的电磁波的特性及其理论意义。

门洛帕克男巫在他巴黎的实验室里会见了路易斯·巴斯德，并因他的成就被授予了法国大十字勋章。与此同时，特斯拉获得了一个最重要的发现：所谓的赫兹波（即电波）不仅能像比耶克内斯所展示的那样产生横向振动，它还能产生结构与声波非常相似的纵向振动，"也就是说，波是通过以太的交替收缩和膨胀……传播的"[7]。这一概念在后来的 10 年里，在特斯拉建造无线传输器的过程中起到了关键作用。

正当特斯拉收拾行囊、准备短暂地看望一下家人时[8]，爱迪生还在继续他的巡展。在意大利，尼斯玛格丽特女王和罗马亨伯特国王给爱迪生授予了荣誉；在柏林，他在赫姆霍兹的实验室见到了赫姆霍兹；在海德堡，爱迪生在一个由 5 万人参加的"盛大聚会"上展示了他的留声机，留声机里"播放了一段德语"。[9]然而，爱迪生最喜欢的时刻却是参加由野牛比尔[1]举行的一次大型宴会，当时比尔正在欧洲巡演他的牛仔戏[2]。当特斯拉起程返回纽约时，爱迪生去了伦敦，参观了他的中心电站，并第一次发现伦敦已经开始使用特斯拉交流电。[10]例如，这一年，在英国的德特福德（Deptford），有一位名叫费兰蒂的工程师建造了可能是史上第一座运营的单相电站。通过特斯拉交流系统，他能将 11000 伏的电输送至 7 英里以外的伦敦。[11]这座电站具有真正划时代的意义，但不知什么原因，它没有受到社会的任何关注。

在电学史上，这是一段错综复杂的时期。那些仔细研究过特斯拉发明的欧美电气专家很快就看到了特斯拉发明的意义所在。在瑞士和德国，C.E.L. 布朗和迈克尔·冯·多利沃 - 多布罗沃尔斯基制造了感应电机；而在美国，斯坦利和汤姆森 - 休斯顿电气公司的汤姆森也制造了感应电机。在任何一个自然科学领域里，人们总是惯于学习和复制别人的成果，但在电气工程领域里，科学家的成功不仅能使其名垂

---

［1］野牛比尔（Buffalo Bill, 1846—1917）：William Cody 的绰号，美国西部拓荒时代的传奇性人物，美国陆军侦察兵，善捕野牛，善同印第安人作战。1867—1868 年，他捕猎野牛，供给联合太平洋铁路筑路工人食用，因在 8 个月内捕杀 4280 头野牛而获得"野牛比尔"的绰号。——译者注

［2］牛仔戏（Wild West Show）：表演美国早期西部牧人和印第安人的武艺，如枪法和射箭等。——译者注

史册，还能带来巨大的利益。因此，很多人（例如上文提到的那些）都设法宣称多相系统是自己发明的。

不过，有一项电机的发明却不那么容易被复制，它叫作液压气动脉动真空发动机（hydropneumatic pulsating vacuo engine）。没人能复制这台复杂的机器，而且除了发明者约翰·厄恩斯特·沃雷尔·基利外，没人知道它的工作原理。基利是在阅读查尔斯·达尔文的侄女 F.J. 休斯的一篇名为《进化促进了音调和色彩的和谐》的论文时获得该电机的灵感的。该论文讨论了以太的构造以及各种关于宇宙调和定律的理论。[12] 基利的电机被称赞为一台永恒运动的机器，一直令公众为之着迷。因为基利有一种不可思议的能力，他能一直保持秘密，但同时不断地取得奇妙的成果。"在布拉瓦茨基夫人看来，［基利］已经发现了'元气'——立顿爵士在他的科幻小说《元气：未来种族的力量》（*Vril: The Power of the Coming Race*）中提到的宇宙的神秘力量。……基利将其称作'交感负引力'。"[13]

基利曾是一名"马戏团戏法表演者"，他"欺骗"公众的能力与卖万灵油的骗子有得一拼。1874 年，他投资 10 万美元成立了一家公司，用以销售他的电机，并成功经营了近 15 年。直到 1889 年，他的电机才遭到了质疑。

《公众舆论》[1]写道："工程师、科学家和资本家们频频拜访基利的费城实验室，去观摩'基利的电机如何运动'。电机有时转，有时不转，但基利总能编个故事出来，说得头头是道。基利的主要技艺便是能熟练运用各种科学和非科学的术语，比如什么'三位一体的单级电流''重力反射作用''物体的弦'，什么'长距离交感延伸''无极以太波'，还有很多毫无意义的东西。但他从来不告诉别人为什么他的电机会转，为什么他从来不去申请专利。"（虽然他确实草拟过相关的申请。）[14]

T. 卡朋特·史密斯在《工程学杂志》上描述了他亲眼看到的这位"发明家"工作的情景："基利先生走向前去，用一个提琴弓敲了一个很大的音叉，然后使音叉和发电机接触，通过这个过程来发电。试了两三次，都失败了。基利说失败的原因是没找到'物质的弦'（chord of the mass），于是他打开了发电机顶部的一个小阀门。当听到很轻的'嘶嘶'声时，他宣布他'找到弦了'，接着是观众的一阵热烈的欢呼声。……一个比较狂热的观众不由自主地大声喊道：'基利，你快赶上上

---

［1］《公众舆论》（*Public Opinion*）：美国作家、记者、政治评论家沃尔特·李普曼（Walter Lippmann，1889—1974）的代表作。李普曼是传播学史上具有重要影响力的学者之一。1922 年的著作《公众舆论》开创了今天被称为议程设置的早期思想。此书被公认为是传播学领域的奠基之作。——译者注

帝了！'从这里我们可以想见当时的观众是一个什么样的心态。"[15]

这个江湖骗子式的发明家靠着他层出不穷的新"发明"，并伴着他欺骗公众的吆喝声频频登上纽约各大日报的头条。各方舆论都要求让他坐牢，法院给基利 60 天的时间"公布他的秘密"[16]，但基利坚持不肯。基利威胁称，除非法院放弃诉讼，否则他就将停止他所有的发明工作。[17]1888 年 11 月，基利因藐视法庭而被判入狱。[18]

此后不久，基利通过他的辩护律师揭露道，他的发明中"缺失的一环"就是一个"环形铜管"。几天后，他被保释。他辩称，他在详细解释他的发明时，他确实"服从了法院的所有指令"，对他的起诉竟然就这样被取消了！[19]

爱迪生承诺给世界带来"阿拉丁神灯"并最终做到了；特斯拉发明了传说中的交流电永动机，并将其付诸应用。基利也像他们两位一样，将他的发明标榜为"本世纪最伟大的科学发现"。

很明显，基利已被证明无罪，于是他继续行骗。1890 年，世界知名的手相家、多数时候被人们称为"Cheiro"（葡萄牙语中"Cheiro"意为"手"）的路易斯·哈蒙伯爵访问了基利的实验室；1895 年，约翰·雅各布·阿斯特成了基利的一个投资人。

然而，不幸的是，特斯拉也像基利一样慢慢背上了口出狂言、怪诞不经的名声。例如，特斯拉说他的交流系统能"用电线将 10 万马力的电能"输送到数百英里之外，而且在这个过程中没有任何能量的损失；而当时的主流技术只能将几百伏的电输送到一英里之外，而且随着距离的增加，能量损失也显著增加。[20]尽管这种说法有点不可思议，但才过了几年，这一预言就变成了现实。特斯拉的风格就是好幻想，他的断言听起来似乎很可笑，对于那些缺乏想象力、孤陋寡闻或是只听信有关特斯拉的反面舆论的人来说，特斯拉与基利几乎没什么区别。因此，基利出丑后，他也受到无端牵连，备受质疑和指责。[21]

早在 1884 年，《科学美国人》（Scientific American）杂志就发表过一篇揭露基利电机的文章，该文推测，基利电机的电来自一个充满压缩空气的密室。1898 年基利死后，人们在布卢姆菲尔德 - 摩尔夫人的儿子克拉伦斯的指挥下调查了基利的实验室，这一推测得到了证实。克拉伦斯的母亲是基利的狂热崇拜者，母亲去世后，小摩尔破开了基利的实验室，在地下室里发现了一个很大的蓄水池和许多各式管子，这些管子穿过地板通向了地下室上面的房间，基利的各种演示就是在这个房间里进行的。基利的所谓"'以太动力'只不过是……当他脚踏一个隐匿的弹簧阀时释放出来的……压缩空气罢了"。[22]

当时的伪发明家还包括加斯顿·布尔玛、沃尔特·哈尼诺和"国王反对派"维克多·鲁斯提格"爵士"。加斯顿曾设法将一种能将水转化成汽油的特殊弹丸卖给通用电气公司（GE）；沃尔特从一种叫作"H$_2$O 水电雾化器"的装置里获得免费的能量；而维克多·鲁斯提格则曾发明和销售一种特别的造钱机器，主要功能是将白纸插入这种机器，它就能造出崭新的 20 美元钞票，他最终因此被逮捕。[23]

在这个几乎每天都有新的奇迹彻底地改变着社会方方面面的时代，要糊弄公众"轻而易举"；缺乏经验的投资者常常被无法实现的宏伟计划和承诺所欺骗。所以，对同一个发明家的看法常常截然相反：可以是刽子手，也可以是带来光明的人；可以是骗子，也可以是奇才。

特斯拉从欧洲回来后，他最想做的事就是为他的交流电发明找一个新的合适的买主，这样他就可以继续做他感兴趣的其他的事情。当然，他将继续尽其所能协助威斯汀豪斯，不断地为斯科特、施密德或拉米提供建议，或是到匹兹堡实验室去亲手提供操作技术指导。整个 19 世纪 90 年代，只要一有机会，特斯拉就会向西屋公司推荐有潜力的优质客户。正如特斯拉的一贯风格，他从来没有想过要为他的这种服务收取任何佣金，不过，公司一开始确实给他免费提供了他的实验室的关键设备。

和基利一样，布尔沃-立顿的类似电能的所谓"元气能"也在这一时期与特斯拉联系了一起。我们可以从 1890 年自一位妇人手中得到的一封信中得以窥见，在信中，特斯拉说："我想，如果我读了《元气：未来种族的力量》，也许我会发现一些能大大促进我研究的好东西。"但特斯拉是不会用 10 年的光阴追求一本神秘小说里的东西的。所以，虽然小说中描述的一些发明与特斯拉后来的发明具有很多相似之处，但后来的读者不能说："［特斯拉］未来将要发明的美妙的东西正是受到了布尔沃的启发。"[24] 尽管如此，布尔沃小说中的发明和特斯拉发明的相似之处还是有的。于是，人们忍不住会想：特斯拉当时是否真的读过布尔沃的这本小说，或者至少了解书中的内容。

第八章
第五大道南（1890—1891）

> ［特斯拉］一跃成为与爱迪生、布拉什、伊莱休·汤姆森和亚历山大·格雷
> 厄姆·贝尔这些人齐名的人物……他的成就近乎奇迹。
> ——约瑟夫·韦茨勒 1891 年 7 月 11 日在《哈勃周刊》中对特斯拉的评价[1]

1889 年夏，特斯拉从巴黎回到了他靠近布利克街（Bleecker Street）的新实验室。实验室和爱迪生的一个陈列室在同一条街上，位于第五大道南（South Fifth Avenue，即今天的西百老汇）33—35 号，占了一幢 6 层大楼的整个第四层。同时，特斯拉参观了各家酒店，最后住进了阿斯特大酒店，这是一个 5 层的豪华酒店，坐落于市中心的一条电车道旁。

就在那个夏天，特斯拉"最好的朋友"安东尼·西盖蒂去世。他写信告知了亲人。"我感到很孤立，"他告诉叔叔帕约，"我很难适应美国的生活方式。"[2]

特斯拉，这位暴发户、家里的明星，现在开始往家里寄钱，寄给他的母亲、姐姐和妹妹，还有部分表堂亲。特斯拉的信大部分都是写给他的姐夫和妹夫，他们都是牧师。特斯拉写信告诉叔叔帕约："我和妇女有些难以沟通。"[3]虽然他也偶尔给他的姐姐或妹妹写信，但主要都是给她们寄支票；她们每个人都不厌其烦地给他回信，试图从"她们唯一的兄弟"[4]嘴里得到几句有点人情味的话。19 世纪 90 年代的 10 年间，特斯拉往家里寄了几千福林[1]的钱，每次寄 150 福林；这个数量相当于租一幢小康之家的房子 6 个月的房租，或一个塞尔维亚工人 6 个月的薪水。这些钱一部分作为礼物，一部分是为了回报他的几个叔叔，他们曾经资助他上学，给他提供他在北美的开支。其余部分有的是通过他在欧洲的专利使用费获得的，他将其用作了投资。[5]特斯拉的另一位叔叔佩塔尔已经成了波斯尼亚首都萨拉热窝的红衣主教，特斯拉曾向佩塔尔透露，他收到了一些达官贵人的信，得到了令他难以形容的尊重。[6]

---

［1］福林（forint）：匈牙利货币单位。——译者注

特斯拉对美国的红酒很不满意，所以，叔叔帕约偶尔会从欧洲寄几瓶红酒给他这位极为挑剔的侄儿。特斯拉急切等待这些红酒的心情就像"犹太人等待他们的救世主弥赛亚"一样。[7]

随着特斯拉知名度的增加，有关他成功的报道也不断地成为他家乡当地报纸的头条。在塞尔维亚和克罗地亚人心中，特斯拉已被奉为神明；而对他的亲人来说，他是一个远在天涯的高贵的赞助者。"我们在梦里都想着你。"他的一个姐夫写道。[8]

除了偶尔和诸如 T.C. 马丁这样的朋友吃一顿晚餐，或者必要时到匹兹堡去一趟外，特斯拉几乎所有醒着的时间都是在实验室里度过的。他的伙伴阿尔弗雷德·S.布朗在需要时会来帮帮他，但通常特斯拉都是和一两个助手一起工作，或者独自战斗。一如他的工作习惯，他可以夜以继日地一周工作 7 天，中途仅仅停下来回酒店稍微放松一会儿，或必要时出去应酬一下。特斯拉一心想成为这个迅猛发展的时代中一个举足轻重的角色，在这种强烈愿望的驱使下，这位男巫甘愿过修道士般的生活；他喜欢通宵工作，因为夜晚的干扰最小，他可以更加专注。

现在的特斯拉自由了，他开始多管齐下，沿着多条相互独立而又相互关联的线路开展他的研究工作。作为实验物理学家，他着手研究电磁和静电的差异，以及以太结构与电、物质和光的结构之间的关系。作为发明家，他开始设计各种设备：有的能产生极高的电流频率和电压；有的可以将直流电转化为交流电，或者反之；有的能产生均匀的振动。特斯拉还打算设计造光的方法，以及探索无线通信的概念。他一直都在担心地球自然资源的脆弱性，比如有限的木材和煤炭供应量，于是他花了大量的时间来思考这个问题，回顾和借鉴他人的成果，批评或改进他们的发明，或自己设计全新的东西。他的目标受到了进化论和实用主义的影响：他想发明各种机器，把人们从很多没有必要的体力劳动中解放出来，使人们有更多的时间去做有创造性的工作。

卡尔·马克思认为工人正变成"机器的附属物"[9]，特斯拉却持相反的观点，他认为机器可以解放工人。

在特斯拉看来，发明家一直是而且将永远是给人类带来光明的人，他们通过先进的技术指引着人类的未来。普罗大众将会因此受益，因为机器可以完成一些无意义的机械劳动，使人们能转向更多的智力职业。随着技术的进步，文化发展的速度将越来越快。"反过来，"特斯拉警告人们，"所有违背宗教教义和卫生规律的事物……都将损耗［人类的能量］。"[10] 不纯净的饮用水是最大的危险之一。

接下来的 18 个月里，特斯拉启动了他将在未来的半个世纪里为之忙碌的所有发明的大部分。1889 年的最后几个星期里，马丁和特斯拉见了好几次面，以完成他关于塞尔维亚人的传统和他们对未来的规划的文章。特斯拉谈论了他的少年时期，以及他的祖先们为了击退凶恶的土耳其侵略者而进行的不屈不挠的抗争，常常谈到深夜。马丁记笔记的时候，特斯拉就在构思他的发明，尤其是关于高频电流的发明，以及关于电磁和光结构之间关系的最初理论。马丁努力说服特斯拉在美国电气工程师学会大会上公布他的创意，特斯拉没有直接回答他。"你信不信，我可以让开尔文勋爵[1]为你发表演讲？我知道这些演讲有点乏味，而且可能解决不了什么问题，但我相信，你这样像力士参孙一样的人物是可以从那头狮子的口中挤出些好话来的。"[11]

对此，特斯拉的回答是"也许吧"。

1890 年 1 月 21 日，安东尼教授接替伊莱休·汤姆森成了美国电气工程师学会的新任主席（伊莱休之前的主席是马丁），并发表了关于他新的电学理论的开年演讲。[12] 特斯拉也参加了这次会议，并被推选为该学会的副主席，他很高兴能再次见到安东尼教授。阿瑟·肯内利和迈克尔·普平也参加了这次会议：前者是来自爱迪生公司的爱尔兰籍数学家，后者是位物理教师，也是塞尔维亚老乡。

普平刚从赫姆霍兹实验室回来，不知道爱迪生和威斯汀豪斯两个阵营之间的仇恨大到了何种程度。

普平来自贝尔格莱德北部的一个叫作伊德沃（Idvor）的塞尔维亚小镇。他父亲曾当过村长，与特斯拉的父亲很相似。但与米卢廷·特斯拉不同的是，普平的父亲是一个不识字的农民，与牧师贵族沾不上半点边。和特斯拉的亲戚一样，普平的很多亲戚都是战争英雄，曾击退土耳其军队，保卫了帝国；而普平和特斯拉一样，都没有服兵役。

迈克尔·普平于 1874 年移民美国。他起先打一些零工，随后于 1878 年进入哥伦比亚大学纽约分校学习，1884 年以优异的成绩毕业并获得了一份留学奖学金。毕业时，普平对电学理论有着浓厚的兴趣。他想去剑桥大学，向詹姆斯·克拉克·麦

---

［1］开尔文勋爵（Lord Kelvin）：英国物理学家。他提出了热力学第二定律，在电和磁方面的工作最后促成麦克斯韦的电磁理论。1892 年升为贵族。——译者注

克斯韦[1]拜师学习，但当他到了剑桥大学时才发现，麦克斯韦已经去世多年了。[13]普平的这种疏忽大意的习性贯穿了他的一生。离开剑桥后，他继续到柏林大学学习并获得了物理博士学位。1889年，他返回纽约，成为了哥伦比亚大学纽约分校的一名讲师。

1890年2月，马丁报道特斯拉的文章在《电气世界》上整版刊登，文章还配有这位年轻工程师的一张很醒目的照片。这篇文章对特斯拉来说是一次极好的宣传，它是描绘这位前途无量的发明家的第一篇重要文章。

美国电气工程师学会筹划了一个专门讨论新的特斯拉交流系统的会议，会议定于次月举行。开会的主要缘由是科技上又有了很多重要的发展，其中最引人注目的是：来自瑞士和德国的科学家提出了远距离交流电传输实验[14]；西屋电气公司正在科罗拉多州特柳赖德（Telluride）的一个采矿营地建造一个水电站，该电站运用了特斯拉交流系统，很快就将建成；另外，有人已经宣布成立一个尼亚加拉国际委员会，探索利用尼亚加拉大瀑布的最好方式。

3月，美国电气工程师学会的这次会议如期举行。路易斯·邓肯教授是会议的主要发言人。在演讲中，邓肯首先对"特斯拉发明的新颖而奇妙的小机器"的工作方式做了数学分析。邓肯曾是美国海军军官学校（U.S. Naval Academy）的一名军官，当时刚从南太平洋转到了约翰·霍普金斯大学[2]，后来一直留在该大学执教。他是特斯拉一个非常重要的支持者，为特斯拉的交流电机发明赋予了理论可信性。"这种电机最大的优点在于，"邓肯说，"它不使用换向器，而且可以使用非常高的电压。将来，电力输送的电压将高得使带有换向器的电机近乎无用。"邓肯的演讲结束后，大家进行了一番讨论，特斯拉也加入了其中。[15]

普平曾在那年夏天的波士顿以及第二年的纽约两次作了关于"交流电理论"（Alternating Current Theory）的演讲，他很快就成了特斯拉发明的追慕者。然而，他也同时卷入了谁是交流多相系统真正发明者的争议之中，而且在当时的特斯拉看来，普平犯了一个错误——他交错了朋友。

在波士顿的会议上，普平"发现我的听众分成了截然相反的两派：一派很真诚，

---

[1] 詹姆斯·克拉克·麦克斯韦（James Clerk Maxwell）：19世纪英国伟大的物理学家、数学家。他最革命性的成就是证实了光是一种电磁波，首创电磁辐射的概念。为了纪念他，磁通量正是以他的名字命名的。——译者注
[2] 约翰·霍普金斯大学（Johns Hopkins University）：美国著名私立大学。由富商、慈善事业家J.霍普金斯于1876年捐资开办，并因此而得名。校址在马里兰州巴尔的摩市。——译者注

表示赞赏，而另一派的态度则冷若冰霜。著名的电气工程师、发明家伊莱休·汤姆森站在了友好的一派里；演讲结束后，他找到我，向我表示真诚的祝贺。这给了我很大的鼓舞，我非常开心"。然而，另外一些著名人士则因为他支持交流电而试图设法将普平从哥伦比亚大学的电气工程系解雇[16]，但普平对两派之争不予理睬，同时还增进了他与汤姆森的友谊。

普平不知道的是，汤姆森自己正处于左右为难的境地中，因为此时他意识到了特斯拉交流系统的明显优势，但他却无法使用这一系统，因为特斯拉系统的相关专利归威斯汀豪斯所有。

虽然汤姆森-休斯顿电气公司的利润极高，但如果它不采用高效的交流机器的话，公司必将受挫。伊莱休·汤姆森研究交流电已经超过 10 年了，他因此觉得改进特斯拉式的系统是完全正当的，尤其是在很多其他工程师也宣称自己拥有特斯拉系统某些方面的专利的情况下（这些工程师中比较著名的有沙伦伯格和费拉里斯）。而且，汤姆森本人也很快将酝酿出一个相似的切实可行的计划。汤姆森一直忽略了一个事实——交流电机这一个具有彻底革命性的发明的基本专利属于特斯拉；无论是在公司工作、在美国电气工程师学会谋得主席一职，还是在各个电气杂志上发表文章，他总是想方设法让他的观点合理合法。他曾花钱在索耶那里买了生产胶塞灯（stopper lamp）的许可证（胶塞灯目前已经被淘汰，这种灯泡同爱迪生的胶塞真空灯很像，它使用一种橡胶塞来保持灯泡内部的真空状态），从而成功地智取了爱迪生的灯泡专利。汤姆森把相同的手段用在了交流电机的专利上。

特斯拉和汤姆森在《电气世界》上发表了一系列激烈争论的文章，从这些文章里似乎可以看出，汤姆森虽然多少有些厌恶自己的对手，但他还是在文章中承认，"我承认，关于我发表批评特斯拉言论的动机，我的说法可能不恰当，但这些言论是由于特斯拉先生在之前的一个场合误解了我的动机而引发的"[17]。就这样，随着普平和汤姆森之间友谊的加深，他对他塞尔维亚兄弟特斯拉的感情渐渐疏远了。

1891 年，在特斯拉首次公布他的交流电机研究成果 3 个月后，美国电气工程师学会举行了一次讨论会，特斯拉同意在会上在高频电流条件下展示他的成果。[18] 会议在哥伦比亚大学的一个会堂里进行，还邀请了公众参与。当时的哥伦比亚大学位于帕克大道和曼迪逊大道之间，地跨四十九街和五十街。[19]

特斯拉在会上所发表的这次演讲对当时的工程师们以及对特斯拉的人生历程所

产生的巨大影响难以估量，因为这次会后，人们开始认识到特斯拉的非凡之处。约瑟夫·韦茨勒（或称乔希，他喜欢人们这么称呼他）在《电气世界》报道了特斯拉的演讲。但特斯拉这样一次具有重大意义的演讲，岂能仅仅局限于在一份发行量很有限的杂志上报道呢？于是，韦茨勒又通过努力，在当时颇有影响的《哈勃周刊》上醒目的版块进行了整页的报道。

韦茨勒"用纯正的英语，激动而清晰地"赞道，"这位来自奥匈帝国边疆地区的年轻人……不仅在光的电磁理论的掌握方面远远超越了两位著名的欧洲科学家洛奇博士和赫兹教授，而且……由他的发明所产生的静电波（或者叫'冲力'）将为普通家庭提供日常照明。"特斯拉不仅呈现了奇妙非凡的电魔术幻灯，还简要介绍了一些新的"影响深远的根本科学原理"。[20]

韦茨勒中肯地指出，在使用真空管制造电灯的技术上，特斯拉远远超越了海因里希·盖斯勒和威廉·克鲁克斯，他对白炽灯的改进同样让门洛帕克男巫"黯然失色"。"虽然这些成果都很耀眼，但特斯拉先生并不满意。他给自己设定的目标是发明一种电灯，使其在没有任何外接电线的情况下……无论放在房间里的哪个位置，都能发出明亮的光芒。"[21]如果这些还不够惊艳，且看特斯拉最后的压轴大戏——特斯拉使几万伏的交流电流经他的身体，点亮了电灯，手指发出火花，以此告诉世人：如果使用正确，交流电根本不是一种"杀人"电流。"特斯拉先生手里握着……真空管，……就像代表正义的天使长的手里握着明晃晃的宝剑一般。"一个记者这样描述道。[22]

在他的助手加诺·邓恩的陪同下[23]，特斯拉开始了他的演讲，虽然开始有点紧张，但慢慢地就变得活力四射："自然界里广泛蕴含着各种形态的、难以估量的能源，它们总在一刻不停地变化和转移，就像一种精神力量鼓舞着内心的宇宙；在这些能源中，电和磁可能是最令人着迷的。"特斯拉继续说道，"我们知道，［电］就像无法压缩的液体一样流动，自然界中肯定存在着恒定数量的电，它既不能被制造，也不能被毁灭，……电现象和以太现象是一样的。"这位男巫假定我们的世界沉浸在电的海洋里，他进而做了无数的实验，令现场的观众惊叹不已。演讲的最后，特斯拉用诗意的表达呼应了演讲的开端："我们以无法想象的速度旋转在无穷无尽的空间里，"他说，"我们周围的一切都在旋转，一切都在运动，处处都是能源。"在这个假设的基础上，特斯拉做了一个预言式的推测，很多人常把这一推测解读为：

零点（或自由能源带）是存在的。"我们一定能找到直接利用这种能源的某种途径，"他说，"然后，我们可以通过这一途径获得光和电，并毫不费力地获得任何一种形式的能源，人类将大踏步地前进。只要想想这些宏伟的前景，我们的思想就开阔了，我们的希望就更坚定了，我们的内心也就充满了极度的快乐。"[24]

听过特斯拉这次演讲的人，包括安东尼教授、阿尔弗雷德·S.布朗、埃尔默·斯佩里[25]、威廉·斯坦利、伊莱休·汤姆森和弗兰西斯·厄普顿，他们都对这历史性的一刻终身不忘。[26] 比如，当时为哥伦比亚大学研究生、后来因他关于宇宙射线的成果获得诺贝尔奖的罗伯特·米利肯在多年后回忆道，"我的研究工作有很大一部分都是借助我在那一晚学到的原理完成的。"[27]

迈克尔·普平也到场听了特斯拉的演讲，然而，他却没有显得那么着迷。"在我演讲时，"特斯拉告诉一个塞尔维亚记者，"普平先生和他的朋友们（很有可能是伊莱休·汤姆森和卡尔·赫林）吹起了口哨，……打断了我的演讲，使我很难让现场被误导的观众安静下来。"[28] 普平后来写信给特斯拉，想缓和一下矛盾，并提出要和特斯拉约定一个时间，去参观特斯拉的电机，因为他计划发表一系列多相电流方面的演讲，但被特斯拉拒绝了。[29] 在欧洲，关于特斯拉的传闻不胫而走，到处都在议论美国的新的电气斯文加利[1]；很快，特斯拉就开始受邀给欧洲的各个科学学会作演讲。

---

[1] 斯文加利（Svengali）：在英国小说家乔治·杜·莫里耶（George Du Maurier）最受欢迎的1894年的小说《软帽子》（Trilby）中，有一位名叫斯文加利的阴险音乐家，在他催眠般的影响和摆布下，最后竟然把巴黎一位画家的模特变成了著名的歌手。而斯文加利也就成为可将他人引向成功的具有神秘力量的人的代名词。——译者注

第九章

篡改历史（1891）

> 书中所做的很多研究都是关于多相系统电路的，[书中章节分别]涉及感应电机、发电机、同步电动机，[等等]……书中内容有一部分是原创的，其余部分引自其他研究者已经出版的著作。但我一并省略了所有参考文献的出处，因为不完全的文献出处还不如没有文献出处，而完全的文献出处则需花费大量超出我支配能力的时间……我相信读者更感兴趣的是信息，而非谁最先对某个现象进行了研究。
>
> ——查尔斯·斯坦梅茨 [1] 1

　　特斯拉在哥伦比亚大学发表演讲 3 个月后的 1891 年 8 月，两位工程师——来自瑞士厄利康机械制造公司（Maschinenfabrik Oerlikon）的查尔斯·尤金·兰斯洛特·布朗和来自德国通用电力公司（AEG）的代表迈克尔·冯·多利沃 - 多布罗沃尔斯基——成功地把位于德国劳芬（Lauffen）的内卡河上一家水泥厂附近的瀑布所产生的 190 马力的电输送到 112 英里外、正在德国法兰克福举行的国际电气博览会上，震撼了整个工程界。在 3 个地方政府的支持下，电线经过符腾堡（Wurtemberg）、巴伐利亚（Bavaria）和普鲁士（Prussia），最后到达了法兰克福。2

　　正如特斯拉在哥伦比亚大学演讲中所解释的方法一样，布朗用油作为绝缘体，用他的设备发了 40000 伏的电，并通过电线输送到展会上，当电到达展会时，其中的 25000 伏可用，并被降低至可用的电流频率。74.5% 的输电效率令他的同行们感到惊讶。多布罗沃尔斯基暗示道，这一发明是他的创意：使用每秒 40 周波运行频率的三相交流电（而不是西屋公司一直坚持使用的每秒 133 周波运行频率的单相电流）。法兰克福会场的电能非常充裕，一个装有一千盏白炽灯的巨大广告牌被点亮，会场还利用电动水泵设计了一个人工瀑布。3

　　12 月 16 日，迈克尔·普平在美国电气工程师学会发表了一个关于多相系统的演讲（一周前他向纽约数学学会发表过相同的演讲）。普平自豪地提出了多相系统这一新领域的一些抽象理论。他披着长发，戴着金丝边框眼镜，留着刷子似的、尖

---

[1] 查尔斯·斯坦梅茨（Charles Steinmetz）：美国电气工程师、发明家。——译者注

尖的八字胡，穿着一身教授派头的三件套西服[1]——回到美国后，普平很快就重新适应了美国的生活方式。现在他已经开始为自己赢得名声。出于忠诚，他在这次演讲之前给特斯拉写了封信，想跟特斯拉讨论他的电机，但特斯拉回绝了他。

普平在美国电气工程师学会演讲的开场白中，提到了"尼古拉·特斯拉美妙的发明，以及多布罗沃尔斯基和布朗将这些发明运用于实际而取得的完美成功"。亚瑟·肯内利、查尔斯·布拉德利和查尔斯·斯坦梅茨都在场。不过，普平在描述德国的这次成功的实践时，似乎在暗示：多布罗沃尔斯基和布朗的这次实践的方方面面都是独立设计的。

特斯拉好像没有参加普平的这次演讲，而是在普平演讲的次日给他写了一封信。不过这封信的内容不是对普平表示祝贺，也不是邀请普平和他见面。特斯拉在信中建议普平最好获取最原始的专利说明，德国的这次实践的设计只不过是特斯拉自己的成果的复制品。

但普平在回信中进行了回击，"我认为你不该责怪我之前没有就你的发明和你进行充分的讨论。……首先，要在一篇论及多相系统最根本原理的论文中讨论应用细节，显得有点操之过急。其次，我仅仅是通过传言了解到你的电机，我并未有幸看到任何人向我展示你的电机。……我去你住的宾馆找过你两次，还给你写过一封信，……但结果都是徒劳。"[4]普平在这封信的结尾提出想和特斯拉亲自会面。但以特斯拉的个性，他很难轻易宽恕这种幼稚的错误，尤其不能宽恕的是，这个错误是一个连自己母语都说不好的塞尔维亚人所犯的。[5]对于高度敏感的特斯拉来说，普平是一个爱散播谣言的人。他持续跟汤姆森交往，更加深了特斯拉对他的厌恶。由于特斯拉即将动身去欧洲，两人之间的和谈终究没能实现。

我们应该意识到，关于谁是交流电机的真正发明者的争论一直没有结果，到今天都还没有明朗。[6]这一问题源于迈克尔·冯·多利沃-多布罗沃尔斯基本人，因为他不肯承认他的创意是从特斯拉那里得来的；而使这一问题一直遗留下来的人则是卡尔·赫林。1891年，自交流电机公诸世界后，赫林在各个杂志上发表了大量有关这段轶事的文章。19世纪80年代初，赫林是德国达姆施塔特大学的一名教授。受赫林保护的多布罗沃尔斯基是圣彼得堡本地人，一个俄国贵族的儿子；1883年末，

---

[1] 三件套西服（three-piece suit）：西服上衣、西装式马夹和西裤的三件式搭配，通常都是用相同的布料做成。——译者注

赫林从达姆施塔特大学退休后，多布罗沃尔斯基取代了赫林的位置。

　　C.E.L.布朗是瑞士人，是一名蒸汽机设计师的儿子。他的成功始于运用他在美国卢塞恩（Lucerne）工作期间研制的交流发电机来输送电能。布朗比多布罗沃尔斯基小1岁，比特斯拉小7岁；他大部分的训练都是在瑞士的温特图尔（Winterthur）和巴塞尔（Basel）接受的，在那里，他为伯金（Burgin）机械厂工作。1884年，他开始受雇于厄利康公司，两年后成为了公司的运营总监。[7]1891年2月9日，布朗在法兰克福发表了一次演讲，主题是远程电力传输。也就是在那里，他遇到了多布罗沃尔斯基。厄利康公司和德国通用电力公司之间形成了伙伴关系，7个月后，他们在劳芬和法兰克福两地之间的合作取得了成功。[8]

　　经多布罗沃尔斯基一再声明，加上赫林在各个电气杂志上的片面报道[9]，美国工程界中不了解特斯拉专利的一些派系开始称赞劳芬 - 法兰克福的开拓创新，而同时也在不断地暗示：特斯拉的成功并非来自他自己真正的成果。讽刺的是，西屋公司的人也想对这件事睁一只眼闭一只眼，不仅因为解释这件事会证明特斯拉过去的观点是正确的而他们是错误的，更因为这么做会让他们之前在特柳赖德镇所取得的成功相形见绌。因此，如果细读有关西屋公司的文献，我们很难发现其中有任何一处提到了劳芬 - 法兰克福的成功。

　　从普平的文献中看，他并不支持特斯拉，肯内利、汤姆森和布拉德利也不支持特斯拉。但是，查尔斯·普洛透斯·斯坦梅茨却属于另一个范畴。他和普平一样，刚刚从欧洲移民到美国，而且也是那种学术至上的类型，当时对交流电机发明没有任何经济投资意识。

　　1889年，作为社会主义革命分子的斯坦梅茨为了躲避牢狱之灾而逃离德国；他曾是布莱斯劳[1]大学数学专业的优秀学生。斯坦梅茨身材矮小，有驼背，头几乎陷进双肩里去了，两条腿一长一短。为了克服外表的丑陋和性格的脆弱，斯坦梅茨只能不断展现他过人的才智。年仅26岁的斯坦梅茨蓄着浓密的胡子，因他当时在磁滞法则（磁滞，即hysteresis，指当电磁力发生改变时，磁的作用力滞后的现象，斯坦梅茨对这一现象进行了数学解释）方面的研究成果而渐渐知名。他在普平的讲话中发现了一些错误。这可能是他最早在同龄人面前尝试用英语吃力地表达自己的其中

---

　　[1]布莱斯劳（Breslau）：波兰西南部城市，曾成为德国的疆土，第二次世界大战后经波茨坦会议重新划归波兰。——译者注

一次经历[10]，他认认真真地在计算和画图的辅助下进行了纠错补遗。斯坦梅茨在纽约东南角的扬克斯工作；就在一年前（即 1890 年）的夏天，他研制成了一种单相电流转化器。[11]

这个矮子大胆地留着披肩长发，身穿略皱的三件套，手上戴着宽大的表链，一副夹鼻眼镜很显眼地挂在与右衣领相连的带子上。4 英尺高的斯坦梅茨站起身，戴上眼镜，宣读他的计算过程和结果；他用他的德国口音指出："费拉里斯发明的不过是个小玩具而已。"接着，他更正了普平的看法，即多布罗沃尔斯基是第一个使用三相系统的人。"我半点都不同意普平的这个观点，因为三相系统在早期的特斯拉电机中就已经存在了。"斯坦梅茨最后总结道："从多布罗沃尔斯基的新系统中……我真的看不出有什么新东西。"[12]

斯坦梅茨要几个月后才会发现，为什么当他打破大家对多布罗沃尔斯基的声明的所有期望时，他的同僚们会大吃一惊。尽管如此，大家对他的分析和精湛的数学能力还是钦佩不已。伊莱休·汤姆森又发现了一位来自欧洲的数学天才，他回到位于马萨诸塞州林恩（Lynn）的汤姆森-休斯顿公司不久，就为斯坦梅茨提供了一份工作。

期间，威斯汀豪斯背着爱迪生，在匹兹堡与爱迪生的资金赞助人亨利·维拉德进行秘密会见，讨论两个公司的合并问题，他们的密会持续了两年。维拉德当时刚把一些小公司与爱迪生电气公司合并，组建了爱迪生通用电气公司（Edison General Electric）；他很清楚，爱迪生与威斯汀豪斯合不来。维拉德是来自德国的移民，是一名巴伐利亚法官的儿子。他早期致力于在堪萨斯州建立一个"无奴隶制的"德国人居住区，后来还在北太平洋铁路钉上了大金钉（the golden spike），启动了连接西部海岸和东部海岸铁路的建造工程。维拉德与爱迪生公司背后真正的后盾 J. 皮尔庞特·摩根进行了协商，促使摩根将他长期的银行合伙人爱德华·迪安·亚当斯派往门洛帕克，努力说服爱迪生与威斯汀豪斯进行联合。但一门心思想"打败对手"的爱迪生一句也听不进去。他说："威斯汀豪斯想暴富或获得一些我闻所未闻的东西都已经想疯了，他正在放风筝[1]，这个风筝早晚会将他拖进泥塘里去的。"[13]

爱迪生在维护电灯专利上所花费的法律费用已达两百万美元，而西屋公司也一

---

[1] 英文是 fly a kite，除了"放风筝"之意，还可表示"开空头支票"。爱迪生用此语讽刺威斯汀豪斯是异想天开。——译者注

样。爱迪生阵营不去起诉汤姆森-休斯顿公司，而是决定起诉威斯汀豪斯，因为匹兹堡的西屋公司收购了美国电气公司，该公司拥有双方一直所争夺的索耶-曼和海勒姆·马克沁的专利，而汤姆森-休斯顿电气公司只持有该专利的租赁权。就这样，当两个电气巨头斗得难解难分（爱迪生称之为"慢性自杀"）时，汤姆森-休斯顿公司却渔翁得利，发了财。

1891年7月14日，在经过多年围绕电灯专利而进行的斗争和法律诉讼后，布拉德利法官作出了有利于爱迪生的判决。虽然这样一来，威斯汀豪斯所购买的电灯专利就失效了，但他所拥有的特斯拉交流电力系统却是一笔值得获取的资产。但事实证明，威斯汀豪斯是一个很难与之谈判的人；于是，维拉德开始直接向特斯拉表达他的意图，但特斯拉不得不服从威斯汀豪斯的决定。

"亲爱的维拉德先生，"特斯拉用最工整的笔法写道，"我已经想尽各种办法接近威斯汀豪斯先生，努力让他理解和接受你的意图，……但结果不甚理想。……想到这些，并认真考虑了成功劝服他的可能性，我的结论是：我无法帮你完成这个艰巨的任务。"特斯拉很不情愿地结束了书信，在末尾处祝愿这位金融家"事业一帆风顺，大获成功"。[14]

维拉德改变了策略，将目标转向了汤姆森-休斯顿公司，想收购他们的公司。2月，他去了马萨诸塞州的林恩，和汤姆森-休斯顿公司的首席执行官查尔斯·科芬密谈，而且谈判持续了一整个夏天。12月，一场会议在华尔街23号摩根的办公室里进行，最终确定了公司合并计划。摩根仔细查看了两家公司的财务记录后发现，爱迪生电气公司欠债350万美元，其收入不及规模比它小但不负债的汤姆森-休斯顿公司。摩根于是思路一转，建议汤姆森-休斯顿公司收购爱迪生电气公司。但不管谁收购谁，他都可以建立垄断地位。同时，摩根巧妙地使维拉德退出了合并后的公司——他必须为各种问题找一只替罪羊——让查尔斯·科芬掌控合并后的新公司。他们给新公司取名为"通用电气公司"（General Electric，简称GE）。

由于他的公司债台高筑，可能也因为他使用的是已经落后了的直流设备，爱迪生已经丧失了他的竞争优势。那段时间，想到他将和专利大盗伊莱休·汤姆森一起共事，自己的名字已从公司招牌的显要位置抹去，这位电气男巫一度非常失落。虽然他在离开公司之前捅了马蜂窝，但爱迪生意识到，一个新的电气时代——一个不再鼓励他所用的"常识加上反复实验"方法的时代已经到来。早在公司真正合并的一年多以前，他就写信给维拉德："很明显，我已经没用了。……我们的公司将可能成为别人的附属，在这样的阴影笼罩下，你可以想见，我怎么可能振奋得起精神。……现在，我只想请你不要反对我逐渐退出照明行业，这样我就可以进入适合我的新的研究领域。"[15] 就这样，爱迪生将他的兴趣转到了改进电影先驱爱德华·迈布里奇的成果上。1888—1891 年，爱迪生获得了他称之为活动电影摄影机（kinetograph）的专利，这种机器是他在电影方面的第一项发明。几年后，他研制成了一套完整可行的电影摄影、投影系统。1893 年，爱迪生写信给已经上了年纪的迈布里奇[16]，告诉对方，现在他已经发明了一种叫"peep-show"（西洋镜[1]）的仪器，人们愿意花五分钱观看这种东西。[17]

通用电气公司的"摩根化"使它成为了西屋公司更大的敌人，但也给通用电气公司自身带来了一个很严重的问题。西屋无法再自由使用高效的电灯的专利，但通用也没法继续生产交流电。鉴于爱迪生专利的有效性只持续了两年，西屋当然处于更加有利的地位。但在 1891 年至 1892 年这两年，西屋还无法预料到这一点。因为从法律的角度来讲，谁是交流电多相系统的真正发明者还没有定论，虽然西屋拥有费拉里斯的专利这张王牌来支持特斯拉的专利。于是，在接下来的几年里，西屋不得不起诉通用的一些子公司，同时也起诉一些个人，比如威廉·斯坦利，因为这些人当时都在独立生产多相系统。

从通用方面看，汤姆森拥有交流电方面的多项专利，但如果他们能获得交流电的任何其他专利，毫无疑问都将在法律上帮到公司。因此，通用的人找到了查尔斯·斯坦梅茨，因为他有一个改进交流电机的方案，能够模糊特斯拉在交流电机发明上的地位。受到这一阴谋的诱惑，斯坦梅茨同意和通用一起挑战特斯拉。[18]

为了争夺给即将到来的芝加哥世界博览会提供照明和开发尼亚加拉瀑布的权利，西屋和通用之间的摩擦有了新的转变。在法庭上，诉讼的内容从电灯转向发电；双方各自的电厂也将注意力投向了寻找方法，以超越布朗和多布罗沃尔斯基在法兰克福电气博览会上所取得的成功。

西屋公司方面，施密德、斯科特和拉米可以与特斯拉进行协商，而史迪威和沙伦伯格则忧心忡忡，投资者们虽然很不情愿但最终还是同意废弃利润丰厚却过时了

---

[1] 西洋镜：一种民间的游戏器具，匣子里面装着画片儿，匣子上放有放大镜，可以看放大的画面。因为最初画片多是西洋画，所以叫西洋镜。——译者注

的格拉德 - 吉布斯交流电机。对通用电气公司来说，情况更加复杂。他们希望像斯坦梅茨、汤姆森这样的人能够想出一个竞争策略，但他们不知道，特斯拉拥有所有的最根本的专利。说白了就是，除了特斯拉交流电系统，没有其他交流电系统。只有特斯拉才懂得这项发明的本质，没有他，谁也无法前行。

汤姆森和斯坦梅茨被迫想方设法绕过特斯拉专利的限制，于是设计了一种所谓的"挑逗电流"[19]，或使用其他烟幕弹的手段来制造一种假象：他们设计出了独立的发明。汤姆森 - 休斯顿公司甚至采用工业间谍的手段收买了一个看门人，然后从威斯汀豪斯公司偷走了特斯拉的设计图。[20]当被问到特斯拉的设计图为何最后会出现在林恩时，一脸窘迫的汤姆森解释道，他之所以这么做，是想弄清楚特斯拉电机，以确保他的设计不同于特斯拉的设计。

这次密谋盗图事件一定让斯坦梅茨百感交集。他在德国过着秘密的生活：在所谓的"恐怖时代"，他用笔名在一家激进社会主义报社当编辑，期间学会了在较激进的会议上使用暗号、用隐形墨水写信，就像他帮助他的上司海因里奇·勒克斯及其女友互递情书一样。勒克斯是一个极具魅力的革命分子，曾因一些活动入狱。虽然斯坦梅茨从来没有断绝和社会主义运动之间的联系，但他却支持了一个极不道德的资本主义集团，这个集团不仅唯利是图，而且不惜通过违法犯罪来达到其目的。这更加突出体现了他自相矛盾的本性。

和通用电气公司的马基雅维利[1]式的阴谋诡计沾染关系后，斯坦梅茨抛弃了他的道德和理想。他在交流电方面的著作《交流电现象的理论和数学计算》（*Theory and Calculations of Alternating Current Phenomena*）是与厄恩斯特·朱利叶斯·伯格一同合著的。伯格是他的同事，毕业于斯德哥尔摩的皇家工学院。该书出版于 1897 年，也就是特斯拉简要公布其成果 3 年后，但斯坦梅茨在这本著作中对特斯拉只字未提。（到了世纪交替之时，这本著作的封面上伯格的名字神秘消失，就像勒克斯的情书一样。）

当时，由 T.C. 马丁编辑的特斯拉的著作《尼古拉·特斯拉的发明、研究及著述》（*The Inventions, Researches and Writings of Nikola Tesla*）真可以称得上是电气领域所有工程师的"圣经"。书的各章分别论及交流电机、旋转磁场、同步电动机、旋转磁

---

[1] 马基雅维利（Machiavelli, 1469—1527）：意大利政治理论家。他的著作《君主论》阐述了一个意志坚定的统治者如何不顾道德观念的约束获得并保持其权力。后来"Machiavellian"一词就成了为达目的不择手段的代名词。——译者注

场变压器、多相系统、单相电机等。而斯坦梅茨的著作的参考文献里竟然没有特斯拉的这本著作，这让人非常吃惊。

1902年，斯坦梅茨写了他的第二本著作《电气工程的理论要素》（*Theoretical Elements of Electrical Engineering*）。在该书的序言中，斯坦梅茨设法解释了他没有提及交流多相系统发明者的原因。"后面这些年，"他写道，"有关电气的文献中充斥着很多错误的理论，比如感应电机的理论。"[21] 在这个很自然的开篇中，斯坦梅茨本可以通过讨论还历史一个清白，但斯坦梅茨这个胆小鬼却选择了做缩头乌龟。他选择逃避，使得交流多相系统的原创发明的真相更加模糊不清，同时却提升了他在企业界的自身形象。

斯坦梅茨关于交流电的这两本著作成了后来作者的范本。在后来的时间里，工程师们获取学位、研究交流电，甚至围绕交流电的话题著书，却从来不提特斯拉的名字，已经是常事了。

很明显，假装特斯拉从未存在过对通用电气公司有利，而假装劳芬-法兰克福电力传输从未发生过对西屋公司有利。随后的一代代的工程师从来不知道事实曾经被混淆，这是特斯拉的名字几乎消失了的主要原因。

而最厚颜无耻的歪曲历史发生在大约30年后，迈克尔·普平在他的后来获得普利策奖的自传《从移民到发明家》（*From Immigrant to Inventor*）中，竟然可以做到一长段一长段地介绍交流电的历史而几乎完全不提特斯拉。在这本长达396页的书中，特斯拉的名字只是顺带地被提及过一次。[22]

在这本书中，普平描述了"电气科学史上的四个具有重大历史意义的事件"，即劳芬-法兰克福电力传输、尼亚加拉瀑布的开发利用、通用电气公司的形成以及芝加哥世界博览会上的交流电照明。在提到西屋公司时，他只说这是一个对交流电很感兴趣的公司。普平总结道："如果说汤姆森-休斯顿电气公司［对通用电气公司］的贡献仅是伊莱休·汤姆森本人的话，……它的贡献已经够大了，……因为［两个公司合并后］，对交流系统的反对之声很快就消失了。"[23]

在该书的序言中，普平竟大言不惭地写道："本书的主要目的是……讲述理想主义在美国科学界，尤其是物理科学和相关产业中的崛起。……作为这一逐渐发展的过程的见证人，……我对它有话语权，而且我的'证词'是有分量的。"依我看，鉴于普平在工程界留下的普遍印象，他并没有达到他所期望的标准。

这些篡改历史的行为令很多重要人物感到恶心，其中最著名的是瑞士厄利康公司的 C.E.L. 布朗和他的顶级工程师之一 B.A. 贝伦德。布朗是一个忠实可信的人，有一副花岗岩一般硬朗的身躯和猎狗一般犀利的眼睛。他和多布罗沃尔斯基是最早通过特斯拉的交流电发明远距离输电系统的人，他们从英国工程师吉斯贝特·卡普那里了解到了特斯拉的成果。卡普在他的杂志《工业》（*Industries*）上刊登了特斯拉1888 年的演讲。卡普编写了感应电机方面"最优秀"的教材。1888 年 6 月 9 日，他写信给特斯拉，请求在他的杂志中使用特斯拉的论文。[24]

在特斯拉的论文和卡普的改进基础上，布朗"于 1890 年……成功地〔先于〕威斯汀豪斯研制了……可能是……第一台电机"。[25] 卡尔·赫林是最先认为交流电机为多布罗沃尔斯基所发明的作家之一。布朗在《电气世界》很显著的位置对此作了简明的回应，他写道："法兰克福电力传输所应用的三相电流归功于特斯拉先生的辛勤劳动，而且可以发现这被清晰地列在他的专利里边。"[26]

赫林的反应却是继续进行欺骗。"我认为，"他说，"布朗先生没有实事求是地指出改进费拉里斯 - 特斯拉系统的真正发明家，即多布罗沃尔斯基。"[27] 但特斯拉要求得到一个明确的声明。在和 W.J. 约翰斯顿（他后来让赫林接任了《电气世界》编辑的职务）进行了一番讨论后，特斯拉得到了以下回应："我们想在此声明，"约翰斯顿说，"《电气世界》一再强调，本杂志一贯支持特斯拉的专利权。"[28] 在该杂志上，我们还可以找到赫林的这句话："虽然多布罗沃尔斯基可能是独立发明交流电机的，但他承认，特斯拉的发明先于他的发明。"[29]

虽然赫林不愿承认特斯拉的专利权，但他同时指出了很重要的一点：特斯拉本人并没有亲自证明他的交流系统可以用于远距电力传输。西屋公司当时的确没有意识到这项系统有如此巨大的用途。如果不是因为劳芬 - 法兰克福展会上交流系统电力传输取得成功，特斯拉电机在美国可能会有不一样的发展历程。赫林无法得知西屋公司电机的诸多细节，因为这项成果并不对外公开，西屋在保密工作上投入了巨资。如果劳芬-法兰克福式电力传输的成功在未经西屋公司允许的情况下发生在美国，那它毫无疑问将属于侵权行为。特斯拉在大部分工业化国家申请过发明专利，所以布朗和厄利康公司很有可能向特斯拉支付过费用，从而获得了特斯拉专利的优先使用权。

巧合的是，据拥有与特斯拉电机相关的权威成果之一的 B.A. 贝伦德称，在 1891 年到 1892 年这两年，当查尔斯·斯坦梅茨在纽约的一家机器厂制造交流电机的时候，吉斯贝特·卡普最初于 1890 年 9 月在伦敦的《电学家》（*Electrician*）杂志上分两期发表的论文似乎也被斯坦梅茨广泛引用；当时的斯坦梅茨还未被汤姆森雇用。贝伦德 1896 年从瑞士移民到美国，受雇于通用电气公司的一个子公司——新英格兰花岗岩公司（New England Granite Company）。贝伦德对诸如斯坦梅茨这类引用他人成果却在参考文献目录中略去他人名字的作者非常反感；他后来成为了特斯拉最重要的盟友之一。贝伦德在他书的序言中写道："在著书时不交代引用文献出处的做法，很大程度上是想避免被查出抄袭了其他作者的论文。这种做法对读者很不利。再者，了解我们行业的文献著述，对于理解这个行业、如实地评价我们的同行们在行业中所发挥的作用是必不可少的。"[30]

贝伦德在写给奥利弗·亥维赛[1]的信中特别提到了像斯坦梅茨这类作者，他引用了赫胥黎的名言"*Magna est veritas et praevalebit!*"（拉丁文，意为"真理是伟大的，真理必胜！"）并将其翻译和改写为："真理是伟大的，这毫无疑问，但伟大的真理却常常要经历漫长的时间才能为世人所知，这真是奇怪！"他的书的正文部分第一句便是："感应电机，或称旋转磁场电动机，是由尼古拉·特斯拉先生于 1888 年发明的。"他还以特斯拉的照片作为首页插图。

贝伦德一生都在努力为谁是多相交流系统的真正原创者这一问题澄清真相。当威斯汀豪斯起诉新英格兰花岗岩公司侵权时，贝伦德被要求充当一个"难堪而让人厌恶的"角色：华尔街出身的最高长官要求他出庭作证以控诉特斯拉。

1901 年 5 月 3 日，贝伦德给亚瑟·斯特恩回信道："尊敬的法官先生，你将发现，我现在比以往任何时候都坚信，我们不可能拿得出证据来证明特斯拉专利在法律上的无效性。……恕我不能出庭作证。"[31]

---

[1] 奥利弗·亥维赛（Oliver Heaviside，1850—1925）：英国物理学家，在电离层、电话理论以及数学方面都有重要成就。——译者注

第十章
皇家学会（1892）

> 特斯拉的演讲……将长久地留在每个在场听众的记忆里……给他们以启发，使他们第一次清晰地看到了电气应用和控制方面的无限可能性。电气界当时所有的精英和权威都汇聚一堂，翘首以待，场面空前罕见。
>
> ——《电气评论》[1]

由威廉·克鲁克斯爵士、奥利弗·洛奇爵士，尤其是赫兹引领的电磁辐射领域的迅速发展，引起了特斯拉的极大热情，使他渴望获得该领域里尽可能多的发明专利。凭着强大的自制力和坚定的决心，甚至牺牲睡觉时间，特斯拉以他最快的速度不断推出新发明。此时，他萌生了无线传输电力的伟大设想，并在心里暗想，实现这一设想的第一人非他莫属。于是，他开始制造性能更好的线圈，同时继续进行高亮度照明、臭氧生成、交流电转直流电和无线通信方面的实验。

1891年2月，特斯拉申请了电能转换和电力配送方面的第一项意义重大的发明专利（这方面的重要专利他有三项）。[2] 这项发明就是特斯拉从欧洲返回后完成的机械振荡器（mechanical oscillator），它是一种非常独特的多功能设备。这种机械振荡器与赫兹的火花隙（spark-gap）不同：后者放电缓慢而有节奏；而前者能够产生平稳的直流电，其电压可达到几十万甚至几百万伏，而且可将电流调成不同的特定频率。特斯拉在总结他的一生时说道："我发明了不下50种变压器，……每一种的功能都非常完善。"[3]

本质上，这种机械振荡器只是一个几乎不带任何运动机件的小型发动机。"发动机的活塞没有连接任何东西，但可以十分自如地高速振动。"特斯拉称，"我成功地让这个机器省去了填料、阀门和润滑油〔虽然在设计中，机器必须要用到润滑油〕。……我把这种发动机和发电机结合起来，……制造出了一种能匀速振动的……非常高效的发电机。"[4] 由于电流"绝对稳定和均匀，……我们甚至可以用这种发电机来计时"。[5] 特斯拉还真把它当作钟表来使用。

1891 年 6 月，特斯拉偶然看到了 J.J.汤姆森的一篇文章。这位英国科学家后来因为发现了电子而获得了诺贝尔奖。汤姆森当时正研究如何从阴极射线管[1]导出电光束，以研究电磁能的结构。这些研究使得这两人在各电气类杂志上进行了热烈的讨论 6，并激励了特斯拉，使他"回来后又对我的实验充满了热情。此后不久，我就将精力集中于研究如何在一个很小的空间里产生出强度最大的感应作用"7。6 个月后，特斯拉在伦敦发表演讲，在此期间，他把这些激动人心的成果当面给汤姆森描述了一番。

同年，特斯拉交出了他欠威斯汀豪斯的两项交流电机新专利；他还获得了一项电表和电容器的专利、两项白炽灯照明专利。

1892 年 1 月 8 日，T.C.马丁、乔希·韦茨勒和乔治·希普邀请特斯拉"在起程去欧洲前……一起吃晚餐，聚一聚"8。特斯拉的吹玻璃工人大卫·耶格塞尔为特斯拉准备了他此行所需的所有大小试管。1 月 16 日，特斯拉乘坐的轮船出发了，并在 26 日到达了伦敦。威廉·普利斯爵士为这位年轻的发明家提供了一辆马车，并邀请他到自己家里住。9 特斯拉计划一周后在英国电气工程师学会（Institution of Electrical Engineers）发表演讲，"结束后立马前往巴黎"，在法国电气工程师学会（Société Française des Electriciens）发表演讲。

普利斯竟然也对特斯拉产生了兴趣，这必然使特斯拉感到很欣慰，因为要知道，普利斯可是一个老顽固。他比特斯拉大 20 岁，是英国科学界年纪最大的科学家之一。他是一个和蔼的绅士，留着浓密的胡须，额头很高，戴一副丝边眼镜，流露着自信的神情。普利斯是政府邮政电报局局长，他从 1860 年就开始从事电报行业。19 世纪 80 年代中期，他曾和贝尔本人一起，将贝尔的电话带至不列颠群岛。自 1877 年后，他还一直与爱迪生保持交往。1884 年，普利斯拜访了男巫（指爱迪生），研究了爱迪生的真空白炽灯，并观察到了一个奇特的"效应"——电子粒子从负极，经过真空，流动到正极。这次拜访之后，普利斯还造了"爱迪生效应"（Edison effect）一词。普利斯将这种装置当作调压器使用，并在他回英国后展示给电气界的同僚们看，特别是安布罗斯·夫累铭。10

特斯拉在伦敦享受了几日，游玩了一圈，放松了一下自己。接着，在 2 月 3 日（星期三）发表了题为"高压高频交流电实验"（*Experiments with Alternate Currents*

---

[1] 阴极射线管（cathode-ray tube，CRT）：一种能减少阴极加热器耗电的射线管。——译者注

of High Potential and High Frequency）的演讲。

"特斯拉先生的演讲持续了整整两个小时，底下的听众都为之着迷。当着电气界同行们的面，比如 J.J.汤姆森、奥利弗·亥维赛、西尔维纳斯·P.汤普森、约瑟夫·斯旺、约翰·安布罗斯·夫累铭爵士、詹姆斯·杜瓦爵士、威廉·普利斯爵士、威廉·克鲁克斯、奥利弗·洛奇爵士和开尔文勋爵，特斯拉道出了促使他不停努力的动力：'我常问自己，还有或者可能有比研究交流电更有趣的研究吗？'……我们观察着这种能量……以多样的形式表现出来：光、热、机械能……甚至是化学亲和性（chemical affinity）。所有这些观察到的现象都让我们着迷。……每天当我们开始工作时，都心怀希望，希望有人——不管他是谁——能找到某个未解问题的答案；日复一日，我们每天都以饱满的热情投入到我们的工作中去；就算我们没能成功，我们的努力也没有白费，因为，在努力的过程中，……我们找到了难以言表的乐趣，我们将自己的精力投入到了造福人类的事业中。"[11]

"这项发明可能具有的一切价值，"特斯拉很谦虚地说道，"都是建立在今天在座的诸位科学家的成果基础上的，你们中的很多人功劳都比我大。"[12]特斯拉扫视了一遍房间，眼睛里闪烁着光芒，继续说道："至少有一个人我必须要提，……他的名字与一项空前美妙的发明［指阴极射线管］联系在一起：他就是克鲁克斯！……我想［我之所以能够不断取得进步］，……最初都是因为我多年前读过的一本［关于辐射能的］令人着迷的小书。"[13]

特斯拉将他的感应线圈点了火，线圈随即喷出很多火花，然后他像魔术师一样开始解说。特斯拉宣称，利用他的知识，他能使惰性物体活动起来。"带着好奇和欣喜，……［我们注意到］那种神奇力量产生的效果，利用这种力量，我们能够随意地转化、传输和控制能量。……我们可以看到，铁块和电线在运动……仿佛被赋予了生命似的。"[14]

灯泡突然冒出大量"绚丽多彩的磷光"。特斯拉的手碰了一根电线，电线的末梢便喷射出火花来；他不断制造出一片片的光，"在狭小的表面上"控制着电流；他只需将无线管拿起来，便能使其变亮，通过"握着电线远处的一端"［其实就是接地效应］，或者用双手抓紧无线管，又能将光"熄灭"，从而在两手之间的区域"营造出一片黑暗"，然后稳稳地将两手分开。不仅如此，他还能轻松地使无线管"在线圈的中心轴位置"旋转，并使其再次燃起光芒。[15]

特斯拉关于波长与光的结构、制造之间关系的理论，以及他所展示的无线荧光管启发了一个观众，该观众当即提出假设：将来的住所照明模式有可能实现"使整个房间充满柔和而漂亮的磷光"[16]。

就在1892年2月，当着所有对无线电发明起了重要作用的前辈们的面，特斯拉公布了第一个真正的电子管（无线电真空管）。为了尽可能得到最完美的真空状态，他娴熟地把一个包含在另一个真空管内的灯泡中的空气抽干。特斯拉在这个灯泡的内部制造出一束"没有任何惯性的"光。通过提供极高频的电流，他创造了一种非常敏感的电"刷"，甚至"当一个人的手臂肌肉变得僵硬"，这种电刷都会作出反应。当有人接近时，这个电刷便会"转开"，但总是顺时针旋转。特斯拉注意到，光束极易"受磁力影响"，他由此推测：电刷的旋转方向可能受地球地磁力矩的影响。他还进一步预测：在南半球，这种电刷会逆时针旋转。只有磁铁能使光束改变其旋转方向。"我坚信，"特斯拉说道，"当我们学会如何正常制造这种电刷时，它也许可以成为无线传输情报的手段。"[17]

"在所有这些现象中，"特斯拉在随后的环节说道，"最让观众着迷的当然是在作用范围很广的静电场中观察到的现象。我发现，通过合理地构造线圈，无论将真空管置于房间里的任何一处，我都可以将其激活。"[18]

特斯拉引用了J.J.汤姆森和夫累铭关于在真空管内制造光束的成果，继续讨论了通过改变波长或真空管长度来激活真空管的不同方法。

特斯拉竖起一个风扇做示范，讨论普利斯、赫兹和洛奇关于电磁能如何辐射至地球和太空的研究。接着，他展示了"无线"电动机。"电动机和发电机之间不需要任何连接，"他宣称，"即使有连接，也是通过地面或稀薄空气。……毫无疑问，在高压下，发射出的电能可以通过稀薄空气被传送到很多英里之外。通过这种无线的方法可以输送数百马力，使得电动机或电灯可以在离电源很远的地方运行。"[19]

一年前，在J.J.汤姆森电流传播的成果启发下，特斯拉做了一项研究。基于这项研究，他公布了他的高亮度按钮灯（high-intensity button lamp），这种设备可以使物质丧失其物理性质或使其"蒸发"。这种设备的构造正是后来我们所知道的发明激光所需的结构。当时特斯拉很有可能已经展示了真正的激光；然而，他和当时在场的其他科学家都没认识到这种定向射线独特的重要性——由它和其他光效结合成一个整体，射到什么物质，什么物质就会被分解掉。

特斯拉的研究成果对应了两种标准激光器：第一种是红宝石激光器（ruby laser）——它将能量反射回能量的源头，而能量源头又刺激更多的原子，并使其放出特殊的辐射；第二种是气体激光器（gas laser）——它由一个充满氦和氖的管子组成，在管子两端附近的两个电极间形成高压，会触发放电。不管是哪种情况，受激的原子都包含在外壳之内，然后由人控制其射向特定的方向。它们与一般的手电筒不同，不仅因为它们能发出波长匀称的光，还因为在光发出之前有一个停顿（即亚稳状态）。[20]

特斯拉正是用这些方法造出了几种灯。特斯拉将第一种灯叫作按钮灯（button lamp），第二种叫作排气灯或磷光灯（exhausted/phosphorescent tube）。它们的主要功能是作为高效的照明设备，次要功能是作为各种实验的实验器材。在一个充满"稀薄空气"的灯管内，"一旦玻璃纤维被加热，整个灯管内就会立刻放电"[21]。还有一种灯的"一侧被涂了一层磷光粉或混合物，能发出耀眼的光，比一般的磷光灯发出的光亮很多"[22]。

"［我］常做的一个实验……是通过一个线圈传递几千马力的电，将一块厚厚的锡箔包在一根棍子上，并使其接近线圈。锡箔……不仅熔化了，而且……还挥发了，整个过程发生的时间非常之短，快得像炮弹爆炸一样。……这个实验很震撼。"[23]

特斯拉还制造了另一种按钮灯，它可以分解任何一种物质，包括氧化锆和金刚石——地球上已知的最硬的两种物质。这种灯实际上是一个球体和一个"按钮"的组合物，球体内壁涂了一层反光材料（就像莱顿瓶一样），而"按钮"则可以是任何一种物质（最常用的是碳），表面被磨得非常光亮，并与电源紧密连接在一起。一旦通电，按钮就会放射出能量，这种能量会在球体内部不断反弹，从而加强了一种"轰炸"效应。这样一来，按钮就会被"挥发掉"。[24]

接着，特斯拉精确地描述了红宝石激光器的发明过程。这种红宝石激光器在50多年后的20世纪中叶才重新露面。特斯拉的描述非常清晰：

> 在一个抽空了空气的灯泡内，我们可以将任何大小的能量集中到一个很小的氧化锆按钮上……氧化锆按钮便发出极强的光，射出一连串的白而亮的微粒。……我们可以发现绚丽的灯光效果，且很难对这种效果给出一个充分的解释。我们可以通过红宝石熔融物来展示这一效果：我们可以看到一道细小的白光射到了灯泡的顶部，形成了一道轮廓不规则的磷光斑。……

于是便产生了一道很强的磷光，这道磷光的轮廓非常清晰，且与红宝石熔融物的外形非常相似。随着熔融物的体积越来越大，磷光的轮廓在灯泡上方缓缓延伸开来。这些灯泡中使用了一种能产生更完美效果的锌薄片，它发挥了增加亮度和反射的双重作用。[25]

特斯拉的演讲接近尾声时，他预言：按照他的设想，随着长距离电缆制造技术的提高，大西洋两岸互通电话指日可待。值得指出的是，当时特斯拉并没有预想到声音的无线传输，但却预想到了情报（即摩尔斯电码）、光和电的无线传输。然而，他与普利斯关于地电流（earth current）的存在问题的讨论已经开始。不久，特斯拉开始构思用无线手段传输声音甚至图像。

"给大家呈现我的这些成果的主要目的，是指出一些新现象和新特征，"特斯拉总结道，"并提出一些构想，我希望这些构想可以成为新征程的起点。我非常希望我今晚的一些新奇的实验能够给大家带来快乐，你们一次次慷慨的掌声告诉了我，我的演讲是成功的。"[26]

演讲快结束时，"特斯拉先生用挑逗的语气告诉他的听众们：他只展示了他准备内容的1/3。所有观众……都坐在座位上不愿散去，坚持要特斯拉再多讲一会儿，特斯拉于是不得不额外做了一个演讲。……可以这么说，特斯拉先生提到的很多实验都没来得及展示，而他所展示的所有实验几乎都是新的，之前从未展示过，并不只是他在美国展示的成果的重复演示。"[27]

看过特斯拉"如此从容不惧地"处理巨大电压后，很多听众在下面喃喃低语，表示惊叹。他们鼓足勇气问特斯拉，他是如何"敢让巨大的电流通过他的身体的"。

"这是我经过一个长期的心理斗争之后的结果，"特斯拉回答道，"但经过计算和推理，我得出了结论：这种电流对生命的危险性，应该不会超过光的晃动的危险性。……这就像水管内的一层薄薄的隔膜，当一个活塞以很大的振幅在水管内来回冲击时，隔膜会立马破裂。"这位发明家用类比的方法进行解释，"如果在总能量不变的情况下减少活塞冲击次数，隔膜将变得不那么容易破裂；而如果水管内没有水流，当振动脉冲达到每秒数千次时，那么隔膜也没有任何破裂的危险。振动电流（vibratory current）也是同样的道理。"换言之，特斯拉提高了电流的频率（即电流每秒变化的次数），但大大地减少了振幅（电流量）。这位男巫说着，便重新点燃了线圈，让几万伏频率的电流流经他的身体（或他身体周围），点亮了手上握着的两个荧光灯，一只手握一个，整个情景仿佛是在演戏。"大家可以看到，"特斯拉补充说，"我安然无恙。"

"我们看到了，"一个听众说道，"但你没感到疼吗？"

"当然了，当火星碰到我的手时，它会刺疼我的皮肤，有时候我还会被意外烧伤，但仅此而已。而且，这些也都可以避免——如果我先在手中握着一个大小合适的导体，再握住电流体的话。"

"撇开你的推理不看，"另一个听众摇着头评论道，"你的推测带给我的感觉就像是一个人从布鲁克林大桥往下跳之前的感觉。"[28]

在听到特斯拉说自己只展示了所准备内容的一部分时，聪敏的杜瓦教授［他发明了杜瓦真空瓶（Dewar flask），即我们今天所使用的真空热水瓶］开始对这位发明家另眼相看，顿生敬意，他意识到还可以从特斯拉身上学习更多东西。但特斯拉的演讲时间已经到了。作为英国皇家科学研究院（Royal Institution）理事会的成员，杜瓦知道，很多重要人物都错过了这次盛会，尤其是瑞利勋爵[1]，于是决定努力说服特斯拉在第二天晚上再作一次演讲。

演讲结束后，特斯拉在杜瓦陪同下，访问了英国皇家科学研究院。在那里，杜瓦展示了他的前辈们的成果，尤其是迈克尔·法拉第的实验装置。"可否再给我们作一次演讲？"杜瓦请求道。

"我得去巴黎了。"特斯拉坚持要走，他心里的最大愿望就是控制他欧洲之旅每一站的停留时间，这样他就可以尽早回到美国。

"你觉得你有多少机会参观像克鲁克斯和开尔文这些人的实验室呢？"杜瓦用一口苏格兰口音问特斯拉。同时，他还邀请特斯拉参观他自己的实验室。在他的实验室里，他创造了极低的温度，低到接近绝对零度；他正在液态氧的环境下做着电磁效应的先驱研究。[29]"你已经在巴黎住过了，现在好好参观一下伦敦吧！"

"我是一个意志很坚定的人，"特斯拉后来承认道，"但却抵挡不住这位伟大的苏格兰人的说服能力。他把我推到一张椅子上坐下，然后为我倒了半杯上好的威士忌，它闪耀着绚丽的光泽，品起来美如神酒。"

"你现在坐的是法拉第的椅子，喝的是他过去爱喝的威士忌。"杜瓦两眼放着光，

---

[1] 瑞利勋爵：即约翰·威廉·斯特拉特（John William Strutt），被尊称为瑞利男爵三世（Third Baron Rayleigh），英国的物理学家。他因1895年成功地分离出惰性气体氩而荣获1904年诺贝尔物理学奖。他还发现了现称为瑞利散射的现象，科学地解析了天空为何是蓝色的。——译者注

咧嘴笑道，特斯拉也被他逗得笑了起来。

"他说的这两件事，"特斯拉回忆道，"不管哪一件都是一次令人羡慕的经历。第二天晚上，我给英国皇家科学研究院作了一次演讲。"[30]

在演讲的高潮部分，特斯拉呈现了与前一个晚上不同的全新内容（不过与之前的讨论是有机统一的）——他向开尔文勋爵展示了特斯拉线圈中的一个[31]。随后瑞利勋爵走上讲台，对特斯拉的演讲做了总结。特斯拉回忆道："瑞利勋爵说我具有发现事理的独特天赋，还说我应该专注于某个重要的构想上。"[32]

瑞利曾推导出了光波长的数学方程式，还计算出了许多元素的原子质量。这条来自这位"完美科学家"的建议给特斯拉留下了深刻的印象。一种新的使命感在特斯拉的身体里激荡，他开始意识到，他必须找到一条新的道路来超越他之前在交流电方面取得的成就。

第二天，特斯拉收到了安布罗斯·夫累铭的邀请，请他周末去参观他位于大学学院（University College）的实验室。夫累铭已经成功地建立了"震荡放电装置，该装置将斯波蒂斯伍德线圈（Spottiswoode Coil）作为主要构件，而将莱顿瓶作为次要构件"，他想把他的成果展示给特斯拉看。[33] 夫累铭一直是爱迪生的照明业顾问。在此 4 年后，他与马可尼一起研发了无线电；此后又过了几年，他发明了整流器（rectifier），这种装置可以使交流电的电磁波在进入接受电流的机器前转化成直流电。[34] 特斯拉的两次演讲夫累铭都听了，他说："衷心祝贺你［特斯拉］取得了巨大的成功。从此没有人会质疑你顶级魔术师般的实力。"这位英国贵族最后将特斯拉称为小说里"火剑的新主人"。

特斯拉激发了英国同行们的想象力，很快就有很多人开始效仿他的成果，并有了他们自己的进展。在威廉·克鲁克斯先生的实验室里，特斯拉制造了一个线圈作为礼物送给克鲁克斯，并教克鲁克斯如何自己制造特斯拉线圈。克鲁克斯感叹道："我亲手造的特斯拉线圈所发出的光比［你为我做的］那个小线圈发出的光，质量差得太远了。"[35]

一如往常，特斯拉不知疲倦地连续操作，直到懂得劳逸结合的克鲁克斯硬让他休息时，他才停下手。晚饭后，两位科学家坐在一起闲聊。他们从自己研究的成果，聊到了宗教领域的未来；从特斯拉的家乡，聊到了玄学。

特斯拉细长而光滑的八字胡就像天堂鸟的尾羽一样伸展开来，他捻弄着胡子告诉克鲁克斯，在 1889 年赫兹开始研究无线通信之前，他就已经做过相关的实验了。克鲁克斯则谈道，电波也许能穿透固体，比如墙壁，但他不同意开尔文的观点——生命力（life force）和电在某种程度上是完全一样的。"不过，电对生命现象确实有很重要的影响，反过来，生物——不管是动物还是植物又使电得以活动。"这里，克鲁克斯所指的是各种物种，比如电鳗（electric eel）、彩色海蛞蝓（sea slug）和萤火虫。两人还对未来进行了各种预测和讨论，他们认为电将来也许能用来净化水，处理"生活污水和工业废水"。

"也许，"克鲁克斯推测，"可以使花园和菜园通电，如果频率适当，它可以刺激植物的生长，并使作物不再吸引害虫。"

当他们聊及瑞利的成果时，克鲁克斯和特斯拉谈道：可以设置几百万种不同的波长，这样也许能保护无线电使用者交流时的隐私。他们还评论了赫姆霍兹关于肉眼结构的研究成果，指出视网膜神经末梢"对一定范围内的波长［即肉眼可见光］比较敏感，但却感觉不到这个波长范围以外的光"。同理，电磁信号的接收装置经过特殊的设计，也许也能做到只接收特定的传输信号。

特斯拉提出很多大胆预测，克鲁克斯对其中的一个预测回应道："实用主义的电学家会瞄准的另一个目标便是天气的控制。"他们谈论了这方面的一些目标，比如如何摆脱困扰英国的大雾天气和可恶的"终年没完没了的毛毛雨"，如何使大量的降雨只在特定的时间发生，等等。[36]

谈到这里还不过瘾，克鲁克斯又向特斯拉介绍了他的一些实验，和他一起探讨，比如心电感应（mental telepathy，或称心理传心术）、唯灵论（spiritualism），甚至人体悬浮术（human levitation）的实验。作为灵学研究会（Society of Psychical Research）的会员，后来还成了会长，克鲁克斯是一个很风趣的家伙。后来执掌该研究会的其他科学家包括奥利弗·洛奇、J.J. 汤姆森和瑞利勋爵。[37]克鲁克斯直接拿出了大量有说服力的证据，比如图画接受者所画的图画与发送者所画的图画刚好吻合；由"神眼"佛罗伦萨·库克在灵外质物化时所照的图片；以及克鲁克斯和妻子亲眼看见的人悬浮的情景。[38]

克鲁克斯的这些话足以让特斯拉感到吃惊，并震动他的世界观。长这么大，特斯拉一直都是一个坚定的唯物主义者，他从来都不相信灵学研究的任何东西，包括相对较平淡的事件，比如精神感应（thought transference，与上文提到的 telepathy

同义）。但因为克鲁克斯引用了各种文献资料，加之一些行业精英对灵学研究的支持，又因为特斯拉早已因过于紧张的工作而疲劳过度，这位塞尔维亚的科学家顿时感到有些眩晕。他突然中止和克鲁克斯的谈话，结果吓到了主人家。他对现实所构建的图画、他离开欧洲大陆移民到美国时抛在脑后的那个迷信世界，就像一群大黄蜂一样，顿时都涌现于他的脑际，猛烈地搅乱了他的世界观。

鉴于特斯拉所承受的巨大压力，克鲁克斯在一封信中好心建议他：“我希望你能尽快停止手头的工作，回到你家乡的山林里去。过度的工作已使你的身体出现了问题，如果你不注意照顾自己的话，你会崩溃的。不用给我回信，也不要去见任何人，赶快坐上第一趟列车起程吧。”在信末，克鲁克斯开玩笑地写道，“我也正想着出去放松一下，不过我只想去近点的地方，比如黑斯廷斯港[1]。”[39] 特斯拉愿意接受克鲁克斯的建议，但他得先去巴黎完成他的演讲。

2月的第二周，特斯拉跨越英吉利海峡，到达了巴黎，在和平酒店（Hotel de la Paix）订了一个房间。2月19日，他将发表他的演讲。届时，巴黎物理学会和国际电工学会的专家们都将齐聚一堂。[40] 在此之前，特斯拉找到了法国著名的物理学家、透热疗法[2]的先驱德·阿松瓦尔博士。特斯拉后来说道：

> 当……德·阿松瓦尔博士宣称他和我有相同的发现［即极高频的电流流经人体所产生的身体反应］时，一场关于谁先发现这一原理的激烈争论开始了。法国人急于给国人授予荣誉，他们使德·阿松瓦尔荣升为法国科学院院士；另一方面却完全无视我早期发表的成果。我决心采取行动，证明自己在该成果上的优先权，于是我……和德·阿松瓦尔博士见了面。他的个人魅力彻底征服了我，使我放弃了自己原本的意图，决定不再去追究此事。事实表明，我确实在德·阿松瓦尔之前公布了我的发现，另外，他在展示他的发现时还用到了我发明的仪器。至于最后的定论，就留待后人去评判吧。

从一开始，电疗法这项新技术……及其产业的发展就非常显著，一些电疗仪器制造商的日产量多达数百套。现在，全世界所使用的电疗仪已经

---

[1] 黑斯廷斯（Hastings）：英格兰东萨西克斯郡（East Sussex）东南岸的海港城市，征服者威廉（William the Conqueror）所率领之诺曼人于 1066 年在此地击败英军。——译者注

[2] 透热疗法（diathermy）：通过对高频电磁辐射、电流或超声波产生阻抗而使身体组织得到热辐射。内科透热疗法使身体组织受暖但不受损，外科透热疗法（电凝法）会使身体组织遭到破坏。——译者注

有几百万套。实践证明，由这些电疗仪产生的电流对人的神经系统具有非常理想的滋养效果。它们可以促进心脏活动和消化功能、帮助人们获得健康睡眠、使皮肤将破坏性物质排出体外，还可以通过其产生的热量治愈感冒和发烧。它们可以缓解或麻痹身体的疼痛、减轻各种病症，每年可以挽救几千人的生命。该行业的领军人物使我确信，我发明的这种医疗方法对人类所做的贡献大于我所有其他的科学发现和发明的贡献。[41]

[最近，很多研究者——尤其是美国锡拉丘兹大学（Syracuse University，又称雪域大学）的罗伯特·O.贝克尔博士——已经在使用电流来治疗较难愈合的骨头。贝克尔将部分爬行动物的尾巴截掉，然后研究它们的再生能力。他发现，这些动物会产生一种特殊的电频率，形成一个电场，从而促进被截掉部分的完全再生。贝克尔将他发现的这一信息进行了"人工复制"，并报告说，"我们已经能用相似的技术促进（一些哺乳动物，诸如）老鼠的部分四肢的再生；目前我们正在研究将这一技术运用于人体肢体的再生治疗。"[42]]

特斯拉的巴黎演讲引得"很多法国人纷纷发表文章……评论［特斯拉］出色的实验。在我们这个时代，没有谁能像这位年轻的电气工程师一样，一举获得如此广泛的赞誉"。《电气评论》评论道。[43]

在巴黎，特斯拉遇见了众多的名人，包括比利时的阿尔伯特王子、来自德国科隆赫利俄斯公司（Helios Company）的卢卡先生，以及安德烈·布隆德尔。阿尔伯特王子很想为自己的国家找到一种更经济的配电方法；卢卡和特斯拉合作，将特斯拉交流电机的专利使用权卖给德国[44]；而布隆德尔是一个重要的理论家，他在交流电方面提出了一些非常先进的理论。

40年后，布隆德尔"饶有兴致而又满怀敬意"地回忆了特斯拉在巴黎的科学交流会，他祝贺特斯拉，称赞他优雅而简明地提出了他的交流电理论，这些理论的成就远远超越了他的法国同行德普雷和他的意大利邻居费拉里斯。[45]

演讲结束后不久，特斯拉进入了一种"健忘"的状态；这与他"长期用脑过度和奇怪的睡眠问题"不无关系。就在这时，他在宾馆里收到一封急件，通知他他的母亲已经奄奄一息了。"我记得自己当时直奔家中，漫长的旅途中没有休息过一个小时。"[46]他的3个姐姐和妹妹，还有叔叔佩塔尔在戈斯皮奇迎接了他。姐姐和妹妹都已经结婚，嫁给了塞尔维亚的牧师；而叔叔佩塔尔已经成为当地的主教。特斯拉当时的状态非常糟糕。走进卧室，他看到母亲正"痛苦不堪"。

在此期间，特斯拉得了一种类似健忘症的怪病，他说自己完全丧失了早期生活的记忆，直到他回美国前，才慢慢恢复了记忆。关于这段经历值得一提的是，他的这种症状持续了很长一段时间：从 1891 年末开始，1892 年 4 月母亲去世时最严重。特斯拉说，虽然他记不得当时发生了什么历史事件，但却能轻松地回忆起他研究的各种细节，包括他论文里的"段落文字以及各种复杂的数学公式"。[47]与此同时，特斯拉还经历了一次灵异事件，"我的第一印象就觉得这是一个超自然现象。疼痛和长期的高度紧张使我极度疲倦，一天晚上，我被带到了离我家大概两个街区远的一栋楼里。我无助地躺在那里，想着如果母亲去世时我不在她床边，她一定会给我一个预兆的。"[48]

当时，"我的……好朋友威廉·克鲁克斯先生正好和我谈过唯灵论"，受其影响，特斯拉躺着进行各种惴惴不安的预测。"整个晚上，我大脑的每一根神经都因不安而紧绷着，但什么也没发生。直到清晨，我从昏迷中［醒来］，看到一团云带着几个超凡脱俗的天使，其中一个天使爱意满满地凝望我，渐渐地显现出我母亲的模样。她慢慢地飘过房间，最后消失。我则被一首多人合唱的、难以名状的甜蜜歌儿唤醒。那一刻，［我知道］母亲肯定已经去世了，而母亲也真的去世了。"[49]

这一灵异景象使特斯拉感到惊讶，甚至有点恐惧。他写信给克鲁克斯寻求建议。此后数月，甚至数年里，特斯拉都在"寻找……这一离奇现象的外因"。注意，特斯拉偏向于认为这一事件来源于"外因"，而非"内因"（即潜意识）。虽然他很容易接受无线通信的概念，但他绝不相信人脑能够接收精神振动所发出的信号。而且，心灵感应或唯灵论的概念对他在研究中所遵从的范式是一个真正的威胁。于是，特斯拉想出了一个物理机制来解释他这次灵异经历发生的原因：

"使我大为欣喜的是，"特斯拉写道，"在我数月努力无果之后，我成功地解开了这个谜团。"他把天使飞天的景象归因于自己在这次经历前注视过的一幅相同主题的空灵绘画；至于那天晚上小夜曲的声音，他将其与附近教堂里做复活节弥撒的唱诗班联系了起来。[50]特斯拉的母亲是不是在一个礼拜天死去不得而知，但可以明确的是，特斯拉的这种分析大大缓解了他的紧张情绪，因为它再次支撑了特斯拉的唯物主义观点。

然而，有一个谜题一直不得其解，那就是：特斯拉工作上的过度疲劳是否足以解释他的健忘症？一位理论家推测，曾通过特斯拉身体的高压电也许能解释这一问题。[51] 从精神分析的角度来看，我们可以推测，特斯拉是在压抑他的记忆，换句话说，他潜意识地但又刻意地忘记那些他不想记住的事情。这种他可能不想记住的事情包括：童年时他备受宠爱的哥哥的去世以及当时西屋电气公司取消了合同中的专利权使用费条款。

母亲死后，特斯拉在戈斯皮奇待了6个月，以便康复。从好的一面来说，它不仅使这位孤独的浪子增进了与家人的感情，而且这段时间也是特斯拉所度过的唯一长假。

其间，特斯拉到普拉斯基（Plaski）看望了他的妹妹马里察，到拉瓦日丁（Varazdin）看望了他的叔叔帕约，还到萨格勒布（Zagreb）的大学里作演讲。他在匈牙利首都布达佩斯停留过一段时间，与甘兹公司（Ganz & Company）进行协商交流，因为该公司当时正在建造一个1000马力的大型交流电机。他还与一个塞尔维亚科学家代表团会面，他们陪同他到了贝尔格莱德。在那里，他们安排了一群观众与特斯拉见面，亚历山大一世也在里面。年轻的亚历山大一世授予特斯拉"圣萨瓦河骑士团大军官勋位"的头衔；特斯拉回到美国几个月后，亚历山大一世将这个荣誉的正式勋章通过航运寄给了他。[52] 特斯拉还拜访了伟大的塞尔维亚诗人约万·兹马伊·约万诺维奇[53]，并出席了一个大会，会上，贝尔格莱德市长亲自为他颁发了荣誉徽章。

在欢迎特斯拉的一群人面前，兹马伊朗诵了他的诗《您好，尼古拉·特斯拉！》（"Pozdrav Nikoli Tesli"，克罗地亚语），然后，特斯拉走上了讲台。"在我心里有一种东西，"特斯拉开讲道，"这种东西常常在热血青年的身上可以发现，它也许只是幻想；但如果我足够幸运，能够实现我的某些构想的话，这些构想将造福全人类。"讲演的最后，特斯拉引用了兹马伊朗诵的诗，说了一番深深打动人们的话："如果有一天，诗中的这些期望能变成现实，我将因为一个事实而感到无比的喜悦，那就是：这些成就是一个塞尔维亚人的成就！"[54]

在他返回美国前，特斯拉进行了一次特别的旅行。他经过普鲁士，去柏林拜访了杰出的前辈赫尔曼·路德维格·冯·赫姆霍兹，去波恩看望了他最著名的学生海因里奇·赫兹。此时的赫兹已经是一个年轻男子，蓄起了胡须，皮肤细腻，有着高高的前额和长长的脸蛋。赫兹已经世界知名，因为他是第一个完成了无线电重要实验的人；特斯拉效仿了他的很多实验，并在其基础上进行了拓展。

1886 年，为了阐明詹姆斯·克拉克·麦克斯韦关于电磁现象本质、电磁现象与光的关系以及电磁现象与大气结构之间关系的成果，赫兹造了一种"双绕游丝型线圈"（flat double-wound spiral coils），他将其用于感应实验中，用来测量电磁波的传播。赫兹展示了原电路和次级电路之间的共振效应，"确定了在一条较长的直电线中驻波的存在，且驻波具有自己特定的节点和波谷。"他还能够测量电线中电磁波的波长。[55] 然而，在解读麦克斯韦方程以及后来对以太构造的概念化上，赫兹都与特斯拉有显著的分歧。

赫兹的阐释更多是从理论的角度，而非从实际的实验出发，所以，虽然他对麦克斯韦的方程做了完美的数学阐释，却忽视了麦克斯韦理论的某些方面，最突出的便是矢量势（vector potential，有大小和方向）和标量势（scalar potential，无大小和方向）这两个要素。在效仿赫兹成果时，特斯拉假定：这些要素不应该被忽略。[56] 他想告诉赫兹（几个月后他也写道）的是，可能把电磁波"叫作电声波（electric sound-waves）或带电空气声波（sound-waves of electrified air）更合适"。[57]

"海因里奇·赫兹在 1887 年至 1889 年所做的实验，"特斯拉告诉一个采访者，"其目标是展示一个理论，这个理论假定有一种叫作'以太'（ether）的物质能够充斥所有的空间，它没有固定形状、非常稀薄，却具有［很强的］稳定性（rigidity）。他取得一定的成果，并且全世界都称赞道：这些成果用实验证明了那个重要理论。但实际上，赫兹的观点很有可能只是谬误。"

"从多年前开始，我就一直认为，这样一种假设的物质不可能存在，相反，我们应该接受这样一种观点：所有的空间都充满一种气态物质。我用改进过、功能更强大的设备重新做了赫兹做过的实验，我很满意地发现：赫兹在实验中所观察到的，只不过是气体介质中的纵向波效应，也就是说，他观察到的是通过交替收缩和膨胀的方式传播的波。他所观察到的是在性质上和空气中的声波几乎没有两样的波"，而不是人们普遍认为的横向电磁波。[58]

特斯拉主动和赫兹交谈，指出自己的实验很可能与赫兹已经完成的完美的数学分析结果相矛盾，但赫兹立刻驳斥了他。"他好像非常失望，"特斯拉回忆道，"这使我后悔此次去找他，然后，我难过地跟他道了别。"[59]

通过重新做赫兹的实验，特斯拉想告诉这位德国教授：自己的振荡器可以产生传播无线脉冲的更高效的电频率。特斯拉已经有了通过环周围介质（ambient medium）传播电能的构想，但赫兹的理论范式却恰恰不接受这种可能性。在这种冲突之下［就如同德国哲学中所说的两人的世界观（Weltanschauung）相互威胁一样］，自负的赫兹永远都没有意识到，他的发明是无效的。时至今日，电磁波都被称为赫兹波（Hertzian waves），也许赫兹真的占了便宜了，而实际上，电磁波真正属于特斯拉，因为电磁波是通过高频连续波振荡器（high-frequency continuous-wave oscillators）产生的，而不是由赫兹最初的非连续火花隙装置产生的。[60]

在回家的路上，特斯拉走到游轮的甲板上，思索着他在山里行走时发生的一件事：他目睹了即将来临的一场雷雨。他注意到雨是在看到闪电之后才开始下的。这一"观察"坚定了特斯拉（在和马丁与克鲁克斯交谈时）的预测：控制天气是可能的。因为在特斯拉看来，倾盆大雨正是由大量的电引起的。

特斯拉描述了那天在阿尔卑斯山上看到的大闪电，并回忆起他当时的想法：

> 这是一个可以大有作为的领域。如果我们产生的电的效果达到一定的质量要求，整个地球和地球上的生存条件将可以被改造。在自然情况下，太阳的热量使水从海洋里蒸发，然后风将水汽输送到遥远的区域，这些区域由于有充足的降水，一切都处在一种非常微妙的平衡之中。如果我们能够按照我们的愿望，随时随地改变这一过程，这一维持生命的巨大水汽将为我们所任意控制。我们将可以用它来灌溉干旱的沙漠，造就众多的湖泊和河流，并为人们提供源源不断的动力。……这似乎是一项毫无希望的事业，但我决定努力试一试。1892年夏，我一回到美国，就向着成功地无线传输电能的目标……着手开始工作。[61]

第十一章
无线电之父（1893）

> 当有一天我们对电有了一个确切的认识后，它将被载入史册，将成为人类有记载的历史上最重要的一件大事。终有一天，我们人类的舒适生活，乃至生存，都将依赖于"电"这个美妙而神奇的东西。

> ——尼古拉·特斯拉[1]

1892年8月的最后一周，特斯拉走下了所乘坐的"八月维多利亚"号轮船。[2]母亲去世令他悲伤不已，据说他的右鬓角出现了斑斑白发。[3]真实情况是否如此不得而知，但通过对比这次旅行前后的照片，可以肯定的是，他的外表的确和以前大不一样了：昔日纯真无邪的少年，已变成了一个自信果敢的成熟男人。

在阿斯特酒店住了3年后，特斯拉又搬到了格拉赫酒店（Hotel Gerlach）。酒店是查尔斯·A.格拉赫按照"欧式风格"设计和建造的，该酒店配有"电梯、电灯，设有豪华宴会厅"。总的来说，酒店属居家式的设计，而且配备良好的防火设施。[4]

格拉赫宾馆位于百老汇和第六大街之间的第二十七大街上。距此几个街区处就是新建不久的、宏伟壮丽的麦迪逊广场花园[1]，在这个现代商业街廊里有商店、剧院、餐馆、一座30层的塔楼以及一个可以容纳超过17000人的大体育场。麦迪逊广场花园是由银行家约翰·皮尔庞特·摩根出资（当时他也在资助爱迪生），由斯坦福·怀特设计和经营的。斯坦福·怀特是著名的麦克金姆·米德和怀特建筑公司的建筑师，在业界久负盛名，他后来也成了特斯拉的一个重要合作伙伴。

特斯拉来到新的酒店，卸好行李，放好过往信件，便来到他久违了的位于第五大道南的实验室。这位发明家大踏步地穿过华盛顿广场，来到风景如画、叫作"法国角"的街区。该街区遍布着价格实惠的餐馆、啤酒店和饱经风雨洗礼的房屋；特斯拉并不常来这些地方逛。他惊讶地注意到，一些商店老板在向他挥手致意，或凑在一起交头接耳地嘀咕着什么，有的甚至用敬畏的目光看着他。入选英国皇家学会成员之后，

---

[1] 麦迪逊广场花园（Madison Square Garden）：美国纽约曼哈顿的一个大型室内运动场。——译者注

如今的特斯拉已经成了一个"国际名人"，整个街区都在翘首等待他的归来。他见到了一栋一个记者所描述的"难看的……约有 6 层高的黄砖房"[5]，这里就是他的实验室。特斯拉迫不及待地跨上楼梯，两步并作一步地冲进了"黑暗的楼里"。他爬楼梯途经的底层几楼是一个管子下料厂的房子，布满油垢、发出阵阵臭味；他向 3 楼的一个干洗店老板挤出一丝微笑，最后进入了 4 楼的一个隐蔽的房间。

特斯拉随身带了一大堆他在国外买的图书，他在自己的图书室将这些书摆好，然后迈步来到机械室，清扫了一下房间的灰尘和蜘蛛网。目前他最关心的就是如何好好利用自己在荧光灯照明和无线电力传输研究方面所取得的进展。随后的几个星期里，他雇了一名秘书和几名工人。他向秘书口述了一篇文章，这篇文章论述的是他关于赫兹频率以及它与周围媒介关系的实验。[6]此外，他还改进了一下他的振荡器，并设计了这样一个实验：将一台大型发射机的其中一个终端与城市里的供水干管相连接，然后记录下市内不同地点的电振动情况。他说："通过改变振动频率，我能清楚观察到在不同距离处共振的效果……我认为，借助一台放置在中心点的电子振荡器产生的共振，通过地面或管道系统来操控城市里的电气装置是完全有可能实现的。"[7]特斯拉将真空管和其他一些调谐电路作为探测器，开始着手研究和声与驻波的原理；他注意到他的装置在管道沿线的某些地方会产生反应，而在其他地方则没有反应。

与此同时，特斯拉还要回复信件和预订设备。9 月，一位名叫福多的德国科学家最先和特斯拉通了信。在特斯拉的帮助下，这位科学家将特斯拉发表的那些举世闻名的演说翻译成了德文。[8]随后不久，托马斯·爱迪生给他寄了一张签名照片，上面写着："爱迪生赠特斯拉先生。"[9]特斯拉还与 R.H. 瑟斯顿教授进行过交流会谈，这位来自康奈尔的物理学教授在热力学研究方面有着很深的造诣。[10]

9 月底，乔治·威斯汀豪斯和阿尔伯特·施密德一起拜访了特斯拉，一方面欢迎他回来，另一方面讨论了特斯拉交流系统的发展前途。[11]就在该年 5 月份，威斯汀豪斯竞标获得了一项非常重大的项目——为即将在芝加哥举行的哥伦比亚博览会提供电力服务。据报道，他为了签下这份宝贵的合约，已经投入了 100 万美元的巨资。然而即使在这样的关头，他仍然不确信，在长距离电力输送上，特斯拉交流系统是否比压缩空气和液压动力更加有效。[12]虽然特斯拉对这位俄国贵族后裔很敬重，但他还是很难掩饰自己的不满。而施密德则感到轻松了许多，因为这下说服威斯汀豪斯的重任落到了别人身上。

"威斯汀豪斯先生，我坚信，一台没有刷子和换向器的发动机是能让我们取得永久成功的唯一形式。在此情况下，我认为如果我们再考虑其他方案，那就是在浪费时间和金钱。"[13]

威斯汀豪斯向特斯拉求助，希望他能给施密德、斯科特和拉米提供帮助。

威斯汀豪斯再次确定了特斯拉系统和之前承诺过的一样好，甚至更好之后，他带着一种全新的目标感回到了匹兹堡。拉米写道："1893 年初，为了参加芝加哥国际展览会，一些全新的机器设备被发明了出来。"[14] 在这一时期，特斯拉非常忙碌，他经常往返于纽约和匹兹堡之间，指导工人们建造大型发电机；有时，拉米、施密德或斯科特也会顺道造访特斯拉，向他寻求一些建议。他们也在帮助筹备特斯拉自己的展品，这些展品将会以西屋公司的名义出现在展览会上。斯科特负责再现特斯拉独具匠心的"旋转蛋"；这个巧妙的装置不仅可以恰到好处地展示出旋转磁场的原理，也是在向克里斯多夫·哥伦布致敬。这位伟大的探险家一生所取得的杰出成就，将在他横跨大西洋航行 400 周年的庆祝会上得以展示。这届展览会因此被命名为"哥伦比亚展览会"。由于此次展览会定于 5 月份开幕，所以他们只有短短的几个月时间来完成这项艰巨的任务。

威斯汀豪斯本来可以赢得为展览会提供照明的权利，可是爱迪生不准许他生产"爱迪生自己发明的"灯泡。还好，威斯汀豪斯自己也有一项可用的专利，即索耶 - 曼"塞灯"（Sawyer-Man stopper lamp）。这种灯以橡胶为底，灯丝被固定在与爱迪生全玻璃真空构造灯相当的位置。虽然索耶 - 曼"塞灯"不及爱迪生电灯那么高效，但它毕竟还是可用的。离展会开幕还有不到 6 个月时间，而他必须生产出 25 万个这种质量稍次的电灯。与此同时，西屋公司还有相当数量的诉讼开支，这使得公司陷入巨大的险境中。不过，如果一切进展顺利、取得成功的话，西屋公司将获得开发尼亚加拉瀑布的权利，一旦签约，它可以为西屋公司带来的收益潜力是十分巨大的。

特斯拉安排德国科隆赫利俄斯公司（Helios Company）的卢卡先生来匹兹堡商谈有关事宜：依据他们在德国签署的合同，西屋将为德国方面提供交流电设备。特斯拉还告诉威斯汀豪斯说："德方派他来，也是为了收集一些有关铁路、蒸汽机车和其他电动机的信息。我想他们可能已经打算支付一些现金，并且适当地付一定的专利使用费。而且为了促进双方的互相了解，我也已经尽我所能了。"[15] 不仅如此，特斯拉在欧洲还拥有其他的人脉，所以，没过多久，收益的资金便开始滚滚而来。

尽管如此，西屋公司里还是有不少人嫉恨特斯拉。一方面，他们认为，使特斯拉获得丰厚薪酬的这项发明是由沙伦伯格发明的；另一方面则完全是因为他们原本就不太喜欢这个有些自命不凡的外国人。除此之外，要拆卸掉遍布全国的数百座有利可图的格拉德-吉布斯发电站，将带来巨大的开销。

1892年11月，曾经当过水牛城[1]的治安官和绞刑吏、打着反工会牌的格罗弗·克利夫兰，再次当选为美国总统。他的第二次就职激起了各个阶层民众的愤怒情绪，而且无疑也成了1893年大恐慌[2]的导火索。

这场灾难始于1892年，这一年，四大铁路公司的财务崩溃，紧接着，多家银行倒闭，成千上万的民众失业。[16]而西屋公司也开始陷入了长达10年的高额负债期。威斯汀豪斯知道，他必须无条件地支持特斯拉作为多相交流系统的唯一发明人，因为一旦他在这件事情上有一丁点儿含糊，其他竞争对手就会抓住这次有利时机，故意将这项发明的原始发明人问题变得模糊不清。这样，他们便可以生产特斯拉发明的相关产品，而无须向他威斯汀豪斯支付专利使用费。

1893年1月16日，西屋公司开始向外界公开宣传特斯拉的多相系统。这一消息被刊登在各大电学杂志上，并传到了其他几大主要竞争对手那里。西屋公司"享有生产、销售特斯拉专利技术产品的专有权"，它承诺将用这些发明开发众多瀑布的水能，以获得经济效益，免得瀑布所蕴藏的巨大水能被白白浪费掉。

由于匹兹堡的问题有所缓解，特斯拉便可以抽出更多的时间为随后不久的几场演讲作准备了。一场演讲将于2月底在费城的富兰克林纪念馆举行。另外一场演讲将于随后一星期、3月份在圣路易斯召开的全国电灯协会（National Electric Light Association）的年会上进行。在费城，特斯拉会见了埃德温·休斯顿教授，他是自己的学生伊莱休·汤姆森曾经的合作伙伴。

在费城，特斯拉以对人眼的探讨开始他的演讲："（人眼）是大自然的杰作。……它是所有知识进入大脑的强大通道。……我们经常说，眼睛是心灵的窗户，就是这个意思。"[17]

对眼睛的研究启发了很多截然不同的研究线路。比如，它使得特斯拉能够设想

---

[1]水牛城（Buffalo）：即布法罗城，纽约州第二大城和湖港，紧临伊利湖（Erie）。——译者注
[2]1893年，美国陷于金融危机，大批工人失业，失业大军组成的抗议队伍引发了民众恐慌。——译者注

电视机的早期形式是什么样子的。因为电视机里那些密密麻麻的像素点就像人眼视网膜中感光的接收细胞一样。另一方面，借助显微镜、望远镜这些仪器设备，眼睛又为科学探索打开了新的远景。特斯拉说，世界是极其丰富和多元的，而"眼睛是多彩世界里一个非常高级的器官"[18]。

"我们可以设想，"特斯拉继续说道，"在另外的世界里，在其他物种身上，另外一种器官代替了眼睛。其功能和眼睛一样，甚至更完美。但是这些物种却不可能是人类。"[19]

眼睛从世界的各个角落获取信息；同时，它还与我们难以捉摸的思想意识发生相互作用。不仅如此，眼睛还是特斯拉所持的亚里士多德唯物主义世界观的完美例证，因为眼睛必须通过外部因素的刺激才能正常工作。[20]

如果我们回顾一下特斯拉早期的一个"刷子现象"的实验——在一个绝缘的真空管内，最微弱的电磁反射都能产生一束形似刷子的光，我们不难发现：在特斯拉看来，无线电管的前身实际上就是基于人眼构造的基本原理。我们还记得，这把刷子不仅会对磁影响产生反应，对接近的人和地球的旋转也会有所反应，就像眼睛会对来自不管远近的哪怕是很微弱的脉冲产生感应一样。眼睛是"唯一能够直接受以太震动影响的人体器官"[21]。

以太是19世纪时的一种理论上的媒介物质，它遍布于行星和恒星之间。1881年，迈克尔逊（Michelson）和莫雷利（Morely）曾试着用激光束和镜子来测量以太，这是一个非常著名的实验，遗憾的是实验没有成功。他们的发现也并未产生显著的影响。直到世纪之交，也就是在特斯拉发表演讲整整10年之后，爱因斯坦用迈克尔逊-莫雷利的实验揭示了：从其本质特性来讲，"以太不可能被探测到"[22]，而且，对于揭示光如何在空间里传播，探测以太也不是必需的。

埃德温·戈拉是美国普罗维登斯学院（Providence College）的一名物理学教授，他的导师中有阿诺德·索末菲和沃纳·海森堡。他说："如果用19世纪的技术手段，我们不可能发现以太。爱因斯坦用一个新的非欧几里得时空构造，取代了原有的以太概念。这种新命名的以太更加抽象，具有非同寻常的特征，它能使空间在有引力的天体周围发生弯曲。"

特斯拉完全不同意爱因斯坦的观点，他一直坚信以太这一概念，而且认为它无处不在。他认为空间不可能发生弯曲，因为"没有任何东西会毫无原因地发生反应和变化"。根据特斯拉的观点，光之所以能在星体周围发生弯曲，是因为其受到力场吸引的结果。[23] 戈拉认为，"弯曲空间"（curved space）和"力场"（force field）这两个概念实际上是描述同一事物的两种不同的可行方式。

回顾一下特斯拉 1893 年的那场演讲就会发现，在特斯拉看来，电现象与以太构造之间的关系，对于理解电如何在无线情况下高效传输非常关键。

有关电磁能量怎样通过空间传输的问题，特斯拉在他的 3 场关于高频电流现象的演讲中都探讨过。他思考的其中一个问题就是：以太是运动的还是静止的？当振动通过以太传输时，以太仿佛是平静的湖水；但是在其他情况下，以太则表现得好似"一种使经过它的物体运动的液体"。特斯拉引用了开尔文勋爵的研究结果，得出如下结论：以太是运动的。"但如果不考虑这一点，就没有什么其他因素能使我们确定地得出以下结论：流体不能传输每秒几百或几千频率的横向振动，但是，当横向振动的频率达到每秒几百万亿次时，以太也无法传输这样的振动。"[24]

特斯拉随后声称，他在无线电传输方面蔚为壮观的成果是其他研究者永远也没法复制的。他说，他的系统不受平方反比定律（inverse-square laws）的约束。他的成功——如果那确实算成功的话，似乎基于这样一个前提：在高于某些频率的时候，以太会表现出一些新的、迄今不为人知的特征来，可能有一些临界值。

特斯拉通过两组观察结果，继续讨论以太构造及其与电磁现象之间的关系。这两组观察结果便是：①能量可以通过独立的载体传输；②原子微粒和亚原子微粒围绕彼此进行旋转，就像一个小型的太阳系一样。[25] 这两个概念与以太构造的神秘性相关，它们的提出比欧内斯特·卢瑟福、尼尔斯·玻尔和阿尔伯特·爱因斯坦这几位量子物理学家提出类似观点要早至少 10 年时间。

就拿卢瑟福来说，他通常被认为是最早提出原子有着和太阳系一样结构的物理学家。但是，很显然，他在研制高频交流电设备、将其用于长距离无线实验时，也参考了 1895 年特斯拉演讲中关于高频率电流的相关内容。[26]

特斯拉说他可以发明一个同时展现横波和纵波特征的电磁振荡器。第一种（横波）相当于传播波形脉冲的媒介——以太；第二种（纵波）相当于我们今天所熟知的量子能——类似于在空气中传播的声波。特斯拉不管任何反对意见，直到现在仍坚持认为他的电磁频率是纵向传播的，而且有着子弹一样的冲力，因而它们负载的能量也要比赫兹横波大得多。事实上，正如之前提及的一样，赫兹也想摒弃麦克斯韦电磁方程式中的"质量"这一概念。

特斯拉关于以太中纵波的观点，几乎是对厄恩斯特·马赫所做的研究的一个直接体现。当时马赫还在布拉格。马赫在意识、时间与空间以及重力的特性之间关系上的激进观点，使许多重要人物的思想观点开始发生巨大的改变。他的一个观点（即我们所熟知的"马赫原理"[1]）假设：宇宙中所有的物质都是相互关联的，比如，根据这一理论，地球的质量大小取决于宇宙中所有星体的超重力；没有任何物体是孤立的。马赫认为，这一观点与佛家思想相似，且与特斯拉所支持的观点非常相近。尽管下面这段话是将近25年之后才写的，但是与特斯拉1893年的那场演讲有着明显的联系："在这个世界上，从控制万物的人，到最敏捷聪明的动物，没有哪种生物不在按照特定的方式运转。在任何时候，只要一种力量产生了动作，哪怕是极微小的，宇宙平衡都可能被打破，最终也会导致整个宇宙的运动。"[27]

一幅描绘特斯拉在1893年芝加哥世界博览会上展示无线实验的插画。

---

[1]马赫原理（Mach's Principle）：即作加速运动的人所感受到的惯性力取决于宇宙间物质的数量和分布。——译者注

特斯拉将这种思想观点进行了延伸，他将有机生物和惰性物质也联系到一起：所有物质"都容易受到外部刺激的影响。万物之间没有绝对的鸿沟、没有断裂的联系，也没有完全不同于其他任何物质的特异活性物质。所有物质都受同一规律的支配，宇宙间的万事万物皆有生命"。[28]太阳发出的光和热是促使宇宙变化发展的原动力；有光和热的地方就有生命。在特斯拉看来，由于这些过程在本质上是以电的形式存在的，因此电的奥秘中也蕴含着生命的奥秘。

纵观周围的世界，特斯拉意识到，世界上的资源是非常有限的，为人类发电提供燃料的自然资源终将有一天会枯竭。"当地球上的森林被砍伐殆尽，当地下的煤炭被开采到一点儿也不剩的时候，我们人类该怎么办？"特斯拉在费城演讲时对台下的听众如是问道。他预测道，"根据我们人类现有的知识水平，只有一条路行得通，那就是想方设法实现能量的远距离传输。人类将会利用瀑布、潮汐进行发电"，因为这些能源不像煤炭和石油，它们属于可再生能源。[29]

特斯拉提出了这样一个假设：如果能制造一台合适的机器（即"将我们的发动机联结到宇宙天体的运转轨道上"），那么用它来获取用之不尽的能量是完全有可能实现的；就这样，他第一次描述了他的无线传输这一发明。他用更加美妙得体的语言来掩饰他内心的真实意图，他说道："我坚信，用一台大功率的机器来干扰地球的静电环境，进而传输一些较易懂的信号甚至能量的做法是切实可行的。"鉴于电脉冲的速度，凭借这项新技术，将来"所有……缘于距离的问题……都将不复存在"，因为人类将能够瞬间彼此相连。特斯拉还说："首先我们必须知道地球的电容量是多少，它最大可以负载多少电量。"此外，他还推测：地球本身是一个带电体，是太空使得它能够绝缘，所以其"电容量较低"；地球中上层的岩层与他的盖斯勒管[1]中的真空很相似，将是一个很好的脉冲传输媒介。[30]这里，我们看到了由亥维赛和肯内利发现的电离层的早期认知形式。特斯拉往地下输入了大量电能，试图测量一下它的频率周期，可是他尚未得到较精确的数据。尽管这样，他很清楚地球的体积和光的速度，所以当时他已经能确切地得出星体中传输的脉冲的最佳波长。

在演讲过程中，特斯拉演示了"阻抗现象"：他将一只电灯泡置于一支通电金属杆的不同位置，电灯的电源便时断时续，电灯也随着忽明忽暗。从某种程度上说，该实验基于赫兹的研究成果，因为它体现了"波长"和"驻波"的概念。他将两三

---

[1] 盖斯勒管（Geissler tube）：真空放电的实验用真空管。——译者注

只电灯泡连接到相互独立的电路上，然后在电路的不同地方放上金属棒，通过连通或阻断电流，任意点亮或熄灭其中一个灯泡。此外，他还展示了如何只用一根电线将数个灯泡点亮。由此可以肯定：不使用电线而直接将灯泡与地面相连，也可以使灯泡通电，因为地面也是导体，不需要（爱迪生灯泡中所使用的）回路。像往常一样，特斯拉还现场展示了如何在没有任何连接的情况下点亮电灯。

特斯拉还表示，假若只有共振，那么电线将变成多余，因为脉冲可以直接从发射装置"跳跃"到无线接收机上。当然，这就必须将接收器的频率调得和发射机的频率一致。"如果什么时候我们能确定，当地球受到干扰，或者因为另外一个截然不同的通电系统或已知电路发生振荡时，地面的电荷处于哪个周期，那么，这将可能成为一个对全人类的福祉有着最重要意义的事实。"[31]

接着，特斯拉用一张树形图向大家展示了怎样安装天线、接收机、发射机和接地装置。他的一个助手的儿子是这样描绘这套装置的：

> 舞台一侧是发射机装置组：一个5千伏安的灌满了油的架杆式高压配电变压器与莱顿瓶的电容器组、火花隙、线圈和一条通往天花板的电线相连。
>
> 舞台的另一侧则是接收器装置组：一根同左侧一模一样的电线悬挂在天花板上、与舞台左侧相同的莱顿瓶电容器组、线圈；不过与左侧的火花隙不同的是，这一侧是一个盖斯勒真空管，当提供电压时，这个真空管将会发光。闭合开关时，变压器开始嗡嗡作响；莱顿瓶的金属薄片边缘开始出现光环，并发出嗞嗞声；火花隙发出噼里啪啦的噪声，并开始喷出火花；一个看不见的电磁场便从发射器的天线，通过空间，［向接收器的天线］辐射能量。[32]

特斯拉继续阐述道："当电动振荡器安装好后，就会有电流从发射机里进进出出，交流电也会流经地下。……这样，地面一定半径范围内的各个点就会受到电流干扰。"尽管特斯拉的主要目的是传输电能，但他讲道："理论上来讲，要产生在很远处甚至是全球范围内可察觉的干扰，并不需要耗费大量的电能。"[33]

从特斯拉25年之后撰写的自传中，我们得知，当时有人反对他过多地讨论无线电报，所以，虽然"关于无线电报，我想说的话很多，我的演讲却只谈及其中很小一部分，但这冰山一角却为我赢得了'无线电之父'的美誉"[34]。特斯拉称，约瑟夫·韦茨勒告诉他不要在演讲中过多强调他在无线电研究方面的工作和成绩。韦茨勒在编辑特斯拉演讲稿的过程中可能删去了很多重要的段落，而从长远来看，这些段落本可以帮助特斯拉更轻易地确立他在这一领域的领先地位。尽管如此,特斯拉费城演讲的转录打印稿篇幅仍然长达 100 个版面,其中也涉及很多其他方面的内容。我们应该意识到的一点是,特斯拉是有史以来首次对无线电发展前景作出大胆设想的一位重要的发明家;他同时还一步一步地介绍了取得成功的几大重要因素。

究竟是谁发明了无线电通信?这个问题很复杂,因为它的发明不是由某个人单独完成的。最早做无线电实验的人是约瑟夫·亨利和萨缪尔·摩尔斯。亨利曾于 1842 年在一间 30 英尺高的房间里,成功在一些磁化后的针和敏感的莱顿瓶之间传输电能;摩尔斯则于 1847 年用一台叫作"电流漏斗"的装置通过电磁感应的方式从一条宽 80 英尺的河道一侧向另一侧发送了信号。[35]

马伦·卢米斯是采用天线和接地装置进行远距离信号传输的第一人。他是一位牙科医生和实验主义者,曾用电刺激植物的生长。卢米斯的这套远距离传输信号的装置在 1872 年获得了一项专利;他还向美国国会成功地提交了"卢米斯无线电技术议案"(Loomis Aerial Telegraphy Bill)。由于卢米斯产生了较大的影响力,他获得了 5 万美元的项目经费,以帮助他搞研究。1886 年,卢米斯在弗吉尼亚州两座相距约 14 英里的大山之间尝试发送无线电信号。几年之后,他又在切萨皮克湾[1]的两艘相距约 2 英里的轮船之间传输信号。毫无疑问,特斯拉对卢米斯是有所了解的。这是因为:一方面,卢米斯的专利已经注册成功,而特斯拉会习惯性地不断学习前辈们的研究成果;另一方面,特斯拉论述中的语言风格同卢米斯的专利申请书和出版著作中的措辞也惊人的相似,比如,卢米斯曾讨论过"向全球传播电振动和电波"的问题,还提到了要开发"大自然运转"(the wheelwork of nature,特斯拉很喜欢用的字眼)所产生的能量。[36]

1875 年,托马斯·爱迪生和查尔斯·巴彻勒在一起工作时,曾注意到一个奇怪的现象:电磁体的中心发射出一种奇怪的火花,火花飞溅到了几英尺外不带电的物体上。爱迪生用验电器对其进行检验,却没能测出电荷。[37]实际上,这是一种他自己的仪器尚无法探测到的高频率。"如果使煤气总管通电,那么,爱迪生将能够在好几个街区外的自家房子里的煤气管道上生成类似的火花……他认为,既然能量可以以多种形式存在,电能可以转化为磁力,那么磁力应该也可以转化成其他物质。"[38]于是,爱迪生向科学界宣布,他发现了一种新的"未知的力量"。也许,特斯拉将

---

[1]切萨皮克湾(Chesapeake Bay):美国东部大西洋沿岸的海湾,位于弗吉尼亚州和马里兰州之间。——译者注

振荡器与水管连通的主意就是受爱迪生此实验的启发。

19世纪80年代初，英国邮政总局（British Post Office）的电力工程师威廉·普利斯便开始用感应装置做无线通信实验。他意识到：*地面本身是任何一个无线电系统得以成功运行的一个必不可少的组成部分*。他或许是第一个认识到这一点的发明家。普利斯将地面单独作为一个初级电路或次级电路，用电话听筒作为探测器，然后得出了如下结论："在正常工作的普通电报线路上，电磁干扰的范围能延伸至方圆3000英尺以外，但是在国内部分地区，同一电报的并行线路上可测到的电磁干扰范围是方圆10到40英里。"普利斯探测接地电流的研究成果，曾被美国西部联盟电报公司的工程师们复制过，这些成果对特斯拉所阐述的诸多理论产生了重要的影响。[39]

普利斯对无线电通信的研究表现出持久的兴趣。19世纪80年代中期，也就是特斯拉刚移居美国后，普利斯拜访了爱迪生，他目睹了一项爱迪生的最新发明成果，爱迪生将其称为"蝗虫电报"（grasshopper telegraph）。这是一台可以从发送站向正在行进的列车发送信息的装置。通过电磁感应或共振，系在行进列车的电话听筒上的金属条可以接收来自与火车站铁轨平行系着的类似金属条发出的信息，或者向其发送信息。虽然这项发明仅仅止步于它的早期形式，但它在后来关于无线电发明的优先权的斗争中却有重要的法律意义。

因此，与亨利、摩尔斯、卢米斯和普利斯一样，爱迪生显然也是无线通信之父。谈及无线电管的历史，爱迪生也有过一项非常重要的发明，那就是之前曾谈到过的双灯丝灯泡。这种灯泡的两根灯丝之间有电流的输送。普利斯将其命名为"爱迪生效应"（Edison effect，又名热电放射效应）。J.J.汤姆森利用这一效应发现了电子。特斯拉则结合了从双灯丝灯泡获得的知识，和克鲁克斯关于真空玻璃管中产生辐射效应的研究成果，发明了能产生"刷子现象"的真空管，这是第一个专门用于无线电情报传送的真空管。

在特斯拉之前，还有海因里奇·赫兹、奥利弗·洛奇和爱德华·布朗利也从事过无线电方面的研究。布朗利是法国的一名物理学教授。也许是受了"爱迪生效应"的影响，他注意到，赫兹的调谐电路之间的缝隙可由一根封闭的玻璃管来代替，这根玻璃管里面的金属微粒分散得均匀。当电流通过无线感应的方式经过玻璃管时，管内的金属微粒就沿着缝隙排列，电路随之闭合。轻轻拍一下管子，电路再次被断开，直到无线传输开始。洛奇完善了布朗利 1890 年发现的"粒子集聚"现象，并为其取名为"（无线）粉末检波器"。[40]

这些科学家是电磁感应这一新领域的开拓者，但在刚开始研究的时候，他们并没有想过"无线电报"这个问题。直到 1894 年，洛奇才预测，可以将无线装置作为一种传输信息的手段。[41] 再来说说克鲁克斯。我们还记得，克鲁克斯于 1892 年（当时他正在英国与特斯拉会面）所写的文字中提到，19 世纪 80 年代末的时候，他曾实验过如何将摩尔斯码用无线电的方式从房间的一侧传输到另外一侧（几乎与此同时，赫兹和洛奇也在做同样的实验）。但是，克鲁克斯并没有将他的研究结果公之于众，也没有在这一有点偶然的实验基础上，进一步推动这一发明的发展。

同赫兹一样，特斯拉也认识到，赫兹的频率并不能通过空间进行长距离通信传导。但与赫兹不同的是，特斯拉围绕这一限制性因素找到了一种解决问题的办法。于是，他不仅发明了一种使发射机更强大的方法，还设计出了"串联调谐电路"（concatenated tuned circuits）；这种电路实际上就是能接收信息的高灵敏度无线电管。[42] 在费城所作的那场演讲中，特斯拉还介绍了如何用天线、接地装置和一根单线来做一个信号反射装置，使得"所有装置"都得以运转。这种无线电传输系统在他 1891 年的一些非常引人注目的文章中、在哥伦比亚大学第一次公开展示盖斯勒无线电管时以及 1892 年在欧洲演讲时得到过细致的概括， 1893 年，特斯拉又对其进行了明确的描述。整整一年后，一个名叫古列尔莫·马可尼的高中生开始了他在这一领域里的探索之旅。

第十二章
电气魔法师（1893）

> 众所周知，特斯拉是一名享有很高声誉的电学家，他一直致力于一种新型实用电灯的实验研究。但实验室之外的很多人都不知道，特斯拉在其他很多方面也取得了辉煌的研究成果；他甚至差一点就彻底改变了光理论。其他几位电学领域的先驱人物，尤其是赫兹博士和洛奇博士，促进了"光现象与空气或以太的电磁振动有关"这一理论的发展，但证明这一理论事实，并使其能付诸实际应用的人却是特斯拉先生。
>
> ——《纽约记录者》（*New York Recorder*）[1]

2月底，特斯拉乘火车离开费城去参加在圣路易斯举行的全国电灯协会大会。同他一起去的还有 T.C. 马丁。马丁将报道特斯拉的两次演讲。他和特斯拉探讨了在收集特斯拉论文的基础上编写教材的事宜。教材的前半部分将论述与多相交流电系统有关的创造发明，各章分别介绍发电机设计、单相和多相电路、电枢和变压器；后半部分将包含特斯拉分别在纽约、伦敦和费城发表的 3 次关于高频现象的演讲。该书的引言部分由马丁撰稿，书的最后附了几篇不同主题的文章。整部专著将近500页。乔希·韦茨勒是该书的第二主编，出版日期定于同年年底。

当时许多人将特斯拉称为"在世的最伟大电力学家"[2]，而马丁已经与他达成了一项交易，算得上是一次巨大的成功。《尼古拉·特斯拉的发明、研究及著述》（*The Inventions, Researches and Writings of Nikola Tesla*）一书将是一部里程碑式的著作，成为无数读过它的电学家的"圣经"。

2月28日，特斯拉应圣路易斯市电灯能源公司总经理詹姆斯·I.艾尔的邀请，抵达圣路易斯，在那里发表了演讲。这位发明家的到来让当地人兴奋不已。相关宣传说特斯拉的这次演讲将会和他在伦敦的演讲一样精彩。"超过 4000 份刊有特斯拉个人简历的刊物在圣路易斯的大街小巷出售……这在电学刊物的历史上是从未有过的。"[3] 80 辆电车和人力马车排起了长龙，如潮水般涌向主干大街，数千人吵嚷着要买票去听这次讲座。[4]

在大会的开幕典礼上，特斯拉和艾尔皆以协会荣誉会员的身份入席。[5] 之后，艾尔把特斯拉介绍给他的一位名叫 H.P. 布劳顿的工程师认识。布劳顿刚从康奈尔大学毕业，在大会期间担任特斯拉的助手。[6]

原定要举行这场演讲的那个会议室太小了，于是大会改在圣路易斯市音乐大厅进行。这是一个可同时容纳 4000 多名观众的大礼堂。价格在 3~5 美元的大会入场券被抢购一空。然而，即便是这么大的音乐厅，也无法满足如此大的场面，"整个大厅人满为患，场内空气让人窒息"[7]。

艾尔先生"用十分敬重的语气"向观众介绍了这位伟大的发明家，称特斯拉"对大自然无穷无尽的奥秘有着近乎魔法的力量"，并给特斯拉献上了"一个用白色康乃馨和娇艳红玫瑰编织的巨大花环"。

特斯拉凝视了一下人海，觉得自己的演讲还是围绕那些"能震撼视觉的"实验来讲比较明智些。在布劳顿的帮助下，特斯拉展示了他无线传输电能的发明：在大厅的一侧扳动电闸，大厅另一侧的无线接收管便亮了起来。

"在我看来，在我们看到的诸多不可思议的美妙事物中，"他说道，"一个真空管在从远处传来的电脉冲的刺激下，突然发出美丽的光芒，将黑暗的房间照亮，这是一种十分可爱、十分赏心悦目的现象。"[8]

特斯拉"以娱乐观众的方式"，在两个电容器板之间建起若干电流片。他一会儿点亮带灯丝的灯泡，一会儿又让不带灯丝的灯泡发光。接着他又燃亮磷光球，它的光"十分炫目，远非普通磷光灯所能相比"。之后，他又通过旋转电子管来产生频闪效果，其效果"看上去就像明亮月光照耀下的白色轮辐"。

然后，特斯拉开始演示他最强大的特斯拉线圈。

乔治·福布斯教授是一位来自英国格拉斯哥（Glasgow）的工程师，他曾高度评价特斯拉的交流电系统，并将其隆重地推荐给尼亚加拉电力委员会（Niagara Power Commission）。他今天也亲自来到了现场。特斯拉在观众席里看到了他，于是向他鞠躬致敬。特斯拉感谢福布斯对自己的赏识，并预言，基于这项研究成果，在不久的将来，大量的电能将从大瀑布的巨大水能中产生出来。

> 接下来的几个实验，我原本是不想演示的。但是为了满足阵容如此庞大的、兴致极高的观众们，我知道，我别无选择……我用一个我设计的装置给我的身体通上电，我可以使电流以每秒 100 万次的速率振动。空气中

的分子受此影响发生强烈振动，发出耀眼的光芒，而我的手中也发出一股股光线。用同样的方式，我还可以手拿一只里面装有一些物质的玻璃灯泡，并让这些物体发光。[9]

　　我很高兴能在瑞利勋爵面前演示这些实验，我将永远记得这位令人肃然起敬的杰出科学家在看到这一切时那种满怀渴望和激动得发抖的样子。我有幸得到了瑞利这样令人钦佩的科学家的欣赏，这也算是对我为了有所成就所付出的艰辛与劳苦的回报吧。[10]

特斯拉随后开始谈论特斯拉线圈。他告诉大家，由于该装置会产生巨大的电压，即便是干燥的木头，对于这台机器来说也只能算是较差的绝缘防护材料，所以他用厚实的橡胶作为其绝缘材料。[11]

　　我手握一个金属物体，去接近自由接线端，这样做是为了避免被烧伤。当金属物……碰到电线时，电火花就没了。现在，有一股强大的电流流过我的胳膊，电流振动的频率大约在每秒 100 万次。我全身都感觉到了静电，空气中飞舞的分子和微粒也猛烈地击打在我身上。微粒的振动相当剧烈，以致关掉灯后，你会发现在我身体的某些部位会有微光闪现。每当这些光线出现时，我会有种被针扎的感觉。如果电压足够高，而频率足够低，那么在强大的电压下，皮肤很有可能会裂开，血液会像喷雾一样急速喷出来。[12]

这位电气魔法师像孔雀开屏一样伸开五指，然后他的身体便像雷神托尔[1]一样发出闪电般的火花。"这些火花并没有给我带来特别的不适，"他让观众放心，"只不过在手指尖有种灼热感。"

线圈通着电，特斯拉的头上也还在冒着火花。与此同时，特斯拉还演示了很多其他的效果：包括用流经他身体的电使发动机运转起来；点亮并晃动各种各样的彩色管，仿佛特斯拉手中晃动的是一把把磷光剑一样。最后的表演是这样的：特斯拉拉起一条条横跨舞台的长棉线，然后他用铅笔线一样的紫色电晕去击打棉线，棉线上划出了炫目的光芒，整个舞台都被奇幻的彩虹色光芒点亮了。观众席里也爆发出阵阵"好！好极了！"的叫好声，同时还伴随着雷鸣般的掌声，而特斯拉也不停地向观众们鞠躬还礼。

演讲结束后，因实验的后续效应，特斯拉身上还发着微光，还"释放出缥缈的火花，

---

[1] 托尔（Thor）：北欧神话中的雷神，掌管雷雨、战争、农业。——译者注

并被由零星的光构成的精美光环围绕着"[13]。特斯拉被叫到大厅去，以便和一大群对他仰慕已久的观众见面。"他们太渴望……近距离地看一眼特斯拉先生了；好几百名热心观众抓住这次来之不易的机会依次与特斯拉握手。"[14]

回到纽约，特斯拉完全达到了成为美国公民所需的所有要求。从此以后，他的专利申请书上写的再也不是"奥地利国王的一位子民"了，而是"美国公民"。这是值得骄傲的一刻。后来，特斯拉一直把申请美国公民资格的这些文件完好地保存在他房间的保险柜里，直至去世。

现在，特斯拉已经完全是一个"美国人"了，他决定从此开始与当时具有巨大影响力的托马斯·爱迪生展开较量。这个新崛起的自命不凡的发明家开始了他最具挑衅性的实验，目的是正面攻击爱迪生的碳丝灯泡。特斯拉拿了两个一模一样的灯泡：一个充满空气；另一个内为真空状态，并将其接到"每秒振动 100 万次的电流"上。他用这个实验证明：充满普通空气的灯泡并没有发光，而内部为真空状态的灯泡却发出了非常明亮的光。"这表明，稀薄空气在加热导体的过程中起着非常重要的作用"；此外，这种新型真空灯在触摸时并不会让人感到灼烫。特斯拉有点狂妄地总结道："在白炽灯中，高电阻 [属于爱迪生的发明] 根本不是照明灯的必要元素。"[15]

特斯拉拿着同样的两个电灯泡，然后他降低了电流频率，并将其转化为直流电。他发现，非真空的那只灯泡的灯丝现在开始亮了，尽管它的光线并不像另一个灯泡发出的那样亮。因此，他得出结论：用直流电时，灯丝是必不可少的组成元件；而在高频交流电中，灯丝周围的环境，也就是真空状态，则是最重要的。频率越高，则照明的效果越好。他指出：实际上，如果完全不使用直流电而使用非常高频的交流电，灯丝根本用不上。

爱迪生开始感到不安，因为他曾派人到美国东部、中部和亚马孙地区去寻找最理想的灯丝，而且在寻找灯丝的过程中有一两个人死了。[16]特斯拉这个自命不凡的塞尔维亚人一方面称交流电对于任何一个实用的照明系统来说都是必不可少的，另一方面还扬言爱迪生最有名的发明成果最终也将变得毫无价值。

爱迪生在新泽西州的奥格登（Ogden）有一家碎石场，在厂里的一间小屋内，当地一家报社的记者问他有没有"在不加热的情况下用电产生光的可能性"[17]。爱迪生咕哝说这一技术已经实现了。可记者却步步紧逼："我指的是尼古拉·特斯拉在这一方向上的研究发现。"

爱迪生"从安乐椅上站了起来"，向走廊里吐了一口烟，咆哮道："对于这一问题，还有很多困难有待克服。"

"那特斯拉呢？"

"他也没有什么新的发现，"这位电学界举足轻重的男巫开始评论特斯拉，"不过，他在增加振动频率方面倒是颇具匠心。他是从电磁感应线圈和盖斯勒真空管中得出的成果。"

"你认为特斯拉发明的电灯会不会取代你发明的电灯泡？"

"将来可能会发明出不加热而发光的电灯，但我敢断言那并不会是一个好灯泡，最大的问题就是光的质量，它的光线不会比萤火虫的光亮到哪儿去。"

当然，在这一点上，爱迪生说得完全正确。因为即便是今天，电灯泡的光线也要比荧光灯的光好很多。然而，曾换过电灯泡的人都知道，爱迪生发明的电灯用几个月就会坏掉，而特斯拉的荧光灯可以用上好几年甚至几十年而不坏。而且，在特斯拉看来，白炽灯从一个很小的中心光源发出的光虽然明亮，但很刺眼。所以特斯拉打算发明一种从一个大的球面上发出柔和光线的灯泡。

现在，特斯拉已成为各大新闻媒体追踪报道的对象。很多采访特斯拉的人都说他谦逊低调、偶尔张扬，一开始总想回避公众的注意。但是，他所取得的辉煌成就使他成了民众心目中的英雄，记者们自然要来发掘其背后的原因了。

《纽约先驱导报》是第一家从这位后起的科学新星身上获益的媒体。该报在一篇配有特斯拉老照片的铜版画的长篇特写报道中描述了他的言行举止、气质风度以及他的既往成就，此外，还详尽地报道了他将来的计划。

"特斯拉先生非常勤奋，他很少有时间去参加一些社交娱乐活动，即便他真有这方面的兴趣。目前依然单身的他有着很高的个头，体格消瘦，一双深陷的黑眼睛，头发乌黑明亮。他脸上的神情让人一看便觉得他是一位深邃的思想家。尽管他对新闻记者都非常礼貌友好，但他自己却从不愿意在媒体上出风头。"

特斯拉向记者谈到了他的父母、他的求学之路、他如何发明旋转磁场，还有他的新照明系统。"这套新照明系统将比目前我们使用的系统更加实用，其照明效果也会更好。"特斯拉这样承诺说。他还谈了利用尼亚加拉大瀑布发电并用电线输送大量电能的可能性，以及用无线电的方式从空中和地面向"任意距离"传输情报和电能的概念。

　　"从目前的实验证据来看，我们完全可以断定：在不使用电缆的情况下，从这里通过地下将我们听得懂的声音信号传输到——比如说——欧洲大陆，一定能实现。……两年来我一直宣传这一技术理念……如果这一目标有朝一日能够实现，……它必将对整个世界有着不可估量的价值，也必将极大地推动全人类的进步。"

　　《纽约先驱导报》的记者最后问特斯拉，当几十万伏的电流流经他的身体时，他感觉如何。特斯拉答道："如果你［对电击］作好了准备，电对人体神经的影响并不是很大。一开始的时候，你会有一种灼热感，除此之外，几乎就没有其他什么明显的感觉了。我经受了高达 30 万伏电压的电流，要知道，若是在其他情况下，这么大的电流可能会让我瞬间毙命。"[18]

　　虽然旅行和演讲与特斯拉的研究事业毫不相关，但为了巩固他在电气科学史上的地位，他还是接受了各种邀约。另外，对于特斯拉这样长期深居简出的电学构想家来说，外界的褒奖、与同行们一起交流互动也是相当有诱惑力的事情。然而，直到此时——当他被媒体记者和大批敬仰他的民众追随的时候，他才开始清醒地意识到：在潜意识里，他一直渴望得到别人的认可。每时每刻，他都在专注于他的发明创造。在他看来，做任何与此目标无关的事情都是在浪费时间，甚至用来吃饭和睡觉的时间也会拖慢他前进的步伐。

　　虽然特斯拉的父母去世的时候年龄不算大，但是他的亲人中不乏年逾百岁者。也许特斯拉只是为自己工作狂般的行为进行辩解，他自称自己也会成为百岁老人。他认为，人体在本质上就像一台机器，人们可以通过坚强的意志力有效地控制这台机器。因此，特斯拉毅然将自己的睡眠时间压缩到最短，把自己的食量控制在身体的基本需求范围内。特斯拉的身高超过 6 英尺，但他的体重却始终在 142 磅以下，严重偏瘦。[19]虽然特斯拉已经开始表现出过度疲劳的症状，但是这个塞尔维亚人始终没有停止他探索的步伐；他的理想只有一个，那就是竭尽自己的聪明才智来拯救全人类、造福全社会！

　　在已经实现了用无线电从房间的一侧向另一侧进行电能传输之后，这位发明家接下来的任务是想办法扩大这个原理的应用，用它进行大量发电，并发明出多个独立的、互不干扰的电力传输通道。特斯拉开始用功率越来越大的振荡器进行实验；这些振荡器不仅能辐射出高频交流电，也能产生物理振动。

　　"那年春天，当我用锥形线圈使电压达到约 100 万伏时，我得到了第一个满意的结果。以今天的技术水平来看，那算不了什么，"特斯拉 25 年之后这样写道，"但之后回顾起来，它在当时却被认为是一项绝技。"[20]

根据约翰·廷德耳的计算，爱迪生的电灯效能约为 5%，这意味着 95% 的能量都因发热或是在传输过程中消耗掉了。而当时最为常见的人工照明设备——煤气灯的效能更是"不到 1%"。特斯拉告诉马丁，如果"我们要治理一个腐败的政府，那么这些令人发指的浪费是谁也不会容忍的。"这样的浪费"与毁林取木无异"。

马丁写道，"能量或多或少地都被浪费掉了，就像 7 月售冰人的推车里的冰在街道上一路被颠碎然后化掉。许多发明家都致力于攻克减少各个环节能量浪费的技术难题上"。特斯拉已成功研制出了一系列新的独创性发明，它们既可以将电能转化为旋转动力，亦或反之，即把蒸汽动力转化为电能。[21]

在第一类发明中，特斯拉制造了一台高频率振荡器，然后将其浸没在一大桶汽油里。通过调整交流电的频率，就可以使汽油以不同的速度流动。正如水轮能使涡轮机转动一样，汽油也可以让桨叶旋转起来。当频率提高时，汽油的流速会增大，而涡轮机的转动次数也随之增加。

在第二类发明中，特斯拉改进了蒸汽发电机。特斯拉把发动机和发电机组合在一起，制造了一种大小仅为传统蒸汽机 1/40 的机器。在老式蒸汽机中，活塞的前后往复运动必须通过曲轴和飞轮来转化成旋转动力。与之相反，这种新的装置则是与涡轮机连接在一起进行发电。在特斯拉的发电机中，由蒸汽驱动的活塞与电容器相连，并且可以在磁场内上下运动，通过切断磁力线而产生电流。这种办法极大地减少了机械运动转化为电能这一过程中电的损耗，而且也没有了飞轮和曲轴。马丁很生动地写道："我们马上就注意到，这种蒸汽机上没有普通发动机上的所有控制设备，它们都已经不复存在了。在这台机器上，蒸汽箱就是发动机，且露在蒸汽机外面；它的整个构造没有多余的东西，就像一个职业拳击手一样，身上每一块肉都是肌肉，没有一点点赘肉……"因为这种蒸汽机减去了多余的质量，并由高压驱动，因此其节能效率就远非普通的发动机所能相比。此外，由于工作零件较轻，有一种自动减震的效果，机器减少了摩擦，这种发动机在实际应用中就变得非常坚固。而且，"重约 1000 磅"的普通蒸汽机活塞，只能以每秒 10 次的速率改变方向；而特斯拉的振荡器则可以每秒振动 100 下。特斯拉不仅设法降低现有设备的复杂性，而且希望能产生一种可以"很完美地支持稳定振动的"电流。这年夏天，特斯拉获得了这两项发明的专利。[22]

有了这些种类繁多的振荡器，特斯拉就可以制造出众多的效果。从电学的角度来说，他可以用振荡器产生的精确频率传输信息和电能；如果振荡器以光的频率进行振动，特斯拉还可以使它发光。若从机械的角度来讲，他可以通过金属棒、金属管产生振动来检测谐波频率和驻波。通过研究阻抗现象，特斯拉能通过这种金属管传输电磁能，使灯的特定位置发光，而其他位置不发光；而且，如果他增加振动频率，促使其产生谐波频率，那么铁管会发生剧烈振动，并断为两截。这种效果相当于《圣经》中约书亚的喇叭在杰里科（Jericho）[1]产生的威力一样，或者相当于一队士兵迈着整齐有力的步伐走过一座吊桥，其危险程度可想而知。因为当他们的步伐产生共振时，会使吊桥发生剧烈地晃动，极有可能让桥垮塌。正因为如此，士兵们在训练时就懂得在过桥时要避免大步齐步走，以防止这种可怕灾难的发生。

哥伦比亚世界博览会

夜景

难以找到恰当的语言来描绘博览会白天那精美绝伦的宏大场面，夜幕降临时，博览会那令人眼花缭乱的场景更让那些最华丽的辞藻黯然失色……

电子喷泉的奇绝壮丽也同样难以用语言形容：其中有一座叫作"大喷泉"，它喷出的水柱高达150英尺，远远高过了那些"小喷泉"。（配上旋转彩灯，电子喷泉所呈现出来的绚丽效果）让人目不暇接，获得前所未有的视觉享受；千变万化的动感效果令人心醉，内心激动不已。

——W.E. 卡梅伦[23]

这年5月1日，芝加哥世界博览会（又称哥伦比亚世界博览会）开幕了。对于美国来说，这喜庆的盛会之时也是一个充满矛盾的时期。一方面，美国宣称自己已经是新技术发明与推广的新的领军者；另一方面，美国在这一年陷入了经济恐慌[2]中。而与此同时，整个世界却经历着异乎寻常的和平时期。

---

[1] 杰里科（Jericho）：约旦河西岸的城镇。大约在公元前9000年就有人居住。《圣经》中提到，杰里科是约书亚率领以色列人渡过约旦河后攻打的第一个城镇，该地因此而出名。——译者注

[2] 经济恐慌（Panic）：经济学名词，指银市场崩溃后随之发生的大批银行倒闭、股票狂热投机的金融大混乱，或是由经济危机或是预感危机到来所引起的恐慌情绪。——译者注

哥伦比亚博览会的场地面积约 700 英亩，有 6 万名参展者，耗资 2500 万美元，参观人数达 2800 万人次，盈利 225 万美元。1889 年巴黎博览会上，最引人注目的便是新建的高大雄伟的埃菲尔铁塔[1]，这座摩天建筑高达 984 英尺。而这一年的芝加哥世界博览会上，最令芝加哥引以为豪的就是菲利斯摩天轮（Ferris wheel）。摩天轮所绕着转的是一根当时最大的轮轴；整个巨轮有 264 英尺高，可同时乘坐 2000 多人！[24]

每天都有成千上万来自世界各地的参观者涌入芝加哥的"白色游乐场"（White City）。它的建筑总设计师是芝加哥人，名叫丹尼尔·赫德森·伯纳姆。他同其他几位设计师在设计时立足于芝加哥水路四通八达的特点，这一点与威尼斯水城很相似。城中央是一座"荣誉庭"（Court of Honor），内有几大主要的"宫殿"式建筑。这些建筑的外观虽是用木材建造的，但看起来酷似大理石，所以它们简直可以和古罗马、古希腊宏伟的石质建筑相媲美。制造业与人文艺术展览馆是"当时世界上最大的建筑"，其建筑面积是其他展馆的两倍多；它长约 1/3 英里，宽超过两个足球场之和，建筑占地约 30.5 英亩，可同时容纳 75000 名观众。

紧挨着密歇根湖，在"荣誉庭"的远角处，是富丽堂皇的带拱顶的列柱中廊，众多的圆柱就像一名高大的管弦乐队指挥的手臂一样分列其四周。这座建筑包含了克里斯托夫·哥伦布的雕像，其后还雕有他强大的马队，你仿佛看到哥伦布带着马队，伴着雷霆般的声音，来到了博览会。这些雕塑品是由首席雕刻家奥古斯特·圣 - 高登斯设计完成的。在这些四马战车雕塑下面是一座巨大的镀金共和国雕像，高约 65 英尺。它从主河道上耸立而起，就像一个慈眉善目的巨兽；它不仅保佑着制造商的展馆，还保佑着农业馆（由斯坦福·怀特设计）、机械馆、行政馆和电力馆。

而这些仅是"荣誉庭"。

沿着与"大四方形"荣誉庭垂直的方向前行约 1 英里，便是装饰华丽的水渠。大部分的大型展览馆和演示厅都位于这个水渠内侧。有一段文字是这样描述这些展馆的："这里包罗万象，汇聚了各种先进文化，有各国来客，人们说着各种稀奇古怪的语言，还可以看到种类繁多、奇奇怪怪的舶来品。"[25]乘坐 50 艘电力小船，游客们可以通过水渠到他们想去的任何一座展馆去参观。

---

[1] 埃菲尔铁塔：巴黎的标志性建筑，1889 年为庆祝法国大革命胜利 100 周年而举办博览会所建。由桥梁工程师 G. 埃菲尔（1832—1923）设计，为高 300 米的镂空结构铁塔。——译者注

电气展馆总共装饰有 12 个漂亮典雅的尖塔，其中 4 个高出展厅顶部 169 英尺。整座展馆的长度超过两个足球场，宽度约是长度的一半，总占地面积为 3.5 英亩。这座雄伟高大的建筑堪称哥伦比亚博览会上最新奇、最引人注目的"展物"。

伊利诺伊州前州长威廉·E. 卡梅隆是这样描述电气展馆的："它陈列了爱迪生和他的同行们的神奇成果。"[26] 电气展馆的主厅安放着著名科学家本杰明·富兰克林放风筝进行电学实验的塑像，看上去肃穆庄严，令人敬畏；塑像上方镌刻着诸位电气科学先驱者的名字。这里汇聚了最前沿的科技成果，令人着迷。

在参展商中最引人注目的是一些巨头公司，比如美国的西屋电气公司、通用电气公司和规模稍小的德国通用电力公司 (AEG)。德国通用电力公司再次呈现了布朗和多布罗沃尔斯基在"划时代意义的"劳芬 - 法兰克福 108 英里远程电力传输中使用的交流电设备；而美国通用电气公司则展示了自己设计的交流电系统。西屋公司因为拥有实实在在的交流系统相关专利而获得了为展会提供照明的唯一授权，却处在一个尴尬的境地。从法律层面讲，它有权禁止其他竞争对手在博览会上展出那些侵犯其专利权的设备。然而，现实情况是，考虑到时间仓促和其他一些因素，这种做法不可能行得通。而且事实上，在某些方面，他们还得感谢德国通用电力公司在之前为自己指明了方向。于是，他们采取的策略就是让所有人都明确：西屋才是唯一拥有交流系统原创发明专利的公司。因此，西屋公司在电力展厅的中央通道上立了一座高 45 英尺的纪念碑，以让世人了解事实真相。上面用很大的粗体字刻着"西屋电气制造公司：特斯拉多相交流系统"。西屋公司正是用这项发明，从机械展厅的一栋附属建筑里为整个博览会提供了电力照明。为了此次博览会，西屋公司一共生产了 25 万只索耶 - 曼"塞灯"；西屋为此次展会所发的电能是当时整个芝加哥市所用电量总和的 3 倍多。[27]

美国通用公司也不甘示弱，它在电力展厅的正中央建了一座 82 英尺高的灯塔。灯塔的基座四周安装有 18000 只电灯泡，顶部则是一只发着光的巨型爱迪生灯泡。

电气展馆里还有其他的特色展品。比如，二楼有像通电带、电动头发刷和强身健体机等能辅助治疗疾病的电动小器械。主楼层则展示有当时最杰出的发明家们的一些发明成果，如伊莱休·汤姆森发明的高频线圈，它能发出 5 英尺长的电火花；亚历山大·格拉汉姆·贝尔发明的可以通过光束传递声音信号的电话机；而伊莱沙·格雷则展示了他所研制的远程亲笔签名复制机（teleautography machine），有了它，你只需要花上几美分，就可以将个人的亲笔签名进行远程电子复制，这也就是我们今天所熟知的传真机的前身。

在博览会上，爱迪生也展示了自己的一些宝贝：包括复式电报机、神奇的"会说话的"留声机，还有一台活动电影照相机（kinetescope），这是它首次在公共场所公开展示人在移动时"不断变化的肢体动作"。

特斯拉的一些发明出现在西屋公司的展台上。其中有很多是他早期发明的交流电装置，包括电动机、电枢、发电机，以及他用磷光信号显示的一些名人的肖像，如赫姆霍兹、法拉第、麦克斯韦、亨利和富兰克林等著名电力学家，还有他最喜爱的塞尔维亚诗人约万·兹马伊·约万诺维奇。特斯拉还展示了用无线电点亮的真空管、哥伦布旋转蛋、一团团由两个绝缘板之间高频电流产生的噼啪作响的光线，以及分别显示有"西屋公司"和"欢迎各位电力学家"字样的霓虹灯广告牌。最后这两样展品能"产生闪电放电的效果……伴随着震耳欲聋的噪声。这可能是人们在这幢建筑里欣赏到的最新颖别致、最震撼的宝贝之一，因为，在电力展厅的各个角落你都能听到那巨大的声响。小闪电般的光芒也非常夺目，令人惊叹"[28]。

特斯拉8月份的芝加哥之行不仅是去参观博览会并作为期一周的演示，而且要参加当月在那儿举行的国际电气大会。"在电气大厅里，特斯拉教授宣布他将通过自己的身体传递10万伏的电流而不危及自己的生命。如果我们想想纽约州新新监狱（Sing Sing, N.Y.）处决杀人犯时使用的电压也从来不超过2000伏这一事实，这个实验就显得更加令人惊奇。特斯拉先生还演示了其他很多有趣的实验，其中一些实验的精彩程度几乎无法用语言来形容。"[29]

8月25日，国际电气大会在农业展馆举行。此次大会共计有1000位电气工程师参加，特斯拉给他们作了演讲。出席这次大会的科学家包括加利莱奥·费拉里斯、威廉·普利斯、西尔维纳斯·汤普森、伊莱休·汤姆森和大会的名誉主席赫尔曼·路德维格·冯·赫姆霍兹。特斯拉领着赫姆霍兹参观了一遍他自己的展品。

"那天，许多人挤在会厅门口，吵着嚷着希望让他们进去……他们中的绝大多数来这里的目的就是想目睹特斯拉是如何使25万伏的高压电流流经他身体的……一张票票价10美元，但即使有钱也没用，因为只有电学大会的会员和他们的夫人才能入场，而且即使是他们，也必须提供相关证明方可进入。"演讲开始前，芝加哥的一名记者问威廉·普利斯和西尔维纳斯·汤普森两位教授：特斯拉在大厅里四处摆放的那些器材是用来干什么的。然而，他们一脸惊奇地看着这些设备，坦言他们也是丈二和尚摸不着头脑……他们只好将所有仪器设备都统统称为是"特斯拉的宠物"。

"不一会儿，一个又高又瘦的年轻人在一头白发的伊莱沙·格雷的陪同下来到了主席台。这位青年男子面带微笑，脸上洋溢着喜悦，只是眼睛一直盯着地面看。他的面颊瘦削，双眼深陷……但是看上去依然炯炯有神；……持续不断的紧张工作严重消耗了他的精力，他的朋友甚至说他已经到了崩溃的边缘。一星期之前曾和特斯拉共用晚餐的一位先生说，特斯拉说话声音细弱得甚至隔着饭桌都听不清了，可见他的身体状况有多糟糕。他身穿一件灰褐色的礼服，上面有4枚纽扣，……一头明亮的黑发从中间梳开；高高的鹰钩鼻下留着浓浓的黑胡子，由粗变细，一直延伸到腮边；两只耳朵很大并向外凸出。"在一阵热烈的掌声之后，格雷说道："下面有请物理学魔法师尼古拉·特斯拉先生登台！"

"鄙人不敢接受这样的褒奖和赞扬，可我无权打断大会主席的话。"特斯拉以他一贯独特的幽默方式这样说道。此时的特斯拉看上去有几分像一具复活了的尸体，为了减少大家对他糟糕的健康状况的担忧，他继续说："有很多科学家强烈要求电力学家们来博览会发表演讲，有很多人答应了，可到最后，当博览会的日程确定下来的时候，我成了唯一一位身体还算健康的人。……所以，今天我也带来了一些我的发明，借此机会，我简要向你们介绍一下我的一些研究成果。"[30]

特斯拉接着向大家展示了他最新发明的蒸汽发电机和机械振荡器，其中一些装置非常紧凑小巧，"人们甚至可以轻轻松松地把它们放在头顶的帽子上"。他告诉观众他的目标向来是多方面的：像这样一台装置，它可以同步带动电动机和电子时钟。特斯拉还发明了一台能不间断地发送电波的无线电发射机，当时还没有人能完全明白这台机器所蕴含的具体原理，当电波达到谐振频率时，无线电灯会再一次亮起来，情报便以无线的方式被传输了。

特斯拉的另一件更奇特的展物是一个圆盘，其原理与他的哥伦布旋转蛋很相似，它不仅可以展现旋转磁场的原理，还可以演示天体运动理论。

这个实验通常会用到一个大铜球和几个小铜球。当磁场通电后，所有的铜球便开始快速旋转起来。大球在中间旋转，而所有的小球均围绕着大球转动，就像一群卫星在围绕行星转动一样。这些小球渐渐向外围转去，直到全都碰到外围的防护装置，然后继续快速地围绕中间的大球转动。

但给观众留下最深印象的演示是：很多球、沿自身中轴转动的圆盘以及其他分布在各个不同位置的装置能在距离旋转磁场很远处同时进行运转的情景。当电路闭合、电流流动时，所有的装置都整体动了起来，呈现了一幅令人难忘的壮观景象。特斯拉先生布置了很多真空灯，在这些灯里，许许多多轻盈小巧的金属圆盘中心都各自安装了一个圆珠。一旦感应铁圈通了电，这些圆盘就会在大厅里四处转动。[31]

当特斯拉参加完芝加哥博览会回到纽约时，他已经筋疲力尽，不过内心却兴奋不已。

第十三章
菲利波夫（1894）

> 特斯拉过去一直被认为是一个空想家，被不经意间划过天际的流星的光芒蒙蔽了双眼。但他业界的同行们越来越确信：特斯拉是一个看得比别人远的人，所以他最先看到了科学新大陆上的一丝丝曙光。他的感知力和想象力是一般的天才无法比拟的。

> ——T.C. 马丁[1]

特斯拉已经名声大震，享誉各界：在工程界，特斯拉被公认为"当代最杰出的探索发现者之一"[2]；众多杂志将他称为"第二个爱迪生"[3]；报纸界将其誉为"最卓越的电学家之一"[4]；在普通民众眼里，特斯拉是一位来自异乡的科学魔法师；而在金融家们看来，特斯拉是值得投资的"摇钱树"。

作为特斯拉的头号宣传者，马丁从一开始就认识到特斯拉身上蕴藏的巨大价值，现在他正在策划将特斯拉这座智慧的"金库"推向公众的视野。康默福德（马丁的朋友常常这样称呼他）曾经同《世纪》杂志的副主编罗伯特·安德伍德·约翰逊有过会面，并提议做一期关于特斯拉这位蒸蒸日上的电学家的专题报道。此时，马丁已经和相关人士建立了良好关系。

"请坐！"约翰逊一边对马丁说着，一边用眼睛在办公室搜寻空坐椅。只见约翰逊的办公室里到处（包括椅子上）都是一摞摞堆得很高的手稿，想腾出一把椅子来都难。约翰逊是一位诗人，他的胞弟是一位国会议员。1889 年，经推选，他为庆祝华盛顿广场拱门的落成创作了一首十四行诗，并在落成典礼上当着哈里森总统和其他名流的面朗诵了这首诗，他也因此而被市里授予了荣誉。这幢建筑是为了纪念乔治·华盛顿就任总统 100 周年而兴建的，由斯坦福·怀特负责设计规划。几年后，同样由怀特设计，这座拱门被改造成了可以永久保存的大理石建筑。约翰逊对许多发明家都有所认识和了解。早在 19 世纪 80 年代初，他作为《斯克里布纳月刊》（*Scribner's Monthly*，《世纪》杂志的前身）的一名记者，就曾探访过爱迪生的实验室。

毫无疑问，他早就对特斯拉非常感兴趣了。

马丁向约翰逊生动地描述了特斯拉的形象，栩栩如生的描绘给约翰逊留下了深刻的印象。约翰逊邀请他这位同行一起吃晚餐，他问道："为什么不把那位魔法师也请来呢？或许我可以为他写好几篇特稿呢！"

像市长候选人西奥多·罗斯福和作家马克·吐温这样的名人都是约翰逊位于联盟广场的办公室的常客，他和他们的关系亲密无间，他甚至可以直呼他们的名字。约翰逊和他热情的夫人凯瑟琳真可谓是"高贵无比的主人"。约翰逊家位于莱克星顿大街327号。去约翰逊家参加晚宴或聚会的客人，常常有机会和许多社会各界的名流共进晚餐，比如雕刻家奥古斯特·圣-高登斯、女演员埃莉奥诺拉·杜丝、诗人兼《世纪》杂志主编理查德·沃森·吉尔德、博物学家约翰·缪尔、致力于儿童权益保护的社会活动家玛丽·梅普斯·道奇、波士顿交响乐团指挥格里克先生、作曲家兼钢琴家伊尼亚斯·帕岱莱夫斯基、悲剧演员约瑟夫·杰斐逊，以及曾获得诺贝尔文学奖的杰出作家鲁德亚德·吉卜林。约翰逊夫妇刚刚结束他们的第二次欧洲之行回到美国，在威尼斯他们碰到了马克·吐温。对于约翰逊夫妇来说，这个世界是舒适而浪漫的，不仅因为他们对待生活的态度如此，而且他们的生活方式本身就很浪漫。[5]

圣诞季中段的时候，马丁带着"面色苍白、形容枯槁、憔悴不堪的"特斯拉来到了约翰逊家里。他们得到了罗伯特·约翰逊、凯瑟琳夫人以及他们两个孩子的热情接待。两个孩子一个叫阿格尼丝，16岁左右；另一个叫欧文，比姐姐阿格尼丝小两三岁。

特斯拉看上去就像一个记者曾描述的"已经达到了人类能承受的极限"[6]，这位发明家极其虚弱的身体让约翰逊尤其是凯瑟琳大为吃惊。凯瑟琳容貌出众，举止从容，昂着头，双肩向后微倾，看上去很是迷人；她很健谈，说话时带点儿爱尔兰口音。虽然头上已经出现了几丝白发，但她浑身散发着青春的气息。她的双眼尤为动人，双眸略带魅惑，当她热切凝视的时候，眼神中带着些顽皮而又透出一丝无畏和坚毅。

不知是出于母性的本能，还是被特斯拉的魅力所迷惑，凯瑟琳变得心潮澎湃，她被这个塞尔维亚超人深深地吸引住了，甚至可以说有些心醉神迷了。

特斯拉谈到了他的欧洲之行，尤其是他和威廉·克鲁克斯先生的会面。约翰逊夫妇邀请他一起过圣诞节。

"你一定是过度劳累了，特斯拉先生，你该给自己放个假，好好休息一下，"凯瑟琳说，"也许一顿丰盛的圣诞晚宴会让你的新年有一个好的开始。"

"我从实验室里获得了所有我需要的营养，"特斯拉反驳道，"我知道我已经累到极致了，但我就是无法停止手头的工作。我的实验是如此重要，如此美妙，如此迷人，我发现自己很难从中抽身去吃饭；当我睡觉的时候，我总是不停地想着它们。我想我不会住手，直到有一天我完全崩溃。好了，我们去我的实验室吃些甜点吧。"他们叫了一辆马车，没过多久，约翰逊一家就被引到了"电气魔法师的老穴"里。[7]

"你们准备好迎接惊喜吧。"特斯拉引用一个曾体验过类似实验的记者的话说道。然后"将他们带到了一个约莫 25 平方米的房间里。房间有两扇大窗子，深黑色的窗帘半掩着窗子，从窗户透进来的光线照亮了房间的半边。实验室里充满了形形色色、奇奇怪怪的机械设备……各种线缆像一条条蛇一样分布于墙上、天花板上和地板上。房子的中央有张大圆桌，桌面铺着一条条厚厚的黑棉布，桌子上放着一台发电机。天花板上用绳子挂了两个直径 18 英尺的褐色大球。这两个大球由黄铜做成，以蜡作为绝缘材料，它们发挥着传播静电场的作用……"

特斯拉关上门，拉上窗帘，"直到整个房间没有一丝能透进光线的缝隙，整个实验室都陷入了绝对的漆黑中。正当我们等待实验开始时，不知从哪个方向、哪个设备发出的精致美妙的亮光开始四处闪耀。有时，这些光是色彩斑斓的。整个房间都能听到电气设备振动的声音，而我们握在手里的各种电管和电灯也开始亮了……虽然我们听到四处都是电子撞击的声音，但我们毫发无损。这令我们兴奋不已，也给我们留下了最深的印象。"[8]

几天后，到了 1 月 6 日，为了给特斯拉庆祝塞尔维亚的圣诞节，凯瑟琳给他献上了一束鲜花。

"我要谢谢约翰逊夫人的漂亮鲜花，"特斯拉在给罗伯特的信中写道，"在这之前我还从来没有收到过别人的鲜花，这些花让我有种奇妙的感觉。"[9]

特斯拉经常到约翰逊家里去，有时候跟约翰逊一家吃晚饭；有时一个人待到深更半夜，然后跑去他们家蹭酒喝。作为回报，特斯拉会带约翰逊一家去城里玩，去欣赏德沃夏克的节日演出《新世界交响曲》（*New World Symphony*）。

"一收到你的来信，"特斯拉写信给罗伯特，"我就立即预订了周六的门票，尽量订最好的座位。很遗憾，当时能订的最好座位只剩下第15排了！我们不得不使用望远镜观看表演。不过我想这反倒能发挥约翰逊夫人丰富的想象力。晚餐我们打算在德尔莫尼科牛排餐厅吃。" [10]

罗伯特觉得特斯拉的家世很是引人入胜，于是他开始对塞尔维亚诗歌产生了兴趣。特斯拉将塞尔维亚文字翻译给他。在征得兹马伊·约万诺维奇的同意后，他们将这位诗人的一些作品发表在了《世纪》杂志的专栏里；还收进了约翰逊名为《自由之歌》（*Songs of Liberty*）的书里。他们最钟爱的无疑是其中一首民谣，它歌颂的是1874年发生的黑山战役中的一位勇士。

卢卡·菲利波夫

塞尔维亚光荣史上，

再添一位英雄！

弹起琴，心贴心，

平常故事讲来听：

他让敌人耻辱地到处躲藏，

浑身哆嗦得像那猎鹰的猎物，

满脑子想着那猎鹰的名字——

卢卡·菲利波夫！

这首诗接着描述了一场激烈的战役。战役中，卢卡俘获了一位帕夏，并准备将他交给王子。然而，卢卡在押送俘虏的途中遭到伏击，身受重伤。他的士兵于是决定实施报复——将他们抓获的土耳其俘虏杀死。

我们本欲开枪，

卢卡举枪阻止，

他的枪便是无言的命令，

无须任何翻译：

土耳其人折回队伍，

俯身跪下，在背上扛起——

（像小贩扛起自己的包）

卢卡·菲利波夫！

我们为他欢呼，

当他越过那条线，枪摇晃着，

身上流着鲜血，让人目不忍睹，

但他嘴里却在高歌……

当信使从前线赶来报喜，

我们的战友已赢得了胜利，

谁又将雀跃而起晕厥过去？

卢卡·菲利波夫！[11]

我们不难想象，在一个很特别的晚上，特斯拉在罗伯特夫妇的客厅里很自然地翻译着兹马伊的颂诗，约翰逊和凯瑟琳的眼睛兴奋地放着光；也不难想象，罗伯特如何花大力气反复推敲打磨这首诗，以便出版发表。从那时起，罗伯特老兄被人们称为"亲爱的卢卡"，而凯瑟琳则被称为"菲利波夫太太"。

在凯瑟琳看来，特斯拉已不只是人，他是一位有着重要历史意义的大众偶像，一件她可以向她的姐妹们炫耀的"战利品"，他也是她心中难言而渴望的一个实实在在的符号。从本质上来讲，凯瑟琳是一个失意的艺术家，她长久以来的那种思慕将她从得意的顶峰一下子拽到了绝望的悬崖边上。她曾经是个很难与之一同生活的人，但是和特斯拉一样，她能重新燃起激情，让生活变得更加有意义。有时候，她还有点儿自私自利和矫揉造作，她的性格中还有些霸道，这不仅吸引了一些人围着她转，还能让他们为她服务，甚至那些一向捉摸不定的"隐士"也会像只苍蝇一样坠入她编织好的大网中。

1894 年 1 月她曾写信给特斯拉："亲爱的特斯拉，从星期四开始，我们一家人就待在医院里。罗伯特和阿格尼丝父女俩生病了，罗伯特现在好些了，但还不能出院。我们希望今晚你能来看看我们，这样我们会高兴点儿。……你快过来吧，就当是帮我们个大忙了。"[12]

在接下来的很多年里，凯瑟琳会经常这样召唤她这位"辅助伴侣"。比如，1896 年，她曾这样写道："亲爱的特斯拉，明天晚上我想见你。"[13]1897 年，"快来！"[14]1898 年，

"明晚你能来看我吗？能早点儿来吗？我特别想见你！如果你对我的请求不予理睬，我会很失望的。"[15]

凯瑟琳对特斯拉的迷恋并非只是她自己知道，马丁似乎已经觉察到了他们之间的微妙感情。然而，罗伯特也很快成了特斯拉最亲密的朋友。特斯拉与罗伯特夫妇之间的这种三角关系很快显现出来，而另一方面，康默福德·马丁对特斯拉的控制却开始变得不牢靠。正如约翰逊一家很关心特斯拉一样，马丁也很珍视他与特斯拉之间的关系。他们就像相亲相爱的一家人，紧紧地黏在一起。

特斯拉的健康状况不仅始终是他们最关切的问题，也关乎全人类的福祉。马丁也非常关心特斯拉的身体健康，还曾与凯瑟琳专门谈过问题的严重性。马丁刚刚在《世纪》杂志上发表了关于特斯拉的文章，这篇文章不仅可以促进特斯拉事业的发展，而且对马丁自己的事业的提升也必然是个帮助。

"我相信他是绝不会年纪轻轻就停止工作的，"马丁写道，"我在不经意间和他谈起去加利福尼亚度假时，得知他收到了很多请他到加州做讲座的邀请；我当然不想让他把自己送入虎口。我相信他会更好地照顾自己，如果你能及时跟他谈谈，将帮我们所有人很大的忙。但即便如此，"马丁继续说道，"我担心特斯拉会一直有个错觉，即女人大多是会打破他自我保护的黛丽拉[1]。如果你能劝说他去看医生，我想那将是一个好办法……我给他开的处方是听一周 RUJ 夫人的讲座。"[16] 来自研究特斯拉的同行专家马丁的这段话，使我们对关于特斯拉的永恒谜团之一，即特斯拉的独身主义和性价值观，有了难得的一窥。

巧合的是，仅仅两个星期之后，海因里奇·赫兹就去世了，享年仅 36 岁。马丁写信给特斯拉："看在老天爷的份上，请你把这当作上天给你的一个警示吧。这位科学巨星的早早陨落让整个欧洲都沉浸在悲痛中。"[17]

可是特斯拉对这样的忠告不予理会，还是一如既往地坚持他疯狂地工作到极限的风格，而且一直持续了很多年。在他眼里，这场与时间的赛跑以及他在这场竞赛中所扮演的角色非常清晰，没有什么可以阻挡他前进的脚步。

"未来会有那么一天，"特斯拉告诉凯瑟琳，"当你乘坐蒸汽轮船航行在大洋上时，在船上，你可以读到当天的报纸，了解天下大事要闻。那时，不管你身在何处，

---

[1] 黛丽拉（Delilah）：《圣经》中大力士参孙（Samson）的情妇，后来她出卖了参孙。常用来指不忠实的女人、妖妇。——译者注

你只需借助一台袖珍装置和一根连接地面的线缆，就能与在家中的朋友联络，只要你的朋友将他们的装置调到相应的频道。"[18]特斯拉一边说着这些，一边凝视着凯瑟琳，这种目光和他身上那种非凡的预言力让凯瑟琳震惊得几乎无法呼吸。她仿佛看穿了特斯拉的内心世界，这令她对他更加痴迷。

从一开始，特斯拉无与伦比的成就、他国际地位的猛然提升以及他对未来的诺言就让所有人都迫不及待地希望在他身上投资，赶紧采购他发明的各种机器设备，然后销售出去，赚取财富，将自己提升到更高的社会圈子。他们的目标就是成为百万富翁，而特斯拉发明的"冷光"似乎就是他们跻身这个圈子的第一张入场券。

马丁写的那篇有关特斯拉的传记式的文章旁征博引，好评如潮，甚至特斯拉的竞争对手们都交口称赞。约翰逊提议马丁和他一起围绕特斯拉的实验室再写一篇专题文章。约翰逊准备邀请一些名气比他还大的朋友去参观特斯拉的实验室，并拍摄一些照片。这将是第一次对特斯拉革命性的"冷光"进行专题报道。约翰逊写道：

> 特斯拉经常请我们去观摩他的很多实验。其中的一个实验产生的电振动达到了前所未有的强度；长达 15 英尺的闪电似的火花已成了稀松平常的东西；他还借助他的电灯管为很多来参观的朋友拍摄照片，送给他们留作纪念。他是将磷光用于照相的第一人——单是这一点就已经是一项很了不起的发明了。借助磷光在特斯拉实验室拍照的人里面，有马克·吐温、约瑟夫·杰弗逊和马里恩·克劳福德等，当然，我也是有过这种独特体验的人之一。[19]

自然，马克·吐温的照片是最引人注意的。马克·吐温以他的真实姓名——S.L.克莱门斯给特斯拉写过几封信。他在 1894 年 3 月 4 日去过特斯拉的实验室一次，4 月 26 日又去过一次。[20]马克·吐温写信告诉特斯拉希望将原定的见面时间往后推一天，特斯拉和约翰逊还为此专门交换过意见。奇怪的是，马克·吐温的个人日记中对参观特斯拉实验室这件事竟只字未提。早在 1 月份，马克·吐温曾与斯坦福·怀特在麦迪逊广场花园的塔楼里共进过晚餐；次月，马克·吐温收到了一份通知，说由于他曾资助过佩奇排字机（Paige typesetting machine），他将得到 16 万美元的专利权税。尽管他一开始就知道特斯拉因发明了多相交流电系统而为大众所熟知，但是他日记中有关特斯拉的记载却寥寥无几。[21]马克·吐温在 1888 年 11 月曾这样写道："我刚看了特斯拉不久前获得专利的一台电机的样图和说明，特斯拉将它卖给了西屋公司；这台电机将对全世界的电力行业产生革命性的影响。它将是自电话机之后最有价值的发明。"[22]

马克·吐温分别在玩家俱乐部、德尔莫尼科牛排餐厅以及艺术家罗伯特·里德的工作室里碰见过特斯拉。用马克·吐温的话说，有一天晚上，"这位举世闻名的电力学家也参加了里德的宴会。宴会上，大家讲故事，讲笑话，纵情歌唱，其乐融融。特别值得一提的是，还有人唱吉卜林创作的《在通往曼德勒的路上》（*On the Road to Mandalay*）"[23]。特斯拉给马克·吐温讲了一个他自己的故事：12 岁那年，他得了疟疾。正是马克·吐温的书帮助他战胜了病魔，最终活了下来。这个故事一下拉近了他与马克·吐温的距离，这位作家听到动情之处竟感动得热泪盈眶。[24]

马克·吐温对特斯拉的各种发明以及它们的用途很感兴趣。在实验室里，他问特斯拉是否可以在他下次去欧洲时将高频电疗机卖给那些丧偶的富婆们，特斯拉自然答应了。他还因此向这位大作家展示了他的另外一项发明成果，特斯拉声称，它可以帮助这些寡妇们改善消化功能。

"这台设计巧妙的装置，"他解释道，"包含一个由弹性垫支撑的平台，在压缩空气的作用下，弹性垫会发生振动。有一天，我踩到了平台，装置产生了振动并传向了我的身体。……很显然，这些同步快速的振动强有力地激发了胃里食物的蠕动，从而促进食物在消化道内的运动。"

"你的意思是，它会让我的消化功能恢复正常吗？"马克·吐温问道。

"完全没错，你不需要什么灵丹妙药，也无须用什么特定疗法，或做什么内科手术。"

当特斯拉正要让他的助手们别笑时，马克·吐温二话不说地站到了平台上。马克·吐温是如此兴高采烈，以至于特斯拉忘了告诉他肠胃里食物的蠕动会立刻被激发出来。

"突然，马克·吐温感到了一种难以名状的想立马去上厕所的感觉。"第二天，特斯拉把这些讲给约翰逊夫妇时，他们笑得前仰后合，眼泪都快笑出来了。当时的马克·吐温赶忙从台上跳下来，径直往厕所箭步冲去。

"我想我还是先把高频电疗机卖给富寡妇们吧，"从洗手间回来后，马克·吐温幽默地说，"我可不想让这些寡妇们身体一下子就完全好起来。"[25]

马克·吐温和其他人的照片整整用了一年时间才冲印出来。照片出来后，特斯拉高兴无比；他向约翰逊评论道："约瑟夫·杰弗逊的那张照片照得实在太好了，我是指他在黑暗中照的那张独照。我觉得那简直就是一件艺术品。"[26] 凯瑟琳写信向特斯拉提议，他们一起在德尔莫尼科餐厅好好庆祝一下，然后让特斯拉和他们家一起到汉普顿（Hamptons）度暑假。特斯拉回信说："我怕自己一旦脱离原来那种简单的生活方式太久，就会遭遇失败。"但考虑到他很快就会想念"有你（凯瑟琳）陪伴时的欢乐时光"，特斯拉还是同意一起吃晚餐，不过不跟他们去度假。在信的结尾，他写道："我能想象到和你们共进晚餐的欢乐，以及晚餐后大家彼此惜别的悲伤。就此搁笔，你永远最忠诚的，尼古拉·特斯拉。"[27]

而关于那些第一次用磷光拍摄的照片，特斯拉已经看中了几位潜在的投资者，他迫不及待地想把它们发布推广出去。可是，马丁和约翰逊对此却是大为震惊。

"我想我们应该讨论一下，可以给那些日报社一点暗示，让他们知道特斯拉已经用磷光成功地拍摄出照片了，"马丁提醒说，"接着这个消息会传开，然后，会有一位……一贯自大的人把此事刊登在报纸上。……我们需要通过这种方法建立起我们的优先权，我想约翰逊也是这么想的。"[28]

与此同时，特斯拉和他的编辑马丁之间开始出现一系列分歧。《尼古拉·特斯拉的发明、研究及著述》当时已经成书付印，马丁和特斯拉正从该书的销售中获得收益。可是，特斯拉总是想把一部分书免费送人：他给他远在波斯尼亚的叔父和克罗地亚的三个姐妹每人送了一本，他将他写的有关兹马伊的文章送给他的叔叔帕约和妹妹马里察。[29]

对于此事，马丁必须谨慎小心。虽然由于特斯拉在书的销售上缺乏经济上的考虑，马丁很是不满，但他也绝不想将他与特斯拉的关系搞僵，断了自己的财源。马丁写信给特斯拉："你要求再多送些免费书给你，这让我很为难。在我看来，如果你那些匹兹堡的朋友们确实喜爱你，就会愿意自己掏点小钱购买该书。你最清楚你和他们之间的关系了。"马丁答应特斯拉会降价寄给他 12 本书。"也许，"马丁在信中质问，"你是想让我们对整个版权来一次竞标吧。"在信的最后，马丁写道："以后再写信给我时，请你尽量用你的亲笔签名。要知道，他们现在已经开始削减给我的书的数量了。"[30]

而在特斯拉看来，那是他的书，因此马丁就该按他的要求去做。这一直是一个很不愉快的话题，尤其是当马丁考虑到作为编辑还要从书的收益中拿出钱来借给特斯拉，而特斯拉却再也没把钱还给他的时候。[31] 现在，马丁不会去计较这些。眼下，马丁只能对特斯拉宽容以待。

第一次拍摄的照片已经加工出来了，其中包括根据特斯拉最近的肖像而小心制作的、很有型的雕版画，马丁要求偷偷地先睹为快。"如果你愿意的话，我会把它们锁起来，或是放在一个非常安全的保险柜里，直到要出版时再拿出来，"马丁承诺道，"但这可是第一批照片，我想留下一张作纪念。"与此同时，马丁告诉约翰逊，内布拉斯加大学想在其25周年校庆时授予特斯拉荣誉博士学位。马丁对约翰逊说，"我已劝他接受这一荣誉，我希望你和你太太也给他施加点影响。我相信任何女人的魅力都应该能够对他有作用，这种作用仅次于他的姐妹们对他的作用；所以，凭你太太的魅力，对他会很奏效。"[32]

然而，特斯拉是不太可能考虑接受像内布拉斯加大学这样的不知名大学提供的博士学位的。对于有他这样背景、又接受过良好教育的人来说，这种荣誉基本上没有什么意义。约翰逊也认为，如果像哥伦比亚大学这样有声望的学府能授予他如此荣誉，可能会更合适一些。特斯拉"作为电学领域的先驱，一直以来以严肃认真的态度孜孜不倦地做了大量工作，而且他的研究成果具有重大科学价值"[33]，所以富兰克林研究所（Franklin Institute）不久前给他颁发了埃利奥特·克雷森金奖（Elliott Cresson Gold Medal Award）。但是，这和获得博士学位是两码事。于是，约翰逊给哥伦比亚大学的一位重要人物休韦·费尔菲尔德·奥斯本写信，希望他们能授予特斯拉博士学位。

约翰逊在信中这样写道：

> 如果哥伦比亚大学能授予他一个学位，那将是再合适不过的事情，因为如果我没记错的话，哥伦比亚大学曾是他第一次演讲的地方；而且纽约见证了他的大部分重要发现。……我想，完全可以这样说，很少有人能像他这样在科学研究的理论和实践两个方面都占据重要的位置。就他的综合文化素养而言，我敢这样说，他……对意大利、德国、法国和斯拉夫语国家最优秀的文学作品都有广泛的涉猎，更不用说希腊语和拉丁语作品了。他特别喜欢诗歌，还经常引用莱奥帕尔迪[1]、歌德以及匈牙利和俄罗斯诗人的诗句。我很少见过像他这样才华多样、对知识掌握如此精确的人。

---

[1] 莱奥帕尔迪（Leopardi，1798—1837）：意大利诗人、语言学家及评论家。——译者注

在信的末尾，约翰逊还谈到了特斯拉的个人品质。他说，"特斯拉和蔼可爱、真诚、谦逊、举止文雅、慷慨大方且很有毅力，是一个具有高贵品质的人。"[34]

当然，奥斯本教授对特斯拉也颇为了解，而且他还亲自听过特斯拉在哥伦比亚大学的演讲，因此他与约翰逊的看法是一致的。于是，他就此事征询了塞思·洛校长的意见，"波尔顿告诉我，"奥斯本说道，"特斯拉在英国和法国获得过很多荣誉。我们当然不该让其他大学抢在我们之前，在我们眼皮子底下将荣誉授予他。"

"他不就是普平的同乡吗？"塞思问道。

"是的，校长。就是在普平教授和克罗克教授的迫切要求下，特斯拉才首先来这儿作演讲的。"

"他们之间不是有争执吗？"这位校长谨慎地问道。

"我曾暗地里了解到，他们之间确实是出现了一些分歧，但我相信他们会妥善处理好的。不管怎样，特斯拉都毫无疑问是我们国家数一数二的电力学家。"[35]

几个星期后，这位发明家便被哥伦比亚大学授予了荣誉博士学位。随后不久，耶鲁大学也授予了他类似荣誉。

在得到了同行们的认可之后，特斯拉达到了他人生的一个巅峰。有关他的很多专题报道开始出现在一些著名刊物上；他还与一些德高望重的文坛泰斗以及其他社会名流打成一片。

第十四章
尼亚加拉水电（1894）

> 有一件事充分说明了我的人生是多么非同寻常……很小的时候，当我读到描绘尼亚加拉大瀑布的文字时，我一下子就被深深地吸引住了，脑海中想象着一个巨轮在飞流而下的大瀑布驱动下快速地转动着。当时我跟我叔父说，我要去美国将这一宏伟的蓝图付诸实施。30 年之后，我亲眼见证了我的想法在尼亚加拉得以实施，而我也惊叹于人类思想的深奥和神秘。
>
> ——尼古拉·特斯拉[1]

  征服尼亚加拉大瀑布可不是件容易的事，谁都不敢保证一定会成功。因为这取决于很多特定的因素。第一个真正意义上开发利用大瀑布巨大能量的计划是 1886 年提出来的，即埃弗谢德计划（Evershed plan）。托马斯·埃弗谢德是一位曾在纽约州伊利运河（Erie Canal）上工作过的工程师，他构思出了这样一个方案：在瀑布周边建造一个复杂的河道网络，然后在其中放置 200 台水轮，再配以工业磨坊。早在 19 世纪 40 年代，当埃弗谢德还是个年轻小伙子的时候，作为尼亚加拉大瀑布的一名勘测员，他就开始酝酿这个方案了，算起来已经有 40 年的时间了。虽然这个方案很吸引人，但要具体实施起来耗资巨大，而且有一定的危险性，因为开挖长达 9 英里的河道以及开凿放置水轮的槽，都需要爆破岩体；整个工程预算成本高达一千万美元。所以，承建该工程的建筑公司负责人向一些著名的工程师和发明家征求专业建议。[2]

  1889 年，爱迪生提交了一个方案，在方案中他大胆断言，用尼亚加拉瀑布发的直流电可以输送到约 20 英里外的布法罗城，而此前大量直流电的输送距离从未超过两英里，因此这项提议显得有点儿过于乐观了。其他大多数工程师，尤其是爱迪生的两位合作者斯普拉格和肯内利都对此表示怀疑。威斯汀豪斯也怀疑用这种方式输送电能的可行性，他建议采用由电缆和压缩空气管组成的精密系统将电能输送到布法罗。[3] 考虑到上述原因，开发利用大瀑布的计划方案主要集中在一个问题上——必须首先在临近瀑布的地方建造一个工业综合体。

以当时的条件，长距离电能输送是件难以想象的事情。要知道，爱迪生所能发的电量只够点亮电灯泡，而且只能输送到离电源很近的地方。由于他的直流电机还在使用转向器，所以不能输送非常大的电能，尽管当电动机离发电机较近时，直流发电机可以使几台发动机运转。这就是为什么1891年从劳芬到法兰克福的远距离电能输送能引起极大震动的原因。布朗和多布罗沃尔斯基不仅打破了爱迪生保持的电能运输距离的记录——超过了近一百倍！而且他们输送的电量非常可观，史无前例。

其实，在布朗和多布罗沃尔斯基之前，已经有其他科学家做过类似的实验。早在两年前，塞巴斯蒂安·齐亚尼·德·费兰蒂就首次在位于德普福特（Depford）的一个工厂里使用了特斯拉交流电机。费兰蒂是一位居住在英国利物浦的意大利音乐家之子，据传他是与爱迪生一样有天赋的优秀工程师。他为西门子公司以及他们在伦敦的甘兹分公司对戈拉尔-吉布斯交流电机做了一些重要的改进。他有一个大胆的构想：在泰晤士河畔建一座中心电站，然后从这儿将电输送到城市里的各个分电站。[4]1889年，费兰蒂就从德普福特向六七英里外的4个分电站输送了11000伏的电力，从而带动了那里总发电量达10000马力[1]的所有交流发电机的运转。[5]这是一个非常了不起的壮举。可是让人感到大惑不解的是，很多人都不知道费兰蒂所运用的是特斯拉的交流电系统[6]，甚至不知道这是一项真正伟大的成就。这件事远没有得到劳芬-法拉克福电力输送那样高的公众关注度，也没有激发出人们把尼亚加拉大瀑布的电能输送往周边以外地区的想法。

威斯汀豪斯最初在输电方面取得的成就也没有证明特斯拉系统的潜能。他和史迪威、沙伦伯格以及斯科特一起在科罗拉多州的特柳赖德成功地将6万伏的交流电输送到4英里外，带动了100马力的特斯拉电机；此外，他还为芝加哥世界博览会提供了电力照明。这两件事都是巨大的成功，但都没能证明电能可以进行长距离输送。简而言之，如果没有劳芬-法兰克福电力输送的成功，也就没有充分证据说明交流电可以从尼亚加拉大瀑布输送到20英里外的布法罗，更不用说输送到300英里外的纽约了。这就是为什么尼亚加拉水电工程的财力赞助商要派尼亚加拉工程建设公司的总裁爱德华·迪安·亚当斯到欧洲去和布朗、多布罗沃尔斯基进行商议，以及为什么多布罗沃尔斯基宣称交流电远距离传输是他的发明。当时确实也没有什么实际证

---

[1] 马力（horsepower）：功率单位，1马力等于每秒把550磅重的物体提高1英尺所做的功，约为750瓦。——译者注

据来推翻多布罗沃尔斯基的说法，因为很明显，他和布朗是最先实现这一创举的工程师。

亚当斯来自波士顿的温斯洛拉尼尔公司（Winslow, Lanier & Company），是一个纤弱瘦小，看起来和蔼友善的人。他的头很小，眼睛又大又圆，一副娃娃脸，却留着猛犸一般的八字胡。从1881年起，亚当斯开始了和J.P.摩根的合伙人查尔斯·拉尼尔的长期合作关系。后来，他完全成为了摩根的合作伙伴，被任命为铁路董事会的成员。该董事会负责了很多大型的铁路建设，包括亨利·维拉德的北太平洋铁路，安大略湖至美国西部的铁路，还有从布法罗到纽约市的各条铁路。[7]他还是爱迪生电灯公司董事会的成员，也是该公司的第二大持股人。

维拉德一直想把各大主要的电力公司整合成一家大公司。1889年，为了降低爱迪生同威斯汀豪斯在电灯专利争议上所花费的高昂成本，亚当斯和维拉德努力促使双方相互协商。但是，爱迪生自然不愿接受这样的安排。[8]

作为尼亚加拉建筑公司的总裁，亚当斯卖掉了他持有的爱迪生公司的股份，以使他在调查中做到公平、公正。1890年，亚当斯"成立了尼亚加拉国际开发委员会，总部设在伦敦……目的是为了方便与欧洲最顶尖的科学家和工程师进行商谈，并且考察最先进的水电（压缩空气）技术。当时，瑞士在这项工程技术上处于领先地位。"[9]

1890年，亚当斯同尼亚加拉建筑公司的另外一位主管科尔曼·塞勒斯一起去了趟欧洲。他们与法国、瑞士和英国的工程师们进行了商谈。在伦敦，他们专程到德普福特发电站拜访了费兰蒂。此外，他们还会见了从约翰·霍普金斯大学赶来的罗兰教授、电力工程方面的编辑和经典著作《能量的电力传输》（*Electrical Transmission of Energy*）的作者吉斯贝特·卡普。罗兰说他支持采用交流电；卡普则推荐C. E. L.布朗负责该项目，因为他是这方面最杰出的工程师。布朗当时在厄利康机械制造公司瑞士分公司。于是，亚当斯给还在巴黎的约翰·皮尔庞特·摩根发电报，建议他到瑞士同布朗会面。摩根同意了这项建议。[10]

在离开英国之前，亚当斯还会见了威廉·汤姆森先生（开尔文勋爵）。亚当斯请威廉作为尼亚加拉国际开发委员会的负责人。他们最终决定围绕如何开发利用大瀑布展开一次竞标，计划对最终脱颖而出的最佳开发方案奖励两万美元的奖金。L. B.史迪威和H.H.比莱斯比当时都在西屋公司的伦敦分公司工作。史迪威给位于匹兹堡的公司总部发电报请求允许参与竞标，并向亚当斯提交了一份根据特斯拉的系统设计的方案。但是威斯汀豪斯最终否决了他的方案，因为他不想为了区区一点儿奖金就把一个价值 10 万美元的方案泄露出去。

在提交的 20 份策划方案中，大部分都涉及压缩空气和水压装置。其中，"在 6 个有关电的方案中，有 4 个采用的是直流电。其中一个方案提议用单相交流电，但是具体的细节并没有作详细的描述。"[11] 另外一个方案是乔治·福布斯提出的，他建议采用多相交流电装置。福布斯是一位来自格拉斯哥的教授，后来被聘任为尼亚加拉电力公司的顾问工程师。他在写给尼亚加拉开发委员会的信中说道："我对这个问题进行了客观公正、全面详尽的研究，结果发现唯一能解决实际问题的办法就是使用交流发电机和电动机。这会让很多人多少感到吃惊，而且我承认，一开始我也感到吃惊。……我曾亲自在他们位于匹兹堡的厂里进行过多次各种各样的实验，唯一 [可行的] 办法就是采用由西屋电气公司生产的特斯拉电机。"[12]

虽然福布斯提交的方案一开始未获尼亚加拉开发委员会通过，但它还是引起了亚当斯的注意。然而，当亚当斯前往瑞士同布朗进行商议，让他担任尼亚加拉工程项目负责人时，却遭到布朗的拒绝。

摩根的特使名叫弗朗西斯·林德·斯泰森，是一名律师，同时也是尼亚加拉建筑公司的一员。他被通用公司派往瑞士和伦敦去详细考察当地盛行的技术，但他开始发现：各大主要的技术专利都为西屋公司所拥有。在意大利的蒂沃利（Tivoli），有一个高 334 英尺的瀑布；西屋的另一家下属公司——布达佩斯特的甘兹公司正在那儿建一座水电站，以便向 18 英里外的罗马送电。而在俄勒冈州的波特兰市（Portland），西屋公司也正在开发威廉密特河（Willamette）瀑布，并将数千伏的交流电输送到 12 英里以外。尽管开尔文站在爱迪生这一边，坚持认为直流电更好一些，但是亚当斯现在很清楚，所有的王牌都握在威斯汀豪斯手中。[13]

然而，在美国，通用电气公司对这一点却不甚明了。1893 年的经济恐慌产生了很严重的不良影响，迫使通用的首席执行官查尔斯·科芬不得不"残忍地"裁掉了大批员工，同时也削减了其他很多员工的薪水。当时，不光电气设备的产量大幅下滑，爱迪生和汤姆森之间的斗争也达到了最尖锐的状态。[14] 虽然汤姆森和斯坦梅茨现在已经认识到交流电在很多方面远优于直流电，但他们无法向科芬保证他们一定能发明出比特斯拉交流系统更好的装置。获胜心切的汤姆森给通用公司匹兹堡分公司的总经理 E. G. 沃特斯发了一封便函，说想挖一名西屋公司的员工做线人。[15]

西屋公司发现他们的设计蓝图丢失，便指控通用电气公司的工业间谍行为，控告直指汤姆森在林恩的工厂。一位司法官在法院的指令下，在这个厂里搜到了西屋公司失窃的文件资料。通用电气的管理层宣称，他们这么做是想看一下西屋公司是否剽窃了他们受到法律保护的电灯泡技术。陪审团内部在定罪时意见有分歧，6 人肯定，6 人否定。西屋公司怀疑一名门卫有作案嫌疑，但是他并未被起诉。[16]

与此同时，斯坦梅茨和汤姆森提交了一种交流电机的专利申请，并声称这种电机使用的是"疏松机式电流"(teaser current)，而不是比较成熟的多相交流电；[17]但专利局明显地发现，它是在特斯拉系统的基础上设计出来的，因此他们的申请未获得通过。但是，汤姆森并未因此而停止坚称他才是交流电系统真正的发明者。而且，到 1894 年时，汤姆森凭着他精湛的专业知识和技能，发明了一台电磁感应发动机，它在某些方面确实优于西屋公司之前生产的发动机。[18]然而，具有讽刺意味的是，即便到了今天，在关于伊莱休·汤姆森的各个版本的传记中，作者的观点都恰恰与事实相反，都往往指控特斯拉剽窃了他的成果！[19]尽管通用电气因为窃取西屋公司设计图受到了审判，但他们在接下来几年中仍厚颜无耻地继续这种间谍行为，通过沃特斯收买间谍，从西屋公司的工厂里窃取信息。

尽管如此，西屋公司在特柳赖德和芝加哥世界博览会上取得的成功使它毫无疑问地拿到尼亚加拉瀑布建设工程的合同。1893 年的头几个月，福布斯、罗兰和塞勒斯到匹兹堡检测了他们的仪器设备。5 月，他们同西屋公司正式签订合同。

由于约翰·皮尔庞特·摩根是通用电气公司背后的主要力量，因此推测为什么他让西屋公司赢得了投标就很有意思了。首先，在签订正式合同的时候，因为通用电气是一家大公司（也因为摩根与通用电气的关系），所以通用公司也承揽了相当大的一部分工作。西屋公司"为电站生产发电机、开关装置和一些辅助设备；而通用电气则拿到了生产变压器、建设从尼亚加拉到布法罗之间的输电线路以及制造变电站设备的订单。"[20]因此，虽然西屋公司的合同份额要大一些，但通用电气公司也未沦为局外人。事实上，通用电气反而还获得了一种特许安排，使他们对西屋电气拥有的一些重要专利获得了第一个法律上的立足点。

奥古斯特·贝尔蒙是西屋公司的财力支持者之一，而摩根与他有很密切的关系，可能这层关系与通用电气获得特许安排有一定联系。摩根之所以默许西屋公司赢得了这项浩大工程的投标，一部分原因是他很尊重亚当斯所创立的尼亚加拉开发委员会，另一部分原因是他的律师威廉·B. 兰金和一位关系亲密的合作伙伴弗朗西斯·林德·斯泰森给他提供的建议。兰金居住在布法罗，他毕生都在为摩根的企业效劳；斯泰森告诉摩根，特斯拉"[早在 1890 年就] 曾大胆承诺，他要将 10 万伏的电，通过电线向 450 英里以外的东部大都市——纽约送电，同时向 500 英里以外的西部大都会——芝加哥送电，满足这些大城市的用电需求。"[21]

1894 年，特斯拉的事业有了长足的发展。自从马丁在《世纪》杂志上发表了一篇关于特斯拉的专题文章，各大刊物的记者便如潮水一般蜂拥采访、报道特斯拉。这一年，《新科学评论》（ *New Science Review* ）、《展望》（ *Outlook* ）、《卡西耶》（ *Cassiers* ）等非常有影响力的期刊上都可以看到有关特斯拉的专题文章；《麦克卢尔》（ *McClure' s* ）杂志和《评论纵览》（ *Review of Reviews* ）甚至大胆宣称，正是特斯拉的众多科学发现支撑起了"全球最大的电力公司"[22]。《纽约时报》还专门用整整 4 个版面对特斯拉的个人情况进行介绍，详细描述了他的人生哲学和最新发明，并配有他的一大张肖像图——依然是他习惯的姿势。[23]1895 年，《纽约时报》这样写道："特斯拉拥有无可争议的荣耀，正是他的努力，使得尼亚加拉水电站这项复杂而艰巨的工程变为现实。……没有什么比这更能证明：特斯拉的发明才华自始至终是具有实用价值的。"[24]

自从与西屋公司和通用电气公司签订合同之后，亚当斯不需要再假装公正无私的样子，他可以随心所欲地寻求他的商业利益了。他去了一趟纽约，到特斯拉的实验室拜会了这位天才发明家。在实验室里，特斯拉向他介绍了最新发明的机械振荡器和电振荡器，以及新研制的具有革命性意义的交流电照明系统，该系统要远远优于现有的任何照明系统。亚当斯向特斯拉出价 10 万美元，想买下特斯拉的"14 项美国专利、多项外国专利"以及他将来会发明的任何一种产品的专利控制权。特斯拉接受了他的提议。[25]1895 年 2 月，尼古拉·特斯拉公司正式宣告成立，董事会成员有特斯拉、阿尔弗雷德·S. 布朗（来自纽约）、查尔斯·科尼（来自新泽西州）、威廉·B. 兰金（来自布法罗）、爱德华·D. 亚当斯和亚当斯的儿子欧内斯特（来自波士顿）。[26]

特斯拉已经到达了商业世界的圣殿。现在，他的团队里有两名成员是尼亚加拉工程项目中最重要的人物。此外，他还拥有至少 6 项全新的技术发明，每一项将来都有可能发展成为全新的产业：他的机械振荡器很有可能替代蒸汽机；他的电振荡器则是荧光照明系统、遥控器以及他当时正秘密研究的无线电传输的核心组件。不仅如此，他还有很多其他构想，比如说人工智能、臭氧制造、"低成本制冷、液态空气的简易生产，以及从空气中提取原料制造肥料和硝酸"[27] 等。然而，所有这些发明在很大程度上都还处于研发阶段，而且特斯拉的强项不在制造业领域。表面上看，特斯拉是通过他在交流电方面丰硕的研究成果以及他的磷光技术所具有的潜力赢得赞助者们的支持的，但他真正的兴趣、让他倾注激情的领域一直是无线电能传输，他的大部分时间都花在了这个方向上。

第十五章
光辉荣耀（1894）

亲爱的特斯拉先生：

　　1894年初，我对我们的朋友马丁说……你的书《尼古拉·特斯拉的发明、研究及著述》即使一百年后也仍然会被公认为是经典。我从未改变过我的这一看法……书中首次清晰而明确地阐述了各个原理的应用，这将使我们人类在地球上的生活越来越美好。

——D. 麦克法伦·摩尔[1]

　　1894年2月，特斯拉和马丁一起来到了贝蒂尼先生的实验室。贝蒂尼是位发明家，他在爱迪生改进留声机的基础上又进行了完善。"他想给我们展示一下他收集的那些美妙动听的歌曲——有梅尔巴夫人[1]的，德雷什克的，萨尔维尼的，还有伯恩哈特[2]的，"马丁写信给特斯拉，"他希望能有幸录下你的声音。"[2]

　　在此期间，马丁不断刊登来自《新书快讯》（*Book News*）、《物理评论》（*Physics Review*）和《伦敦电学家》（*London Electrician*）的对特斯拉新著的评论。"赫伯特（斯宾塞）阁下的褒奖是真正的赞美，"马丁写道，"非常感谢你不辞劳苦继续做俄语版的翻译，德语版的销售情况也很好。"[3]

　　在大后方，特斯拉和尼亚加拉开发工程的两位协调人一起成立了一家新公司。他现在开始将精力转向无线电系统的设计，这种系统可以传输光、信息和电能。所以，特斯拉努力地改进和完善他的机械振荡器、电振荡器和真空灯泡。机械振荡器能非常高效地将蒸汽转化为电能；电振荡器则可以产生能量传输所必要的频率；当波长达到能发光的适当波长值时，无线荧光灯泡就会亮起来。按照特斯拉的理论，如果能使以太以每秒500万亿次的速度振荡，（灯泡）就会发出纯白的光，而若其振荡速度低于每秒500万亿次，则它产生的是热量。[4]

　　T.C. 马丁继续扮演有点类似于经纪人的角色。在春天的时候，他请了雕塑家沃

---

[1]梅尔巴（Melba，1861—1931）：澳大利亚女高音歌唱家，第一次世界大战前最著名的花腔女高音之一。——译者注

[2]伯恩哈特（Bernhardt，1844—1923）：法国女演员。——译者注

尔夫先生，让他为这位发明家雕一尊塑像。让特斯拉感到惊愕的是，马丁还安排了他与著名的杂志编辑 S.S. 麦克卢尔会面，接受其采访。尽管特斯拉的日程表已经排得满满的，但马丁还是坚持让他赴约。

"自上次你们一起共进晚餐后，麦克卢尔就迫不及待地想写一篇报道你的文章，"马丁写信给特斯拉，"现在我很难叫他悻悻离开。"在信的结尾，马丁还是如往常一样写了些溢美之词，他写道，"麦克卢尔之前就一直听说你是一个很了不起、性格又好的人，现在他终于有机会亲自见识你了。"[5]

《世纪》杂志用了将近一年的时间才完成了对马丁文章的编辑，并组织安排那些名流们到第五大街 33—35 号特斯拉的实验室照相。但无论如何，1895 年 4 月，马丁的关于特斯拉的又一力作终于发表了。即便到了 100 年后的今天，这篇文章都是对特斯拉这位奇才神话般的实验室的有力佐证，因为文章不仅描写了很多令人惊叹不已的创造发明以及他对未来的大胆预言，还提供了通过多次曝光拍下的当时一些明星人物的耀眼靓照，比如演员约瑟夫·杰弗逊、诗人 F. 马里恩·克劳福德，当然了，还有电气魔法师尼古拉·特斯拉。"马丁的文章需要仔细品读，才能完全理解和欣赏。"特斯拉在给约翰逊的信中这样写道。[6]

当时用煤气照明的住户和用电照明的住户的比例是 35∶1，所以市场急需一种更高效的能源。然而，特斯拉的荧光灯仍处于实验阶段。马丁文章中采用的马克·吐温的照片拍摄延时长达 10 分钟就是最好的明证。[7]特斯拉的蒸汽发电机的情况也差不多。根据马丁记载的数据，当时国内的发电机几乎都是蒸汽动力的，其余的极少数发电机靠压缩空气、水轮或汽油来带动。由于特斯拉发明的振荡器效能比当时盛行的蒸汽发电机高出 40 倍，因此该产品一旦投放市场，将会有很高的销售利润。但这项装置同样还在改进完善中，所以暂时还不能投产上市。但不管怎样，它是具有划时代意义的革命性产品；特斯拉也与巴布科克和威尔科特斯取得了联系，请他们开始制造新产品的样品。

1894 年 10 月，很多来自美国电疗协会（American Electro-Therapeutic Association）的医师和工程师们来到特斯拉的实验室，特斯拉当着他们的面用振荡器产生出可点亮 50 只白炽灯和真空灯的电流量；他还"为大家展示了弧光灯"。当然了，这种振荡器产生的频率非常高，足以达到良好的电疗效果。[8]

在完善他的无线通信理论的过程中，特斯拉发现，电能可以用两种截然不同的方式进行输送。一种是通过空中辐射的方式进行；另外一种则是通过地面传导来实现。这两种方式的区别对应于今天调频（FM）广播和调幅（AM）广播的区别。（正如一项实验结果表明，调频大多通过空气传输，而调幅则通过、或者沿着地面进行传播。比如说，你开着小汽车进入地下通道，然后打开收音机。假如你打开的是调幅，你很有可能会听到静电干扰的声音；而如果你打开的是调频，你听到的声音会很大且清晰。）"当我向观众展示实验时，"特斯拉说，"会出现这样一种情况：我想用一些装置操作单回路时，多条电路都会有反应，大家叫我注意这一现象……然后我不得不解释说这是我之前没有仔细调好这些电路的缘故。"[9]正因为如此，特斯拉便转变方向，开始着手建立相互分开、互不干扰的频道。

通过研究赫伯特·斯宾塞关于合力（resultant force）和神经传导（nerve conduction）的理论[10]，特斯拉开始认识到，他可以设计这样一种真空管，只有在两条或两条以上电路的组合受到激发时，这种真空管才会作出反应。照片中马克·吐温手里拿着的其中一只灯泡就是用这种方式点亮的：它里面的对偶电路受到房间内对应的对偶电路的激发，从而发出了光。就像打开保险锁时的连锁反应一样，这项发现不仅解释了在收音机上能调到不同电台的原理，也揭示了电话机和电视机扰频器的工作原理。用这种方式，特斯拉实现了"电子脉冲的排他性和互不干扰性"[11]。

从外电路向一条 20 英尺外的内电路传输信息是一回事，而远距离的信息传输完全又是另一回事。很多年前，特斯拉就已经认识到，地面是带电荷的。因此，他决定将地球用作电能的载体。如果真是这样，并且可以建立相互独立的传输通道的话，传输线路似乎都将是多余的。于是，特斯拉开始制作很多大小不同的线圈，并将其与地面相连（通常是通过水道干管网），以探明地面上的频率周期情况。

特斯拉为了这一目的专门造了一个振荡器。马丁这样写道："就算他（指特斯拉）还没有真正搞清楚地面负载的[准确]电量（或'电容'），他也已获得了惊人的效果，足以说明他已经成功地对地面进行了干扰……当振荡器的振动频率和地面的个别振动相一致时，就会产生剧烈的振动或冲击。"[12]马丁在文章结尾处暗示到，这台装置不仅可以用来传输信息和电能，还能改变天气。马丁引用特斯拉在博览会闭幕式上说出的心愿作为文章的结束语："也许有一天，如果我们把地球和火星上的电荷都用作信号的话，我们可以用这种方式给火星'打电话'。"[13]

特斯拉究竟是一个什么样的人？这个问题变得越来越难回答。马丁从多个方面对他进行过刻画：一名务实的发明家、一个奇才、一位敢于挑战世俗和颠覆传统的人。有些评论家却将他描述成"一个不切实际……整天耽于幻想的狂热分子"[14]。而有一家报纸则这样评论他："他的创造发明已经足以说明他非凡的能力，但是他的一些主张和想法却……有点儿像一个疯子梦想着能拥有一个帝国一样不切实际。"[15]

"特斯拉的实验研究的确精彩壮观，让世人炫目，但是仅仅停留在实验阶段，还没有孵化出任何实用性的成果，这自然会令人失望。"贾维斯·帕特恩少尉在《电气世界》中写道。[16] 但是，特斯拉在尼亚加拉所取得的出色成就不容忽视。文章在结尾处这样写道：

> 在大众眼里，他是一位来自东欧的才智非凡的发明家。大家对他的期望值很高，仿佛他手中拿着一盏阿拉丁神灯。这种看法当然是不对的，而且不管对公众还是特斯拉本人来说，都是不公平的。……毫无疑问，他对于我们具有举足轻重的意义，但我们永远都不能忽略了一点：物理学家在他的实验室里探索到的科学真理，不管前景多么光明，要将他获得的成果转化成具有商业用途的形式，这之间是有着很大差距的。……如果特斯拉和其他同行们今天所珍视的梦想有朝一日能实现的话，这个世界的物质生活随之会发生的巨变是完全无法想象的。[17]

在曼哈顿，特斯拉很快就吸引了约瑟夫·普利策的注意。普利策是同时具有德国和匈牙利血统的美国外来移民，是《纽约世界报》（*New York World*）的所有者。他派新招的记者阿瑟·布里斯班去采访特斯拉。布里斯班此前已经是全美最受读者喜爱的专栏作家之一，刚刚从查尔斯·达纳的《纽约太阳报》（*New York Sun*）跳槽到《纽约世界报》；随后，在他30岁时又离开普利策去了威廉·伦道夫·赫斯特创办的如日中天的黄色新闻[1]报纸《日报》（*Journal*）。他在1894年7月同特斯拉见了面。

晚餐是在德尔莫尼科餐馆吃的。当时，德尔莫尼科先生将布里斯班介绍给"一位留着尖尖的黑胡子的帅小伙子"。布里斯班写道："谈到特斯拉先生时，德尔莫尼科先生压低了自己的声音，就像波士顿的的士司机一谈到世界重量级拳王约翰·L.沙利文时都会把说话声音压低一样。"

---

[1] 黄色新闻（yellow journalism）：或称黄色新闻学，是新闻报道和媒体编辑的一种取向，指用极度夸张及捏造情节的手法来渲染新闻事件，尤其是关于色情、暴力、犯罪方面的事件，以达到耸人听闻进而提高销量之目的的新闻报道。而以黄色新闻为主的报纸，自然就被称之为黄色报纸了。——译者注

"特斯拉先生无所不能，"德尔莫尼科评价道，"有一天晚上，我们费力地把他拉出来打台球。他之前从未玩过，先是看着我们玩了好一会儿。当他发现我们想要让他 15 分时，他很是气愤。但是这并没有关系，因为他打败了我们所有人，把我们的钱都赢走了。"德尔莫尼科回忆说他们只玩 25 美分的硬币，但"我们在意的倒不是钱，而是他如何在头脑中学习打台球，然后将我们击败，要知道，我们可是打了好多年台球了。这太让我们吃惊了。"[18] 特斯拉在台球运动上的技艺如此精湛，却一直深藏不露，使得这段故事更加饶有趣味。特斯拉有时候也是个"狡猾的骗子"，尤其是在钱方面。

尽管这篇文章显得有些杂乱和冗长，但是它却很到位地描绘了特斯拉的日常习惯和外貌。特斯拉会经常到一家颇受顾客欢迎的餐馆用餐，通常他会选择在一张靠窗的桌子旁坐下，然后拿一份报纸看。在布里斯班笔下，特斯拉"双眼深陷且色泽暗淡。我问他，一个斯拉夫人的眼睛怎么会变成那个样子。他告诉我，他的眼睛原本也是乌黑明亮的，只是后来因为用脑过度，才使他双目日趋暗淡，没了往日的光泽"。这也证实了布里斯班之前曾听过的一个理论，即大脑的使用对眼睛色泽的影响。

布里斯班继续写道："特斯拉有点儿驼背——人不是孔雀，所以大部分人多少都会有点驼。他非常谦逊内敛。"不过文章里配了一幅特斯拉的全身像雕版图片，图片中的他一点也不驼背，神气得像一只孔雀，他身上四射的电火花使他活像一棵圣诞树。

这幅图足足占了一整页纸，它一直是制作加工过的最迷人的特斯拉肖像之一。看到这幅图，很多人按捺不住好奇心问他，那么大的电流流经身体时是什么样的感觉。"我承认，我最初做这些实验时是有点恐慌，"特斯拉坦白道，"但是当我了解了其中的原理后，我就能镇定自若地进行实验了。"[19]

很多年后，当这位发明家在哈佛俱乐部被问及具体的实验细节时，他这样回答道：

当一个人的身体承受着电振荡器产生的 250 万伏高速交变电压时，会出现一种令人难忘的美妙景象。你会看到实验者仿佛站在一大团刺眼的熊熊火焰上，他的整个身体被笼罩在一大片犹如章鱼触须的磷光带中，一束束光从他脊背上喷发出来。当他伸开双臂时，噗噗作响的火舌从他的指尖冒了出来，就像有无数的小炮弹从他身上射出一样，速度之快仿佛可以将附近的墙体射穿。反过来，他自己本身也受到了周围空气中颗粒尘埃的猛烈撞击。[20]

当时的特斯拉正在一条艰难的道路上前进着，他的性格也表现出自相矛盾的特征：一方面，他喜好独处幽居，另一方面，他又好表现、爱出风头。媒体对他的密切关注使他很难防止自己的成果不被剽窃。他很想把自己的目标公之于众，实现其历史意义；但对于一些关键细节，他必须严加保密。有一名记者曾经和这位"华盛顿广场上和蔼可亲的天才"在一起待了一天时间，他揭示道，特斯拉"向他透露，他正在进行几项秘密实验，前景非常光明，但实验的实质内容不便在这儿说明。不过；特斯拉允许我公开地说：在将来的某一天，特斯拉打算通过地面进行振动传输，不使用任何电缆，而能将信息从一艘航行在大洋上的轮船发送到一座城市，不管它们之间的距离有多远"[21]。关于这些秘密实验的具体细节，就连特斯拉实验室的工作人员也一无所知。[22]

特斯拉估算了地球的体积和太阳光线的理论波长，然后造了一台有多条电路的发射机，这些电路能将电荷输送到地下。装置的一端通过散热装置或总水管与地面相连；另一端连接在一条电缆上，特斯拉将这条电缆拉到楼顶，使其与天线相连。迪亚斯·布伊特拉戈是特斯拉的绘图员，专门负责发射机。在迪亚斯的帮助下，特斯拉将接收设备放到了 5 英里外的地方。他刚开始的实验是在格拉赫宾馆（Hotel Gerlach）的楼顶进行的，距离他的实验室有近 30 个街区那么远。特斯拉先用热气球、氦气球和氢气球将终端（天线）高高地悬在屋顶上空，并用一根电缆将其连到宾馆的水管上。这样，他的无线接收装置就已经建好了。最后的实验结果证明，通过发射机发射的电能可以被接收到。[23]

在特斯拉这些实验中，假如他能安排一个记者跟踪报道其中的任何一次，那么广为大家接受的无线电发明史将有可能被完全改写，但特斯拉终其一生从未当着任何人的面展示过远距离无线电力传输的效果。

实际上，特斯拉在他 1891 年和 1893 年分别获得的机械振荡器和电振荡器专利证书中，就已经隐藏了他的部分无线电研究的计划，只不过他三年后才在专利申请书中透露了无线电研究的详细内容。[24] 这就给迈克尔·普平带来了一个问题，因为普平当时也在进行共振效应和信息同步传输的实验。但是，普平的目标是为了对现有的电话机和电报线路进行改进，他并未想过在不使用电话机和电报线的情况下发送信息。

普平发现，在交流电的脉冲间隔相同的情况下，电流传输的速度和电量都能得到大幅提高。不过遗憾的是，他1894年2月的专利说明书中的内容，可以很容易地在特斯拉已有的发明和有关高频的演讲中找到，他并未能超越特斯拉的东西。[25]

1892年2月，特斯拉曾在伦敦宣称："如果电脉冲的波长比电线长度短很多，那么相应的短波……会大幅降低电容量，使通过线缆远距离输送高频电流成为可能。而且，振动的特性也不会受很大影响。"如果能发明一种"隔屏"，"将电线分割成很多小段"，那么就可能实现通过横跨大西洋的线缆来传输大量的电话信号。[26]

然而，这些专利证书和已经公布的声明丝毫也没让普平退缩。他认为他已经有所发现，于是，他开始了一场与美国国家专利局之间的持久战，试图勉强获得法律上的支撑。如果成功的话，他得到的回报将非常可观。因为那样他将独享这项专利：用同一条线缆同时远距离传输大量的、互不干扰的电话、电报交谈信息。可是，来自专利委员会的约翰·西摩成了他最大的拦路虎。

这位哥伦比亚大学的教授（普平）采取的第一步策略就是拟写了一份专利申请书，并于1894年2月10日提交了申请。他在申请书中声明："我当然认为我是将这项原理实际应用于复式电报技术的第一人。"[27]

几个月之后，西摩这样答复普平："鉴于托马逊和赖斯的专利中所示的机器结构……以及特斯拉《交流电实验》（*Experiments in Alternating Currents*）一文中所描述的机器结构，你的申请未获得批准。"西摩还列出了上述专利和文章中相关的准确页码和图表编号，并由此得出结论：普平的技术仅仅是"增加了特斯拉电灯电路的数量"而已，完全算不上新的独创发明。[28]

普平请了一名律师帮忙撰写了一份看上去更合乎法律规范的申诉函，坚称他才是"采用交流电配送电能"这项技术的真正发明者。经过排版的申诉函看上去很像一份正式的法律文件，其中一部分这样写道："特斯拉的发明会出现发光现象，而且他并没有考虑多路复用信号（multiplex signaling）……他没有显示对主线起作用的多条激磁电路（exciting circuit），也没有提供能独立调节各个激磁电路的方法……申请者（指普平）的要求正是建立在这一原理基础上，他是第一个申请该原理专利的人，他所做的绝不仅仅是增加了特斯拉电路的数量。"[29]

对此，西摩回复道："鉴于特斯拉已有的专利，你的第1、第2和第3条要求仍然未获批准。众所周知，在这项技术上，可以同时将多个频率的电流压缩在同一条电线上……我们的专利审核员在这些要求中看到的只是用一种该领域里大家都非常熟悉的方式增加了特斯拉的电路数目，没有什么更新的东西。"[30]

普平仍然固执己见。他坚信自己是发明此项技术并使之变得清晰明了的第一人，而且他完全具有使用特斯拉振荡器的权利，因为这些振荡器被当作是用于远距离电力输送的频率最佳的发电机，这在当时已经是公认的事实了。普平仔细研究了美国国家专利局发给他的未通过专利认证通知书，不断对他专利申请书中的语言措辞进行修改完善，以期能为他的专利获得法律的支撑。另一方面，普平不断强化自己的信念：这项发明事实上是属于他的。

历史在普平的脑子里已被他扭曲，而且在他的课堂上，他总是想方设法抹杀特斯拉的成就。他将继续为获得多信息远距离同时传输这一技术专利而战斗，毕竟这可是一项非常有利可图的专利。就这样，他的斗争又持续了 6 年，直到约翰·西摩退休。

对于特斯拉来说，1894 年是辉煌的一年。这年的 7 月，他气度不凡的肖像照出现在了《世界报》上。在《电气世界》《纽约时报》和《评论纵览》中也都有关于他的重要专题报道。而且，他的多相交流电系统也即将在尼亚加拉大瀑布的电力工程项目中投入使用。这一年，特斯拉还与华尔街的金融家们建立了合作伙伴关系，他还邀请了与他同时代的大人物到他的实验室去参观。另外，他在无线电通讯的实验研究方面也取得了重大进展。

年底的时候，特斯拉邀请约翰逊夫妇到他的实验室参观。"亲爱的卢卡，"在一封写于 12 月 21 日的信中，他这样写道，"我希望你不要忘记明天来我的实验室。德沃夏克和很多美国社会的精英名流也会来。"[31]

安东·德沃夏克比特斯拉大 15 岁，1892 年从捷克斯洛伐克移民到了美国，后来被任命为国家音乐学院（National Conservatory of Music）的院长。但德沃夏克有着很深的思乡情结，时时想念着他的家乡，因此，他在美国只待了短短 3 年。不过，在此期间，他创作了他最著名的一些作品，特别是《新世界交响曲》。演出结束后，德沃夏克去参观了这位奇才的实验室。特斯拉和约翰逊夫妇一块儿度过了圣诞节和新年前夕，圆满地告别了非同寻常的 1894 年。

第十六章
实验室火灾（1895）

> 神奇的尼古拉·特斯拉实验室的毁坏，不仅仅是他个人的灾难，也是全世界的巨大不幸和损失。可以毫不夸张地说，与特斯拉同时代的人当中，就对人类的重要意义而言，能超过这位青年才俊的人屈指可数，掰着大拇指都能数清楚。
>
> ——查尔斯·达纳 [1]

那是"1894 年一个晴朗的星期天下午"，特斯拉和同行麦克法伦·摩尔一块儿在第五大道上散步。摩尔当时才 25 岁，在荧光照明研究领域前途无量。突然，这位塞尔维亚学者"有意识地停下脚步"，沉思片刻后说："摩尔，在我们实现了在地球上任意两点间发送信号之后，下一个目标就是向其他星球发送信号了。" [2]

在这位发明家开始这项宏伟任务之前，他首先得完善地球上远距离无线电通信的效果。对此，他的其中一个计划就是在纽约州东部哈德逊河上的蒸汽船上放一台接收装置，然后从他的实验室发送信息至这台装置。[3] 不幸的是，他的实验室在 1895 年 3 月 13 日的一场火灾中被烧毁了。"整个楼层都被烧塌了，里面的仪器设备全都掉到了二楼。" [4]

这个消息霎那间震惊了整个科学文化界。这位科学大师实验室的毁坏是一个损失难以估量的悲剧。所幸的是，特斯拉本人并没有受伤，因为失火的时候他正在宾馆里睡觉。"灾难发生的那天上午，人们在实验室看到的只是两堵摇摇欲坠的砖墙，昏暗阴森的大窟窿，还有流了一地的黑乎乎的污水和汽油。对于那些目睹过实验室往日风采的人们来说，这个如今已面目全非的实验室不再是世界的一大奇观。" [5]

《当代文学》（*Current Literature*）这样评论道："这个前途无量的巨人，仿佛生活在梦中，忘了时间的存在，志向远大，一心扑在事业上，……即将使电力照明的成本发生革命性的变化，使电灯照明变得经济实惠，让生活在社会最底层的穷人也能用得起电……然而，实验室里的无数神奇宝贝……就这样在顷刻间化成了灰烬！这是特斯拉本人也是全世界的一次灾难。" [6] 也许一方面是为了让特斯拉振作起精神，另一方面是为了"对这位塞尔维亚裔美国人、电力通信领域的先驱表达敬意，塞尔维亚邮政电报联盟（Postal-Telegraph Union of Serbia）举行了一场音乐会，他们通过电话的方式，使贝尔格莱德和尼什[1]两个城市的观众都可以听到音乐，引起了不小的轰动。"[7]

"在某种意义上，特斯拉的实验室就是一个私人博物馆，"T.C.马丁写道，"它的主人在里面保存了很多过去艰辛工作和研究实验所留下的纪念品。"详尽地将实验室里原有的物品描述一番后，马丁总结道："或许最令人痛心的损失是，特斯拉先生的研究笔记和资料在这次火灾中被烧毁了。虽然他的记忆力还不错，对曾经做过的任何一个实验，他可以像探照灯一样地使其在头脑中闪现。但是，要使研究工作再次恢复到目前的水平，还需要花费其他实验参与者数年的心血和汗水……尽管如此，在他希望的余烬还保持炽热之际，……特斯拉又再次坚定决心，开始了工作。"[8]

特斯拉背负着巨大的压力，他只能努力使自己坚强起来，竭力摆脱沮丧。一家报纸说他的身体状况曾一度"到了崩溃的边缘。"[9]

为了帮助特斯拉尽快振作起来，马丁在当地一家咖啡馆与他见了面，免费赠送了一些他们合作出版的书，可能还给了他一些钱。[10]这位主编向特斯拉鞠了一躬，然后说："阁下，有一个好消息一定会让您高兴。在国王的哥哥亨利亲王的鼎力帮助下，您的实验以您的名义在柏林被重新做过。要是您不能每天从我这儿得到一点鼓励的话，您肯定又会整天陷入闷闷不乐之中，就像您一天不接触电的东西一样。"于是，他们两人坐下来检查了一遍马丁写的那篇关于实验室大火的文稿，希望能逐一列出大火中损毁的物品，并对它们进行更为详细准确的描述。[11]

威斯汀豪斯还在与威廉·斯坦利公司的威廉·斯坦利和通用电气公司的伊莱休·汤姆森进行一场专利争夺诉讼战，因为这两家公司一直在非法生产交流感应电机，与此同时各自却都在向外界暗示该发明是他们独家设计完成的。从1893年至1897年，斯坦利和通用电气这两家公司的销售总量加起来要比西屋公司多10000千瓦。[12]据部分人称，这两家公司所生产的电动机和发电机的效能更高。斯坦利这个厚颜无耻的家伙甚至不停地在各种电力期刊上投放广告，恬不知耻地推销他公司的多相系统。他公司的员工已经从原来的15人增加到当时的几百人。而通用电气公司的员工是斯坦利公司的两倍多。

---

[1]　尼什（Nis）：贝尔格莱德东南方的城市。1901年以前是塞尔维亚的首都。——译者注

卷入诸多专利纠纷中的西屋公司于是决定发布一整个版面的广告声明：

西屋电气制造公司

独家拥有

特斯拉多相电力系统的专利

该广告声明中还这样写道："特斯拉先生之发明的新颖独创性已经得到伊莱休·汤姆森教授的承认，因为他曾在美国电气工程师学会 1888 年举行的会议上说过，'对于特斯拉对他最新发明的小巧奇妙的发动机的描述，我一直都非常感兴趣。可能你们也知道，我也曾朝着和特斯拉有些相似的方向和目的做过一些研究。但我在实验中一直使用的是单相交流电路，而非双相交流电路'。"[13]

虽然通用电气公司曾间接表示：特斯拉电机由于火花太多，比较危险；但是并没有证据表明特斯拉实验室的大火是由他的设备引起的。大火是从下面楼层的干洗店开始燃起的。一些调查人员认为火灾可能是因为守夜人在沾满了油的抹布旁吸烟而不慎引起的。[14]

因为之前未投保，据估计，这次火灾造成的损失高达 100 万美元，但是实际的损失可能接近 25 万美元。奥尼尔建议亚当斯预支 4 万美元用作援助修复资金，同时也作为他在公司的股份。[15] 可是，亚当斯本来就是公司合伙人之一，所以他、特斯拉以及其他的合伙人都蒙受了损失。不过，有证据表明，亚当斯在当时的危机时期确实提供过一些他分外的援助。[16] 此外，欧洲方面支付的专利权税，以及虽然不多但源源不断支付的西屋公司的年报酬弥补了这次火灾带来的一些损失。但很显然，特斯拉现在还需要额外筹集一些资金，以便重建一个实验室。

在这样的特殊时刻，特斯拉还收到了西屋公司一些关系要好的员工寄给他的多封慰问信。欧内斯特·海因赖希就是其中一位，他是一位工程师兼作家。在信中，他这样写道："一听到这个不幸的消息，我就赶紧给你写信，我真诚地向你表达我的惋惜之情。"他不了解当时的具体情况，于是在信中继续写道："我相信你一定会得到很好的保险理赔，然后尽快找到一个合适的新地点，继续开展你的研究工作。"[17]

特斯拉之前并没有投保，但他有着极强的动力，因而并未减慢他重建实验室的进程。没过几天，特斯拉就开始着手寻找新的实验室地点了。在这期间，他还曾向一家实验室寻求过帮助，因为他知道那里有一些他手头急需的关键设备。接下来的几个星期，尼古拉·特斯拉一直在爱迪生位于新泽西州卢埃林公园（Llewellyn

Park）的工作室里认真搞研究。这个实验室"除非得到爱迪生本人或是他助手的许可，否则任何人不得进入"[18]。与此同时，他还联系了阿尔伯特·施密德请求得到更多的仪器设备，不管这些设备花费多么高昂，他都付之一笑，毫不介意，这也符合他金钱观念淡泊的个性。"对于重建实验室的成本，我完全相信西屋公司会慷慨出资的，"他说，"我相信公司里还是有一些人对今后的前景抱有信心的。"[19]

西屋公司的副总裁兼总经理塞缪尔·巴尼斯特寄来了世界博览会上保存下来的特斯拉的一些实验模型作为礼物，同时在信中表达了他的惋惜和遗憾之情："你所遭受的不幸令我难过……但是，得知你很快又振作起来着手重建实验室、恢复研究工作时，我非常高兴。"[20]然而，这算不上什么安慰，因为在火灾中毁坏掉的机器设备是西屋公司借给特斯拉用的，现在公司将让他赔偿损失；此外，他们还会向他收取购置新机器设备的费用。

到了4月份，也许部分是因为受了布里斯班那句"特斯拉甚至比爱迪生还要伟大"[21]的刺激，特斯拉和爱迪生之间的竞争，至少在媒体上加剧了很多。纽约的《特洛伊新闻报》（*Troy Press*）甚至刊登了探讨"爱迪生和特斯拉，谁才是真正的王者？"[22]的文章。约瑟夫·杰斐逊在波士顿讲话时毫不含糊地道明了他的立场。"爱迪生已成为昔日之王，"这位演员宣称，"而特斯拉已被加冕为新的王者。"[23]

5月份，全美电气博览会在费城举行。爱迪生和特斯拉这"两位电学男巫"在博览会上碰头了，他们还见到了亚历山大·格雷厄姆·贝尔。特斯拉交流电的传输距离达到了史无前例的500英里。让特斯拉感到有点儿失望的是，当时的电话线没有实现足量的电力输送，因为保险商担心可能会引发火灾或造成损坏。不过，实验最终取得了圆满成功，它使之前从劳芬到法兰克福100英里的电力传输纪录变得相形见绌。

"这次展览会最精彩的部分是将尼亚加拉瀑布所发的电输送到这儿，"爱迪生评论道，"在我看来，它解决了与电力发展有关的一个很重要的问题。"贝尔也赞成他的看法，他说："电力的远距离输送是这么多年来电力科学领域最重大的发现。"

"贝尔和爱迪生不禁开始畅想未来，他们认识到：有了这项发现，即便那些距离发电站很远的城市和乡镇也可以得到经济实惠的电力服务……而且，会远比现有的电力服务实用、方便得多。"

作为"解决了这一难题"的人，特斯拉说道，"现在我相信，毫无疑问，水力发的电能……完全可以输送到 500 英里外的地方，而且在同等条件下，其输送成本是蒸汽电力或煤电的一半，更加具有商业价值和优势……我愿意用我的声誉甚至生命担保，我绝对不会说错"[24]。

关于特斯拉和爱迪生在这次博览会上究竟谈了些什么，并没有什么史料记载可考，但似乎可以确定的是：对于媒体对他们之间竞争的演绎，他们私下里都觉得好笑；特斯拉感谢爱迪生暂借实验室供他使用，而爱迪生也因特斯拉实验室的焚毁向他表示慰问。

通用电气公司已经在与西屋之间的宣传之战中全面败下阵来，甚至爱迪生自己都承认了特斯拉的成就。开始有传言说，通用电气公司已经与西屋公司达成了一项协议，要共享他们的技术专利。但拿出一个全面的解决方案却是多年以后的事了。这一方面是因为通用电气公司有很多分支机构都在侵权使用特斯拉交流系统技术；另一方面是因为西屋公司看不到这桩交易中有什么立竿见影的利益可图。[25]继再一次在法庭争执中遭遇重大挫败后，通用公司总部不得不放弃其一贯立场；但是，他们将继续进行谈判，因为他们的金融家们掌控着尼亚加拉工程的资金。再者，那么大规模的风险项目也使得西屋公司不可能独自承担，进行单打独斗。然而，T.C. 马丁天真地以为，通用公司将会彻底妥协，还特斯拉一个公道。"这意味着，他们现在已经承认了你的多相交流系统的技术专利，"他写道，"我想，双方将会彼此许可对方的专利。"[26]

但是，特斯拉似乎并没有让马丁知道他最终与通用公司签了协议这件事，因为整整一年后，这位主编又谈到了这件事，他说："当我得知通用电气公司认可你的专利后，你不知道我有多高兴……我迫不及待地想要祝贺你。这下你的口袋里将会装满你自己挣来的大把大把的钞票。"[27]

至少从历史的角度看，特斯拉离公正已经不远了，因为现在连那些持反对意见的人都承认：是特斯拉的个人成果使得"让古老的尼亚加拉瀑布造福人类"成为可能。[28]但是，除了他自己已经感到满足的那些回报外，这位发明家绝不会去谋求更多的经济利益。

《评论纵览》评论称："几百年来，尼亚加拉瀑布的巨大水能资源一直都白白流失掉了，特斯拉的这项发现为尼亚加拉公司开发这一资源奠定了基础。从中开发的能源将带动离尼亚加拉很远的城镇里的机器，比如 20 英里外的布法罗，甚至离得更远的纽约、芝加哥这些城市。"该杂志随后还透露了一个非常令人震惊的消息："西屋公司和鲍德温公司之所以敢大胆冒险去运行一趟电力特快列车，正是因为有特斯拉的技术作为支撑。可以毫不过分地说，目前整个美国正在进行的电力传输方面的各种大的尝试，不管是在制造业、交通运输业，还是在采矿业、灌溉和农业生产中，凡是需要大量电力输送的行业都离不开特斯拉电机的支持。"[29]

> 亲爱的威斯汀豪斯先生：
>
> 　　我从期刊杂志上得知，您已经与鲍德温机车公司签订了友好合作协议……两家公司之间的联合是一个巨大的惊喜。技术和能力如此完美的结合必将为合作双方带来利益。
>
> 您诚挚的尼古拉·特斯拉
>
> 1895 年 8 月 7 日

特斯拉现在需要新的资金。西屋公司原本要求他赔付那些在火灾中损毁的仪器设备、支付新订购的机器装置的费用。不过，公司刚刚从两个完全不同的领域得到了两份巨额生意订单，而这两份订单合同都以特斯拉的发明为基础。相比之下，西屋公司当然不会在意特斯拉欠他们的区区几千美元的债务。再说，西屋公司正是靠特斯拉的个人魅力这一关键要素来吸引和聚集了尼亚加拉开发公司的主角儿们，比如爱德华·迪安·亚当斯、约翰·雅各布·阿斯特和威廉·伯奇·兰金。

特斯拉发现，在某种意义上，将他的感应电动机应用于像铁路运输这样的全新领域并非公司签合同时的初衷。难道他不该从这一形势的偶然转折中分一杯羹吗？特斯拉继续把一些新的潜在客户吸引到匹兹堡，天真得仿佛他就是西屋公司的私人使节似的，但他从未因此而得到公司额外的补偿。

第十七章

火星热（1895—1896）

> 如果在火星或其他任何一个星球上居住有智能生物的话，那么在我看来，我们可以做点什么来吸引他们的注意……我琢磨这个计划已经有五六年了。
>
> ——尼古拉·特斯拉[1]

约翰·雅各布·阿斯特三世于 1888 年从哈佛大学毕业，那年他 22 岁。他是世界上最富有的人之一，拥有近一亿美元的资产。而相比之下，约翰·皮尔庞特·摩根的资产约合 3000 万美元。阿斯特在很年轻的时候就已经是一位发明家了——获得了一项自行车制动的发明专利，而且他发明的充气人行道还在 1893 年芝加哥世界博览会上获了奖。他的其他发明包括蓄电池、内燃机和一款飞行器。[2]

如今的阿斯特留着长而尖的鬓角和灰白的八字胡。大学期间，他曾有过一个不太文雅的绰号——"杰克·阿斯"（Jack Ass）[1]。当时，他还有幸上过个性独特的天文学家威廉·皮克林的课。阿斯特最中意的计划之一就是"将地面上的暖湿气流通过高压输送到大气高层"来实现人工降雨，可是这一设想被美国国家专利局给否决了。[3]因此，当皮克林提到季节变化是因地轴与黄道[2]之间的角度引起时，顿时激起了阿斯特的好奇心。皮克林假设说，假如地球赤道与太阳直射平面之间不存在斜角的话，地球上各个地方都将有一个恒定的、温和的气候，即便是南北半球高纬度的地区也是如此。

作为课程安排的一部分，阿斯特还被安排到哈佛大学的天文台去观测。在那儿，他和哈佛校长的兄弟帕西瓦尔·洛厄尔等一些上进、有品位的人一起用高倍望远镜观察到了很多奇观，比如月球上的环形山、木星的卫星和土星上壮观的环形地带等。

1890 年 4 月，皮克林教授自称他拍摄到了火星上的暴风雪，此消息顿时成了各大报纸的头版头条。据他测算，被风雪覆盖的面积几乎相当于一个美国那么大。[4]两

---

[1] 在英文中，Jackass 指"公驴"的意思，常用来骂人，有"蠢货、笨蛋"之意。——译者注
[2] 黄道（ecliptic）：地球绕太阳公转的轨道平面与天球相交的大圆。——译者注

年后，这位蓄着浓浓胡须的教授到哈佛设在秘鲁阿雷基帕（Arequipa）的天文观测台考察，又宣布了他的另一项重大发现："火星上有数目众多的湖泊，上面的河道有些地方较黑，有的地方较亮。我们还观察到了云状物和正在融化的积雪。这也证实了赫舍尔的假说：有水源的地方就有植物的生长。"[5] 他的此次旅行也是很有名的。

那时，很多人都有过给"火星人"发射信号的雄心壮志。和特斯拉一样，阿斯特也被这一大胆的设想吸引住了。1894 年，洛厄尔在《自然》杂志上发表了他描写火星上河道的文章。与此同时，30 岁的阿斯特也刚完成了一部太空旅行题材的科幻小说，名为《异世旅行记》（*A Journey in Other Worlds*）。该书描述了一个世纪后的样子。该书出版几个月后，1895 年 2 月，赞助商将该书赠送给特斯拉。

虽然特斯拉似乎觉得这本书并不怎么样，但是他向阿斯特承诺，他会把它当作"一件见证他们相识的有趣而美好的纪念品"[6] 来珍藏。

丹·比尔德为该书配上了描绘虚幻奇妙的外太空的插图。小说的故事从 2000 年开始，在地轴矫正公司（Terrestrial Axis Straightening Company）的德尔莫尼科餐馆里，一场会议正在举行，这个公司的使命就是让整个地球上的天气变得稳定而良好。

阿斯特展望了"20 世纪末"的景象：那时候人们用的是电视电话；飞机一天即可从美国飞抵欧洲；电动汽车出现了；警察可以用非常隐蔽的留声机录下犯罪分子的谈话内容；有了彩色照片和人工降雨装置；人类可以任意到太阳系的任何地方居住，并成为了那里的主人；从外太空看，地球就像一轮圆圆的明月。

或许阿斯特最让人惊叹的预言就是他书中的"卡利斯托"号宇宙飞船的木星之旅。阿斯特假定：正如磁铁有互斥性一样，地球也会产生排斥力。他把这种力称为"地心斥力"（apergy），实际上就是地球引力的反方向力。故事中的宇航员利用地心斥力，驾着飞船首先向太阳驶去，然后"改变路线，沿着近乎地球切线的方向飞行，接着，在接近月球时它接收到最后的正确航向指令，突然变轨朝木星方向航行……再次开始发挥地心斥力的作用"[7]。巧合的是，恰恰在这本书出版整整 100 年后，美国国家航空航天局真的发射了一个名为"伽利略"号的航天器，而且它航行的轨迹与该书中描绘的非常相似，只不过在变轨飞向木星的过程中作转枢的是金星而不是月球。还有一点不同的是，"伽利略"号的这次现代太空之旅用了几年时间，而阿斯特书中那些疲惫不堪的航天员则只花了几天时间就完成了飞行。书中的木星上有着丰富的生命。鲜花"用和教会琴声一样嘹亮的歌声"欢迎他们的到来。他们发现木星上的红斑是由于森林在寒潮的影响下变了颜色而产生的。[8]这些宇航员身上带有武器，所以可以猎捕一些形似乳齿象的大型动物当作食物吃。而且幸运的是，他们还带有弹跳回"卡利斯托"号的必备装置，所以能顺利重返地球。

在强烈的竞争意识驱使下，报纸杂志都在不断宣传这样一种思想：火星上可能居住着比人类还要聪明的生命。《纽约日报》和各大电学杂志的头版头条报道了特斯拉的大胆预言，即不久的将来他将能"向其他星球发送信号"；书店里热销了阿斯特太空旅行题材的预言奇幻小说；其他的很多学者名流也都利用这股外星热做文章。

1895 年，纳撒尼尔·霍桑的女婿乔治·莱斯罗普在《纽约日报》中描绘了地球人与来自红色星球（Red Planet）的战士进行斗争。这些战士的武器瓦解了门洛帕克男巫托马斯·爱迪生发明的死亡射线。1896 年，达芙妮的祖父乔治·杜莫里耶写了一本名为《火星人》（*The Martian*）的小说。他在书中描绘了一种带翅膀且有心灵感应功能的生物。这种生物"绝不是从猿猴类进化来的"，但却会用大理石雕像作装饰，而且能灌溉整个火星。[9]1897 年，H.G. 威尔斯因在《人物》杂志上连载恐怖故事《星球大战》（*War of the Worlds*）而声名狼藉。故事中，长得像章鱼的火星人煞是令人恐惧，他们乘坐着蛋形飞船突然向地球发动猛烈的袭击，最终攻占和控制了地球。

虽然这些故事都是虚构的，但都基于那些在大家看来庄重严肃的科学家们的预言。这一切最主要的推动者是法国天文学家兼物理研究者卡米尔·弗拉马里翁。在1873 年出版的《"无穷"的故事：流明——一颗无垠彗星的历史》一书中，弗拉马里翁采访了一颗名叫"流明"的聪明的彗星，问及了光速、时光穿越和外星生命等话题。"流明"说道："如果你了解那些生活在木星或天王星上的生物，你就会知道，有一些生命即便没有眼睛、耳朵和嗅觉器官，也依然能理解事物；在自然界中还有不计其数的其他智能生物的存在，它们在本质上与我们有很大区别。"[10]

这种观点被称作宇宙多样性假说，它是一个很古老的概念，历代有很多科学家都是这种假说的拥护者。支持这一观点的人早期有开普勒、牛顿、拉普拉斯和赫舍尔等天文学家，近代有天体物理学家卡尔·萨根等。

人类开始认识到宇宙是浩瀚无际的，生命并不仅仅存在于地球上。希腊和罗马神话中讲述了不同神灵的生活和具体的职责，我们已知的行星的名字就是以希腊罗马神话中的神命名的。这也许在心理上为天文学家们的各种推测，以及各种宗教信仰提供了模板。

卡尔·荣格把这种神话思想同人们对 UFO 存在的相信、对意义的探求以及对神明的追寻联系在了一起。他认为神明和由梦的解析揭示出的那些不可知的、无意识的和智慧的东西是一样的，神话是在有意识之人试图去理解无意识之存在的过程中产生的。[11] 因此，外部世界的种种神秘同人内心世界的神秘是紧密联系的。所以，人在解释天体自然现象的过程中，就会发展出一套利用人类原始本能以及现实中的原型去解释种种自然现象的机制。随着时间的推移，这些解释就演变成了我们祖先口口相传的各种神话。

这种对古代天神和天外生命的迷信源自一个共同的主题，那就是人类可能不是宇宙间最高级的生物，而且存在着一个至高无上的造物主。由于这种观点引起了很多人内心深处的共鸣，所以几百年来，许多的科学家、艺术家和作家都被这一思想深深吸引住了。

1835 年，《纽约太阳报》的理查德·亚当斯·洛克在报纸的头版接连发表了一系列有关天文学家约翰·赫舍尔的文章。赫舍尔不仅是天王星的发现者，而且据称还发现月球上存在高级生物。洛克的欺骗性新闻在被揭穿之前已经传遍了世界。洛克的弥天大谎之所以得逞，是因为赫舍尔当时正在南非，与新闻媒体没有任何联系。在洛克的文章里，赫舍尔借助一架（洛克编造的）神奇的望远镜观测发现了独角兽似的动物和长有翅膀的类人生物。这台望远镜长约 150 英尺，能够将天空放大42000 倍。[12] 30 年之后，儒勒·凡尔纳在他的作品中将他的读者带到了月球上，但到了 19 世纪 70 年代末，他描写的目的地从月球变成了火星。

人类第一次绘制火星地图并描绘其面貌的尝试可以追溯到 17 世纪中期的伯纳德·德丰塔纳和克里斯蒂安·惠更斯。1830 年，赫舍尔描绘了更细致的火星图。其他很多科学家也做过类似的工作，比如 19 世纪 60 年代和 70 年代的卡米尔·弗拉马里翁[13] 等，还有 19 世纪 80 年代的乔瓦尼·斯基亚帕雷利，乔瓦尼还把火星上的江河命名为"卡纳利"（canali，意为"河渠"）。

弗拉马里翁在他的《宇宙多样性》（*The Plurality of Worlds*）和《火星与火星居民》（*Mars and Its Inhabitants*）两篇科学论文中陈述了自己的观点：火星上不仅有生命的存在，而且还有智能生物。当这位留着胡须的法国天文学家站在 15 英尺高的望远镜旁时，他的身材显得格外矮小。1896 年，他在《北美评论》（*North American Review*）中详细描绘了火星上的山脉、谷地、火山坑、湖泊和海洋。"很显然，"弗拉马里翁得出结论，"火星上……生机盎然。"或许是无意识中受了 1835 年《纽约太阳报》的欺骗性报道和杜莫里耶的故事的影响，弗拉马里翁认为，由于火星上的大气极其轻盈，地心引力非常小，所以"火星居民……可能生来就会飞……要真是这样，那他们岂不是能像蜻蜓一样在湖泊和河流上空振翅飞舞了吗？"[14]

弗拉马里翁仅仅是描述火星人，而特斯拉却真的计划同火星人取得联系。在美国，对这种想法最具影响力的支持者毫无疑问就是学问渊博的洛厄尔了。他是马萨诸塞州著名的洛厄尔家族的后裔。受弗拉马里翁的影响，洛厄尔曾多次在各大报纸的头版新闻标题中使用"火星上有人居住"的字眼。他还撰写了很多学术文章，发表在了《自然》和《科学美国人》等颇具影响力的学术刊物上。[15] 这些文章最后都被收录到他的巨著《火星上的河道》（*The Canals of Mars*）中，由著名的麦克米兰出版公司出版发行。[16]

据洛厄尔推测，与地球上好战的人类不同，火星人生活在一个和谐美好的世界里。他们已经超越了野蛮的本能，能够"自觉地维护和平"。此外，火星人是聪明睿智的建筑师。他们非常节约火星上宝贵的水资源，而且懂得如何生活在文明的社会大家庭中。火星的历史较为悠久，火星人因此更加睿智老练。火星人在亿万年前就已经历了技术革命，所以他们已学会了从全局的角度在火星上耕作和收获。

在人类即将迎来一个新的科技社会的时刻，一想到我们不必独自面对这个快速发展进步的社会，我们就倍感欣慰。地球只是诸多有智能生命存在的星球中的一员，作为地球人，我们必要时可以向我们的"邻居"寻求指导和帮助。

19 世纪 90 年代末，洛厄尔在亚利桑那州的弗拉格斯塔夫建成了他的巨型望远镜。即使到了今天，它仍然是世界上最好的望远镜之一。在那儿，他向世界公布了一项又一项新发现。其中一项成果就是为宇宙星系进行编目，这些星系在当时被称作"岛宇宙"。

洛厄尔对当代思想的影响难以评估。比如，他提出的火星上有植物生存的假说就得到了沃纳·冯·布劳恩、威利·雷和 P. 博尼斯泰尔的响应。1956 年，这三人合著了《火星探索》（*The Exploration of Mars*），书中写道："这就是本世纪中叶的火星面貌：一颗不大的行星，它 3/4 的表面都被寒冷的荒漠所覆盖，其余部分则生长着一种（极其类似苔藓的）植物……火星并非一个没有生命的'死亡'星球……但是也绝不像 1900 年时很多人想象的那样居住着智能生物。"[17]

社会观念决定着社会现实。但社会是由不同的个体组成的，所以对于"火星上有人居住"这种观点，很多人往往会对他们自认为客观的科学发现加以渲染。在媒体的大力支持下，天文学家成了"火星上有生命存在"这一观点的最重要的支持者，当然，支持这一观点的发明家也不少。

伊莱休·汤姆森一直都非常热衷于研究天文学和占星术，同时也是天文学家皮克林教授的好友。他经常会把他的望远镜带到车间去，让他的工人们能亲眼看看火星上的河道网是什么样的。[18] 还有一些著名的科学家也对火星现象非常感兴趣，比如开尔文勋爵。1897 年 9 月，开尔文一到美国就对媒体宣布了他的想法——他计划在某个晚上从灯火璀璨的大都市纽约向火星发射信号，好让火星人知道我们在地球上。在参观特斯拉实验室的时候，开尔文自然同特斯拉讨论了这个想法。[19] 爱迪生也被探索火星奥秘所吸引。不过，他的愿望是发明一台类似于电话机的装置，同火星上那些逝去的亡灵、而不是活着的火星人联系。

"要想跟火星人打招呼，就得把（我的）无线电波传播原理运用到极致。"在 1896 年的《特斯拉是否会向火星发送信号？》一文中，特斯拉先生告诉采访他的记者，"我们可以将同样的原理有效地应用于将新闻信号传输到地球的各个角落。……地球上的每一座城市都是一个巨大的电路，因此，从纽约发出的信息可以在瞬间传到英国，甚至是非洲或澳洲。这将是一个多么伟大的壮举啊！"[20]

第十八章
上流社会（1894—1897）

> 尼古拉·特斯拉是个很了不起的天才，是电学领域史上最杰出的人物之一……我很荣幸将他推荐为俱乐部的会员，他的加入必将为俱乐部锦上添花。
>
> ——斯坦福·怀特写给桌球玩家俱乐部的推荐信[1]

对于特斯拉来说，转移至新泽西只是一个暂时的解决办法。没过几个星期，特斯拉便返回了纽约。在纽约休斯顿大街46—48号靠近唐人街的格林威治村[1]南边，他找到了一间实验室。特斯拉的精神非常紧张，一直处在精疲力竭的边缘，于是他开始试着用他自己的振荡器来恢复他的状态，同时也是一种实验。有关特斯拉振荡器治疗功能的报道渐渐在整个国家传开了。这种高频"活力增强器"可以产生一种"万能的治疗效力"，使用后能使人体"摆脱百病"。F.芬奇·斯特朗医生说，"振荡器的功效包括……增加力量、增强食欲、增加体重、减少人体所需的正常睡眠时间，以及治疗便秘等"[2]。还有一些医生说它还能治疗结核病。

"特斯拉认为，电流是最好的医生。他说他的实验室被烧掉后，正是因为他每天都运用电疗，才没有陷入忧郁。"[3]他说："我的振荡器的高频率可以产生一种抗菌和杀菌效果。"因此，在实验室的时候，他每天都会抽一点时间，脱掉衣服，踏上振荡器，然后打开电源。一种能产生刺疼感的电晕会霎时包裹他的身体，最后使他的身体恢复到最佳状态。

电已经成为一种新的万能物：它能治疗疾病，能用于执行死刑，甚至还能清理铁路两旁那些"妨碍火车行驶的"野草。"除草一直是一件很辛苦的活儿，但有了电动除草机，人们只需按一下按钮，杂草就被清理得干干净净了。"[4]

1895年5月，特斯拉和约翰逊夫妇共同出席了新建的华盛顿广场拱门的落成典礼。拱门的南面对着的就是格林威治村的华盛顿广场公园，北面则是第五大街的起点。

---

[1] 格林威治村（Greenwich Village）：位于美国纽约市曼哈顿岛西南部，当时是艺术家、作家聚集之地。——译者注

这座高大宏伟的建筑是由"留着八字胡的干劲十足的"斯坦福·怀特设计的，它比伟大的古罗马人和古希腊人所建的任何同类建筑都要高大和开阔。1889 年，在原来那座木质拱门的落成典礼上，约翰逊先生还朗诵了一首他自己写的诗。

这仅仅只是特斯拉和著名的斯坦福·怀特之间的又一次联系。由斯坦福·怀特设计的很多其他建筑、纪念碑正在重塑这座城市，使它看起来更加富丽堂皇，让我们看到了一个充满活力而又令人欢欣鼓舞的伟大时代。特斯拉经常在《世纪》杂志的办公室里碰到怀特，因为杂志社经常请这位艺术家为其杂志封面作画。特斯拉还在几次有尼亚加拉瀑布开发公司参加的会议上遇见过怀特，这些会议分别在德尔莫尼科餐馆、玩家俱乐部、华道夫酒店和麦迪逊广场花园楼顶餐厅举行。斯坦福·怀特还是一位室内设计家，他曾于 1887 年设计了位于曼哈顿的桌球玩家俱乐部；他还设计过纽波特[1]的网球俱乐部，设计了很多教堂和无数的官邸豪宅。据说，他知道该市所有名媛的闺房是什么颜色的。作为一名新潮流、新风尚的开创者和引领者，怀特喜欢追求感官冲击，他是这座富有感染力的大都市氛围情调的首席导演和设计师。特斯拉和怀特是很要好的朋友，他们经常在一起谈论他们对于未来的畅想。

特斯拉是在 1891 年认识怀特的，当时他们都在欣赏钢琴大师伊尼亚斯·帕岱莱夫斯基在楼顶花园大厅里进行的五场扣人心弦的演出。爱德华·迪安·亚当斯当时也在场，他极力地拉拢特斯拉和怀特，对特斯拉令人叹为观止的创造发明和怀特精湛高超的建筑艺术崇拜不已。他想借此机会让他们两位一起讨论一下在将来的尼亚加拉发电站中安装西屋公司生产的巨型发电机的最佳方案。

"尊敬的亚当斯先生，"怀特在信中写道，"我已收到了瀑布建筑公司的消息，我会尽快开始投入工作……因为麦金在芝加哥，米德在加拿大，就剩我一个人在这儿工作，难免有些忙乱……要不是因为去楼顶花园大厅欣赏芭蕾舞还能让我打起点精神的话，我可能早已经死了。"[5]那年年底，怀特把那些规划建筑的设计方案寄给了亚当斯。为了表示感谢，亚当斯向怀特赠送了一本有关宝石的书和一份"令人惊艳的礼物"（很有可能是一块红宝石或翡翠）。[6]

1893 年，特斯拉和怀特又见面了，因为他们两人都是芝加哥世界博览会的重要参会人员。1894 年，40 岁的怀特极力劝说特斯拉成为玩家俱乐部的会员。"你不会不同意我将你推荐给俱乐部吧？"他问道，"这家俱乐部的消费不贵，而且我觉得

---

[1] 纽波特（Newport）：美国罗德岛东南部的一个海港，避暑胜地。——译者注

你肯定会喜欢里面的人，再者，能在那儿时不时地遇见你将是一件很开心的事。"[7]
特斯拉请求他也邀请约翰逊加入该俱乐部，怀特答应了。

1895 年初，当时正值隆冬时节，怀特在塔楼他的房间里举行了一个小型晚宴，款待艺术家内德·阿比。他邀请特斯拉一同参加晚宴。为此，特斯拉"调整了自己的胃口，让自己食欲大增"[8]，准备大吃一顿。那里是怀特的"避难所"，身处其中的人容易思绪飞扬，在脑海中联想起一千个故事来。两人凝望窗外，整座城市尽收眼底。这一时刻足以象征一个人的社会成就达到了顶峰，因为只有社会上层精英才能进入到怀特的这个房间，外人只能想象一下里面的样子。为了表示感谢，这位发明家一个月之后特意邀请怀特和他的夫人贝茜以及他们的儿子劳伦斯去参观他的实验室。

亲爱的特斯拉先生：

非常感谢你热心地给我们展示了你那些精彩绝伦的实验，它们给我留下了非常深刻的印象。如果你愿意的话，我希望有一天能有幸再看一遍。

你真诚的：斯坦福·怀特

1895 年 3 月 2 日[9]

两个星期之后，特斯拉的实验室化为了灰烬；但是在这位电学家看来，火灾对他的影响只不过是换换实验器材而已。那年春，特斯拉收到了怀特大尺度的甚至近乎伤风败俗的邀请，怀特请他去参加自己搞的一个"美女馅饼宴会"。有关这次宴会的故事出现了很多版本，据说，宴会是在位于西第十六大街 5 号的吉米·布里斯臭名昭著的摄影工作室举行的，由 12 名穿着暴露的少女呈上了 20 道菜，这些菜是从雪莉饭店送来的。参加这次秘密宴会的还有怀特的其他好友，包括奥古斯特·圣·高登斯和罗伯特·里德两位艺术家和发明家彼得·库珀·休伊特。宴会进行到高潮时，那些妙龄少女身着更加性感撩人的衣服，在乐队的演奏声中，唱着歌，用餐车推着一个小汽车那么大的水果馅饼，返回到了宴会厅。和着《二十四只黑画眉》的曲子，馅饼壳猛地裂开，一群金丝雀拍打着翅膀从里面飞了出来，接着，一位袒胸露乳的女子从里面冒了出来。这件事一直不为人知，直到《世界》杂志爆料了其中的大致情节。[10]

特斯拉对这位建筑师的那些淫秽活动秘而不宣，他自己也有可能秘密地牵涉其中；不过，由于他有细菌恐惧症（洁癖），加上他修道士似的性情，这种可能性很小。

怀特非常钦佩特斯拉，因为特斯拉和他一样，也是一个塑造新时代的"雕塑家"，只是两人的方式不同而已。他和特斯拉会时不时在玩家俱乐部碰头玩一局台球，或是一起在麦迪逊花园广场观看拳击比赛（有时马克·吐温也会去）。特斯拉也陪同怀特以及他们圈子里的十来个朋友一起在南安普敦进行过短途帆船旅行。

有一次，怀特邀请特斯拉和一位名叫威廉·阿斯特·钱伯的非洲探险家一起去户外远足。像往常一样，特斯拉当时正在忙他的工作。但是，在怀特的一番软磨硬泡、刺激诱惑下，他还是妥协了。"我非常高兴你终于肯缓一下实验室的工作，和我们一块儿出去玩，"怀特说，"即便是德国的国王或是英国的女王来了，我也会让你而不是他们先登船。"[11]

1895 年是非常特殊的一年。这一年，美国政府濒临破产。在 1893 年的经济恐慌时期，所有的债券持有人都希望能掌握黄金而非纸币。印钞机构只能靠削减纸币的持有量而获得一些收益。到了 1895 年 1 月，美国已经到了无法偿还债务的境地。时任美国总统的克利夫兰私下找到一位名叫奥古斯特·贝尔蒙的犹太商人（这位富有的大亨同时也是西屋公司的财力支持者），让他去会见欧洲的银行家罗斯柴尔德，以获得替代性黄金储备。然而，不幸的是，当时有一股反犹太主义的浪潮正席卷全球。就在一年前，法国发生了一起很有名的审判，犹太上校阿尔弗雷德·德赖弗斯因"捏造的叛国罪"而被判刑。而罗斯柴尔德自己就是犹太人，又怎么能指望一个犹太金融家来帮助一个国家走出困境呢？根据摩根的传记作者乔治·惠勒所述，正是由于这个原因，约翰·皮尔庞特·摩根这位正直的新教圣公会教徒被推向了历史舞台的重要位置。[12] 在贝尔蒙的帮助下，摩根获得了 6000 万美元的外国黄金储备，使美国避免了因无力偿还债务而破产。这一事件标志着摩根成为了"华尔街之王"。

10 月，一位名叫乔治·舍夫的速记员来到特斯拉的实验室。这个 22 岁的小伙子彬彬有礼，他想在那儿找一份工作。[13] 特斯拉看了一下他的文凭等资历证明，然后录用了他。虽然舍夫对电力工程学一窍不通，但他的举止风度和聪明才智给特斯拉留下了深刻的印象。没过几天，这个年轻人就开始忙着抄录文件、誊写材料，并承担起了办公室总管的职责。

同样在 10 月，特斯拉给卢卡（罗伯特·安德伍德·约翰逊的外号）寄了一本佛教方面的书。夏末以来，特斯拉和约翰逊夫妇就一直没见过面。约翰逊夫妇去了一趟意大利，亨伯特国王给约翰逊授予了勋章，表彰他为一项国际版权法的立法所做的贡献。在此期间，特斯拉抽时间去布鲁克林听了印度宗教学者辨喜[1]的几场关于佛教的讲座。[14]"我亲爱的朋友，我最忠诚的异乡人，"约翰逊给特斯拉回信道，"你能记挂着我，还给我寄来一本书，我十分感动……我一定会找时间去你的实验室拜访你，跟你叙叙旧。"[15]

"得知你们又回到城里，而且乔迁漂亮的约翰逊公馆，我非常高兴，"特斯拉给菲利波夫夫人（指约翰逊夫人）这样写道，"关于我的实验室，没多少好说的，因为它还在装修之中。"[16]

特斯拉还在信中谈了些本地八卦新闻，比如，斯坦福·怀特因为不知该和漂亮两姐妹中的哪一位共度良宵而头疼；辨喜大师讲座的主旨是神的外在特性和灵魂的轮回转世。他还谈到自己又结识了新的百万富翁，比如铁路大亨兼美国参议员昌西·迪普，舰队参谋长、造船专家兼摩根公司一员的 J. 比弗尔·韦布，股票市场的操纵者兼通用电气的董事长达柳斯·奥格登·米尔斯，以及约翰·雅各布·阿斯特。

这些人当中，除了阿斯特之外，最富有的当属米尔斯。米尔斯在加州那次淘金热中在旧金山发了大财。他不仅是《纽约论坛报》的老板，还在第五大街"圣帕特里克大教堂（St. Patrick's Cathedral）对面"有一座宫殿般的豪宅，其华丽程度"恐怕连波斯的国王都会为之赞叹"[17]。米尔斯是继约翰·皮尔庞特·摩根之后、历史上第二位在自己的私人寓所里用电照明的人。据赫伯特·萨特利讲述，爱迪生的发明给米尔斯留下了非常深刻的印象，因此他坚持要成为爱迪生公司的合伙人。"只要你每购买一份爱迪生公司的股票，同时也给我买一份，我就同意你加入公司。"摩根答复他道。米尔斯同意了。[18]除了这些，特斯拉还有很多的事情要告诉他的好友——正在欧洲旅行的约翰逊夫妇。

这年年底，特斯拉开始给爱德华·迪安·亚当斯施加更多压力，希望他能改变约翰·雅各布·阿斯特的想法。在所有人当中，这位上校（大家都这么称呼阿斯特）偏偏选择了资助沃雷尔·基利。这种局面必须得改变，因为基利的电动机已经淘汰20年了，而特斯拉的交流电机已经改变了世界。马丁在给特斯拉的信中写道，阿斯特竟然如此轻信和易骗，这让他感到无比惊讶。[19]特斯拉再三请求阿斯特，希望他能支持自己。

---

[1] 辨喜（Vivekananda, 1863—1902）：原名纳伦德拉纳特·达塔（Narendranath Datta），印度教精神领袖、改革家。他接受西方教育，曾在美国和英国讲学，劝人参加吠檀多运动。1897年回到印度，创办罗摩克里希那教会，从事普及教育和慈善事业。——译者注

也许是想利用圣诞节的节日氛围，特斯拉在 12 月 19 日与阿斯特和他的航海顾问约翰·韦勃进行了会面，并谈了他的事业方向。"特斯拉先生，我很钦佩你的努力，"阿斯特评价道，"尽管在我看来，你最新的一些发明还没成熟到投放市场的程度。不过我会跟亚当斯先生讲的。无论如何，让我们随时敞开沟通的大门。"

那天下午，特斯拉给亚当斯打了电话；第二天又给阿斯特写了信，信中说：

尊敬的阿斯特先生：

如果你能加入我们，亚当斯会非常高兴的。我们一致同意，我们将共同从母公司的股份中向你和韦勃先生提供 500 到 1000 股，每股面值为 100 美元的股票，价格为每股 95 美元。

母公司拥有我的所有专利……（以及这些专利在国内外市场的收益权，）我相信，这些专利会对机械和电力技术的现状产生深远的影响。而且，比起目前已经被广泛接受的、我在电力传输方面的思想，这些专利一旦投入运用，将会产生更具革命性的影响。[20]

圣诞节越来越近了，特斯拉与约翰逊夫妇之间也开始了联系。收到约翰逊夫妇的圣诞邀请函，特斯拉满心欢喜。"亲爱的卢卡，"特斯拉在信中写道，"你知道，虽然我很乐意和那些百万富翁待在一起，但是你们的邀请对我的吸引力是如此巨大，我将不管他们……而来参加菲利波夫夫人准备的丰盛的圣诞节午宴。我很想与我的朋友、我最亲爱的朋友——约翰逊先生和夫人一起在莱克星顿大街 327 号的家中过圣诞。如果你们准备了一顿够 6 个人吃的晚餐，而且没有邀请其他任何人的话，那就正合我意了……我们将一起畅谈，享受上帝赐予的福佑与祥和，度过快乐的圣诞时光。"[21]

在吩咐仆人和阿格尼丝布置餐桌时，凯瑟琳向特斯拉释放出了一股强烈的情欲信号。特斯拉努力装作没看见，而是和罗伯特还有他儿子欧文谈一些工作方面的事情。特斯拉和罗伯特之间的事情，凯瑟琳从来都插不进去。凯瑟琳因为得不到她想要的而心痛不已，但同时，她的内心却又被这种东西完全占据着。

罗伯特离开房间时，凯瑟琳的欲望愈加强烈。就像她与这位男巫之间有心灵感应一样，当特斯拉离她近时，她的心便狂跳不止，荷尔蒙顿时爆发出来。凯瑟琳几乎一度失控，特斯拉只好退出了房间。

新年前一天，斯坦福给特斯拉寄来了一封信。他想让特斯拉雇用他朋友查理·巴尼的儿子、一名很有前途的小伙子。查理·巴尼是银行家，他与惠特尼和范德比尔特皆有往来。特斯拉随后回信道："尊敬的怀特先生，我当然真心地想帮帮这个有两位非常漂亮的姐姐的年轻人，不管想什么办法。但不幸的是，目前我还负担着三名多余的工人。由于火灾耽误了工作，这三人手头实际上都没活儿干。"[22]

随着特斯拉与约翰逊夫妇俩的关系越来越亲密，这对夫妇之间可能出现了竞争——究竟谁与特斯拉的关系更近？特斯拉在新年之后给约翰逊写信道："亲爱的卢卡，我知道你对我很有感情，我很高兴。但当我了解到你身上的疖子让你如此苦恼时，我又感到很失望。这使我甚至怀疑你还是不是一个英雄。因为英雄是不会因为一个疖子就卧床不起的。"[23]

尽管凯瑟琳 12 月见到过特斯拉两次，但这反而使她对他的思恋更加强烈了。现在，凯瑟琳面前有两个男人：一个是学识渊博的教授、讨人喜欢的绅士，像马克·吐温、约翰·缪尔、拉迪亚德·吉卜林和泰迪·罗斯福这些名人，都是他的朋友，虽然他确实患有皮肤病；一位是有着异国情调的国际知名的电学奇才，他非凡的天才有望彻底改变整个世界。她到底该选择爱哪一个？这个问题让她备受折磨。凯瑟琳很想同特斯拉"走得更近"，使她能和他谈谈他们之间的"心灵感应"。

> 亲爱的特斯拉先生：
>
> 　　在过去的三年里，我有过一种非常美妙的体验。如今，关于这种体验的美好回忆差不多都已经随风逝去，有时候我很害怕有一天这种体验会消失得荡然无存。所以在茫茫人海中，我想你——也唯有你——应该对它有所了解，而且你肯定会对其产生科学兴趣的，我将这种体验叫作"精神感应"（thought transference）。也许这根本不是什么精神感应，不过我实在想不出一个更好的词来形容它。我一直想把这些讲给你听，可每当我和你在一起的时候，我永远都表达不出我想说的话。我好像只会一件事儿。求你明天一定要来。
>
> 你真诚的：凯瑟琳·约翰逊
> 1896 年 2 月 12 日

斯坦福是那种会把妻子丢在纽约湾长岛上，而自己却在他位于格拉莫西公园的单身公寓或是在麦迪逊广场花园塔楼顶的阁楼里追求一些刚出道的年轻女演员的人。但"亲爱的特斯拉先生"跟他不是一类人。一般他都会和她们保持一定距离。不过，特斯拉跟女人一起用餐时，偶尔也会用眼神去挑逗她们，但他与女人的关系最多也就发展到这个限度。

辨喜宣扬说保持贞洁是自我蜕变与觉悟的必由之路。特斯拉在某种程度上受了辨喜的影响，因此自己立誓要保持贞洁。

1896年2月13日，特斯拉与刚刚结束话剧《伊奇埃尔》（*Iziel*）表演的莎拉·伯恩哈特一起参加晚宴，并由此结识了辨喜。和其他人一样，特斯拉第一次听说这位哲人是在1893年的夏天，当时正值芝加哥举办世界博览会，在此期间也召开了世界宗教大会，辨喜在会上作了演讲，结果一夜成名。在辨喜发表该演讲一个月前，特斯拉就一直待在芝加哥，因此他很有可能见到过这位宗教大师，或者亲自聆听了他的演讲。

辨喜给这位"伟大的电力学家"讲了"生命力"和"以太"。在特斯拉看来，这是辨喜理论中仅有的两种能为现代科学所接受的理论。

在研究了勃拉瓦茨基[1]夫人的通神学理论后，特斯拉已经精通了有关以太以及阿卡西克记录[2]的思想观点。阿卡西克记录其实就是所有存在于以太之中处于振动状态下的历史事件的记录。

接着，这位宗教大师讲道："梵天[3]（即宇宙意识）产生出以太和生命力。"

特斯拉很赞同这一佛教思想的根本前提。他回应辨喜，这一理论可以"用数学的方法加以证明，即证明力和物质是可以转化成势能的"。随后，特斯拉邀请了辨喜大师和他的几个信徒，以及莎拉·伯恩哈特在第二周到他的实验室去，他将通过实验证明这一原理。

在特斯拉向这位宗教大师展示了他的一些"创造物"之后，大师指点道：纯粹的创造，或者说"无"中生"有"是不可能的。辨喜认为，发明创造是将现有的物质元素组合成新物质的过程。对于特斯拉来说，物质的存在无始无终、具有永恒性这一观点很有吸引力。特斯拉在他随后的著述中也提到了这一观点及其相关的概念。今天的宇宙学中将这一理论称为永恒创造的宇宙稳恒态学说（steady-state

---

[1] 海伦·彼得罗夫娜·勃拉瓦茨基（Helena Petrovna Blavatsky，1831—1891）：俄国通神学家。1875年在纽约创建通神学会。1879年抵印度，3年后建立通神学总部，并创办《通神学家》杂志。——译者注

[2] 阿卡西克记录（Akashic Records）：意为以太记录，神学术语。"阿卡西克"一词是由梵语"Akâshic"音译而来的，可意译为"天空覆盖之下""空间"或是"以太"，是一种不可知形态信息的集合体，被编码储存在以太之中。换言之，它是指一种非物理层次的存在（意即无法被知觉或体验）。——译者注

[3] 梵天（Brahmâ）：印度教中的三大神格之一，为一切众生之父。——译者注

theory of eternal creation）[1]，与被更广泛接受的宇宙大爆炸学说相反。宇宙大爆炸学说假定宇宙时间的开始有一个具体的日期。宇宙大爆炸学说之所以被更广泛地接受，其中一个原因在于，宇宙是在不断扩张的。如果我们将时间往前推移，宇宙中所有的物质在过去的某个时间聚合在一处的说法似乎是合乎逻辑的。据目前的估算，宇宙大爆炸发生的时间大约在 150 亿年前。[24]

阿斯特是如何被基利欺骗的？这对特斯拉来说是个谜。这位金融家拒绝参与这次风险投资。对于特斯拉的合作提议，他考虑了整整一个月，最后还是作了这样一个决定：

尊敬的特斯拉先生：

你的来信我已收到。在信中，你说将会以 95 美元一股的价格卖给我一些振荡器产品的股票……但我觉得 95 美元的价格似乎有点儿高了，因为虽然这些股票所涉及的那些发明产品毫无疑问会给我们的生活带来巨大的改变，但是在今后的一段时间内它们可能赚不到什么钱，而且，投资总是避免不了会有很多风险。

撇开商业利益不谈，我个人衷心希望你这种振荡器能取得巨大成功！我希望我能很快亲自用一用这种产品。

依然是你真诚的：约翰·雅各布·阿斯特

1896 年 1 月 18 日 [25]

虽然阿斯特在回信中拒绝了，但这封信并不代表他彻底拒绝了特斯拉。后来特斯拉又努力了一两个回合，最终还是钓上了"这条大鱼"。

对于特斯拉来说，这些振荡器当然不是他的终极目标。他的目标是将能量送进地面，将地面作为导体来传输信息与能量。然而，特斯拉一直对这项计划的具体细节高度保密，甚至特斯拉的员工都对其不甚了解。1896 年 2 月底，特斯拉秘密乘火车到了科罗拉多斯普林斯，去为他的新实验室寻找新的地址，同时还在那儿做了几项他在实验室被烧毁之前就想做的无线电实验。其中一个实验是这样的：特斯拉请了一位同行（可能是当地一位工程学教授）将一首用自鸣筝弹奏的歌曲翻越派克

---

[1] 宇宙稳恒态学说：1948 年由英国的邦迪、霍伊尔和戈尔德等人提出的宇宙模型。他们认为宇宙在空间上均匀而且各向同性，在时间上稳恒不变；宇宙各处不断从虚无中产生物质，以保证宇宙膨胀中物质密度维持不变。在理论上，它违背了通常的守恒律。——译者注

峰[1]传送到他的接收设备上。特斯拉将接收装置放置在 4 英里外的山的另一边，它包含另一架自鸣筝，它的音色被调得和第一架自鸣筝一样。

实验取得了成功。在山的一边演奏的歌曲《本·博尔特》（*Ben Bolt*），在山的另一边借助地面共振频率也接收到了。然而，特斯拉却混淆了其中所用到的设备的具体细节。他向媒体表示，实验中所利用的能量来自于地面，而不是他的振荡器，然后这一消息又一次成为了媒体的头条。

基于这样一个错误的前提，1896 年 3 月 8 日出版的《世界》杂志周日专版的第一页不但宣布特斯拉在无线电研究上取得了历史性成就，还说这个实验验证了一个假设，即地球上蕴含着取之不尽的"免费能源"。通过开发这个能源宝库，未来前景光明："电力资源会像空气一样不花钱就能触手可得……电报公司、电话公司以及其他垄断性行业将会轰隆一声破产倒闭。"

---

[1] 派克峰（Pikes Peak）：美国科罗拉多州东部的山峰，位于落基山脉的前岭，靠近科罗拉多斯普林斯。海拔约为 4302 米。——译者注

第十九章
"影子照相"技术（1896）

> 几位发明家一个接一个地宣布自己（放射线摄像技术方面）的研究进展，这引发了一段与伦琴射线的发现有关的插曲……奥利弗·洛奇宣称他造出了能看穿一个人身体的机器。几天后，爱迪生宣布他的机器能看透两个人的身体。不到一个星期，特斯拉又发明出穿透力极强的射线，能清晰地看透三个人的身体。当特斯拉将这一成果展示给爱迪生看后，这位骨子里嫉妒心很强的大人物并没有流露出一丝嫉妒，而是笑着说道："好了，让我们就此停下来吧。你觉得如何？我觉得我们三个人就足够了，足以统治这个领域。"
>
> ——《纽约邮报快刊》[1]

新年到来几天前，威廉·伦琴的一项重大发现震惊了整个科学界。他发现了一种非常奇异的未知能量，他称其为 X 射线。这种射线是从他的勒纳管和克鲁克斯阴极射线管里放射出来的。迈克尔·普平写道："在我的一生中，没有一项发现能像 X 射线的发现这样吸引全世界的关注。所有的物理学家都放下了自己正在研究的问题，不顾一切地扑到这项最新的研究上。""令人惊讶的是，"普平补充道，"据我所知，我是唯一一位在真空管研究方面有过实验经验的物理学家……伦琴在德国宣布这一发现两个星期后，也就是 1896 年 1 月 2 日，我在美国得到了第一张 X 射线照片。"[2]因为普平的实验非常成功，所以他压根儿就没有提及他的同胞特斯拉。在他看来，特斯拉只是个微不足道的人物。

伦琴一公布他的发现，可谓是一夜成名。他向世界宣布，他发现了一种从阴极射线管发出的新能量，它可以穿透固体物，照亮房间里很远一侧的感光物质，从而拍摄出生物体的内部器官和骨骼的图像。正如普平所说，当时全世界的科学家都放下了手头正在研究的项目，投入这项激动人心的新课题中来。特斯拉也在两年的时间里围绕这一课题写了至少 9 篇文章。特斯拉其实在几年前可能就已经发现了这些射线以及它们在照相纸上的反应[3]，遗憾的是他没有继续深入研究这一现象。所以，威廉·伦琴毫无疑问地成为了"影子照相"（shadowgraphs）技术（特斯拉喜欢这样叫）的发明者。

"影子照相"这个词是特斯拉从索伦·克尔凯郭尔[1]那儿借用"影像"（shadowgraph）一词而来的。索伦·克尔凯郭尔曾在他的《非此即彼》（Either/Or）一文中对此有过描述。这位存在主义哲学家认为，这种影像"源于我们肉眼看不到的……生命阴暗面，只有当我看透外表时，才能感知到（这种影像）……才会发现，这种内在的图画是如此的精致，以致我们从外部用肉眼根本看不到；它的结构之精致，就仿佛是由心灵深处最柔软的情感编织成的一样。"4

在欧洲，稀薄的 X 射线是用静电起电机和伦可夫感应线圈产生出来的。与之不同的是，特斯拉建议将一个高频干扰线圈连接到一只带有两个电极的特殊灯泡上（阴极置于真空灯泡内，用来产生"阴极电子流"；阳极置于灯泡外尽量远的地方，用于限制电势的降低）。使用这个装置"可获得400万伏的有效电压"5。一开始的时候，电灯会发热，并发出一种略带紫色的光，然后电极将分解，灯泡将冷却下来。使用一个风扇将会很有帮助。"接着……灯泡就处于一个能产生伦琴射线影像的良好状态。"如果电极过热，那有可能是灯泡的真空度不够高的缘故。6

这个装置能产生如此高的电压，它不仅可以用来检测灯泡发出的能量的品质，以及这种能量穿透生命体和非生命体的穿透力和被反射的效果，而且也为特斯拉今后的粒子束武器实验奠定了基础。

1896 年，特斯拉探讨了一种观点（量子物理学家几年之后才公布这一观点），即放射线兼具粒子和波的特性。特斯拉建起了用电极流射击的靶子，然后写道："感光板上所产生的效果要么是源于发射出的粒子，要么源于（频率极高的）振动。"7这位发明家进一步推测道："这些电极流是由一些处于最原始状态的物质形成的……类似的电极流只有太阳或是其他辐射能量源才能发出。"8特斯拉差一点就想到将电子分解成亚原子的创意。"这些发射出的块状物质充当了非弹性体的作用，近似于无数颗微型铅弹头……这些块状物被撞击后裂成了极其微小的碎片，小到完全丧失了受撞击前所具有的物理属性……在伦琴射线现象中，我们也许能观察到普通物质转化成以太的现象呢？9（难道没有这种可能吗？）换句话说，我们也许能恰巧遇上物质分解成某种不知名的初级物质形式的情况，比如，印度宗教经籍中提到的以太的情况。"10

---

[1] 索伦·克尔凯郭尔（Søren Kierkegaard）：丹麦宗教哲学家，被认为是存在主义哲学的创始人。——译者注

这位发明家兼物理学家接着用 X 射线给小鸟和兔子等小动物、实验室的工人，还有他自己的颅骨、肋骨、椎骨和四肢照了相。由于其中一些 X 光片需要花长达 1 个小时才能完成拍摄，特斯拉有时会在操作机器时睡着，醒来才发现自己一直被机器辐射着。

一周又一周，特斯拉有时会仓促地写出一篇文章，论述他的"最新成果"。1896 年 3 月 18 日，他在《电气评论》上发文宣布，他已经能在 40 英尺的距离外拍下人体的 X 光片，而且能使距离射线源 60 英尺远的感光纸感应到辐射线。这位发明家还测试了好几种不同的金属，看哪种金属对辐射能的发射效果最佳。这篇文章配有一幅很大的特斯拉胸腔骨骼的 X 光照片，看上去不禁给人一种怪异而恐怖的印象。[11]

"我和我的一些朋友讲，"特斯拉写道，"借助 X 光和一个屏幕，我们就能看到一具具骷髅从大街上走过的情景……我之所以提到这一古怪的想法，是想将其作为一个例证，说明科学的发展与进步甚至会影响我们的道德伦理和风俗习惯。也许很快我们就会适应这一情形。"

在特斯拉看来，伦琴射线为我们打开了一扇观察隐形世界的门，为我们探索更多的可能性创造了机会。"伦琴为我们提供了一把神奇的枪，它发射出的'子弹'有着比炮弹还要强一千倍的穿透力，射程或许能达到数英里……这些'子弹'是那么的微小，所以即使它们连续数天、数周甚至数年地射穿我们的机能组织，可能也不会有什么伤害。"

一整年的时间里，特斯拉一直患有"流感"。他的这一病情时常见诸报刊，但似乎没有人把它与特斯拉过多地从事 X 射线的实验研究联系起来。事实上，关于 X 射线可能给人体带来的危害，特斯拉曾这样写道："实验员根本不用因为担心伦琴射线的危害和毒副作用而停止对它的研究。因为我们似乎可以合理地断定：这种辐射物可能需要积累几百年才足以对人的生命活动产生严重影响。"[12] 当然，我们今天知道，这种观点是错误的，因为人体若是长时间暴露在 X 射线下，会给健康带来严重的危害。

不过，特斯拉提到，他在做 X 射线的实验时，前额中央有疼痛感；此外"皮肤也受到了伤害：皮肤上有发炎的症状，而且还起了泡"。但他认为这些是由实验产生的臭氧引起的；而实际上，少量的臭氧却是"一种最有效的杀菌剂"。然而，实验室发生了一起严重的事故：他的"一位非常亲密而又热心的助手……由于没有使用任何保护屏……身上出现了严重的水泡，皮肉都绽开了。"这位发明家对此"非常痛心，于是把这次事故的详细经过记录了下来，以提醒别人注意安全，降低这种射线带来的危险。"[13]

爱迪生在伦琴射线方面的研究发现也频频成为报刊头条，尤其是在他发现电极流能让盲人的眼睛感觉到光线时。"X 射线能让盲人突然惊喜地喊道：'我看见了！是的，我看见光了！'"[14]

爱迪生发明的荧光镜已经被用作眼外科手术的眼睛照明设备。他看到了 X 射线应用的新前景——借助 X 射线，或许能在某种程度上恢复眼睛的视力。[15] 但特斯拉却对此表示怀疑。于是，新闻媒体便开始拿这个做文章，以头条新闻的方式进行大肆渲染，将这两位电学先驱人物又一次放在了对立面。"那个一本正经、毫无幽默感的阴暗的匈牙利人[1] 用很有正义感却让人不快的口吻说：'在几乎毫无基础的情况下燃起失明者的巨大希望，这也未免太残酷了吧……这样做对患者有什么好处呢？'"[16]

历史证明，爱迪生确实错了，因为 X 射线并没有被用于"刺激视网膜"以恢复视力。但是他与特斯拉这两位天才却用 X 射线创造了很多奇迹。比如，他们能使用 X 射线仪器确定伤员骨头里子弹的具体位置。有一件事让人庆幸，即肯塔基医学院为两人创造了契机，帮助两人结束了他们之间的争论。在选举民意调查的一次争斗中，一位选民的一只脚被鸟枪子弹打中。医学院通过"结合使用特斯拉和爱迪生的设备"，取出了这位受伤者脚部的子弹。仅仅用了 90 秒，X 射线就准备好了，在 X 光的照射下，"每一根骨头都清晰地显示了出来，30 多块骨头的位置也一目了然。"[17]

为了庆祝这一次成功，同时也为了消除媒体所谣传的特斯拉和爱迪生之间的敌意，T. C. 马丁连哄带骗地让特斯拉和爱迪生以及很多其他电学专家一块儿乘坐一艘中桅帆船去桑迪胡克岛（Sandy Hook）附近钓了一天鱼。这次活动由安全绝缘线缆公司（Safety Insulated Wire and Cable Company）提供赞助。尽管在途中突然阴云密布，电闪雷鸣，很快下起了暴风雨，但是"这些勇敢的'垂钓者'们毫无畏惧……这一队人兴高采烈、心满意足地在大西洋的浪涛中破浪前进……显得无比庄严而宏伟……傍晚时分，帆船开始调头往回行驶……特斯拉抓了一条很大的比目鱼……而爱迪生也有不小的意外收获。"[18]

---

[1] 特斯拉为塞尔维亚人，这里是爱迪生弄错了。——译者注

第二十章
瀑布演说（1897）

在庆祝尼亚加拉到布法罗之间输电成功的宴会上，特斯拉作了一次长篇演讲。看得出他不只是一个整天埋头苦干的科学研究者，他还是一个富有智慧的梦想家、一位诗人、一个不停地为造福全人类而进行发明创造的博爱之人。他惊讶于人类的愚蠢——他们把本可以用来发明工具的功夫拿去造枪炮！他天生满怀希望……他关注世界，更关注全宇宙。他可以从瀑布中探索能量；同时，他希望有一天，我们能开发利用存在于星球间的无形自然力，利用使得星辰沿着轨道运转的宇宙能量。他期待未来的某个时候，电力价格变得非常低廉，被广泛使用；大量的劳动都交给不知疲倦的机器来完成，人们的生活变得更加精彩而有意义。

——查尔斯·巴纳德[1]

1896 年 7 月，特斯拉到尼亚加拉大瀑布对这项大工程进行了第一次实地考察。和他同行的还有乔治·威斯汀豪斯、爱德华·迪安·亚当斯、威廉·兰金和美国海军中校乔治·梅尔维尔。宾夕法尼亚铁路公司（Pennsylvania Railroad）的动力主管托马斯·埃利也在现场。从好几个方面来讲，特斯拉对于这 5 个人都是非常重要的。

他们抵达时，《尼亚加拉报》（*Niagara Gazette*）的一位记者欢迎了他们。"特斯拉是一个理想主义者，"这位记者随后写道，"他大约 6 英尺高，身材瘦削但是结实；肤色较黑，看上去有些紧张。花痴少女们可能见到他第一眼就会爱上他。但是，他可没工夫去想花季少女。实际上，他甚至认为发明家不应该结婚。他夜以继日地忙着研究那些令他着迷的高深问题。不管是谁，只要和他聊上几分钟，便会有这样一个印象：科学才是他唯一的情人，他对这位'情人'的关怀超过金钱和名誉。"

兰金预计，布法罗 11 月能通上电。而威斯汀豪斯则预计，水电的成本会比蒸汽动力低。兰金非常赞同地补充道："你可以这么说，它的成本将比蒸汽动力低一半。"

"特斯拉先生，您认为尼亚加拉瀑布水电开发会对布法罗和尼亚加拉瀑布城产生什么影响呢？"

"影响就是：这两地会'伸开双臂'，直到它们能彼此接触。"[2]

特斯拉一行人穿上了雨衣，走近这气势磅礴的自然奇观；当他抬头仰望着头顶咆哮着的大瀑布时，内心激动不已。小时候，他们家距离普利特维策十六湖国家公园只有 50 多英里，那里的溪流瀑布像迷宫一样纵横交错，煞是壮观；但那些瀑布与眼前这个震耳欲聋的大瀑布相比，简直就像小人国居民相比于格列佛。这位发明家如往常一样走在后面，他的思绪飘回到了他的家乡，一种自豪感油然而生。他已经有 4 年时间没见家人了。15 年前，他成功地建造了一个用水带动的涡轮；而大约 35 年前，他曾告诉他的叔叔，他梦想有一天自己能开发利用尼亚加拉大瀑布。站在这个令人敬畏的自然杰作面前，特斯拉显得如此渺小，他看着其他人沿着狭小的通道消失在水雾形成的彩虹中，自己却坐了下来，陷入了沉思之中。

"特斯拉先生，我们走吧。"极其耐心地等了特斯拉好一会儿后，亚当斯招呼他道，因为按照预订的行程安排，下一站要考察的是爱德华·迪安·亚当斯水电站，这是以亚当斯名字命名的两个水电站中的第一个。这座宏伟的水电站是由斯坦福·怀特设计的，它装有 12 台大型特斯拉涡轮机，总发电量预计能达到 3.5 万千瓦。一长排高耸的外形酷似水壶的发动机仿佛是巨人组装起来的若干小配件，这几个人看起来就像小矮人一样穿梭徜徉其中。这个电站将源源不断地生产出高效而无污染的电能，然后输送给工厂，并给将近北美大陆 1/4 的街道和居民提供照明用电。随着脚步的回声渐渐消失，他们来到了发电站，一行人默默地驻足在这个标志着一个新时代即将到来的"圣殿"之中。

回到纽约，特斯拉发现有一封威廉·普利斯先生的来信。[3] 信中提到，一位有着一半英国血统（母亲是英国人）、一半意大利血统的年轻人曾带着一台摩尔斯电码无线装置顺道造访了普利斯的办公室，这台装置是基于海因里奇·赫兹的研究成果制造的。这位年轻人名叫古列尔莫·马可尼，年仅 22 岁。他带的笔记本里记录和评述了该领域研究的相关文献（很有可能是赫兹、洛奇和特斯拉的著述）。马可尼选择去找普利斯是非常明智的，因为普利斯当时是英国邮政局局长，而且自己也做过相关实验——检测电报线在地面上的电磁感应效果。[4]

特斯拉在很多年以后回忆说："普利斯在英国皇家邮政局的资助下，用经典的赫兹装置做了一些实验，然后他给我写了一封信，信中说，由于没什么价值，实验被取消了；但是他相信，若采用我的交流系统，可能会有好的效果。我在回信中答应他，我会自己准备两套装置进行实验，于是我请他给我提供一些实验设计必要的技术细节。就在此时，马可尼断然声称，他已经用我的交流系统试过了，并不起作用。很明显，他达到了否定我的目的，因为他完全没有按照我的设计去做。"[5]一年后，1897年9月2日，特斯拉的第一项无线通讯专利获得通过（专利号为650353）。

次月，也就是1896年8月，特斯拉收到了一封来自凯瑟琳的有些矫情的恳求信。她当时正和一家人在缅因州巴尔港（Bar Harbor）的一个度假村度假。虽然她迫切地希望特斯拉加入他们，但她却只能很委婉地表达自己的心愿。

> 亲爱的特斯拉：
>
> 听说你病了，我很是担心……停下你手头的工作，休息一下吧。我很害怕，怕你因为高温而病倒……找一个凉快的地方避避暑吧，别待在纽约了，因为那样你只会每天从早到晚待在实验室里……
>
> 我亲爱的朋友，你犯了一个错误，一个致命的错误。你自以为你不需要做点工作以外的事情，好好放松一下。你已经累坏了，而你却还不知道你需要点什么。要是有人去接你然后带你离开那里，该有多好啊。我给你写信，并不知道、也不指望能得到什么。我的言语是如此无力，也许你读完就忘掉了。
>
> 但这些话我还是得说，我必须说。你会不会给我回复只言片语呢？要是我能收到一封盖有新邮戳的回信，那我该有多高兴啊！
>
> 你真诚的：凯瑟琳·约翰逊
>
> 1896年8月6日[6]

对于凯瑟琳的矫情，罗伯特还是有些了解的。于是，他也给特斯拉写信，邀请他和他们一起度假。"谣传说你已经热得'融化'在实验室里了……不过我知道，如果让你离开德尔莫尼科餐馆超过3英里，你便会觉得不安全[1]。"[7]

也许凯瑟琳是对的，因为即便等到他们夫妇从欧洲度假回来之后，特斯拉也没有时间去找他们。连他姐姐、妹妹远从克罗地亚寄来的信他也顾不上看一下，尤其是妹妹马里察的信。和凯瑟琳一样，马里察问他为什么不回信。虽然伦琴射线的研究工作在好几个月前就已经停止了，但是由于疾病困扰和过度劳累，他仍然非常憔悴。现在，他又在无线电研究领域与马可尼等新人展开了一场竞争。因为担心自己的发明成果被剽窃，特斯拉的实验室变得更加神秘了。

---

[1] 特斯拉有着严重的洁癖，所以他不愿随便到一个地方就餐。——译者注

亲爱的特斯拉：

　　一个陌生人给你写信，也许显得有些冒失。但是约翰逊夫人（我的妻子）——你们见过面的，可能你还记得她——和我都情不自禁地想共同祝贺你，祝贺你取得了布法罗输电实验的成功……如果你——一个我们不甚了解的人觉得这似乎过于失礼的话，我希望你会把这种失礼的原因归结于我们对于人类进步的关心。

你的朋友：罗伯特·安德伍德·约翰逊

1986 年 11 月 7 日 [8]

　　特斯拉想放松的兴致终于上来了，为了庆祝圣诞，他和他最要好的约翰逊夫妇共进了圣诞晚餐。为了对之前的疏远和怠慢向他们表示歉意，特斯拉还给菲利波夫夫人送了一束精致的鲜花。

　　在冬季天气最恶劣的 1 月中旬，尼亚加拉水电站落成庆典在布法罗的埃利科特俱乐部（Ellicott Club）举行。所幸的是，当天的天气还不错。350 名美国最著名的商界人士顶着 1 月的严寒，不辞辛苦地来参加这次庆典。典礼由摩根的得力代表、格罗弗·克利夫兰总统的法律顾问弗朗西斯·林德·斯泰森主持。出席典礼的人员名单真可以算是美国商界名人录。奇怪的是，有几个受邀的重要人物缺席了这次庆典，比如约翰·雅各布·阿斯特、约翰·皮尔庞特·摩根、托马斯·阿尔瓦·爱迪生等。

　　"斯泰森先生谈到了笼罩在布法罗上空的雾霾，他说新的时代即将到来——电力将来自尼亚加拉大瀑布，而非来自煤炭或蒸汽……当他介绍尼古拉·特斯拉这位世界上最伟大的电力学家出场时，场内响起了振聋发聩的喝彩声，来宾们立刻全都站了起来，疯狂地挥舞着手中的餐巾，为这位名扬四海的科学家欢呼。过了三四分钟，现场才安静了下来。" [9]

　　特斯拉的演讲中有很多地方流露出他的一些心理特征。演讲一开始，他就对自己进行了一番贬损："在一些避免不了的场合，我总是怯生生的、几乎没有足够的勇气对着观众讲话……即使现在我要开始讲话时，虽然那些退却的想法会消失，我还是会有那些常人皆会有的感受：我会想放弃、会恐惧、会哑口无言。此刻，我已经在你们的表情里看到了失望，看到了你们因错误地选择今天来这里而感到的后悔。" [10]

特斯拉为什么会用这样一个糟糕的开场白来"破坏气氛"呢？这其中明显有一种很深的自卑感在作祟。特斯拉心里非常清楚，这次庆典主要就是为了向他致敬，是他的人生巅峰时刻，并借着祝贺特斯拉来歌颂伟大的全人类。特斯拉为什么就不能祝贺一下自己或欣然接受他应得的赞誉呢？在这儿我们看到了他有着强烈自卑感的第一个明证，也清楚地看到了他性格中自我破坏的一面。日积月累下来的根深蒂固的阴暗的压抑感充斥着他的血液，像九头蛇[1]一样永远无法根除。

但不管怎样，他的发明改变了整个世界。他的名字——尼古拉·特斯拉在与他的新交流系统有关的专利书中出现了十几次。他受到了商界和工程学界"极其热烈"的称赞。他以精细的方式极大地改变了人类前进的方向。这是一个向王者致敬的庄严时刻：由于特斯拉的实际行动，人类的发展进程和整个世界的格局都将发生永恒的、积极的改变。

然而，就在他心中最大的愿望已经实现的这一刻，他精神深处的一些东西也被触动了。从精神分析的角度来看，特斯拉现在所取得的非凡成就已经象征性地让他死去的天才哥哥复活了，他终于可以安慰和补偿哥哥的死给父母带来的永久性创伤和损失；往大的方面说，他的多相交流电系统给这个世界带来了全新的生活。然而，他的心里仍然有阴影。他很难去享受此刻的快乐而不破坏这种气氛。他继续他的演讲："先生们，我说这些话绝不是我自私地想博得你们的好感，也不是在放纵我的缺点；我是因为自己让大家感到失望而真心诚意地向你们道歉。……但我希望在我的一句句杂乱无章、残缺不全的话语中……大家能找到些许有益、有趣的东西，也不枉费这样一个独特的时刻。"[11]

在下意识里，特斯拉一心只想通过贬低自己为尼亚加拉水电工程所作的努力来达到彻底贬损自己的目的。斯泰森在来布法罗的列车上可能就已经看过特斯拉的演讲稿，并预料到可能会有眼前这样糟糕的后果，因为从演讲稿来看，特斯拉似乎一直在等待一个合适的机会斩断拖在他后面的那条名誉的尾巴。

来到尼亚加拉大瀑布，特斯拉开始觉得自己并不单单是一个发明家，他还是个艺术家，不过他的作品不是足以传世的不朽画作，也不是脍炙人口的音乐作品，而是伟大的实用技术。尼亚加拉瀑布只是他实施更加宏伟的蓝图的一块基石。接着，

---

[1] 九头蛇（hydra）：希腊神话中的生物，传说它拥有九颗头，斩去一颗头就会生出两颗头。用以比喻难以根除的祸害、大患。——译者注

特斯拉在演讲中向那些"怀有仁爱之心"的商界人士以及那些作出了巨大贡献的科学家们表示深深的敬意。他赞扬了弧光灯的发明人查尔斯·布拉什、真空管的发明者菲利普·勒纳、列车发动机的设计人弗兰克·斯普拉格，以及威廉·伦琴、瑞利勋爵、伊莱休·汤姆森、托马斯·爱迪生和乔治·威斯汀豪斯。"所有这些人，以及更多的人都在孜孜不倦地努力工作着，他们探索研究并不断地开拓出一个个充满光明前景的未知领域。"

> 在所有研究领域中，有一个领域对人类的生存和生活质量有着重大意义，那就是电力输送……我们有很多历史纪念碑，它们展现着各民族的伟大、人类的力量以及人类对艺术的热爱和对宗教的忠诚。但是，尼亚加拉大瀑布水电站这座丰碑有着它独特的价值和意义：它无愧于我们这个科学的时代，是一座真正的启蒙之塔、和平之碑。它象征着人类征服自然、利用自然的力量为自己服务，告别那些粗野的生产方式，使数百万人摆脱匮乏和痛苦……电力是我们赖以生存和发展的支柱，也是诸多形式的能量中最重要的一种。[12]

斯泰森觉得是时候去打断特斯拉了，于是他走上台，在特斯拉耳旁嘀咕了几句。特斯拉随后突然宣布："我刚才被告知，再过三分钟，我们就得离开了……我还能说点儿什么呢？（此时台下一片呼喊声：'不，不要！'）……我要向那些致力于这项伟大工程的建设并为了它的胜利竣工而英勇奋斗的先驱者们表示祝贺！布法罗的乡亲们、朋友们，请允许我向你们也表示祝贺，因为尼亚加拉瀑布的开发这一奇迹已经为你们增加了无数的可能性，你们所在的这座城市马上就将成为这个大瀑布——世界一大自然奇迹——真正的邻居！"[13] 因为要赶火车，所以演讲未完的部分随后刊登在了电学刊物上。

不过，幸好他中止了他的演讲。因为至少在他结束演讲时我们听到了他对尼亚加拉巨大成就的积极评价，也看到了特斯拉正在为世界的新远景播下种子。他不是一名普通的技术工程师，而是一位艺术大师。获取金钱利益不是他的目的，他的目标是给广大群众提供价格低廉的电能。在他的理想中，商人不是贪婪的资本家，而是道德高尚的慈善家。当然，这只是个乌托邦式的理想，这个理想也许有一天会成为现实。正如我们后来所看到的，为了支持特斯拉普罗米修斯式的事业，那些金融家们给予了他资金支持；而特斯拉之所以毫无畏惧、甚至可以说有些鲁莽地花费那些赞助人对他的"捐助",他乌托邦式的理想也许是一种理由,或者说是一个合理的解释。

打惯了"大师"牌的特斯拉押上了他所有的"赌注",他的目标几乎是能拥有将自己变成神的能力。如奥尼尔所写,这是他的"超人情结"使然。

> 我们绝不仅仅满足于完善(现有的技术手段),我们还有更加伟大的任务要完成:我们要开辟出开发能源的技术手段、完善方式方法,以便从用之不竭的能源"储备库"中获取能量,而不用消耗或浪费任何原料……长久以来,我一直在探寻一种通过媒介将能量传输到地球上任何一个地方以供发动机运行的可行办法。现在我可以高兴地告诉大家:我已经想出了一种可行的方法,它给了我新的希望,能实现我最大的一个梦想,这种方法就是,不使用任何连接线缆而实现从一个电站到另外一个电站的电力输送。[14]

在特斯拉随后出版的书面演讲稿中,他大胆地宣称:他们即将启用的这一伟大工程(一个世纪后的今天,我们仍在使用)——尼亚加拉水电站已经过时了!他已经有了一个更好的方案。如果这一方案得以实现,我们将再也不需要竖立数以百万计的电话线杆,不需要消耗数百万吨铜去建一个纵横交错的电线网,不需要生产大量的橡胶来制成绝缘材料,不需要为支持输电系统而占用成千上万英亩的土地,也不需要雇一批工人来专门维护和保养设备,因为电力、光和信息的传输都将以无线的方式实现。这个庆典的目的是庆祝尼亚加拉水电站的落成,难怪斯泰森要打断特斯拉的演讲。

这篇演讲是特斯拉事业生涯的重要转折点。从此之后,为了实现无线传输这一目标,他全力以赴,毫不懈怠。除了死亡,没有什么可以阻止他努力实现这一梦想的脚步。

第二十一章

名流雅士（1896—1898）

> 我至今仍然记得特斯拉与帕岱莱夫斯基初次相识的情景。我从来没有见过如此聪明而又可爱的两个人。他们的性情十分相投，很快就成为了好朋友。他们翻看各自的笔记后发现，其实在多年前（1882年），他们同时都在斯特拉斯堡待过。当时，特斯拉还是一名领着少得可怜的薪水的电工助理，而帕岱莱夫斯基是一名音乐专业的学生。那是一个风雨飘摇、充满压力的年代，看着彼此的境况如今发生了如此大的变化，两人不禁会心地笑了起来。

> ——罗伯特·安德伍德·约翰逊[1]

特斯拉和T.C.马丁、弗朗西斯·林德·斯泰森、达柳斯·奥格登·米尔斯以及理查德·哈蒙德一起回到了曼哈顿。理查德是约翰·海斯·哈蒙德的哥哥，他正在考虑将特斯拉的涡轮机用在加利福尼亚的一个大坝中。在《世纪》杂志的赞助下，马丁和罗伯特·安德伍德·约翰逊正在组织和筹备一次伦琴射线专题研讨会。特斯拉愿意帮他们做各种准备，但由于他与汤姆·爱迪生、伊莱休·汤姆森和迈克尔·普平之间的不和此时已经达到了最尖锐的程度，所以他拒绝了宴会邀请。"我没法解释清楚，但我是不可能加入到他们当中去的。"[2]他说道。

爱迪生准备与马可尼进行联合，汤姆森还在侵权使用特斯拉感应电机的专利，而普平则还在剽窃特斯拉振荡器的专利。通用电气打算与西屋电气进行合作，以共同使用各自独有的专利——通用可以获得多相交流系统的专利使用权，作为交换，西屋电气可以获得范德普尔电车的专利使用权。作为摩根的"首席代理人"，斯泰森虽然能够消除两个公司合作的障碍，但他却永远也无法抹去电气学领域一些重要人物对特斯拉不断增长的嫉恨。

对于马丁来说，这是一段特别艰难的时期，他与特斯拉之间的隔阂也开始形成。

1月底，特斯拉又举办了一次奢华的宴会，他邀请了约翰·雅各布·阿斯特和他迷人的妻子阿娃·威林以及斯坦福·怀特夫妇。饭后，他还邀请他们参观了他的实验室。由于时间太晚，阿斯特夫人无奈错过了特斯拉炫目的电气实验展示，这使她"极其失望"。[3] 然而，怀特夫妇却享受了整个过程。

"亲爱的特斯拉，"怀特写道，"我无法用言语来形容那天晚上在你的实验室里你给我留下了多么深刻的印象，能去参观你的实验室，我有提有多开心了。"怀特在信的结尾祝贺特斯拉"在布法罗建成了新实验室……实验室里充满了各种美妙的创意"。[4] 这是怀特第二次参观特斯拉的实验室，他对特斯拉的好感与日俱增。

> 亲爱的卢卡：
>
> 我恰好今晚有空，如果你们请其他（普通）客人，我就不来了。但如果你们请帕岱莱夫斯基、伦琴或安东尼夫人来，我一定来。
>
> 你忠实的朋友：大发明家特斯拉[5]
>
> 1896 年 3 月 28 日

"大发明家特斯拉"第一次见到帕岱莱夫斯基是 1896 年 4 月在约翰逊组织的一个"沙龙"晚宴上。收到罗伯特的邀请后，特斯拉回复道："我希望'帕小姐'——我是说帕岱莱夫斯基也能来。"[6] 特斯拉说的"小姐"指的是帕岱莱夫斯基的标志——帕岱莱夫斯基在他的音乐会中弹奏钢琴时，他那一头很有光泽的浓密长发就会在他的头顶上潇洒地飞舞，就像一个长发飘飘的少女。

关于两人的第一次见面，约翰逊写道："和特斯拉一样，他（帕岱莱夫斯基）也是一个具有非凡思想的人，他的头脑就像一个储存着各门各类丰富知识的宝库。"约翰逊还为这位音乐大师写过一首诗；他将帕岱莱夫斯基的音乐比作是"来自天堂天使唱诗班的仙乐"[7]。

帕岱莱夫斯基后来成为了波兰的总理。他是 19 世纪末最后 10 年里收入最高的艺术家。据帕岱莱夫斯基所说，《世纪》杂志主编理查德·沃森·吉尔德常常宴请"很多来美国访问的著名艺术家、音乐家、杰出作家、雕塑家、画家和政治家……吉尔德是一个很有艺术和生活品位的人，只要任何人任何事有什么不寻常的地方，他立刻就能识别出来并加以鉴赏"。[8] 通过吉尔德，约翰逊结识了很多名人；然后特斯拉又通过约翰逊认识了这些人。

就在这段时间，1896 年的春天，特斯拉和约翰逊夫妇正忙着阅读刚刚出版的《丛林之书》（*Jungle Book*）。"吉卜林的故事都非常引人入胜，"特斯拉写信告诉菲利波夫夫人，"我觉得英雄猫鼬瑞奇·提奇·嗒喂（Rikki Tikki Tavi）的故事最棒。"[9]
两天后，约翰逊在自己家里专门为吉卜林组织了一个宴会。"很抱歉，我不能来吃
晚饭了，"特斯拉在信中写道，"不过我会尽快赶来。"[10]

吉卜林当时 30 岁。他在佛蒙特州的布拉特尔伯勒镇（Brattleboro）从他的堂
兄手里买下了一幢房子。他的《丛林之书》就是在那里创作完成的。此时，他来到
纽约促销他的这本新书。

和马克·吐温一样，吉卜林也是一个有名的"环球旅行家"。他已经游历了很
多国家，比如锡兰[1]、印度、新西兰和澳大利亚。参加完约翰逊家里的宴会，在纽
约小住之后，吉卜林去了英国，接着又去了南非。在去往南非的船上，他还碰见了
约翰·海斯·哈蒙德。抵达南非开普敦后，他说服塞西尔·罗德斯[2]，让他带自己
去看看布尔战争[3]的前线。1899 年初，吉卜林回到纽约。在与特斯拉见面小聚后，
他参加了约翰逊为他准备的又一次正式的接风晚宴。下面这封信虽然是三年后写的，
但它反映了特斯拉与吉卜林两人之间的友谊：

亲爱的菲利波夫夫人：

　　**大文豪吉卜林是怎么了？他竟然敢邀请我去一个很不起眼的旅馆吃饭，
是那种我会在汤里发现头发和蟑螂的旅馆！**[11]

晚宴当天，吉卜林忽然得了伤寒，差点没命，顿时震惊了世界。在随后的几个
月里，凯瑟琳一直在帮着照顾这位得病的小说家。[12]吉卜林最终战胜了病魔，但不幸
的是，他的女儿约瑟芬突然去世。由于吉卜林的身体非常虚弱，他的妻子不得不对
他隐瞒爱女去世的消息，直到他恢复到足以接受这个噩耗为止。各大报纸的头条每
天都在报道吉卜林的病况。整个社会喜忧参半，大家一方面为吉卜林的康复而欣喜，
一方面却为吉卜林年轻女儿的去世而哀悼。特斯拉自己也经历过失去亲人的悲痛，
他希望吉卜林不要因为女儿的死而影响到他写作的能力。"我为吉卜林的康复感到
高兴，"特斯拉写信给约翰逊夫妇，"虽然失去爱女的痛苦是难以承受的，但我真
的希望这不会给他带来更严重的后果。"特斯拉从辩证哲学的角度补充道："也许，

---

[1] 锡兰（Ceylon）：印度东南方印度洋上的岛国，斯里兰卡共和国的旧称。——译者注

[2] 塞西尔·罗德斯（Cecil Rhodes）：英属南非金融家、政治家。——译者注

[3] 布尔战争（1899—1902）：英国同荷兰移民后裔布尔人建立的南非共和国与奥兰治自由邦为争夺南非领土
和地下资源而进行的一场战争。又称南非战争、英布战争。它是帝国主义时代到来的一个重要历史标志。——
译者注

这次打击能让他以后的作品更加可贵和有深度。"[13]

> 不要因此而一蹶不振、放任自流。我将在神圣的约塞米蒂国家公园[1]对面、王冠山上高大的礼拜堂里进行为期一个月的崇拜自然活动，我邀请你来加入我。除了花点时间，你不会损失任何东西，你甚至也不会损失什么时间，因为你将在大自然中获得永生。

> 约翰·缪尔[14]

约翰逊家里的另一位常客是环境保护论者约翰·缪尔。几年前，缪尔曾带着约翰逊游览约塞米蒂国家公园，缪尔将它称为"上帝的伟大杰作"。缪尔来到了纽约，身穿三件套西服，一块金表从背心上方的一个兜里垂下来，不时地摆动着。但他的言行举止却始终像一个"山地人"。虽然已经年逾花甲，但他却仿佛还身处壮年期。他留着已经灰白的长发，长长的胡须像参差不齐的山艾[2]一样一直拖到腹部。由于早期在一次劳动事故中受过伤，他的两只眼睛会朝着不同的方向看，但他的眼神中却闪耀着知识的光芒。

那个假日，特斯拉在约翰逊家和缪尔一起吃饭，他还邀请这位博物学家到他的实验室参观。特斯拉随后告诉凯瑟琳，他很欣赏缪尔对社会所作的贡献。他写道："我一直都很感激缪尔，是他的描写让我了解到约塞米蒂峡谷的壮丽，我是一口气将他的文字读完的。"[15]

从某种意义上讲，缪尔与特斯拉非常相像。缪尔是峰峦俱乐部[3]的创建者。作为一名博物学家，有点邋遢的缪尔大部分的时间都是在森林里度过的，但他骨子里很向往城市文明；而极其挑剔、穿着讲究的大都市人特斯拉的大部分时间生活在城市里，却很向往山上的生活。缪尔以前也是一名发明家，曾发明过一种床，这种床能在早上将睡懒觉者弹到地板上去，还获过奖。总体上来讲，缪尔并不排斥人类文明的进步，他反对的只是麻木不仁地挥霍地球上的各种宝贵资源。而特斯拉的发明目标是利用可再生能源，最大限度地减少对自然资源的破坏。从这个意义上来讲，特斯拉和缪尔可以说是殊途同归。

---

[1] 约塞米蒂国家公园（Yosemite）：位于美国加利福尼亚州中部。——译者注
[2] 山艾（sagebrush）：产于北美西部不毛之地，尤指三齿山艾，其花被认为是内华达州的州花。——译者注
[3] 峰峦俱乐部（Sierra Club）：美国的自然资源保护组织，总部设在旧金山。该组织由包括缪尔在内的一群加州人于1892年创设，旨在提倡在太平洋沿岸山区开展野外远足活动。——译者注

　　缪尔的作品一直是他精神道路上最有力的宣言。他与特斯拉之间的重要友谊增强了现代人的环保观念，启发人们进行生态方面的思考。从缪尔所写的一句话中，我们可以清晰地透视缪尔的思想和精神："谁不想做个山地人！站在山峰之上，世界上所有的荣誉都算不上什么！"[16]

第二十二章
魔法师学徒（1896—1897）

在休斯顿大街的实验室里，特斯拉让他的房间变得漆黑一片。在黑暗中，他开启了一股电流。所有人都屏息凝神，就在这时，房间里忽然出现了一道道耀眼的闪电，不过大家听到的不是天雷隆隆的回响，而是噼里啪啦的爆裂声。大家都惊叹于特斯拉展现出来的奇异而又有些恐怖的视听效果……

闪光照亮了特斯拉的脸，他高挑而瘦削的身躯充满自豪地颤动着。他解说道："我现在正制造出一种高强度的电气干扰；不管你身处地球上的哪一个位置，你不需要任何缆线的辅助或干预，只需通过某种简易仪器，就能感觉到这种电气干扰。"

——《纽约日报》[1]

耶鲁大学学生李·德福雷斯特是特斯拉最狂热的崇拜者之一。他在前一个学期研究了特斯拉的著作集。他在日记中写道，特斯拉的著作"极大地激发了我研究和工作的热情，电学专业所有满怀雄心的青年学生都很向往……能到特斯拉的纽约实验室去参观并留在那里工作。……我多么希望我能赶上他，甚至超越他。这不是空想，也不是狂妄自负，我相信我有这样的天赋！"

1896年5月，德福雷斯特有幸获得了一次拜访特斯拉位于东休斯顿大街的实验室的机会。这位年轻人在火车上急切地等待着列车快点到站，他在便签上草草地写道："这将是我人生中的重要时刻，因为我将争取和特斯拉一起工作的机会。"

特斯拉欢迎了这位"新手"，并带着他进行了参观，不过没有答应收他为徒。看着这位后来成为了大发明家的年轻人脸上非常沮丧的表情，特斯拉告诉德福雷斯特："你将有一个非常光明的前途，因为我看得出，你有着非常敏锐的头脑。你不需要这份工作来获得成功。"特斯拉祝他一切顺利，并让他再和自己联系。

1898年春，德福雷斯特再次申请到特斯拉实验室工作，并且可能在1900年或1901年的时候又申请了一次，但由于种种原因，他始终没被特斯拉雇用。回顾历史，特斯拉拒绝这位极具天赋的工程师是一个很令人遗憾的决定，因为德福雷斯特很快就在无线通信领域占据了重要位置，成为了该领域的一个先驱性人物。他很有商业头脑，成为了特斯拉另一个年轻的竞争对手古列尔莫·马可尼的劲敌。[2]

1896 年这一整年，特斯拉申请并获得了 8 项无线系统方面的专利。这些专利大都是能产生高频或高压电磁流的不同类型的振荡器。他在无线电通信领域第一次申请专利是 1897 年；第二次是在 1898 年，他申请的是遥控专利。他的早期振荡器方面的专利可以分别追溯到1891年和1893年，这些专利都已经涉及了无线通信的研究，只不过特斯拉并没有明示。随后 5 年，特斯拉的发明"宝库"里的重要专利已经增至 33 项，涵盖了"通过自然介质传输电磁能"技术的所有重要方面。[3]

作为他整体计划的一部分，特斯拉还同时开始研究和完善传真电报技术。他对这一技术的兴趣源于 1893 年的芝加哥世界博览会。当时，伊莱沙·格雷展示了他的亲笔签名远距离传真机。到了 1896 年夏，传真技术领域的竞争达到了一个顶峰。爱迪生宣布，他计划让一款"传真电报机"上市。他说："报业的朋友们，我已经为你们准备了一款传真电报机。请允许我举例来介绍这款机器。比如，你只需在纽约将你的报纸交给传真机操作员，他会用机器的盖子将报纸盖好，然后，一眨眼工夫，线缆就已经一字不差地把报纸图像传输到线路另一头布法罗的传真机操作员那儿了！这种传真机每分钟可以传输 20 平方英尺的图像，而且可以传输图画和照片。"[4]

为了不输给爱迪生，特斯拉将他自己在传真方面的最新研究进展告诉了《纽约先驱报》。特斯拉假想，只要是肉眼能看到的图像，都可以拍下来并将其传输出去。怀着这一神秘的想法，特斯拉制订了比较实际的计划，即用电话线或以无线的方式传送文本和图像。[5]

即使是今天，传真机在我们的想象中仍然占据着特殊的位置。在纽约的一个办公室里打印的东西，可以通过卫星或电话线，瞬间传给在旧金山、莫斯科或东京的接收者，这是多么不可思议的一件事啊！我们完全可以想象，当特斯拉试图让他的读者去理解图像可以通过无线的方式从一个城市传到另一个城市时，读者脸上会是怎样难以置信的表情。要知道，在当时，连最简单的摩尔斯代码信息都还不能进行高效传输。

然而，马可尼很快就能成功地展示他的无线电报机了，而特斯拉却还泡在图书馆里研究传真电报技术的发展史。

特斯拉认为，传真机和电视的发展最早可以追溯到英国物理学家亚历山大·贝恩的研究和发明。1842 年，贝恩首次传送了图像。他将网格电线嵌入到一张经过化学处理的纸下面，所有这些电线都被汇集到一根电缆中，然后将这个电缆拉至接收站点。在接收站点有一个一模一样的网格电线。举个例子，当接收机用一只带电的笔描绘出字母 A 时，构成字母 A 形状的那部分电线就会通电，而这些电线会使接收端的纸上相应的区域显示出对应的字母 A。亲笔签名和图画也可以用相同的方式进行传送。随着这项技术的进一步发展，可以将一幅图分解成一定数量的图像元素，然后再用传真机发送这些元素。到了 19 世纪 60 年代，随着旋流片的应用，以及"发送机和接收机同步性的完善"，网格电线被单根电线所取代。19 世纪 80 年代末至 90 年代初，特斯拉的同步交流电机加快了传真技术的发展进程。[6]

随着照相术的发展，屈斯特和 G. 威廉斯于 1898 年首次尝试用无线的方式发送了图像，不过因为他们用的是赫兹波，所以行不通。特斯拉多年后回忆，1892 年，"科学界的注意力都转移到了一种非常敏感的接收机上。这种接收机是由真空灯中微妙平衡的电子流构成的。使用这种接收机可以将照相术用于电报和电话信息的传输中；当时，电报和电话信息是通过大西洋电缆进行传输的，后来通过无线的方式也可以进行传输了"。

1904 年，慕尼黑大学的电气工程师阿瑟·科恩博士引起了科学界的关注，因为他成功地将照片从慕尼黑有线传输到了纽伦堡。科恩常常被认为是电视显像管的发明者。据科恩说，他的装置使用了"特斯拉电流"[7]。特斯拉曾指出，自从科恩发明了"可改变电流强度的硒光电池"，被称为"电视"的技术向前发展了一大步。科恩的"显像管在由特斯拉变压器提供的高频电流的刺激下，每秒能闪光数千次"，从而产生动态的电视图像。[8]

特斯拉认为，科恩在这项技术方面最早的实验可以追溯到 1903 年。而 1899 年 5 月的一篇文章称，特斯拉当时正在研制一种"视觉电报"系统，而他使用到的光感元素正是硒。因此可以说，特斯拉的研究比科恩还要早 4 年。特斯拉很有可能正在使用屈斯特和威廉斯的实验成果研制摄像机——虽然是科恩而不是特斯拉完善了摄像机。[9]

　　从本质上来说，现代电视的工作原理与贝恩 1842 年的一项发明很相似：和特斯拉电刷式电子管相似的电子管会瞬间穿过整个电视屏幕。当它经过构成图像的区域时，它会向每一个像素释放出同步脉冲。来自广播电台的脉冲会控制电波的位置及其发射的顺序。电子管每次经过整个屏幕时，都会产生出一帧独立的图像，当若干帧图像以一定的顺序播放时，就会呈现出自然移动的画面来。

　　特斯拉密切关注传真电报技术发展的前沿动态，他自己也在做一些实验。他的第一项任务就是找到传输能量的最佳方法。

　　特斯拉实验了赫兹的火花隙（马可尼当时正在使用），发现这一装置容易受到静电干扰，而且会产生较弱且任意的受脉冲作用的（减幅）频率。它们会在空气中横向传播；当所使用的电压极高或采用接地装置时，它们会出现纵向的特征。特斯拉将光速和地面面积纳入考虑，进行了计算，设计出了一种结构精细的连续不断的（等幅的）电磁波，这种波与地球产生的电磁波一致。

　　到了 1897 年，特斯拉已经拥有了产生、调节、储存、发送和接收无线脉冲的所有重要专利。在给帕克·W. 佩奇的信中，特斯拉写道："在此附上 M. 马可尼刚刚获准的专利……我注意到，专利书描述说，信号是通过赫兹波进行传输的，但事实并非如此。换句话说，专利书的描述和专利产品的实际工作原理完全不同……这对专利的有效性有多大影响呢？"[10] 很明显，特斯拉怀疑马可尼正在使用他的设备。

　　在特斯拉的第一项无线传输专利（专利号 649621，于 1897 年 9 月 2 日获准通过）中，他谈到需要"用气球等方式将一个终端支撑于空中，这个终端最好有很大的表面，且所在的高度足以达到信号传输的目的……而另一个终端则与地面连接。……在信号接收站，使用一个结构类似的信号转换装置"。专利书接着说明了电波如何产生、如何改变其波长以使其与电路协调，并且考虑到电磁能的自然特性。

　　考虑到地球的大小和电容，经过计算，特斯拉预测：当一个长达 50 英里的线圈每秒振动 925 次时，就能形成与光频率共振的关系。他之前研究过真空管，所以他清楚，电在真空管中的传播比在空气中容易。他因此推断，如果将他的输电塔建在没有任何障碍物阻挡的高处，然后再借助气球进一步提升高度，高层大气（即电离层）将能作为传输的介质。瀑布附近的大电站会为高层大气无线传输提供必要的能量。[11]

　　从另一个方面看，地球本身也可以作为一种介质。下面这段文字同样来自 1897

年的专利申请书，它对马可尼使用更原始的赫兹设备的做法加以批评："值得指出的是，这种电能传输是真正的传导传输，不要与迄今已经观察到的电辐射混为一谈。电辐射的性质和传输方式决定了它无法传输大量的能量，也无法将能量传输至具有实际意义的距离。"[12]

当时，马可尼正与伦敦劳埃德保险公司（Lloyds of London）进行合作，开展从船上至岸上的无线电实验；他所使用的是反复实验的方法。1896年7月，在与普利斯合作的实验中，这位意大利人成功地穿过墙体将信息传输了七八英里的距离。12月，马可尼申请了一项专利，普利斯认为这项专利"非常强大"[13]，虽然他清楚洛奇和特斯拉在这位年轻人之前就已经取得了该实验的成功。这项专利并没有什么创新之处，也没有提出任何新的原理；但尽管如此，马可尼在现实世界中绝对是非常成功的，而在实验室里完善了无线传输装置的特斯拉仅仅是在理论上走在了前面。[14]

普利斯在19世纪80年代和90年代对大地电流以及普通电报线所产生的感应效应进行过一些初步研究，这使他认识到特斯拉系统的优势。马可尼当时对大地在传输电能方面的作用还一窍不通；他所运用的是通过空气"辐射"的原理，与赫兹装置的原理一样。在还没弄清是怎么回事的情况下，马可尼的确使用了天线和接地装置，但特斯拉早在1893年就在他发表的多篇论文里论述过这一装置。此外，马可尼还借助了奥利弗·洛奇的一些原理，两人也因此陷入了一场专利纠纷。威廉·普利斯很清楚，特斯拉和洛奇走在了马可尼的前面；但他也看到，马可尼进步很快，而他的这两位前辈却止步不前。

普利斯建议马可尼在使用特斯拉装置方面征得特斯拉的同意，马可尼拒绝了，他与普利斯这位英国贵族随即陷入了争执和冲突之中。1897年，普利斯寄出了一封短信，信中说："我很遗憾地告诉你，我必须中止所有实验和研究，直到我搞清楚你的公司与鼓励、帮助过你很多的英国政府部门之间的关系。"[15]但木已成舟，普利斯很清楚，他已经无力阻止这一复杂的侵权事件。他因病退居埃及，在那里待了一年。

马可尼还得到了劳埃德公司的总裁 H.M.霍齐尔的帮助。根据一项记载，霍齐尔曾"（通过马可尼的设备）在一个地方成功发射了较清晰的信息"[16]。1896 年，劳埃德公司曾联系过特斯拉，请他"安装一套可支持船上至岸上无线传播的装置，以报道国际游艇比赛。但特斯拉拒绝了这项提议，称要公开展示他的系统就应该面向全世界，否则就跟其他实验者的非专业尝试没什么区别了。"[17]

相反的是，特斯拉做了一个秘密的长距离实验，他没有告诉任何人，包括他的工作人员。大概在 1896 年或 1897 年初，特斯拉打开他的发电机，以"制造出持续的震荡列（trains of oscillations）"，然后打了一辆出租车来到了哈德逊河，在河上借了一条货运船，一直坐到西点军校。"我试了两三次，"他 1915 年的时候告诉法庭，"但并没有发送任何有实际意义的信号。我只是确认一下可以收到信号，但这对我来说是一样的。"换句话说，特斯拉当时带了几套接收机，他只是将接收机调到刚好可以对震荡波作出反应的波段；这些震荡波是从东休斯顿大街他的实验室发出来的。"我想，两地相距大约有 30 英里。"特斯拉说。[18]

特斯拉还考虑开发风能、潮汐能、太阳能、地热能以及在电解[1]过程中释放出来的能量。假如将水分解成氧和氢，这两种易爆物质在理论上可以用来产生热能，再借助热能产生蒸汽。特斯拉的研究涉及多个不同方向，他获得过臭氧制造机的专利，还发明过一种施肥机。这种施肥机的工作原理是：用电解的方法将空气中的氮分离出来，然后再用运输带使氮与土壤混合。

特斯拉解释道："务农者只需……铲来一些疏松的土壤，用一个秘密的化学方法将其制成液体状……再将这些液状的土壤放到一个圆筒中。接着使电流通过密闭的圆筒，氧和氢便会被分离出来，只剩下氮；这些氮就会被疏松的土壤吸收。通过这种方法，在农民家里就能制造出高质量的肥料，而且成本并不高。"[19]

1897 年 4 月 6 日，特斯拉在纽约科学院（New York Academy of Sciences）又公开作了一次演讲，4000 多人参加了这次演讲。[20]展示特斯拉发明的十多种电子管的大幅图片挂在墙上，格外炫目。特斯拉先是说明了一下他在伦琴射线方面的研

---

[1] 电解（electrolysis）：电流通过物质而引起化学变化的过程。——译者注

究进展情况。看到这样一个能展现活人骨架的神奇装置，观众自然饶有兴趣，但毫无疑问，大部分观众都是冲着这位魔法师的"雷电"表演去的。[21]

特斯拉的全球电报系统最终成为了一个清晰的焦点。他的计划是用巨型的特斯拉振荡器干扰地球的电容，进而将大地电流作为特斯拉电报发射机的载波。1897年，他精确地解释了他的全球电报系统的工作原理：

> 假设整个地球是一个充满了水的大橡皮球，我将一根带有活塞的管子插进橡皮球的某个位置……如果我按压活塞，管中的水就会被挤到橡皮球中。由于水几乎是不能压缩的，所以橡皮球的整个表面就会膨胀；而当我缩回活塞时，管中的水也会跟着活塞走，整个橡皮球就会收缩。现在，如果我在橡皮球的表面刺破几个眼儿，并在每一个眼儿上放入带活塞的管子，那么，只要我一动第一个管子的活塞，其他管子中的活塞就会相应地跟着上下振动。

此段后面又加了一段很奇怪的文字："如果我在充满水的橡皮球中央引起爆炸，整个橡皮球就会产生一连串的振动。要是我使其中一根管子的活塞与整个水体产生共振，那么只需一会儿，且不用多少能量，我就可以让整个水球炸得分崩离析。"

在这个比方中，水对应的是"大地电流"（terrestrial current，今天被叫作"telluric current"），而活塞指的是特斯拉的发射机和接收机。"这位发明家认为，如果对他的机器再加以完善，然后在每一个大的文明中心城市都安装上一套这种机器，就可以在瞬间将一个地方当天甚至一小时之内发生的新闻告知世界上所有其他城市。他还谈到了地球以外的领域，他预言，如果我们要与外星球进行任何形式的交流，必然会采用这种方法。"[22]

这篇文章出现在斯克里布纳出版公司出版的作品中，文章还谈到了马可尼在欧洲取得了8公里无线传输实验的成功。从这些出版于1896至1897年的文章中，我们看到，特斯拉已经酝酿出了一个全球电报系统的计划，其中用到了三种无线传播模式：第一种是通过高层大气；第二种通过机械共振——他将其称为远程地理动力学（telegeodynamics）；第三种，也是他认为最重要的一种，就是利用大地电流。他的下一步计划就是精确测量地球的频率，然后制造出能与之产生共振的发射器；接着再绘制无线发射机和接收塔的位置分布地图，比如在尼亚加拉瀑布建一个无线发射机，然后确定各个大陆上建接收塔的精确位置。

不管出于何种目的和意图，当时除了马可尼外，还没有人证明过信息无线传播的距离可以超过几百英尺，已经成功了的实验的目标都只是简单地发送摩尔斯代码信息而已。马可尼接下来的计划是使电脉冲的辐射能跨越英吉利海峡，这吸引了全世界的目光。当然，特斯拉在几年前就已经展示过马可尼的现代无线电中所包含的所有原理，但他的公共展示仅仅局限于演讲大厅里。他已经证明，他可以通过置于他休斯顿大街实验室楼顶的接收机，点亮26个街区外他住的宾馆的电灯；但这些实验都是秘密进行的，从未公开。[23] 1895年的实验室大火更使得他展示长途无线传播效果的努力受挫。

当伦敦劳埃德公司联系到他的时候，他竟然拒绝了一次展示他无线系统性能的机会；对此，他的秘书乔治·舍夫非常失望。

然而，特斯拉并不仅仅满足于建立一个全球广播系统（虽然从理论的角度看，这一系统比我们现在盛行的技术还要先进，因为他不仅可以传播信息，还可以传播能量），他还暗示，他可以和外星球联系，在沙漠上人工造雨，或者造出能产生大规模伤害的东西。特斯拉变成了一个典型的疯子科学家——以为通过他的发明，世界可以被奇思异想主宰。

特斯拉内心的矛盾开始导致他截然相反的一些言行。在给约翰逊夫妇的信中，他自称是"大发明家特斯拉"，还暗示，他和帕岱莱夫斯基以及其他杰出人物一样，都是非凡人；但在尼亚加拉水电站的落成典礼演讲中，他却极尽所能地贬低自己。该时期的特斯拉多少有了一些财富，但这点财富与他公司运转的需求还是有很大的差距。一方面，当有工程师向他寻求资助时，他避而不帮；另一方面，当威斯汀豪斯想要买下他的专利使用权时，他却拒签合约，尽管这份合约此时已经值一大笔钱了。

据报道，1897年6月，西屋公司向特斯拉的专利支付了21.6万美元。[24] 西屋公司给特斯拉和他的合伙人布朗和佩克的首付定金可能是7万美元[25]，每年向他们支付的酬金是1.5万美元，这样算下来，西屋公司仅用了20多万美元，就使用了特斯拉的专利长达10年之久。特斯拉在给阿斯特的信中提到，这个数字是50万美元[26]，但不管是哪个数字，它都比特斯拉专利的实际价值少好几百万美元。

此时，西屋电气公司和通用电气公司正式达成"友好协议"。这意味着第二个有着无数子公司的巨型企业将受益于特斯拉的发明，但特斯拉却从中得不到半分钱的好处。电动地铁也即将应用特斯拉电机和交流系统，但这位发明家还是没有得到丝毫的补偿。

　　特斯拉的新计划将需要巨额的开支，但西屋公司已经明确表示不可能在之前所签合约之外额外资助他（虽然特斯拉可能因为他的振荡器等其他发明获得过一些额外的收入）。那年底，特斯拉给他的好朋友、西屋公司的工程师兼作家欧内斯特·海因赖希写信道："亲爱的海因赖希，我近来身体确实有些微恙，不过你放心，我现在身心都已经没什么大问题了。但我现在得了一个小病，我将其称为'资金贫血症'。如果我没弄错的话，你自己现在也在备受其煎熬吧。圣诞在即，请将我的节日祝福送给孩子们，指不定他们中有人还会给我寄点儿小礼品呢。"[27]

　　除此之外，特斯拉还承受着其他压力：他与他的资金支持者爱德华·迪安·亚当斯之间出现了分歧，亚当斯反对他继续追求他的无线电事业；他与马可尼之间竞争持续不断；他在塞尔维亚时经历的痛苦——科索沃战争以及他夭折的哥哥——不断困扰着他。他的父母已经去世；他与家人之间的距离不仅仅是空间上的，更是精神上的。姐姐安吉利娜和妹妹马里察给他写过多封信，一次又一次地求他回复。他给她们寄过很多次钱，还寄去了由马丁编辑完成的他的著作集《尼古拉·特斯拉的发明、研究及著述》，但她们想要的不止这些。"别忘了你姓什么、你来自哪里。"马里察写道。她在信的结尾总是会加一句"我以灵魂亲吻你"。[28]这种痛苦一刻也没有离开过他，即使是在他从同行中脱颖而出并遥遥领先、如日中天的时候。

　　也许是受布尔战争和古巴动荡的影响，特斯拉开始出现一种破坏倾向。他之前的发明改变了人类的生活；他最新的发明可以联系世界上任何一个遥远的村落，但也可以让世界四分五裂。他决定开始实验。

　　当着乔治·舍夫的面，特斯拉将他的一个机械振荡器置于实验室所在的休斯顿大街一栋大楼的地下室的中央支撑梁上，然后调试振荡器的频率，直到支撑梁开始嗡嗡作响。"他把注意力转移到其他东西上没多一会儿，支撑梁的振动节奏不断加快，整栋楼已经开始摇晃，接着周围开始地震，其他带支撑梁的建筑也随着共振频率开始晃动。……消防部门拉响了警报器，警报器不停地尖叫着；地下室里被震落的各种机器大约有 4 吨重。多亏特斯拉博士及时采取行动，抓起一把锤子将他的振荡器砸毁，才没有使整栋楼完全坍塌。"

　　"这个装置就像一个弗兰肯斯坦[1]的怪物，"特斯拉多年后坦言，"如果一不

─────────────

[1] 弗兰肯斯坦（Frankenstein）：英国作家玛丽·雪莱（Mary Shelley）所著的怪异小说《弗兰肯斯坦》中的主角，后来被自己创造出的怪物所消灭。常用其比喻被自己创造的东西所毁灭的人；或指作法自毙者。——译者注

留意，当它达到共振频率时，没有什么东西能承受住它振动所产生的渐渐增强的威力。一个5磅重的锤子，当它的共振稳步增加、积累到一定程度时，只需用它敲击几下就可以轻而易举地毁掉一栋摩天大楼。"[29]

这个故事还有另外一个版本。特斯拉说他将一个闹钟大小的振荡器带到"华尔街区"的一处建筑工地上。看到一栋大楼正在建设中，"架起的钢构架大约有10层楼高……"他将振荡器固定在钢构架的一根横梁上，然后精心调节，直到他获得共振频率。

"过了几分钟，我感觉到那根横梁开始震动，"特斯拉告诉一位记者，"震动的强度不断增大，渐渐地，其他的钢材构件也开始震动起来。最后整个钢构架都开始摇晃，吱吱作响。钢架工人慌忙地跑到了工地上，以为发生了地震，被吓得面色苍白。大家都在谣传，整座建筑就快要塌了，警察都已经出动了。还没等严重的事故发生，我赶紧取下了我的振荡器，将它放入我的口袋，离开了那里。如果我让振荡器再持续振动10分钟，整栋建筑可能就被我夷为平地了。同样用这个振荡器，我可以在一小时内让东河上的布鲁克林大桥彻底垮塌。"

特斯拉告诉那位记者，他可以用同样的方式震毁地球，终结人类。

"地球的振动周期大约为1小时49分钟，"他说，"也就是说，如果我现在撞击一下地面，一个收缩波就会进入地球，1小时49分钟后，振动波又会返回来，不过收缩波变成了膨胀波。实际上，地球和其他任何物体一样，一直处于振动状态，持续不停地收缩和膨胀。"

"现在，假设在地球开始收缩的那一瞬间，我引爆一吨炸药，爆炸将使收缩速度加快。1小时49分钟后，同样加速后的膨胀波将返回来。当膨胀消减后，我再引爆一吨炸药……如此反复多次，还有人会怀疑即将发生的后果吗？我自己一点都不怀疑——地球将裂成两半。人类有史以来第一次具备了干预宇宙进程的知识。"

特斯拉通过计算预测，这个过程可能会持续一年多，"但只需几个星期，"特斯拉说道，"我就能让地壳处于剧烈震动之中，上下震动的幅度可以达到几百英尺。江河会被颠覆，建筑物将被震毁，人类的文明将几近毁灭。利用这个原理，这一切都可以做到。"[30]

第二十三章
"元气"的力量（1898）

> 我们走进一个宽敞的大厅，大厅里灯光柔和……散发着一阵阵幽香。地板上有着用贵金属镶嵌而成的格子花纹，有一部分上面铺了一层像垫子一样的地毯。一首低沉的音乐响彻大厅的每一个角落，仿佛是从无形的乐器里飘出来的……
>
> 一位穿着比我的向导还朴素的家伙一动不动地站在大厅入口处。我的向导用一根棒子碰了它两下，它便开始快速流畅而又轻盈无声地滑过地板。我仔细一瞧，才发现那根本不是活人，而是一个机器人。……还有几个机器人……安静地、一动不动地站在墙边。
>
> ——爱德华·布尔沃-利顿[1]《一个即临种族》（*The Coming Race*）1

特斯拉独特、新颖且复杂的主要发明之一是一种无人驾驶遥控船（他将它称为"telautomaton"）。该项发明是 1898 年 5 月（正值美西战争[2]最激烈的时候）在麦迪逊广场花园的电气博览会上公开展示的，但它的前期发明可以追溯到 1892 年在美国电气工程师学会上展示的无线电机。

这项发明包含了后来发明的无线电广播的所有核心原理，也为很多其他发明奠定了基础，如无线电话、车库门遥控开关、汽车收音机、传真机、电视、有线电视扰频器、遥控机器人等。该项发明公布的同时，它的具体原理和性能——实质上就是它的专利申请书的内容——也公布在了大部分的电气杂志上。2

无人驾驶遥控船与英国小说家爱德华·布尔沃-利顿在他 1871 年的小说中提出的模型非常相似，尽管特斯拉在公布这项发明两年后在写给约翰逊的信中坚持说，他的发明并非受到利顿的这部科幻小说的启发。3

布尔沃-利顿可能是当时几乎与查尔斯·狄更斯齐名的最受欢迎的作家，所以在特斯拉发明无人驾驶遥控船时，他不可能不知道利顿的小说。在《一个即临种族》

---

[1] 爱德华·布尔沃-利顿（Edward Bulwer-Lytton，1803—1873）：英国政治家、诗人、小说家。——译者注

[2] 美西战争：1898 年 4 月 21 日爆发的美国为夺取西班牙属地古巴、波多黎各和菲律宾而发动的战争，是列强重新瓜分殖民地的第一次帝国主义战争。1898 年 8 月 12 日，美西双方停火。——译者注

中，布尔沃 - 利顿描述了一个他称之为"元气力"（vril power）的概念。这是一种从小说中的虚构物种的眼睛和躯干里发出的、能用来指挥机器人运动的能量。[4]特斯拉实际上是创建了一个与小说描述相似的工作模型，只不过在这个模型中，电取代了小说中的"元气"。在小说的开篇，主人公掉进了地球上的一个洞里，然后遇到了一个高级文明社会："在所有室内室外活动中，他们［指维利 - 雅（Vril-ya）社会的人们］都充分地利用机器人为之服务。这些机器人极其聪明机灵，而且非常听话，任由主人指挥摆布。它们似乎很擅长推理分析。我看到这些机器人正在操作……快速运动的巨大引擎。我几乎很难将它们与有着思想的人区分开来。"[5]我们可以看到，布尔沃 - 利顿小说中的主要元素与特斯拉的观点极其相似。

这次电气博览会是由斯坦福·怀特组织的。他和特斯拉在展厅入口处用霓虹灯打造了一个五彩缤纷的房间。博览会由特斯拉的好友昌西·迪普主持。他是纽约中央铁路公司（New York Central Railroad）的主要负责人，同时还是美国纽约州参议员。大家都期待着威廉·麦金莱总统会从华盛顿通过电报为本次博览会揭幕，但出了点问题，于是改由副总统加勒特·霍巴特揭幕。马可尼公司的出席代表是汤姆·爱迪生公司的小汤姆，他是通过 T.C. 马丁获得这个机会的；这也标志着马可尼与爱迪生之间合作伙伴关系的开始。门洛帕克男巫爱迪生手中有这位意大利人想要的无线电专利，这些专利可以提升他在无线电成果优先权方面的法律地位。这一事件也成了特斯拉与马丁关系破裂的前兆。

西班牙与美国之间的仇恨已经积蓄多年了。从 1895 年西班牙人镇压古巴反抗势力时起，很多美国人就开始支持吞并古巴。

1898 年 2 月，美国"缅因"号战舰在古巴哈瓦那港沉没，这使得战争的爆发毫无悬念。两个月后，两国正式宣战。在此期间，特斯拉与约翰·雅各布·阿斯特多次会面，他反复恳求这位金融家支持他的研究，与此同时，阿斯特在一些相关问题上立场更加明确。[6]阿斯特的妻子正在家打牌，而阿斯特上校则在他雄伟的"努尔玛哈尔"号轮船甲板上漫步。他在轮船上装了 4 挺机关枪，以防遭遇海盗。素来被评论家认为乏味而又惧内的阿斯特，此刻在公海上找到了属于他的自由。

特斯拉可能是在一次外出游玩时在阿斯特的游艇上想到了制造一个遥控鱼雷艇。"和我一起去古巴吧，在那里你可以在那些让人无法忍受的无赖身上实验你的发明。"

阿斯特提议道。

这对特斯拉还是很有诱惑力的。不过，当时他的发明正处在如火如荼的研制当中，所以他谢绝了阿斯特的提议，说他肩负着"更大的使命"[7]。

在特斯拉完成了他的遥控船的制造、正考虑如何弥补阿斯特的时候，阿斯特在华盛顿与麦金莱总统进行了商谈，随后便径直赶到战争前线去了。阿斯特上校给美国军队捐赠了 7.5 万美元，用于在菲律宾战场上组建一支炮兵师；他还将他的"努尔玛哈尔"号轮船借给美国海军作为战斗用舰。这艘舰船非常高大，宽将近 100 码，配备了一个团的海军。这艘蒸汽动力的三桅纵帆船可供 65 人同时用餐，是一艘很强大的军舰。阿斯特上校的荣誉军衔已经快赶上国防部总检察长了；他乘着军舰率领他的军队向古巴进发。在古巴，他"用一副双筒望远镜看到了圣胡安山[1] 战役中的泰迪·罗斯福"[8]。

用现代破坏性武器击败西班牙人成了这次电气博览会最重要的主题。特斯拉的发明本来毫无疑问是最精致的，但他却选择了用令人迷惑的方式展示他的发明，强调了它的一些神秘特性："在给观众展示我的发明时，我请观众随意提问题；不管问题有多复杂，无人驾驶遥控船都会用符号进行回答。这在当时被认为非常神奇，但其实很简单——是我通过机器人回答了他们的问题。"[9]

特斯拉的遥控船约长 4 英尺，高 3 英尺，被放在一个秘密礼堂中央的大水池中。这个秘密礼堂是专为一些重要的发明家的特殊观摩需求而设置，比如 J.O. 阿什顿、乔治·威斯汀豪斯、J. 皮尔庞特·摩根和科尔内留斯·范德比尔特这些发明家。[10] 特斯拉通过多种发射机和不同的频率对遥控船进行各种操作，他可以使它启动、停止、推进、转弯或开关灯，等等。特斯拉本来还打算建一个潜水艇模型，目的可能是让它参与美国舰队模型和西班牙舰队模型间的模拟战斗，但最终没有建成。

由于媒体未能观看到特斯拉的这一独特的发明，各家报纸转而专题报道了马可尼的无线遥控爆炸系统。马可尼将一枚炸弹投到了"敌人"的护卫舰上，爱迪生的儿子汤姆按下手中的简易按钮，"西班牙"的舰船瞬间被炸成了碎片。然而，马可尼没有解决调控频率的问题，所以，汤姆·朱尼尔有一次不小心炸毁了一间密室里

---

　[1] 圣胡安山（San Juan Hill）：古巴圣地亚哥市东面的一处战场，1898 年美西战争中美军曾于此击败西班牙人。——译者注

的一张桌子，这间密室里还存放了其他的炸弹！所幸的是，没有人因此受伤。[11]

按预想的最终形式来看，特斯拉的发明在操作上比同时代超前了16年，而在理论上超前了至少一个世纪。但与特斯拉的"杰作"相比，公众显然更欣赏马可尼富于戏剧性效果的装置，因为它对于人的感官更具有吸引力。只有几家科学杂志清楚地解释了特斯拉遥控船的复杂性。[12]

特斯拉的扭捏、遮掩立刻招来了媒体的一片骂声。下面这段奇异的预言尤其令他们反感：

无人驾驶鱼雷艇

我的装有鱼雷的潜水艇可以从一个受保护的港湾出发，或从一艘舰艇的侧面降至水中，贴着水面秘密前行，穿过铺满层层水雷的海峡，……监视它的打击目标，然后选择最佳时机迅速移动到目标后方，投下致命武器，再返回它的出发地点。……我知道这听起来几乎是不可思议的，所以，在我把每一个细节研究透彻之前，我不想公开这项发明。[13]

T.C.马丁允许下面这篇评论刊载在他的《电气工程师》杂志上，从而也间接地攻击了特斯拉。

特斯拉先生与沙皇

特斯拉先生以他的名义一头扎进了各种令人眼花缭乱的理论和推测中，如果他愚弄大众，他最后愚弄的将是他自己……最近，特斯拉先生公布了一些他最新的研究成果……我们将很乐意看他如何完成他诸多名堂中的一部分，毕竟这些名堂已经占用了他过去10年的时间！

这篇评论接着批评了特斯拉的振荡器以及他想"通过无线的方式传输大量的电流……比方说从尼亚加拉瀑布传输至遥远的巴黎（时至今日，这仍然有待实现）的想法。……不过，马可尼先生已经……在相距20英里的两个气球之间成功地无线传输了电报，因此也提前证明了特斯拉先生的主张是站得住脚的"[14]。

特斯拉曾暗示：武器最终会成为"自动化魔鬼"；作为回应，媒体接着开始质疑和批评特斯拉的无线鱼雷艇。已经陷入战争狂热的特斯拉强调了他的成果在邪恶的战争中的应用：机器人将取代人去打仗，使人得以保存性命。他写道："这一领域的不断发展，最终必然会使得战场上只有机器，不再需要人，自然也就不会有人员伤亡——在我看来，这种情况……将使人类获得永久的和平。"[15]

这一观点遭到了很多人的反驳，其中最雄辩的要数法国人 M. 于阿尔：

破坏天才

和所有破坏性武器的发明家一样，特斯拉宣称他的"自动化魔鬼"将使那些动不动就制造国际冲突的政府有所犹豫。特斯拉是想借此获得"人类造福者"的殊荣。这个破坏天才似乎想达到一个自相矛盾的目的：创造一个正义的魔鬼。在这个"魔鬼"的帮助下，彻底消除战争将不再仅仅是仁慈的梦想家乌托邦式的理想。一个幸福的时代将向人类开启；一考虑到科学会带来的灾难的恐怖后果，人与人之间的争执就会走向和解。人的头脑中都有着怎样自相矛盾的观念呀？[16]

巧的是，这个观点得到了马克·吐温的支持。他从欧洲给特斯拉来信说，他想将特斯拉的专利，借助布尔沃-利顿、俄国沙皇尼古拉斯推销给澳大利亚、德国和英国的内阁大臣；特斯拉本人也在同布尔沃和尼古拉斯协商这件事（特斯拉就是这样跟沙皇"尼古拉斯"扯上关系的）。[17] 在现代，氢弹发明者之一爱德华·特勒[1]和离现在更近的里根总统（在他20世纪80年代的星球大战演讲中）都曾支持过这一观点。但特斯拉和爱因斯坦一样，后来都很后悔他们最初提出了"哈米吉多顿[2]催生的工具可以带来和平"这样的观点。

于阿尔发表在马丁杂志上的这篇有点肆无忌惮的文章继而又介绍了特斯拉关于电疗法的"富有思想的"论文，然后用下面这段绕口的、含有讽刺意味的恭维话作为文章的结尾：

我们并不想以特斯拉先生的辩护者或宣传者自居。他完全不需要这种帮助；而且只要他想，他完全可以让周日的报纸整版整版地为他宣传（沃纳梅克先生很乐意为此支付几千美元），而这种事科学类杂志是几乎办不到的。我们想说的是，很多人谴责特斯拉先生是一个不切实际的幻想家，这是不公平的。只要一个人还活着，他的工作就没有结束；而且即使当他死后，他的思想观点也有可能需要经过几百年才能被证明是真理。幻想家因此常常最后沦为了最可怜的现实主义者——特斯拉绝对不会成为这样的人。[18]

---

[1]爱德华·特勒（Edward Teller）：匈牙利裔美籍原子核物理学家。1952年与S.乌拉姆一起研制出氢弹。同年，帮助建立了劳伦斯·利弗莫尔实验室，该实验室主要负责研发包括核武器在内的美国国防科技。——译者注
[2]哈米吉多顿（Armageddon）：《圣经》中世界末日之际善与恶决战的战场，引申出"世界末日""大决战"等含义。——译者注

从某种意义上说，马丁就是特斯拉的先遣宣传员。因此，允许这篇评论刊登在他的杂志上，就等同于是马丁开始默许其他作者对特斯拉展开批评。例如，另一篇刻薄的评论同时发表在了《科学美国人》和更流行的《民意》上。这篇评论文章和骗子发明家约翰·沃雷尔·基利的讣告出现在了同一页上。

基利是不是江湖骗子？

所谓的"基利电机发明者"约翰·沃雷尔·基利的离世，使世界又损失了一个极其独特而迷人的角色……基利一直都想震惊世界，但从未如愿。真心希望所谓的基利的奥秘也随他一起入土。

科学与哗众取宠

……在刚刚过去的一段时间，多相交流传输系统的发明者竟然以极其夸张的言论大肆扰动着媒体，不禁让我们回想起当年基利电机激起的狂热，这与特斯拉一贯的风格反差极大，让人极为费解……特斯拉发明的实质成果为数不多且比较简单，而围绕这些发明的幻想却不胜枚举且极尽夸张。特斯拉的发明包含的原理并不新颖，且并非是由他最先发现的。[19]

这一认为特斯拉不是他的无线通信系统的发明者的暗示，呼应了之前说他不是多相交流系统真正发明者的指控。这尤其让特斯拉感到愤怒，因为他无法容忍别人说他的成果非他原创。"我恨不得在我的实验室里用我能制造的最激烈的叉状闪电劈在这个家伙头上。"特斯拉在约翰逊夫妇家吃饭的时候这样说道。[20]

"如果让一个局外人来为你说话，或许效果会更好些。"罗伯特建议道。

"亲爱的卢卡，我知道你是一个品格高尚的君子，一个忠诚的朋友，你因为这些对我无端的攻击而愤慨，我很感激，但我请你千万不要卷入进来，因为那样只会让我不快。就让我的那些'朋友'们使出他们最恶劣的手段吧，这样最好不过了。任由他们在科学界编造各种阴谋、反对值得支持的事业、往明眼人的眼里撒沙子吧，总有一天他们会得到报应的。"[21]

"那我们如何才能纠正这些可恶之人呢？"

"对于这种人，我们要彻底地蔑视。"特斯拉很坚定地说道。

"我并不认为康默福德·马丁属于这类人。"凯瑟琳说道。她试图调解两人的关系。

"我知道，你和卢卡想让我原谅你们的朋友马丁，原谅他允许别人在他的刊物上发表贬损我的评论文章。他干得好啊，只不过没有过去那么用心罢了。他为我做了很多有价值的事，而且越来越多了！"

"无论如何，跟他谈谈吧。"凯瑟琳恳求道。

特斯拉抓起他的帽子、外套和手套，挥手和他们夫妇告别。"我对他表示很遗憾，没别的。"特斯拉说完就离开了他们家。[22]

作为反击和回应，特斯拉给《电气工程师》写了一封言辞激烈的信，他们只好发表：

> 你们已经不止一次让我生气了，但作为一个豁达宽容的基督徒，我一直都原谅你们，只是对你们的错误感到遗憾。然而，比起你们之前的无礼，你们这一次的冒犯实在太过分了，你们竟敢玷污我的名誉！……对于这样的诋毁，我——一个拥有许多美国大学颁发的荣誉头衔的人——强烈要求你们做出彻底的、诚恳的道歉……这样的话我可以再原谅你们一次，但我忠告你们，如果你们将来还有什么攻击我的言论，请注意把握好限度，否则你们将会受到法律的惩罚。[23]

那一篇评论的语气当然令特斯拉生气，但尤其让他恼火的是，文章暗示说他已经抛弃了他的电动机械振荡器和无灯丝非加热灯泡（即荧光灯）的研究。当时他正在与许多投资者，尤其是阿斯特，商谈一笔大生意，他当然不愿听到有任何声音说他已经放弃了这些领域的研究。

马丁反驳他的话恰好就刊登在特斯拉的信后面：

友人致特斯拉先生

> 一位非常重要的电气发明家（并未提及姓名，很有可能是伊莱休·汤姆森）……很友好地说：《电气工程师》成就了特斯拉先生。

对于这句话，马丁争论道："是一个人的所作所为成就了一个人。"不过，《电气工程师》（其实就是马丁）引用了一些事实：该杂志过去发表、出版了特斯拉关于他自己发明的文章和著作，以及他发表过的一些演讲和讲座；而且是杂志的编辑"竭尽全力地阐释了特斯拉的思想观点"。他说得一点也没错。因为1890年至1898年，《电气工程师》发表了167篇特斯拉自己写的或别人写特斯拉的文章，比《电气评论》多40篇，比《电气世界》多70篇。[24]此外，毫无疑问是马丁一手策划将这位遁世的发明家引入到美国电气界的大舞台的。

由于特斯拉总是承诺得多，而产出得少，作为一个"真正的朋友"，《电气工程师》

觉得有必要催促特斯拉完成他那些"经历了长时间实验、美妙但尚未完成的发明"。他们（其实就是马丁）对于特斯拉关于他的遥控飞行器的神奇描述——它可以在飞行过程中改变方向，"可以随意爆炸，而且……绝不会失误"——同样感到十分讶异。马丁继续道："我们过去非常钦佩特斯拉实实在在的、看得见摸得着的成果，我们的钦佩之情都已跃然纸上，而且始终没有改变，但我们的钦佩仅限于那些切实的成果。特斯拉先生现如今表现得如此敏感，我们深表遗憾，但毫无办法。"[25]

毕竟马丁是特斯拉最亲密的伙伴之一，所以他对特斯拉的"攻击"显得非常慎重。从历史的角度来看，我们应该考虑到这背后隐藏的一些动机。比如说1894年，特斯拉免费分发他的著作集，但并未向马丁支付额外书款。

"我从自己编辑的特斯拉著作集的销售中确实赚了些钱，"马丁多年后向伊莱休·汤姆森坦言，"但很快，这些赚来的钱都被特斯拉通过一些有名无实的理由借走了；我两年的努力就这样付诸东流了。"[26]第二年（1895年），特斯拉的实验室被烧毁，马丁还写了一篇文采斐然的慰问文章。[27]也许这次灾难是他没有坚持让特斯拉还他钱的原因。

马丁陷入了尴尬的境地，因为他同时是爱迪生的好朋友，而爱迪生是特斯拉的劲敌；但作为一个记者，他必须客观地报道其他对手（比如马可尼）的研究进展。特斯拉的生活总是入不敷出；设计方案还没有实际成形，特斯拉就将其视为已经完成。这些习惯常常让他的长期卫士马丁感到恼火和失望。历史也已经从多个方面证明，马丁是对的。一方面，特斯拉的振荡器从来没有取得过商业上的成功；他的用于传输光、电能和信息的无线系统也从来没有完全实现过；此外，出于各种难以理解的原因，特斯拉的荧光灯也从未上市。

另一方面，特斯拉又极其多产。他的所有发明他都造出了模型。例如，他的无人驾驶遥控船的原型具有很完善的功能。但是，一个人的研究一般需要若干年才能成熟、结果。特斯拉已经在很多方面证明了自己。鉴于他研究领域十分广泛，他的诸多研究设计没有最终变成产品是可以理解的。

特斯拉设计发明的无人驾驶遥控船一直是现代时期独一无二的最重要的科技成就。按照他设计的最终形式，它可以被视为是一种全新的机器，它能够像人类一样思考，能执行复杂的任务，甚至还能繁殖。这项发明还包含了无线通信以及选择性调频技术的所有核心特征。这是真正的天才之作。

令人惊讶的是，特斯拉支持的是用来解释人类行为和意识的刺激 - 反应模型，而不是无意识创造模型。厄恩斯特·马赫和特斯拉的哲学老师卡尔·斯顿夫之间的对抗（本书前文谈到过），以及笛卡儿在自动控制方面的成果，与特斯拉所持的很多重要观点和立场不无关系，而这些观点直接影响了他无人驾驶遥控船的研制。按照这种观点，大脑只不过是有因果关系的各种感觉的简单组合；而我们所谓的思想是来源于这些原发性感觉的次级印象。

有点自相矛盾的是，虽然特斯拉的成果具有极高的原创性，而且他自己也自吹他是"新原理的创造者"，但这位发明家绝不认为他曾经"创造"过什么新思想；他认为他的所有新思想都源于外界事物，比如自然中存在的规律，或其他人的成果。特斯拉读过很多大哲学家的作品，他完全懂得他的遥控机器人如果被应用将对整个世界意味着什么。《一个即临种族》的隐含寓意他看得很清楚。机器人不仅会取代体力劳动者，还会思考。所以说，特斯拉的天才之处不仅在于他能领悟他人的先进思想，更重要的是，他能将他们的抽象思想应用到实际中去。有的人选择用思想去改变世界，而特斯拉却在物理世界里展示了实际的实用模型。他是当之无愧的遥控电子"生命"之父，但他绝不会愿意称自己是这一创意的创始人。

在 1900 年发表于《世纪》杂志上的一篇著名的文章中，特斯拉解释了他发明的无人驾驶遥控船背后的整个构思："我已经证明——而且现在每天都在用我的每一次思考、每一个行为证明：我是一个具有运动能力的自动体，我的运动仅仅是外界刺激我的感官而产生的反应，并且我的思考和行动原理都一样。证明的结果令我非常满意，近乎完美。在我的一生中，只有一两次例外，我无法找到刺激我做动作、思考或做梦的第一印象。"[28]

特斯拉没有提及，其中一次例外就是他在上教授的课时突然有了灵感：他发现直流电机中的转向器可以被拿掉。换句话说，特斯拉最成功的发明——多相交流系统源自特斯拉的直觉。尽管这样，特斯拉仍然固执地迷信心理"白板"的理论假设。在这位学者看来，没有什么灵感是源自内心的，人只有在受到外界刺激后才会做出自主反应。这是一个很复杂的思想，因为从下面第一段引文来看，特斯拉的观点似乎恰恰与此相反。

宇宙力量如何塑造我们的命运

每一种生物都是一个与宇宙天体转动相适应的"发动机"……所有的

星座、星云、恒星和行星……都对这种生物进行着某种或多或少的控制——这种控制不是占星术意义上的模糊不清、令人迷惑的控制，而是物理科学意义上的刚性的、绝对的控制。

我们还可以进一步这么说，世界上任何一种生物——从奴役万物的人到最低级的生物体——无不受宇宙天体运转的影响。[29]

特斯拉酝酿出这些思想的时候，即19世纪90年代初，他正在研读赫伯特·斯宾塞的作品和佛教经典。他甚至还把一本佛教的书送给他的朋友约翰逊读。此外，马赫原理[1]和牛顿运动定律对特斯拉的影响也与他的这种思想相关，因为地球、太阳和银河系的角动量的数据也符合他的宇宙观。"佛教徒和基督徒虽然都有各自不同的表达方式，但都表达了这样一种观点：万物合一，我们都处在一个统一的宇宙整体之中……科学也认同这种不同个体间的关联性——虽然表达的意思与宗教观点并不相同。科学承认，同一个星系中恒星、行星和卫星是一个整体，而且毫无疑问，未来的科学将用实验证明这一点。"[30]

特斯拉在少年时代研究过意志心理学（神秘心理学原理），他坚定不移地相信自我决定（self-determination）和意志的强大力量。然而，他却认为，这种内在过程（internal procedure）——乔治·葛吉夫将其与灵魂的直接表达联系起来——服从于他的外部行为范式（external-behavioristic paradigm）。对特斯拉来说，生命的火花不仅存在于生物中，还存在于物质结构中："即使是被认为没有生命的所谓的无机物，也会对刺激物做出反应，并明显无误地表现出内在的生命原理。"[31]

比如金属就会对刺激做出反应（磁铁即是一例）。特斯拉拒绝将电磁效应中产生的动力与"生命"物质的反应区分开来。这在本质上来说就是布尔沃—利顿的"元气力量"。使宇宙运转的能量指引着生命。"因此，所有的存在物，不管是无机物还是有机物，活性物质还是惰性物质，都容易受到外界的刺激。他们之间没有明显的划分界限，他们之中没有什么至关重要的特例，而且这种刺激与反应具有持续性，永恒而不间断。斯宾塞的重要问题——是什么使无机物质转变成了有机形式？——已经找到了答案，答案就是太阳的光和热——哪里有太阳的光和热，哪里就有生命。"[32]

---

[1] 马赫原理（Mach's principle）：一个假说，即作加速运动的人所感受到的惯性力取决于宇宙间物质的数量和分布。——译者注

　　既然特斯拉将自己视作一个"完全受外界影响所控制的自我推进式的自动体"（self-propelled automaton），他就能运用自己的模式建造他的无人驾驶遥控船。特斯拉进一步说道："我们所谓的记忆，是由反复刺激引起的不断增强的反应。"创造性思维和做梦是来源于初级外部刺激的二级反应。

　　　　很久以前，我有了一个创意——建造一个能在机械层面上代表我的自动体；这个自动体能够像我一样对外部影响做出反应，当然了，这种反应的方式要简单得多。这种自动体显然必须具有原动力、运动构件、指挥器和至少一个能对外部刺激做出反应的感觉器……

　　　　不管这个自动体是由肌肉、骨骼还是木头、钢筋组成，都没有关系，只要它能像智能生物一样完成交给它的任务即可。[33]

　　按照特斯拉的设计，他的无人驾驶遥控船不仅仅是一个机器，它是一种具有"思考"能力的全新的科技发明。在特斯拉看来，从某种意义上说，它也是地球上的第一个非生物学的生命形式。用特斯拉的话说，这种生命体的原型具有一个"借来的头脑"——特斯拉自己的头脑！"它能按指定路线前进，或服从从很远的地方预先发出的命令；它能辨别哪些该做，哪些不该做，……还能记录印象，这种印象必将会影响到它随后的行动。"[34]

　　几乎没有人能理解特斯拉1898年这个发明的重大意义，所以他们转而对特斯拉进行大肆抨击。

　　1898年11月，应特斯拉的申请，专利局的专利审查长去参观特斯拉展示他的无人驾驶遥控船；他的评价是"难以置信"。特斯拉写道："我记得，为了将这个发明推荐给政府，我后来邀请了一位华盛顿的官员去参观。只见他噗嗤一声大笑起来……当时，所有人都认为，要完善这个发明，可能性极其微小。"[35]

第二十四章
华道夫 - 阿斯多里亚酒店（1898）

亲爱的卢卡：

　　你的华美诗集即将面世，对于如此重要的文学事件，我觉得首先应该在华道夫酒店为你举行晚宴进行庆祝；菲利波夫夫人已经用她特有的含蓄方式向我暗示了这层意思……虽然以你极高的知名度而言似乎没有这个必要，但我还是希望你能尽快告诉我你哪个晚上时间合适，因为我的钱快花光了。

你真诚的：N. 特斯拉
1897 年 11 月 29 日 [1]

　　华道夫 - 阿斯多里亚酒店[1]是当时世界上最高的酒店，是该市的宴会、音乐会和会议的首选地，也是当时最富有和最杰出人士长期或临时的住所。能够住在这里也成了特斯拉一直渴望实现的一个目标。在那年年底，他实现了这个目标，而且在那儿一住就是 20 年。该酒店分两部分建成：第一部分（即"华道夫酒店"）是由威廉·华道夫·阿斯特在 1893 年建成的；第二部分（即"阿斯多里亚酒店"）是由威廉的堂弟约翰·雅各布·阿斯特于 1897 年底完成的。起初，杰克（约翰的昵称）不愿将他母亲的住宅拆掉建酒店，但看到华道夫酒店在第一年毛收入达到了 450 万美元后，他改变了主意。华道夫 - 阿斯多里亚酒店的开张"标志着一种全新的生活理念的开始"，它向人们展现了奢华高档、热忱专业、华丽优雅和富丽堂皇的气质。[2]

　　酒店的总经理乔治·C.博尔特是来自鲁根岛（Rügen）的普鲁士移民。鲁根岛坐落在波罗的海中，与丹麦邻近。博尔特"性情温和、气质高贵而又谦逊低调，俨然一位典型的德国教授；留着短胡须，但修剪得很讲究……戴着一副系有黑丝绳的夹鼻眼镜"。也有人将博尔特描述成"要求严格、情绪善变的人"；从某种意义上说，他是一个非常势利的社交名流。他宣称自己"宁愿看着施托伊弗桑特·菲施[2]的太太在一间空荡荡的棕榈房间里品茶，也不愿看到一群毫无名气的人在酒店里吃大餐。"[3]

---

［1］华道夫 - 阿斯多里亚酒店（Waldorf-Astoria Hotel）：位于纽约曼哈顿第五大道的豪华酒店，堪称世界上最豪华、最著名的五星级酒店之一。当时，很多名流政要来访纽约时都下榻在该酒店。——译者注
［2］施托伊弗桑特·菲施（Stuyvesant Fish）：1887—1906 年担任伊利诺斯中央铁路公司的总裁。——译者注

博尔特酷爱各种机械发明。他的酒店里散布着各式各样稀奇古怪的现代电器，比如气动导管、电梯闪光控制板、电灯呼叫打车器，以及"他权威的蜂鸣器系统"。[4] 几年后，华道夫酒店成了第一家拥有无线电天线塔的酒店。毫无疑问，作为一个精英人物，特斯拉对博尔特很有吸引力。而且鉴于特斯拉当时已经是一个知名的杰出发明家，他很可能受到了经理高级别的接待。凭借他和阿斯特之间的关系，特斯拉搬进去住之后，他甚至不用付房租，或经过商谈获得了优惠。

华道夫酒店有 900 多名员工，有被誉为"华道夫的奥斯卡"的大厨，还有博尔特贤惠的太太负责酒店的装饰，因此它的品质无与伦比。王室般的芬芳气息飘荡在酒店的每一个角落里；酒店里随处可见精美瓷器和奇花异草；墙壁、客厅、饭厅和套房都配有昂贵的装饰物和家具。这是美丽的"孔雀"们开屏炫耀的地方，而特斯拉就是其中最骄傲、最著名的一只：他有着超过 6.2 英尺的身高，穿着羊皮高帮鞋、一身燕尾服，拄着手杖，戴一顶大礼帽，并且永远都戴着白手套。

1898 年，美西战争拖了将近一年，在此期间，特斯拉一直在努力将他的无人驾驶遥控船打造成海军武器。他曾贡献出他的无线发报机，以协助组织军舰和军队的行动，但被美国海军部长拒绝了，理由是——特斯拉一年后透露——海军部长担心特斯拉的机器"可能会引发事故，因为当这台机器工作时，火花很容易在它周围到处乱飞"。特斯拉努力地向他保证自己已经克服了"这些缺点和局限性"，但结果只是白费口舌。[5] 过去的公共展示以及一张张闪电从他发明的机器里喷出来的照片，使他无论怎样保证都没有用。在战争期间，海军转而使用热气球；他们用电报线将热气球连接在军舰上。谁坐在热气球里都会提心吊胆，吓得"面色惨白"，因为气球很容易成为敌人的目标；但是，士兵们不得不"服从命令，而且别无选择"。[6]

特斯拉联系了造船工程师尼克松先生（"俄勒冈"号战列舰的设计者，该舰是他在 1884 年还在为爱迪生工作的时候将"维拉德"号客轮改造修建而成的）和潜艇建造师约翰·P. 霍兰。[7] 两年后，霍兰想将他设计的第一艘潜艇卖给美国海军；它气势雄伟，重达 74 吨，是一艘精良的战斗艇，[8] 但到了 1898 年，他还在艰难商谈，没有达成一项交易。"海军司令部不得不拒绝……霍兰的潜艇驶入圣地亚哥港摧毁西班牙战舰……因为这样有点私掠船的作风，且违反国际法。"[9] 特斯拉还邀请了军事人员到他的实验室去，尤其是美国海军少将兼灯塔委员会主席弗朗西斯·J. 希金森，一起探讨他的无线发射机的用途。但与政府打交道绝不是件容易的事。[10]

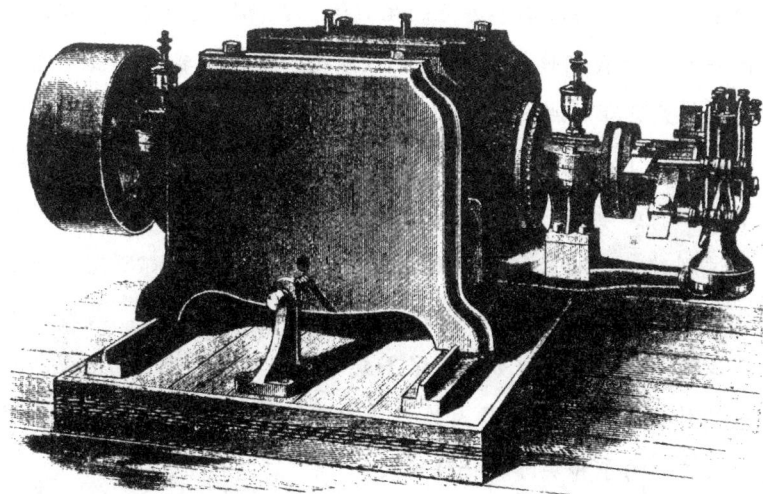

1898 年 6 月，里士满·皮尔逊·霍布森以他在战争中的英勇表现征服了美国人的心，一跃成为明星人物。霍布森是特斯拉和约翰逊他们的交际圈中比较受欢迎的人物。10 年后，他更加有名了，还成了总统候选人。[11]

6 月 4 日，《纽约时报》报道说，一艘英勇无畏的装甲护卫舰——"梅里麦克"号冒着"猛烈的炮火冲进了"圣地亚哥港，企图攻击待命的西班牙无敌舰队。护卫舰被击沉，美方的"一名军官、一位工程师和六名海军士兵被敌军俘获。……所有人都对这艘美国护卫舰的鲁莽行动感到震惊。"[12]

第二天，有人揭秘道，护卫舰根本不是被敌军的炮火击沉的，而是被海军上尉霍布森故意弄沉的，目的是将整个西班牙舰队困阻在港湾内。"这次壮烈的打击"有效地使让人惧怕的西班牙海军上将塞瓦拉退出了战争。"在那一天，那一小时，因为有无线电这一强有力的、被广泛应用的工具……霍布森的名声在瞬间就传遍了周围的世界。"[13] 即便在霍布森被关进莫罗城堡（Morro Castle）的地牢后，他仍然是新闻头条报道的对象。整个社会都在等待战争结束，他早日被释放。[14]

和往常一样，凯瑟琳继续传递她爱尔兰式的魅力，邀请特斯拉这位神秘的塞尔维亚人去他们家吃晚饭，这样她便可以"陶醉沉迷"在他的魔力里。[15] 就在"梅里麦克"号沉没的那天，特斯拉收到了下面这封很具挑逗性的信：

亲爱的特斯拉先生：

　　（明天晚上）我很想见到你，如果你觉得我的邀请不值得考虑，我会非常失望的。罗伯特准备举办他的生日晚会，他很想听你唱塞尔维亚歌曲。

　　你一定要为我们腾出这个晚上的时间。第二天我就要去华盛顿了。某人难道不想见见菲利波夫夫人么？

　　等明天晚上你来了，我们谈谈你拍摄的那只手——现在这只手就在我的眼前，但我必须将它放到隐蔽的地方去……我实在受不了它。它太过强壮、太过刚健——当我进到我的房间里，就算我什么都不想，一看到它，我就会开始想——房间里只有它。但它却不甚令我满意，因为它不像我脑海中的你的手那么大而自如。这张图就像你一样，模糊，而且显得有点短；我知道为什么会这样，那是因为拍摄时受阴影影响。你一定要再试一次，让拍出来的你的手和实际的一样宽大。

你忠实的：凯瑟琳·约翰逊

1898 年 6 月 6 日 [16]

1月，特斯拉在《电气评论》上用了一整页的版面刊登了一张他的手的照片，目的是以吸引眼球的方式展示他在真空灯效能方面取得的进步。[17] 他掌心的每一条纹络都清晰可见，足见他的真空灯照明效果极佳（虽然就像凯瑟琳指出的那样，手的形状因为阴影影响而受损）。著名的手相学家谢罗当时名声很火。他已经发表了他对一些名人手相的分析结果，如汤姆·爱迪生、萨拉·贝纳尔和神智学者安妮·贝赞特。马克·吐温评价道："谢罗分析并揭露了我的性格特征，他的分析准得让我很不好意思——我不该承认他分析得精准，但我还是情不自禁。"[18]

有点自负而又聪明的特斯拉可能突然想出了这一招——通过向世界展示他拍摄的自己的手，一方面用到了他的荧光灯，同时也以含蓄的方式显露了他的大气。特斯拉咨询了一位专业的手相学家，从他的"维纳斯线"（即爱情线）来看，他"喜欢调情、不专一且非常敏感"；从智慧线来看，他"总是不断地为他的过去而感到烦忧"；他的智慧线与情感线结合在一起，所以他很依恋他的母亲；由于他的智慧线呈链状、波浪形且比较短，所以看得出他的思维缺乏理智且有盲点；不过还好，他的命运线弥补了这一切："像一棵挺立的结实的橡树，表明他的事业比较平稳，他很有远见和创造欲望，比较顽强，能承受巨大的压力和折磨……他的手相中，属命运线最强大。"[19]

在这几个月中，特斯拉和令人捉摸不定的菲利波夫夫人之间有趣的玩笑和逗弄比以往任何时候都多。她似乎想让特斯拉成婚。2月，凯瑟琳写信给他："一位美丽动人的女孩将来我家，她不相信你竟然是我的朋友，我竟然认识你。我努力地说服她，你的确在被邀客人之列；而且我还告诉她，我将会安排你和她坐在一起。你来吧，然后用你的笑容和迷人的气质感染我们，尤其是我和约翰逊。"[20]

3月，她再次邀请特斯拉到她家吃午饭，"来给你的朋友们一点安慰"；而且几天后又邀请了他一次。"一个很漂亮的女孩要来，她非常想见见特斯拉先生。她真的很迷人，我向你保证。"[21] 特斯拉决定首先请大家吃顿晚餐，所以他写道："我会派我的私人马车去接你们……来华道夫酒店吃饭，我恭候大家光临。"[22]

特斯拉为何一直独身一直是一个谜。几年前，他与凯瑟琳之间可能有种"暧昧不清"的关系，但现在，部分由于凯瑟琳的有意安排，特斯拉开始主动地与其他女人进行交往。看到他从中获得快乐，凯瑟琳很是为他高兴。有三个女人曾吸引过他，分别是温斯洛夫人、阿玛蒂亚·屈斯纳小姐和玛格丽特·梅林顿小姐。很遗憾，第一个已经结婚；第二个，特斯拉打算请她到他的实验室去，向她展示他的发明。"我很希望她能来还有另一个原因，不过这个不好说……我可不想说任何有损一位女士名誉的话。"[23]

关于第三个女士，特斯拉在答复另一次"约翰逊盛宴"邀请的信中写道："我想靠你们给我创造一个机会，如果梅林顿小姐来的话，记得顺便提一下我也会来。我知道我会被她的魅力俘获——不过那是晚饭前；饭后，我想我会将她征服，因为她不会喝红葡萄酒。"[24] 几个月后，特斯拉又给约翰逊夫人写信道：

我亲爱的约翰逊夫人：

不管你的任何朋友来，我都会很开心，但一定要保证一位女士对一位先生——否则，你就不用将我算在内了……阿格尼丝也无论如何要参加。还有，你们不想邀请一下梅林顿小姐吗？她是一个非常聪明的女人，我应该说睿智——如果她已经结婚了的话。我希望她能来。

你真诚的：休斯顿大街的尼古拉斯一世

1899 年 3 月 9 日 [25]

玛格丽特·梅林顿出生在英国，但在布法罗的一家女修道院里长大，然后学习了钢琴，之后成为了她的母校——一所师范学院的教师，辞职后来到纽约追求她"戏剧作家"的梦想。1891 年，她的爱情剧《莱特布莱尔》（*Letterblair*）受到了读者的欢迎，她也第一次成为了报刊头条新闻人物。两年前，她的音乐剧《达芙妮》（*Daphne*）获得了国家音乐学院（National Conservatory of Music）500 美元的奖金；这部音乐剧得到了很多人的认可，其中就有安东·德沃夏克。有着帝王气质的梅林顿小姐"身材高挑，举止言谈优雅而迷人……是约翰逊家里的常客"。她是格拉莫西公园名人群体里的重要一员。1905 年，她曾陪年幼的欧文·约翰逊去参加马克·吐温的生日聚会。她一生都保持着创作的灵感，甚至在她去世前一年（1950 年），她还写了一本讲述屈斯特将军和他夫人的书。她去世时享年 91 岁。[26]

1898 年 8 月，约翰·雅各布·阿斯特从战场回来了。不过直到 12 月，特斯拉才在阿斯特家里见到了他。虽然很多人认为阿斯特是一个"冷漠无情、缺乏幽默感、几乎完全没有什么个性"[27] 的人，但他的妻子阿娃却被认为是全美国最漂亮的女子。特斯拉为阿斯特夫人的美貌所倾倒，而她似乎也被他魔幻的实验迷住了。特斯拉与阿斯特夫妇会时不时地在德尔莫尼科餐馆或华道夫酒店一起吃饭；特斯拉每次到阿斯特家里都会给阿斯特夫人捎一束鲜花。不过，虽然"阿娃……美丽动人、魅力四射，脾气有点差的约翰……像一条家犬一样成天围着她转，唯命是从"，他们的婚姻却并不如意。阿斯特有时会连着几个月离开他美丽优雅的妻子去海上探险，去追求他的"崇高的事业"；而他的妻子则非常热衷于打桥牌。[28]

因此，虽然阿娃很支持特斯拉，但他还是无法通过阿娃了解阿斯特的立场。"亲爱的阿斯特，"特斯拉写道，"我想跟你解释一下为什么我不能和你一同前往古巴。"

"我完全理解你，"阿斯特答道，"可能是在我面对枪林弹雨时，我突然意识到，你的生命太过宝贵，不值得来古巴冒险。但从最近的报道来看，你也被炮轰了，不过是被记者，而不是被大炮攻击。"

特斯拉略带嘲讽地打趣道："我很高兴我生活在这样一个地方——他们可以在报纸上将我烤了，但在实际生活中，他们无法损我毫发、真正地惩罚我。"[29]

于是特斯拉约了阿斯特和他的两名好友克拉伦斯·麦凯先生和达柳斯·奥格登·米尔斯，向他们展示他在他的振荡器和荧光灯方面持续取得的进展，还给他们看了相关发明的专利申请书、发表在电气杂志上的论文，以及关于他在伦敦皇家学会和德国伦琴学会所演示的实验的报道。特斯拉说："让我给你们读读威廉·克鲁克斯爵士写的这段：'恭喜你！你所展示的发明非常出众'。"特斯拉还读了另一篇报道，这篇报道将他的振荡器称赞为"当代最重大的发明之一"。

"阿斯特上校，在这个新科学原理的基础之上，会有无数企业发展起来，我的发明会因此威胁到很多已有产业。正是由于这个原因，我经常遭到猛烈的攻击。例如，我的无人驾驶遥控船将会开拓出一个新的技术领域，早晚会使大量的枪炮变成一堆废铁，大型战舰建造业也将被废弃；而且，正如我在很久以前说过的，它将迫使各个国家更加懂得维护和平。"[30]

"对我而言，你的研究跳跃实在是太大了。"阿斯特说，而且这让其他人也开始犹豫，"我们还是专注于振荡器和荧光灯的研究吧。先让我看到这两项发明在市场上获得成功，然后再用与现有发明完全迥异的发明去拯救世界吧。这样我才会更心甘情愿地答应你的要求。等你有了一个切合实际的计划再来找我，或者给我打电话。"

特斯拉一直等到新年，然后突然用一番很直接的话冷不丁地袭击了阿斯特上校："亲爱的阿斯特，我一直都坚信，你很真诚、很友善，对我个人和我的劳动很感兴趣。……现在我问你一个很直白的问题：既然我拥有像你这样的一个朋友——一个品格高尚的富人、一个愿意为他的国家冒生命危险的人、一个说到一定做到的人，一个非常欣赏我所付出的劳动、不断对我说会支持我的朋友，难道我没有充足的理由相信你会继续支持我吗？况且，经过几年的辛勤工作，我已经完善了几项重要的发明，使它们完全具有了商业价值；这个价值，即使按照最保守的估计，也一定有几百万美元。"

他告诉阿斯特，乔治·威斯汀豪斯因为他的多相交流系统给他支付了50万美元；鉴于他拥有"14项国内新发明和14项国外新发明"，爱德华·迪安·亚当斯已经投资了10万美元，想成为他以后的发明成果的合伙人。他还说，现在仍然有一个"强大的群体"在反对他，"正是由于这个原因，我需要几个像你这样的朋友，在这种时刻在经济上和精神上给我宝贵的支持。"

特斯拉透露，由于他对阿斯特的话"深信不疑"，他卖掉了所有的证券，以重新买回他对他的公司的控制权，虽然"亚当斯仍拥有少数股权"。他说，他的实验室过去"对每100美元的投资平均偿还1500美元"，所以他宣称，"我完全有信心，我现在手里的研究将来会有比现在高得多的回报。"

"我现在制造出来的这种灯，远比白炽灯高效，只需要消耗白炽灯所耗 1/3 的能量；而且我的灯持久耐用，几乎不花费任何维护成本。在旧的系统中，花在红铜上的成本占了很大一部分；但我的多相交流系统大大降低了红铜成本，红铜成本只占非常微小的比例，一根能满足一只白炽灯的电线，能够供给 1000 只我的灯的用电量，而且能发出比白炽灯强 5000 倍的光。今天，各个主要国家在电灯上的投资高达数亿美元，而在这些国家，我都注册了电灯领域的专利；考虑到这个事实，上校，请让我问你一个问题，单是这项发明，价值多少？"

"此外，我的交流系统迟早都会被惠特尼财团（Whitney Syndicate）、通用电气公司或西屋电气公司买去，因为如果谁不买，谁就会被市场淘汰。"

特斯拉最后说道："再想想我的振荡器、我的无线电力传输系统、通过无线电报远程遥控物体运动的方法、从空气中提炼原料制造化肥和硝酸、臭氧制造……以及其他很多制造领域的发明，如低成本冷藏、低成本液态空气制造等，你会发现，对这些发明进行客观估计，我的资产价值不会少于 1000 美元一股。我完全有信心，只要我的部分发明上市，我将能够卖到这个价格。"

特斯拉告诉阿斯特，他与"法国克勒索公司（Creusot Works in France）、德国赫利俄斯公司、奥地利的甘兹公司以及其他几家公司"还有一些待定合约；他想让阿斯特给他投资 10 万美元。"如果你不答应我，你将会把我置于很不利的局面中。"如果阿斯特与特斯拉合作了，阿斯特的其他盟友，如麦凯先生、达柳斯·奥格登·米尔斯"也会加入"。特斯拉写道，"如果 6 个月后你有任何不满意的地方，我的首要任务将会是让你满意。"[31]

阿斯特强调，他希望看到特斯拉好好地开发利用他的荧光灯，特斯拉同意了。1899 年 1 月 10 日，双方签订了相关合约，阿斯特向特斯拉支付 10 万美元，购买了特斯拉电气公司的 500 支股票，并且阿斯特担任公司董事长；[32] 与此同时，特斯拉入住华道夫·阿斯多里亚酒店。特斯拉还从干货制造商辛普森和克劳福德那里获得了 1 万美元的投资，[33] 并且可能得到了米尔斯先生和麦凯先生的资助。以威廉·兰金和爱德华·迪安·亚当斯主导的旧特斯拉公司就此基本上解体，他同阿尔弗雷德·布朗和查尔斯·佩克的合作关系也基本解除，尽管这些人可能还以这样或那样的方式与新的特斯拉公司存在联系。

特斯拉入住华道夫酒店后给约翰逊夫妇写的第一封信的日期是 1898 年 11 月 3

日。这封信有些奇怪，特斯拉在信中称呼约翰逊夫人为"我亲爱的凯特[1]"。特斯拉即将钓一条"大鱼"，一条可能是世界上最富有的"鱼"，他也因此变得更加自高自大。通过傲慢地炫耀自己，这位塞尔维亚贵族将自己"高贵的血统"与"其他社会边缘人物……像推销员、售货员这样的平民，还有犹太人"[34]划清了界限。特斯拉的信中很少会出现反犹太倾向的语言，但他毫无疑问是一个反犹太主义者，至少在社会意义上是这样的——反犹主义在当时是一个普遍现象。上层社会普遍反对美国犹太居民，比如那些新来到威廉斯堡、布鲁克林和纽约下东村[2]的犹太人，虽然罗斯柴尔德、奥古斯特·贝尔蒙、雅各布·希夫、伯纳德·巴鲁克这些有名的犹太人备受尊敬。我们可以明显看出反犹是特斯拉的偏见之一。特斯拉还在信中表示，他希望见见霍布森上尉，《世纪》杂志已经报道了他在古巴的英勇事迹。"在我们的办公室里，对霍布森的兴趣已经达到狂热的程度，"约翰逊说道，"如果出一本关于他的书，估计能卖几十万美元。"不幸的是，在他说出这话后不久，发生了一件霍布森的丑闻，"喜欢制造轰动的媒体"对其进行了大肆渲染，出书的想法便因此"流产"。[35]这件事与霍布森英俊的外表有关，当他走到一群女人的中间，结果有人情不自禁地亲了他的嘴。

"我宁愿砍下我的右臂，也不愿冒犯这群女人中的任何一个，"霍布森总结道，"亲嘴那一段，根本就是子虚乌有；我无法控制谣言，不过我问心无愧。"[36]

特斯拉和约翰逊夫妇都很喜欢这位勇猛活泼的海军上尉，他加入他们的圈子为他们的生活增加了无限的活力。他当时加入的这个圈子里包括吉尔德夫妇、屈斯纳小姐、梅林顿小姐、温斯洛夫人、鲁滨逊夫人、洛奇夫人、鲁德亚德·吉卜林和约翰·缪尔等人。为了博得这位战争英雄的注意，特斯拉和约翰逊夫妇之间展开了竞争，他的顽皮和忌妒明显地表现了出来。特斯拉甚至把与他关系很亲密的一位女士介绍给了霍布森。

"卢卡，你别忘了，"特斯拉逗弄道，"霍布森并不专属于约翰逊夫妇。为了报复菲利波夫夫人，我会把屈斯纳小姐介绍给霍布森，这样某人就会被遗忘。"[37]

特斯拉与霍布森度过了很多"愉快的"时光。他邀请他到自己的实验室去，请他吃饭，和他一同去逛街找乐子。"他是一个很好的伙伴。"特斯拉总结道。 他们

---

[1] 凯特（Kate）：凯瑟琳（Catherine）的昵称，常表示称呼者与被称呼者之间关系非常亲密。——译者注

[2] 下东村（Lower East Side）：纽约市曼哈顿区沿东河南端一带，犹太移民聚居地。——译者注

后来一直保持着友谊。

霍布森当时 24 岁，是一个美国南方人。他穿一身制服，眼睛深陷，目光犀利，头发整齐地向后梳，结实的下巴有点突出，留着八字胡。他 1889 年毕业于美国海军军官学校，然后在巴黎的一所海事学院学习了 3 年，毕业后效力于美国海军情报处（Office of Naval Intelligence）。

霍布森头脑敏锐，中日战争期间为美国海军部长工作。他父母双方的家族里有律师、法官、政府官员和将军。他已经是一位名副其实的英雄，一位最受追捧的社会人物。

造成特斯拉之谜的所有因素现在已经凑齐。他在无线通信和遥控方面获得了基本专利；他计算出了干扰地球电环境所需的能量类型；他已经从世界上最富有的人之一那里获得了一笔可观的资金；他已经开始与美国海军进行正式的谈判；另外，因为社会地位的提升，他住进了华道夫 - 阿斯多里亚酒店。这位开始崭露头角的企业家还制订了将他的振荡器和荧光灯推向市场的计划——一切都已经准备就绪。然后，特斯拉迈出了非常大胆的一步，他要在一个更宏伟的层面上实验他的无线电理论。

休斯顿大街的实验室实在是太小了，而且很容易引起火灾或被间谍偷窃。几乎无人知晓，特斯拉考察了整个美国，寻找他的新"实验站"地址。他得力的秘书乔治·舍夫劝他慎重考虑，最好待在纽约做点实际的、能很快有回报的东西，但是特斯拉充耳不闻。命运在驱使他向西进发。

第二十五章
科罗拉多斯普林斯（1899）

> 尼古拉·特斯拉的电学发现和成果不只属于一个国家，而是全世界的骄傲。如今，这位塞尔维亚科学家已经入住科罗拉多斯普林斯[1]……派克峰以东是一望无际的平原，西面是一座座纵横南北、绵延起伏的雄伟高山。特斯拉正是在这里建了一个无线电科研实验站。
>
> ——德西雷·斯坦顿于科罗拉多斯普林斯（1899 年）[1]

西屋公司专利律师伦纳德·E.柯蒂斯邀请特斯拉到科罗拉多斯普林斯建他的实验室。于是，1899 年初春，特斯拉将他的实验设备运送至科罗拉多斯普林斯。在"直流交流之争"的艰难岁月里，柯蒂斯一直是特斯拉的顾问和好友。特斯拉离开纽约前，他与马丁的关系已几近破裂，于是他找到了马丁的竞争对手、《电气评论》编辑查尔斯·W.普赖斯和职业摄影师迪肯森·阿利，请他们策划、撰写一篇报道他实验室的大气磅礴的文章。1899 年 3 月 29 日出版的那一期《电气评论》刊登了这篇文章，文中详细地描述了他的各种实验，配上了一系列令人惊叹的图片。文章开头就是一张特斯拉的全身照，照片中的他握着一只篮球大小、正发着耀眼光芒的真空灯。接着，文章描述了他的其他发明的研制过程，其中一个就是他的高压变压器，这一发明随后演变成了特斯拉的平面螺旋发射线圈。这种发射器高 8 英尺，"外观如蛛网，很容易辨识"，它使特斯拉第一次能够有效地同时产生出两种独立的振动（即调谐电路），还能产生好几百万伏的电。[2] 文章的其余部分描绘了这位工程师在火花四射中用他的身体传输高压电流，点亮各种真空管；他拍打其中一只真空管，使其反复曝光。他的一只手仿佛要从模糊的发光的螺旋星云中摘取一根发光的棍棒，另一只手抓着一个冒着火花的环形高压线圈，"他的身上……通了高压电"。[3]

1899 年 5 月 18 日，特斯拉抵达了科罗拉多斯普林斯。在这之前，他在芝加哥有过短暂停留，在那里给当地一个名为"商业俱乐部"的电气协会展示了他的无人

---

[1] 科罗拉多斯普林斯（Colorado Springs）：美国科罗拉多州中部城市，位于派克国家森林东部。现为北美防空司令部和美国宇航指挥部的总部所在地，美国空军学院 (1954 年创建) 所在地。——译者注

驾驶遥控船。科罗拉多斯普林斯连接了落基山脉与绵延数百英里的大平原，它无论对于监控特斯拉的发射机产生的无线电波，还是研究当地常见的雷暴现象，都是一个绝佳的选址。

从芝加哥出发，经过一周的旅行，特斯拉抵达科罗拉多，柯蒂斯和几位名人接待了他。他乘坐一辆马车到达了阿尔塔维斯塔酒店（Alta Vista Hotel），住进了207房间。[4] 和他童年的家乡史密里安小镇很像，斯普林斯坐落在高大的群山脚下。落基山脉拔地而起，非常陡峭，看起来很像是还未定型。天气晴朗时，放眼望去，落基山脉向北一直延伸至怀俄明州，向南则延伸至新墨西哥州。站在阳光下，看见远处雷雨交加，这种现象在这里是很平常的。

一心想成为西部"小伦敦"的斯普林斯人民热情地欢迎了这位大发明家的到来，在柯蒂斯的赞助下，他们在厄尔帕索俱乐部（El Paso Club）为特斯拉举行了接风宴会。由于特斯拉的交流电传输系统已在诸如特柳赖德、克里普尔克里克[1] 这样的铅、银和金矿中心被应用，特斯拉在当地非常有名。他受到了当地民众、市镇官员甚至最高长官的热烈欢迎。[5] 几天后，另一位名人施莱上将也来到了斯普林斯，他刚从圣地亚哥湾凯旋，所有市民都欢迎这位英雄的到来。[6] 特斯拉当然很容易接近这位上将，或许他们还探讨了将特斯拉的无人驾驶遥控船作为一种武器以促进战争的消除的可能性。

作为特斯拉计划的一部分，由柯蒂斯担保，厄尔帕索电力公司将为特斯拉免费提供电能，以支持他伟大的研究事业。当地的承包商约瑟夫·多齐尔被介绍给了特斯拉，和他一同讨论实验室建设问题。他们开着车，沿着派克峰大街来到了今天的凯奥特大街（Coyote Street）的一角、普洛斯佩科特湖（Prospect Lake）边，考察实验室的选址。多齐尔似乎对神秘事物非常感兴趣，于是他们谈论的话题就转向了外星生命以及在附近的山丘淘金的不同寻常的方式。[7]

特斯拉此次西行有很多原因，主要的一个原因是他想用实验证明他可以通过无线的方式向很远的地方传输光、信息和能量。"我想摆脱城市的各种干扰，这些干扰使调谐电路变得非常困难。"他补充道。[8] 特斯拉已经开始着手实施一项巨大的计划，这个计划的前提是特斯拉对一项技术的掌握——这项技术甚至可以挑战今天我们对电力配送系统的认识。这项研究的细节一直是个谜，特斯拉甚至是到他离开斯普林

---

[1] 克里普尔克里克（Cripple Creek）：美国科罗拉多州中部的一个市镇，曾是热闹的淘金中心。——译者注

斯时才公开了他想在那里建一个无线电实验站的打算。[9]

到达斯普林斯的第一天，特斯拉就宣布了他的一些非常乐观的计划，他告诉斯普林斯的专栏作家吉尔伯特·麦克勒格夫人（她是商会秘书的太太，笔名德西雷·斯坦顿[10]）："用我的无线电报振荡器，我……可以不借助任何线缆，和地球上任何距离以外的人们进行交谈……甚至也可以和火星居民进行对话——如果他们能够接收信息的话。"[11]

当时有一个流行的观念，或者说天文预测，即外星球上有生命居住、地球可以和火星建立联系。至于如何联络外星球，各电学杂志上还有两种提议引发了人们的认真思考，一种认为可以大规模栽培植物群，以形成不同颜色的符号；另一种认为可以建造庞大的可反光表面，以便反射信号。由于这里距离位于亚利桑那州弗拉格斯塔夫（Flagstaff）的宏伟的珀西瓦尔·洛厄尔天文望远镜只有几百英里，关于火星的报道常成为人们街谈巷议的平常话题。

用德西雷的话说，特斯拉的到来"使我们距离'元气力量'变成现实的那一天不再遥远"。

"我将点亮所有的城市，并使机器能够完成所有的智能动作，"特斯拉说道，"不过我的第一步计划很简单，就是收集实验数据、安装设备、在不同高度的大气层做实验并记录下来。"

"对于跨大西洋发送电报，特斯拉有一个设计：在伦敦和纽约各建立一个终端站，将振荡器安装在高高的塔尖；使用系留气球，使其悬浮在高出地面 5000 英尺的空中（到达大气中的稀薄空气带，电波在稀薄空气中更容易传播），在气球上悬挂若干大圆盘，用于接收电波。信息可以如闪电般瞬间通过导线从振荡器传到系留气球的圆盘上，然后跨越几千英里的空间，传到另一个圆盘上……特斯拉先生说，等他把实际应用的细节安排好后，就准备将他的无线系统投入使用。"[12]

他的计划是多维度的。他可以使用电离层，将其作为导管或电波反射体；[13]他可以将大地本身固有的电脉冲（即电磁脉冲）作为载波；或者他可以用更常规的无线方式，即"通过发射端和接收端的单调谐电路（single tuned circuit）"[14]来传播能量，也就是像他在伦敦、巴黎、纽约、费城和圣路易斯的公共演讲中所展示的那样使用谐振调谐电路（由发射器和接收器、天线和接地装置组成）；或者他也可以使用传统的铜线。[15]

科罗拉多斯普林斯海拔 6000 英尺，所以特斯拉最初的其中一个实验就是通过长导线将极高的频率传输至位于离地面两英里高的终端上。[16] 他从德国一家由迈耶斯教授经营的"气球农场"订购了长约 10 英尺的氦气球，又从他休斯顿大街的实验室运来了几千英尺长的线缆。[17]

其他设备包括电池、接收和测量仪器、开关、变压器、真空泵和 10 多种由曼哈顿的一个玻璃吹制工专门为他准备的电子管。他的巨型振荡器和特斯拉线圈也运来了，不过他最新的平面螺旋发射机——1898 年纽约实验室拍摄的那些照片中非常夺人眼球的那种发射机——并没有运来。他安排他的一位重要的工程师路易斯·乌尔曼负责休斯顿大街的实验设备，乔治·舍夫则负责商业经营和联络。

特斯拉的无线电实验站像一个大型的谷仓，高约 18 英尺、宽约 60 英尺，设有高 200 英尺、顶部为球形的天线，其高度可以根据需要进行调整。实验站坐落于东派克峰大街，步行即可到达城中心。它的电线连通了"几英里外"的厄尔帕索电站，特斯拉可以"根据需要调用 100 多马力的电"。[18] 实验室外挂了一个"非常危险，请勿入内"的标志，室内装有一个高频变压器和一个直径 45 英尺的特斯拉线圈。[19] 他的所有实验都认真地记录在了他私密的科罗拉多笔记本里（后来于 20 世纪 50 年代在贝尔格莱德博物馆他的文件中被发现）。笔记本中一页一页满满地记录了各种理论、实验、自己临时观测所得以及技术含量很高的数学公式。[20]

特斯拉称，他来科罗拉多的主要原因是想"制造一台谐振变压器，它能干扰地球的部分（即使不能干扰整体）电环境……从而使我能以无线的方式向很远的地方传输情报"[21]。这个计划实际上很简单，特斯拉假定地球有一个谐振频率，然后他可以测出这个谐振频率，将其用作一个巨大的载波，用以配送电能。特斯拉宣称，因为整个地球和他的设备之间是一种谐和关系，所以他的设备"所能传输的电脉冲强度将不会随着与实验站距离的增加而减弱；根据一条精确的数学定律，它甚至有可能使电脉冲的作用随着与实验站距离的增加而增强"[22]。

通过调整天线的高度，可以产生不同的波长；这些波长可以根据它们与大地天然的电属性之间的谐和关系测量出来。

几周后，特斯拉召来了弗里茨·洛温斯坦。洛温斯坦年仅 25 岁，刚从德国移民到美国，才为特斯拉工作了一个月。因此，他是否能够胜任这份工作值得怀疑。然而，正如特斯拉所说，他"接受过最高级的专业技术训练"[23]，而且可能是他的员工中受过最正规教育的一员。

6月，特斯拉进行了无线电话实验——虽然他是否成功地进行了无线通话，我们不得而知。[24]但第二年他写信给阿斯特说："五六英里范围内的无线电话并不新鲜，在此之前经常有人做到……在这方面，我已经获得过两项专利。"[25]

阿斯特是否完全知道特斯拉离开纽约去科罗拉多斯普林斯建实验站的计划，我们也并不清楚。在特斯拉计划这项研究的大部分时间里，阿斯特都在欧洲，直到7月14日他才回到纽约。当然，特斯拉跟阿斯特提过他的计划，但笔者怀疑，这位金融家一直到他与特斯拉之间的生意合作关系牢固确立后才发现特斯拉的这项计划。由于阿斯特希望看到的是特斯拉在振荡器和荧光灯研发上的进展，所以当他联系舍夫了解到特斯拉的最新研究进展时，他的心情可能是比较复杂的。[26]

迈耶斯教授的气球终于运抵斯普林斯。"这些气球只能充2/3的气，"迈耶斯警告道，"因为当它们到达一定的高度时可能会爆炸。"[27]舍夫在随气球寄来的信中写道："迈耶斯还附带了一些风筝。"7月，气球开始启用，"但它们太沉了，所以并不好使。"[28]这项计划虽然看似合理可行，实施起来却非常麻烦。因为电力必须用长电线往上传输，所以电线的重量意外地将气球（或风筝）拉低了；远处的气球也必须要先接收信息，然后顺着长电线传送至地面的仪器。总之，出于各种原因，这项研究最后被迫放弃了。

按照日程，接下来要做的事情是测量大地的电属性、观测雷暴、产生出能与大地电流产生谐和关系的电磁振荡。

特斯拉心里考虑的首要问题是如何将发送的信息个人化，以保护隐私。因此，他的大部分实验包含了两种或两种以上的频率，并建立与这些具体频率相协调的接收装置。特斯拉告诉洛温斯坦："一个实用的电报系统的主要特点就是振荡器和接收器的保密性、抗扰性和选择性。"这位发明家因此开始使用各种装置来产生多种不同的波长。马可尼和其他人使用的是低效的"特高频率（VHF）的赫兹脉冲震荡"，而特斯拉采用的是"高频率（HF）范围内的连续的等幅震荡"[29]。

"你明白我们现在试图达到的目标吗？"

"我明白，特斯拉先生，"洛温斯坦回答道，"我知道，在这项发明中，接收器的各个零部件会对发射机的各个零部件做出相应的反应，只有当接收器的所有零部件的反应相互协调时，才能使信息记录器记录信息。"

"非常好!"[30]

6月16日,特斯拉开始建立有效的接地装置。他指导他的工人在一个总水管附近挖了一个深12英尺的洞,然后将一块20平方英尺的铜板埋在里面。"地面上一直流着水,以使铜板保持湿润,从而提高连接的效果,"但由于受大地表层的干燥和厚厚的岩层影响,他们未能建立起一套完全高效的装置。尽管如此,"离研究站200英尺远的、故意使之不太敏感的接收装置,当被连接到地面上时,还是有了反应。而且尽管可以确知接地电阻非常大,但装置的反应还是很强烈的。"[31]

在接下来的一系列实验中,洛温斯坦负责发射器,特斯拉则操作他的多个接收器。洛温斯坦回忆道:"我负责操作大型发射器,通过两条不同的次级电路,用发射器发出两种振荡。……特斯拉先生……会到户外去,吩咐我按一定的间隔时间不停地打开和关闭振荡器。……我不知道他走了多远,但当他下午回来时,我可以判定特斯拉先生一定走得很远。"[32]1916年,特斯拉回忆说,他有时在离实验站10英里远的地方进行实验。

7月4日前夜,该地区有史以来最大的雷暴震动了派克峰。"昨夜所观测到的景象从很多方面都很难忘记。首先一点就是由不同寻常的闪电带来的壮观景象。在两个小时内,我目睹了1万到1.2万次闪电……其中一些闪电出奇的亮,而且有10到20个分岔。"[33]

在用他的接收器追踪雷暴的过程中,特斯拉注意到,即使雷暴消失后,他的设备还是会"每隔一会儿就开始运转"。这验证了"驻波"——存在于地球表面的周期性电子振动的存在。他还探测到了波谷和节点。"现在可以确定,用振荡器可以产生驻波。"特斯拉在他的笔记本里写道,然后他又用括号补充了一句,"(此发现意义重大!)"[34]

特斯拉在同一天写信给他的秘书:"亲爱的舍夫先生,我收到了来自100英里外的云层的信息。"两天后他又写道:"我们差不多已经完成了所有的细节,我的研究工作马上就要正式开始了。"[35]

第二十六章
书信往来（1899）

我亲爱的卢卡：

自从我得到了"火星人"的"宠幸"，所有人都追着我……我的朋友 J. 科利尔……劝我做一个关于星际交流主题的简短声明。

你真诚的：尼古拉·特斯拉[1]

特斯拉的科罗拉多笔记本实际上就是他在科罗拉多斯普林斯时日常工作的记录。在他的笔记中找不到任何明显的信息能说明他在某个关键时刻收到了他归结为来自外星的不明脉冲，然而 12 月 8 日，他在写给好友专栏作家朱利安·霍桑的信中却提到了此事："通过天然介质传播电能的技术……也许将使人类能够给地球表面带来神奇的改变和革新,正如与我们相邻的星球上的智能生命正在改变他们的星球一样。"[2]

几周后，时值圣诞节，特斯拉还在科罗拉多，"当地的红十字会请我（特斯拉）预言 100 年后的一项可能的成就。"[3]特斯拉回复红十字会道："我已经检测到了一些似乎很难解释的电波，虽然这些电波很微弱而且很不确定，但它们让我深信,不久的将来，地球人类将仰望苍穹，怀着热爱和敬意，对一个消息激动不已：'兄弟们！我们收到了从遥远的未知世界发来的信息，信息上说：一……二……三……'"[4]

整个 7 月，特斯拉都在细心地检测大地的电活动，最终证明大地具有特定的电磁脉冲，并由这电磁脉冲产生出谐波。7 月 28 日，他"通过放大微小干扰的效果"，提高了他的接收器的敏感度。他的设备在他的精心调制下，"有一次竟然记录下了 500 英里之外闪电放电的影响，这是当雷暴消失后，从放电的周期性活动中判断出来的"。[5]他因此推断，他并不需要在 50、200 或 500 英里外安装接收器来测试振动的传播，因为他已经证明，他只需监测远处的雷暴便可以达成这一目的。这是特斯拉决定不去远处进行实验的一个理由，他相信他的方法会有效。[6]三天后，即 8 月 1 日，特斯拉暂时搁置了他那堆得越来越厚的写满了复杂公式的演算文件，开始撰写一篇关于大气和气候的 4000 字左右的论文。在这篇论文中，他描写了"月光对于夜晚拍照的奇妙功用"，壮观的日落、流星和"恒星的惊人的光辉和色彩"，以及"云层快速形成然后又很快消散"并且呈现出千姿百态、奇形怪状的现象。

"那段日子天气晴朗，天空中的云不多不少，刚好合适，"他写道，"难怪……身体不好的人在这里恢复得很好……我很快发现，该地区曾经有数千名肺病患者。我总结了，虽然这里的气候非常有利于健康，让人精神饱满，但只有两种人应该来这里：一种是已经得了肺病的；一种是想得肺病的……"他接着又恢复了科学观测报告的语气，用下面这句话结束了他的论文："但最有趣的还是我的电学观测的发现，我很快就会对其进行论述。"[7]

他之所以突然产生了与外星人交流这样的诗意幻想，很有可能是源于三天前的晚上他所经历的一件神秘的事情，当时他正在他的实验室里独自监测他的设备。

正如我们后来所看到的，这件事在很多方面改变了特斯拉的命运。它的发生并非纯属偶然，特斯拉已经酝酿了将近 10 年，试图与外星取得联系。

和外星球对话

尼古拉·特斯拉

和外星世界进行交流一直被看作是诗人的一个梦想，永远无法实现。

我完善了我的设备……以便在我科罗拉多山林里的实验室里观测……很远处即将发生的雷暴的微弱影响。我仿佛能感受到地球的脉冲，觉察到方圆 1100 英里内发生的每一次放电活动。

我意识到自己观测到了某种可能对人类有着难以估量的重大意义的东西，我永远都忘不了那一刻的激动。我感觉自己仿佛见证了一种新知识的诞生，发现了一个伟大的真理……那是一种神秘的、不只是超自然的东西。不过，当时我并没有想到，这些干扰信号可能是智能生命所控制的信号……

直到后来的某个瞬间，我才突然想到，这些干扰信号可能受到了智能生命的控制。虽然我无法解读这些信号的含义……但我有一种越来越强烈的感觉——我第一次听到了来自外星的问候。[8]

正如特斯拉自己承认的，接收到那些奇怪信号的那个晚上，他并没有认为它们来自外星球。他大脑里出现的第一念头可能是：这些信号可能是来自他正监测的雷暴的周期震荡。几天后，他开始意识到这些信号的像节拍器一样的节奏与认为它们和闪电放电有关的假定并不吻合。特斯拉的这篇论文还推测，这些信号可能来自金星或火星。20 年后，1921 年，特斯拉写道：

别人可能会嘲笑这种与我们的宇宙邻居（如火星）相互交流的想法……或者把它当成一个恶作剧式的玩笑，但自从我第一次在科罗拉多斯普林斯发现了那些信号后，我是十分认真的……

当时，除了我的无线实验站，没有任何一个实验站可以产生在方圆几英里内能觉察到的干扰。而且我的实验条件非常理想，我对实验工作也可以说训练有素，非常熟练。所记录下来的干扰信号的特征说明它们很有可能来自外星球，而且我将太阳、月亮和金星的影响排除在外。正如我当时所宣布的，这些信号是很多规律性重复的数字；后来的研究使我相信，它们肯定来自火星——当时所知的与地球最近的星球。[9]

请读者注意这里与特斯拉最初的论文以及他写给红十字会的信的细微变化。在1901年的论文中，特斯拉并没有说火星是接收到的脉冲的唯一可能来源，他还提到了金星和其他星球。但是，在1921年的这篇论文中，他排除了金星。这显然可以肯定是至少两年后的事，换句话说，这种变化肯定发生在特斯拉1901年的论文之后。"经过一番深思熟虑和研究"，特斯拉在1907年"断定：那些信号肯定是从火星发出的"[10]。在给红十字会的信中和1901年的论文中，特斯拉非常具体地提到了3个节拍，而在1921年的论文中，他模糊了节拍的数字。特斯拉在科罗拉多斯普林斯时，朱利安·霍桑曾给特斯拉写过信（特斯拉回到纽约时又和他见了面）。朱利安·霍桑也提到了"美妙的3个拍子"。特斯拉还因为与他竞争的无线电研究者而改变了事实。在科罗拉多时，他收到了乔治·舍夫的信，信中说到了他的竞争者们。比如舍夫1899年8月1日写的这封信：

亲爱的特斯拉先生：

无线电报实验者克拉克先生今天上午打来电话，请求提供一个强大的振荡器，或者提供如何建造振荡器的信息。[11]

1899年8月和9月，舍夫不断地告知特斯拉关于克拉克的消息。克拉克无线发送信息的距离达到了3英里，因此被纽约一家报纸征用，用于报道游艇比赛。这一时期的无线电研究者包括罗马的达扎尔教授、美国康涅狄格州的马布尔教授、法国的里恰博士[12]，当然了，还有古列尔莫·马可尼。马可尼在那年秋天的美洲杯帆船比赛期间赚足了媒体的眼球。不过，尽管舍夫在信中说"《纽约时报》不断大张旗鼓地宣传马可尼"[13]，特斯拉却自信地在1899年9月22日的回信中告诉舍夫："别为我担心。我比其他这些人超前了一个世纪。"[14]

　　特斯拉是认为火星上有生命居住这一观点的众多支持者之一，所以他认为那些脉冲就来自火星。当时（1899 年）的特斯拉完全想不到，他所接收到的讯息有可能是他的竞争者发出的讯息。事实是，马可尼在 1899 年夏天发送的信息穿越了欧洲和英吉利海峡，跨越了几百英里，而他所使用的信号就是摩尔斯代码，指代的是字母"S"（用 3 个点表示），与特斯拉所说的他在科罗拉多所接收到的 3 节拍的信号完全吻合。[15]

　　一般认为特斯拉是在 7 月 28 日接收到那些 3 节拍信号的，而正是在这天，马可尼和英国海军部与法国海军在英吉利海峡演示他的无线电设备。他们在那里进行模拟军演，在分别相隔 30 英里、55 英里和 86 英里的战舰间测试马可尼的设备。"7月 28 日，马可尼检查了'亚历山德拉'号军舰的设备，以便为'抗敌'做好准备。"[16]当时，他很有可能发送了字母"S"，以检测其他战舰能否接收到。如果特斯拉是在午夜 12 点监测的他的设备，那么此时的英国时间约为上午 8 点，所以，两件事的时间也刚好吻合。

　　起初，特斯拉肯定真的以为那些脉冲来自外星球，因为他在一连串的论文中大胆地作了这样的判断。[17]几年后，他明白了那个可怕的真相。更糟糕的是，特斯拉接收到的可能是马可尼所发出的脉冲，而他却宣称它们来自高级智能生命，从而自己愚弄了自己。马可尼对于特斯拉来说是一个魔咒。很讽刺的是，1921 年，当马可尼因为尝试接收附近星球发出的信息而成为头条新闻人物时，特斯拉写道："最近有很多报道称，这些所谓的外星信号只不过是由无线电发射器发出的微小的干扰声，我对此事饶有兴趣。我于 1906 年到 1907 年第一次观测发现的那些干扰非常罕见，但它们的频率随后增加了。每一台发射器都能发出微小的干扰声，但这些干扰具有长节拍，且它们的波长从 50 英里到 300 或 400 英里不等。"[18]

　　这句话验证了这样一个假设：特斯拉 1899 年接收到的脉冲同样来自除马可尼以外的其他竞争者。特斯拉还为他的那次经历提出了真正的原理——微小干扰声的影响；很不幸的是，由于马可尼剽窃他的发明，马可尼发射那些干扰信号所用的可能正是自己发明的振荡器！1906 年至 1907 年，当特斯拉发现真相的时候，恰巧是他承受着巨大精神压力的时候。这位塞尔维亚人没有选择面对现实，而是选择用超自然现象来解释。

当时，对于外太空学说最热心的支持者无疑是记者朱利安·霍桑，他是作家纳撒尼尔·霍桑的儿子。他创作了一系列文章，详尽地描写了特斯拉的哲学观、实验室研究工作、星际交流实验以及他的历史地位。他可能与他的姐夫乔治·莱斯罗普进行了一场激烈的笔战。因为他的姐夫在阿瑟·布里斯班的《纽约日报》上发表过多篇科幻故事，描写汤姆·爱迪生与来自火星的入侵者进行的战斗。[19] 霍桑支持了特斯拉的外星研究事业。

爱迪生和特斯拉之间的竞争从来都没有缓和过，他们的竞争甚至延伸到了科幻领域。和很多富于创造力的人一样，爱迪生对神秘事物很感兴趣。他和查尔斯·巴彻勒一起研究过心灵感应[20]，还曾和巫师一道在"电话"上与亡灵进行交流。莱斯罗普是朱利安的姐夫，他从19世纪90年代中期起就一直与爱迪生进行合作，共同创作了大量的文章，这些文章成了后来的很多奇幻故事的前身。在莱斯罗普的一篇名为《爱迪生征服火星》的故事中，当火星战士入侵地球时，门洛帕克男巫爱迪生"发明了一种分解射线……最终，爱迪生拯救了全宇宙"[21]。纳撒尼尔·霍桑的儿子可不会甘拜下风。

特斯拉将如何回复来自火星的信号？

朱利安·霍桑

前几天，特斯拉先生经历了一件对地球人类意义极其重大的事，他在科罗拉多收到了来自火星上的某位特斯拉的信号！——3个奇妙的节拍，一个接着一个，中间的间隔一致，传播的速度相当于光速。

这样一来，没有哪个具有正常思考能力的人会怀疑：很长时间以来，在我们毫不知觉的情况下，火星人还有其他更古老星球上的人对我们进行了直接的探查。他们年复一年地来访问并调查地球，并向他们的家园报告："地球人还没有准备好！"但特斯拉最终诞生了！外星人密切关注他的研究进展，或许还指导了他的研究呢，谁知道呢？[22]

或许没有哪个作家像霍桑那样把特斯拉捧到了星际之神——阿多尼斯[1]的高度，这位神之于地球的神圣使命就是给地球上的居住者带来电能、发明工具和带来启迪。关于他与这位电气魔法师的见面，霍桑夸张而文雅地描写道："历史上偶尔会出现一个科学家兼诗人，他们脚踏实地，却仰望星空，顶天立地。这样的天才很

---

[1] 阿多尼斯（Adonis）：希腊神话中女神爱芙罗黛蒂（Aphrodite）所爱的美少年。——译者注

少见。毕达哥拉斯[1]是一个；牛顿也略有灵感和文采；在我们的时代，特斯拉就是这样的人……他出生在南斯拉夫的黑塞哥维那，具有希腊血统，他的家族是历史最悠久的家族之一。我相信他出生时是一个王子。"23

就在同一篇文章中，霍桑写到了他对特斯拉的采访。特斯拉在采访中重述了他的外星假设和他对未来技术的展望——他将建立一个世界，那里的所有人都可以用上便宜的电能，人类可以在进化的金字塔中占据他该有的位置。虽然对于特斯拉接收外星信号的那次偶然经历的绝对真实性，霍桑表达了一定程度的怀疑，但在这篇五千字的文章中，他用四分之一的篇幅分析了该事件的合理性，弱化了其可能招致的批评："鉴于特斯拉所带来的种种希望，他所说的事物应该是真实的；如果它们是真实的，它们将大大拓展我们的世界，使其变得更加美丽……"霍桑在结尾处反问道："那么为什么不与火星进行对话呢？……特斯拉将履行他来到这个世界的使命。"

在特斯拉对手的支持下，媒体中反对特斯拉的派别猛烈地抨击了他。有一个特别苛刻、署名"X 先生"的评论家警告"有理智的读者"："特斯拉先生显然是想在报纸上哗众取宠。如果他真的收到了来自火星的信号，大家当然会非常感兴趣。遗憾的是，他并没有提供一丁点儿的证据证明这件事……他的科学预测太过草率，让人兴致全无；他的哲学推理太过无知，毫无价值。"24

特斯拉在科罗拉多时与美国海军和灯塔委员会之间进行了商谈，从 1899 年春开始，一直到他 1900 年秋回到纽约，他们之间互通了 9 封信。25 5 月 11 日，美国海军少将弗朗西斯·J. 希金森给人在科罗拉多的特斯拉寄去了一封信：

尊敬的特斯拉先生：

我想请求您，您能否不要在马萨诸塞州的楠塔基特（Nantucket）浅滩（坐落于楠塔基特岛以南 60 英里处）建立无线电报系统？26

希金森明确指出，"灯塔委员会没有资金……所以资金必须从外部来源获取。"

特斯拉回复了一封短信，说自己"因为重感冒而迟迟没有回复，深表歉意。"特斯拉在信末来了一句貌似谦卑礼让的话，"我衷心希望我没有妨碍其他比我更有资格、更能胜任和完成任务的专家。"27

这句话让研究者感到非常诧异和古怪。为什么特斯拉会说他有可能会"妨碍其

[1] 毕达哥拉斯（Pythagoras，约公元前 580—前 500 年）：古希腊哲学家，数学家。——译者注

他比他更有资格的专家"呢？他明明知道这句话是一句彻头彻尾的假话。没有哪个专家比他更有资格、专业知识更渊博。再者，他知道，其他专家很有可能都在盗用他的研究成果，那他为什么还要助长这种剽窃行径呢？这里显然表现出特斯拉自我贬损、自我毁灭的一面。尽管如此，希金森的副手海军中校佩里的回复同样非常奇怪：

1899 年 8 月 16 日，华盛顿

灯塔委员会办公室（寄）

科罗拉多州科罗拉多斯普林斯实验站

尼古拉·特斯拉先生（收）

特斯拉先生：

您于 8 月 11 日的来信已经收到。从您信中的某些措辞来看，灯塔委员会担心这其中可能有些误解。因此，为了避免您陷入任何资金困难，委员会想对您说，委员会至今尚未采取任何行动以提供任何无线电报设备，因为委员会还没有针对这一目的进行过任何评估……

一旦灯塔委员会着手考虑安装灯标船间相互交流的设备，以您在这一领域的鼎鼎大名和极高声望，我们必定会认真考虑您。

敬仰您的：美国海军中校 T. 佩里

很显然，佩里中校从特斯拉的信中读出了本不存在的信息。特斯拉并没有谈到费用报销问题。但特斯拉在另一封回信中借机斥责了佩里吝啬的回应。这封信写于 1899 年 8 月 20 日，从科罗拉多斯普林斯实验站寄往华盛顿灯塔委员会。

尊敬的各位先生：

……作为一名已经获得了宝贵的美国国籍的公民，这次，请允许我利用我的公民权利表达我的无比震惊：在美国这样一个拥有巨大财富的、最开明的国家，像灯塔委员会这样一个如此重要的机构，竟然得不到无条件的资源供给，相反却因为一些琐碎之事就畏首畏尾，陷入……如此难堪的境地。

十分敬仰你们的：N. 特斯拉[28]

特斯拉是个聪明人，但他的这封回复却显得目光短浅，因为如果能在军舰上安装他的无线电设备，就算短期有什么损失，它的利也明显远远大于弊。他的设备比马可尼的设备先进很多，媒体将会毫无疑问地看到他的优越性，海军的其他分支以及陆、空军就会与特斯拉签订合同。而且，历史上第一个公开展示无线电报技术的人将变成特斯拉。不幸的是，特斯拉终其一生，除了他自己，从来没有向别人展示过他在这一领域的本领。

尽管如此，特斯拉的这封信并没有彻底断送了他与灯塔委员会合作的机会。9月14日，佩里中校又给他来信，征询他签订合同的意愿，因为美国海军"倾向于优先照顾国内人才"，而不是马可尼。[29]

这是一个终生难得的好机会。当然，特斯拉需要在科罗拉多待完整个秋天，这可以理解。1900年1月的第1周，他便返回了纽约。科罗拉多实验是一项耗资巨大的工程，他现在劲头十足，正向他宏大的终极目标进行冲击，即向全球发送脉冲。虽然佩里希望他"尽快"作决定，但请佩里多给自己90天的时间并不是什么无理的要求。然而，从情感的角度来说，佩里犯了一个错误——他在信中提到了意大利贵族马可尼。

> 尊敬的各位先生：
>
> 非常感谢你们的友善和好意，但为了给自己公道，我不得不说，我绝不会接受基于任何理由的照顾——除非你们是因为我的研究成果的价值而"照顾"我，尤其是这一次。其一，我不想跟那些按照我的研究路径在走的人一起竞争；其二，利用自己的公民身份而获得经济上的优势，是我最不屑的一件事。
>
> 不过，既然你们有理由照顾我，请允许我申明一下……几年前，我提出了"无线电报"的一些全新原理，从那时起，我一直在完善这些原理。

特斯拉接着描述了他的系统的7个特色：①振荡器；②接地电路和高架电路；③发射机；④谐振接收器；⑤"很荣幸被科学家们以我的名字命名的"特斯拉线圈；⑥一种强大的导电线圈；⑦一种装在接收器里的变压器。在"仔细阅读了那些更成功的实验者们的报告"后，特斯拉发现，"他们全都在使用这些设备和原理，没有丝毫脱离它们，甚至在一些细节上也是如此……"在信末，他再一次主动表示愿意向美国海军提供服务，但要求美国海军购买整整12台他的发射机，还提醒道：

> 你们很有可能会指责我漫天要价。我的设备价格很有可能要比其他设备高，但那是因为我会亲自把关每一个细节。
>
> 你们的好意，不胜感激！
>
> 永远敬仰你们的：N. 特斯拉[30]

　　美国海军再也没有回复特斯拉的这封信。一年后，1900 年 10 月 4 日，特斯拉给希金森上将写了封信。4 天后，上将回复了他："在请求国会提供资金实施这项工程前，很有必要进一步评估成本。"

　　特斯拉在写给美国海军的信中的语气和措辞非常令人不快，且充满了矛盾。他宣称"完全不屑于"获得"经济上的照顾"，但同时却告诉佩里中校，自己给出的价格似乎"有点吓人"。一个全新的产业即将诞生，而特斯拉没有建立一两个原型展示给政府看，反而坚持要求获得一个可观的订单。在之前的一封信中，他说他不愿妨碍其他竞争者，在另一封信中又说他不知道还有什么其他的竞争者。他在信中一会儿指控他的竞争者剽窃他的成果（这可能是真的），一会儿又"衷心祝愿他们获得成功"。他的立场和他所说的话一点儿也不一致，这最终毁了他的事业。事实证明，这件事是特斯拉职业生涯中犯下的一个最大的错误。

第二十七章
雷神特使（1899）

> 由于地球的体积过于庞大，这个问题变得极度困难……但通过不断地改进电动振荡器……我最终成功地使电能输送的速度实际上超过了闪电放电的速度……通过使用驻波发生器，将接收器安装在其他合适的位置并加以调试，不管这个位置有多遥远，我们都可以切实地传输可识别的信号，或随意地遥控和驱动任何一台机器，以达到很多其他重要的、有价值的目的。
>
> ——尼古拉·特斯拉[1]

特斯拉之所以跑去科罗拉多做实验，部分原因是为了保密。对他来说非常重要的发射振荡器和无线传输的整体设计已经被人剽窃，他不久后就卷入了一系列专利斗争中。从技术的角度来看，特斯拉的科罗拉多项目属于一个尚未开发的全新领地，它尚需实验验证，以确定一个切实可行的无线传输光、电和信息的计划。整个7月，通过测量雷暴的驻波，特斯拉证实了他之前的一个假设，即大地有一个谐振频率，因此可以将其用来作为传播信号的载波。

整个夏天，舍夫和特斯拉几乎每天都互通信件。8月，特斯拉收到一封"庆祝奥地利皇帝弗朗西斯·约瑟夫诞辰的请柬"[2]。除了奥地利，特斯拉还收到了来自印度、澳大利亚和斯堪的纳维亚半岛国家的信件。舍夫写道："（最后一封）信的主人提议要成为您（特斯拉）最新发明的荧光灯在瑞典、挪威和丹麦的代理商或制造商。"[3]对于纷繁的商业请求，特斯拉写信说："（告诉他们）我正在进行科学考察，再过几周就回来。"[4]此外，特斯拉与威廉·兰金、E.D.亚当斯、科尼先生（股东）和阿尔弗雷德·布朗之间也通过书信。

有时，舍夫会给他寄去账单，特斯拉会定期寄回一些钱，以维持各种开销。他每个工资结算期给他的员工支付约90美元。纽约实验室会准备好新设备，然后给他寄去，舍夫还会附上他们制造设备的细节信息。

亲爱的舍夫先生：

你能否在信中谈点儿比真空泵更有趣的东西呢？在一个大都市里，每一刻都有很多事情发生……试着让你的来信多点儿趣味……比如，你可以给我寄些简报来嘛。

你真诚的：N. 特斯拉

1899 年 9 月 6 日 [5]

特斯拉一直都有提前计划的习惯，他在 8 月底写信给舍夫，说他打算几周后回纽约（结果这"几周"实际上变成了 4 个月）。与此同时，洛温斯坦向他请假，说家里有事，要回德国去。特斯拉担心他是工业间谍，而实际上他只是要回家结婚。于是，克莱曼·齐托被叫来接替他的位置。

"齐托已经到了，"特斯拉在信中说，"再次见到熟悉的面孔，我很开心。对于我希望他完成的工作来说，他可能略胖了些。"[6] 他来的这个时候，正好赶上特斯拉最壮观的电学实验。齐托是一个热情活泼而又值得信赖的伙伴，他为特斯拉一直工作到晚年。然后，他的儿子朱利叶斯经过他的训练，又接替了他的位置。朱利叶斯后来协助特斯拉做了一些更秘密的地月实验，当然，他也协助了特斯拉的日常研究工作。[7]

整个 9 月，特斯拉设计了很多电子管，然后让他纽约的玻璃吹制工加工制作，再让舍夫给他寄去。而与此同时，他与当地一名摄影师一同合作，记录他的研究工作。此时所发的电超过 300 万伏。特斯拉在报告中说："在离我的实验室 100 英尺的地方，我埋了一根铁管，我在铁管和我的身体之间激发出了一英寸长的火花。"[8]

29 日，特斯拉请他的助手寄出了之前在他实验室延时拍摄的很多人的照片，包括约翰·雅各布·阿斯特、制糖业大王 H.D. 哈夫迈耶夫妇以及他们的女儿、E.F. 温斯洛夫人、斯坦福·怀特、社交名流玛丽·梅普斯·道奇以及约翰逊夫妇，此外还包括开尔文勋爵、威廉·克鲁克斯爵士、詹姆斯·杜瓦爵士、威廉·伦琴、菲利普·勒纳和阿道夫·斯拉比。[9]"在寄送前要对它们进行仔细检查，"他在信中嘱咐道，"除了你和厄尔曼先生，不要让其他工人看。"[10]

整个秋天，特斯拉不断改变天线顶部的球状物的高度，以测量电容的变化，以及它与产生的波长的关系，旨在使他的设备与大地频率相协调，"使振荡器与大地电流产生谐振"[11]。这个球状物是用木头做的，表面包了一层金属。他还研究了奇怪的火球现象。自然生成的火球看起来就像带闪电的风滚草[1]，顺着大街一直滚，最

---

[1] 风滚草（tumbleweed）：北美大草原上的一种茎与根部分离，成为随风滚动的一小团物体，并同时散播种子的灌木状草本植物，通常在秋季被风吹断，随风滚动，如白苋、飞蓬、藜等。——译者注

后猛地撞在树上或房子上。虽然史料记载曾出现过火球现象，但它们非常罕见。特斯拉自己并没有亲眼见过任何自然的火球现象，不过他曾在他的实验室里制造出过一些小火球。"有时候，线圈上方就好像生成了一个球，不过这可能只是由于很多来自不同方向、不同点的电子流产生的一种视觉效果；……而在其他时候，当一大束电子流形成时，它们会向不同的方向飞溅。"[12] "他制造出这些火球纯属偶然；他看见它们不止一次地爆炸，结果将他的天线杆炸得粉碎，还把他实验室里的设备给毁了。他宣称，火球爆炸时所产生的破坏性之大令人难以想象。"[13]

有一次，他做实验过度投入，没控制住，结果竟燃起了大火。当时他被可以让人非死即残的电子流困住了，他不得不翻滚进保险装置里才得以脱险。他给约翰逊写信说："我经历了一场惊险，不是一般的惊险，我驯服了一只'野猫'，而我浑身都是被抓伤的血淋淋的痕迹。但是，卢卡，这些抓痕可是我顽强意志的见证。"[14]

几周后，在一个摄影师在场的情况下，特斯拉又引燃了他实验室的屋顶，幸好他及时将火扑灭，才没有造成太大的损失。"尽管这样，实验展示非常精彩！"他在日记中写道。[15]

在对火球现象进行一番研究后，特斯拉认为，火球"是因为两种频率相互作用——分散的高频波将主电路的自由振荡施加在低频波上"而产生的。当"来自任意的大地电流的分散高频电荷"与来自振荡器的电荷相互作用时，也会产生火球。[16]

第二周，他将天线上的球状体的位置高度调到了 142 英尺，然后开始"通过地面传播电波"。[17]

> 关于远距离电波（或无线电波）的作用，我根据经验得知，如果不做好防范，无线发射机会引起爆炸和各种大小火灾。在我科罗拉多的实验中，当发射机受到强烈的激发时，它与 12 英里外的避雷器之间就会形成很多连续的电弧，它们比雷暴时产生的闪电要强烈和持久得多。我只用了发射机 1/10~1/5 的电，就在离实验站很远的地方激发了环形天线、点亮了白炽灯。当振荡发射机受到 400 万伏电的激发时，即使在离实验室五六十英尺的地方手握一只白炽灯，白炽灯的灯丝都会被发射机所产生的振荡所震断。这使我们能大概了解空气中所产生的电动势的强度有多大。[18]

特斯拉预测，地球以各种不同的频率进行搏动，尤其普遍的频率是每秒 12 个周期。[19] 他盘绕的线圈长度与"能绕地球一周"的波长成谐波关系。他在日记中写道，线圈的长度按照以下公式来计算：

波长 /4 ＝ 总波长的谐波（即所需线圈长度）

考虑到光速（每秒 18.6 万英里）和地球的圆周长，可知，线圈"大约"需要 1 英里长，或与这个长度成谐波关系的长度，才能达到地球的谐振频率。[20] 同时还需要考虑的其他要素包括电线的厚度以及电马力的大小。特斯拉称，通过提高搏动的频率，他可以将马力提高到几十万，尽管这点电仅够维持若干分之一秒。[21]

中秋时节的一天，齐托来到科罗拉多斯普林斯，开始他的工作。他发现特斯拉正卖力地给实验室附近的一块地浇水，他在地底下埋了一块金属板。"如果我能用液体氧使这些电线绝缘，我可以将电能损失再减少一大截，"特斯拉说，"给，把这双胶底鞋穿上。"说着，他自己也拿了一双穿上，并系好鞋带。

"要坚持一天吗，先生？"齐托问道。

"直到不行为止，我的朋友。现在，你记住了，"特斯拉提醒他，"将一只手一直放在你的背后。"

齐托点了点头。他可不想冒让电流流经他的心脏、从而被电死的风险。

"当你看到我的指示时，打开开关。"

"我们最好使用这个，先生。"齐托说着，给他的老板递了两个棉球，自己也拿了两个，然后两人都将棉球塞进他们的耳朵里。

这位瘦高的塞尔维亚人穿着他的高帮鞋，从实验室笨拙地穿过泥塘，将测试设备和荧光灯放在地面的不同位置，然后站在离实验室 1 英里远的、普洛斯佩科特湖附近的一座小山包上。尽管他做好了绝缘工作，但当他嘎吱嘎吱走路时，一路上火花还是从地面溅到他的脚上。[22]

海平面上，夕阳已经西下，科罗拉多斯普林斯的大街小巷和家家户户已经陆陆续续地亮起了灯火。"现在开始……"特斯拉向齐托示意，齐托便开启了设备。

刚开始声音很低沉，慢慢地越来越大，"最后大到 10 英里外都可以清晰地听到。"巨大的噪音使地面都开始震动；特斯拉看到附近畜栏内的几匹马都抬起前腿立了起来，惊慌地四散跑开了。"蝴蝶们……转着圈，像是掉进了无形的、不管怎么努力挣扎都飞不出去的旋涡。"[23] 一股电子流猛地冲击着实验室屋顶的天线杆，从杆顶喷涌而出，将整整 135 英尺长的闪电球撕裂。隆隆！咻咻！哗哗！隆隆！特斯拉仰望天空，自豪地高高举起了他手里被无线电波点燃的火炬，火苗在轰隆声中闪烁着。

这一切突然戛然而止，斯普林斯顿时陷入黑暗之中——整个镇都短路了。

幸好"电站还有一个备用发电机，这个发电机很快就开始工作。特斯拉马上坚持要求这台备用发电机为他供电，但他的要求被拒绝了"。不仅如此，厄尔帕索电力公司还要求特斯拉自己将坏掉的发电机修好。一两天后，特斯拉才得以恢复他的工作。"后来，厄尔帕索公司告诉他，公司将单独用一台发电机给他供电，将其与为普通顾客供电的发电机独立开来。"[24]

1899年底，特斯拉准备返回纽约。他想回家与约翰逊夫妇一起过节。不过他又花了一些时间才把手头的事情忙完。12月，他派他的摄影师迪肯森·阿利来为他拍照，想让他拍下光最亮时他的成果。通过分次曝光，阿利拍下了可能是特斯拉最著名的照片——照片中特斯拉静静地坐在椅子上看着书，在无数爆炸式的闪电的映衬下显得非常渺小。（这张照片是通过分次曝光拍摄而成的，振荡器喷射火花时，特斯拉当然没有坐在那里，否则巨大的电流可能会让他毙命。）

亲爱的特斯拉先生：

过去我们共度圣诞节的记忆一直都很鲜活……假如你能突然出现在我们当中，……和我们一起过圣诞，那将多好啊……

我有时在想，你什么时候才能让我再见到你。只要见到你，我就很快乐，但这种快乐已经是很久很久以前的记忆了。有人似乎已经在温柔的月光下睡着了，然后穿越时空，发现自己到了石器时代，而自己已变成了一块石头。

这个梦到底是什么意思呢？……

有时我通过罗伯特的办公室得知你的点滴消息。我希望在新年里你能实现你最大的愿望，希望我最亲爱的朋友新年能回到我们身边。

你忠诚的：凯瑟琳·约翰逊

1899年12月22日[25]

第二十八章
英雄归来（1900）

普通人和机器一样，都得休息，但这位"大忙人"尼克[1]却可以不吃不喝连续工作150个小时！就算你把他的双手反捆起来，他照样可以搞发明！他无所不能，一句话，他已经超越了一切生理学的规律和人类能量的极限。他是一个素食者，但却从不会像植物一样静止不动，他总是那样活跃……

——罗伯特·安德伍德·约翰逊[1]

1900年1月7日，归心似箭的特斯拉离开了科罗拉多斯普林斯。他雇用了C.J.杜夫纳和另一个看守人照看他在斯普林斯的实验室，临走时，他含糊地承诺将在随后支付他们的工资。他的资金已经耗尽，临走时还没有付清当地电厂的账单。[2]

这位男巫的归来令约翰逊夫妇兴奋不已，他们外出就餐，盛宴款待了特斯拉，为他庆祝。在吉尔德的同意下，罗伯特建议特斯拉写一篇文章，谈谈他最近的研究工作。

巧合的是，马可尼此时正在曼哈顿寻找投资人，并准备发表演讲，公布他在无线电研究上取得的进展。[3]特斯拉回忆道："当我从我科罗拉多的实验室向全球发送电波时，马可尼先生正在海上实验我的设备，结果却是徒劳。然后，马可尼又来到美国，准备报告他的这个研究项目，说向全球发送电波的是他。我前去听他演讲。当得知我也在场时，他顿感不适，推迟了演讲。直到现在，他仍未发表他的演讲。"[4]

虽然马可尼对特斯拉心存畏惧，但他却很渴望更多地了解特斯拉这位大师发明的设备。在纽约科学俱乐部，迈克尔·普平将马可尼介绍给了特斯拉。[5]普平心情大好，因为专利专员约翰·S.西摩终于退休了。6年来，普平一直向专利局提交申请，想努力地证明在交流输电的研究领域里他对共振、谐波的认识超越了特斯拉。最后，他如愿以偿了。1899年12月，他再次申请了"减少电波衰减技术"专利，新上任的专利专员沃尔特·约翰逊批准了他的这项申请。[6]从普平专利申请通过到他与马可

---

[1] 尼克（Nick）是尼古拉（Nicola）或尼古拉斯（Nicolas）的昵称。——译者注

尼和特斯拉共进晚餐才过了1个月。饭后，三人一同参观了特斯拉的实验室。乔治·舍夫工作到很晚，他在门口迎接了他们。

"我记得，他（马可尼）请我给他解释我用于远距离输电的变压器的工作原理。"特斯拉回忆道。虽然对于这次会面，特斯拉的心情有些矛盾，但他还是答应了马可尼，解释了赫兹辐射和特斯拉电流的区别。"当我给他解释完我的原理的应用后，马可尼先生说，那不可能。"

"时间会证明一切的，马可尼先生。"特斯拉反击道。[7]没等两人的讨论变得更加激烈，普平便拉着马可尼，将他带到了门口。

普平一边和马可尼这位意大利年轻人走回酒店，一边说道："马可尼先生，我完全明白你所做的一切，我非常愿意做您的一名顾问。"

"那将是我的荣幸！"马可尼说道。他和普平探讨了如何"说服西格诺尔·爱迪生入伙"的方法。马可尼想让其入伙的主要原因是想获得爱迪生的"蚱蜢电报"[1]技术专利。这项专利是爱迪生在19世纪80年代获得的，这项技术用无线的方式将信息从火车站传送到经过的火车上。

普平顿时兴高采烈。一方面，他正式加入到了令人兴奋的国际无线电传输事业中；另一方面，他最新获得的专利也让他开始获利。6月，普平将他的专利卖给了美国电话电报公司（American Telephone & Telegraph Company，AT&T）的总裁约翰·E.赫德森，他因此而获得了赫德森预支的3000美元。几个月后，经双方谈判，普平将因他的这项发明专利获得每年15000美元、总计20万美元的报酬。西摩曾说他的这项专利"只是复制了特斯拉的发明，……最多也就是增加了特斯拉电流而已，使用的是该领域里已被掌握的原理"[8]。但不管怎么说，这项专利使美国电话电报公司完善了远距离电报传输，也使普平在接下来的10来年里获得了不菲的收入，同时也证明了他比特斯拉本人更了解特斯拉自己的发明。

特斯拉再次试图引起潜艇设计家约翰·霍兰对他的远距离遥控技术的兴趣；他还研制了"无线遥控飞行器"——一种可以在地面上控制的小型飞行器。他几年后回忆道："所有见过这些飞行器的人都惊叹于它们的精彩表演。"[9]

特斯拉草拟了一份计划书，并同他的律师交换了意见，然后收拾行李，前往华盛顿，与灯塔委员会的希金森上将和海军部长约翰·D.朗当面进行了交谈。他不仅

---

[1] 即电磁感应式无线电报传输系统。——译者注

打算将他的"魔鬼般的无人驾驶遥控船"介绍给他们，还向他们提出了一个"在太平洋建立一个无线电报通信系统"的计划。他的这些想法遭到了马克·吐温所谓的"兜圈子机构"的嘲笑和怀疑，最后被支支吾吾地拒绝了。特斯拉说道："我的创意被他们扔进了海军指挥部的垃圾篓里……如果哪怕只有几个'无线遥控'鱼雷被制造出来并被美国海军接受，那么它的道德意义和影响将会在如今的东方混战（指日俄战争）中显著地体现出来。"[10]

特斯拉多么希望美国海岸警卫队或美国海军最起码能够采纳他的一小部分提议，比如投资制造可用于他们的灯塔和军舰的中等规模的信号发射机，但这些机构用各种托词拒绝给他任何认真的承诺。他们不愿陷入官僚体系的泥塘里，因为采纳特斯拉的提议意味着他们必须征得国会的同意。[11]

回到纽约后，特斯拉告诉舍夫："我的电脉冲已经可以覆盖全球了，让他们痴迷于赫兹波去吧。用不了多久，他们就会反过来求我的。"

"普平教授剽窃了你的交流电成果，你将如何处理这件事？"

"他专注的是声音的有线传输，我才懒得跟他计较呢。"特斯拉回答道。

在此期间，特斯拉在伦敦委托了一位代理人，让他寻找一个建接收站的合适地点。[12]他自己则继续设计他的跨洋广播系统的蓝图。他以自己在英国的专利权费为担保，向乔治·威斯汀豪斯请求一笔几千美元的贷款，还试图引起威斯汀豪斯对无线电领域的兴趣。[13]

然而，威斯汀豪斯拒绝涉入无线电行业。不过，他给特斯拉预支了他要求的资金，尽管他的公司已经因为快速扩张和向多相系统转变而超支了将近7000万美元。永无休止的争夺专利优先权（大多是与众多的子公司之间）的诉讼也极大地消耗了公司的财力。移民瑞士的侨民B.A.贝伦德早期编过一本交流电机的标准教科书。他在一封信中写道，他拒绝作针对特斯拉的证词，因为"这些证据可能会对他不利"[14]，这让新英格兰格拉尼特公司（New England Granite，通用电气公司的一个子公司）的专利律师非常懊恼。

这封信写于1901年——在大法官汤森明确地将特斯拉裁定为交流多相系统的唯一发明人（参见本书第三章）整整一年之后。[15]西屋电气公司现在终于可以开始将它的损失慢慢弥补回来，并偿还其巨额的债务。乔治·威斯汀豪斯给特斯拉写了一封感谢信，一方面庆贺他自己"打赢了官司"，另一方面祝贺特斯拉"终于被公正地判定为一项伟大发明的发明人"。威斯汀豪斯在信末写道："你知道吗，我非常感谢你对我的事务的认同和关心。"[16]

1900 年初，特斯拉申请了三项无线通信方面的专利。[17]他曾屡次联系反复无常的阿斯特上校，但这期间他的主要精力是放在为《世纪》杂志撰写一篇文章。罗伯特一直要求特斯拉写一篇介绍遥控机械和无线通信技术的文章。他打算在文章中配上遥控船的图片和特斯拉在科罗拉多时精彩的实验照片，但特斯拉却另有想法。特斯拉受到一些西方哲学家思想的影响，比如弗里德里希·尼采和阿瑟·叔本华通过激发意志、抛弃欲望来创造"超人"（bermensch）的思想；还受到了东方哲学家的影响，比如印度教领袖辨喜的思想——灵魂与神性之间的关系、生命力与以太的关系，以及以太与宇宙、力量与物质的对等的思想。[18]在这些思想的影响下，特斯拉有生以来第一次决定写一篇天启式的论文，论述人类的状态以及科技在改变世界历史方面所发挥的作用。

罗伯特求他"不要写形而上的玄学文章，还是写一篇说明性的文章为好"，但特斯拉不听他的，而是给他寄了一篇 12000 字的论文，内容涉及种族进化、人工智能、未来人类不吃不喝就能存活的可能性、氮肥的作用、遥控机械、替代性能源（如地热能、风能和太阳能等）、人类将如何实现无线通信、水解作用、采矿业中的问题以及多元世界论[1]。

罗伯特此时陷入两难的境地。他和吉尔德都不愿意发表一篇备受争议、抽象而冗长的哲学性文章，因为这种文章可能会有损杂志的声誉。然而，他们又不能任意地删去令他们不悦的部分，因为这篇文章的作者是一位天才，亦是他们的好友，他之前曾为杂志贡献了两篇重量级的佳作，大大提升了杂志的声望。该如何与这位极其敏感的学者打交道呢？这是罗伯特很不愿面对的难题。

亲爱的特斯拉：

这一次，我实在没法让你不生气。请相信我对公众的了解，我清楚他们想要你给他们什么。

你可以将你的哲学思想发表在哲学性的期刊上，请给我们写点实际的实验本身的东西……你要做的只是一件简单的事。请原谅我以这种笨拙的

---

[1] 这些事物如今大多数已成为了现实或具备了可行性，而在当时却备受争议，被世人认为是痴人的幻想，属于形而上之论。——译者注

方式跟你说这些，这都是出于我对你的情谊，同时也是基于我对公众兴趣的了解和判断。毕竟，我已经在这个领域工作近30年了。

你永远最忠实的（相信我）：RUJ

1900年3月6日 [19]

我亲爱的罗伯特：

我听说你身体不适，希望不是因我的那篇文章引起的。

你忠诚的：N.特斯拉

1900年3月6日 [20]

特斯拉知道自己在干什么。他决定一次性地将他生平所积累的大部分知识付诸笔端，浓缩到一篇论文里去，他无论如何也不会改变他的这个想法。罗伯特最后很有可能与吉尔德进行了一番商讨。这篇文章充满了才气和原创性，这一点毫无疑问。他们越读越能觉悟出文中的层层智慧。

论人类的勇往直前

在大自然呈现给我们感官的无穷无尽的现象中，没有什么现象比结构复杂得令人难以想象的、我们统称为人类生命的形态更让我们感到惊奇。人类生命的起源隐藏在历史难以看穿的神秘面纱中，它的复杂性使得它的特性变得难以理解，它的终点淹没在无法预知的遥远的未来。

从结构上来讲，生命的形成有着固有的规律，正如水晶的形成过程一样。在特斯拉看来，当这种有序的能量矩阵达到一定的复杂程度时，便形成了生命。如今，地球进化的下一步是制造出能独立思考的机器，于是，特斯拉造出了第一个这样的原型，即他的无人驾驶遥控船。生命形式并非一定是由血肉构成的。

作为一个环保主义者，特斯拉向来很关心个人卫生、空气和水污染以及对资源不必要的浪费等问题。通过集中解决能源问题，就可以找到解决相关问题的答案。因此，特斯拉的很多发明都旨在能源的最高效利用，并证明一个能独立思考的机器能够通过增强对地球进化的控制，进而改变文明的进程。

在这篇文章的中间部分，特斯拉生动、细致地解释了他的无线发射机的原理。文中穿插了大量特斯拉在科罗拉多斯普林斯的实验照片，这也增强了文章的震撼力。

文章长达 35 页，在文章的最后，特斯拉讨论了认知层次，并预测"火星上的智能生物（如果火星上有的话）"很有可能会使用无线能量传送系统，将火星的每一个角落联系在一起。特斯拉这样结尾道："科学家并不追求即时的成果，他不指望自己先进的思想一下子就被人们所接受。他的工作就像播种者一样，是面向未来的。他的使命是为后来人奠定基础，指明方向。"[21]

这篇文章发表在了 6 月份的《世纪》杂志上，顿时引起了轰动。特斯拉将该期杂志的样刊分发给他的朋友们，如大都会艺术博物馆（Metropolitan Museum of Art）创始人之一道格拉斯·鲁滨逊夫人[22]，还有朱利安·霍桑、斯坦福·怀特和约翰·雅各布·阿斯特。在送给阿斯特样刊时，特斯拉还附上了他的无线电专利申请书，并将它们寄送至"你的家中，而不是你的办公室（为保密起见）……这些专利使我不仅在美国电力领域处于绝对垄断的地位，在建立电报通信系统——不管通信距离有多远——方面也同样如此"[23]，特斯拉在寄给阿斯特上校的另一封信中写道。特斯拉的支持者们团结在他的周围，《自然》杂志对这篇文章做出了"积极的回应"；法国人很快就将这篇文章翻译给了国内的读者。[24] 然而，反对特斯拉的人此时却对他发起了新一轮的正面炮轰。

这种攻击的背景在 1900 年 3 月开始形成。当时，卡尔·赫林当选为美国电气工程师学会的主席，而普平是他亲近的副手。[25] 赫林随后还成为了《电气世界和工程师》的主编，他为电学界定了新的基调。正如 10 年前他怀疑特斯拉在交流电上的先驱性的成果一样，他同样质疑特斯拉在无线电领域的成绩，因为他支持的是多布罗沃尔斯基。反对特斯拉的人还包括雷金纳德·费森登，此人一直试图与特斯拉争夺调谐电路的专利权。当然，反对特斯拉的还有一些老对手，比如刘易斯·史迪威、查尔斯·斯坦梅茨、汤姆·爱迪生和伊莱休·汤姆森。最初的肆意抨击出现在《晚报》（Evening Post）[26] 上，接着，《大众科学月刊》（Popular Science Monthly）上也出现了类似攻击。

特斯拉提出，地球人类的能量（他称其为"M"）与人类能量增长的速度（"V"）有关联，这个速度是以科技和社会的发展进度来衡量的。正如物理学一样，人类的能量总和可以通过"MV^2"这一公式进行计算。如果人类违背了宗教法则和生理规律，那么人类的总能量便会减少。在原始社会或农耕社会，这种能量会呈算术式增长。然而，如果新一代"开化程度进一步提高"，那么"人类总能量"会呈几何式增长。

特斯拉预测，有了他发明的感应电机、交流电传输技术和遥控机器人，人类将以空前的速度向前发展。

一位笔名为"物理学家"的匿名作者，在一篇大标题为《科学与幻想》的文章中，以非常直白的语言猛烈地攻击了特斯拉的假设。他批评道："很不幸，特斯拉先生热衷于前进，……但却没有指明人类应该朝着哪个方向前进才算正确，朝东还是朝西？向南还是向北？到月球上还是天狼星上？或是向着但丁笔下的地心的撒旦那里？……毋庸置疑，他的整个观点……是很荒谬的。"

这篇匿名的评论占去了整整 6 个版面，它质疑了特斯拉的种种发明和思想，包括他的无人驾驶遥控船、他关于"战斗机将取代战场上的士兵"的观点（文章讽刺道，"国际斗牛比赛……或土豆比赛[1]的精彩程度或许不会逊于他的这种玩意儿"）、他在无线电方面的成果以及他所支持的多元世界论。该文作者建议《世纪》杂志今后将特斯拉的这类文章放在科学版，"让人们进行批评和评论，以抵制伪发明和荒谬的研究"。"物理学家"用仿佛是在与死敌进行搏斗的语气总结道："（《世纪》杂志的）编辑显然是想不惜一切代价地娱乐他们的读者……很显然，他们常常不知道什么是科学，什么是垃圾，也几乎从不去弄清二者的区别。"[27]

《科学》杂志延续了这场攻击。接着，《大众科学月刊》又发表了一篇由一位神秘的"X 先生"写的评论。

"（伪）《科学》杂志有一篇出自XXX之手的文章，文中并未提及'物理学家'，"特斯拉写信给约翰逊，在信中讽刺地补充道，"该文还对贵杂志的编辑们进行了高度赞扬。"[28]其他各家日报也攻击了特斯拉饱受争议的主张。

然而，特斯拉却不顾自己的名声问题，他在这篇文章之后又大胆地（或者说是愚蠢地）在《矿工》（*Colliers*）杂志上发表了一篇名为《和外星球对话》（*Talking with the Planets*）的声名狼藉的文章；我们在之前的章节中已经对此文有过评述。雷金诺德·费森登当时卷入了一场与特斯拉之间的法律纠纷。他毫不隐瞒自己的身份，在赫林的杂志上毫不留情地写道："所谓的火星信号源很早就为人所知……只有最愚昧无知的人才会声称自己发现了这种信号源。它们曾一度成为实现多工制（multiplex systems）的障碍，所以，现在几乎已经被人们否定掉了。"费森登称，

---

[1] 土豆比赛（potato race）：一种游戏，比赛者要一次将尽可能多的土豆从一个地方搬到另一个地方。——译者注

这些信号源于"街上的车辆、闪电，以及天线的渐渐被电化。而且，不同种类的信号是很容易辨别的，只有那些完全不清楚这一知识的人才会将它们误以为是智能生物发出的信号。"[29]

回到纽约后，特斯拉曾多次试图重燃他与阿斯特之间的友谊之火，但发现自己很难改变热爱游荡的阿斯特。那个暑假，约翰逊夫妇一直想说服特斯拉去缅因州度假，但这位发明家却非常执着于联络资产达数百万的富翁阿斯特。

> 亲爱的特斯拉先生：
>
> 和以往一样，我常常整日整夜地想念你。……今天下午，我坐在一座小山的山腰上，我放眼望去，看到了一片片绿色的草地，看到了远处的大海……我当时多么希望我能把我的眼睛借给你，这样你就能看到我看到的一切美景、啜饮美好的时光了……我无法理解你为什么如此沉默。……一定记得给我们打电话！
>
> 你忠诚的：凯瑟琳·约翰逊
>
> 1900 年 8 月 2 日 [30]

> 亲爱的约翰逊夫人：
>
> 我写信只是想告诉你，我从来没有，也永远不会忘记菲利波夫夫妇——他们给我添了不少的麻烦。
>
> 你真诚的：N. 特斯拉
>
> 1900 年 8 月 12 日 [31]

就这样，特斯拉放弃了这个可以进行必要休养的机会。如果不把他和阿斯特之间的事情处理好，他是无法淡定的。于是，他再一次进行了尝试。

> 我尊敬的阿斯特上校：
>
> 我还记得你曾经告诉我，如果我可以证明你的投资能带来巨大的回报，你就会很乐意支持我的任何事业。为了更高层次的利益，而非出于我的一己私利，我希望你还没改变你的主意。……我的（振荡器、电机和照明系统这几样）发明完全可以带来不下 5000 万美元的回报。这在你听来似乎有些夸张，但我真心地认为，这还低估了它们的价值。
>
> 你是不是还有什么反对我的理由？不见你的回复，我只能这样猜测你沉默的含义……
>
> 1900 年 8 月 24 日

阿斯特最后终于回复特斯拉了，说他"很高兴收到你的来信，我将尽快给你答复"[32]。但这只不过是哄特斯拉的套路，阿斯特随后仍旧躲躲闪闪。特斯拉继续展开另一轮攻势，他写了很多信，在信中简要描述了他在振荡器、荧光灯方面的研究进展——"其商业价值……如果得到充分的挖掘，将是十分巨大的"，还描述了他的无线电研究事业[33]，但阿斯特还是不肯答应他。

阿斯特从来不直接告诉特斯拉他的真实感受。他不愿意推动他与特斯拉的合作，表明他还在生特斯拉的气——1899 年，特斯拉曾向他承诺会帮助自己开发振荡器和荧光灯，但特斯拉却径自跑到科罗拉多斯普林斯去做他"愚蠢的"无线电实验。

报刊上的攻击的确损害了特斯拉的名声，不过本书作者认为，阿斯特态度的转变与媒体的攻击几乎没有什么关系。像阿斯特这样的富豪只想投资那些十拿九稳的东西。特斯拉的振荡器和荧光灯几乎已经可以上市了，他本应完善这些发明的，但他却拿着资金跑去探险，而且是空手而归。阿斯特满腹愤怒，不过他很够绅士，甚至都没让特斯拉知道他的这一心思。在斯坦福·怀特、道格拉斯·鲁滨逊的支持下，特斯拉又开始了一次全新的先驱性的探索。

第二十九章
摩根财团（1901）

就像《圣经》中的大力士参孙远比他的敌人非利士人强大一样，J.P.摩根的实力高居于所有华尔街人之上。

——尼古拉·特斯拉[1]

1900年5月，在科尼岛举办的拳击锦标赛中，吉姆·科比特绅士被詹姆斯·杰弗里斯击倒。作为一个热心的拳击迷，特斯拉可能观看了这场比赛。回到酒店，一位名字很耳熟的塞尔维亚年轻人给他留了言。他就是安娜的儿子。安娜是唯一一位使特斯拉坠入爱河的女子。多年来，他们一直保持着联系，所以他自然知道她儿子的到来。然而当特斯拉得知这位小伙子所选择的事业时，他感到非常意外。

"我想成为一名拳击手。"小伙子大声说道。

听到这一宣告，特斯拉感到很不安，但他还是和斯坦福进行了协商，最后，斯坦福在麦迪逊广场花园附近帮他找了一家拳击学校。特斯拉会经常到运动馆去看看小伙子的进步情况。最后，小伙子决定登上拳击赛场。斯坦福尽力地给他安排一个实力相当的拳击对手，但这位年轻人坚持要找一个更强的对手。

一记重拳打得这位小伙子不省人事，他被送到医院后不久就死去了。"特斯拉非常痛苦，仿佛那是自己的亲生儿子一样。"[2]

1900年秋，J.皮尔庞特·摩根宣布了他女儿路易莎和赫伯特·萨特利的婚礼。萨特利后来是摩根的传记作者。婚礼非常盛大，宾客名单上有2400多人！特斯拉这位塞尔维亚天才在婚礼上非常自在，因为他的很多朋友都在场，包括约翰·雅各布·阿斯特夫妇、道格拉斯·鲁滨逊夫人和她的哥哥泰迪·罗斯福（特斯拉是1899年在鲁滨逊夫人麦迪逊大道的家中认识他的）、威廉·兰金、爱德华·迪安·亚当斯、达柳斯·奥格登·米尔斯、昌西·迪普以及斯坦福·怀特。其他客人包括雅各布·希夫、亨利·克莱·弗里克、格罗弗·克利夫兰、奥古斯特·贝尔蒙、时任美国总统威廉·麦金莱和托马斯·爱迪生。摩根的心情无比喜悦，他亲自接待每一位客人，并热情地同他们握手。[3]"特斯拉先生，我读了你发表在《世纪》杂志上的那篇文章，印象极其深刻。"

在特斯拉从科罗拉多斯普林斯得意扬扬地归来、即将与摩根财团发生联系之际，他的书写和签名开始表现出轻浮且过于装饰的特点。虽然这些字是在他给约翰逊夫妇写信、心情愉悦的时候写的[4]，可能不具有代表性，但与特斯拉往常单薄、简单的书法相比，它们还是反映出了他心态上不知不觉发生的质的变化。笔迹学家认为，"写有字的纸张可以被当作研究一个人心理的替代研究对象。……于是乎，书写潇洒豪放的人……通常不仅主宰了纸张，也掌控着他周围的环境；而书写畏畏缩缩的人，在其他方面也会胆怯畏缩。"[5]

因此，我们可以推测，特斯拉在这次婚礼上是一个引人瞩目的人物。就像他装饰了他的签名一样，他也给自己好好打扮了一番：穿着最时髦的西服，戴着高帽和白手套，拄着手杖。作为他的领域的领袖人物和第五大道上穿着最华贵的行人，他感到极其自豪。这位发明家此时开始向雍容华贵靠拢，他开始更加心甘情愿地融入到周围的权贵名流中去。

路易莎最小的妹妹、28岁的安妮·特雷西·摩根对这位风度翩翩的发明家特别着迷，于是他们开始了一段友谊。

"那一年，摩根家的感恩节晚宴非常丰盛，有4种传统的馅饼，节日过得很开心。"[6]第二天，也就是星期五晚上，特斯拉被邀请参加他们的活动。[7]安妮可能把这看成增进她和特斯拉友谊的机会，他们后来终生都保持了书信往来；而特斯拉则把这看成一次商业机会。这位男巫随身带去了令人着迷的能发出蛛网状的闪耀光芒的五彩电灯、能让人头发直立起来的经典设备，还有其他的无线电设备。特斯拉问候了30岁刚出头的小 J.P. 摩根，并把他在科罗拉多斯普林斯的实验照片赠给了安妮。

晚饭后，摩根与特斯拉单独见了面，同他讨论了合作事宜。赫伯特·萨特利论述过这段时间的主要事件，而且他本人也认识特斯拉。萨特利几乎记录了摩根每天的生活，但他故意删去了任何提及摩根与特斯拉之间关系的部分。不过，下面这一段话（时间刚好与这一时期吻合）似乎可以证明摩根这位金融家曾决定支持特斯拉的无线电探索："在即将过去的这一年里，钢铁业的很多小公司都完成了合并……它们都渐渐变得富有起来。盖茨在华尔街投机，大法官摩尔开始买上好的马匹。……相反，里德和其他人却在乡下投资大型房产。……（而摩根却在一个另类的发明家身上下了赌注。）在华道夫 - 阿斯多里亚酒店或雪莉饭店举行豪华晚宴、进行各种奢侈的娱乐活动流行一时，随处可以看到财富迅速增长的迹象。他们似乎都认为财富将会无休止地增长下去。" 8

摩根圈子里的人都知道他有着众多的情人，除此之外，他还热衷于收藏大量的宝物，比如古硬币、宝石、挂毯画、雕刻、稀有盘碟、大家的画作、雕塑、古书以及原始手稿。他最珍贵的几件收藏包括查尔斯·狄更斯小说的初稿、由伦勃朗画的尼古拉斯·鲁茨的画像、为数不少的 11 世纪拜占庭大勋章和一本《古登堡圣经》[1]9。他的书房挂着他最新的收藏品——塞巴斯蒂亚诺·德·皮翁博的《克里斯托夫·哥伦布》。10 这幅画的旁边是一幅描绘 300 英尺长的科莫多尔超级游艇的画——到了划船的季节，摩根常常把这艘超级游艇停靠在华尔街附近，把它当成是他的卧室。特斯拉看着德·皮翁博的画，无比地羡慕。

"鲁滨逊夫人曾劝我将它捐给大都会艺术博物馆，我自然不愿意割舍这件宝贝，但你知道她太能言善劝了。"

生性活泼的特斯拉之前就近距离见到过摩根了，但相见的时间很短，也没有现在这样亲密。摩根自幼就受到一系列皮肤病的困扰，所以同很多经过润饰的官方照片相比，现实中的摩根鼻子红红的，有些变形和肿胀，还长了瘊子。一位同样近距离接触过摩根的艺术品商人这样描述他：

> 那次见面让我很意外。……我之前就听说过摩根的面容有些缺陷，但我亲眼所见的摩根完全超出了我的想象，我一直哑口无言。如果我当时不喘气的话，我的脸肯定都变色了。摩根先生注意到了这一点，于是他用他小小的、尖锐的眼睛不怀好意地盯了我一眼。我能感觉到，他觉察到了我对他的同情，那一刻仿佛是几个世纪那么漫长，我们相对而立，一语不发。我一句话也说不出来，当我最后努力地张开嘴时，也只是沙哑地咳嗽了一声。他哼了一声。11

"特斯拉先生，我想知道，"摩根看着这位发明家在科罗拉多的照片，开口道，"在这种电光四射的环境下，你是怎么活过来的。"

"要真是这样，我肯定活不了，"特斯拉说着，眼光不敢直视摩根，"这些照

---

[1]《古登堡圣经》（Gutenberg Bible）：1456 年在梅因斯所印的第一本以活字印刷的拉丁文《圣经》，据说为古登堡所印。——译者注

片是经过多次曝光的。"

"好聪明！怀特告诉我，你想建一个无线发射塔，是吗？"

"我已经完善了一个设备，它能将信息无线地传输到任何距离之外，最终使又长又贵的、用于传递商业情报的线缆在市场上被淘汰。这项发明还能产生和操控数十万马力的能量，使其带动地球上任何一个地点的设备，不管那个地点离发射机有多远。"

"什么设备？"

"比如，发报电键、电话、时钟和远程照相术。"

"你有办法无线传输图片？"摩根竖起眉毛追问道。

"这项传真电报术并不新颖，自从伊莱沙·格雷在1893年的世博会上展现了他的设备后，爱迪生一直研究这项技术。我的专利只是消除了使用电缆的必要性。"

"特斯拉先生，不要挑战我的忍耐力。照我的理解，你的提议只涉及电报学。我的想法很简单，我只是想找到一个办法，能在有雾的天气里与驶来的汽船之间进行信号交流，能将信息发送到欧洲，比如当我在英格兰的时候，我能知道华尔街的市场行情。你能做到这一点吗？你能把情报以无线的方式发送这么远的距离吗？"[12]

"事实上，我可以做到这一切，摩根先生。"

"那怎么解决收费问题呢？是不是只要有接收设备的人都能免费获得这种情报？我可不打算在这方面帮助我的竞争者或公众。"

"我可以保证所有信息的绝对隐秘。我已经取得了广泛的相关专利，这使我的这项技术在美国和大部分欧洲国家处于垄断的地位。"

"你的这项工程需要多少成本？"

"虽然这项技术花费了我10年的心血，但我知道站在我面前的这个人是一个博爱的大慈善家，所以我会毫不犹豫地任由慷慨的您来安排我所有的利益和补偿。"

"你就别恭维我了，特斯拉先生，我们来讨论一下实质性的问题吧，这项技术要花费多少钱？"

"我的设计需要两个发射塔，一个用于跨大西洋发射，另一个用于跨太平洋发射。前者大概需要花费10万美元，后者大概需要花费25万美元。"

"那我们一个大洋一个大洋地谈。我资助你建一个跨大西洋无线发射站，我能从中获得什么回报呢？"

"它的性能将相当于现在使用的 4 根大洋线缆的性能，它的建设需要 4 到 6 个月来完成。" [13]

"但斯泰森说，马可尼的设计只需要你所说的成本的 1/7。"

"的确是这样，但马可尼的设计缺失了一些关键的元素，而这些元素只有在我所发明设备的专利里才有。众人都已经认可了我是这项设备的发明人，早在 1890 年和 1893 年，当马可尼还在扯他妈妈的围裙时，我就已经发表了我的这项设计成果。"

"去年就是在这里，在纽约举行的美洲杯帆船赛时，马可尼在轮船上将 1400 多个字发送到岸上。我当时在场，我清楚地看到了他的设备。"

"那只是小儿科。他使用的设备是其他人设计的，而且所用的频率也不对。只要天气有些微小的变化就会阻碍他的信息传递，并且他没有分离信号传输频道的装置。摩根先生，我仔细地测试过他所用的赫兹波，请你相信，马可尼的设备没有商业可行性。"

"它们到底不好在哪里？"

"比如，马可尼的设备没有利用地球自然的电属性；而特斯拉电流与我们地球的频率是相协调的。这些都是连续波（等幅波），不是脉冲干扰。简而言之，对于传输大量信息且保证绝对的隐私来说，我的设计是最好的。" [14]

"我手上有几篇载满了马可尼图片的文章，这些文章的观点却和你的不同哦。英国邮政总局现在用的就是赫兹波。你看，这是我在英格兰收集的一份报纸报道，这个报道出自一位海军上将之手，他使用了马可尼的无线发射机，其发射距离超过 80 英里：'指挥我们（船）的行驶变得轻松、准确而有信心，如果信号发射的距离没有得到延长的话，我们完全无法实现这一切。' [15] 我手头还有一些文章怀疑你发射的信息从来就没有超过你的实验室范围之外。"

"我看我已经占用了您很多时间了，"特斯拉看了看他的手表，说道，"非常感谢您的热情招待。"

"特斯拉先生，我的意思不是说我们不能合作，只是我得再好好地考虑考虑。"

"很好。"

特斯拉走后，摩根拿出一打牌，像以往每天晚上一样玩起了他的单人纸牌游戏。摆在他面前的还有另一个记录了特斯拉专利的文件，但这些专利不涉及无线电："特斯拉先生的发明摆脱了碳灯丝……（特斯拉）解释说，通过产生静电场，冷真空管可以挂在房间的任何地方。（因为没有了灯丝，所以它们不会被烧坏。）……荧光灯的日产量估计可达 5 万只……"[16]

尊敬的摩根先生：

我深知您的时间极其宝贵，……所以上周五多少有些仓促地离开了贵宅。我想我还是跟您长距离书信交流为好。我只有短短的几句话，希望您能花一点点时间，了解一下我经过长期艰辛的研究得出的成果。

1900 年 12 月 10 日

这一封长信（也是特斯拉写给摩根的众多信中的第一封）开头就引用了德国阿道夫·斯拉比教授的话。这位教授将特斯拉誉为"电报学之父"，信中还引用了开尔文勋爵和威廉·克鲁克斯爵士评价特斯拉在该领域其他方面的发展的话，比如他制造的能产生无线电频率的振荡器。这封信还指出了特斯拉的法律地位，即他在美国、澳大利亚、南非和欧洲都获得了研发过程中所有关键要素的专利。他还指出了马可尼系统的具体缺陷（如上文所述）。"请原谅我离题了……我恳请您相信，我在这一新兴领域里的专利——假如您持有这些专利的话——将使您在法律上占据一个非常有利的位置；出于种种原因，你将比那些持有我的交流电传输专利的人更有优势。"

在信末，特斯拉说了一番颇带刺激性的话："请让我提醒您：如果这个世界上的人们都胆小怯懦而又小气吝啬，那么也就不会有那些惊天动地的伟业最终得以实现了——拉斐尔就不可能屡次创造奇迹，哥伦布就不可能发现美洲大陆，大西洋电缆就不可能铺设成功。您应该走在所有人的前面，开启这项伟大的事业，……它将给人类带来难以估量的价值。"[17]

第一个价值逾 10 亿的托拉斯

华道大 - 阿斯多里亚酒店里最挥金如土的人物可能要数嘴里总是叼着雪茄的强盗资本家、股市操控者、美国钢铁和线材公司（American Steel & Wire Company）的共同所有人约翰·W.盖茨。盖茨平均每天可以在扑克游戏中输赢 4 万美元，有时候甚至可以达到这个数目的 10 倍。亨利·克莱·弗里克是华道夫酒店的另一位常客，偶尔也玩扑克游戏。盖茨在同弗里克商议后，规划并促成了 20 世纪最大的一笔生意。

12 月 12 日，一场汇聚了钢铁业巨头的晚宴在大学俱乐部举行，以纪念查尔斯·施瓦布。这次晚宴由施瓦布的老板、美国钢铁大王安德鲁·卡内基出资。出席晚宴的人包括 J. 皮尔庞特·摩根、爱德华·H. 哈里曼、奥古斯特·贝尔蒙、雅各布·希夫、约翰·W. 盖茨和卡内基的首席经理亨利·克莱·弗里克。

晚饭后，卡内基不在场时，施瓦布发表了一个即兴演讲，清晰而直接地阐述了建立一个巨型钢铁公司的好处。[18] 讨论一直持续到凌晨 3 点，摩根随后开始意识到施瓦布计划的巨大利益。几个月后，他便完成了合并，并任命施瓦布为新成立的价值 14 亿美元的责任公司的总裁，这个公司也成了有史以来第一个资本超过 10 亿美元的公司。卡内基收到了约 2.26 亿美元，弗里克收到约 6000 万美元，而洛克菲勒也因他的铁矿收到了 9000 万美元。盖茨这位"超级赌徒"在这个过程中就像是在玩牌一样，牌在他手中想握多久就多久，直到摩根威胁说要成立一个不让他参与的无线电公司时，盖茨才拿着大笔的利润离开了。1901 年 3 月，随着新公司的成立，摩根现在可以将钢铁也纳入到他的财产目录里去。此前，他的财产目录里包括了电气、船舶、矿业、电力、电话、铁路和保险集团。[19] 当时的政治漫画将摩根描述成背扛地球的阿特拉斯[1]和远远高出诸如英国国王、德国皇帝和美国总统这些较弱小者的歌利亚[2]。

在"摩根化"的影响下，混乱成了一种新的政治常态。此外，虽然摩根代表着商业领域的实力和稳定，但在现实中，成立一个美国钢铁公司是一场巨大的赌博。卡内基清楚这一点，于是说道："皮尔庞特不是钢铁达人，他对钢铁制造和销售一窍不通。我努力地和他商谈，以确保我通过债券而非股票获得收益。他最终会搞垮钢铁业，然后付不起投资者的利润的。到时候，我将取消他的抵押品的赎回权[3]，拿回属于我的财产。"[20]

施瓦布有着同样的担忧。两年后，这位狡猾的调解人从公司辞职，转而去经营一家规模较小但稳定、效益很好的公司。

于是，摩根将开始为新成立的钢铁垄断公司头疼，部分是因为市场问题，主要是因为劳动纠纷，尤其是罢工行动，几乎使公司陷入瘫痪。美国钢铁公司能够获得成功，也许最主要是因为汽车的发明，因为汽车为钢铁公司创造了巨大的市场。

为了规避这个巨型钢铁集团倒闭的风险，提高利润潜力，摩根"征用"了著名

---

[1] 阿特拉斯（Atlas）：希腊神话中受罚以双肩掮天的巨人。——译者注
[2] 歌利亚（Goliath）：《圣经·旧约》中被大卫杀死的巨人。——译者注
[3] 当一方无法付款时，取消其抵押品的赎回权，即剥夺分期付款者收回抵押财产的权利。——译者注

的股票操控者詹姆斯·基恩，请他伪造了利润。基恩买了美国钢铁公司的大量股票，然后将其销售给假投资者，目的是创造一种利润上涨的假象。[21] 结果，这种虚假操作起作用了。几周后，纽约证券交易所经历了史上最活跃的交易日。"美国钢铁的普通股上市时的价格为每股 38 美元，此时几乎一下子就上涨到了每股 55 美元。皮尔庞特·摩根成了金融界的英雄，同时也成了那些害怕和痛恨垄断的人眼中的大恶魔。"[22]

特斯拉的交易

特斯拉正是在这些钢铁谈判交易进行得如火如荼的时候与摩根见了面，试图跟他谈妥一笔交易。时值圣诞季高峰，特斯拉打了一辆的士，来到了华尔街 23 号摩根的办公室，将他的一些具体材料交给这位金融家。

"摩根先生，我提供给你的我的设计和专利将使你在法律上占据非常有利的地位，这种地位比持有贝尔电话专利或拥有基于我交流电传输发明专利的人还要更有优势。"

"你把相关文件给我，我要仔细地看看。"

"先生，鉴于该领域目前热火朝天的研究形势，较可取的做法是立即给我机会，然后我会用我先进的知识让你我都获益。"[23]

摩根向窗边走去，往楼下的华尔街望了望，说道："如果我答应帮你建造跨大西洋无线发射站，我希望你明白一点，"他凑近这位塞尔维亚人的脸，压低声音，"我只想和你秘密合作。[24] 特斯拉先生，你懂我的意思么？"

"是的，先生，我懂您的意思。"

"很好。跟你说实话，我对你的印象并不好。[25] 你备受争议、自负，而且除了你跟西屋公司有合作外，你至今尚未展现出任何其他可以创造经济价值的成果。但另一方面，我很欣赏你的才华，所以我就直接跟你摊牌了：如果我们开始合作了，我们所决定的任何数据都必须是确定无疑的，不能因为研究而骗取我的资金。"[26]

"我所追求的不是金钱，尽管这些发明如果放到您强大的掌心里，以你对商业的精通，将会产生难以估量的价值。你是懂得科学进步和艺术创造的价值的。你提什么条件都成。"[27]

"这不够，说具体点，我要的是数据。"

"我们第一次见面时我就说过了，我觉得，建一个高90英尺的跨大西洋发射机，10万美元应该足够了。"[28]

"让我们把它确定下来吧。我们用15万美元来建造你所说的无线通信塔，公司股份我们五五分成，如何？"[29]摩根伸手去拿他的支票簿，填了一张预付定金支票，递给了特斯拉。

特斯拉被摩根的巨大财富所深深折服，他在这位商业国王面前显得非常谦卑，他不假思索地说道："摩根先生，还是把控制权交给您吧，我坚持您占51%，我占49%。"[30]

"你这人真的太奇怪了。好吧，成交！等所有文件都准备好后，不管什么时候你需要资金，你都可以向摩根财团请求，直到达到上限为止。"[31]

我亲爱的阿斯特上校：

衷心祝愿你在新的世纪万事顺心！……由于摩根先生的慷慨资助——我将终生感激，我的无线电报和电话计划将得以成功实施，但我已经完成的发明（指振荡器和荧光灯）却仍未能上市。我难以相信，作为这么多年的老朋友，你却犹豫不决，不肯帮我推广这些发明，要知道，我可以比其他人给你的投资带来高10倍的回报。

你忠诚的：N. 特斯拉

1901年1月3日[32]

附属条款

尊敬的特斯拉先生：

我请求你让我第一时间收到你的信，请随信说明各项专利的利益按日程分配的情况，并说明这些分配的具体含义。

你最真挚的：J. 皮尔庞特·摩根

1901年3月5日[33]

摩根这个贪婪的"大章鱼"并不满足于和特斯拉在无线电方面合作。特斯拉不知道，摩根还想控制特斯拉的照明系统和他的其他专利。他大胆地将这些条件加到了协议中。特斯拉此时陷入了两难的境地，因为阿斯特是他其他发明的主要赞助商，而且特斯拉并没有打算将他的其他专利作为他抵押的一部分。3年后，特斯拉写道："我收到了您的正式信函，信中规定了您在这些发明专利上享有51%的股份，虽然我的股份与之前商谈的一样，但我当时的意思可能与您信中的意思有些不同。我要卖给您的只是无线电相关专利。你提的条件对我来说真的不重要，所以我什么都没有说，我害怕冒犯您。您反复地提及股票，而这其中可能发生了一个误会。"[34] 事实上，特斯拉并没有直接与他的新资助者对抗，而是选择了默许。

> 尊敬的斯特德勒格先生（摩根的中间人）：
>
> 　　……不用说，只要是摩根先生批准的任何文件，我都会签署，但请您相信，对于我的照明系统，其中可能存在一个误会——我的照明系统并不包括在最初的协议里。
>
> 1901 年 2 月 18 日

特斯拉并没有努力修正协议，将照明系统这一重要的发明（就在同一封信中，他称这项发明"将引发一场工业革命"）从中去掉，而是指出了他的照明系统的巨大优势，还加上了一句推广的口号，叫"特斯拉的人造日光"。他在信末写道："除了我自己，阿斯特上校也对我的荧光灯很感兴趣。……（因此，）我需要在签署协议之前，办理一下正式的手续。我会尽快处理此事。"[35]

也许是提前预料到了会有这个问题的出现，特斯拉在1个月前就再次请求过他的第一个资助者：

> 我尊敬的阿斯特上校：
>
> 　　自从亚当斯先生和他的合伙人完全退出后，除了你和摩根先生，基本已经没有人同我一起战斗了……请您快给我回信吧……有了我，你就不是和狂野的辛迪加合作，而是和一个能让你的名字、功绩和利益都变得神圣的人合作。
>
> 1901 年 1 月 11 日[36]

一周后，阿斯特给特斯拉打了电话。他告诉特斯拉，他担心特斯拉没有根本性的发明专利，其他发明家比起他可能更有发明优先权，尤其是在无线电研究领域。

"上校，请不要被报刊舆论误导，我在无线电方面拥有绝对控制权。你为什么不来加入摩根先生和我呢？"[37]

阿斯特没有作出任何肯定的答复，于是，特斯拉便在与摩根的无线电交易中附上了照明专利。[38] 现在，摩根控制了两个全新的独立行业背后的根本性发明。特斯拉几乎没法抱怨，因为他已经同意了摩根的提议。他现在要做的只是利用他获得的资金以取得成功。

尊敬的斯蒂尔先生（摩根的另一个中间人）：

既然摩根先生已经很友好地接受了我的提议，我给他的不良印象也随之消除，我想让他知道，我认为我的关于无线能量传输方法和设备的根本专利将成为当代最有价值的专利；而至于我的照明系统，我相信它将成为最重要的技术进步之一，并带来极高的商业价值。

您忠诚的：N. 特斯拉

1901 年 3 月 5 日 [39]

当月的 13 日对于一直很迷信的特斯拉来说却是很幸运的一天[1]，特斯拉偿还了西屋公司 3045 美元的债款，他的债总算还清了，他又可以一身轻松地继续前行了。[40]

---

[1] 英美国家的人们通常认为 13 是一个不幸运的数字。——译者注

第三十章
世界电信中心（1901）

尊敬的摩根先生：

　　我不知该如何以我和我的职业的名义感谢您这位伟大的慷慨之士！我的成果将向全世界宣扬您的尊名。很快您就会看到，我不仅有能力深深地感谢您的高尚之举，而且相比于您本出于博爱之心的慷慨而高贵的、让我支配的投资金额，我有能力使其具有超过原来100倍的价值！

　　我从心底里诚挚地祝愿您幸福安康，也请您相信我。

您永远最忠诚的：N.特斯拉[1]

1900年3月，东休斯顿大街特斯拉实验室所在的大楼发生火灾。"楼下的犹太人被烧焦，……我被吓得半死，"特斯拉写信给约翰逊夫妇，"还好侥幸逃过一劫，要是不幸烧到我的实验室，那可能就是你们的朋友我拥有的最后一个实验室了。"[2]在此期间，媒体对特斯拉肆意的攻击一直没停过。

亲爱的特斯拉先生：

　　我们从来没有忘记过老朋友，并不惜一切代价地保护他们，与一切恶意的攻击进行对抗。

你真诚的：欧内斯特·海因里奇

1901年2月25日

海因里奇是西屋公司自始至终都捍卫特斯拉的人士之一，他收藏了一份简报，简报的内容是他写的："无知的人并不知道，特斯拉已实实在在地取得了成就，他站在了所有电气发明家的前列。"[3]

另一个捍卫特斯拉的人是T.C.马丁。他在《科学》杂志上发表了赞美特斯拉的话语。特斯拉写道："轮船偏离了它的轨道，但我对船长永远充满信心！"[4]

我亲爱的特斯拉：

　　我很高兴12月12日得到了你的帮助。这么多年来，我对你的感情自始至终没有丝毫改变。能有幸同你早期的成果发生联系，我永远都将以此为荣。

你永远的朋友：T.C. 马丁

1900 年 12 月 13 日 [5]

不幸的是，由于之前马丁允许别人在他的杂志上发表了攻击特斯拉的评论文章，加之特斯拉在其他发明上进程缓慢，两人之间存在着一些争执。关于真空白炽灯，马丁写道："不管是你还是任何人为我们把这一发明变成商品，我都会极其高兴的！"怀着忐忑不安的心情，特斯拉切断了他们之间的联系，他们的友谊也因此破裂。[6]

3 个月后，即 1901 年 3 月，特斯拉邀请了辨喜大师的崇拜者兼弟子埃玛·C. 瑟斯比小姐去参观他的实验室。"我发明的灯就快安装好了，到时候非常欢迎你和你的朋友们来参观实验室——尤其是法默小姐。"[7]

特斯拉的新惊喜

朱利安·霍桑

在东休斯顿大街的男巫的实验室，一次大规模实验的准备工作正在进行中。……一位来历不明的客人今天访问了实验室。特斯拉当时不在那里。这位客人被他的所见深深地吸引住了。

奇光异彩

天花板上的一根很粗的横梁上悬挂着 3 盏灯，有规律地闪烁着紫色耀眼光芒。房间里的光暖暖的，只是光的颜色有些非同寻常，在光谱上根本找不到这种颜色。横梁上下都密密地盘绕着长长的玻璃管，看起来仿佛是不时喷出紫色火焰的火蛇……

瞬间漆黑

特斯拉的一个助手发现，这位不知来头的访客完全被这一切迷住了，他很快地向墙边退去，结果按到了一个隐藏的按钮，房间顿时一片漆黑。

知道这件事的人说紫色光是男巫特斯拉向火星发射的新信号，他很快就会向世界公布。在马尔伯里大街警察总局附近甚至传言，特斯拉已经和

火星进行了通信并有了回应。[8]

霍桑住在纽约市郊的扬克斯。那年年初，他时常坐火车到曼哈顿去和特斯拉一起吃饭。[9]他们有很多共同的朋友，包括斯坦福·怀特。斯坦福·怀特的父亲理查德·格兰特·怀特曾经跟霍桑坦言，"他在纽约有相识、相恋的神秘女人。"简单地说，关于他的传言的本质就是：他是一个重婚者，他和家人有一个家，和他的情妇也有一个家。[10]这也许解释了斯坦福·怀特喜好四处调情、玩弄女人的缘故。然而，儿子超越了他的父亲——他同时拥有五六处寓所；他在长岛、格拉莫西公园、麦迪逊广场花园大厦皆有房产；他在西五十五大街也有一套"鬼房"，这套房子他和他的同僚们（如圣 - 高登斯）只是"必要时才住一下"；此外，他在西二十五大街22号也有一处臭名昭著的"鬼屋"。[11]

3月，斯坦福被16岁的花季少女伊夫琳·内斯比特给迷住了。伊夫琳的性感照片常常作为插画出现在杂志中，同时她也在百老汇的流行音乐剧中扮演几乎袒胸露乳的西班牙舞女。有很多个星期，怀特每个晚上都会去看她的表演。后来，在一个炎炎夏日，他成功地同伊夫琳在二十四大街的工作室进行了第一次约会。[12]

"斯坦福将我带到电动门前，"特斯拉告诉霍桑，"我按下一个按钮，门就自动开了。"

怀特用各种红色装饰了他的"单身住所"，紫色的窗帘，地板上铺了软垫，房间里还悬挂了挂毯，四处粘贴着油画（大部分都是人体艺术）。他的阁楼设计得像一个迷你的树林，明亮的光线从天窗照下来，天花板上吊着一个红色的天鹅绒秋千，就像乔叟的一个玩具，绿色的绳索从座子上披下来，就像藤蔓从树上垂下来一样。[13]

这段时间，除了和著名的哥特式作家纳撒尼尔·霍桑神秘儿子见面之外，特斯拉有时还会和斯坦福·怀特一起吃饭，有时会和马克·吐温在玩家俱乐部会面，有时也同美西战争英雄里士满·霍布森或拉迪亚德·吉卜林相聚，当然还会与约翰逊夫妇一起聚会。凯瑟琳一度迷上了唯灵论，她背着特斯拉尝试了心灵感应术。特斯拉在给她的回信中诙谐地写道：

我亲爱的约翰逊夫人：

这一次没有任何的心灵感应，因为我一刻都没有想过你。

你忠诚的：腰缠万贯的小孩[14]

从骨子里，特斯拉信奉的是唯物主义哲学，所以这位有些迷信的"和外星世界对话的男巫"[15]一直都排斥人类的思想可以通过超感官的方式进行交流的观点，尽管他最近因为自己的预感而使几个朋友幸免于列车事故。[16]然而，他公开表示，心灵感应现象完全是胡说八道。凯瑟琳常因为她一方面有着神秘主义倾向，另一方面又有着令霍布森都感到着迷的外貌而被特斯拉调侃。

我亲爱的卢卡：

> *当菲利波夫夫人不在城里的时候，我就认为德凯夫人（Mrs.de kay）是我见过最迷人的女人*[1]*。卢卡，你最好不要让这两个女人知道这一点。你是聪明人，我提头你便知尾。*[17]

约翰逊家的孩子们把特斯拉当作他们的叔叔，特斯拉也一直表现出他对孩子们的爱。他会给阿格尼丝送一张签有"尼古拉·霍布森"字样的新年卡片；他抽时间阅读了少年欧文的第一部小说《上帝之箭》（*The Arrow of the Almighty*）。后来他给欧文送去了婚礼的祝福；阿格尼丝后来也结婚了，她继承了父亲约翰逊浩繁的书信，并将其大部分捐给了哥伦比亚大学。欧文的儿子取了和他爷爷相同的名字，据欧文的儿媳，即现在的罗伯特·安德伍德·约翰逊夫人称，阿格尼丝"有点凶，我一点儿也不喜欢她。不过，她女儿非常漂亮。帕岱莱夫斯基觉得，安很有天赋……欧文风度翩翩，很有魅力，身上有很多他妈妈的特质。欧文是小说家，创作了'劳伦斯维尔'系列，生活比较富足"。

现在的约翰逊夫人称，凯瑟琳有着"爱尔兰人的性格"。她可以"欢快活泼，风趣可爱，但内心深处却又有些抑郁"。现在的罗伯特·安德伍德·约翰逊和他的孙辈们住在一起。"他们有两个爱尔兰佣人，乔茜和诺拉。凯瑟琳有时情绪十分低落，就待在她的屋子里，甚至都不下楼去吃饭。第一次世界大战后，……她的抑郁症变得更加严重。"她说，罗伯特是一个"比较乏味、死板而拘泥于陈规陋俗的……老绅士。凯瑟琳之所以喜欢特斯拉，是因为特斯拉具有欧洲人富有想象力、令人兴奋的特质。他一定给约翰逊一家的生活增添了不少的欢乐"。[18]

---

[1] Kay 可作为女性名字 Katharine 和 Katherine 的昵称，故这里特斯拉所说的实际上是同一个人，即约翰逊夫人。——译者注

沃登克里弗

"在杰斐逊港以东 9 英里的长岛海峡的沃登克里弗，发明家尼古拉·特斯拉购下了一块 200 英亩的地，准备在那里建一个无线电报实验站，这块地以及实验站的完善将花费 15 万美元。"[19]

1901 年 3 月 1 日，特斯拉正式与摩根签署了合同。现在，他终于可以开始在离纽约市 65 英里的长岛建造他的实验室和实验塔。两天后，摩根正式宣布成立美国钢铁公司，但却对特斯拉和他之间的合作只字未提。上面这篇文章发表在当地的一份报纸《长岛民主党》上，它可能是唯一提到摩根给特斯拉提供资金的准确数字（即 15 万）的文献。1944 年约翰·奥尼尔撰写特斯拉传记时，尽管他与特斯拉本人已经认识 30 多年了，但他并不知道摩根与特斯拉之间关系的细节。在奥尼尔写完传记的时候，特斯拉的文件资料都还未公布。他曾告诉奥尼尔，摩根出于慈善之心，给了他一些力所能及的资助。但事实并非如此，他们两人之间完全是商业合作关系。

为了庆祝他与摩根新的合作关系的建立，特斯拉在华道夫 - 阿斯多里亚酒店举行了一个宴会。他同奥斯卡讨论菜单的细节，并亲自尝了各种酱料的味道。他预订了一个较小的宴会厅，并通知他的客人们 7 点半准时到。他穿上了自己最精致的服装。出席宴会的可能有怀特、约翰逊夫妇、霍布森、梅林顿小姐，还有办喜的信徒瑟斯比小姐和法默小姐。据说，到了上菜时间，酒店主管不得不把特斯拉叫到一旁，告诉他之前已经累计欠酒店 900 美元，已经不能再点餐了。除非他先把旧账结清，否则晚餐没法上菜。特斯拉拿出了他的看家本领，先是从容不迫地欢迎来宾，然后体面地找到了酒店经理博尔特。博尔特很热情，但他还是坚持酒店的原则。于是，特斯拉拨通了电话，让博尔特和摩根在电话上交涉。博尔特有些惊慌失措，不过还是坚持了他的立场。最后，摩根送来了一张支票，才为特斯拉挽回了颜面。[20]

此后不久，特斯拉见到了房地产大亨查尔斯·R. 弗林特。弗林特安排他与北岸实业公司（North Shore Industrial Company）经理詹姆斯·沃登见了面。沃登在长岛海峡的萨福克县拥有一块 1800 英亩的马铃薯农场，他给特斯拉提供了一块离今天的"25A 号公路"较近的面积为 200 英亩的地，特斯拉还可以选择购买更多的土地。为了让这笔交易更愉快，又或者因为有其他的什么安排，特斯拉所选的这块土地最后根据其主人沃登的名字命名，叫作"沃登克里弗"。4月2日，一个同名的邮局也随即成立。5年后，即1906年，这个地方被正式更名为肖勒姆村（Village of Shoreham）。[21]

《电气世界和工程师》报道："特斯拉公司的股票售价达到每股100美元，预期分红利率可达15%。……沃登克里弗建筑公司将享有承建、改良所有建筑的优先权，还可以优先购买任何多余的供出售的土地。"在撰写这篇报道的过程中，沃登接受了采访，他预言，"这项工程将来必能获得丰厚的利润"。他将特斯拉描述成"当代最重要的电气学家，他在电气科学领域的成就在实用意义上让本世纪的其他科学发现都黯然失色"。沃登提到，特斯拉"刚刚订立了一份合同，将花费……一笔数目巨大的资金，用以建设电气实验室和用于与欧洲和澳大拉西亚[1]通信的无线通信系统主站。这项研究工程需要建造大量的房子，以便为特斯拉先生将来雇用的几百号员工提供住宿"。[22]

特斯拉的最终计划是建立一个带有实验室、无线发射机，具有能够生产他的振荡器和真空管的设备的"世界电信中心"。他已经同摩根商讨过第一步，即建造一个实验室和简易的发射塔，用以报道帆船比赛、向远洋轮船发射信号和向英国发送摩尔斯编码信息。同时，他还与麦金 - 米德 - 怀特建筑公司（McKim, Mead & White）商谈，想利用1800英亩空闲土地建一个全方位的中心、一个"示范城市"，这个中心将配有住宅区、商店以及能容纳2500多名员工的办公大楼。[23]特斯拉告诉当地报刊媒体："沃登克里弗将成为同类中世界最大的电信中心。实验室将雇用科学界的顶尖人才，他们将造福于长岛上的所有人。[24]……麦金 - 米德 - 怀特建筑公司名声显赫，拥有75名设计员，它最能胜任这项工程的设计任务。"他们设计的蓝图花了特斯拉1168美元。[25]

怀特此时可能比较担心这笔生意，因为摩根仍然对他与那位高调的工程师（特斯拉）的合作关系心存顾虑。怀特拿出了他室内设计师的本领，2月在伦敦完成了一座雕塑，他知道摩根对此很感兴趣。于是有着一头迷人红发的怀特写信给摩根："我

---

[1]澳大拉西亚（Australasia）：一个不明确的地理名词，一般指澳大利亚、新西兰及附近南太平洋诸岛，有时也泛指大洋洲和太平洋岛屿。——译者注

亲爱的海军准将，要我放弃这尊雕塑，真的就像割去我心头的一块肉一样。……（所以）我宁愿送给您，也不愿意卖给您，……因为让您高兴是我唯一的愿望。"但摩根坚持要补偿他的这尊雕塑，愿意"以雕塑正常价格的双倍支付怀特"，目的是向怀特证明，他摩根也认为他们的情谊超越了他们的"生意"。[26]

> 亲爱的尼古拉：
>
> 我把你的实验站厂房设计方案的修改稿寄给你，我们已经在办公室里亲自进行了最仔细的估算……这项工程将花费大约 14000 美元。我非常肯定，这种规模的建筑的建造成本不可能低于这个数目。
>
> 挚爱你的：斯坦福·怀特
>
> 1901 年 4 月 26 日[27]

有两个建筑公司投标建造特斯拉的实验站，分别是斯特吉斯 - 希尔建筑公司和默茨建筑公司，它们是怀特经常合作的两家承建商。5 月，两家公司都先后把他们的实验室设计图寄给了特斯拉，供他做决定。6 月，特斯拉最终与斯特吉斯 - 希尔建筑公司签订了建造合同。[28] 7 月，地基打整完毕，并且修了一条公路。[29] 怀特推荐了他的一位合伙人 W.D. 克罗作为项目的主管建筑师。克罗后来还负责了无线发射塔的建造。[30]

初春一个阳光灿烂的早晨，特斯拉得意扬扬、昂首阔步地从孔雀胡同饭店（Peacock Alley）出来，沿着第五大道走到位于四十二街的中央车站，从那儿乘车到宾夕法尼亚车站，然后再从那里转乘早班火车去沃登克里弗。金色的阳光从大教堂般的车站大厅的窗子洒进来，特斯拉穿过气势恢宏的走廊，坐上了豪华的列车。在火车上，他点了一壶咖啡，然后便开始细读他的信件。火车咔嗒咔嗒地驶出了市区，途经副总统罗斯福居住的牡蛎湾曼哈希特（Manhassett, Oyster Bay）、怀特家所在的史密斯敦附近的詹姆斯大街，经过杰斐逊港，最后来到了沃登克里弗。沿路经过了多个镇的车站，全程花费了一个半小时。长岛海峡对面的康涅狄格州海岸线若隐若现。当特斯拉看到《电气评论》的第 280 页时，他一下子目瞪口呆了，杯里的咖啡洒在了干净的白桌布上。

谐振无线电报

古列尔莫·马可尼

最近的报刊媒体发表了大量关于太空传输电报的不准确的、有误导性的信息……甚至在科学媒体上也如此……我想在这里尽量更正这些错误的说法……

我旨在全面地描述我在调试和协调无线电系统方面所作的努力，让我高兴的是，这些努力获得了圆满成功……

我首先设计了一个由莱顿瓶（或电容器电路）组成的装置，莱顿瓶中包含了一个初级特斯拉线圈和一个连接地面或架空导线的次级特斯拉线圈。用特斯拉线圈来产生振动的做法并不新鲜：1898 年，英国邮政总局（和普利斯一起）在实验我的无线电系统的时候就用了这一方法；洛奇博士 1897年 5 月 10 日的专利（专利号 11）的说明书中提到了这一方法，布劳恩教授在 1899 年也提到了这一方法。[31]

3 年后，特斯拉写信给摩根，描述了这则消息对他的影响：

当我非常偶然地发现那些公开嘲笑我的研究事业、诋毁我的发明的人正在秘密地运用我的发明专注于与我同样的研究时，我感到了前所未有的恶心……烦请您（摩根）仔细地审阅和修订我的研究计划。我无法以杂货店经销的速度来进行我的研究，我不能再干报道帆船比赛或是向即将靠岸的轮船发射信号这样的事情了。您给的资金不足以进行这些实验，而且像处于您这样地位的重要人物，没有必要关心这样无足轻重的东西。也许您从来就没有完全明白这项研究事业的真正意义所在。[32]

这段话表现出特斯拉对摩根性格的不了解。与特斯拉思想比较抽象和超前不同，摩根是实用主义金融家，他的思想只专注于当下。摩根喜欢帆船和游艇比赛，处于他这个位置的人，自然不喜欢别人告诉他应该做什么、不应该做什么。

特斯拉在这封信中表示，由于"狡猾的竞争对手很有优势"（比如马可尼剽窃他人成果，他与普平、爱迪生、欧洲投资人以及最高统治者们的人脉关系），他必须改变他的设计。他因此决定抛弃已经达成一致的建造一个中型发射机的计划，代之以一个建造高达 600 英尺的摩天发射塔的计划，后者是他在华道夫 - 阿斯多里亚酒店的精美信纸上草拟的。[33] 讽刺的是，一向是利他主义的特斯拉，推动他进行新冒险的却是他的贪婪、虚荣和自大。他非常憎恶别人剽窃他的思想。特斯拉在他后来的自传中将马可尼（虽然他并没有指名道姓）称为"卑劣而顽固的寄生虫"。就是在此时，特斯拉决定抛弃将摩尔斯代码传送到大西洋彼岸这样的琐碎计划，而是打算建造一个世界通信中心，从而像野兽碾碎癞蛤蟆那样将"寄生虫"粉碎。

在自己的领域几乎已经登峰造极的特斯拉，自我构想随之膨胀起来。他构思了一项极为高效的电信工程，它的功能比今天的广播、电视、通讯社、照明设备、电话和电力系统的功能之和还强大！他的终极计划甚至包括了沙漠造雨、航海航道的高空照明、为汽车和飞船无线供能、一个通用的计时设备以及一套实现星际交流的设备。具有宇宙意识的特斯拉将发明的设计蓝图呈现给了金融帝国的国王，而且国王接受了他的设计。特斯拉的长远目标与合同上的条款并不一致，换句话说，特斯拉从未真正把他更宏伟的计划告诉摩根，而这在特斯拉眼里却只是一个很小的细节。特斯拉的这项研究就像怀特的雕塑，超越了传统的商业规律。

华尔街的恐慌

在特斯拉和摩根签约才过了 60 天、摩根去欧洲旅游 30 天之际，特斯拉却已经彻底改变了他的计划。在他年轻气盛、少不更事的时候，他自己曾是一个赌徒和台球玩家，如今他生活在华道夫酒店最大胆的挥金如土的人士中间，而且他已经"钓到了华尔街最大的一条鱼"，他旧时的诸多习性再一次被唤醒了。基于他对经济发展稳定性的预测，加之他如此迅速地获得了摩根 15 万美元的资金，他对自己成功的可能性进行了估计，然后大胆地继续完成他的"杰作"。

特斯拉万万没想到，5 月 10 日，股市崩溃了，而这场浩劫的"罪魁祸首"竟然是他的资助者——J. 皮尔庞特·摩根！

这次股市崩溃是由于摩根和内德·哈里曼[1]之间的激烈竞争引起的。摩根控制着北太平洋铁路公司（Northern Pacific Railroad），10 年前，他把亨利·维拉德踢出了北太平洋，收购并控制了一条重要铁路线，叫作"芝加哥伯林顿线"（Chicago

---

[1] 内德·哈里曼（Ned Harriman）：即爱德华·H. 哈里曼，Ned 是 Edward 的昵称。——译者注

Burlington）。该条线路从大西洋港口开始，途经芝加哥，沿着密西西比河，最后到达新奥尔良市。哈里曼控制着联合太平洋铁路公司（Union Pacific），这是一条从南部向西延伸的路线。哈里曼也想涉足伯林顿线铁路，他努力与摩根进行商谈，想获得"伯林顿"董事会的一席之地。不幸的是，在之前的一次铁路交易中，狡猾的哈里曼以智取胜，赢了海军准将摩根；此后，摩根开始憎恨哈里曼，两人之间严重失和。所以，摩根不愿意同他共享"伯林顿"，而且，只要一提到哈里曼的名字，他就会变得很不理智。[34]

于是，当摩根还在英格兰尽情购买他的艺术品、在法国和情人共度美好时光时，哈里曼在他的经纪人雅各布·希夫的帮助下，开始秘密收购摩根的北太平洋铁路公司。哈里曼没有选择比摩根出更高的价钱去竞标伯林顿工程，而是大胆地背着摩根收购其控股的公司！为了实现这一"突袭"，爱冒险的哈里曼花费了近1亿美元。为了筹集这些钱，他卖掉了联合太平洋铁路公司大量的债券。最终，他实质上也成功地完成了他的这次计划。5月的第1周，哈里曼已经拥有了摩根的宝贝公司超过50%的股份（摩根对这个公司宠爱有加，管它叫"爱子"）。收到这一重大消息的电报时，摩根正在法国，他顿时把他大腿上的情妇推到一边，然后立即发回电报，命令其手下要不惜一切代价将北太平洋铁路公司买下来，因为哈里曼还不掌握具有决定性的普通股的大部分。

5月9日，股票价格一下子从每股150美元飙升至每股1000美元！一阵恐慌随即发生：由于摩根和哈里曼都不肯放弃他们手中的股票，很多想购买摩根的宝贝公司股票的人无法买到他们想要的股票；投资者抛售股票以弥补他们的损失，从而导致其他大部分股票的价格都下跌了。最后的结果是股市崩溃、经济和政治都遭遇了极端困难的时期、金融发生混乱。斯坦福·怀特是在股市中损失较惨重的人之一。而对于特斯拉来说，他的研究成本急剧增加，几乎难以获得贷款。《纽约时报》报道了这次灾难："昨天，华尔街股市遭遇了史上最严重的一次全局性的恐慌，其结果是，恐慌还没有得到遏制，财富却已经被一扫而空……"[35]

就连摩根珍爱的美国钢铁公司的股票价格也从每股46美元降低至每股8美元。[36] 无数的投资者倾家荡产，据说有的人因此而自杀。（关于这次有名的危机有一个传言，说摩根最终赢回了他的公司，因为在决定性的那个周六，哈里曼的经纪人雅各布·希夫正在犹太教堂，而摩根却在这一天开始买下北太平洋铁路公司的大部分股票。然而，希夫从来都没有打算要从摩根手中夺回公司。他的目标仅仅是获得摩根公司一个较大比例的股份，以迫使摩根把芝加哥伯林顿的一部分给哈里曼。发了狂似的哈里曼却想改变他们的计划，以控制所有三条铁路，但希夫否决了他的这一计划。综上可知，股票价格的暴涨以及随之爆发的股市崩溃主要都源于摩根疯狂购买股票的命令。）

　　这次经济震荡给特斯拉带来了繁重的经济负担。然而，他还不能立即完全意识到不断加剧的经济困难，因为这次经济震荡对建造成本、员工工资和各种杂七杂八的开支成本的影响会在夏秋两季慢慢体现出来。

　　4月，在摩根起程去英国前，他使特斯拉确信：他对特斯拉的能力"毫不怀疑"[37]；而且，即便万一不幸摩根不给他提供额外资金的话，特斯拉还有自己的资金，并且他也能凭借自己的个人魅力去吸引更多的投资者。此时，特斯拉45岁，资金充实，是他所专长的领域里的领军人物（尽管多少有些争议），而且与社会精英人物都有来往，这位高挑的发明家完全具备了完成他远大理想的条件。

第三十一章
巨人的冲突（1901）

要么造出一个特斯拉线圈，要么买一个。我造出了特斯拉线圈，我发现……
还得找些无线电报方面的书来读读。

——摘自托马斯·爱迪生的私人笔记[1]

从晚春一直到整个夏天，特斯拉频繁地往返于住所和沃登克里弗，身边通常有一个塞尔维亚裔仆人陪着，去时常常都会带一盒华道夫 - 阿斯多里亚酒店的盒饭[2]。晚上返回市区后，他有时去玩家俱乐部玩会儿，有时去听一场音乐会，有时到德尔莫尼科餐馆或雪莉饭店吃饭。6 月，特斯拉又一次不得不"放了约翰逊的鸽子"，他将"无法见到曾激励了著名作家、《上帝之箭》的作者的女士（即欧文的母亲约翰逊夫人）"[3]，他为此向罗伯特和欧文致歉。

怀特刚刚开始在加拿大钓鱼度假[4]，所以整个 6 月，特斯拉只能孤军奋战。他抽空就去肖勒姆村物色适合租用的公寓，乔治·舍夫也得帮忙找合适的地儿。7 月，怀特度假归来，他和特斯拉又开始讨论建造无线发射塔的事宜。怀特刚刚加入了美国汽车俱乐部（Automobile Club of America）——其总部在蝗虫谷（Locust Valley），连副总统泰迪·罗斯福都在俱乐部的会员之列[5]。怀特常常坐着他新的、有专职司机的"蒸汽动力车"，或一个人开着他非常时尚的"双座电力轻便小轿车"，从市区去俱乐部或詹姆斯大街。[6]虽然他的住所离肖勒姆村只有几英里，但这位汽车迷会开着车，绕道经过绵延不绝的田野，最后到沃登克里弗去监督工程进度，有时还开车带特斯拉去兜一圈。怀特的儿子曾回忆说："我清楚地记得特斯拉先生，他经常到长岛来和我们一块儿住。他时常在月光下在花园里闲逛，然后我母亲会问他怎么不睡觉，他回答说：'我从来不睡觉。'我还记得，我很小的时候曾去（市区）参观过他的实验室。我亲眼目睹他让几百万伏的电流流经他的身体，点亮了他手里的两根卡鲁克斯阴极射线管。"[7]

怀特使特斯拉知道，建造一个高 600 英尺的发射塔（约为埃菲尔铁塔的 2/3 高）

是完全不可能的。于是，特斯拉将谐波比率先后改成这个尺寸的 1/2 和 1/4。由于物价非常不稳定，所以很难计算新增成本的数额。

得知特斯拉购得了沃登克里弗，约翰逊夫妇和他一样兴奋。7 月，地基已经打好，参观建筑工地的时机已经成熟。沃登克里弗离长岛海峡南岸美丽的沃丁河（Wading River）沙滩只有几英里，离靠近大西洋海岸的南安普敦也不远。约翰逊夫妇安排一个周末，诱劝特斯拉和他们一起去游泳。那是一段非常愉悦的时光，他们尽情地享受海水、野餐，还摆各种奇怪的姿势拍照，比如把头嵌在穿着条纹泳装或衣着华丽的明星广告画报上缺了头的地方拍，或坐在汽车模型的座位上拍。[8]

8 月，无线发射塔的框架已经出来，特斯拉正在设计发射塔的外形，于是他又一次拒绝了和约翰逊一家去缅因州休假的机会。他写了一封颇有挑逗性的信给他们，说自己作为上层社会的一员，不能和那些"父亲是水果小贩和杂货商的人"[9]交往。凯瑟琳的父亲可能就是这样的无名小辈。[10]由于无线发射塔的规模现在被设计得更大，加之摩根拖延支付他承诺过的资金，特斯拉只好一方面想方设法请摩根尽快支付拖欠的资金，另一方面让摩根增加他的投资金额。

7 月 4 日，摩根这个圆鼻子商业帝王从欧洲回来了。为了避开蜂拥而至的记者，他从远洋轮船的船尾下了船，并且也没有径直回家，而是到他长 300 英尺的"海盗"号游艇上住到 7 月底，接着 8 月的一段时间又在缅因州的巴尔港（Bar Harbor）度过。[11]这位艺术玩家对他刚刚到手的艺术品——油画、宝石和稀有的作家手稿——非常满意，他并没有因为华尔街的危机而缩短他一年一次的欧洲旅行。不过，哈里曼让他非常恼火和躁动不安，他很害怕公众即使不威胁他的生命，也会威胁到他的商业帝国。摩根是一个固执已见、刚愎自用的人，很多时候他很公正，但有时却固执得有些危险。哈里曼已经是第二次以智谋战胜了他，他自然对哈里曼深恶痛绝；整个世界现在都把摩根看成一个因为私仇而破坏了经济稳定的恶人，摩根当然狂怒不已。钢铁工人发起了一次颇具声势的劳动罢工，这更加剧了他的不快，也增加了局势的不稳定。诸如下面这样的新闻标题使得他必须寻求武装保护：

大富豪遭社会主义劳工声讨

数千人聚集于库珀联合广场

高呼口号谴责资本家

J.P. 摩根被指企图"垄断世界"

"这是一个必然发生社会变革的世纪！"卢西恩·撒尼尔主席说。

示威群众高声响应他，手中挥舞着帽子，呐喊了差不多一分钟……查尔斯·诺儿随后发言，他主张采取一些"让资本家们的脊梁骨不寒而栗"的措施。[12]

为了扭转北太平洋铁路公司的惨败，摩根和哈里曼允许投资者们以每股150美元的价格成交。公众可能没有注意到，这个价格足以使这两个商业巨头攫取暴利，因为仅仅几天前，他们购买股票的价格仅为该价格的2/3。恰恰相反的是，人们却因为二人努力恢复了经济的有序和健全发展而将他们视为功臣。刚开始，政府想让摩根将股票以原始的价格卖还给原先的投资者。据说摩根是这样回答的，他说"要将鸡蛋恢复原状，然后将蛋放回原先的窝里"，这需要非常高超的技艺才行！当人们指责摩根逃避社会责任时，他愤怒地回应道："我不欠公众任何东西！"因为这句话，摩根一直被政府相关机构调查，直到他去世。不过，他总算是很轻松地平息了这场风暴。

摩根动身去缅因州前，他和特斯拉见了面。特斯拉专门为此买了一个挎包，里面装着他最新的专利申请书、建了一半的实验室的样图和无线发射塔的原理图。华尔街23号的秘书给特斯拉指了路。

"摩根先生，您在工业界掀起了层层巨浪，一部分巨浪打在我的船上了。物价因此比原先上涨了两三倍，施工也因此被延误，进而造成了严重的损失。这些后果主要都是因为您的诸多行为引起的。"[13]

"我们都一样，都受苦了，特斯拉先生。"摩根说道。因为身陷严重而错综复杂的局面，摩根已经变得没有耐性，非常烦躁不安。

特斯拉并没有就此打住，而是继续告诉摩根，由于马可尼剽窃他的成果，他决定设计比合同上约定的规模更大的无线发射塔。摩根顿时抬起头，一脸讶异地看着特斯拉。特斯拉继续说道："假如一个发射塔能在一定半径的范围内发射信号，那么当我们把半径变成它的两倍时，发射塔发射信号的范围便是原先的4倍，发射塔所能获得的回报也将大大提高。大概估计一下，产品的平均单价会变成原来的3倍。这也就是说，当信号发射半径翻倍，利润将达到原来的12倍……发射距离越远，回报越大；当无线发射塔的发射距离能涵盖整个地球时，可以这么说，它的盈利能力将不可限量。"

"摩根先生，要实现这一切的方法就是造一个这样的发射塔……这将使我的专利的功用发挥到极致，并获得垄断的地位……同时给您带来与您的身份、地位相当的大把的商机和尊贵的荣誉，并不枉我在这项技术上的先驱地位，要知道，这项技术的根本原理是由我开创的。"[14]

"特斯拉先生，我想好好弄明白你的意思。你是说，你还没有开发你的照明设备吗？"

"还没有，先生。"

"你还没有把无线发射塔建好，但你已经差不多把你的实验室建好了？"

"是的。"

"你购买了200英亩的地，你还想再买1600英亩土地，但你的资金已经用完了？"

"先生，这只是暂时的，一旦您提供所缺少的资金……"

"那如果我把约定的所有资金都交付给你，够不够建成你的'示范城市'？"

"不够，我刚才已经跟您解释了……"

"如果我们把发射塔的建设规模增加至两倍，我将挣到12倍的利润，是不是这个意思？"

"完全正确。"

"特斯拉先生，请你出去！"

"可是，先生……"

摩根提高嗓门，用低沉但几乎是咆哮的声音再重申了他的命令。特斯拉收拾好他的挎包，一声不吭地溜出了摩根的办公室。

这位发明家被吓懵了。摩根"言语的粗鲁和骂人的毫不留情面……在华尔街是出了名的"[15]。于是我们可以想象得出，当自负的特斯拉怀揣着有点异想天开的计划和大胆的高要求，昂首阔步走进摩根办公室时，当时摩根都用了些什么惯用的恶毒话语责骂了他。特斯拉用了好几天时间才恢复了平静。根据合同，摩根还欠他很大一笔资金。而摩根还在为北太平洋铁路的事和随之而来媒体的贬损恼怒不已。但特斯拉相信，这一切都会过去的。现在最应该做的事是重新建立摩根对他的信任。他把他最近的专利申请书给了摩根，然后离开了摩根的办公室。[16]

第2周，怀特给特斯拉打电话，建议用粗石，而不是砖来做实验室的镶面，特斯拉同意了，他对怀特说："要确保建一个防火的屋顶。"[17]

"我们先别忙着建无线发射塔，我还在帮你计算成本。"怀特提醒他。

那几个星期，怀特天天都在和伊芙琳·内斯比特调情，由于他与此同时在帮特斯拉反复校审发射塔的建造方案，守口如瓶的特斯拉可能对怀特与伊芙琳的亲密关系是知情的。[18]

陷入经济困境的特斯拉告诉怀特，他已经走访了"美国桥梁公司（American Bridge）的人，以确定他们是否能一刻不延误地造好我（发射塔）的圆顶。因为这一项建造花费的时间是最长的，很有必要早点完成早期的步骤，这样等你一通过建筑方案，建造工作就可以马上开展起来"。

"在建造发射塔塔顶的工作上，我相信美国桥梁公司是最佳的选择，"特斯拉继续道，"不过如果你有更好的选择，就请你忽略我的提议。伯利恒钢铁公司（Bethlehem Steel Company）将会把订单表格送来，但在我们对所有的细节达成一致前，我还不能下订单。"[19]

"如果你跟美国桥梁公司谈生意，那你肯定是钱多得没处花，以花钱为乐了，"怀特回应道，"我恳求你让我来处理合同的事宜。几周后我就可以把具体的数字提供给你，不过我可以现在就告诉你，要建一座高 300 英尺的发射塔目前是不可能的，所以我不知道它的圆顶会是什么样……设计发射塔你还必须考虑额外成本，以便在必要时可以换掉个别支柱而不用推翻整座塔。"

"请你理解我，怀特，我去美国桥梁公司完全是因为我迫不及待地想完成这项工程。我非常乐意听从你的建议，请你相信，你在这项工程的具体工作的安排和抉择上有绝对的自由。"[20]

1901 年 9 月 6 日，星期五，威廉·麦金莱总统赶赴水牛城参加博览会，亲眼见到了蔚为壮观的尼亚加拉工程。穿梭在特斯拉涡轮之间，麦金莱总统显得非常渺小。总统随后回到火车站，与围观的民众握手告别。在站台等待时，一位丧心病狂的无政府主义者突然蹿出来，近距离向总统开枪射击。那一周，麦金莱一直在死亡线上挣扎。与此同时，特斯拉决定在他最喜爱的日子——13 号（星期五）——写信给总统的老朋友摩根，向他提出请求。而刚好就是在这一天，总统去世。摩根哭着说道："麦金莱去世的消息让我极度悲伤。"[21]

特斯拉在信的开头写道："在您心情比以往都沉重的关头打扰您，我向您表示真诚的歉意。"特斯拉很不聪明地重复了他最近的提议，说如果摩根增加一倍他的投资，特斯拉将能够跨太平洋或跨大西洋发射信息，或者如果更理想一点——摩根能增加至原先三倍的投资的话，他能将信息发射到地球的每一个角落，"不管距离有多远"。[22] 就在同一天，他还给怀特写了一封信，而此时怀特也最终将特斯拉设想的超大规模发射塔的准确造价预算数字给了他。

我亲爱的斯坦福：

昨晚我收到了你寄来的工程预算数据和你好心的来信，这些数据远远比总统被刺杀的消息更加让我惊慌失措。有一点是肯定的，我们不能像我计划的那样建造发射塔了。

我无法用言语表达我的遗憾，因为按照我的计算，如果有了这样一个建筑，我将能够跨太平洋发射信息。

特斯拉告诉怀特，由于受到资金的限制，他不得不"回到原先的设计上——建造小很多的两到三个发射塔"。设计原理是一模一样的，只是规模减小了。他在信末写道："我会再做一些计算，看看在不会大大降低发射塔性能和功效的前提下，我能将发射塔的高度降低多少，我会尽快和你沟通。"[23]

次日，特斯拉又给怀特写了封信，同意将发射塔的高度建成 150 英尺左右。[24]5 月的时候，特斯拉还在设计建高 600 英尺的发射塔。8 月，他与摩根见了面，大概就在这段时间，他把高度降低了一半。然后，当怀特告诉他建高 300 英尺的发射塔资金远远不够时，他又将塔的高度降低了一半。他在前一封信中提到，要将塔高增加 1/6（即 25 英尺），这样，发射塔的高度就变成了 175 英尺，差不多就是发射塔最后实际的高度（建成后，发射塔高 187 英尺）。但特斯拉还在塔底下凿了一口井，井深 120 英尺（10 层楼左右高），还带有螺旋形梯子。[25] 把这两个高度加在一起（即 187 + 120），我们得到约 300 英尺的高度，即原先理想的设计高度的一半，并且在功能方面也与原先的设计保持一致。然而，即使是建高 300 英尺的塔，考虑到机器设备的成本、建筑设计的复杂性（须防火）以及经济紧张引起的通货膨胀，建造成本仍然过于高昂。

分析一下这几封信，我们可以明显发现，总统遇刺这件事对特斯拉并未造成多大的震动。过于自我陶醉的特斯拉在和摩根谈判的时候完全是一个弱势者，他没有清晰地意识到，此时的摩根陷入了两个重大的危机中，并遭遇了可以改写历史的悲剧。如今，西奥多·罗斯福变成了总统，但他对巨头企业并不那么友好。

　　说特斯拉在这一点上犯了一个大错都过轻了。他在不告诉摩根的前提下擅自决定修改合同，在明知他的资金可能不够时还依然决定继续实施他的宏伟计划，这些都是非常糊涂的做法。我们不禁推测：在特斯拉与世界首富签订合同后，他本应该更加审慎地行事，但也许是他内心潜在的根深蒂固的急躁和极端自我的情结与倾向被立马激发了出来，驱使他将他的所有东西都拿出来作为赌注。和摩根闹翻后，特斯拉并不愿意妥协，他冒着自我毁灭的危险，毅然开始建造无线发射塔。从积极的一面来说，特斯拉知道他正在和剽窃他成果的对手展开一场竞赛，在为他所认为的"圣杯"而奋斗。无所畏惧的特斯拉勇敢地继续前行，并坚信他的道路是正确的，他不会失败。

　　特斯拉的这个决定似乎很鲁莽，可为什么会这样呢？要理解这个问题，我们必须清楚一个事实：特斯拉之前的发明可以赚的钱都已经被摩根和其他人赚走了，而特斯拉却几乎没分到什么。举几个例子，比如，到了 1901 年，摩根的通用电气公司生产的感应电机的数量实际上已经超过西屋公司了；摩根和西屋公司一起在曼哈顿的中心建立了一个基于特斯拉的多相系统的地铁系统；当然还有尼亚加拉瀑布水电站。世界上的每户人家都将靠特斯拉系统来提供照明。因为特斯拉的这项新技术，巨大的利润滚滚地流入了电力公司，而特斯拉却分文未得。不管怎样，特斯拉认为摩根应该给他充分的自由。

　　对于特斯拉来说，那是一个阴冷的秋天。也就在这时，他们开始动土建设 18 层楼高的发射塔，特斯拉称它为"放大发射机"。尽管主要的建筑材料是木材，但还是用了"50 吨的钢铁和 5 万颗螺钉"。[26] 考虑到大量的木材将被用于凿井、砌边和修梯子，我们不禁可以想象建设的成本会有多么巨大。W.D. 克罗驻守工地指挥施工。抱着最好的希望，特斯拉于 10 月 13 日写信给凯瑟琳：

> 我亲爱的约翰逊夫人：
>
> 　　13 是我的幸运数字，所以我知道你会顺从我的意愿——来华道夫酒店一起就餐。如果你答应我的请求，等我跨洋跨洲发送无线信息成功后，你将得到一顶上好的软帽……
>
> 　　我已经订了一顿便饭，你们全家一定要来哦。我们必须见一下霍布森，……我知道他比你们还喜欢我。
>
> 　　　　　　　　　　　　电气工程师兼发明家：尼古拉·特斯拉[27]

11 月，特斯拉再次试着找到摩根，在华尔街 23 号安排了一次见面。特斯拉带上了他最近的发明专利的简要清单和一份发射塔建造进展报告。

尊敬的摩根先生：

请原谅我占用您宝贵的时间……我的无线传输系统的实际价值在于：在我的系统中，传输效果随着距离的增加而递减的比率比较简单，而其他系统的这个比率要乘以它的平方。举个例子，当距离增加 100 倍，我的系统的传输效果为原来的 1/100；而在同样的条件下，其他系统的效果最多也就是原来的 1/10000。单是这一特性，就使所有其他系统都无法与之进行竞争。

再说说我的系统的其他优势。能够有效使用所传输能量的方法只有两种：要么以动态的形式储存（如钟摆中被及时存储的推力的机械能），要么以势的形式被累积（如压缩空气被存储在容器里）。……（通过专利认证）我在两种方法上都有根本性的权利。

我尤其想说说电报和电话。在这两个方面，我在专利局还有两项申请（等待通过）。……在其中一项申请中，我描述并请求认证我的发明：信号可以通过地面传输到任何距离，不管这个距离有多远。在另一项申请中，我阐述了一个原理，它能够确保传输信息的绝对隐私，还能同时通过同一通道（不管是地面、线缆还是无线）传输任意数量的信息，可多达数千条。后一项申请中的这个原理我已经在一些主要的国家申请了专利。我认为这些发明有着很高的商业价值。

希望我能让您满意，您能始终保持对我的大度和信任。

永远忠诚、对您充满崇高敬意的：N. 特斯拉 [28]

摩根一直对特斯拉非常苛刻，而且也不了解特斯拉已经揭示的设计的意义所在，这让特斯拉实在难以承受。他无法面对约翰逊夫妇，无法面对所有人。于是他拒绝了与约翰逊一家一起过感恩节的邀请。他写信道："好心地原谅我吧，记得为我祝福。"他信末的署名是"遥远的尼古拉"。[29]

纽芬兰

这段时间，西格诺尔·马可尼频繁地往返于英国和美国之间，寻找他的无线站的建造地址。重要的选址包括长岛最东端、马撒葡萄园岛[1]和科德角[2]。"1901年9月，包含一个巨型发射塔在内的新设备被安装在了（英国的）普尔杜（Poldhu）。在悬崖边上……一个直径200英尺、带有若干长达200英尺的桅杆的大圆环拔地而起，就像一个巨型的骨架。马可尼多次进行了向其他马可尼无线站发射信号的实验，尤其是向200英里外的爱尔兰的克鲁克黑文发射的那次实验。这些实验表明，无线波会沿着地球表面的曲线传播，而不偏离地表向太空传去——至少在200英里这个距离范围内的确如此。在科德角，跨大西洋无线站的建造也几乎接近尾声，马可尼已经默默而自信地计划好几周后开展他的实验。"[30]

9月，强风吹倒了普尔杜的发射天线，11月，科德角无线站也发生了同样的意外。马可尼不屈不挠、勇往直前，他尝试着在英国建一个性能并不那么强但更结实的发射器，放弃了在美国建一个一模一样的发射器的想法。这位意大利人选择了用带有风筝的天线和高空气象气球来截取英国发射器发出的信号，并用一个高灵敏度的粉末检波器作为信号接收器。

12月6日，马可尼带着一个小团队抵达加拿大纽芬兰，随即在一个名副其实的名为"信号山"的地方竖起了他的接收天线。12月12日，实验如期进行，发射塔选择了摩尔斯电码的3个点（敲3下）来代表字母"S"。

12月13日，星期五，在一阵强暴雨和冰雹过后，出现了短暂的平静，马可尼的设备听到轻叩3下的声音。整个世界都震惊了，马可尼的名字将毫无争议地载入史册，大众通信的时代即将开启。

---

[1] 马撒葡萄园岛（Martha's Vineyard）：美国马萨诸塞州东南方向的岛屿。隔温亚德海峡与科德角相望。1602年被 B. 戈斯诺尔德首次记载，因岛上多野生葡萄而得名。——译者注
[2] 科德角（Cape Cod）：美国马萨诸塞州东部半岛。——译者注

第三十二章

火炬的传递（1902）

> 1901 年 12 月，马可尼先生使出了精明的一招。不管他听到那三下轻叩声是来自英国，还是像特斯拉听到的那样来自火星，如果我多少算一个预言家的话，我预言未来有一些时日我们将听不到更多跨大西洋传输的信息。
>
> ——李·德福雷斯特[1]

特斯拉被激怒了。他知道，鉴于马可尼使用了他的感应线圈、振荡器以及他数年前在讲座中阐述过的整体设计，马可尼的成功早在他的预料之中。对于这件事，普利斯有部分责任，因为他曾向特斯拉请求使用特斯拉的设备来作研究，但马可尼宣称特斯拉的设备是多余的、无效的，[2] 这使马可尼和普利斯之间的关系产生了裂缝。另一方面，自从 1892 年夫累铭在他伦敦的家中接待特斯拉后，他便认真地研究了特斯拉的研究成果，但他并没有看出马可尼和普利斯之间的这种冲突，因为正是他"帮助马可尼在普尔杜建造的无线发射站"。[3] 多年后，特斯拉揭露道："马可尼宣称跨大西洋无线传输不可能实现，因为在欧美两个大陆之间隔了一道高达几英里的'水墙'，连射线都没法穿透。但从他随后的研究可以看出，他一直在秘密地使用我的系统，最终他赢得了全世界的赞誉。对于我的祝贺，他也只是冷冷地表示附和。而且，过了很长时间后，他才肯承认他使用了我的系统。"[4]

12 月 16 日，星期一，托马斯·康默福德·马丁来到办公室，看到来自纽芬兰的让人震惊的报道。这件事的见证人只有马可尼和他的一个助手，而且实验的设计方案一直保密，直到实验获得成功，所以很多人都质疑马可尼的宣告的真实性。英国的西尔维纳斯·汤姆森教授推测："我看他可能是收到了由恶劣天气引起的静电声。"马丁的一个同事对此表示同意："这是一个骗局，这种事不可能实现。"

"我想我应该听听不同的看法，您怎么看这件事？"主编马丁在电话里问汤姆·爱迪生。

"我觉得非常可疑。信号怎么能绕那么大的曲线呢？"爱迪生回答道。

马丁进而又打电话问迈克尔·普平："教授，你认为马可尼的成功传输是真的吗？"

"我当然认为是真的。"

"那我觉得我们应该好好庆祝一下。"5

时值隆冬，新加冕的电气专家马可尼登记入住华道夫-阿斯多利亚酒店，为了回避即将举行的庆祝，特斯拉巧妙地离开了酒店。他可能去了沃登克里弗，去参观正在建造中的无线发射塔的第一层。过于寒冷的天气使得施工进度变得更加缓慢。

马可尼的庆功会将于1月13日（1902年）举行，马丁只有几天的准备时间了，他最后预订了华道夫酒店的阿斯特美术厅，作为宴会的地点。

宴会大厅的墙上装饰着一幅巨型的大西洋地图，还有一些用电线构成的花饰，电线上装饰了很多灯，"每3只灯为一簇"，以"一、二、三"的节奏不停地闪烁着。这些花饰连接了两块大板，一块大板上有"纽芬兰信号山"的字样，另一块大板上有"英国普尔杜"字样。大厅里的每张桌子上都摆有发射塔模型、铭牌和用卡片纸做的"意大利橄榄绿菜单"，菜单上还有用钢笔和油墨绘制的跨大西洋无线传输的图画。宴会厅的"主席台中央是一个印有马可尼肖像的大奖章，大奖章被意大利国旗覆盖着"。宴会厅里还有美国和英国的国旗、美国电气工程师学会的徽标和意大利盾形纹章。

"时辰一到，所有的灯都开始闪烁"，观众们发出了一阵掌声。覆盖在晚餐和甜点上的布被揭开，"一排服务员"整齐地走进宴会厅，手上捧着被镶嵌在冰雕中的冰淇淋，冰雕的形状有白炽灯、海上行驶的轮船、电动车和无线电报发射塔。6

身高只有4英尺的矮子查尔斯·普洛透斯·斯坦梅茨剃去了他的山羊胡子，看了一眼他的怀表，对着镜中的自己再一次微笑，然后离开房间，向宴会厅走去。尽管斯坦梅茨走路的时候还是左晃右晃的，但他的步履中又多了几分得意劲儿，因为他刚刚当选美国电气工程师学会主席；他即将被哈佛大学授予荣誉博士学位，联合大学（位于纽约斯克内克塔迪通用电气公司总部附近）将聘请他做工程学教授，这将使斯坦梅茨能够在学术和商业之间合理分配他的时间。

斯坦梅茨坐了4个小时的火车到达市区，在途中，这位思维很抽象的数学家通读了他的交流电成果的校样，这个成果即将由麦格劳-希尔公司[1]以更大的版面重

---

[1] 麦格劳-希尔公司（The McGraw-Hill Companies, Inc.）：一家总部设于美国纽约市洛克菲勒中心的著名跨媒体上市公司。麦格劳-希尔的主要业务涉及教育、出版、广播、财经与商业服务等领域。——译者注

新发表。作为一个杰出学者，他竟然把他著作的合作作者的姓名抹去，而且只字未提他的著作所引用的文献出处《尼古拉·特斯拉的发明、研究及著述》，而这些行为在他看来却是微不足道的小事。他想当然地认为，电学家们更感兴趣的是他先进的理论，而不是"知晓谁最先研究了这一现象"。[7]到了1907年，斯坦梅茨已经主导了美国电气工程师学会的行为道德规范。[8]特斯拉算什么呀？马可尼才是当下的主角！

宴会厅的主席台上坐了一群特斯拉的劲敌。除了新任主席斯坦梅茨，还有普平教授、伊莱休·汤姆森、卡尔·赫林、威廉·斯坦利、弗兰克·斯普拉格以及T.C.马丁。普平在经济上与马可尼有密切关系；伊莱休·汤姆森自称是他首先发明了交流电机和特斯拉感应线圈；赫林支持多布罗沃尔斯基"最先发现了远距离交流电传输"的主张；斯坦利剽窃了特斯拉（西屋公司）的感应电机专利权，而如今却正在"合法地"给通用电气公司生产感应电机；斯普拉格因发明了电气铁路而知名，而实际上，这项发明运用的是特斯拉多相交流系统的部分原理；马丁仍旧因为销售特斯拉著作集亏本欠债而耿耿于怀。当然了，古列尔莫·马可尼也在其列，正是他给了特斯拉致命的一记重拳。特斯拉的缺席为这次庆功会营造了欢乐无比的气氛，也帮助斯坦梅茨公开地将该领域的先驱特斯拉永远地贬为了受人排挤的无名之辈。

坐在这次并不光彩的庆功会主席台上的还有亚历山大·格雷厄姆·贝尔，以及来自英国和意大利的总顾问。坐在宴会厅的还有乔希·韦茨勒、麦克法伦·摩尔，以及上述这些人的夫人。托马斯·阿尔瓦·爱迪生夫人代表她的丈夫爱迪生参加了这次庆功会。

马丁主持了这次庆祝宴会。在发言开始之前，马丁一一念了那些未出席者发来的电报。首先念的是纽约市长的贺信，接着念了门洛帕克男巫爱迪生的公开信。

致 T.C. 马丁：

> 我很抱歉不能参加你们的年度晚宴。我特别要向马可尼表达我的敬意。这位年轻人有着大胆尝试的非凡勇气，并成功地跨大西洋发射了电波，他的成就将永垂史册。

> 托马斯·A.爱迪生[9]

马丁其实知道，圣诞节的时候马可尼给爱迪生发过一封"甚是欢喜的电报"，再次告诉爱迪生他的成功，并告诉爱迪生，他愿意亲自给发明大师展示他的跨大西洋无线发射设备；他还知道，马可尼已经在殷勤地向爱迪生提供他早期的无线电发明专利。[10]

据《纽约时报》报道，"当主持人念到尼古拉·特斯拉的来信，信中说他'无法亲临宴会'时，现场听到了一片欢呼"。[11]毫无疑问，他们是在用欢呼声掩饰他们的嘲笑声。马丁扬起了他大大的胡子咧嘴笑着，等到现场的沸腾渐渐平息，才开始继续念特斯拉的信：

> 非常遗憾，我未能分享今晚的喜悦，但我想和到场的所有人一起衷心祝贺马可尼先生取得了荣耀的成就。他是一位杰出的科学家，他非常敏锐，而且充满了一般人少有的能量。希望他继续提升他的才干，将他探索的"触角"伸得更远，在未来造福世界，给他的国家带来荣耀。

接着，伊莱休·汤姆森教授开始发言："我通过一个记者得知了马可尼获得巨大成功的消息，这位记者问我是否相信马可尼真的收到了从大西洋彼岸发出的信号。"在观众的赞扬声中，汤姆森讲出了他对那位记者的回答："我告诉这位记者，如果马可尼说他收到了大西洋彼岸发出的信号，那我相信他确实收到了信号。"接着，宴会的主角、众人眼中的英雄马可尼登场。等掌声平息后，他很优雅地开始讲话。

马可尼先生阐释了他的谐振无线电报，并指出"他的发明很大程度上建立在了其他人的成果之上，他提到了克拉克·麦克斯韦、开尔文勋爵、亨利教授和赫兹教授"。当时，谐振无线电报主要被用于轮船之间的通信。这位意大利人欣然宣称，"目前，70多艘轮船上装有马可尼的无线系统，37艘英国海军军舰、12艘意大利海军军舰上也装有他的无线系统；另外，一些大型客轮公司也应用了他的系统，如冠达邮轮（Cunard Line）、北德意志劳埃德航运（North German Lloyd）、比弗航运（Beaver Line）等；已经有20个无线发射站投入使用，更多的发射站正在建设之中"。马可尼说他解决了发射频道选择的问题，他指出，运用他设计的系统，"（从一艘轮船上）发出的信息，只有调到特定频率的轮船才收得到，别的轮船绝对收不到"。[12]马可尼完全是在虚张声势，糊弄大家，因为他根本还没有设计出具有独立传输频道的无线系统。

马可尼最后说道："我希望，在不久的将来，我可以把我的系统完善到这样一种程度：处在大洋两端的朋友亲戚之间花很少的钱就能进行通信。"

普平教授对所有发言作了总结。他向主席台回望了一眼，说道："根据之前的记录，短距离传输信号在马可尼之前就已经实现，随便哪个小学生，只要借助赫兹振荡器，都能进行短距离信号传输，……但要使这项技术能被世界所应用，需要工程师来完成这个使命。"有人担心马可尼的无线系统会淘汰大西洋电缆，为了减轻这种担忧，普平很巧妙地指出，"我们可以用一个例子来说明问题，电力照明的实现促进了天然气工业的发展，而且增加而不是减小了天然气工业投资的价值"。[13]

1月9日，特斯拉给摩根发了一封快信，跟他解释说，"马可尼和夫累铭联合申请"的专利并没有准确反映他们的实际设备，而是重复了"我1896和1897年获得的专利"。在信中，特斯拉还描述了半个世纪后主要的电视网络的前身：

> 我不说您也已经看到，我已经尽了我最大的努力，从来没有懈怠过。……我已经用我可以支配的资金……做了几百次实验，我很高兴地告诉您，通过缓慢但稳定的进度，我已经努力地不断完善了我的机器，……它将能够产生足够强的电气干扰，使整个地球都能接收到这种干扰。……我只要打开开关，就能向全世界发出问候。对于这一重大胜利，我永远对您充满感激！……
>
> （这项系统）不仅会淘汰电缆，同时也会淘汰报纸——试想一下，如果每一个用户都有了一台便宜的机器来随手打印世界新闻，目前的报业还能继续存在吗？
>
> 我现在正在研发的这项发明将使你我的名字家喻户晓，世界上的任何一个地方都将能听到我的声音。[14]

这是整整9个月以来特斯拉给摩根写的最后一封信。尽管他心里很清楚他没有足够的资金，但他还是给自己设定了建造18层高的无线发射塔的艰巨任务。自1896年起的银行储蓄记录清楚地显示，特斯拉的银行存款大约有5万美元，其中一部分被用去购买土地。[15]摩根的最后一笔资金已经拨给了特斯拉。于是，到了1902年年中，特斯拉这位先驱开始使用他的个人储蓄来维持工程的继续建造。那一年，工程的建设以稳定的速度推进。

其他的竞争者

1899年，李·德福雷斯特获得了他的电气工程学博士学位。他再一次请求到他的偶像特斯拉的实验室去工作，但特斯拉第三次拒绝了他。于是，他决定开始自己干。1901 年，他成功地将信息从哈得孙河（Hudson River）的一侧无线发射到另一侧，发射距离有一到两英里。此后不久，他从纽约市中心的斯泰特大街（State Street）将脉冲发射到 7 英里外的斯塔滕滕岛（Staten Island）。运用"带有电话听筒而不是摩尔斯印码机或音响器的自动恢复型探测器"，德福雷斯特成功地大大提高了传输速度。现在，他的设备已经威胁到了西部联盟电报公司在当地的电报线路。D. 麦克法伦·摩尔"研究过特斯拉具有里程碑意义的早期著作"；德福雷斯特和他一起合作，减少了静电干扰的影响。到了 1903 年，德福雷斯特已经能以每分钟 25~30 字的速度报道帆船比赛，这与摩尔斯电码操作员发送信息的速度大致相当。1904 年，他能在"相距 180 英里的水牛城和克利夫兰之间"发送信息。1908 年，他的设备已经可以在两个大陆间发射信号了。[16]

也许是因为特斯拉对德福雷斯特这位耶鲁大学毕业生的关照，又或许是因为德福雷斯特的专利过于狡猾，特斯拉没有阻止德福雷斯特使用他的振荡器和整体设计。同样的事情，雷金纳德·费森登却受到了不同的待遇。1902 年 4 月，特斯拉起诉费森登侵犯了他的专利权。

费森登早在 19 世纪 80 年代就开始为爱迪生和威斯汀豪斯工作。普遍认为是他发明了通过电波发送声音的方法。尽管马可尼运用电磁频率模仿摩尔斯电码的脉冲模式，"但费森登却想到了通过改变（即'调制'）声波的振幅来发送持续的信号，使振幅的多样性与声波的不规律性保持一致，来发送持续的声音信号。在信号接收站，这些不同的振幅被分辨出来，然后再重新转化成原来的声音。1906 年，第一条这样的信息从马萨诸塞州海岸发出，结果，无线接收器竟然真的收听到了发送来的音乐。就这样，我们今天所知道的广播诞生了"。[17] 一年后，德福雷斯特运用他拥有专利的三极检波管（本质上，它是由特斯拉的"电刷"电子管改进而成的），德福雷斯特成功地发送了正在纽约大都会歌剧院唱歌的恩里克·卡鲁索的歌声。[18]

为了获得使用爱迪生的蝗虫无线电报专利（19 世纪 80 年代就已经获得通过）的优先权，费森登于 1902 年在通用电气公司找了一份工作，并开始在马萨诸塞州的布兰特洛克建无线发射站。尽管他与爱迪生的关系一直很好，还关照过爱迪生任性的儿子小汤姆——小汤姆曾因到处开空头支票被抓，但最终还是未能获得爱迪生关键的无线电专利，门洛帕克男巫将这项专利以 6 万美元的价格卖给了马可尼。[19]

法律纠纷成本很高，但特斯拉觉得他别无选择，只能尽力保护特斯拉系统的根本方面的权利。除此之外，特斯拉还有什么方式能向摩根证明他在该领域的研究成果确实是各个已经获得成功的无线系统的基础呢？

1900年6月，雷金纳德·费森登申请了一项调谐电路的专利。次月，特斯拉也申请了同样的专利。从公开的记录来看，费森登的申请早于特斯拉。争议的问题是：费森登是不是在特斯拉早期的实验基础上完成他的发明的？虽然费森登宣称他是在1898年构思出这项发明的，但特斯拉指出：第一，费森登无法提供他早期发明的具体时间记录；第二，他没有建立他发明的设备的工作模型；第三，他的发明没有用于商业用途。

费森登的专利申请只是初步的，而特斯拉的申请却清晰地描述设计这项发明的诸多目标：①远程操作设备；②通过使用两种或两种以上异质的电波频率来控制信号；③将多个不同的脉冲发送到由若干不同的电路组成的接收装置；④创建"发射机—接收器"的组合设置，以回应按特定顺序发出的一连串脉冲。费森登理论构建的时间可以追溯到1898年，而特斯拉开始研究的时间可以追溯到1889年，而且提供了大量发表的论文作为证据。提到"调谐电路"的具体操作时，特斯拉展示了他1898年问世的运行完好的无人驾驶遥控船。如果没有特斯拉的交流电振荡器，费森登的机器就无法运转。除非他与世隔绝，独自隐居，否则费森登不可能不运用特斯拉的成果而酝酿出他的发明。帕克·W.佩奇律师向他的客户特斯拉提问了几个小时，特斯拉的书面证词长达72页纸之多。

整个4月中旬，法庭举证一直在持续。特斯拉举证结束后，他的经纪人、29岁的乔治·舍夫继续为特斯拉作证。此时舍夫住在沃登克里弗。他证实特斯拉的调谐电路实验和远距离无线电传输实验最早是在1895年进行的，实验的时候他都在场；那年，舍夫刚开始到特斯拉位于南第五大街33—35号的实验室工作（之后实验室才被大火烧毁）。舍夫记得，特斯拉将无线脉冲从休斯顿大街的实验室传送到一二英里外的格拉赫酒店的楼顶。[20]

比舍夫仅大1岁的弗里茨·洛温斯坦继续为特斯拉作证。洛温斯坦2月刚刚从欧洲完婚回来，他回来后再次受雇于特斯拉，在沃登克里弗工作。洛温斯坦带着很重的德国口音，详细地描述了特斯拉在科罗拉多斯普林斯所做的秘密实验。他说："特斯拉向我解释，一个实用的无线电报系统的主要特征就是它的保密性、抗干扰性和选择性；与此同时，他还向我解释如何用同一台振荡器获得两种不同的振幅。"这位受过高等教育的工程师还揭露道："当我刚开始为特斯拉工作时，我对这一切一窍不通，但特斯拉很快就向我展示了调谐电路的巨大价值，就在那时，我明白了什么是调谐。"[21]

> 亲爱的舍夫先生：
>
> 佩奇先生刚刚告诉我，我的对手的律师已经承认了我的专利优先权。……费森登先生肯定非常失望，我还是为他感到有些难过，尽管你知道他曾写过一些不甚友善的文章。……我作为这项发明的原创者的地位已经确立。[22]

虽然特斯拉赢了这场官司，但他并不打算庆祝。他最关心的问题和最大的希望就是这次诉讼的细节能够得到保密，他最不愿看到的就是它被公开，因为这次诉讼的审判过程的记录揭露了很多能使他在诸多方面保持竞争优势的技术细节。从短期来看，特斯拉成功地捍卫了他无线电发明设计的一些重要方面；但从长远来看，他的证词为费森登提供了一个重要的引用文献，费森登现在已经有了法律基础，可以发明并产生出很多的二级专利。费森登去世时，他已经获得了惊人的500项专利，几乎和汤姆·爱迪生的专利一样多。很显然，特斯拉的这项发明同样帮助了洛温斯坦，使他不仅成为了一个无线电专家，而且对不断涌现的工程师队伍产生了重要影响。

第三十三章
沃登克里弗通信塔（1902—1903）

尽管发射塔本身美丽如画，但最让附近小村庄村民好奇的实际上是塔底下所隐藏的奥秘。在塔的基底的中心，有一个木制的结构，样子很像远洋轮船上的升降扶梯。塔底被人严密看守，只有特斯拉先生的工作人员才能小窥一下塔底的景象……

舍夫先生告诉一位询问者，那个轴状结构通向一个小型排水通道，修这个通道的目的是保持塔附近地面的干燥。但是当地村民却有不同的说法。

他们说那个入口其实是通向一个像井一样的洞穴，洞的深度与塔高相当，洞的墙壁由砖石砌成，一部环形阶梯通往洞的底部。从洞底可以看到，塔底的结构就像蜂窝一样，洞穴四周布满了通向各个方向的地下隧道。

他们带着敬畏的语气讲述道，特斯拉先生每周来探查洞穴的时候，……待在地下通道的时间和他在通信塔上或壮观的实验室里花的时间一样多。实验室里，将用于向世界各地发送电报的动力装置已经安装好。

——《纽约时报》，1904 年 3 月 27 日 [1]

在科罗拉多斯普林斯做实验的时候，特斯拉专门用了一个笔记本记录他的实验；同样，他每天都会记录在建造沃登克里弗发射塔的过程中所发生的事情。在他的笔记中，1902 年的前 4 个月，除 3 月外，基本上没有记录什么活动。接着，从 5 月开始，一直到次年的 7 月，笔记一直持续，且没有间断过。每个星期，特斯拉都看着塔的高度在一点点增加，同时，他做了一些实验：测量他的设备的电容；他建了一个地球模型，以计算和验证"他关于电流通过大地传播的理论"。在这个大金属球上，特斯拉传输了不同的频率的电能，并测量被传输电能的电压、波长和速度，还估算了各种节点（接收器）在地球上的分布位置，比如地球圆周上的节点以及地球另一面与发射点连成直径的节点。[2]

1902 年 2 月，普鲁士亨利王子到纽约接收他在美国定制的皇家游艇，特斯拉和斯坦福·怀特一起热情招待了他。亨利王子是凯泽·威廉的哥哥。6 年前，他曾在柏林配合特斯拉完成了特斯拉的著名实验展示。游艇被命名为"艾丽斯·罗斯福"，即时任总统泰迪·罗斯福女儿的名字[3]。6 月的一天，"两个头发花白的东汉普顿朝圣者（约翰逊夫妇）在去斯普林度假的路上顺便参观了"沃登克里弗通信塔。[4]凯特离开罗伯特和尼古拉，走进通信塔，用手抚摸了发射塔，她的眼睛顿时亮了起来；看着正和自己的丈夫交谈的高高瘦瘦的工程师，一股强烈的暖流穿过她的身体。

到9月份的时候，通信塔已经达到它的设计高度——180英尺。资金已经耗尽，但塔顶还没有修建，特斯拉别无选择，只能放缓进度，裁掉大部分工人。他卖掉了自己的最后一样主要资产——价值35000美元的土地所有权，但这点钱还是不足以维持工程的完全正常运转。不过，特斯拉还是用这笔新的收入留住了他的骨干员工，支付他和舍夫的房租，并定期从华道夫-阿斯多利亚酒店请一位厨师来给他们做饭，改善一下伙食。这段时间，特斯拉还用相片记录了他的整个无线发射站的内部运作。这些照片不仅记录了他的全部机器设备，还包括了特斯拉设计的将近1000种各式各样的电子管样品。[5]

1902年，《杰斐逊港回声报》（*Port Jefferson Echo*）曾以头条报道了一篇题为"马可尼与特斯拉之战"（War between Marconi and Tesla）的文章。文章说美国马可尼公司（United States Marconi Company）购买了布里奇汉普顿（Bridgehampton）以西的一块土地，打算建一座能与沃登克里弗发射塔相匹敌的185英尺高的塔，用于联系纽约市和西部联盟电报公司。"它将成为美国最重要的无线通信中心。"文章称，马可尼将通过高空发送信号，而特斯拉的设计除了通过高空传输信号外，还可以借助"500英尺深"的塔底结构通过大地发送信息。尽管这篇报道没有弄清楚塔底结构的准确深度（只有120英尺深），但报道的主要内容还是很准确的。

马可尼先是派了一位密使去沃登克里弗，然后在一个下雨的早晨，他亲自租了一辆马车去沃登克里弗和特斯拉见面，并亲眼目睹了那里的运作。[6]在两人的交谈中，马可尼设计的缺陷显现出来，这给了特斯拉再去找摩根的勇气。他与摩根关系脱节已将近一年了，但现在有一点开始变得明朗：一旦摩根这位合作伙伴意识到这项工作是在手头没有多少资金的情况下完成的，他可能会重新考虑自己的立场并同意继续投资。特斯拉现在要做的就是改变摩根的想法。

9月5日，特斯拉写信给摩根，告诉摩根他在外国申请的专利已划归给摩根的公司了。信中清楚地解释道，他的无线系统确保了隐私性，而且凭借不同频率的特定组合以及"它们的组合顺序"，该系统能够产生几乎无限量的独立频道。实际上，特斯拉已经向摩根解释了像有线电视的保护频道、数字录音以及无线电话扰频器这些设备的内在原理。

在信中，特斯拉解释说，由于他发明的设备被某些人"肆无忌惮地盗用"（指马可尼的剽窃），他不得不提升沃登克里弗发射塔的建造规模和功能；尽管他也努力地尝试和解，但还是避免不了过失，这其实也暴露了他的偏执狂的倾向。他写道："充分保护我自己的唯一办法就是建造出更高性能的发射塔，使我能够将在全球范围内自如发射无线信号的技术牢牢掌握在我的手中。现在回想起来，如果我早点意识到这个必要性，我会选择去尼亚加拉修建我的无线发射塔；拥有您慷慨提供的那些资金，我定能更容易完成这项工程。但不幸的是，我的计划早已制订，无法修改了。我曾经努力向您解释过，但令我感到悔恨的是，我给您留下了错误的印象。之后我别无选择，我只能在已有的条件下尽力做到最好。"

读罢特斯拉的来信，摩根很是吃惊。特斯拉在信中不仅间接重申了他违反合同的事实，而且也暴露了他设计中的一个致命缺陷——现在的事实是，他不得不一卡车接着一卡车地将煤运送至长岛的沃登克里弗，以满足发射塔运转所需的能量；而如果当初他选择将无线发射塔建在尼亚加拉，他就可以轻松获得取之不尽的能源，工程的实施成本就能大大减少；不仅如此，尼亚加拉的兰金以及兰金的合伙人们可以以较低的价格甚至是免费给他提供能源，因此进一步减少了他的工程建造成本。即便这样，特斯拉仍然不可思议地告诉摩根，就算在长岛，他也可以创造出比尼亚加拉大瀑布更大的能量。

特斯拉写道："如果把我的设备每一部分的性能都发挥到极致，我将能获得1000万马力的能量传输速率。"他声称，这些能量相当于"整个尼亚加拉大瀑布能量传输速率的两倍多。这样一来，我的发射器所产生的波将是世界上最强大的能量载体，……它能在发射点在地球另一面的对应点（与沃登克里弗对应的是澳大利亚西海岸）达到最强的传输效果"。

不管这些说法是真是假，向摩根透露这些，只会导致事与愿违。（特斯拉所讨论的更像是一次性产生大量的电能，而不是一种持续的、永不枯竭的能源。不管是哪种情况，作为一个在科罗拉多腹地待过一年、在那里吃过苦头而本身却是一个极其讲究饮食和生活质量的人，特斯拉是不会放弃他在华道夫酒店高雅的生活方式而跑到一个离水牛城不远的枯燥乏味的地方去的。）摩根想实现的目标其实只是向远洋轮船发送信息以及将摩尔斯电码发送到欧洲，而有些神经质的特斯拉却像得了强迫症一样一个劲儿地想给摩根留下深刻印象。

在信的后半部分，特斯拉确实提及了用无线电传输简单信息这个较简单的任务。纽约电报电缆公司（New York Telegraph & Cable）的紧急信息可以通过传输线路先发送到沃登克里弗，然后再通过无线方式发送到欧洲的某个特定的中央接收站即可。

> 摩根先生，自从您离开后，我好好地反思过了，……考虑到您的作用之大、影响范围之广，我现在明白了，您已经不只是一个人，而是一个坚守道义之士，您的每一点实力都应该保存下来，去造福于您的同胞。开始我以为您可能会帮助我建立一个制造工厂，使我能收获我多年劳动的成果，可现在我已经对此不抱希望了。但我的一些思想已经不仅停留在构思阶段，而是已经付诸实践，它们非常重要，所以我真心觉得它们值得引起您的关注。
>
> 我最大的愿望莫过于获得您对我的信任。不管我们之间的距离多么遥远，能与您这样高尚的重要人物合作，将永远是我生命中最满意的经历和最珍贵的记忆。
>
> 您最忠诚的：N. 特斯拉[7]

也许是因为特斯拉的最后一封信，或因为特斯拉的地位和声望，又或是因为摩根从不断送进他办公室的文件和信函中意识到了特斯拉基本专利的价值，但不管是什么原因，摩根还是被特斯拉触动了，他决定，只要他们之间的关系依然保持不公开，他愿意再见特斯拉一面。[8]

特斯拉的计划是卖掉债券，以1000万美元的价格将他的公司资本化，以此来寻找新的投资者。他没有想到的是，他的合作伙伴——一直一声不吭的摩根想继续对他的专利保持51%的控股权、拿走他大概1/3的证券，并且要求他偿还刚开始给他投资的钱。[9]也就是说，特斯拉还需要15万美元来完成发射塔的建造、还清债务、建造接收设备，等等，而摩根这个得寸进尺的九头蛇怪却想要把他投给特斯拉的钱全都收回来，但继续保留他在公司的大额股份，同时希望特斯拉靠自己筹集资金，还不希望任何人知道他和这项目有关系！如果特斯拉同意他的所有条件，摩根就和他达成交易。

画面切换到约翰逊夫妇家。凯特查看了一下感恩节的菜单，然后凝视着窗外渐渐枯黄的树叶。

"妈妈，你觉得他会来吗？"

"当然会来。"

"去年他就没来。"

"特斯拉先生一定是病了。"凯瑟林肯定地说道。她坐在发着嘶嘶声的爱迪生电灯旁写了一封紧急短信，并请个特快信使去递送这封信。

特斯拉正在研究一份有望给他投资的人的列表，忽然，巨大的敲门声打断了他的思考。送信人说道："对不起，先生，这是一封重要信件。"

特斯拉一把抓过信撕开便看。在看信前，想到他和约翰逊一家人关系亲密，而现在自己却一直没能跟他们联系，意外事故和死亡的念头闪过了他的大脑。他回信道：

> 来日我会告诉你我对那些将他们的信标记为"重要"或者大晚上发送急件的人的看法。
>
> 你知道，为了能享受菲利波夫夫人盛情款待的晚宴，哪怕要跋涉 1000 英里我也愿意，但这次的感恩节我有很多棘手的事情要处理，我想静静地思考这些问题。其余的节日，我提议和你们——我亲密的伙伴们一同庆祝。
>
> 请不要介意我的缺席，这不重要，在精神上，我永远和你们在一起。
>
> 爱你们，尤其是阿格尼丝！
>
> 尼古拉[10]

在这封有些伤感的信里，特斯拉把他的深切痛苦传达给了他的朋友们。他不仅没有参加他们的感恩节晚宴，也没有和他们一起庆祝圣诞节。他已经陷入了一个深洞里无法自拔，或者说他找不到逃出这个深洞的出路，只好想方设法地寻找新的投资者。

当凯瑟琳意识到特斯拉是如此绝望的时候，她变得警觉起来。在这样一个重要节日里没有特斯拉在场的空虚感令人无法忍受。"阿格尼丝，你再给特斯拉先生写封信，告诉他只要他想来，随时都可以到我们家来做客，而且他愿意待多久都行。"

"难道你不认为特斯拉知道自己在做什么吗？"罗伯特插嘴道，"他现在需要自己一个人静静。"

"他需要什么，用不着你来告诉我！"凯特大声喝道，她的爱尔兰脾气顿时爆发了。"照我说的做。"她命令女儿道。罗伯特迅速转移到客厅读他的诗集去了。

当阿格尼丝坐下来写信的时候，她母亲的脸上出现一阵阴沉、扭曲的表情。凯特回到她的化妆间，一脸忧郁地坐在那里。新年的第二天，特斯拉回信道："亲爱的阿格尼丝，虽然我没有时间和你们在一起，但我对你们有着满满的爱和友谊。我很想去看你，但我真的没办法。连那些重要的人物都开始侵犯我的专利权了，我必须克制住自己，想办法应对。"[11]

让凯瑟琳感到些许慰藉的是，她柏拉图式地迷恋着的人在这两封信里用了两次"爱"字。他以自己独特的方式，把他事业上的痛苦转化成了他们之间的情谊。从这个意义上讲，他这称得上是以退为进，这是以前从未有过的。这让凯瑟琳更加地爱他。

托马斯·康默福德·马丁一直大力支持的人侵犯了特斯拉的专利权，对此，马丁内心也许很矛盾。不过，马丁早在5年前就提醒过特斯拉，马可尼在实际应用方面很成功，而特斯拉却似乎主要专注于发展理论。马丁是一个八面玲珑的社交"牛虻"，通过主办马可尼庆功会，他进一步提升了自己的社会威望，而且他在电气界上流社会中的地位也不断提高。《哈勃周刊》决定写一篇关于马丁的专题文章，爱迪生也开始产生让马丁为他撰写传记的想法。[12] 作为撰写爱迪生传记这项工程的序曲，马丁为《哈勃周刊》写了一篇小文章，评价爱迪生"这位大师好似一座不断喷发创意和灵感的火山，平均每两周就有一项新专利产生，而且这种状态一直保持了三十多年"。

一个"爱迪生公司的人"自始至终都是爱迪生的人，并以这一标签为荣，他们与爱迪生同甘共苦，和这位伟人一起不断尝试，不断获得成功。所以爱迪生的身边总是有一大群心甘情愿为他工作的人，并且他始终都能轻松地在他们中间保持领导者的威信。其他很多人就做不到这一点……某些能力非凡的思想家，不知道是出于本能的不信任他人还是由于内心的嫉妒，总是喜欢单打独斗地去苦苦锤炼和提炼出他们的思想。某些电气发明家就属于这个行列，阻碍他们事业发展的就是这种狭隘和闭塞。爱迪生就不同，他阳光和友善的性格为他赢得了友谊。[13]

马丁这里提到的电气发明家其实就是特斯拉，而且他的这番评价也中肯地道出了特斯拉性格中的一些弱点。特斯拉的性格非常孤僻、私心很重、"生性多疑"；他是一个出类拔萃的佼佼者，但却容易嫉妒别人，除非迫不得已，他不愿意与人分享他的思想。马丁在这篇文章的后半部分写道："许多一流的发明家都将全部精力专注在一个方向上"，而爱迪生却"身怀多门绝技"。尽管特斯拉也多才多艺，成果非常丰硕，但直到晚年，他都一心执着于他的伟大的沃登克里弗计划；而实际上，这项伟大设计的任何一个方面，只要进行开发，都有可能成为一项革命性的成就。

不管怎么说，马丁毫无疑问是唯一一个最贴切地描述了特斯拉这位被埋没的天才的奇迹般成就的人。终其一生，马丁都一直把他与特斯拉的关系看作是神圣的。他给了特斯拉一本最新版的特斯拉文集，想借机让特斯拉明白这一点。

"非常感谢你给我的书！"特斯拉给马丁写信道，"看到你为我所作的努力，我甚为欣喜，这让我知道，你对我尼古拉是真心的。"[14] 这件事打破了两人的僵局，他们又恢复了友谊，虽然关系不像以前那么亲密了。

特斯拉陷入了极度的困境中，无奈地面对着一座绝望之谷。写信时，他不再用钢笔写，而是换成了铅笔。

> 从小时候起，我就渴望有朝一日能有钱存入英格兰银行。我承认我的商业利益意识淡薄导致了我今天的困窘，你会怪我吗？……能否请你给我介绍一些像约翰逊夫妇那样自身很出众、很有影响力而又渴望进入上流社会的人，我将写信给他们。
>
> 破产了的尼古拉[15]

无奈之下，特斯拉不得不找约翰逊夫妇和他的经纪人舍夫借钱；随后几年里，他们借给了他好几千块钱。[16] 同时，他还向之前很崇拜他的人求助，比如道奇夫人、温斯洛夫人，还有新的投资者，如玩具店老板 F.A.O. 施瓦茨的太太。他们投资的价格为每股 175 美元。[17]

走投无路的特斯拉再次找到了华尔街的赞助人摩根。他写信给摩根："你现在是不是想让我不顾脸面挨家挨户向那些守财奴或投资人募集资金，然后就像我感激你一样感激他们？我已厌倦了向那些懦弱胆怯的人张口，我让他们投资 5000 美元，他们就害怕得不得了，我要是让他们投资 10000 美元，他们直接就被吓得屁滚尿流。"[18]

疯狂的科学家

"这是一个高大而精致的塔。"上周，一个有见识的农夫说。

"那儿的微风舒服得像是夏日的晚风，从那儿，你可以看见蒸汽船经过长岛海峡的景象。不过我们一直想不明白为什么特斯拉要把这座塔建在这里，而不是科尼岛，这真是个伤脑筋的问题。"[19]

虽然发射塔的施工暂时中断了，但特斯拉还是想方设法地筹集资金，以完成这项工程。他最初的决定之一就是听从乔治·舍夫的计划——变得更加务实。那一年余下的时间和 1903 年的大部分时间，特斯拉开始制造振荡器，并继续开发他的荧光灯。收入开始渐渐增加，到年中的时候，他已经攒下了足够的资金来雇用原来的 6 个工人和建造塔尖的圆顶。[20] 这个圆顶由钢铁制造而成，直径 50 余英尺，高 10 英尺，重 55 吨，有很多特殊设计的节点；它的功能是储存电能，并将其通过空气或沿着金属柱传输到塔底的洞里。圆顶和实验室后面的 4 个大型电容器连接在一起，这些电容器也是用来储存电能的，并配有"一个精致的装置"，使用这个装置可以"随心所欲地……调控电能"。

在塔底深处，沿着通往底部的螺旋阶梯，分布了一个洞穴网，它们像车轮辐条一样向外延伸。其中的 16 个洞包含了钢管，这些钢管以中心轴为中心，向外延伸长达 300 英尺的长度。这些"地下抓手"的成本是相当高的，因为特斯拉还必须设计一种"特殊的机器将它们一个一个地"打进土层中去[21]。塔底还有 4 条用石头砌成的通道，每一条通道都以一定的斜度缓缓地通向地表，通道的大小刚好可以容纳一个人爬过。这些通道就像从塔底地窖通往地面的一个个独立的圆形转炉。

虽然挖地洞的具体原因至今尚不明确，但其修建的必要性可能是多方面的。通过修地洞，塔的整体高度得以延伸，所以特斯拉才将天线的长度增加了 100 多英尺。同时，有了这些地下结构，通过大地传输能量就变得容易多了。还有一种可能是，他打算通过地下结构来与略低于洞底的地下蓄水层发生共振。至于那 4 条斜着通向地表的绝缘通道，则可能是安全阀，用于释放额外的气压，同时也提供了通往塔基

这位大资本家忙得应接不暇

"大章鱼"："八只手根本不够用，看来我得再长几只！"——《明尼阿波利斯日报》

世界上最具实力的金融家 J. 皮尔庞特·摩根频频成为政治漫画揶揄嘲弄的对象（画于 1901 年前后）。

的额外通道。特斯拉可能还计划了修建其他的若干竖井，并将盐水或液态氮注入其中，从而增强无线传输的效果。当然这只是几种可能的猜测，特斯拉修这些地下结构也可能另有原因。[22]

　　正当特斯拉准备实验他的新设备时，债主们纷纷开始更急切地向他伸手讨债和侵吞他的财产，他最终都没能把塔顶和塔身表面的防火保护层修好。他欠威斯汀豪斯将近 3 万美元[23]；电话公司开始让特斯拉为电话杆和电话线的订单付款，电话设备是特斯拉为了和市区联系而修建的[24]；詹姆斯·沃登则因为这块土地欠税而起诉特斯拉[25]。由于时间紧迫，特斯拉疯狂地赶工，将发射器接通电源，以测试它的各方面性能。

　　1903 年初，特斯拉"对地面电阻和塔的绝缘电阻进行了多次测量。他甚至考虑到了由于挖洞使大量土流失而可能导致的气温升高、咸水溢满塔基周围而可能会造成的温差、天气情况的变化以及一天中不同时刻的不同情况"。[26]

　　7月的最后一个星期，也就是工人们运走他的部分设备的几天前，特斯拉想出了一个给他庞大的发射塔接通电源并发动它的方法。当圆形塔顶充满电、电压达到最大时，发射塔现场发出了一声低沉的巨响。附近的村民们都被惊呆了，以为要发生点什么了。

特斯拉的发射塔发出奇异之光

　　上周有好几个晚上，在长岛北海岸，特斯拉先生的网格状发射塔的顶部发出了一阵耀眼的光。这一景象激起了附近居民的好奇心，但是当有人向他询问究竟时，沃登克里弗无线发射站的主人（特斯拉）却拒绝解释这一景象。[27]

　　特斯拉的蘑菇状建筑物喷射出烟火似的绚烂物体，不仅附近的居民，连康涅狄格海岸的整个长岛海峡的人都见到了这些喷射物。但是到7月底的时候，发射塔彻底陷入了沉寂，再也没有发出任何无线电的声响。

　　一个雾茫茫的早晨，威斯汀豪斯的人带了一辆马车出现在沃登克里弗，他们手里有一份法院的许可命令，将运走那些较沉的设备。巨大的发射塔在雾中犹如幽灵般若隐若现，塔顶依旧耸入压低的云层中。除了门卫、乔治·舍夫和一个杂工，所有员工都已经被打发走了。特斯拉的追梦之旅就这样被阻断了，郁郁不得志的才子悻悻地回到城里，躲在华道夫酒店他的套房里独自哭泣。

第三十四章
陷入网中（1903—1904）

亲爱的先生：

来信已经收到，现在回信是想告诉你，我现在不想再预支任何资金。

你真诚的：J. 皮尔庞特·摩根

1903 年 7 月 14 日[1]

华道夫酒店总经理博尔特先生从马甲上端的口袋里拿出单片眼镜，用怀疑的眼光打量着这个陌生人。8 月的酷热让这位外国人满头大汗。"我想找尼古·特斯拉。"他用很浓的口音说道，说着把一个皱巴巴的信封递给了博尔特。

博尔特注意到信封上的一个污点，然后接过信封，查看了一下特斯拉的信头，带着轻蔑的口气说："你可以上去了。"然后手很利索地按了一下服务铃，叫了一个酒店服务员过来。

那人进了特斯拉的房间，这个套房对他来说就像宫殿一般。"约万，你来了，太好了，"这位受人敬仰的工程师用他的母语跟那人说，"你必须找到佩塔尔叔叔，这件事万分紧迫！"

"他可能在波斯尼亚。"

"那你就去那里找他。"特斯拉递给那人一张往返船票，一封用蜡封好的信和一皮夹子零用钱，"我就靠你了。"[2]

特斯拉的两个姐姐安吉莉娜·特尔博耶维奇和米尔卡·格卢米契奇、妹妹马里察·科萨诺维奇、她们在塞尔维亚做牧师的丈夫以及她们的孩子都住在教区的住宅里，听着约万带来的关于特斯拉的实验室和世界电报发射塔的消息。"塔的顶部耸入云霄，"约万伸直胳膊比画着说道，"将来它将向全世界发送信息——包括我们这个小镇。"当约万传给大家一张 3 个月前由迪肯森·D. 阿利所拍的照片时，约万的堂表兄弟姊妹们都惊叹不已。科罗拉多斯普林斯实验的照片也是由阿利负责拍摄的。[3]

"我们怎么知道信息是否发出来了呢？"

　　"每个人都会有个小装置，大小……"约万环顾房间四周，发现一本祈祷书，"大小和这本书差不多，用一根电线把这个装置插到地下，就能接收信息了！"

　　两个刚刚成长为少年的堂弟，尼古拉斯·特尔博耶维奇和萨瓦·科萨诺维奇听得专心致志。尼古拉斯完全被这条从美国带来的消息迷住了，骄傲地宣布，"将来我也要做一名发明家！"对此，萨瓦微笑着点头表示赞同。40年后，萨瓦成了南斯拉夫的第一个驻美大使。

　　佩塔尔叔叔从房间走出来，秘密地打开快件。特斯拉在信中告诉他叔叔，经济危机给他造成了很大的打击，他的资金用完了，如果不及时得到帮助的话，他将不得不关闭他的"世界电报中心"。他请佩塔尔去当地的银行贷款，把沃登克里弗的股份作为抵押。当地银行当然不同意[4]，佩塔尔只好将家族的长辈们召集起来汇集资金。然后，他们去了贝尔格莱德，在那里将他们凑集起来的钱转给了特斯拉。佩塔尔抓住约万的双臂说："把我们的祝福带给尼古！"那个月底，特斯拉收到了他的亲人们寄给他的钱，但这些钱也只够他撑到年底。

　　尊敬的摩根先生：

　　　　这么多年来，为了完成这项发明，我一直守在您的门前（求您帮忙），我从来不认为它会没有用。……我的上一项发明的回报是投资的二十几倍，如果这个项目掌握在有实力的投资者手中，它的回报率将比上一项发明更高！

　　　　请您帮助我完成这项工程，我会证明给您看的！

　　　　　　　　　　　　　　　　　　　您最忠诚的：N.特斯拉

　　　　　　　　　　　　　　　　　　　1903年9月13日[5]

　　特斯拉改变了日程安排，只在周末的时候去参观沃登克里弗实验室。特斯拉充分地考虑了整件事，思来想去，他决定不再找那些小规模的投资人了，而把重点放在了两个不同的方向上。一方面他将加紧制造振荡器；另一方面将吸引摩根以外的其他巨头给他投资。[6]有了亲戚们给他筹的钱，特斯拉又能将之前的一些工人请回来。然而工程进度仍然几乎为零，因为留下来的员工都因为没有工资而生特斯拉的气。

　　他跟舍夫说："经济恐慌发生的时候，许多制造商都直接裁员，这一点你是清楚的。我们的员工应该明白，在国家经济最困难的时候，我对他们不薄，他们应该感激我，而不应该不耐烦。尽管经济恐慌几乎结束了，街上的大多数人还是心有余悸。但是，我随时都有可能想出解决办法来。我从来都没有像现在这样有信心，没有什么可以阻止我最后获得成功。"[7]

特斯拉寻找投资者的第一站是约翰·雅各布·阿斯特家。特斯拉带着阿利最新拍摄的夺人眼球的精美相册，想尽最大努力重燃他们之间的火焰。阿斯特每年的收入约有 300 万美元，但他绝不是个轻易就掏钱的人。近段时间，他的大部分钱都花在了"努尔玛哈尔"号游艇上。虽然特斯拉和阿斯特的妻子关系不错，但是她和阿斯特的婚姻正出现状况——妻子阿娃大部分时间都和两个孩子在欧洲度过，而她的丈夫杰克却一直待在家里[8]。阿斯特给特斯拉写信说："祝你好运，但我本人不想投资你的公司。"[9]

想着"海里"还有其他"鱼"值得钓，特斯拉列了一张"大鱼"清单，然后和一位美术设计师一起设计了本精美华丽的宣传册，取名叫"特斯拉宣言"。这本册子大胆宣示了特斯拉对世界电信公司的展望。[10]

这个宣传册用紫色的上等纸进行装订，里面包含了科罗拉多实验站时期的大量照片、壮观的沃登克里弗实验室和实验塔的照片、一长串相关专利的列表、过去取得的成就以及将来计划实现的目标；他还在其中加了一份声明，称如果有公司聘请，自己愿意做顾问；另外，他清楚地阐述了他的计划的广度和内容范围。所有上述这些内容的四周都用扇形的图画装饰，这些图是用钢笔亲手绘制的，画的是特斯拉的许多其他发明。在图中的沃登克里弗发射塔的顶部，用花哨的字体写着如下的文字："电子振荡器动力可达 1000 万马力。"他所列出的众多巨头的名单中，每个巨头的资产都有两千万至两亿美元，而且几乎所有人都和特斯拉有私交。

特斯拉写信给罗伯特·约翰逊："卢卡，我现在的所有时间都花在了拉拢洛克菲勒和哈里曼上面，不过我很快就能搞定他们。"[11] 这封信带着玩笑的语气，不过也非常接近事实，因为特斯拉正在慢慢地成功说服其他的富豪。

采访门洛帕克男巫爱迪生

"爱迪生先生，您认为特斯拉能让我们在未来的某一天和世界上任何一个地方的人通话吗？"

"不，我不指望这方面会有那么大的发展。前景一片大好、会发展得越来越成熟的是无线电报。马可尼是好样的，他早晚都会完善他的无线系统。"[12]

连爱迪生都带头指控特斯拉的可信性，这使特斯拉的处境变得非常不利。大部分公众都还不知道他和摩根的关系，当然也就不知道特斯拉的沃登克里弗计划，所以他还要将他的计划和目标告诉他感兴趣的投资者。由于摩根十分痛恨哈里曼，特斯拉不可能和他合作，不过仍然有很多其他金融家可以考虑。

1903年10月12日，特斯拉和托马斯·福琼·瑞安见了面。瑞安身材魁梧，体格略胖，比特斯拉年长5岁，他的真名不是福琼，而叫福克纳。瑞安刚开始只是巴尔的摩的一名干货销售员，他发迹是从他搬到华尔街后开始的。在华尔街，他成了大型金融机构的一名股票经纪人和投资人。1905年的时候，他的地位迅速上升，掌控了将近14亿美元的资产，相当于美国全部国债的一半。这些资金有差不多1/3都是通过收购公平人寿保险公司（Equitable Life Assurance Society）的控制股份获得的[13]，这件事发生在瑞安和特斯拉初次见面一年多后。瑞安和摩根之间会发生联系，这似乎是偶然的。但这都起因于特斯拉。为了顺利达成协议，特斯拉安排了瑞安和摩根的见面。众所周知，摩根正是发生于1905年的公平人寿保险公司丑闻背后的秘密推动力量。

除了他始终在手里把玩的一撮钻石外，瑞安的资产包括对互助人寿保险（Mutual Life）、华盛顿人寿保险（Washington Life Insurance）、纽约铁路公司（New York City Railway）、美国烟草公司（American Tobacco）、莫顿信托公司（Morton Trust）、大都会证券（Metropolitan Securities）和商业信托公司（Mercantile Trust）的控股权。瑞安还是其他保险、银行、铁路等十多家企业的董事。[14] 他还拥有一大块地产，覆盖了蒙蒂塞洛（Monticello）附近北部城市数百英亩的土地。在那里，他建了一座价值50万美元的豪宅。他的妻子T.F.瑞安夫人是一个有名的慈善家。她成立了一个神学院，建了"一座宏伟的天主教堂、一所公立医院，给消防公司购买了设备，为造福村庄人民而作出了很多小贡献"。[15]

瑞安因他"具有惊人的高效而系统的组织能力、行动果断、善于保密且精通幕后操纵之艺术"而闻名，但他最大的天赋、最有力的武器就是他的说服能力。"瑞安先生把他的办公总部设在莫顿信托公司的办公室（他是该公司的副总裁）。他不像洛克菲勒那样严防把守自己办公室的门，任何来访者都可以见他秘书，而且通常可以进到里面的房间。瑞安先生丝毫没有摩根身上那种粗暴……他温文尔雅，性情沉静……他每做一件或说一件重要的事时都会咨询律师……他总是彬彬有礼，从来不面露怒容。"[16]

特斯拉已经计算过了，完成项目大约需要 10 万美元，所以他计划寻找"10 个入股人，让他们每人投资 1 万美元"。

瑞安盯着包装精美的宣传册说："没必要去找这么多投资者，我给你投 1/4。我在哪儿签字？"[17]

显然这是一个很好的机会，但这件事并非签个字那么简单。特斯拉必须回去和摩根商量，而且 25000 美元对于实现他的目标来说还远远不够。"你能否考虑投资我需要的全部 10 万美元？"

"这是可能的。"

"我先告诉我的合伙人你愿意慷慨出资，然后我再来找你。"

"你这位合伙人我认识吗？"瑞安问道。

"我答应过要为他的名字保密。"

"特斯拉先生，我们所讨论的可是数目可观的一大笔钱。我想知道我将和谁合作。"

"是皮尔庞特·摩根。"特斯拉神秘地说道。

"摩根！那你算是找到最好的人选了！"

第二天，特斯拉写信给摩根，想安排他和瑞安见见面："瑞安先生非常崇拜您，又是您的忠实好友，加上他能力很强，所以我非常渴望和他合作。我已经告诉他 10 万美元应该足以使我获得初步的商业成果，这将为以后更大的成功铺平道路。我知道您一向很大方，所以我告诉瑞安，不管你们最后达成什么样的条件，我都会欣然同意。"[18]

这一年的感恩节，特斯拉和约翰逊一家一起过。他有好消息要告诉他们。罗伯特和凯特刚刚在欧洲度完为期两个月的假回来，都迫不及待地要给特斯拉讲述他们和意大利埃琳娜女王见面的事。因罗伯特在国际版权上的突出工作，国王亨伯特曾于 1895 年亲自给他授予了勋章；如今，他又以杰出人士的身份受到了寡居女王的接见。他从他最新的诗集里精选了一些诗读给女王和女王母亲听。[19]他们又待了几个星期，还在梵蒂冈见证了庆祝教皇利奥十三世登基 25 周年的大赦年活动。

"特斯拉先生，你眼中泛着不一样的光，我没看错吧？"凯特问。

"你不会即将跻身令人憎恨的富豪阶层吧？"罗伯特逗他。

"我亲爱的卢卡，我希望你不要鄙视百万富翁，因为我正努力工作，想成为其中之一。我的股票这一周已经大幅上涨了。"

"是因为摩根吗？"凯瑟林很期待地小声问道。

"不，是福琼·瑞安。"特斯拉边说边自豪地拿出一张银行支票展示给他们。他很快就会收到瑞安的1万美元资金。"如果按照这样发展下去，用不了几周，无线电就能覆盖整个地球。好了，不说这个了，凯特，火鸡做好了吗？"[20]

与此同时，摩根和瑞安见了面。显然，特斯拉预想的合作没有达成。我们不禁要问的是：为什么？

所有的迹象都表明他们的这次会面进展顺利。惠勒（对摩根批评最严厉的人之一）评价瑞安是"非常机敏、老练和安静的人"[21]。瑞安的这种性格似乎能解释一些问题，因为几年后真相开始大白：瑞安实际上只是摩根的一个傀儡。

1899年，亨利·海德去世。他一直控制着价值5亿美元的公平人寿保险公司，"几乎相当于所有穷人的资产之和"。[22]海德把公司51%的股份留给了他23岁的儿子詹姆斯。詹姆斯是个相当古怪、幼稚的富翁，总是挪用公司的钱来进行奢侈消费，比如从法国请理发师、把他的私人厨师安排在所有他喜欢的餐馆里。媒体记者对詹姆斯奢侈的生活方式忍无可忍，尤其是1905年1月31日，当大家得知他在雪莉饭店花费20万美元举办一个以"路易十五"为主题的化装舞会时，他们一致要求他辞职。

毫无疑问，自从詹姆斯的父亲去世后，摩根就盯上了公平人寿保险公司。但鉴于之前由于北太平洋铁路公司纠纷曾引起的经济崩溃，摩根不得不谨慎行事。在摩根和瑞安为了特斯拉投资计划的事而进行的这次会面中，摩根很有可能建议瑞安最好将钱投在别处。但不管他说了什么，他都没能完全说服瑞安不要给特斯拉投资，因为从1903年至1906年，瑞安还是给特斯拉的项目投了钱，并一直对其保持了兴趣，尽管瑞安的投资额最终没有超过他最初答应特斯拉的数目。

和北太平洋铁路公司危机的情况相似，摩根为了公平人寿保险公司而与哈里曼及其经纪人雅各布·希夫进行了斗争（雅各布·希夫也差一点给特斯拉投资）。这场斗争的最终结果是，托马斯·福琼·瑞安通过隐晦的策略，用区区250万美元买下了公平人寿保险公司的控制股份。年轻的詹姆斯移居法国，在那里生活了25年。

然而，一直有谣言称公平保险的变故是因为其对几百万投资者的资金管理不善；

1905 年整个夏天，瑞安的图片占据了城里各大报纸的头条。在一幅漫画中，瑞安被画成了一只在网上爬行的贪婪的蜘蛛，紧紧地抓着公平人寿保险公司不放。南方银行家兼批评家约翰·斯凯尔顿·威廉斯在《世界》杂志发表了一篇尖刻的文章说："如果把瑞安扔在一个简陋、狭小的空间里，他极有可能成为一个偷窃狂。他最大的欲望就是挣钱，他的一大激情就是守住这些财富。……瑞安简直就是一个挣钱的机器，他一切行为的宗旨就是得到别人所拥有的东西。" [23]

尽管摩根自己是一个很有竞争实力的保险公司的老总，照理来说，他应该对公平人寿保险公司没兴趣，但他的女婿赫伯特·萨特利出人意料地透露，瑞安实际上被摩根所控制，摩根"对瑞安的所有计划一清二楚，……这些计划都是经过摩根完全同意的，可能还得到了摩根的经济支持"。 [24]

19 世纪的头 10 年里，政府对此事进行了持续的调查，结果发现，总额高达 18 亿美元的伪造贷款，被贷给了摩根的纽约人寿保险公司的一个 15 岁黑人信差。 [25] 1910 年，瑞安以 300 万美元的价格把公平人寿保险公司 51% 的股权卖给了摩根。调查的证词清楚地说明，瑞安的角色就是摩根的傀儡。

> 昂特迈耶问：是瑞安先生主动把这些股份给你的吗？
>
> 摩根答：是我叫他卖给我的。
>
> 昂特迈耶：你有没有告诉他你为什么想要这些股份？
>
> 摩根：没有。我只是告诉他拥有这些股份对我有好处。……他犹豫了

一下，最后还是卖给我了。

这段问答摘自惠勒的《解剖皮尔庞特·摩根之谜》（*Pierpont Morgan: Anatomy of a Myth*），文章的结语是这样的："在 1907 年的金融恐慌时，摩根 71 岁，他实际操纵着巨额的财富和众多他可以发号施令的人（包括西奥多·罗斯福总统）。" [26]

很明显，当瑞安说打算投资沃登克里弗通信塔时，作为"幕后操纵者"的摩根主导了两人间的谈判。摩根将棋子转向了保险领域，但这依然没有回答为什么瑞安会在给特斯拉投资这件事上退缩。如果瑞安认为特斯拉的无线电工程具有很大的获利空间，投资 10 万美元帮助特斯拉完成他的工程对他来说并非难事。因此，我们可以得出这样的结论：摩根故意破坏了特斯拉的无线电事业。

特斯拉与古根海姆的关系

除了因为特斯拉的执拗而生他的气外，摩根还为特斯拉向自己传达的一层意思而担忧，即特斯拉可以通过无线的方式传输"无限的能量"。当然，特斯拉这是在吹牛，因为他后来写给摩根的信使摩根相信，沃登克里弗发射塔只能传输"数量微小"的能量。

故事发展到这里，又到了"个人决定改变历史进程"的关键点上了。约翰·斯图尔特·米尔曾指出，"个体创造历史"，关于这个观点，这里就有一个清晰的例证。1903年10月，摩根决定使出浑身力气挫败特斯拉，且不达目的绝不罢休。

实际上，摩根从整体上反对特斯拉的计划，也有当时商界的主流思想影响的原因。有人认为，摩根感到了其他华尔街巨头给他施加的压力，伯纳德·巴鲁克就是其中之一，他年轻有为，是托马斯·福琼·瑞安的股票经纪人。有一天，巴鲁克错误地说摩根跟他一样是个赌徒。据说摩根答复道："我从来不赌博！"实际上，摩根在他与特斯拉之间的合作上打退堂鼓，可能是因为他害怕特斯拉会失败，也可能是因为他害怕饱受争议的特斯拉即使成功了，也会对现有商业结构不利。

下面这段话引自内科医生兼发明家安德里亚·亨利·普哈里奇（他是南斯拉夫后裔，20世纪50年代初曾帮忙把特斯拉的文献资料运送到贝尔格莱德的特斯拉博物馆[27]，而且还认识特斯拉的第一个主要传记作者杰克·奥尼尔）："我（普哈里奇）现在所得到的都是二手信息，你在任何地方都找不到出版过的相关文献。但是，作为尼古拉·特斯拉的正式传记作者，杰克·奥尼尔给了我这一信息。他说伯纳德·巴鲁克告诉摩根：'瞧，特斯拉这家伙疯了。他现在所做的是想为所有人提供免费的电，我们将无法计算电量和收取电费。如果继续支持这家伙，我们早晚要破产。'就这样，一夜之间，特斯拉得到的支持被突然切断，他的宏伟事业也半途而废，付诸东流。"[28]

从技术和经济角度看，摩根不明白发射免费信息和（或）电能会有什么回报。但不管巴鲁克有没有警告过摩根，特斯拉自己于10年前就在《星期日世界》（*Sunday World*）上大胆表达了这样的观点：通过他的设备，向全世界提供一个电能储蓄池，那么所有依赖于传统电线输电方式的"垄断企业将很快走到末日"。[29]

作为一个彻底的资本家，摩根的存在价值在很大程度上正是通过控制能量的价格和配送、让工人阶级持续支撑大型垄断企业（名为"公用"事业）来体现的。因此，他完全无法支持这样一个系统：任何人只要有接收装备，都可以开发和利用无线信息和无线传输的能量；机器的大量使用将替代劳动力；"所有那些不再需要贷款的企业将不会再把他们的利润存在摩根的银行里"[30]。重新改变现有的电力、照明和电话产业的格局，只为讨好一个有点古怪的发明家，这是摩根这样一位谨慎的华尔街金融家绝不可能干的事。标新立异、不随传统主流思想的特斯拉找错合作对象了。[31]

1903 年，年仅 33 岁、华尔街最富有的人之一的伯纳德·巴鲁克退出了已经工作了十几年的公司，建立了自己的公司。他的第一个主要客户是古根海姆兄弟。他们的兴趣在金属矿上，所以巴鲁克同矿业老板达柳斯·奥格登·米尔斯和约翰·海斯·哈蒙德见了面，向他们咨询建议，并希望他们投资。米尔斯建议布鲁克去西部购买矿山，哈蒙德被古根海姆聘为顾问，让他去墨西哥寻找银矿。巴鲁克收购的第一个公司是犹他铜业公司（Utah Copper Company），因为"他知道世界上对铜的需求永远存在"。[32] 特斯拉的无线电事业明显威胁到了巴鲁克和古根海姆的投资，而摩根恰恰也想插足他们的投资。

到了 1905 年，犹他铜业公司已经以年产值超过 1 亿美元的速度在生产铜及其他金属，而且这样的生产速率又保持了 25 年！[33] 约翰·海斯·哈蒙德后来宣称"只有保证了铜的大量供应，……电气和汽车行业才能发展"。[34] 就这样，特斯拉的终极世界无线电计划很不幸地被认为是对诸多重要行业的一个威胁。

12 月的头两周，特斯拉一直等待着瑞安和摩根会晤能带来好消息，可是什么也没有发生。特斯拉别无选择，只好去找摩根这位金融"统治者"当面商谈。他决定采取务实的方法，给摩根写信道："您可否允许我今晚或其他晚上来拜访您？我想把我的小仪器带来，向您展示我的'日光灯'的一两个实验。……哪条'鲨鱼'支持我，将可以与我签订这项能照亮你家的日光灯产品的协议。"[35]

特斯拉特意选择在节日的时候访问摩根家，想借着这次好机会攻破摩根坚固的防线。他在信中用了鲨鱼的标志，因为这是种吃人鱼的动物。摩根的女儿安妮·摩根是特斯拉的好朋友。她在门口欢迎了他。安妮最近"创立了一个'殖民地俱乐部'，这是第一个美国妇女'会所'，模仿了英国绅士俱乐部的形式"，由斯坦福·怀特设计。安妮已经混入了一群不男不女的人群中间，臭名昭著的同性恋作家奥斯卡·怀尔德也与这群人有联系。特斯拉的性取向永远是个谜，而安妮此时正准备尝尝同性恋的滋味[36]，因此，他们的关系超越了表面的礼节。在特斯拉见她父亲前，安妮缠住他，和他讨论新兴的女性观。

"特斯拉先生，在现在这个开明的时代，妇女还没有选举的权利，我觉得这很荒谬。"

"安妮，我真诚地同意你的看法。我也认为，这场追求性别平等的妇女斗争将以新的性别秩序而结束——女性最后将占上风。"

"真的？"安妮黑色的双瞳顿时放大，好似两汪水池，"我认为性别是平等的。"说着伸手去碰了碰特斯拉。

"那些期望看到妇女表面上的进步的现代女性很肤浅，他们没有看到女性内心酝酿着的更深层次、更强劲的本质变化。女性首先提倡男女平等，然后表达相比男性的优越性，不在于身体上对男性的肤浅模仿，而在于女性思想文化上的觉醒。随着一代又一代的发展，一般女性将和男性一样受到良好的教育，甚至更好的教育，因为沉睡在女性大脑中的长达几个世纪的潜能将会被激发出来，而且由于这些潜能沉睡得太久，一旦被激发，其活动将会更激烈。"[37] 特斯拉正说着，一位男管家打断了他："摩根先生要见您。"

"特斯拉先生。"摩根说道。

"摩根先生，谢谢您让我跟您见面。我的对手们成功地将我描绘成一个空想家、梦想家，所以我必须拿出点商业成果来，而且这件事刻不容缓。如果您肯在这件事上帮助我，您将会获得巨额财富。"

"对不起，特斯拉先生，就像我以前说的……"

"难道您就不能帮帮我，让我完成这项工程吗？到时候我会向您证明，您的投资是完全正确的决定，它只会光耀您的门楣。您将会看到，我已经发现了真理的宝石，您与真理近在咫尺。我的发明将引起一场伟大的革命，几乎所有的价值观和人类关系都将发生彻底的改变。"

"如果你当初按照我说的去做，你就不会陷入如今的窘境。"

"摩根先生，我再次恳请您注意：我的专利完全覆盖了无线电的所有基本原理，而且我的工程现在已经进展到一定的程度，不管您什么时候让我继续施工，我保证，我将在3个月内使我的无线电能够覆盖整个地球，这一点确定无疑，就像我的名字叫特斯拉一样。我已经向圣路易斯[1]的人们承诺，我将用从这里无线传输过去的电

---

[1] 圣路易斯（St. Louis）：美国密苏里州密西西比河河畔的一个城市。——译者注

能打开世博会的大门。摩根先生，这是个很好的机会。我很容易就能做到，但您要是再不赶紧帮助我，就太迟了。请您想一下这对我来说有多么重要。我很早以前告诉你的事情已经发生了。我的竞争对手们已经崩溃了，因为他们在实用无线传输上所做的大量的尝试都失败了。现在就是您助我一臂之力的时候了。这一点您比任何人都清楚。"

"我已经做了我该做的了。还有很多其他商人有资金帮你完成你的工程。"

"但是先生，您是拥有股份控制权的合伙人。如果我另外找到了愿意给我投资的人，您会考虑重新谈判吗？"

"我会认真考虑一下。"[38]

特斯拉与摩根 12 月份的这次见面，其结果是特斯拉不仅空手而归，而且他强烈地感觉到摩根不会让他轻易寻找到新的投资人。圣诞节又到了，特斯拉故意回避凯瑟琳，这种方式足以向凯瑟琳传递坏消息。多情的菲利波夫夫人又给特斯拉写了一封很煽情的信。

亲爱的特斯拉先生：

你太不够意思了！……你为什么不来看我，却隔三差五地到《世纪》杂志社去看罗伯特？[39]我定是做了什么得罪你的事了，可是我做什么了？

我对你如此关心，你怎么可以对我这样冷漠？……如果你难过、失望，一时背运，那你更应去寻求你忠实朋友的陪伴和支持。

真的，如果全世界都反对你，这些朋友只会更坚定地支持你。

你忠诚的：凯瑟琳·约翰逊

1903 年 12 月 20 日[40]

特斯拉知道，摩根很担心他的无线电发明有可能会导致人们对现有电力公司的需求消失，为了减轻这种担忧，他在信中明确写道：

尊敬的摩根先生：

加拿大尼亚加拉电力公司（Canadian Niagara Company）愿意书面同意为我提供 1 万马力的能量，而且 20 年不收费，只要我在那里建一个无线发射站，将这些能量无线发送到世界上的其他地方……我之前就已经声明过了，无线发射的能量不会用于工业用途，只会用来运行时钟、股票（或证券）行情自动收录器以及其他一些仪器设备；这些仪器设备目前使用的数目为几百万，但平均每种仪器需要的能量不超过 1/10 马力……

您能否帮帮我？不管您提什么条件都可以。我将创造出一笔巨大的财富，而这笔财富最终能带来 100 倍的回报。请您不要很不公平地误以为我能力不足，我只是因为资金不足而未能完成我的事业。您可能会看到我的工程因为缺乏资金而中断，但您永远都不会看到我所建造的这个无线发射塔无法实现我当初设计它的目标。

1904 年 1 月 13 日

在这封信末，特斯拉给摩根送上了祝福："衷心祝愿您新年万事如意！"[41]特斯拉不知道的是，摩根并不怀疑他会成功，而是害怕他成功！

我亲爱的特斯拉先生：

兹回复你的来信。非常抱歉，正如我之前跟你说过的，我不想再投入任何资金。当然了，我祝愿你的事业取得圆满成功！

你真诚的：J. 皮尔庞特·摩根
1904 年 1 月 13 日

本来和其他投资人只差一步就能达成交易了，但却受到他和摩根关系的牵制。于是，当特斯拉在自己寄出信的同一天就收到摩根回复的这封信时，他感到极其恼火。他推测摩根甚至压根儿就没考虑过他的处境，他被彻底地激怒了！他第一次抛开所有的伪装和客套，告诉摩根自己对他的真实看法。

尊敬的摩根先生：

你在信中说"祝愿我获得成功！"我能否成功就掌握在你的手里，你怎么能简简单单地说"祝愿"呢！

我们的合作一开始是按约定的计划进行的，一切都经过了准确的计算；从资金上来说，这个计划是脆弱的。你的运作方式匪夷所思，你让我付了双倍的成本，一点儿没错，你让我等机器就等了 10 个月。这些还不算，你还酿成了一场金融恐慌。我东挪西凑，费尽周折，把我所有的资金和能力都投入到了我的项目上，最后带着我的成果去向你证明我已经尽了我最大的努力，而你却像对待一个勤杂工一样，把我从你的办公室轰了出来，大吼着"一分钱也不可能！"你的吼叫声 6 个街区外的人都能听到。我已经名誉扫地，成了对手眼中的笑柄。

沃登克里弗发射塔的建造才14个月就被迫停工了……如果劳力充足，再用3个月的时间就能完工，到现在，它已经可以每天都有1万美元的收益。不仅如此，我可能已经和政府签订了协议，可以建造更多类似的发射塔……

现在，我已经巧妙地基本扫除了前进道路上的所有障碍，只需要再多给我一点点资金，我就可以获得一笔巨大的财富，最终可以给你1000万美元的回报，就像付给你一分钱一样确定。是你的所做所为让我陷入了困境，而你却拒绝帮我一把！

1904年1月14日

在接下来的信中，特斯拉提到，只要再得到25000美元资金，他就能着手生产振荡器和荧光灯，最终，通过这种"缓慢而痛苦的方式"，他将有能力赚到完成通信塔建造的必要资金。

我非常渴望获得成功，为了你，也为了我。看到报纸上你的名字用了红色字体（指摩根在交易中违约），这是多么可怕的一件事啊！这些新闻将通过电报传播至全世界，可你却对此毫不在意。摩根先生，别人在你眼中就像苍蝇一样无足轻重。我得花5年的时间来弥补巨大的损失——如果这一切还能弥补的话。我想说的我都跟你说了，请不要写信拒绝。我已经痛苦到极点了。

因你而痛苦的：N. 特斯拉[42]

此信寄出，摩根没有任何回应。特斯拉在第2周以及后来又给他写了多封信：

……你是要让我就这样陷于绝境吗？！

因为你的缘故，我已经树立了无数劲敌，因为我告诉他们，你的一根鞋带都比他们值钱。

100年后，国家将重赏首先实现无线传输能量的人；要实现这一切，必然要用到我的方法和装置，帮助我吧，我理应成为实现这一切的第一人。

1904年1月22日

……你会帮助我完成这项伟大的事业吗？

1904年4月1日

你有没有读过乔布的那本书？如果你把他的身体替换成我的思想，你就会发现书里多么确切地描述了我所遭受的痛苦。我已经把我拼凑的全部资金都用在了我的发射塔上，再给我 5 万美元，我就能建成它，然后我将拥有不朽的光环和无尽的财富。

1904 年 4 月 2 日

虽然特斯拉无法理解为什么和瑞安的合作会泡汤，但他推断这是摩根捣的鬼。以任何公开的方式报复摩根都相当于自杀。尽管特斯拉有自我毁灭的倾向——他私自违反了他和摩根的协议就是一个例子，但他真的极其渴望成功。尽管他也想通过他的无线电发明致富，但他的目标主要并不是赚取私利，而是造福社会。特斯拉对自己可能会改变人类历史进程的角色非常清楚。

1904 年初，特斯拉发现自己已经别无选择，他贸然决定不再隐藏他和摩根的关系，而是将其公诸大众，并告诉大家一切都进展顺利。4 月 10 日，特斯拉写信给他比较关切的一个投资者——尼亚加拉大瀑布水电项目中的威廉·兰金："可以怀疑太阳的光，怀疑星星的亮度，但是不要怀疑尼古拉·特斯拉公司的存在。"[43] 能成功说服摩根跟他合作起初是特斯拉引以为豪的一件事，可如今，特斯拉决定利用他们之间的关系，并公然反抗那个一心想拆他台的人。特斯拉以自己一贯的独特方式在《科学美国人》和《电气世界和工程师》上同时发表了一篇惊动一时的文章。在这篇文章中，特斯拉概述了他迄今为止的成果以及未来的计划，并插入了他在科罗拉多斯普林斯和沃登克里弗建立的无线传输站的令人惊叹的图片。

我已经取得的成果使得我的"世界电报"计划很容易就可以实现。这个计划与迄今为止所做的一切有着根本的不同，同时也将产生丰硕的成果。它将会使用到数量众多的无线电站，这些无线电站会尽量地建在一些重要的文化中心；无线电站通过任意一个频道接收到的新闻瞬间就能传播到世界上任何一个角落。因此，只要在陆地或海上建立一个便宜的口袋大小的简单设备，它就能接收世界新闻或一些想要的特定信息。这样一来，整个地球将变成一个巨大的"大脑"，能对它的每个部分作出反应。一个 100 马力的无线电站就可以运行数以百万计的仪器，所以整个无线发射系统将有几乎无限的工作能力……

如果不是因为不可预知的延误，第一批这样的中心无线电站可能都已经建成。所幸的是，施工的延误和技术因素完全没有关系。这些延误最终可能是"塞翁失马"。

　　对于目前已经完成的工作，我要感谢约翰·皮尔庞特·摩根先生的慷慨大方；尤其可贵的是，在某些人承诺最多却怀疑最深的时候，摩根慷慨地向我伸出了援助之手。我还要感谢我的朋友斯坦福·怀特的无私帮助。这项工程现在已经完成得差不多了，虽然最终的成果可能会出来得晚一些，但肯定是会来的。[44]

第三十五章
关系破裂（1904—1906）

> 我眼中的摩根财团是如此宏伟、庄严且具有一种着实罕见的坚定品格，所以，当我得知有人试图找出摩根财团交易中的污点时，我只觉得好笑。即使让一个公正无私的法官来评判摩根财团，他也会认为摩根财团是高尚、公正和体面的，而且方方面面都符合商业的崇高理想和道德标准；所以，就算对摩根财团进行 100 个此类调查，也不会有什么结果。我敢拿我的脑袋打赌。
>
> ——尼古拉·特斯拉[1]

社会学家卡尔·曼海姆认为，心理历史学家应该尝试重构所研究主体的世界观以及该主体所处时代的时代精神，应该辨认出其中的非理性成分。因此，从这个意义上来看，历史是矛盾的、动态的、多层次的和辩证的。[2]特斯拉的世界观受到了沃尔夫冈·冯·歌德作品思想的影响。对他而言，他的发明并不是无中生有的凭空创造，它们都是有根有据的——它们是在借鉴别人的成果、发现隐藏于自然法则中的神秘规律的基础上发展而成的。

> 这些符号是上帝创作的吗？
>
> 它们让我骚动的内心得以平息，
>
> 让我这可怜的心脏充满狂喜，
>
> 以神秘的力量向我揭示
>
> 令我浑身震颤的大自然之能量。
>
> 我是上帝吗？一切都变得如此清晰！
>
> 我的目光所及的每一个符号，
>
> 都在向我展示大自然运行之规律。
>
> ——歌德《浮士德》

我们可以在歌德的《浮士德》中清晰地找到这一思想。《浮士德》是特斯拉最喜爱的诗歌作品，他能全篇背诵并且一生都在引用它。[3]在特斯拉最意气风发的时期，当他发现旋转磁场的原理时，他曾在布达佩斯朗诵过《浮士德》；他之所以把世界电报系统的发明和圣杯的发现联系起来，正是因为他坚持了浮士德精神[1]，将浮士德作为他追随的典范。

作为进化最充分的物种，人的骨子里有种神秘难解、高深莫测和不可抗拒的欲望——效仿自然的欲望、创造发明的欲望以及努力创造他所认为的奇迹的欲望。……他制服了普罗米修斯来势汹汹、具有毁灭性的火焰，驯服了瀑布、狂风和潮汐的巨大威力，并使它们为人服务。他征服了天神的霹雳火，打破了时空的限制。连伟大的太阳也成了顺从他的劳苦奴隶……

人类能够掌控大自然中最宏大、最令人敬畏的自然过程吗？他能利用大自然无穷的能量并使这些能量按他的意愿发挥出它们所有的功能吗？……如果人类能做到这些，那么他必定拥有几乎无限的、不可思议的力量……

这将是人类思想力量的最高境界——人类几乎彻底地征服了物质世界，他登峰造极的成就简直可以与造物主相媲美，他也因此完成了人类的最终使命。

——尼古拉·特斯拉[4]

歌德的诗歌中贯穿了两大主题：①人类能够揭示自然的奥秘，并利用其满足自己的需求；②人类易被邪恶势力引诱。很显然，特斯拉同时受到了这两种力量的驱使。对于第二种力量来说，特斯拉之所以会选择与摩根合作，就是因为他有意识或无意识地把摩根看成一个超越了凡人的神、超人。正如浮士德被梅菲斯特[2]引诱，特斯拉也受到摩根财团的诱惑。由于摩根"实力雄厚"，特斯拉就心甘情愿地（非常遗憾，也是极不理性地）将51%的控股权拱手交给了摩根。他明明知道，根据摩根的合同，他必须放弃他过去或是将来的大量专利权，但他还是像浮士德一样签了协议，因为对于他来说，"合同的条件并不重要"。

梅菲斯特：你的契约书中出现的任何一条承诺，我们都会严格落实下去。……现在我迫切恳请您放了我。

浮士德：但你得再等一会儿，告诉我好消息后，我便会放了你。

[1] 浮士德精神：《浮士德》是歌德倾其毕生精力完成的一部史诗性巨著。把全书连成一体的主线是主人公浮士德精神性格的发展以及他不满现实、不断追求理想的过程。"浮士德精神"可以解读为肯定人生的积极意义，以实际行动投身实践的创造精神；敢于否定一切丑恶事物与错误思想的否定精神以及追求理想生活、自强不息的战斗精神等。——译者注

[2] 梅菲斯特（Mephistopheles）：歌德《浮士德》中的魔鬼。——译者注

尊敬的摩根先生：

　　这么多年以来，我非常了解您性格的其中一面。我刚开始会去找您合作，正是基于这个原因，我相信您从一开始就看出这一点了。……您扣留了部分完成沃登克里弗工程的必要资金（其实您心里早就盘算好了，对吧？），这对我来说足以致命。直到最近我才明白，您终究是一个商人。

　　我努力研究，为的是获得有尊严、有影响力的成果，并相信它们值得引起您的注意。而您一直想要的只是一个纯粹的结果。您是否曾想过，其实我也是一个商人，如果我的研究最终出了成果，您会把我也当成商人给我获利的机会吗？[5]

1903 年 10 月，在奥维尔·莱特和威尔伯·莱特两兄弟创造航空历史的整整两个月前，塞缪尔·P. 兰利教授在波托马克河（Potomac）一艘居住型游艇顶上试飞了一个"重于空气的飞行器"。当时，来自史密森学会的摄影师也在场，目睹了这一飞行过程。飞行器被弹射出去，然后"飞离长 70 英尺的滑行轨道，在空中飞行了一会儿，接着便开始晃动，最后沉入了飞行场附近的水中……勇敢的飞行员仅仅因为飞行器落入水中而呛了一下……但却幸免于难"。媒体都称兰利的飞行器是"一个失败"[6]，但是特斯拉却为兰利辩护。他在《纽约先驱报》上写道："兰利已经发现了一个伟大的真理，即比空气重的飞行器也能够在空中飞行。……我们应该给这样一个敢于探索真理的人提供必要的帮助，帮助他完成他的研究；国家绝不应该错失这项成果巨大的实用价值，而应该给予这项成果应有的殊荣。"[7]

1904 年，为了能从困境中突围，特斯拉开始主动出击，他设计他的宣言，发表一些吸人眼球的文章。无线发射站的施工被迫暂停，发射塔上的一些重要的零部件被迫拆卸下来还给极度不满的债主们。留下的几个骨干员工为特斯拉装装门面，并继续和他一同研发他的荧光灯和振荡器。但是特斯拉的沃登克里弗笔记显示，这一时期，他没有写任何理论性的东西[8]；他所有的精力都集中在一件事情上：筹集资金，重启工程。特斯拉的代理人在康涅狄格州找到了一个制造商，请他"制造振荡器的所有金属部件"，但是还存在振荡器的销售问题，而且卖振荡器的收入也不足以使他重新运行沃登克里弗发射站。另外一个困难与沃登先生有关。买这块土地时，特斯拉显然没有认真研究过这块土地的所有权问题，结果这块土地惹来了所有权的法律纠纷。特斯拉借着法律纠纷拖延了支付按揭贷款的时间。[9]

"还有一个需要考虑的问题是曾带给我很多麻烦的爱迪生 - 普平 - 马可尼联盟，他们的联合使我目前陷入了更严峻的局面。"他写信给舍夫说。[10]

2月份，特斯拉参加了由斯坦福·怀特和他妻子贝茜在格拉莫西公园举办的音乐演奏会。怀特的350个朋友参加了这场音乐会。音乐会结束后，他们还在雪莉饭店用餐。[11]音乐会上，特斯拉很可能见到了摩根以及其他一些潜在的投资者。次月，特斯拉便和通用电气的首席执行官查尔斯·科芬进行了商谈。他写信给舍夫说："如果通用电气的人拒绝投资，只能说明他们迟钝而没有眼光。"[12]他与科芬的这次商谈没有任何成果。不过在4月份，约翰·S.巴恩斯带来了一线巨大的希望。巴恩斯是一个人脉很广的金融家，还是洛克菲勒集团成员之一奥利弗·佩恩上校的合伙人。他在《电气世界和工程师》上读到了特斯拉的文章。巴恩斯邀请特斯拉去他家里用餐，讨论特斯拉的各项计划。

"我一直都非常敬佩佩恩上校，如果他看得起我，愿与我合作，那真是荣幸之至。"

"我们想了解一下关于海军准将摩根资助你这件事的细节。"巴恩斯忽然问道。

"可能和你从我的文章中推断的不一样，其实摩根先生并没有慷慨地捐助我。"特斯拉巧妙地反驳道，"他是一个非常精明的人，他早就预料到，（如果和我建立商业合作关系，而不是纯粹的资助，）他可以从对我的投资中攫取极丰厚的利润。"[13]

虽然巴恩斯有几分迟疑，没有急于承诺，但他还是建议特斯拉让他的律师写一份他的专利申请评估报告。

鉴于巴恩斯和佩恩上校之间的关系，特斯拉非常认真地按巴恩斯的建议去做了。佩恩是克利夫兰市的一个千万富翁，因与约翰·洛克菲勒合作而发迹；这对搭档从铁路运输的石油中，每桶油赚到了50美分。这种巨大收益来源于他们自己的原油回扣和对竞争者征收的关税。凭借他们持有的大量股份和洛克菲勒雪貂式的钻头觅缝精神，他们很轻松地就使铁路当局被迫同意了他们合约中的安排。[14]

佩恩的傲慢是出了名的，他自诩为"神的后裔"；他对洛克菲勒从来没有过真正的好感，但却一直维持着他们的伙伴关系。他在纽约有一处房产，他还是斯坦福·怀特的朋友和资助人。佩恩去欧洲时，曾委托怀特帮他购买艺术品，他还请怀特为他的侄子佩恩·惠特尼设计了一栋位于市区的豪宅。

怀特此时陷入了困境，负债将近75万美元，主要是由北太平洋铁路公司引起的经济风波造成的。他告诉特斯拉，佩恩给他提供了巨大的帮助，减轻了他的经济负担。

还有一件事让怀特沮丧，他年轻的女朋友伊芙琳·内斯比特最近正和一个来自匹兹堡的变态的百万富翁哈利·陶约会。"我听一些花季少女说，他在床上用九尾鞭抽打一位少女。"

讽刺的是，尽管摩根对股市崩溃负有直接责任，但怀特对摩根并不反感。1903年底，怀特和他的妻子贝茜还同摩根一起在"海盗"号上观看了帆船比赛，而怀特的搭档查尔斯·麦金则仍在忙着建摩根图书馆。我们不禁好奇，当摩根乘船到纽波特港和巴尔港，远眺东边的地平线，看到特斯拉巨大的蘑菇状的发射塔时，他心里是怎么想的呢？"你认为摩根会重新考虑吗？"特斯拉问怀特。

"对于摩根来说，一切皆有可能，"怀特答道，"然而，在这个阶段，我认为你选择佩恩上校会更稳妥些。"

佩恩是美国内战时期北方军队的一个重要人物，他与政府最高层都有联系。通过他姐姐的婚姻，他和海军部长威廉·C.惠特尼、国务卿约翰·海成了亲戚；佩恩的父亲亨利·佩恩是一个非常有名的参议员，曾一度被认为是美国总统的热门人选。[15]这样一个重量级人物是绝不可轻易错过的合作人选。

为了表达他对这个来自俄亥俄州的贵族的喜爱，特斯拉为这位"克利夫兰领袖"打开了他的储藏室，并与克尔、佩奇和库珀协商起草一份法律文件，来界定他各式各样的发明专利的适用范围和基本功能。记者阿尔弗雷德·考尔斯在一篇题为《闪电的利用》的综合性文章中说道，特斯拉的预言"相当惊人！如果它们不是出自特斯拉之手，我们自然会认为这些预言是哪位无聊之人的异想天开。如果特斯拉完成了他现在的事业，那么在未来的几个世纪里，他的名声将让过去最伟大的人物都黯然失色"。

特斯拉在考尔斯的采访中所表达的思想观点引起了考尔斯的共鸣，考尔斯在文末写道："当发明家的思想创造和自然法则和谐统一时，真正的发明才能成为可能；如果这些发明刚好也是必需品，那么它们将成为自然进化过程的一部分，在这个过程中，发展就是对环境的适应。"[16]

世间万物编织出一个多么和谐的整体！
劳动或是生存皆你中有我，我中有你！
且看上帝神明如何决定着万物的生死，
来来去去——生命线的延续永不止息。

特斯拉向巴恩斯和佩恩递交了一份律师的综述报告。这份综述基本上说明了他的宏伟设计的每一个方面，包括"以电报、电话和工业为用途的无线电能配送"的专利说明书和计划，还有能量储存、无线传输本地化、确保信号互不干扰性以及创建独立传输频道等方面的专利说明书和计划。此外，还包括特斯拉在遥控机械方面的成果、产生高频率的方法以及"通过制冷来使输电干线绝缘的方法（用这个方法，电力可以低成本地远距离输送，而且在传输过程中几乎不会有任何损耗）"。这份综述还提到了"城市和人口密集地区地下配电问题的完美解决方案"。因此，最终的设计既包含了无线电能输送，也涉及传统的电能输送方法。克尔、佩奇和库珀三位律师分别分析了 23 个专利的可行性，然后总结道："我们没有发现任何可能存在专利权争议的东西，我们一致认为它们是合法有效的。"[17]

特斯拉还把该报告同时分发给了其他几位重要人物，包括福琼·瑞安和皮尔庞特·摩根。特斯拉写信给舍夫说："我发誓，如果我有朝一日摆脱困境，谁要是没钱就别来找我！"与此同时，他和煤炭公司和电话公司讨价还价，以保证燃料的供应和沃登克里弗塔电话线路的畅通。"我现在相信这两种灯将如计划那样取得圆满成功，之后我便可以获得美国财政部的支持了。"[18] 然而，荧光灯的研发问题一直没有得到解决，这项发明也终究未能以特斯拉的名义上市。

西屋电气公司公告

灯具研发部

1958 年 10 月 28 日

西屋公司在此荣幸地宣布：一种不用灯丝、不会发烫、不刺眼且花费不到一美分成本就能日夜不停地照明一年的新型"平光灯"……问世了！……这标志着大众平民将能首次买得起电灯作为他们的家用照明物。[19]

与佩恩上校的交易告吹后，特斯拉在沃登克里弗给摩根写信说："我希望我们之间不幸的误会能够被消除，我一直试图找出产生这种误会的原因，但却徒劳无功。……同时我也希望您能意识到我的这项工程足以载入史册，它值得您的支持。"[20]

整个春夏季节，特斯拉都在一遍又一遍地考察他的发射站，为的是给自己以力量和肯定。7 月，他让舍夫检查一下，确保沃登克里弗塔的草坪已经修剪好，因为他将带一位可能的投资者来参观发射站。[21] 然而他的决心开始动摇，因为不管他将求援之手伸向哪里，都遭到了拒绝。他开始相信，如果他要成功，就必须改变一个人的想法，这个人当然就是摩根。9 月，他给摩根写了一封急件，告诉他"英国和俄国已经有人确定会跟他签署建立类似沃登克里弗发射站的合同"[22]，但摩根却没有任何回应。

时值深秋，摩根与坎特伯雷大主教进行了交谈。[23] 特斯拉这位工程专家把这看作是有种神秘力量在帮助他的事业的标志。10月，在他最喜欢的13日这天，他给摩根写了一封"13要点信"，他把他们之间发生的所有事情的来龙去脉给万能的资本家摩根清楚地讲了一番。他在信中首先谈到了他专利申请书的情况、他和摩根之间关系的发展以及他因马可尼剽窃他的成果而决定改变他与摩根的合作协议的事。对于自负的理论家特斯拉来说，仅仅传递摩尔斯电码信息根本就不值得他考虑。因为他已经和世界上经济实力最雄厚的人结了盟，特斯拉坚定地认为他有必要去完成更加伟大的事业。

> 既然您参与了我的这项事业，您就需要细致地考量我的计划。……也许您从未完全领会这项事业的意义……

> 由于您的个性和我们协议的性质，失去您的支持后，至少在最近几年，我无法吸引其他人给我投资，除非我的专利的商业价值得到认可。

> （当我们增加发射器的规模，）……使发射站能够将信号发射到地球的每一个角落时，可以这么说，它赚钱的能力将无可限量……而它的成本却只增加至不到原先的两倍（即30万美元）……它将带来很多大规模的体面的商机，能与您的声望地位和我作为无线电领域开拓者的角色相称。

> 您从一开始就告诉过我别再要求更多的资金，但是这项工程的重要性非比寻常，……所以您刚从国外回来时我就把整个事情的情况向您作了解释，然而您似乎误解我了，这真是莫大的不幸……

> 某些胆敢愚弄欧洲皇室、美国总统甚至教皇陛下的阴谋家们以他们无能的尝试使无线电这项技术声名狼藉（要是他们获得点儿像样的成功也不至于此），他们还用虚假承诺欺骗公众，使公众无法将虚假承诺与合法权利……和技能区分开来。

> 我知道您对于我所说的能获得百倍的收益回报肯定表示怀疑，但如果您能一直帮我，直至最后完工，您会发现我的判断是正确的。……目前我总共花费了约25万美元，我离最后的成功就差那么一小笔资金……再给我7.5万美元，我肯定能将发射站建成……

这封信（此处摘录的部分已经被高度浓缩了）公正而准确地描述了发生的事

情及其原因。显然，写这封信的这位学者头脑很清晰，他已经在他的行业里多次证明了他自己，差一点就剧烈地、革命性地改变了人类文明的进程。特斯拉的研究已经到达了"灵魂意识"的层面，所以他放下了所有的戒备。因此，从下面的这段文字中特斯拉的神圣誓言以及他在信中所用的敬语，我们可以看到特斯拉内心深处的情感：

> 摩根先生，这一年来，我的枕头几乎夜夜被泪水浸湿，但您千万不要因此认为我是一个软弱的人。我完全确信，不管发生什么，我都能够完成任务。唯一让我感到痛心的是，尽管我已经克服了一切看似不能克服的困难，而且掌握了我独有的专业知识和技能——如果这些知识和技能得到有效应用的话，将推动世界向前发展一个世纪——但我却不得不无奈地看着我的工程被延迟。

> 一直期盼您的好消息的：N. 特斯拉 [24]

> 亲爱的特斯拉先生：

> 关于你 10 月 13 日的来信，J.P. 摩根先生希望我告诉你，想要让他再为该项合作做任何更多的事都是不可能的。

> 1904 年 10 月 15 日 [25]

这种傲慢无礼的随意拒绝让特斯拉沮丧不已，这不仅燃起了他对摩根这股阻断了他事业道路的力量的怒火，也激发出了他充满诗意的滔滔不绝的口才。

> 尊敬的摩根先生：

> 您就像俾斯麦[1]一样，伟大但却不受控制。上周我满怀希望地写信给您，以为您和大主教最近的接触能使您受到感化，从而您的心会变得更软一些。但我发现，您根本不是一个基督徒，而是一个狂热的异教分子。一旦您说了不，不管发生什么，您都不会改变主意。纵使地球的引力变成了斥力，对的变成了错的，任何建议和想法碰到了您这冷酷的"顽石"，都会被击碎。

> 多么不可思议啊！我本来一年半以前就应该能够在全世界学者面前发表我的胜利演说，……并公开感谢您对我的慷慨帮助，但事实却是，您让我不断挣扎，使我在狡猾的对手面前变得软弱，让我因朋友的质疑

---

[1] 俾斯麦（Otto von Bismarck, 1815—1898）：德国政治家，德意志帝国第一任首相，于 1871 年建立德意志帝国，并且担任首相长达 19 年。——译者注

而沮丧，我耗尽了我所有的钱，想方设法克服您一手造成的一堆困难和障碍……

　　有人对我说："如果这是一件好事，为什么摩根却看不透呢？……摩根是最不可能让好机会溜走的人。"于是我的工程就这样拖泥带水地持续了两年。我很想继续前进，但是我该如何做到？我现在就像一个在河中逆流而游的人，一心想往上游，却被水流无情地往下冲。

　　难道不管我说什么，您都不愿听吗？难道您要让我屈服，失去一个不朽的冠冕吗？您就愿意看着一笔巨大财富这样消失？又或者您愿意将来人们这样评价您——就因为您曾拒绝了我，使您的判断力永远留下了缺憾？现在我能给您提一个新的请求，以克服我当下的困难吗？再重申一下，我将百倍地回报您所投资的钱。

1904 年 10 月 17 日 [26]

特斯拉在这封信后附上了他领域里的众多领军人物对他的能力的肯定评价和褒奖。他在信里还详细阐释了沃登克里弗项目相比于科罗拉多斯普林斯的研究有了哪些进步和突破。12 月 16 日，特斯拉发出了"最后通牒"。他要求摩根：要么再给他投 10 万美元资金完成发射站的建造，或者给他 5 万美元"完成必要部件的建设、完善整个发射站的防火性能……并购买保险"；要么"如果您不想给我投资的话，那只剩下一个办法了。请您解除对我的所有合同的责任和义务，将我的专利相关文件归还于我，并把您已投资的钱作为慷慨的捐赠，我会以我的诚实和努力创造出对您对我都最好的成果"。特斯拉说他会继续四处演讲以筹集资金，那样的话，"不到一周……他就能够在华尔街筹集几百万美元"。[27]

17 日，摩根回复道：

　　我已经告诉过你多次了，我不会再多投资任何钱了。至于你提出的解除合约的建议，我也不打算接受。我诚心地和你一起制订了合同，我已经履行了我应该履行的合约责任，现在我希望你履行你的合同义务，这是完全合理的。[28]

亲爱的摩根先生：

　　长久以来，为了与迷信对抗，我养成了一个习惯，就是我倾向在周五或每个月的 13 日写一些重要的信件，但我现在的情况已经火烧眉毛，我一刻都不能再等了。

其实我知道您会拒绝我。……想用心灵的"蛛丝"套住华尔街最大的"怪物"，我又能有多大胜算呢？

……您说您已经履行了您的合同义务，但事实是您没有！

我找您合作，看中的是您的才华和影响力，而不是您的钱。您应该知道，我这么做是因为我敬重您就像我尊重自己一样。您是一位了不起的人物，但是您所创造的财富最终会湮没在历史的长河里，而我的成就将永垂不朽。为了有史以来最伟大的发明，我诉诸您的帮助。我名下的发明比以往任何人的都要多，连阿基米德、伽利略这样的发明伟人也不例外。如今在美国，已经有60亿美元投资到基于我的发明而建立的企业中。这不是自吹，摩根先生，我说的话都是有凭有据的。如果您还是昔日的皮尔庞特·摩根，我将很快就能获得您100万美元的投资。

特斯拉还在信中提到，在他看来，摩根违反了他们之间的合约：

根据我们的合同，我的义务是提供：①专利权；②作为工程师和电工的专业能力；③我良好的商业信誉。您的义务是提供：①资金；②您的商业能力；③您良好的商业信誉。我转让给您的专利权的价值，最保守估计也是您投入资金的10倍。您确实已经支付了资金，没错，但即便是这样，您还是违反了我们合约的第一条款，因为您延迟了2个月才支付了最后一笔5万美元的资金，而这个延误对我的工程是致命的。

我认真地履行我的第二和第三项义务，但您却故意忽略了您的第二和第三项义务。不仅如此，您还使我的名誉受到了损害。

摩根先生，我现在只有一条出路了。您要么资助我完成这项伟大的工程，……要么放手给我一次自我救赎的机会。我非常尊重您的利益，并衷心祝愿您幸福快乐。

您忠诚的：N. 特斯拉

1904 年 12 月 19 日 [29]

为了表示诚意，特斯拉在信中附上了他的一项专利的专利权税支票，还寄了一本他最新的重要论文《能推动和平的无线电能传输》（The Transmission of Electrical Energy Without Wires as a Means of Furthering Peace）的样刊。两周后，

1905 年 1 月 6 日，摩根依照合同将剩余的 49% 的资金付给了特斯拉。

沃登克里弗和平计划

特斯拉的《能推动和平的无线电能传输》这篇论文长达 6000 字，发表在《电气世界和工程师》上。论文首先论述了"慈善事业"和"电子振荡的实际应用"（即大众传播系统）将如何带来"世界和平"。特斯拉在定义和分析这个主题时指出，作为昔日的努力在历史长河中逐渐沉淀的结果，世界和平有可能会突然成为现实。"我们必须从全局的高度思考问题。……种族敌对和偏见在明显减少。……然而，迄今为止，在国际关系中只有一个领域已经实现了'世界大同'的和谐局面，即邮政服务领域……"

特斯拉指出，"为数不多的几个强大的国家可能会威慑所有的弱小国家，从而维持和平，但仅靠纯粹的武力威胁来达到目的已经变得越来越难"。如今，巡航导弹、CNN（美国有线电视新闻网）和诸多世界新闻组织已经显著地改变了战争的方式——淘汰了传统的指挥系统，用机器而不是人来对战（就像日本的"任天堂"电脑游戏一样）；实际上，特斯拉在 1905 年就做过类似的预言："如果美国海军（没有拒绝我，）采纳了（我发明的）'远程遥控'鱼雷艇，哪怕只制造出很少的几艘，那么它们肯定能在道德层面上，对现在东方国家（日俄）的复杂关系产生巨大的积极影响。如果以前就能通过无线传输技术，直接而即时地将信息传送到遥远的殖民地和那些至今依旧存在野蛮冲突的地区，那么不用说，技术带来的优势将更明显。"

他的论文随后描述了他正研发的"准智能"导弹制导系统，这个制导系统将拥有"更大的射程范围和更高的投射精准度"；他还指出，"误解"是战争的根源。特斯拉还在文中用一些比较隐晦的措辞向摩根传达了一些信息："使用一种世界通用的语言，将能极大地促进相互理解。……除了语言，我们还必须考虑各类媒介。……目前，报纸在这一点上扮演着最重要的角色。……除了电的发现和应用外，新闻业是促使我们走向和平的最伟大的力量。……但要建立全世界的和平关系，……最理想的途径是完全消除空间距离的阻隔。……而实现这个奇迹的唯一途径就是电力。"特斯拉的这种放眼全球的价值观解释了为什么他会将他的大量重要理论文章刊登在《纽约时报》、《国家先驱论坛报》（*International Herald Tribune*）、英国《太阳报》和《世界》杂志等一些全球知名的报刊上面。

如果摩根资助他，世界和平就能实现——特斯拉给他的资助人摩根赋予了一个多么伟大的使命啊！在接下来的内容充实的 5 页篇幅中，特斯拉详细生动地描绘了他的全球电报发射站及其计划实现的目标。提及在科罗拉多落基山脉一个夏夜目睹的雷暴时，特斯拉说道："那是让我难忘的一天，雷神在黑暗中在他广袤无垠、声响令人生畏的'实验室'里仁慈地向我展示了地磁脉冲。我当时在想，用一年的时间，我将建立我的商业化环球无线电网。唉！遗憾的是，我的第一个'世界电报'发射站都尚未竣工，它的建造在过去的两年里一直在进行，但进度非常缓慢。我正在建造的这个发射塔只能算是个小玩意儿，它的振荡器功率只有一千万马力，只足以使地球产生轻微的震颤，通过信号和文字发送电报或打电话。"

特斯拉一面试图说服摩根沃登克里弗项目不会侵害电力公司的利益，一面却又继续写道："什么时候我才能看到我自己设计的发射站、那个巨型的振荡器的建成？……这个振荡器的电能传输速率可以达到 10 亿马力，相当于 100 个尼亚加拉大瀑布的总发电量，产生的巨大能量撞击宇宙时的声音能把金星和火星上正在熟睡的电学家惊醒——如果金星和火星上有电学家的话！……它不是一个梦，而是电力工程方面一个简单的科学成就，只不过它的建造成本很高——可悲啊，这个充满了盲目、怯懦之辈的世界！"

假如特斯拉在这篇论文中能够克制一下他的情绪，此文能否实现它的预期目的——把资本家摩根变成慈善家？答案可能是否定的。不管怎样，特斯拉在文末又进行了一次犀利的嘲讽，这进一步恶化了他的处境："当今世界，对于一个革命性的想法或发明，也许这样会更好：在它发展的初期，它得不到帮助和鼓励，而是遭到……自私自利、虚假学问和愚蠢无知的阻挠和糟践，被抨击甚至扼杀；它必须历经考验和磨难，经历无情的商业斗争。正如我们在黑夜之后才能见到光明，历史上一切伟大的事物刚开始都曾遭到嘲笑、谴责、打击或压制——但它们都在痛苦挣扎之后发展得更强大、更成功！"[30]

让我再一次告诉您。我已经完善了史上最伟大的发明——把电能无线传输到世界任何一个角落。这项成果耗费了我 10 年时光，它是先哲们长期以来一直在探求的一块宝石。我现在需要做的就是完成我的发射站的建设，然后它将使人类一跃向前发展几个世纪。

目前我是世界上唯一掌握着创造这一奇迹所需的专业知识和能力的人，也许百年之内都不会再有这样的人物出现……请您帮助我完成这项工程，或者清除我前进道路上的障碍。

昨天看见您神采奕奕，气色很好，我衷心地为您高兴。您就算再工作20年，活力也必将丝毫不减！

您忠诚的：特斯拉

1905 年 2 月 17 日 [31]

特斯拉所面临的各方压力不断增加。沃登的律师催促他尽快支付按揭贷款，特斯拉以前的一个名叫克拉克的工人因工资拖欠而起诉他。当特斯拉在华道夫酒店自己的套房收到这些坏消息时，他总是在看完后"把信撕得粉碎，以防任何心怀不轨的人发现沃登克里弗计划的可怕的秘密"。为了勉强维持收支平衡，特斯拉坚持研发他的振荡器和其他发明，如变压器、电容器、汽轮机等。但这些发明的研发都是长期性的工程，不能产生即时的收益，因此无法提供购买必要部件、重启无线发射站建设的资金。特斯拉给舍夫写信道："我前进的道路上困难重重，它们就像传说中的九头蛇怪，我砍掉一个头，马上又长出两个头来。" [32]

这个时期，特斯拉开始只用铅笔写作，他的文风变得不那么犀利，没有了早期作品中大胆率性和立场鲜明的特点。他开始更加频繁地感到筋疲力尽，他给他的经纪人打了一个比方，说他的工作很像一个举重运动员："现在，每给我增加一盎司，我都感觉分外沉重。"

我亲爱的卢卡：

我不能去和你们一起吃晚餐了。我要努力工作，以便 [给菲利波夫夫人] 买下那辆豪华轿车。

1905 年 3 月 10 日 [33]

3月底，当沃登的律师气势汹汹地冲进华道夫酒店，要求特斯拉立即支付欠款时，特斯拉"如遭晴天霹雳"。博尔特先生皱一下眉头就足以让挣扎中的特斯拉忐忑不安。他写信给舍夫："我星期天可能要来（沃登克里弗）一趟，我已经迫不及待了。" [34]

4月，特斯拉开始和他的律师一起着手在英国、法国和意大利申请他的专利。但由于他无法给长岛的工人足够的补偿，沃登克里弗的声誉被"蒙上了阴影。我们可能即将面临一场变故，你觉得呢？"他问舍夫。"沮丧、……危险和接二连三的困难"持续困扰着特斯拉 [35]，他已经到了崩溃的边缘。

亲爱的特斯拉：

我知道你会为降临到我身上的巨大幸福而高兴。格丽泽尔达·休斯顿·赫尔……已经答应嫁给我了，我们的婚礼定于 5 月 25 日举行。……亲爱的特斯拉，你知道吗？你是除了我家人外我第一个想到要邀请的人。我们的结婚仪式会从简。在这个我人生中极为重要的仪式上，我希望有你陪伴在我身旁。

有你在，这个婚礼才真正算是完整的。

你真诚的：里士满·皮尔逊·霍布森

1905 年 5 月 1 日 [36]

这种喜庆的场合刚好能让特斯拉得到必要的放松。在婚礼上，特斯拉掩饰了他的种种焦虑，和霍布森的岳母"相谈甚欢"，还以他一贯的风格调侃他的新婚朋友："霍布森，现在你结婚了，你的职业生涯也随之结束了。"[37] 当然，事实远非如此，因为很早前就一直有传言称这个颇有魅力的海军上尉可能会被提名总统候选人。

"我必须为亲爱的特斯拉做点什么。"回家的路上，凯瑟琳对丈夫罗伯特说。

"他都做不到的事情，你又能为他做些什么呢？"

"我想恳求摩根发发慈悲。"她凄切地说道。一回到家，凯瑟琳就朝屋子冲去，以掩饰她决堤的泪水。

摩根在欧洲度暑假时，特斯拉约见了雅各布·希夫。希夫当时正在把大笔的钱借给日本人，以帮助他们跟俄国作战。特斯拉满怀希望地给舍夫写信道："希夫说他可能会答应跟我合作，我相信他将是一个对我很有价值的人。"[38]

8 月，摩根度假归来。特斯拉派舍夫将他刚得到授权的新专利清单亲手交给摩根。结果摩根这个"大章鱼"用他的"触角"抓过这个清单，随手将其扔进了废纸篓里。

亲爱的舍夫先生：

13 似乎是我的幸运数字。首先，我在弗里克先生走出办公室时碰到了他，与他交谈了片刻。他非常友好，说很抱歉他不得不出去一下，但他将改日再与我详谈。我确信我已经找到合伙人了，就如万有引力定律一样确定，肯定没错。

1905 年 11 月 11 日 [39]

亲爱的特斯拉先生：

我已收到你 13 日的来信，兹予以回复。我首先要说的是，我本人不会再给你的工程投资更多的钱了。如果弗里克先生愿意跟你携手合作的话，我将为你感到高兴。弗里克将是你合作的最佳人选，我将很高兴和弗里克先生一起在这个项目上合作；你说弗里克先生将投资 10 万美元，我将在此基础上尽我所能地配合。

J. 皮尔庞特·摩根

1905 年 12 月 14 日 [40]

圣诞节将至，特斯拉似乎已经与另外一位超级富豪达成了一项交易。我们还记得，当美国钢铁公司在 1901 年成立时，弗里克从中挣了 6000 多万美元；瑞安和希夫也加入了这个新成立的前景看好的联合公司。特斯拉写信给摩根，感谢他同意了自己与弗里克的交易。在草稿中，特斯拉写道："您和弗里克先生可以从这个项目中拿走任何你们喜欢的东西，给我哪怕很小的一点利益，我就满足了。我完全理解您的态度，您是一个严格按原则行事的人。在我生命中，我还未曾遇见过像您这样的人，您甚至只需用非常简单的方式，就能达到歌德所描绘的状态。" [41]

然而特斯拉又再次审视了他和摩根之间的关系，回想起他自己曾更改他们的合同，想到自己传输电力，使其为工业服务的终极愿望。他为什么会想这些呢？因为 12 月份摩根回避了跟弗里克的会面。厄运正在降临，特斯拉开始崩溃。他此时用铅笔写的字瘦弱纤细，变得模糊难辨。

亲爱的特斯拉：

最近听说你身体抱恙——你隐瞒得太好了，朋友和公众都不知道，我一直很担忧，不过现在得知你已经康复，我非常高兴。希望你身强体壮！

你忠诚的：T.C. 马丁

1905 年 12 月 24 日 [42]

尊敬的摩根先生：

我刚了解到，德国人已经开始建造一个各方面都与沃登克里弗相似的无线发射站，他们预期在一年内建成。……摩根先生，我相信您也不希望看见这种可怕的事情发生。如果弗里克愿意帮助我，我会立刻开工，一刻也不耽误，明年 7 月我就可以使发射站建成并投入使用。请您尽快见他一面。我没有多少时间可以耽误了。

1906 年 1 月 24 日 [43]

约翰逊夫妇刚从欧洲回来，他们在欧洲时见到了"罗马陛下"。凯特（罗伯特·安德伍德·约翰逊太太）决定抓住机会，她叫了一辆马车，打算只身去拜访摩根。"华尔街 23 号！"她鼓足勇气对车夫说道。结果，摩根并没有见她。[44]

尊敬的摩根先生：

　　弗里克先生将造访您，……恳请您见见他！时间在飞逝！

1906 年 2 月 2 日 [45]

两个星期后，特斯拉再次写信给摩根，恳求他答应拨给他"一笔他应得的合理的资金"。他请求摩根同意只持有特斯拉企业 1/3 的股份，也就是减少摩根将近 20% 的股份。"请不要再说您'不愿投资更多的钱'这样多余的话，这只会让人扫兴。全市的人都知道这件事了。"[46]

由于摩根百般破坏，特斯拉与弗里克的交易最终以失败告终。特斯拉的身体颤抖得厉害，眼睛开始凸出来。这位生着病的工程师甚至忘记了刮胡子和沐浴，他急匆匆地搭乘了开往肖勒姆的第一班火车，一到站，便奔向距车站仅几百码远的他的宝贝发射塔。患病的特斯拉抓着大梁以支撑身体，他开始往上爬，爬了 15 层，来到了塔顶，眺望着向四面绵延数英里的平坦开阔的土地。

尊敬的特斯拉先生：

　　来信已收到，得知您身体已经康复，我甚是高兴。我从未见您像上周日那样身心憔悴过，我当时被吓到了。

您真诚的：乔治·舍夫

1906 年 4 月 10 日 [47]

5 月，布里奇波特[1]发生了一次惊险的爆炸，爆炸引起的冲击波在肖勒姆都能感觉到。"我希望我的发射塔不要频繁遭遇这样的考验。"特斯拉在信中对舍夫说。旧金山大地震发生后还不到一个月，就发生了这次爆炸，它又引发了余震。特斯拉和舍夫以及发射站仅剩的几位工人继续研发他的电容器和汽轮机，他计划将其内置在鱼雷中。

斯坦福·怀特很关心美国当局在建的建筑的稳定性，因此写信给旧金山当地政府，告诉他们应该制定"严格的法律。……用热铆结钢建造的建筑抗震能力非常好"。他说道。[48]

跟特斯拉一样，怀特也是这次金融风波的受害者，他开始酗酒。才 54 岁，他的身体却已经开始恶化，并患有肺结核。2 月，怀特打算拍卖他价值 30 多万美元的挂毯、雕塑和画，以便还掉他一半的债务。不幸的是，拍卖的两周前，一场大火彻底烧毁

---

[1]布里奇波特（Bridgeport）：美国康涅狄格州西南部的一个工业城市，位于长岛海峡北岸。——译者注

了这些未保过险的收藏品。

在哈利·陶娶了伊芙琳·内斯比特之后，怀特依旧整天追着她。1906年6月25日，哈利带了一把手柄镶了珍珠的手枪，沿着蜿蜒的走廊来到麦迪逊广场花园的屋顶花园餐厅，当时伊芙琳也在那里。艺人哈里·肖特正在演唱《我可以爱1000个女孩》。哈利找到了怀特，并在众目睽睽之下对着他眼中的"禽兽"的脑门开了枪。一代建筑设计大师——麦迪逊广场花园、芝加哥世博会上的农业建筑物、尼亚加拉大瀑布发电厂、普罗维登斯（Providence）的议会大厦、纽约的华盛顿广场拱门、纽波特的网球名人堂和玫瑰堡、纳拉甘西特（Narragansett）赌场、波士顿火车站、玩家俱乐部、众多的教堂和其他大厦、白宫的扩修以及沃登克里弗通信塔的设计者——斯坦福·怀特就这样离开了人世。

参加怀特葬礼的人寥寥无几，因为他刚被指控涉嫌强奸一名16岁的女孩。但特斯拉去了。[49] 特斯拉的梦想岌岌将亡，镀金时代也已经结束了。

这一年，特斯拉的笔迹开始变得松散。到8月份，他的笔迹已经变得散乱无章。这一事实正好证实了那段时间他遭遇了精神崩溃的假设。[50] 特斯拉的前脚已经迈入了他不可告人的"地狱"之中，他不得不忍受精神的衰弱，进而引起了他性格的变化和失常。自我异化占据了他的思想，他性格中的怪癖逐渐暴露，他的痛苦和愤怒也变得更加明显。甚至给他最亲密的朋友写信，他也署名"尼古拉·特斯拉"，而不是"尼古拉"。47岁的威廉·兰金9月份突然去世的消息又给他的梦想以致命的一击。

1906年10月15日，特斯拉给摩根写了最后一封信，字迹几乎难以辨认。他在信中告诉这位华尔街的商业帝王：瑞安、希夫和弗里克都愿意与他合作。

> 所有的机会就在我面前……您是一位崇高而伟大的人物，我十分敬重您……一朵花的叶子所蕴含的能量比熊掌的力量更大。我要说的就这些了……您被誉为财富的"建造师"，但是如果您想做我事业的"拆台人"，……那么您请便！[51]

> 浮士德：不要用你贪婪的毒牙对我咬牙切齿！——从不露面的伟大而光荣的神灵，你了解我的内心和灵魂，为何还要把我与这以作恶为食、以毁坏为乐的无耻之徒结合在一起？
> 梅菲斯特：是谁将她推向了毁灭的，是我还是你？

第三十六章

梦想的果实（1907—1908）

> 为供日后备查，同时也作为对我的科学预言准确性的一个测验，我毫不迟疑地在此发表声明：飞行器和轮船靠无线传输的电能来驱动，这在 10 年后将不足为奇。要不是因为"人类思想的惯性"阻挠革命性的观点，我想不用 10 年，5 年就可以实现它。

> ——尼古拉·特斯拉（1907 年 5 月 16 日）[1]

"现在才凌晨 3 点啊，特斯拉先生！"乔治·舍夫在电话里粗声粗气地说道，被惊醒的妻子也在一旁喃喃地埋怨着。

"司法执行官已经扣押了土地。"

"可是您才欠沃登 199 美元呀！"舍夫惊讶地说道。

发明家强忍住决堤的泪水，粗声地说道，"我拿不出这么多钱来。"

"我会处理的，特斯拉先生。"[2]

"谢谢！"特斯拉说完，无力地挂了电话。这位曾经的风云人物如今头发散乱，衣服扔得到处都是，很快就会有一个女服务员进来收拾。他用一块布帘遮住了镜子，女服务员会怎么说他呢？他还要去处理沃登克里弗发射塔的事情，他不得不回那儿接受财产查封。他还有多少力气从酒店到达沃登克里弗呢？

特斯拉变得几乎茶饭不思，他已经好几个月没见他的朋友了。他打电话叫房间服务生送早餐后，写了一封信给凯瑟琳。"我陷入了前所未有的困境之中。"他提笔在信笺抬头处写道，笔在纸上发出沙沙声。[3] 但他不想让任何人知道他遇到的真正困难是什么。没有阳光能照进他的房间，他坐在暗处，怜爱地抚摸着从纽约公共图书馆捡来的一只受伤的鸽子。如果博尔特知道了，他一定会悄悄把鸽子扔出去。

这位憔悴不堪的发明家伸手接过一封信，看得出信出一个女士之手。他小心翼翼地从信封中掏出信件，里面还夹了一张剧院门票。玛格丽特·梅林顿邀请他观看她的新剧《爱能找到出路》（*Love Finds a Way*）。看着戏剧的名字，他又一次忍不住抽咽起来。[4]

为缓解痛苦，特斯拉在 1907 年初开始慢慢地恢复他的人际交往。作为治愈内心痛苦的一种方式，独处了很长一段时间的特斯拉悄悄地登上了开往沃登克里弗的夜班列车。这个来自巴尔干半岛的怪才来到他的实验室里，将高频仪器和他的脑部连接起来，然后让骇人的电流一波又一波地流经他的大脑，以此舒缓自己的痛苦。"15万伏的电流经过了我的头颅，我当时还有意识，但过了一会儿我就陷入了昏睡之中。"特斯拉告诉《纽约时报》。[5]

5 月，特斯拉正式成为纽约科学院的成员。[6] 慢慢地，他似乎又看到了重启他伟大计划的希望。为了筹集资金，使他的"大船"保持不沉，特斯拉设法取得了一系列的抵押贷款，将整个工程细分成很多个模块。1904 年春，他从斯坦福·怀特姐夫的法律合伙人托马斯·G. 舍曼那儿借了 5000 美元；1906 年冬，又从洛克菲勒标准石油公司（Standard Oil）的一个合作伙伴的女婿埃德蒙德·斯特洛那儿借了 3500 美元；但这些钱早已经用完。特斯拉已经差不多 3 年没有付华道夫酒店的房租了，所以他又借了 5000 美元的抵押贷款，支付他欠酒店总经理乔治·博尔特的房租。[7] 就这样，他不花一分钱，又开始继续生活在这个奢华的大酒店里。

博尔特此时已经非常地成功。这位华道夫酒店的总经理多年来一直与巨富们交往甚密，他充分利用了酒店内部产生的大量机会。1907 年，他已经跻身大富豪的行列，拓展了他的经营领域，成为了一名银行家，策划成立了坐落于麦迪逊广场花园街对面的林肯信托公司（Lincoln Trust Company）。[8]

除了特斯拉，所有人的事业似乎都在蓬勃发展。摩根通过雅各布·希夫已经和古根海姆家族敲定了一项交易，准备成立"阿拉斯加集团"（Alaska Syndicate），成立这个超级大公司是为了在尚未被开发的北部荒野地带开采铜矿。根据约翰·海斯·哈蒙德的报道，犹他州的古根海姆山只含有 2 % ~ 3 % 的矿石，而北部的荒野矿脉却含有 75 % 的纯铜矿！这是蕴藏着无法估量的财富的地方；要开采这里的铜矿，需要一支轮船队、上千人的施工队，并投资 2500 万美元专门兴建一条通往矿区的铁路。

但铜并不是"摩根和古根海姆联盟"关注的唯一焦点。他们也开始采购煤矿、铁矿和成千上万亩的林地。"于是，媒体、当时活跃的少数环境保护者以及大部分的美国民众开始强烈抵制阿拉斯加的古根海姆摩根集团。"[9]

随着对铜线需求的增长，对绝缘物的市场需求也随之增加。托马斯·福琼·瑞安和伯纳德·巴鲁克抓住这一机遇赶赴欧洲，与比利时国王（前艾伯特亲王，特斯拉的一个熟人）签署合同，计划接管非洲刚果的橡胶市场。他们与亲王协定利润五五分成，亲王又将他的利润分 25% 给国家，给自己留 25%。随后，巴鲁克回到华尔街处理市场营销事务，而瑞安则去非洲监督产品生产。轮胎公司的利润自然也一点不亚于电气公司。

当人们意识到特斯拉淘汰电线的计划被迫落空后，人们对铜的需求自然会得到保障，且不断增长，于是乎又掀起了一次疯狂抢购铜业股票的热潮。

1907 年的恐慌

8 月，经济危机开始显露出种种迹象，约翰·D.洛克菲勒的标准石油公司因价格欺诈和违反关税法被罚了惊人的 2900 万美元。华尔街突然变得动荡不安起来。F.奥古斯特·海因策是一个有名的投机商，同时也是古根海姆集团的敌人；10 月份，海因策开始向市场抛售大量的联合铜业公司股票。他本打算以更低的价格买回，但他失策了。他的投机行为导致股市下跌，他的商业信托公司也受到了挤兑[1]。由于海因策和其他金融机构有利益往来，这种恶劣影响开始蔓延开来，1907 年的经济恐慌开始了。所有银行的储户都纷纷将现金挤兑出来。

J.皮尔庞特·摩根将所有银行和信托公司的老总召集起来，在他新建的图书馆召开了一次紧急会议。这个华尔街商业帝王坐在他布满挂毯、原始手稿、绘画和珠宝的图书馆中，精心策划着如何救助那些尚能挽救的企业的方案。然而，一些企业已经无药可救，实力较强的银行也只能动用他们的储备金了。查尔斯·巴尼是尼克博克信托公司（Knickerbocker Trust Company）的董事，有"两个非常漂亮的姐妹"；巴尼在会上请求救助，却遭到了指责。回到家后，他用手枪结束了自己的生命。巴尼的自杀引发了一场自杀风波，尼克博克公司的 1.8 万存款人中，自杀者最多。由亨利·克莱·弗里克作为联络人，西奥多·罗斯福总统给摩根旗下的机构转入 2500 万美元。尽管这个数目与实力较强的企业所需的抵押金相符，但是这笔新的资金也只能帮小部分企业解燃眉之急。到了那周周末，博尔特银行、林肯信托公司、尼克博克信托公司、商业信托公司和其他好几个公司的经济状况已经无法挽回。[10] 如今，

---

　[1] 挤兑：金属货币流通条件下货币信用危机的一种表现形式，往往是伴随着普遍提取存款的现象发生的，并进一步形成金融风潮。——译者注

特斯拉重振他的公司的希望更加渺茫了。

"这真是一个可怕的时代，"特斯拉对舍夫说，"我完全无法理解，在其他方面如此勇敢无畏的美国人，为什么在经济危机面前却害怕到这种程度。我的船舶推进设计堪称伟大，我确信这项设计能使我摆脱这个困难，但是如何摆脱困境呢？我至今也看不到希望，因为筹集资金已经几乎变得没有可能。"

"我们仍在等待国际商业航运公司（International Mercantile Marine Company）的来信。"舍夫说道。

"耐心点儿，老兄。他们肯定感兴趣，只不过他们提出了一些目前我无法接受的条件。如果我有哪怕一点点资金，就不会担心我完不成我的工作。"

"阿斯特怎么说？"

"他在电话里说想尽快见到我，但直到现在，我们也没有达成任何实质性的交易。我现在算是明白了，如果我想得到资金，只有从资产不少于1亿美元的投资人那里筹集。"

"那么，特斯拉先生，我们就乐观地等待最好的结果吧。"[11]

"因痛苦而变得有些呆滞"[12] 的特斯拉为了从失望、沮丧中解脱出来，开始在电力期刊和当地报纸上发表大量言辞尖刻的文章。他的文章涉及的话题范围十分广泛。他试图证明自己的想法是对的，所以，虽然他所处的境况荒谬而具有讽刺意味，他还是设法为自己的想法辩护。同时，他还努力阐述沃登克里弗计划的前景，指望某个有远见卓识的金融家来解救他，但这是徒劳无益的。特斯拉正在寻找的是一位英雄，这位英雄不仅要帮他实现他的个人愿望，同时更是为了地球的未来作贡献。

在他的文章中，特斯拉表面上是在评论海军准将佩里的北极探险，实际上却详细解释了他的世界无线电报计划。[13] 在《哈佛画报》（*Harvard Illustrated*）上，他讨论了洛厄尔关于火星的发现和向其他行星发射信号的方式[14]；在《世界》杂志和《英国机械与科学世界》（*English Mechanic & World of Science*）上，他描述了如何利用烈性炸药产生潮汐波，引起整个地球的震荡，还描述了如何利用这股水墙"吞噬"发动进攻的敌人[15]；他还连续给《纽约太阳报》和《纽约时报》的编辑多次投稿，写过多封信，谈论了很多话题，如遥控鱼雷艇[16]、声音的无线传输、在治疗中周期电流流经身体时所产生的麻醉效果、马可尼无线系统的低效以及马可尼和另外一位无线电发明家瓦尔德马尔·波尔森抄袭了他发明的振荡器等。特斯拉还声称，菲利普·赖斯在贝尔之前发明了电话，金和 J.W. 斯塔尔在爱迪生之前发明了白炽灯。[17]

特斯拉写道，与贝尔和爱迪生不同，"我开辟的是自己的道路，一路披荆斩棘，我的手还在隐隐作痛"。他回顾了自己为了证明他才是多相交流系统的真正发明人而不是像费拉里斯教授这样只会剽窃的"无能之辈"而进行的苦战，然后讨论了他在无线电报领域的独创性成果。"除非用我发明的或与我的发明本质上相似的手段和方法，否则要实现有效地向整个地球以及与它相近的星球输送电能是不可能的，"他说道，"这个系统是如此完美，以至于它的改进空间非常非常小。……你能给我一个这项科学成果不能和哥白尼的发明相提并论的理由吗？"[18]

这是一个全新的特斯拉——容易心生怨恨，义愤填膺，敢于蔑视一切而又任性易怒。他发明了多相交流系统、感应电动机、荧光灯、机械振荡器和电力振荡器、新颖的蒸汽推进系统、遥控、星际通信以及情报、光和电力的无线传输方法。他是一个原创性的发明家，而贝尔和爱迪生仅仅是改进了别人的成果。这个世界怎么可以否认他应得的荣誉？

特斯拉的发明甚至也是繁华的纽约市新开通的电动地铁系统的核心组成部分。然而，洪水成了持续困扰电动地铁进一步开发的问题。所以，必须警告公众，要防止洪水侵蚀关键部件，以免增加发生爆炸的风险。于是，特斯拉写了一篇文章，给政府提出了解决该问题的办法。

有两周时间，特斯拉经常去他喜爱的美发师店里，请美发师用热毛巾敷他的脸，并给他做大力的头部按摩，以此来刺激脑细胞。[19]特斯拉拿起他的手杖，穿上他的山羊皮高帮鞋，来到四十二街刚贴了瓷砖的地铁站入口。他打算去寻找新的办公地点。当他下了楼梯，站在轨道旁等下一班地铁时，他心中油然生出一股不可一世的自豪感来。一会儿走在城市的一角，几分钟后就突然出现在另一处，这对他来说简直是一种神奇的体验。

在 1907 年很平常的一天，特斯拉正在站台等车，一个少年走过来问他是不是大科学家尼古拉·特斯拉。特斯拉看见少年眼神中闪烁着光芒，他回答说自己正是特斯拉。

"我有很多问题要向您请教。"这个年轻人说道。此时，特斯拉正往前移动准备上车。

"好的，没问题，你先上车吧。"特斯拉回应道，不明白这个男孩还在犹豫什么。

"我……我的钱不够付车费。"男孩不好意思地答道。

"噢，原来是因为这个呀。"这个电气学家笑着把乘车所需的钱抛给了小男孩。"你叫什么名字？"

"奥尼尔，先生，杰克·奥尼尔。我正要去申请纽约公共图书馆助理员的工作。"

"那太好了！我们可以在图书馆碰面，你正好可以帮我搜索一下我正在研究的一些专利的历史。"

和特斯拉一样，奥尼尔对通灵现象有浓厚的兴趣。10年后，他成了长岛当地报纸《拿骚每日评论之星》（*Nassau Daily Review Star*）科学版的记者。最终他在《国际先驱论坛报》谋到了职位，并在此期间获得了普利策奖，随后撰写了关于特斯拉的传记《天才浪子》（*Prodigal Genius*）。[20]

6月，特斯拉又收到了沃登的法律诉讼，不过由于此时沃登已经去世，所以由他的继承人代理。诉讼的原因是特斯拉在购买的200亩土地之外，又跟沃登赊购了400亩的土地，欠了沃登1080美元未还。

"这是一个在法院拖了好几年的老案子，"特斯拉告诉《太阳报》的记者，"我本来打算在这块土地上进行农业实验——通过电为土壤增肥。我认为，利用一定的电学原理来产生氮，可以大大提高土壤肥沃度，所以便与沃登签订了购买土地的协议。但我随后才发现，跟我签署协议的人根本没有处置土地的权利。……我告诉过他土地购买取消了……但他的继承人却还一味地索赔。现在看来，我别无选择，只能支付这笔冤枉钱了。"[21]

VTOL[1]：垂直起降飞行器的历史

尊敬的上校：

我现在准备跟您谈谈订购一架自动推行式飞行器的事，重于空气的飞行器或轻于空气的飞行器都行。

您忠诚的：尼古拉·特斯拉

1908年6月8日[22]

阿斯特对飞行器特别感兴趣，但特斯拉却同时有着多重目标（后来这也成了他

---

[1] VTOL：即 vertical take-off and landing，垂直起降。——译者注

的一个习惯）。他当然想让好心的上校资助他在航空方面的研究，但实际上，他的最终目标是挣够钱，从而能够返回长岛，重启他的世界无线电报发射站的建造。因此，任何可能获得的收益都总是会受到他这个更大的计划的威胁。这个问题会持续妨碍有可能达成的交易，特别是和像阿斯特这样的人进行交易，因为阿斯特对特斯拉的主要意图了如指掌。

1908 年初，特斯拉做了一个很令人迷惑的预测。他最终在百老汇 165 号确定了新的工作地点，并觉得一切都快步入正轨了。他搬进去不久便收到邀请，请他在华道夫大酒店做晚宴发言，晚宴的主角便是他和查尔斯·西格斯比少将。"新的一年即将到来之际，我想消除一个……极大阻碍航空业发展的错误认识。"特斯拉预言，"热气球驾驶员不久便会明白，……总的来说，飞行器机体太重以至于飞不高。所以，即便这样的飞行器有一定的用途，但绝不可能和可驾驶轻质热气球飞得一样快。……与这些冒险实验形成了鲜明对比的是齐柏林伯爵所进行的认真而庄重的努力；他正在建造一个真正的飞行器，它安全可靠，能够承载十多个人外加一些食物，而且其飞行速度远比其他人的飞行器快。"[23]

特斯拉认为空气的黏度大于水的黏度，所以他预测飞机绝不可能飞得比"水中的交通工具"快。他进一步分析推断，当飞机的螺旋桨达到极高的速度时，"螺旋桨必定会完蛋"，因为螺旋桨的旋转速度有限，并且它很容易损坏。据特斯拉估计，螺旋桨飞机不久将会被"喷气式飞机取代"。[24]

短期来看，也就是此后的 30 年中，飞艇[1]将是乘客旅行时最喜欢的交通方式。

[1908 年 5 月 30 日，柏林] 齐柏林伯爵试飞他研制的第一架飞艇的出色表现为他赢得了光鲜的荣誉，如今他又完成了职业生涯中最引人注目的壮举。他驾驶着"齐柏林Ⅱ"号飞艇，上面载有 2 个工程师和 7 名工作人员，连续飞行了超过 400 英里的距离，其间没有落地……

那一整夜，飞艇……飞越了德国的瓦滕贝格和巴伐利亚州上空，越过沉睡中的乡村和市镇……

媒体已经进行了广泛宣传和报道……齐柏林伯爵将驾驶着他的飞艇来柏林，并将飞艇停在……阅兵场。为了见证这一特别时刻，皇帝和皇后……

---

[1] 飞艇（airship）：一种轻航空器（轻于空气的航空器），其飞行升力来自于作用在机身上的空气浮力，具有操纵和推进系统，通常其推进系统是由航空发动机驱动的螺旋桨系统构成。——译者注

以及成千上万的民众都满怀期待地聚集在了这里。[25]

直到 20 多年后，林德伯格才让公众见识到单人驾驶螺旋桨飞机穿越公海的场景，但飞艇在当时就已经接近这一技术水平了。1911 年，约瑟夫·布鲁克组建了跨大西洋飞艇远征队（Transatlantic Airship Expedition），但英国空军在 8 年后就领先于布鲁克的远征队成功跨越了大西洋。[26] 第一次世界大战期间，齐柏林飞艇频繁地从柏林飞往伦敦执行轰炸任务。两年后，也就是 1919 年，罗伯特·安德伍德·约翰逊和另外 50 名乘客乘坐一个类似的"巨型飞行物"从罗马上空飞过[27]。然而，到 20 世纪 20 年代末，这个第一次世界大战时的"老东西"已经几乎被遗忘，因为卓越的飞艇已经频繁地从欧洲越过大西洋飞往北美和南美，德国成了未来航空技术新的领导者。

这里有一段奇异而不幸的历史插曲。有人愚蠢地选择了用氢这种高度易爆炸气体来填充小飞艇，而不是用非易燃气体氦。如果工程师注意特斯拉 1915 年的警告，坚持使用相对安全的氦来填充飞艇，那么 1937 年的"兴登堡"号飞艇大灾难[1]绝对不会发生，齐柏林的硬式飞艇也可能会在后来的很多年中继续被使用。这次灾难的缘由可以一直追溯到 18 世纪末，当时法国科学家雅克·查尔斯发现氢气比空气轻 14 倍，因此用氢来填充气球。像特斯拉时代的齐柏林伯爵一样，查尔斯先生因乘坐他的气球一口气飞了 15~20 英里而出了名。

如今，飞艇为电视体育摄影机提供了稳定平台；广告商因飞艇能够产生"名牌知名度"而使用它；军队也喜欢飞艇，因为飞艇拥有直升机没有的独特优势。飞艇还能被用于执行低空飞行救援任务且不会引起骚乱；因为它能够连续几个小时或好几天固定在一个地方，所以可以用它侦查潜水艇发射的巡航导弹；并且它极难被地面监视系统发现。"为什么它们在雷达上不显示呢？"《大众机械》（*Popular Mechanics*）杂志近期刊载的一篇文章这样问道。"因为飞艇的船身是由一种类似尼龙的分子聚合材料制成的，其壳层由聚氨酯纤维制成，其内部充满了氦。这些物质都极少或几乎不能使雷达产生感应……下一代的飞艇将使用少量燃料，一次可以运行数月之久。它们被开发出来是用于军事用途的，所以可以进行一个不无根据的预

---

[1] 有史以来建造的最大的可操纵硬式飞艇"兴登堡"号于 1936 年在德国升空，开始第一次跨越北大西洋的商业飞行，先后完成了 10 次成功的往返飞行。1937 年 5 月 6 日，当它在新泽西州莱克赫斯特着陆时，它的氢气囊起火爆炸，烧毁了飞艇，艇上 97 人中有 36 人罹难。这场灾难被记录在了胶片和磁带上，完全终止了硬式飞艇在商业上的应用。——译者注

测：（21世纪的）飞艇甚至可以用于跨大西洋的航空客运服务。"[28]

特斯拉在华道夫酒店发言时预测了喷气式飞机发展的必然性，这种喷气式飞机，与他后来阐述的他的高度创新但还未成型、操作原理类似今天的"矢量推力"垂直起降飞机的发明接近。特斯拉在大学期间就尝试过很多飞艇设计方案，他在1894年设计的一个飞艇模型便是传统形状的热气球。这项设计受了巴黎世博会和芝加哥世博会上展出的飞艇的启发；它是由一个巨大的感应线圈来为其持续供热的，感应线圈位于热气球承载舱的正上方、热气球的中心位置。[29]

特斯拉最近的一个飞艇模型形状酷似一滴巨大的泪珠，它利用了列奥纳多·达·芬奇、冯·齐柏林伯爵和劳伦斯·哈格雷夫等研究者发现的空气动力学原理。哈格雷夫是澳大利亚人，他于1890年制造了由橡胶带驱动的螺旋桨飞机，该飞机在空中飞行了一百多码，其形状和特斯拉的一个制图人于1908年设计的传统的翼型飞机形状相似。[30]

> 我的飞艇既没有气囊或机翼，也没有螺旋桨。……如果你在地上看见它，你绝不会想到它是一个飞行器，但它却能在空中朝任何方向随意翱翔，绝对安全，速度比以往任何飞行器都快，且不受天气、气旋或下沉气流的影响。只要你愿意，在这样的气流中，它依旧可以往上升。它还能在空中长时间保持完全静止，甚至在风中也一样。它的升降并不是靠像鸟儿那样精致的结构，而是取决于能动的机械作用。而它的稳定性是基于我的发动机的回转作用来实现的。……它是我儿时梦想的果实，是我长年累月辛苦劳作和研究的成果。[31]

在特斯拉的飞艇中，"喷气式涡轮机"位于它的"头部"（更笨重的一头），50个可转向放气阀位于另一边的"尾部"（更尖的一头）。如果特斯拉的飞艇被制造成轻于空气的飞艇，那么飞艇可能在一定程度上基于亨利·吉法德和冯·齐柏林伯爵的成果。法国人亨利·吉法德1852年发明了世界上首架可驾驶飞艇；齐柏林首次成功建造了"气袋内"含有坚硬金属框架的飞艇原型[32]。齐柏林还是第一个考虑到空气阻力的人，他的飞艇时速超过40英里。

精心设计的机翼能够产生"比阻力大很多倍的升力，这使得机翼充当了一个推力放大器……（如果）推动力来自水平方向，那么就会产生巨大的、能克服飞行器的重力的竖直的上升拉力。"[33]

因此，特斯拉的喷气式飞艇的原型，其实还可以按照重于空气的设计方案来制造。特斯拉研究过奥利弗·沙努特、M.古皮和奥·利连索尔以及其他几位18世纪"欢乐90年代"[1]的飞艇研究者获过专利的成果。当然，他还受了塞缪尔·兰利和莱特兄弟的影响和启发，他们都曾制造出重于空气飞行器的模型。[34]

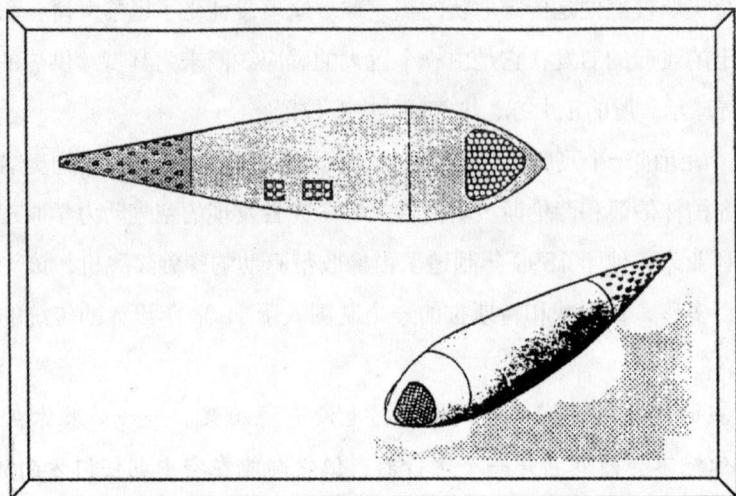

特斯拉于1909年左右设计的反应喷气式飞艇（*reactive jet dirigible*）。这个模型是后来各种飞翼原型的先驱，如洛克希德·马丁航空公司（*Lockheed Martin*）的新型X-33技术验证机，后者是被设计来取代航天飞机的。［图片来源：元科学基金会（*MetaScience Foundation*）］

气垫船

特斯拉设计的另外一种马蹄蟹形的垂直起降飞行器叫作气垫船[2]。这种气垫船类似轻型巡航护卫舰，在船体中心水平安装了一个动力强大的涡轮。引擎像一个大电扇一样运转，产生巨大的下沉气流，气流在船底积聚形成气垫，将气垫船往上托起，使其在气垫层上快速行驶。[35]这个发明的工作原理很像最早的《星球大战》电影里描述的气垫船；它是陆军汽车大小的"空中吉普"的先驱，"其推力来自牢牢安装在机身上的管道风扇。为了能够水平飞行，整个船身（通过驾驶员的倾斜动作）微微倾斜"。1960年，《科学美国人》写道："这项设计因其简约……且对超低空飞行

[1] 欢乐90年代（Gay Nineties）：指美国1890年到1900年的10年间，此段时期被认为是快乐的时光。——译者注

[2] 气垫船（hovercraft）：利用高压空气在船底和水面（或地面）间形成气垫，使船体全部或部分垫升而实现高速航行的船。——译者注

有很强的适应力而正在被科学家们研发。”[36]

尽管特斯拉可能建造过能飞过哈得逊湾的水翼船[1]模型，但人们仍质疑他是否制造过重于空气的气垫船。但毫无疑问的是，他造过通过遥控操作的“轻于空气的”水上飞船。

特斯拉的气垫船和草履虫形状的喷气式飞艇逐步发展成了今日军事上被认为“最具战斗力”的鹞式超音速战机，以及即将建造的全新洛克希德·马丁X-33航天飞行器。X-33机身较轻，形似“扁平的飞翼”，可垂直起降，它取代了拥有新实验发动机的垂直起降航天飞机。[37]

这项技术的起源可以追溯到“著名航空工程师A.F.扎姆的研究，他（在1921年）申请了一项飞机专利，这种飞机的机翼可改变由螺旋桨形成的滑流的方向，从而为飞机提供升力”。这项发明可能受到了特斯拉研究成果的启发。尽管扎姆并没有实际制造他设计的飞机，但这种飞机后来发展成了20世纪60年代英国的“猎人”战斗机。扎姆的飞机利用喷嘴改变滑流方向，当滑流向下时，飞机垂直起飞或往上升，当滑流水平往后时，飞机正常地水平飞行。1969年，有人披露，鹞式超音速战机使用了动力极强的帕加索斯[2]涡轮喷气发动机；随着帕加索斯发动机的发明和使用以及“推力矢量”的运用，扎姆的飞机的实用性得到了大大的提高。[38]“从飞行员的角度看，飞行员驾驶舱只有一个可以选择喷嘴角度的备用控制杆。”[39]“机型为AV-8B的鹞式战斗机是美国海军陆战队的地面支援飞机，它能够垂直起飞，可以在靠近战场的上空盘旋，投放导弹、集束炸弹或智能炸弹。”[40]

能量束驱动飞行器

特斯拉有一项设计——飞行器的运行不用燃料，而是通过地面的无线发射机来获得能量；他有没有完善过这项设计不得而知，但这一设计理念却已被军队采纳。1987年，《纽约时报》和《新闻周刊》都报道了大型滑翔机“不用燃料而获取能量”的事情。这些滑翔机每个机翼的下腹部都装有很多大型的“硅整流二极管天线”（rectennae）板，它们能接收来自地面发射器发射的微电波，并将其转化成能量提

---

[1] 水翼船（hydrofoil）：一种高速船，船身底部有支架，装上水翼，当船的速度逐渐增加，水翼提供的浮力会把船身抬离水面（即水翼飞航或水翼航行），从而减少水的阻力，增加航行速度。——译者注
[2] 帕加索斯（Pegasus）：希腊神话中缪斯女神的坐骑，生有双翼的神马，被其足蹄踩过的地方有泉水涌出，诗人饮之可获灵感。——译者注

供给滑翔机。这些"特殊的天线板周围分布有很多的小型整流器，它们将交流电转化成直流电，为电动机提供能量，从而带动滑翔机的推进器"。[41] 这一原理同样被运用于航天器上的太阳能电池板和太阳能汽车上。

"廉价飞机"
特斯拉设计出一种能升降、能侧飞的奇特飞行器
巧妙结合了直升机和飞机的特点

昨日看到有关"直升机飞机"的详细描述，它是发明家、电气魔法师、实验家和梦想家特斯拉的最新发明。

这是一个小型的多功能飞行器，它的发明者特斯拉称，它可以竖直升降和高速水平飞行，且飞行速度比现在的普通飞机快得多；而且，虽然这项发明融合了多项先进的技术，但它的预期售价还不到 1000 美元。[42]

尽管这篇文章写于 1928 年，但特斯拉在 1921 年就首次申请了他的这项全新"空中运输手段"的专利[43]。不仅如此，螺旋桨驱动的垂直起降飞行器的设计还更早，可以追溯到 20 世纪初。特斯拉设计的最早、最原始的直升机看起来很像一个洗脸盆，它的中央有一根立轴，两个水平的螺旋桨看起来像是两个打开后重叠起来的伞架。这架直升机后来演变成了他的"廉价飞机"。廉价飞机可以像直升机一样垂直起飞，然后当螺旋桨和机体朝水平面旋转 90 度时，它就能像普通飞机一样水平飞行。应用在特斯拉廉价飞机中的原理也体现在了另一个先进的军用垂直起降机——V-22 鱼鹰式倾转旋翼机中。在 V-22 的设计中，机体形似一个普通的军事运输机；它的螺旋桨位于两个机翼的末端，当螺旋桨旋转至与机身呈 90 度时，直升机便垂直起飞，而当螺旋桨与机身保持水平一致时，直升机便可以正常地水平飞行。美国与伊拉克的战争（1990 年 2 月）中使用了 V-22 鱼鹰式倾转旋翼机，它同"空中吉普"和鹞式超音速战机一样，都直接演变于特斯拉的发明设计。鉴于特斯拉航空学方面的研究成果几乎不为公众所知，美国军队很可能秘密地采用了他这方面的成果。

垂直起降机可以大致分成四类：机身能够倾斜的，可以控制推力方向的，螺旋桨或涡轮喷气发动机能够倾斜的，以及运用了双推进系统的垂直起降机。贝尔实验室从 20 世纪 40 年代开始制造螺旋桨驱动的垂直升降机。早期的模型包括由沃特、希勒和瑞安研发的机翼可倾斜的 XC-142A 直升机以及由柯蒂斯和莱特研发的螺旋桨可倾斜的 X-19 直升机。

新武器

　　每种部队都有自己最钟爱的新武器；海军陆战队最喜欢的武器就是 V-22 鱼鹰式倾转旋翼机，因为它既能像直升机一样垂直起飞，又能像普通飞机一样飞行。它的生产商，贝尔直升机德事隆公司（Bell Helicopter Textron Inc.）和波音直升机公司（Boeing Vertol Co.）相信，单凭 V-22 便能够迅速地将海军陆战队运输到沙漠腹地；……每架 V-22 能载 24 个人，其价值为 4000 万美元。[44]

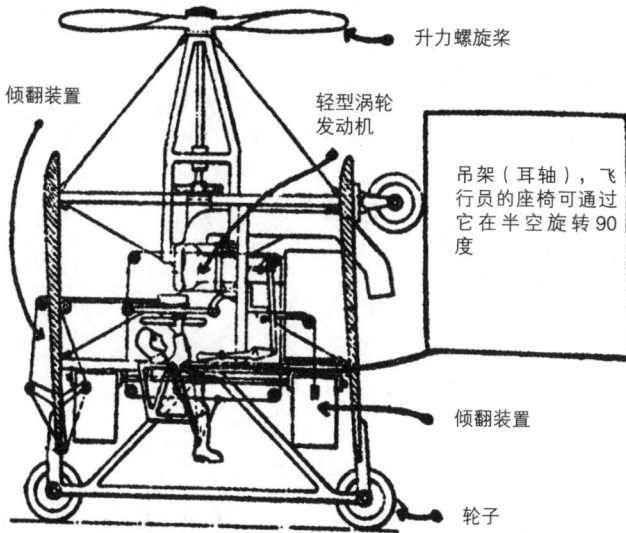

特斯拉的直升机-飞机综合模型图，他称其为"廉价飞机"。（此图刊载于 1928 年 2 月 23 日的美国《纽约日报》）

第三十七章
无叶涡轮（1909—1910）

亲爱的阿斯特上校：

从报上得知你已回到纽约，我很高兴。我迫切地想告诉你，我的蒸汽和燃气涡轮、抽水机、水力涡轮机、空气压缩机以及螺旋桨的发明都已取得了巨大的成功。有识之士都认为这些发明将会带来巨大的变革。我的燃气涡轮将是世界上最先进的飞行器涡轮，因为它每 1 磅的质量能提供 4 到 5 马力的功率。我一直努力设计一种飞行器，它将成为非常先进的飞行器——没有螺旋桨，没有斜面，没有舵，也不会造成能量损失——可以说它的一切都和旧飞行器不同，它将能承载更大的质量，且在空中飞行的速度远快于现有飞行器所能达到的速度。我现在正在研制一种汽车，这些新的原理都会体现在这种汽车上。我还在为一家铁路公司设计火车头。除此之外，我还在调试新的驱动设计，使它适用于一艘大西洋客轮（最大的大西洋客轮之一）。这些都是机密消息。我写信告知你，是因为我知道你会为我的成功感到高兴。

致以诚挚的问候！

你的挚友：尼古拉·特斯拉
1909 年 3 月 22 日[1]

1909 年 11 月，体弱的诗人罗伯特·沃森·吉尔德辞世，罗伯特·安德伍德·约翰逊因此从副主编的职位升为主编。众多知名人士参加了吉尔德的追悼会，其中包括马克·吐温和年仅 24 岁、被喻为"神童"的诗坛新星乔治·西尔威斯特·菲尔埃克。卢卡并不想以这种方式获得晋升，但董事们显然找不出罗伯特以外能够担任这一职务的人选。吉尔德的去世昭示着《世纪》杂志的一个重要时代的结束。

这一年的圣诞晚餐特斯拉是在罗伯特家吃的。当晚的话题中自然包括罗伯特如何提高持续减少的杂志发行量的问题。为了与一批新涌现出的大众杂志竞争，罗伯特不得不降低标准，允许使用诸如"hell"这样的四字母词[1]来迎合和吸引《世纪》不同的读者群。

凯瑟琳热衷于讨论奥利弗·洛奇爵士近来的主张，洛奇爵士称他找到了一种媒介，

---

[1] 四字母词（four letter words）：由四个字母构成的单音节的词，粗俗不雅的字，猥亵的言辞，通常与性、排泄有关，如 fuck、shit 等。——译者注

通过这种媒介，他可以和心灵研究协会（Society of Psychical Research）的已故成员进行对话；但特斯拉认为这种"无线"交流形式是一派胡言。他更感兴趣的是推翻皮克林教授关于花1万美元在得克萨斯州竖起一批镜子以向火星人发射信号的假想。

"制造能反射平行光的镜子的这种想法目前超出了我们的能力范围。但是，有一个方法能使我们和其他星球建立联系。"特斯拉说到了他的沃登克里弗无线发射站，约翰逊一家眼睛顿时再次一亮。当然了，问题就是资金短缺，于是特斯拉便开始描述他的最新赚钱计划，即他的最新发明。[2]

有的人指责特斯拉是一个不切实际的梦想家。此时说他是"梦想家"并非毫无道理。"夜幕下，当四周一片寂静时，这位高超的发明家开始集中他所有的注意力"，试图想出摆脱困境的路子。[3]他常在工作完后离开他华道夫酒店的套房，在街上边散步边思考。曼哈顿宏伟的中央车站大厅是他最喜欢去的"圣所"。[4]那里凌晨4点的时候非常安静，他可以随着自己的思绪自由"翱翔"：穿过停靠火车的通道，或爬上富丽堂皇的大理石阶梯，或在阶梯上俯瞰偌大的乘客大厅，又或是仰望那布满星空图案的拱顶，拱顶上绘着星座及其相应的神像图。这是属于他的神圣空间，在这里，他可以任凭思绪遨游在飞马座、武仙座、处女座、人马座、双子座、长蛇座或猎户座这些星座图间，并突然从中获得灵感。或许，"阿尔戈斯"[1]号船能让他找到点眉目呢。

特斯拉的所有心思都集中在沃登克里弗计划上，若不能重启并完成这项工程的建设，他是绝不会满足的。半途而废是他完全无法接受的，要么完全建成，要么一开始就不建。舍夫会带着自己的老婆、父亲以及刚出生的孩子定期到发射站去处理税款问题，并支付看守发射站的霍金斯先生的工资。

但是，特斯拉的竞争对手现在已直逼而上，他们即使不能完全取代特斯拉，也正在某些方面赶超他。天上的飞机和飞艇已经很平常，反对无灯丝照明物的势力变得更加坚不可摧，无线发射机如雨后春笋般被安置在林中的河岸上。1908年1月，法国人在埃菲尔铁塔顶端安置了一个广播站，用以向摩洛哥发送消息。其负责人预言，理论上，这些脉冲"能绕地球一圈，然后再返回塔顶"[5]。李·德福雷斯特在美国的势头开始迅速发展，他很快便开始与政府和富豪们签订协议，准备在曼哈顿各处的最高建筑的楼顶安装"无线电话"装置。1907年，他播放了大都市歌剧院里恩里克·卡

---

[1] 阿尔戈斯（Argus）：希腊神话中有100只眼睛的机警巨人，他睡觉时从不把眼睛全部闭上。——译者注

鲁索的歌声。大部分听众都是附近的船只上的人。与此同时，德福雷斯特找到了提高摩尔斯电码传播速度的方法。现在，他能以每分钟 600 字的惊人速度发送电报。

德福雷斯特公开宣称：“我可以自信地预言，未来 5 年内，每一艘船……都将装上无线电话。……我期盼在未来的某一天，歌剧能通过无线电话传送到每一个家庭。将来，新闻甚至是广告都会通过无线电话传播给公众。”德福雷斯特继而批评马可尼的装置仍旧解决不了静电干扰的问题，并预言他的新调谐系统最后将成为标准的调谐系统。[6]次年，他和贝尔电话公司签订了一份“无线广播”的协议，将在费城和纽约之间安装操作台。[7]特斯拉在无线电领域已经变得无足轻重，他所住的华道夫酒店的总经理博尔特先生花了 3000 美元，请联合无线电公司在华道夫的楼顶上安置了两个 40 英尺高的无线发射机，这无异于在特斯拉的脸上打了一记重重的耳光。[8]

但是，马可尼仍旧是家喻户晓的风云人物。《纽约时报》在每期周日增刊上都对他大肆吹捧，报头的位置很显眼地描述了他的无线发射机穿洋跨陆的景象。

一流发动机

特斯拉的涡轮堪称简朴的典范，它和之前所有的涡轮机都大相径庭，以至于看起来简直不可思议。[9]

虽然特斯拉的无线电“工程……的先进性在当时遥遥领先”，但他还是投身于“其他一些更能吸引注重实用性的群体的产品的研发。经过多年的观察分析，我发现当今世界非常需要……一台高效的发动机”。特斯拉这里所指的是他的一项新发明——一种动力强而又轻巧的涡轮，它能替换汽车中的汽油发动机，也适用于飞机、鱼雷或远洋客轮，还能被转化成一个泵来输送气体、固体或液体物质。此外，这种非凡的机器还能用来生产液氧；甚至可以将其放在焚化炉上，把焚化炉的废热转化为电力。这项综合了多方面革新性的发明的灵感来源于特斯拉和哥哥达内童年时在史密里安所玩的水车，它于 1906 年到 1907 年问世，被称为“无叶涡轮”（bladeless turbine）。[10]

机械大王的最新奇作

弗兰克·帕克·斯托克布里奇

“您已经拥有了兰利教授一直试图为优化他的飞行器而探求的东西——一个每磅质量能提供 1 马力功率的引擎，对吗？”我问道。

“我拥有的不止这些，”特斯拉博士回应道，“我研制出的引擎每 1

磅质量能提供 10 马力功率。它的功率是目前最轻的引擎功率的 25 倍。目前飞行器使用的最轻的燃气引擎重量为 2.5 磅，能产生 1 马力功率。我的同等质量的引擎能产生 25 马力功率。"

"这是否意味着飞机动力不足的问题已经得到了解决？"我问道。

"是的，而且远甚于此，"特斯拉说，"这是一种完美的旋转式发动机，它实现了自蒸汽机问世以来机械工程师们长久的梦想。"[11]

特斯拉随即开始讲解这种发动机的原理。他一直在研究水和蒸汽在穿过螺旋桨时所呈现出的特性，并探索水和蒸汽的"黏性和黏附性"与旋转的涡轮叶片的关系。

"金属（叶片）不会吸收任何水，但是部分水却会黏附在其上面。水珠可能会改变形状，但其微粒状态却完好无损；所有液体的这种抗分离特性叫作黏性。"特斯拉解释道。利用这些原理，特斯拉研发了一种全新的涡轮，并申请了专利。这种涡轮没有采用通常使用的涡轮叶片，而是用一连串微微间隔开的涡轮盘取代叶片，这些涡轮盘像一摞叠加起来的硬币一样位于涡轮中心轴边上。每个盘的中心有一个孔，一来可排去渗入的液体，二来可装载传动轴。我们都知道，"当船在海中行驶或飞机在空中飞行时，表面摩擦会对船或飞机产生阻力，"但特斯拉却恰恰利用这种"阻力"来提高涡轮的转速，而不会因介质的黏性和黏附性影响涡轮旋转的速度。这是这位发明大师的又一天才之举。

旋转运动从每个涡轮盘的外缘开始，当水流渐渐形成越来越紧的螺旋状穿过涡轮盘的中心孔时，便增强了旋转运动。通过这种方式，受到压力作用的流体（如蒸汽）会进入内有一层层水平安置的涡轮盘的气密室，继而引起这些涡轮盘旋转。流体具有容易形成旋涡的特性（就像快要进入排水管的水），因此，当流体到达中心位置时，自然就会越转越快。同时，流体的黏附性将带动相应的涡轮盘以更快的速度旋转。利用涡轮盘的这种旋转，这种涡轮可以用来发电；颠倒一下整个过程，可以将这种涡轮变成泵；如果将这种涡轮与感应电机连接，还可以将其改装成一个喷气发动机。

"假设我们现在把这一操作过程颠倒过来，"特斯拉接着阐述道，"我们使水、空气或蒸汽受到压力的作用，从而使其快速进入含有涡轮盘的容器中，会发生什么？"

"圆盘会旋转起来，所有连在中心轴上的机器会随即运转起来——你可能会把泵变成发动机吧。"我猜测道。

"完全正确！"特斯拉博士说。

特斯拉接着说道："不仅如此，这种涡轮机不需做精密的调整，涡轮盘的间距也不存在细微的精确性问题。……如果将多个这样的发动机放在一起使用，我们就可以取代机器上的传动装置。……这种发动机尤其适用于汽车，因为燃气或蒸汽都可以作为它运行的能源。"

"重 100 磅的引擎能产生 1000 马力的功率，你可以想象一下它的性能之强大。目前，空中领域所使用的引擎皆为'卢西塔尼亚'号[1]轮船上所使用的引擎，它的功率为 8 万马力；而如果能给我的涡轮机提供功能强大的蒸汽锅炉，从而产生足够蒸汽的话，它将能产生 25 倍于'卢西塔尼亚'号轮船引擎的功率。……我的这种涡轮机将能实现其他任何引擎从未实现的事情。"[12]

1909 年 1 月，当时在一家硫黄公司工作的乔治·舍夫给特斯拉发了一封求助信，恳求资金援助："我的债主们对我逼得很紧，不管您能帮上多少忙，我都将不胜感激。"[13]

特斯拉并没有给他寄钱，而是给他寄了一张另一个对他不满的投资人——施瓦茨太太的一张支票。由于缺钱，舍夫想转移资金，但是已经帮了舍夫数次的特斯拉漫不经心地在回信中写道："很抱歉，我不得不说，你这样有点不淡定了，你应该保持镇定。施瓦茨太太现在财力很弱，而你完全有能力自己战胜困难。你一定要振作起来攻克重重难关。"[14]随后不久，舍夫又发了一封信，告诉特斯拉他已经为沃登克里弗准备好税费。"几天前的一个夜里，"舍夫还在信中补充道，"小偷闯进了我的家里，将我口袋里的钱全部偷走了。"特斯拉读出了其中暗示的含义，在 11 月给他的前任秘书寄了一张支票，以表慰藉。

亲爱的特斯拉先生：

谢谢您寄来的 200 美元。……除了您的钱，让我更高兴的是它让我实实在在地感觉到，在历经了长时间的苦战后，您正在向成功靠近。

您真诚的：乔治·舍夫

1909 年 11 月 11 日[15]

---

[1] "卢西塔尼亚"号（Lusitania）：英国远洋班轮，1915 年 5 月 7 日在爱尔兰近海岸被德国潜艇击沉。——译者注

1909 年 3 月，特斯拉和约瑟夫·霍德利、沃勒·H. 奈特合伙成立了特斯拉动力公司（Tesla Propulsion Company），该公司股票资本为 100 万美元。公司在《电气世界》上宣布把涡轮的专利权卖给了阿拉巴马煤炭钢铁联合公司（Alabama Consolidated Coal & Iron Company）。[16] 特斯拉还成立了其他公司：专门生产臭氧、注册资本价值 40 万美元的特斯拉臭氧公司（Tesla Ozone Company），以及联合雷上校投资的、专门营销电疗器械的特斯拉电疗公司（Tesla Electrotherapeutic Company）。

当前的臭氧疗法

在最近一次纪念特斯拉来到美国 100 年的研讨会上，一位用过特斯拉的臭氧生产设备的内科医生 G. 弗赖博特说，通过将纯臭氧直接注射到一位身患结肠癌的病人的血液中，患者的"30 个肿瘤被消除"。弗赖博特认为，这种由太阳光和上层大气发生反应而自然产生的臭氧具有"氧化、防腐和杀菌的功效，……对很多患者起到了镇痛和治疗的作用"。当有人提问质疑这种疗法有导致栓塞的危险时，弗赖博特指出，"气体栓塞"并非像普遍认为的那样由血液中的氧气气泡引起，而是因为氧气中含有杂质而产生的。尽管物理学家们已经证实了有关臭氧疗法的一些科学发现，但这项疗法仍然颇受争议。[17]

特斯拉当然没有把臭氧注入人体，但他的确为舍夫当时正遭受疾病折磨的妻子制造过一台电疗仪器。"我相信这会对你和你的夫人大有好处！"特斯拉在信中写道，还加了句俏皮话，"除非你家里没有供电线路，如果是那样的话，你们该搬家了。"[18]

1909 年到 1910 年，特斯拉在普罗维登斯、布里奇波特和纽约市三地来回奔波，在这些地方，他做了不少关于他的涡轮机的演示。涡轮机的研发工作大部分都是在布里奇波特进行的。

"我现在正在研究我的一些新的想法，即将把我的这些发明应用到汽车、火车头和车床中，这定会是一个巨大的成功。"他在给舍夫的信中写道，"唯一的问题就是没有资金，不过，用不了多久，我的钱就会源源不断地入账，到时候不管你有任何要求，只管跟我提。"在另一封信中，特斯拉乐观地说："一切都进展顺利，看样子我的无线电梦想将有望在来年夏天之前实现。"[19]

1910 年 3 月，欧文的妻子产下了他们的第一个儿子小罗伯特·安德伍德·约翰逊；然而同年春天，约翰·雅各布·阿斯特和他的儿子文森特在海上失踪的消息传到了特斯拉的人际圈中。对于特斯拉来说，假如这个消息是真的，那将是一个灾难。好在世界十大首富之一的阿斯特（和他的儿子）最终毫发无损地出现了。得到这个好消息时，特斯拉和其他很多人一样，都感到十分欣喜。虽然我们无法确定阿斯特对特斯拉的涡轮机研发工作作出了多大贡献，但是有证据表明特斯拉在阿斯特停泊于哈莱姆河码头的一艘"神秘的小船"上安装了一个水翼喷气发动机。《纽约时报》报道称，这艘机器"看似一艘可以用于水上航行的空中飞船"。[20] 假如这是特斯拉当时正在研制的具有革命性意义的飞行器，那么他和阿斯特必然不会将任何信息透露给记者。这种水陆两用的原型机的一个好处是，它能最大限度地减少由试验飞行所导致的死亡事故，因为理论上，这一飞行器仅仅在水面上空飞行。

在通往成功的道路上自我感觉良好的特斯拉写信给在西屋公司工作的好友查尔斯·斯科特，想要订购一百万台感应电动机用来驱动他的涡轮。"不过我已经懂得了凡事慢慢来的道理，所以我先只买一台感应电机。"[21] 他在信中补充道。

1910 年 11 月，特斯拉有了一项关于潮汐波巨大势能的新发现，他随即将他的公司总部搬到了赫赫有名的有 48 层楼高的大都会商厦——它地处麦迪逊大道，与麦迪逊广场花园仅隔了一条街。特斯拉的办公室设在第 20 层楼，刚好在这幢大厦著名的塔钟下。他就在这栋当时世界上最高的建筑上，远观这座生机勃勃的繁华大都市，计划他的下一步举措，以重新开始夺取他的"圣杯"——重启他的全球电报计划。

第三十八章
与哈蒙德父子的关系（1909—1913）

亲爱的（小）哈蒙德先生：

　　读了随函的新闻报道，我很高兴。这件事刺激到我了。你继续赚你的大钱吧。但如果你有侵权行为，我将起诉你，然后与你决裂。

你诚挚的：N.特斯拉

1910年11月8日 [1]

　　老约翰·海斯·哈蒙德具体是什么时候、以什么身份与尼古拉·特斯拉产生了经济来往尚不清楚。认识特斯拉近40年的约翰·奥尼尔在他的特斯拉传记中写道，老哈蒙德给了特斯拉一万美元的资助，用于研发特斯拉的无人驾驶遥控船，该发明于1898年公布于世。[2] 小约翰·海斯·哈蒙德（或杰克·哈蒙德）反驳了这一说法；他在奥尼尔的特斯拉传记出版12年后给作者写信道："我父亲资助的是特斯拉后期的一项发明，所以，我有机会认识了他，当时我还在耶鲁大学念书（1907—1910）。"[3] 因此，根据杰克的信件，老哈蒙德很可能资助了特斯拉的无叶涡轮的研发，虽然他可能还投资了特斯拉的沃登克里弗或其他的研发项目。

　　但不管谁的说法是真的，哈蒙德都不可能给特斯拉这样一份慷慨的"大礼"。所以说，奥尼尔的说法至少部分是不准确的。达柳斯·奥格登·米尔斯是老哈蒙德的总角之交。两人年轻时都曾到加利福尼亚淘过金。[4] 米尔斯还是斯坦福·怀特的老朋友；他于1883年和J.皮尔庞特·摩根一样，成为了爱迪生照明公司的一个主要股东。[5] 19世纪90年代后期，米尔斯作为约翰·雅各布·阿斯特的生意伙伴，参与资助了尼亚加拉瀑布水电工程，可能还投资了特斯拉的公司。[6] 特斯拉还认识哈蒙德的哥哥理查德，理查德曾前去聆听特斯拉在尼亚加拉水电站落成典礼上的演讲。

　　1892年，格罗弗·克里夫兰当选总统。哈蒙德准确地预测了这个选举结果将会导致"经济萧条"，遂携妻子家人远赴南非经营贝尔纳托兄弟的金矿和钻矿事业。因此，在特斯拉研发自动遥控装置期间，哈蒙德正远在地球另一端的南非。尽管如此，哈蒙德完全有可能通过米尔斯对特斯拉的遥控机械研究进行了投资。1898 年时，哈蒙德的儿子杰克·哈蒙德应该有 10 岁了，正处于易受影响的年龄，因此他应该了解到了特斯拉的这一技术并受其影响。后来杰克非凡的事业正是围绕无线电制导武器系统的研发，他之所以对自动遥控领域有如此浓厚的兴趣和热情，可能与他早年与特斯拉的接触不无关系。尽管杰克曾公开承认特斯拉是自动遥控装置的重要发明家，但他不大愿意承认特斯拉对他之后的人生方向产生了巨大的影响。

根据杰克·哈蒙德的研究，"欧内斯特·威尔逊教授于 1897 年在泰晤士河上用赫兹波无线操控了鱼雷，所以他是无线遥控这一技术的先驱。"[7]

老约翰·海斯·哈蒙德

老约翰·海斯·哈蒙德英勇无畏，他是小说"《雇佣兵》（*Soldiers of Fortune*）中的英雄人物克莱"的原型[8]。哈蒙德的外公约翰·科菲·海斯上校生于 1855 年，是得克萨斯州骑警[1]，也是富含矿产、俗称"世上最邪恶城市"的海港城市旧金山的首位治安官。哈蒙德的父亲理查德·平戴尔·哈蒙德生长于淘金热时期的加利福尼亚州，毕业于西点军校，与著名军官罗伯特·E. 李和富兰克林·皮尔斯总统是好友；他曾淘过金，亦是旧金山海港的联邦收税员。

哈蒙德毕业于耶鲁大学，主修采矿专业，19 世纪 80 年代中期曾到欧洲继续深造。学成归国后，这位精力十足的冒险者踏上了去墨西哥马德雷山脉（Sierra Madre）探索金矿和银矿的旅途。哈蒙德同他的家人及哥哥理查德一起上路，在他探寻宝藏的途中遇到了凶蛮的阿帕切族印第安人和墨西哥暴徒。哈蒙德回忆道："为了激励我们，我的妻子屡次说，如果迪克和我不幸被杀，她发誓她定会开枪：首先杀了妇女们，然后杀死孩子，最后自杀，绝不让他们落入印第安人之手。"[9]

他还经历了很多域外探险之旅，去过到处是短吻鳄的中美洲沼泽地，去过"哥伦比亚食人族居住地带"[10]。哈蒙德在中美洲的危地马拉成功地找到了金矿，并在墨西哥以及美国中西部地区发掘出了铝矿和银矿。1891 年，腰间左右各别了一把六发式左轮手枪的哈蒙德帮忙平息了蒙大拿州的一场矿工暴动。1893 年，由于对新的民主政府不满，他决定携家人离开美国，深入到被称为"黑暗大陆"的非洲，去实现

---

[1] 得克萨斯州骑警（Texas Ranger）：亦简称得州骑警，是得克萨斯州早期殖民时代的公民治安人员。——译者注

他孩童时探寻钻石的梦想。

在成为英国联合采金区的负责人后，哈蒙德意识到，相比于表层采矿，深入到地下钻矿采掘更能获利，因为表层的矿区售价为每英亩 4 万美元，而深入到地下2500 英尺时，每英亩仅售 10 美元。[11]

哈蒙德的孩子中，数 5 岁的小约翰·海斯·哈蒙德最为出众。杰克有一个比他大 6 岁的哥哥哈里斯，有个弟弟叫理查德，还有个妹妹叫纳塔莉。

因参加了 1896 年的布尔战争，哈蒙德被南非的德兰士瓦（Transvaal）政府逮捕。同时被捕的还有塞西尔·罗德斯和因发动反荷兰革命而声名狼藉的詹姆森博士，他们这些采矿集团的精英分子皆被判处死刑，将由死刑射击队枪决。由于美国国务卿恳切请求，加之当时正在南非的马克·吐温可能也帮忙求情，他们才最终得到赎身的机会。据哈蒙德回忆，当时马克·吐温告诉荷兰人他们逮捕了"几位世界上最富有的家伙"。德兰士瓦总统克鲁格开出总共 60 万美元或每人 12.5 万美元的赎金。罗德斯第一个表示愿意出钱赎身，交易得以达成，他们也最终获释。哈蒙德和他的妻子家人终于获得自由，可以返回美国了。他用后来在采矿事业中所获的利润偿还了他的那一份赎金。

哈蒙德被认为是世上最富有的工业家之一，与众多名流结交，包括三位总统在内，其中威廉·霍华德·塔夫脱总统还是他耶鲁大学时的同班同学，约翰·海斯·哈蒙德自然成了副总统的人选。从古根海姆铜矿联盟辞职后，哈蒙德在 1908 年全力争取，成为了塔夫脱的得力竞选伙伴[12]；就在这几年间，他的儿子杰克也成了特斯拉的合作伙伴。

小约翰·海斯·哈蒙德

1900 年，哈蒙德一家在英格兰短暂停留，随后回到美国，居住在华盛顿。老哈蒙德在华尔街有自己的办公室，在新泽西也有避暑的住所。这位矿业工程师对发明家很感兴趣，他曾邀请过许多发明家到他家做客，其中包括亚历山大·格雷厄姆·贝尔、古列尔莫·马可尼、汤姆·爱迪生、尼古拉·特斯拉和莱特兄弟。[13]1901 年，12 岁的杰克和父亲应爱迪生之邀，前往门洛帕克市。当时，爱迪生正在研究一种"从南非矿石中提取黄金的新方法"，爱迪生给杰克展示了他发明的首个留声机的模型，并把他最初的一些设计草图赠送给他。"可能正是和爱迪生的这次接触激发了我儿子对电学研究的兴趣。"[14] 哈蒙德推测道。

1906 年，杰克考入耶鲁大学，随后不久他便开始研究特斯拉的发明，还为亚历山大·格雷厄姆·贝尔工作。因此，他对遥控技术研究的兴趣在大学期间被（重新）唤醒。"特斯拉和贝尔可以说是我的科学教父，"杰克在日记中写道，"他们让我深受启发。"[15]1908 年初，杰克"为一艘船发明了一个电动转向装置和一个引擎操控器，……他发现他可以在短程内通过无线电脉冲操控这艘船，于是他开始做各种各样的实验"。[16]

在这段时间，哈蒙德一家永久性地定居在了马萨诸塞州格洛斯特（Gloucester）的一个靠近海港的渔庄。在那里，这位满腔热血的工程学学生完成了他的大部分科学实验。杰克注定会成为除汤姆·爱迪生以外拥有最多专利的美国发明家。在新泽西预科学校读书的时候，他就开始对发明感兴趣。16 岁时，他完成了他的第一个重大发明——反转开关，当舍监打开他的寝室门检查他是否在宵禁后读书时，反转开关就会自动关掉电灯。[17]

自此以后，他的发明灵感就像洪水开了闸一样一发不可收拾，专利源源不断。在他的整个职业生涯中，他的专利累计达到了惊人的 800 多项，其中包括军事设备、声乐产品（与有名的 W.H. 哈蒙德的电风琴无关）以及家用电器等方面的发明。杰克最独特的发明有：一打开就能弹出一支已点燃香烟的烟盒、一种微波炉、按钮式收音机、超外差式收音机（此收音机大幅增强了无线电波信号，与爱德温·阿姆斯特朗的发明恰巧相同）、飞机导航系统、定时毒气弹、磁性瓶盖、钢琴收音机留声机组合体、挡风玻璃洗涤器、移动汽车房以及"远程立体投影机（一种能通过无线电投射三维图像的机器）"[18]。

大四那年，也就是 1909 年的 9 月，这位初露头角的神童给他父亲写信，要求父亲安排他与"来自塞尔维亚的遥控机械教父"[19] 见面。"父亲，我希望从特斯拉先生那里获得一些重要信息。"[20]

刚刚在副总统竞选中败选的老哈蒙德安排了儿子与特斯拉的见面。9 月 26 日，杰克在纽约大都会商厦的办公室见到了 53 岁的大发明家特斯拉。他请求特斯拉将其涉及机械无线控制的专利信息寄给他，特斯拉在当月月底之前就寄给了他。[21] 为表示礼尚往来，特斯拉很有可能在那不久后受邀去过哈蒙德位于格洛斯特的家中。

之后，杰克在华盛顿专利局做兼职。此时的他已经能够无线操控 40 英尺长的舰船。他的广播系统部分以马可尼的设计为基础，也运用了特斯拉的振荡器，该系统还包含了"建在实验室附近的两个360英尺高的无线电波控制塔，从实验室可以俯瞰淡水湾（Freshwater Cove）……通过这些设备，人站在岸边的瞭望台上就可以操纵水中的无人舰船"[22]。杰克还邀请特斯拉在他的毕业典礼上发表讲话。[23]

这段时间的特斯拉极度痛苦，因为马可尼剽窃了他的成果，而且在12月份获得了诺贝尔奖。特斯拉告诉杰克，那位意大利发明者"摒弃了赫兹和洛奇的老设备，而偷偷换上了特斯拉的设备，从而实现了横跨大西洋的无线电传播。"[24]然而，杰克并不讨厌马可尼。在他关于无线通信历史的四卷本著作中，马可尼占据了非常重要的位置。他还邀请马可尼去格洛斯特的家中做客，与他建立了友谊，直到20世纪30年代。[25]

杰克曾去欧洲拜访伦敦、巴黎和圣彼得堡的电学工程师和心灵研究者。归来之后，他开始完成自己的硕士学位论文。他的论文中写道：

> 特斯拉先生于1892年就证明，通过真正的赫兹效应并不能在距离相隔很远的发送站和接收站之间进行信息交流。他还进一步证明，发送站发出的电波可以以地面为导体进行传播。今天（指1912年）特斯拉先生的观点已经被公认是正确的。然而，是马可尼在已有的研究成果基础上，发展出了一套实用的远距离电报系统，完成了这一伟大的壮举。……1897年，马可尼先生将信息传播到了8.7英里之外。今天，马可尼先生所传播的最大有效距离已达6000英里。[26]

马可尼的成就很可疑，但杰克却对其给予了高度评价，并打算继续在遥控领域发展，这让特斯拉感到恼火和不安，并向哈蒙德索求补偿。同期，杰克和弗里茨·洛温斯坦、亚历山大·格雷厄姆·贝尔共同发明了一种"机器狗"。当有灯光照在它的身上时，这种狗就会尾随他的"主人"。这只"小狗"像一个带轮子的牛奶盒，它的"眼睛"是硒光电池，能接收作为指令信号的光线。哈蒙德让特斯拉放心，他没有侵犯他的遥控机械方面的成果。但特斯拉一直不相信，尤其是在他读到一篇报纸文章，说哈蒙德正在为军队演示远程操控鱼雷后。

亲爱的哈蒙德：

看了你的函件，我觉得你在无线电方面装糊涂。尽管你再三保证，我仍然会关注你的动静，如果我发现你利用我的成果谋取商业利益，我会友善地对你的侵权行为提起诉讼。[27]

杰克回信再次强调他愿意以他的信誉作保证，会对特斯拉的成果给予应有的肯定和说明，但是特斯拉却想要他写一份合同，把利润分成写清楚。

"亲爱的特斯拉先生，"这位22岁的青年回信道，"我很乐意和你分享收益，但必须以我们共同担负债务为前提。"[28]

"我想，你父亲自然会为我们的债务埋单的，所以我愿意和你一起承担债务。"特斯拉回道。[29]

这当然是玩笑话，不过特斯拉很希望哈蒙德能够和部队成功进行接洽，因为他此时正需要一个市场来销售他新发明的无叶涡轮。不久，他们就建立了合作关系，老哈蒙德给他出资。

"和你哥哥哈里斯一起干，"杰克的父亲提醒他，"他比你年长，更有经验。你要小心特斯拉先生，他常常把钱当树叶子花。"

杰克研习了特斯拉的选择性调谐方法，并称其为"1903预言天才之专利"[30]。特斯拉的这一发明起源于1894—1895年他所观察到的一个反复出现的问题，即在他的实验室中，当他点亮某些特定的灯泡时，很容易同时点亮其他灯泡。在研究了赫伯特·斯宾塞关于人体的两根或多根神经的联合作用的研究成果后，特斯拉想出了一个解决方案，即当灯泡同时接收到两个或两个以上频率的集合时，灯泡才能被点亮。杰克评述道："特斯拉先生的这个系统就像是一个密码锁。"[31]特斯拉给这位科学新人解释了具体的技术细节，并向他展示，仪器设备不止能对一个频率进行反应，它还能对两个、三个或更多的频率进行反应。这种组合排列，与现在的电视和电话的扰频器相似，它不但能确保发送信息的私密性，也使得一个拥有几乎无限量独立频道的系统成为可能。[32]

与特斯拉采用大地共振频率进行无线传输的方法相关的一项专利，即特斯拉电流，成为了从军事制导系统到无线广播和电子通信的众多发明的核心部分。杰克和其他几位发明家，如埃德温·H.阿姆斯特朗，对特斯拉的这一基础性成果进行了发展和改进，结果都成为了百万富翁。

1911年，杰克仍然受雇于华盛顿专利局。这位上进的天才从专利局给特斯拉写信，告诉特斯拉他已经和美国陆军部签订了意向合同，有望将岸对船交流系统卖给陆军部，该系统每分钟能传送20个字。同时，杰克已经开始在格洛斯特组建一个军事智囊团，他雇用了诸如弗里茨·洛温斯坦和本杰明·富兰克林·迈斯纳这样的杰出工程师。迈斯纳生于1890年，后来在特斯拉的帮助下，编写了一本关于辐射动力学的教材[33]；他是智囊团的主要助理。迈斯纳1908年曾为美国海军工作，他参与了"机器狗"和超外差式收音机的研发，他还发明了"触须线"[1]，用作晶体收音机上的检波器。[34]杰克还同雷金纳德·费森登、李·德福雷斯特、约翰·S.斯通和古列尔莫·马可尼进行了商谈。

敬爱的特斯拉先生：

让我们低调地合办一个公司吧，取名作"特斯拉 - 哈蒙德无线电发展公司"。取这个名字，灵感来自爱默生。我要把我的"战车"和您这颗"明星"联系在一起，这样我就能沾您的光了。……

这个公司的目标就是完善自动选择系统，优化潜水鱼雷艇，而最终目标是完成您宏伟的全球无线电事业。

您最诚挚的：约翰·海斯·哈蒙德

1911年2月16日于华盛顿[35]

亲爱的哈蒙德先生：

你的这个"特斯拉 - 哈蒙德联合公司"的提议在我看来相当不错，但在我们合作之前，我得慎重考虑考虑。一位署名"J.P.M"的绅士对我的世界无线电计划很感兴趣，我们签过协议，我得到了他的资助，我的部分无线电发明为我们共同拥有。另外，我的朋友阿斯特也正等着我建成我的无线发射站，然后参与到无线电能传输的商业领域中来，这个领域将会取得巨大的成功。

不过，在自动遥控这项技术上，我没有任何束缚，我很乐意接受任何想开拓这个领域的提议。我相信，这一领域在几年之后将得到世人的关注。

我刚刚完成了我的无叶涡轮的研制，周一将在爱迪生的工厂安装它们。等下次你来纽约，我带你到爱迪生工厂参观这些涡轮的实际操作和运行。

致以诚挚的问候！

N.特斯拉

1911年2月18日于纽约大都会商厦202号[36]

---

[1]触须线（cat whisker）：又称触须、晶须等，它是晶体检波器中用以连接晶体的细尖金属线。——译者注

在特斯拉的质量上好的沃登克里弗专用信笺最上方，很醒目地印着他的发射塔。特斯拉正是用这种信笺，写了笔者认为最可气的一封信。他和摩根之间的矛盾一直不为人知，甚至他们的合同细节也只有少数几个人知道。就连特斯拉最亲近的好友和后来写特斯拉传记的人都不知其内幕。然而，从另一个层面来说，别说特斯拉和摩根的内幕不为人知，更令人不可思议的是，甚至到了1911年，除了特斯拉，所有外人都还以为沃登克里弗是一艘铅壳轮船。

特斯拉依然沉迷于世界无线电报系统的梦想中，同时他对他的无叶涡轮充满信心，认为这项发明将会带来一场变革。这位一贯喜欢打破常规的发明家勇敢却愚蛮地准备着手实施他的理想化方案：他将靠他的新发明筹足资金，然后返回长岛完成他的沃登克里弗发射塔。

或许他的这个计划此时还是有可能实现的——假如在他人生的这一关键时刻，比方说他的无叶涡轮取代了汽车上的燃气引擎或是飞机上的螺旋桨引擎。但是，信中提到的摩根仍对他的世界无线电计划"很感兴趣"的说法肯定是不符合事实的。这显然是这位住在华道夫酒店、衣着华丽的绅士为了掩饰真相而糊弄人的说法；而其真相是，甚至他自己都清楚，他的乐观可能只是一种错觉。

此时，一个机会明明摆在特斯拉的面前：在财力雄厚的哈蒙德家族的支持下，特斯拉本有机会完成一个具体的无线电系统，但因为他的傲慢自大、思想狭隘和自我陶醉——当然也可能是受到与摩根签署的合同限制的缘故，他却将这次机会拒之门外！假使他和杰克一起完成他的无线电计划，他就可能不得不按合同上的规定，把他每一项发明51%的收益赔偿给摩根。哈蒙德不知道，他所希望"沾光"的这颗"明星"是一颗微弱的"彗星"。

充满幻想的信徒

1911年5月，国家电力照明协会（National Electric Light Association）的年度研讨会在三十九街的工程协会大厦举行。特斯拉受T.C.马丁之邀出席了这次研讨会，并向国家电力照明协会的1300名成员发表了演讲。

"在我的脑海里，我想象不出有什么东西能比新发明或新发现更能带给我喜悦和兴奋，"特斯拉开始了他的谆谆教诲，"但这个世界并不总是准备好去接受发明家的宣言，总会有很多怀疑者。因此，发明家们在喜悦的同时，常常只能把苦水往自己的肚里咽。"

但是，这位疯狂的科学家随即给他的听众呈现了无比炫目而夸张的"药片"！特斯拉随后通过幻灯片，给他的听众展示了他的多相交流系统和无人驾驶遥控船，并演示了世界无线电报系统的相关实验，呈现了他在科罗拉多斯普林斯做实验时带有 65 英尺长的光柱的图片，令在场的人们眼花缭乱、目瞪口呆。

在讨论他实现无线传输个性化（即不受干扰且不泄露隐私）的方法时，他指出，在无线系统中，广播组合频率或多重频率大有好处。"你们在报上所读到的所有关于无线电报受到干扰的消息，其真正原因是这一领域的工作人员没有弄清操作原理，他们错误地使用了赫兹波发送消息，这样一来消息的保密性自然无从谈起。"

特斯拉的视野并不局限于地球，他俨然把自己抬升到了普罗米修斯一般的角色。"我现在已经发现的驻波，颠覆了之前所有的发现，因为我已经有办法将能量发射到空中，可以从地球的任何一个地方发射到另一个地方，甚至可以发射到与其对应的地球的另一端，而且绝对没有任何能量损失。实际上，在地球某处发出的能量，反而会随着距离的增加而增强。……你们可以想象这一发现给我带来了多么深刻的影响。从技术上讲，这意味着地球作为一个整体有着特定的振荡周期。"[37]

沃登克里弗发射塔的图片闪现在了屏幕上，图片的背景是漫天的雷雨云，蘑菇形状的塔顶耸入云层之中，若隐若现。

"在我的设计中，距离的影响被完全消除，"这位神扯着嗓门说道，"一旦完成，它将与我现在所设想的最终状态丝毫不差。用空气作为媒介，我将能够把任何大小的能量传输到任何地方。到时候，我可以把信息传送到地球的每一个角落。我所说的话能从撒哈拉沙漠的大地里传出，而且方圆 15 英里内都能听到我的声音。"[38]

"借助我的无线电发射器，我将能够照亮整个美国：电流通过空气传向四面八方，产生强烈的北极光效应；那将是一种柔光，但足以使人看清物体。"[39]性能如此强大的发射塔，自然亦能将信号发送到邻近的星球，尤其是如果真有火星人的话，他们将收到地球的信号。

而这些都只是特斯拉当晚演讲主题的一个引子，他想要隆重介绍的是他的无叶涡轮。

特斯拉开始全力推荐他的新式无叶涡轮。他经常往返于普罗维登斯和布里奇波特之间，现在他将大部分业务转移到了纽约爱迪生水畔发电站（New York Edison

Waterside Station），同时也在寻找潜在的客户。他的其中一个计划是（或许通过雅各布·希夫）将他的 500 个无叶涡轮卖给日本人。特斯拉在给杰克的哥哥哈里斯的信中写道："如果日本人将我的涡轮应用于他们的鱼雷上，我能让它们输出的推动力变成原来的两倍。我们可以根据涡轮的马力来跟他们谈专利权税。"[40] 特斯拉还与通用电气公司和蓬勃发展中的赛伯林公司进行了商谈，二者皆是高速汽艇研发领域的领导者。[41]

这位承诺会取得"巨大成功"的钢铁巨人夜以继日地工作，锻造着他的革命性设备。与此同时，杰克·哈蒙德继续完善遥控船的原型和一个无线发射站；哈蒙德发射站的传播距离长达 2000 英里，成为了"世上最重要的私人发射台"。杰克还在研究传真电报技术，并且继续完善他的"机器狗"。杰克对媒体宣布："如果你按下狗尾巴上的开关，发动机就会反转，它就会惊人地朝着你指引它的任意方向慢慢向后退。"[42]

为了拓宽市场，特斯拉设计出了能改进汽车汽油发动机运行效率的引擎原型，并开始主动与福特汽车公司以及德国国王威廉接洽，威廉国王准备将特斯拉的引擎安装在汽车上。和任何新的发明一样，特斯拉的涡轮也存在一些问题，比如，由于滚珠轴承磨损得太快，涡轮盘不能一直保持最大的转速。特斯拉是个夜猫子，常常通宵工作，所以他的劳工成本往往也是双倍的。当然了，除此之外还有很多其他的支出。

杰克建议特斯拉要多进行宣传，还请了《科学美国人》杂志的著名记者沃尔德马·肯普弗特前来采访特斯拉；肯普弗特形容特斯拉是一个"情绪善变的天才"。[43] 然而，特斯拉认为他不需要更多的宣传，他需要的是更多的资金。

从 1912 年末到 1913 年的头几个月里，特斯拉多次向杰克·哈蒙德求助。他已经花费了 18000 美元，而且很久都没有领到工资了，他要求杰克尽快提供 1 万美元给他。

> 亲爱的哈蒙德先生：
>
> ……现在我急需用钱，我已经撑不下去了。[44]

但是，哈蒙德当时正在帮助洛温斯坦将其无线设备安装在海军军舰上，同时还忙着与德福里斯特竞标美国电话电报公司的一项价值 5 万美元的扩音器交易，于是便忽略了特斯拉的请求。他的哥哥哈里斯过了整整 3 个月后才答复特斯拉。

尊敬的特斯拉先生：

您也知道，我们已经在您的涡轮研发上投入了大量的资金，去年我们每周都在期待能够测试它的性能。……但我们现在却发现您的涡轮机还只有部分安装在了爱迪生的电站，……我们已经错过了绝佳的机会——如果这些涡轮在爱迪生电站的测试获得成功，那些能给我们带来最大利益的人就能真正完整地试用您的涡轮机了。

您诚挚的：哈里斯·哈蒙德

1913 年 6 月 10 日

这位遥控机械领域的教父无法相信世界富豪的儿子居然无视他的请求。他在回信中写道："在我看来，我已经尽了我最大的努力去挽救局面，作出了很大的牺牲，承受着巨大的损失，如果跟我合作的人不是你，而是实力不如你的人，我连这封信都不屑于回。"特斯拉随信寄去了一些教授和重要工程师对他涡轮机的高度评价。但是，他们的合作关系就到此结束了[45]，哈蒙德随后便没有了后文。

杰克建造的城堡

就在第一次世界大战爆发的几个月前，杰克·哈蒙德前往欧洲，和多位科学家会面交流，以改进自己的无线接收设备，使之优于马可尼的金属屑检波器。特斯拉的努力和哈蒙德似乎是背道而驰的。特斯拉后来发现，他所要求的 1 万美元根本无法支撑他完成他的涡轮研发，他所需要的资金大概是这个数字的 40~50 倍之多；而杰克的主要兴趣却在于对无线发射器和接收器的改进，鱼雷推进器只是次要的。

回顾这段历史，假如特斯拉当时能暂时搁置涡轮机的研发，与杰克一起完善无线导航系统的话，他的经济状况或许会得到很大的改观；然而，他离他的另一个巨大的成功——他的无叶涡轮的成功运用仅有一步之遥，所以他不愿再在他 15 年前就已经完善了的发明上花更多时间。1913 年到 1914 年，杰克继续给美军的上层演示自己的远程遥控船。美国海防炮兵（U.S. Coast Artillery）首领韦弗将军和他的随从人员前往格洛斯特参观了这位富豪之子演示他的"纳塔利娅"号，演示活动非常成功，将军还亲手进行了操作。"在无形之手的控制下，这艘快艇飞冲向前，在海港周边行驶。……格洛斯特的当地民众都看傻了眼，大家惊叹不已。……只见船分别驶向 1 英里、2 英里、3 英里外的标志物，每一次都精准地到达目标。"[46]

几周后，小哈蒙德演示了对"纳塔利娅"号的长距离无线操控。"纳塔利娅"号可以在距格洛斯特的无线电发射机 20 英里之外的地方运行，而且，不知当时哈蒙德用了什么方法，"纳塔利娅"号竟然在无线遥控下一路航行了整整 60 英里，最后到达了纽波特海军基地。在这个过程中，小哈蒙德还很好地解决了静电干扰的问题，完善了选择调谐技术。他在 12 月给父亲的信中写道：

> 亲爱的父亲：
>
> 目前，我们正在尽力草拟一份系统化的提案，准备向美军的法令委员会提交。这项工作意义重大，因为如果我们的提议得到采纳，它将带来巨大的经济利益。
>
> 爱您的儿子：小约翰·海斯·哈蒙德 [47]

然而，美国政府在多年后才补偿了杰克的遥控导航系统。在接下来的 10 年中，他自己花费了将近 75 万美元用于他的科学研发，并将他的无线动态控制系统的应用范围扩展到了飞机和潜艇上。[48]1915 年到 1916 年，遥控频道的保密性问题开始凸显出来：美国军舰"海豚"号在两三百英尺的范围内，成功干扰了哈蒙德发射的一个鱼雷；不过，当发射的鱼雷超出这个距离范围后，哈蒙德的系统还是成功的。[49]美国陆军部还想获得对被遥控武器的可视化监控能力，因此杰克开始研发能由飞行器控制的监视装备。总之，不管遇到什么样的问题，杰克都会设法将其一一攻克。

第一次世界大战期间，哈蒙德的这一技术由于太新而没被采用，况且军队也拒绝给他提供任何资助。杰克显然一直在等待特斯拉的遥控机械的基本专利期满，最终他将自己的发明展现在了国会议员们面前。他说有好几个外国政府曾提议要购买他的技术，但是他都拒绝了谈判，一方面出于他的发明的重要性，另一方面也出于他对祖国的忠诚。因此在 1919 年，当他的父亲老约翰·海斯·哈蒙德因提出成立国际法庭来阻止战争的主张而名声大震时，美国国会和威尔逊总统同意拨款 417000 美元给老哈蒙德的儿子，以奖励他的战争技术专利；不过，钱没有直接到手。[50]

20 世纪 20 年代，杰克开始和大卫·萨尔诺夫一起合作。萨尔诺夫、古列尔莫·马可尼和埃德温·阿姆斯特朗共同为美国无线电公司（Radio Corporation of America，简称 RCA）的创立打下了基础。1923 年，杰克的付出终于得到回报。他将一系列无线电专利以 50 万美元的价格卖给了美国无线电公司 [51]。此外，他还将获得美国政府的报酬。1924 年，哈蒙德给美国陆军部又寄了一封急件，要求后者将欠他的资金拨给他，欠款金额当时已高达 75 万美元。"我已经将我的技术发展到了这样的程度：我们已经证明，我们能切实地在水下 6 英尺或更深的深度控制标准海军鱼雷，并且其水下前进的速度可达每小时 27~30 海里。"哈蒙德在信中写道。[52] 柯蒂斯·威尔伯是时任海军部长，他非常敬仰杰克的父亲老哈蒙德。1924 年 12 月，在柯蒂斯·威尔伯的帮助下，杰克最终如愿以偿地拿到了政府的报酬，他的成果也被政府列为专利局的机密文件。政府还向他保证，他的这些专利与他卖给美国无线电公司的专利之间不发生冲突。这一切都发生在他和他的塞尔维亚"导师"分道扬镳整整 10 年之后，而他的导师特斯拉现在却只能"开心地看见别人使用我的发明"。

"我祝贺他并祝他好运，"特斯拉说道，"不过，我本应该从中分一杯羹的。"特斯拉还指出，哈蒙德在特斯拉的专利到期几个月后就使用了他的专利。[53]

杰克此时已经凭自己的本事成为了百万富翁。当杰克的家人举家迁往英国后，他自己留在了美国，着手实现他自己儿时的一个梦想——住进城堡里。他爱上了一位艺术家，名叫艾琳·芬顿，她是一位造船工程师的女儿，但不幸嫁给了一个鞋商。45 岁的艾琳离婚后，于 1925 年秘密地与 37 岁的杰克结了婚。婚后，杰克开始建造一座中世纪风格的城堡，这座城堡坐落在非常幽僻而险峻的海岸峭壁上，朗费罗诗歌中虚构的"金星"号帆船就是撞在格洛斯特的这些峭壁上而损毁的[1]，这个地方与杰克父母的住所相距不到 1 英里。[54]

杰克热爱音乐。尽管他不是音乐家，但他却有很多声学的专利，还设计了一个管风琴。这个风琴由 8000 根管组成，它的体型是如此巨大，唯有宫殿才能容得下它。哈蒙德围绕这个管风琴设计了他的石砌城堡。城堡四周围绕着矮墙、护城河以及一座可开闭的链环吊桥；城堡内有黑暗弯曲的走廊、隐蔽的门道，城堡入口处还有专供运进或运出管风琴零件的可开闭墙体。在城堡的中央，哈蒙德建了一个泳池，还设计了一个种植花草和养鸟的中庭。城堡中装饰有从欧洲购买的各种古代艺术品。他还请人雕了一尊自己的裸体塑像，妻子艾琳专门为其设计了一大片金属的遮羞树叶。如今，这座城堡已经成为了博物馆。

杰克继续为美国陆军部研发一系列高度机密的军事武器和技术，他自己也从中获利，同时过着锦衣玉食的生活。20 世纪 30 年代，众多名人和音乐家拜访了他的城堡，参加了他的管风琴音乐会，其中包括赫斯特夫妇、乔治·格什温、海伦·海斯、

---

[1] 这里指的是美国著名诗人亨利·沃兹沃斯·朗费罗（Henry Wadsworth Longfellow）的名诗《"金星"号遇难》（*The Wreck of the Hesperus*）。——译者注

大卫·萨尔诺夫、安与西奥多·爱迪生、马可尼夫妇、J. 皮尔庞特·摩根的女儿路易莎和她的丈夫赫伯特·萨特利、海伦·阿斯特、玛丽·卡内基、大卫·洛克菲勒、巴里莫尔夫妇、诺埃尔·考沃德以及利奥波德·斯托科夫斯基。

尽管我们不知道特斯拉是否曾拜访过这座城堡，但 1951 年 3 月 30 日，特斯拉去世近 10 年后，另一位斯拉夫人、特斯拉研究专家安德里亚·普哈里奇曾拜访了这座城堡。[55] 杰克对超感现象也很有兴趣，他邀请了医师兼助听器材发明家普哈里奇和有通灵能力的艾琳·加勒特到他的城堡来，以测试加勒特的心灵感应能力。加勒特在能屏蔽电磁波的法拉第网罩中，做出了令在场的人惊叹不已的表演。[56]

杰克不仅是一个喜欢创新的天才，他一生还喜欢到世界各地去旅行。晚年时期，杰克大部分时间都和妻子在一起，驾驶着自己设计的活动房车周游全国。有一次，杰克到布里奇波特看望他的朋友伊戈尔·西科斯基，这位直升机的发明者问杰克是否想要一架直升机作为礼物。"如果它能够携带我的活动房车的话就要。"杰克回答道。伊戈尔跑出去看了看杰克的庞然大物，答道："没问题，我能够办到。"

1965 年，小约翰·海斯·哈蒙德去世，享年 77 岁。这位天才和特斯拉共同研发了大量的现代电气产品。他们关系的中途破裂是科学史上的一大遗憾。

第三十九章
与小摩根的关系（1912—1914）

尊敬的特斯拉先生：

昨晚，我参加了马可尼的宴会，宴会嘉宾都是社会名流。T.C.马丁永远都是宴会主持人，他十分夸张地朗读了一封电报；整整停顿了3分钟后，他才宣布了发报人的姓名："托马斯·A.爱迪生"。

马可尼按照自己的见解介绍了无线电发展至今的历史。他没有谈及赫兹电波，而是强调他的信息是通过大地无线传输的。接着，普平作了发言，他将无线电的发明完全归功于一个人……

当晚发言的人中唯一懂得马可尼的功绩，并毫不犹豫直抒胸臆的人是斯坦梅茨。他简要回顾了无线电的研究历史，坚称虽然所有的无线电传输的要素都已经具备，但是情报能真正得以传输，全亏了马可尼。

毫无疑问，当晚的宴席丝毫没有提及您的名字，这是我所知的最过分的一次。

您真诚的：弗里茨·洛温斯坦

1912 年 4 月 18 日[1]

当时，特斯拉正忙于帮纽约公立学校的主管 W.M.麦克斯韦实施一项充满争议的计划——用高频电流使教室电气化。这项计划起源于斯德哥尔摩的一项实验，该实验表明：用电气化教室上课的学生在能力测试中成绩较高，而且发育更为迅速。媒体对此进行了大量的报道。麦克斯韦希望通过这项计划提高美国学生的健康和智力水平。声名显赫的大发明家特斯拉帮助麦克斯韦为"50 个存在智力缺陷的学生"建立了一个试点教室，他在教室的墙上安装了他的"特斯拉感应线圈"，保证其具有百分之百的安全性，并同假设中各项大的目标保持一致。如果该实验获得成功，麦克斯韦将会大胆宣称，"新系统将颠覆迄今为止学校所运用的所有教育手段，开启教育的一个新时代。"[2]

马可尼给纽约电气学会1100 多名会员发表了演讲，这一天正好是"泰坦尼克"号沉没那天。弗兰克·斯普拉格大加溢美之词，"他称赞马可尼先生的无线电发明拯救了船上七八百名乘客的生命，对马可尼的仰慕之情表露无遗。"[3]不幸的是，马可尼未能拯救船上其余 1500 人的生命，包括阿斯特陆军上校——他让新婚妻子登上救生艇后，自己和"泰坦尼克"号一起沉入了海里。

如果要选历史上的一起事件作为人类缺乏远见、丧失无辜生命的代表，那么"泰坦尼克"号沉船事件当之无愧。这一具有转折性意义的灾难让人想到了特斯拉自己的人生旅程，以及伊卡洛斯[1]的事故——这位高傲的飞行者因为无视自己的局限性，最终坠海而亡。特斯拉总会产生一些稀奇古怪的想法，他希望将无尽的能量传送到世界的每一个角落，为沙漠带去甘霖，成为一个主宰宇宙的大师，但他有时却不得不屈服于现实。"泰坦尼克"号的沉船悲剧促使议会通过了一项法案，规定载客量在50人以上的轮船必须安装无线通信设备。政府将目光聚焦在了当时21岁的大卫·萨尔诺夫（后来成为了美国无线电公司的董事长）身上，他因为是第一个收到"泰坦尼克"号求救信号的无线电报员而广受赞誉。4

在这场无线电的竞赛中，特斯拉不是唯一的出局者。由于性格古怪、喜欢勾心斗角，且"长期陷于诉讼纷争中"，雷金纳德·费森登的无线设备"到了1912年就差不多已经寿终正寝"。持有近40项无线电专利的李·德福雷斯特，则由于其公司被指控证券欺诈而破产，也退出了这场竞赛。5至于特斯拉的门徒洛温斯坦，特斯拉一直在支持他利用基于特斯拉的一些基本的设计来为美国海军舰艇安装无线电设备。他写信给舍夫称："洛温斯坦的才干远超过其他无线电科学家，这让我十分欣慰。"6比起意大利发明家马可尼，洛温斯坦的一个优势在于，他不像马可尼一样在和军方的交易中孤注一掷。马可尼坚持要么所有军舰都运用他的无线系统，要么就免谈。然而，美国政府岂肯在一个私人面前屈居下风？因此，马可尼想要将他的无线系统打入美国市场自然是极其困难的。

尽管如此，马可尼仍然是特斯拉的主要竞争对手，所以特斯拉准备重启法律诉讼。在和他的律师协商后，他开始在每个可能的国家起诉马可尼这个剽窃者。

在英国，特斯拉的一项重要专利有效期期满，于是英国的诉讼就此终止。而另一方面，奥利弗·洛奇的专利却被广泛使用，英国的马可尼公司将连续7年每年向他支付1000英镑的专利使用费。7在美国，特斯拉正在重新申请他最重要的一项专利，这使得他还不能正式提起诉讼。但在"法国最高法院"，特斯拉的起诉大获成功。他将书面证词寄给了巴黎的M.邦让法官，阐述了他1895年的研究成果——他"在

---

[1] 伊卡洛斯（Icarus）：希腊神话中的建筑师和雕刻家代达罗斯（Daedalus）之子，他用蜡和羽毛制成翅膀逃出克里特岛时，因过分飞近太阳，蜡翼受热后熔化，他坠海而死。——译者注

楼顶建立了大型无线终端，……并运用了阻尼振荡和无阻尼振荡的原理"。他还随函附上了两份 1897 年申请的专利说明书，以及他的无人驾驶遥控船的详细说明书，以证实他在 1898 年就向美国专利局华盛顿分局的审查长 G.D. 西利展示过这项发明。至于马可尼 1896 年 6 月 2 日申请的专利，特斯拉称其"充满了缺陷和错误，……如果要说它有什么用的话，这项专利的作用就是误导很多专家，并阻碍无线电技术朝正确的方向发展。……它完全没有说明发射的距离，而且按照它所描述的设计，准确调谐是不可能的。……马可尼只是用特斯拉线圈取代了老式的拉姆科夫线圈（Rumhkorff coil）而已"。[8]

法国波波夫 - 迪克勒泰 - 罗什福尔公司最先采用了特斯拉的无线系统，电气工程师 M.E. 吉拉尔多非常支持特斯拉的无线电事业，他详细描述了特斯拉无线电系统的科技成就。他说："研究一下特斯拉在美国申请的专利，我们可以发现，特斯拉的描述之清晰和精准，甚至能令当代物理学家们感到惊叹……如果我们今天还轻蔑地排斥特斯拉，试图剥夺属于他的荣耀，那将是多么残酷和不公啊！"[9]

邦让法官最终驳回了马可尼的专利申请，重新确立了特斯拉的专利权。赢了官司的该法国公司很有可能还向特斯拉支付了报酬。

虽然赢了这场官司，但特斯拉却输掉了其他官司。1912 年，特斯拉官司缠身：埃德蒙德·K. 斯特洛起诉特斯拉，他 1906 年曾给特斯拉预支过资金，如今他要求特斯拉付给他 6.1 万美元的损失赔偿金；西屋电气公司也起诉特斯拉，该公司 1907 年将一些设备租给他，现在公司要求他偿还 2.3 万美元的设备租赁费用。在第一起诉讼案中，与标准石油公司关系密切的斯特洛财团的诉讼有点过分，因为它原本只向特斯拉投资了 3500 美元，却企图从诉讼中获得巨大的利益；所以，特斯拉的责任其实很小。在第二起诉讼中，特斯拉辩称，他不应承担个人责任，因为机器当时是租给他所创办的公司的。不过，他主动提出他将把机器归还给西屋公司，这些机器如今还放在长岛的实验室里，且保管得很好。[10] 虽然经济损失并不大，但是由此带来的负面舆论损害到了他的名誉，也让他在当时所住的著名的华道夫酒店里越来越不起眼，况且他欠酒店的债务正越积越多。接着起诉他的是蒂尔斯坦夫人。用特斯拉自己的话说，她"因为我曾让电流通过她的身体，所以她想让我死"。特斯拉"对这个可怜的女人深表同情"，并让福斯特法官将她"送进了精神病院"[11]。

西屋电气公司的起诉在业界权威人士中引起了不小的轰动，甚至连托马斯·爱迪生都给特斯拉写了一封罕见的慰问信。

> **亲爱的爱迪生先生：**
>
> **十分感谢您的来信……不能登门亲自表达谢意，我深表遗憾。**
>
> **一如既往地致以我崇高的敬意！**
>
> 尼古拉·特斯拉
> 1912 年 2 月 24 日 [12]

然而，西屋电气公司并不是一个完全一体的企业，其法律部在某种程度上是一个自主的部门。1909 年至 1917 年，特斯拉仍经常从公司租借设备，且时常和诸多工程师交流讨论，尤其是查尔斯·斯科特——特斯拉开始在无线电领域教导他。特斯拉还一如既往地和最近被免职了的公司一把手乔治·威斯汀豪斯见面。威斯汀豪斯此时在西屋公司的纽约办公室以半退休状态工作。

"西屋公司是您凭借您的才干一手创立的，对于现任董事长忘恩负义的行为，我想您一定很失望吧？"特斯拉写信道，"我衷心希望您能尽快重返原位，我知道大部分公众的想法和我是一致的。"

"谢谢你的关心！"威斯汀豪斯这位俄罗斯贵族后裔回信道。[13]

与德国的关系

马可尼在法律诉讼方面最大的敌人可能是尼古拉·特斯拉，但在市场竞争中最大的对手则是德国无线电公司德律风根（Telefunken）。虽然马可尼在德国也拥有许多专利，但是德律风根财团在大后方德国有着深厚的背景，很容易实行垄断。德律风根是在德国皇帝的命令下，强行将布劳恩-西门子-哈尔斯克公司（Braun-Siemens-Halske）和阿尔科-斯拉比公司（Arco-Slaby）合并而成的，它对马可尼财团造成了强有力的全方位冲击。毫无疑问，德律风根成为了世界第二大无线电竞争者。虽然马可尼最近在西班牙大获成功，但是德律风根已在美国取得了优势，分别在新泽西的塔克顿（Tuckerton）和纽约的塞维尔（Sayville）建立了两个宏伟的跨大西洋无线系统。

出于民族主义方面的原因，特斯拉无法在德国获得他正当的专利权税，但阿道夫·斯拉比教授一直都毫不隐讳自己将特斯拉视为无线电鼻祖的事实。因此，当德律风根进入美国市场时，斯拉比找到了特斯拉大师，这不仅是出于道义上的考虑，也是为了争取到对抗马可尼公司的法律立足点，并获得特斯拉的专利技术。

特斯拉和位于百老汇3号的德律风根美国控股公司（即名声还不赖的大西洋通信公司）的几位主要负责人进行了会谈。董事长卡尔·乔治·弗兰克（最著名的德籍美国电力专家之一）以及他手下的两个经理——塞维尔分公司的主管理查德·芬德（特斯拉实验室的常客）和塔克顿分公司的主管埃米尔·迈耶斯上尉出席了会议。

特斯拉要求公司给他预付25000美元的资金，并每月支付2500美元的专利权税，但最终商定每月付给他1500美元的专利权税，并先支付一个月的专利权税。[14]特斯拉与芬德谈论了与德国皇帝的涡轮交易，并谈及他将帮助德国人修建正在曼哈顿研制的无线发射塔。不久后，他去考察了两个无线发射站，计划在那里安装、试验他最新改良的设备，以提高无线发射站的性能。[15]有一次在塞维尔，乔纳森·泽纳克教授也在场，特斯拉估测，通过电磁辐射发射，他们浪费了近25%的能量。他告诉泽纳克：“电磁波只能离岸传播数英里，必须借助大地才能将能量无线传送到德国。”[16]

在漫无边际的冰原苦苦搜寻后，人们从海里捞起了约翰·雅各布·阿斯特瘦弱的尸体，准备在纽约为他举行葬礼。他的财产记录文件显示，他持有特斯拉电力公司500股的股份。[17]一年后，华尔街的大佬约翰·皮尔庞特·摩根去世。虽然特斯拉对摩根愤懑失望，但还是对这位“卓越的”历史人物怀有巨大的敬意。

尽管摩根的女婿赫伯特·萨特利只为特斯拉安排了一个教堂后排的座位，但是能够参加这样一个庄严的葬礼本身就是莫大的荣耀。众多的葬礼出席者中既有特斯拉的伙伴，也有他的对手——他们中很多人的大部分财富和他们的地位可以说皆源自特斯拉的发明。特斯拉遭受了一些人，尤其是摩根这位九头蛇怪的下属对他的窃笑私语，但一向具有贵族气质的特斯拉无视了这些窃笑，径直走向了安娜和小J.P.摩根。

特斯拉对他们说：“对于公司总裁摩根先生的逝世，请接受我诚挚的哀悼。听闻摩根逝世，我内心悲痛，头脑一片空白。你们是他的全亲，我能深切体会你们的悲痛。全世界都认为他是一个拥有巨大权势的稀世天才，但对我而言，他更像是人类思想演变史上的一个具有里程碑意义的伟人。”[18]

两个月后，就在特斯拉和哈蒙德断绝关系的数天前，特斯拉找到了摩根财团的新董事长，向他提交了一份提议，请求其对他的无叶涡轮进行投资。“无叶涡轮单是在钢铁制造领域的应用，通过利用废热能和一些其他的节约措施，每年就能产生1

亿美元的价值；它在船舶、铁路、汽车以及其他大型产业中也能产生类似的效果。"
这位商业帝王读罢特斯拉的提议，给他预支了 5000 美元的资金。[19]

随着最主要的对头的死亡和让位，特斯拉自然地开始了反思。一方面他又再次开始畅想他的无线电的追梦之旅，另一方面又为自己的力不从心而痛苦不已。于是，两股矛盾而强烈的情感——对摩根的憎恶和崇拜——充满了他的内心。

1913 年 7 月 7 日，即特斯拉 57 岁生日 3 天前，他乘火车来到了自己的沃登克里弗无线发射站。他内心思绪万千，他的朋友约翰逊决定退出《世纪》杂志公司。公司管理层给他施加压力，要求降低杂志的标准。约翰逊提议另创一本独立的更花哨的杂志，进而保留原杂志的本色，但他的提议最终被投票否决了。他告诉好友特斯拉："当作者们请求在文章中使用一些粗话时，我真的觉得很可悲。"[20]凯瑟琳更加强烈地坚持要求特斯拉到他们家里坐坐。夫妇二人现在陷入了经济困境，甚至可能会失去他们的房子。特斯拉匆匆地经过了巨大的无线发射塔，不忍抬头看，而是径直走向实验室的保险库，但他的心却被巨大的发射塔像磁铁般地吸引着。当他抓住底层的一块横木时，一股剧痛向他袭来，使他难以呼吸。他步履蹒跚地来到了斯坦尼（斯坦福·怀特的昵称）所建的这座建筑前，走了进去。"当我看到阔别已久的沃登克里弗塔时，我没有哭泣。但当我靠近它时，我还是忍不住留下了泪水。"他在给舍夫的信中写道。[21]

特斯拉开始讨好小摩根。吸取了第一次和摩根打交道的经验，这一次，他试图使自己不再掉入自己一手造成的圈套中。他给小摩根寄了一份清晰明了的提议，大致描述了他的无线电工程，解释了他未偿还的债务以及和老摩根之间的合作事宜，还介绍了他在"流体推力"（即无叶涡轮）领域的计划。

"在这两个领域中，我都有幸成为了先驱，它们潜力巨大，而且我保证它们将大获成功，但我也必须向您请求更大程度的支持……我诚恳地提议组建两个公司，我会将我从这两个公司获得的全部利润都交付于您，而您只需从中拿出一份您认为最合适的酬劳给我。"[22]

小约翰·摩根回信道："我觉得你的提议非常了不起，但是我却不能同意照做。我的意思刚好跟你相反，我希望你来组建你的公司，如果公司能盈利，那么你就能用证券或者现金偿还我父亲摩根先生之前支付给你的资金。在我看来，你应该享受这些公司的利益，而如果可能的话，我父亲也有权拿回之前投资的钱。"[23]

特斯拉已冷却多时的梦想和渴望被再次激发出来，他拿着小摩根给他的 5000 美元的支票告辞了。他感谢小摩根的鼓励，并转递了一封他写给爱尔兰大主教的公开信。信中写道："用不了多少时日，这个给了他生命的星球将为他的声音而震惊：他将……能利用微观运动——使原子按照既定的方式结合——所产生的巨大能量；他将从汪洋中汲取海水，通过空气传送，随心所欲地创造江河湖泊；他将任意支配自然元素；他将凭自己的智慧和才干，使伟大的更加伟大，并最终把他的研究范围延伸至外星球。"[24]

特斯拉告诉小摩根："我现在清楚了，您具有您父亲身上那种伟大的慷慨精神，我现在比以往任何时候都更渴望能够得到您的关注和支持。时势造英雄，命运给了您巨大的权势，眼下就有一个能彰显您这种权势的绝佳机会摆在您的面前。"

"至于我，我想追求的并不是金钱财富。……"特斯拉谦逊地继续说道，"毫无疑问，人们肯定会为摩根先生建立巨大的纪念碑，但比起一个用大理石或青铜造的纪念碑，帮助我去创造我想要的成就将使摩根的名字更加恒久地铭刻在历史的记忆里。"[25]

为了再次证明他在无线电领域的先驱地位，特斯拉随信附上了法国专利诉讼的所有文件，这些文件驳回了马可尼的专利权，而认可了特斯拉的专利权。如果小摩根能帮忙赢得在美国的专利诉讼，那么他们合约共有的特斯拉无线电公司就能起死回生了。

然而，小摩根并不为特斯拉冠在他头上的使命感所动，他委婉地拒绝以任何方式卷入沃登克里弗工程中去。不过，他并没有拒绝支持特斯拉的无叶涡轮，他对特斯拉讲，如果涡轮的研发有什么进展，请特斯拉告知他。

特斯拉从华尔街带了 23 位新人再次来到爱迪生水畔发电站。为了显示他与摩根财团恢复了合作关系，特斯拉开始寻找新的更时髦的居所。不到一个月，他就在崭新的伍尔沃思大厦（Woolworth Building）安居下来。大厦位于华尔街附近帕克路的市政厅旁。这幢哥特式的建筑高达令人眩晕的 800 英尺，甚至高过大都会商厦，成为当时纽约市乃至世界第一摩天高楼；大厦大厅翠绿色的天花板上镶着金箔，甚是富丽堂皇。特斯拉携同约翰逊夫妇参加了大厦的落成晚宴。晚宴随着伍德罗·威尔逊总统在华盛顿按下开关点亮了大厦的 8 万盏灯而拉开了帷幕。特斯拉在晚宴上遇到了"一毛商店先生"伍尔沃思市长和其他名流。随后，凯瑟琳诱劝特斯拉和约翰逊搭乘 24 小时运行的高速电梯来到了大厦楼顶，在那里他们可以俯视全景，望着纽约市密密麻麻的建筑向远处延伸。

"卢卡，不要担心财务问题，"特斯拉自信满满地对约翰逊说道，"记着，就算你在睡觉，我也会努力工作，帮你解决问题的。"约翰逊提起了由来已久的多相交流系统的官司之战，特斯拉回应道："现在已经有数十亿美元投资在了多相交流系统上。毫无例外，我打赢了每一场官司。而且，要不是有'一纸条约'的制约，就凭我可以获得的专利权税，我可能已经富比洛克菲勒了；不过，这无关紧要，你一样可以放心。我觉得我有钱经常请你们一起吃饭。"

特斯拉的智慧和最近所表现出的谋略再一次让多愁善感的菲利波夫夫人莞尔一笑。如往常般，当特斯拉围着她转时，她似乎就会揭下面纱，露出真实的自己。然而，约翰逊再次表达了他的担心，他认为没有收入的话，他们就不得不卖掉他们位于莱克星顿大道 327 号的房子。

"请相信我，我是说真的，"特斯拉回道，"别担心，你完全可以心平气和地写你的华美诗篇。我会解决你所面临的一切困难。你的才华也许赚不了钱，但是我的才能……可以赚大钱。我现在就在做这件事。"[26]这一时期，特斯拉一直在研究他的无叶涡轮发动机，不断地帮约翰逊还债。

1913 年下半年，特斯拉制订了一个精细的市场方案以推广他的新发明。他不仅会向哈蒙德证明，哈蒙德犯了一个代价高昂的错误，而且他还开辟了一个新产业并从中赚到了钱，足以支持他重返长岛重启他心爱的沃登克里弗发射塔的建设。他的利润主要来自美国福特汽车公司和德国伯格曼公司。

特斯拉刚到美国时，就结识了西格蒙德·伯格曼。伯格曼在特斯拉之前就移民到了美国，成为了托马斯·爱迪生的重要雇员（也是私人伙伴）和制造商。伯格曼拥有爱迪生旗下的一个独立的公司，该公司的经营非常成功。20 世纪初，他回到德国，在德国皇帝的招揽下成为了德国制造业的领军人物之一。[27]实际上，20 世纪初，特斯拉在欧洲和美国展示他的绝妙发明时，德国皇帝就尝试说服他在德国效力了。

9 月，特斯拉给摩根寄去了无叶涡轮的照片，邀请他亲自来水畔发电站参观。但摩根当时正准备前往欧洲，所以他回道："我 12 月份回来，那时我可能会来参观。"[28]当这位华尔街商业帝王航行去欧洲时，特斯拉和来自各大市场的重要人物进行了会谈。摩根回到美国后，特斯拉给他写了一封信，列出了他认为能够成功盈利的一些策略：

　　①和比利时国王的顾问进行协商，以 1 万美元现金和相当的专利权税将独家专利权卖给比利时。

　　②通过在意大利克里斯皮亚诺（Crispiano）的一个同行，以 2 万美元现金和相应的专利权税，将特斯拉的专利特许权卖给意大利（还未最终达成协议）。

　　③将涡轮增压机的相关发明的独占特许权授权给美国的机翼制造公司（Wing Manufacturing Company）。

　　④将火车照明设备专利的独占特许权卖给德雷斯尔铁路照明公司（Dressel Railway Lamp Works）。

　　⑤将利用发动机废气驱动整个汽车照明系统的技术投入生产制造。

　　⑥（和洛温斯坦一起合作，）将我的无线系统应用在一些战舰上。

　　⑦就新发明和 L.C. 蒂法尼公司（L. C. Tiffany Co.）达成协议。

　　⑧有望和爱迪生公司的 N.E. 布雷迪先生就无叶涡轮的制造达成协议。

　　这是促成大生意的好机会。

　　在上述这些国家和公司中，专利权税的相关合同大都已经谈好，其中有一部分已经开始制造特斯拉的产品。"摩根先生，如您所见，这些都是绝对很有价值、令我非常满意的成果，但另一方面，我目前的处境几乎令我绝望。我急需用钱，但在这个糟糕的关头，我无法获得这些资金。您是唯一一个我可以求助的人。情况如此，静候佳音。"[29]

　　摩根同意特斯拉可以延迟偿还当时已达 2 万美元的利息，但是他决定不再增加投资。然而，特斯拉却仍要求摩根提供更多的资金支持，所以，他还随信附上了德国海军将领冯·蒂尔皮茨阁下的推荐书。"德国皇帝对特斯拉的无叶涡轮颇感兴趣，蒂尔皮茨应要求给皇帝介绍了特斯拉涡轮的相关情况。"蒂尔皮茨"很肯定地告诉德国皇帝：1 月中旬，特斯拉一定会来德国给皇帝展示他的这项发明。所以，摩根先生，您知道这意味着什么"。特斯拉还告诉摩根，如果这笔交易成了，那么伯格曼公司将支付无叶涡轮这项发明每年 10 万美元的专利权税。[30]

　　考虑到小摩根对德国人的反感情绪、德国人和犹太银行的联系（小摩根的反犹情结众所周知），加之多年前德国人欺骗他父亲皮尔庞特·摩根后，摩根财团长期奉行的不与德国有金融往来的政策，杰克似乎不太可能会改变他的决定。然而，和他父亲不同，小摩根有时候很容易妥协，也会看心情办事。他最终改变了主意，决定给特斯拉增加投资。[31]

特斯拉一边等伯格曼公司的消息，一边完善他之前发明的一种新型的速度计。相比当时被广泛使用的速度计，这种速度计简便得多，而且制造成本只有其一半，拥有成千上万的市场需求量。其售价初步定在每个 25 美元，故其潜在利益是十分巨大的。特斯拉向摩根提出了这笔生意。摩根拒绝了他，并再次请他偿还贷款的利息。

特斯拉回信称："在无叶涡轮这个问题上，我遇到了巨大的挫折。当时我在爱迪生的工厂安装好了机器，做了一些试验，试验结果很是让人满意。但是，我很快就发现轴承部位的铸件布满了小孔，水会流进这些小孔，给机器运行造成了很大的潜在危险。"特斯拉不得不更新这些部件，"但是花费远远超过预期。"而且，他还要为和马可尼打官司准备好律师费，所以他请求摩根再宽限宽限，或者继续投资完成无叶涡轮的研发，或者保护他们共有的其他利益。[32]

这段时期，特斯拉的交际圈中几位重要的人物相继离世，除了阿斯特和皮尔庞特·摩根，乔治·威斯汀豪斯和博物学家约翰·缪尔也于 1914 年逝世。威斯汀豪斯的身体状况数周以来每况愈下，其死亡并不突然，但缪尔的去世却令特斯拉非常吃惊。"不久前看到缪尔时，他还思维敏捷、身体健康呢。"特斯拉对约翰逊夫妇说。[33]几年前，成千上万的旅鸽[1]遮天蔽日，缪尔充满灵性的描写使得大自然显得更加美妙。就在特斯拉步行前往他钟爱的四十二街图书馆，一边给旅鸽的"亲戚"——家鸽喂食，一边为他的无线电研究构思新策略时，最后一只旅鸽已经永远地从地球上消失了。与此同时，小摩根正在与他喜欢的为数不多的犹太人之一——丹尼尔·古根海姆进行商谈，准备筹建"美国最大的铜矿开采公司"——肯内科特铜矿公司（Kennecott Copper）。[34]

《电气世界》杂志发表了特斯拉对威斯汀豪斯的悼词，一同发表的还有威廉·斯坦利、刘易斯·史迪威、弗兰克·斯普拉格等其他同行的悼词。

我常常想起 1888 年我第一次看到乔治·威斯汀豪斯的样子。虽然他巨

---

[1]旅鸽（passenger pigeon, 学名 ectopistes migratorius）：又叫候鸽，体长约 30 厘米，尾长而尖，雄鸟体呈淡粉红色，头蓝灰色。19 世纪初有数十亿只旅鸽栖息于北美东部，迁徙时可遮天蔽日达数天之久。但由于猎人大量屠杀和贩卖，旅鸽最终灭绝。最后一只叫"马莎"的旅鸽在 1914 年死于辛辛那提动物园。旅鸽的灭绝成为动物保护运动的重要推动力。——译者注

大的潜能只表现出了一小部分，但即使在一个肤浅的观察者看来，他身上那种才气也是显而易见的……生活中的他身强体健，遇到似乎无法克服的困难时，他马上就能化身为巨人。他享受挑战，从不丧失信心。其他人绝望放弃时，他总能获得成功。即使把他放到另一个星球上，面对重重逆境，他也一定能自我救赎……他的事业生涯充满了各种了不起的成就……他是一位伟大的先驱和创造者，他的成就对他的时代产生了深远的影响，他的名字将被永远铭刻于人们的记忆中！ [35]

第四十章
第五纵队^[1]（1914—1916）

致华盛顿美国海军部

尊敬的先生：

在蒸汽工程局（Bureau of Steam Engineering）的文档中，我们发现了一封尼古拉·特斯拉于 1899 年 9 月 27 日写给灯塔委员会的信，该信是从他科罗拉多斯普林斯的实验站寄出的。灯塔委员会此前询问了特斯拉是否能够向他们提供无线电报设备，特斯拉在这封信中给出了明确回应。

在即将进行的诉讼中，卷入其中的美国政府也许可以用到这封信，……因为它能作为恰当的证据，证明他比马可尼优先发现了某些无线电功能，这也许能在诉讼中对政府大有帮助。

海军部长助理

富兰克林·D. 罗斯福 谨呈

1916 年 9 月 14 日¹

第一次世界大战开始后的两周内，英国就切断了德国的跨大西洋电缆。德国德律风根公司的无线系统成了德国和外部世界联系的唯一可用替代手段。德律风根在新泽西所建的塔克顿和塞维尔两个无线电站突然间变得极其重要。德国显然想要保住这两个无线电站，好让德国皇帝及时了解美国总统伍德罗·威尔逊的想法和打算，而英国则想让这些无线电站停工。

1914 年 3 月，著名科学家马可尼成为了意大利的参议员，并在君王夫妇前发表了讲话。当年 7 月，在马可尼母亲的祖国——英国，国王在伯明翰宫给他授予了勋章。现在，马可尼与德律风根的斗争已经从商业领域延伸到了军事领域，因为德国正在利用无线电站来调度潜艇和战舰。无线电交流也标志着意大利和大英帝国之间的新兴同盟关系的形成。²

作为反战主义者，威尔逊总统采取了严格的中立政策；这与战争英雄、前任总

---

[1] 第五纵队（fifth column）：西班牙内战时期 (1936—1939)，佛朗哥将军以四个纵队包围马德里，而其军队在攻城时对外宣称，秘密的第五个纵队早已在马德里市区内活动。"第五纵队"一词即由此而来，多指战时在后方为敌人从事间谍工作，帮助敌人进攻的奸细。——译者注

统泰迪·罗斯福（即将到来的 1916 年总统竞选的候选人）的立场一致。虽然官方持中立态度，但美国国内大多数公民感情上倾向于站在英国这边，尤其是在德国迅速攻陷爱好和平的比利时王国后。然而，美国有 1/10 的人口具有德国血统，他们支持的是德国一方。美国诗人领袖、约翰逊的同行、特斯拉的好友乔治·西尔威斯特·菲尔埃克开始觉察出美国中立天平的倾斜，尤其是在美国海军征用塔克顿无线电站"向国外发送无线电加密信息"后，这种倾向变得更加明显。

刚从处于战争状态之中的柏林回来的菲尔埃克设法取悦泰迪·罗斯福和威尔逊总统的密使。与此同时，他开始联合其他杰出的德裔美国作家创办了一份新刊物，取名《祖国》（*Fatherland*），该刊一开始便大受欢迎，很快就达到了 10 万份的订阅量。[3]

威尔逊总统没有理睬菲尔埃克关于中立的请求，而是发布了一条总统令，"美国政府管辖区域内的所有无线电站将禁止发送或接收任何具有非中立性质的消息。根据《广播法》赋予我的权力，"总统继续说道，"美国政府管辖区域内的高功率无线电站……都将由政府接管。"[4]

战争初始，特斯拉就加快了起诉马可尼的进程，同时继续作为德律风根的顾问，收取其报酬。由于美国官方宣称中立（美国随后 3 年都没有参与战争），特斯拉与德律风根的合作都是公开的。然而，几乎没人知道特斯拉和德国的关系，尽管他对杰克·摩根并不隐瞒。

> 尊敬的摩根先生：
>
> 　　我想将我的一些研究成果应用到德律风根建在塞维尔的无线电站中，这样，他们就能实现通过无线电话和柏林进行联络。我可以从中获得的专利权税十分可观，我们已经签好相关的合作文件了。

1915 年 2 月 19 日 [5]

在被冠以美国名义的大西洋通信公司（Atlantic Communication Company）的烟幕弹的掩饰下，德律风根迅速地提高了塞维尔无线电站的功率。塞维尔无线电站位于长岛平原上的帕乔格镇（Patchogue）附近，离沃登克里弗无线发射站仅有数英里之遥。塞维尔无线电站占地一百英亩，雇用了许多德国工人。德律风根的主办公楼位于曼哈顿，其德裔主管卡尔·乔治·弗兰克具有美国国籍，这样德律风根在法律上就有了保障——因为任何外国公民都不能在美国经营无线电站。（正因为这个原因，马可尼公司在美国也有子公司。）对特斯拉来说，和大西洋通信公司在市区进行协商，抽空再到城外的塞维尔无线电站去参观，这样的事简直是易如反掌。

特斯拉写信给摩根后的两个月内，塞维尔无线电站修建了两个 500 英尺高的金字塔状发射塔，使其效率提高至原来的 3 倍。这些共振设备利用了特斯拉关于地面传输重要性的理论，这使它们的离地高度可以增加数千英尺。这样一来，德律风根将重点从空中传输转移至地面传输，其功率因此从 35 千瓦猛增至 100 多千瓦，让德国在无线电竞赛中一跃成为第一名。《纽约时报》对此进行了头版报道："除了无线电的主管官员，很少有人知道塞维尔无线电站在美国成为了功率最大的洲际无线电站之一。"[6]

特斯拉起诉马可尼侵犯无线电技术
宣称重要无线设备侵犯了他的优先专利权[7]

特斯拉称无线电是"最伟大的发明"，他向摩根请求额外的法律援助。他给这位金融家写信道："您能花片刻时间设身处地地为我想想吗？像您这样的大人物肯定无法容忍一帮狡猾商人像现在这样把令人愤慨的、违背历史的侵权行为一直持续下去吧？"特斯拉希望"从政府那里获得赔偿"，因为政府"安装了价值合 1000 万美元的他发明的无线电装置"，所以他透露道："马可尼公司的人找过我，试图让我与他们联手，但只是以入股的形式合作，这让我无法接受。"[8]

摩根再次拒绝协助捍卫他们共同享有的无线电专利权。不过，这位华尔街大亨并没有完全放弃无线电领域，因为他正在资助在波士顿附近的塔夫斯大学建一个广播站。[9]

在美国参与第一次世界大战的几年前，发生了一系列大规模的法律诉讼，这些诉讼牵涉了大部分国家和无线电领域的几乎所有大发明家。大约就在特斯拉和哈蒙德关系破裂之际，弗里茨·洛温斯坦（他一直在向上述两人支付专利权税，也通过特斯拉间接地支付给摩根）开始为海军舰艇安装无线设备。虽然哈蒙德也利用无线装置测试操控系统，但这项研究属于机密，于是哈蒙德的相关专利免于被起诉。[10]

在特斯拉为他的无线电专利优先权进行斗争的同时，德律风根公司也起诉了马可尼，而马可尼反过来又起诉美国海军和弗里茨·洛温斯坦专利侵权。

第二年春天，马可尼收到了德律风根起诉他的法院传票。鉴于这场官司十分重要，马可尼搭乘"卢西塔尼亚"号于 1915 年 4 月来到美国作证。在码头上，他对等待已久的记者和他的朋友们说："我们发现了一架德国海军潜艇的潜望镜。"[11] 由于德国U型潜艇上个月用鱼雷袭击了3艘商船，因此，马可尼煽动性的言论受到了大家的重视。

《布鲁克林鹰报》（*Brooklyn Eagle*）报道称，这起官司的证人都是"一些世界一流的发明家"[12]。在布鲁克林地方法院审理的控告洛温斯坦的诉讼中，法官宣判马可尼胜诉，媒体也明显支持他。然而，在与美国海军的官司中，他在第一轮中就败诉了[13]。因此，反对德律风根的这起官司，虽然参与者都是重量级人物，但是结果却令人大吃一惊。这彻底表明：在美国，真正的法律权利还有待完善。

被告方除了有马可尼外，还有哥伦比亚大学教授迈克尔·普平，普平的辩护证词甚至还刊登在了加利福尼亚的报纸上。他公开宣称："我在马可尼和特斯拉之前就已经发现了无线电，是我将这项技术毫无保留地奉献给了该领域的后来者！"[14] "不过，"他继续道，"将这一发现带给全世界的是天才马可尼，他在无线电原理的基础上教会了世界各国如何使用无线电。（由于我没有为我的实验申请专利，因此）在我看来，发明无线电报的第一人及专利权毫无疑问当属马可尼先生，绝非他人。"[15] 看到他的塞尔维亚同乡竟然为马可尼作证，特斯拉讶异万分，惊愕得几乎下巴落地。

特斯拉也和来自克尔-佩奇-库珀公司的律师德鲁里·W.库珀一起站在证人席上为大西洋通信公司作证。和普平不同的是，特斯拉不像普平那样只能抽象地声称自己是无线电的最早发明者，而是清清楚楚地梳理了他从1891年到1899年在无线电领域所做的研究工作。他为自己所说的话提供了各种证明资料：已发表的论文、马丁所编的《尼古拉·特斯拉的发明、研究及著述》，以及他发表过的公共演讲（如1893年他在圣路易斯做的著名的无线电演示）。他还带来了1896年至1899年他在休斯顿大街实验室所发明的各项关键专利的副本。

> 法官：发射站和接收站的最长距离是多少？
>
> 特斯拉：从我休斯顿大街的实验室到西点军校，我估计其距离在30英里左右。
>
> 法官：你的实验是在1901年前做的吗？
>
> 特斯拉：是的，是在1897年前做的。
>
> 法官：你的无线设备的用途有没有部分是保密的，还是全部都开放，可供任何人使用？

特斯拉：我的实验室一直都向成百上千、各行各业的人们开放——上至国王和世界上最伟大的艺术家、科学家，下至我的私交好友和机械师，都能自由参观我的实验室。我向每一个参观者展示我的成果，而且毫无顾虑地给他们解释原理。[16]

由于几乎没人知道特斯拉所提及的涉及西点军校的实验，特斯拉的陈述在一定程度上具有欺骗性——尽管确实有成千上万的人目睹了特斯拉的其他无线电实验，如 1893 年在圣路易斯所展示的那次实验。特斯拉还随身带了一份马可尼的无线系统专利说明书，当他明确地谈及马可尼的无线系统时，他总结道：

如果你们仔细观察这两个设计图，……会发现我的设备和马可尼的几乎毫无差别，在马可尼的这些无线系统中，只不过应用了我的 4 个调谐回路罢了。[17]

另外一个对马可尼不利的证词来自约翰·斯通·斯通（他母亲的家族姓氏恰巧也是斯通）。斯通少年时代曾和身为联盟军上将的父亲去过埃及和地中海沿岸国家；曾先后在哥伦比亚大学和约翰霍普斯金大学学习物理，1890 年毕业。斯通曾作为一名资深的科学研究员在波士顿贝尔实验室工作多年，他从 1899 年就开始了无线电的研究。第二年，他向美国专利局申请了调谐基本专利，并获得通过，比马可尼早了一年。[18] 斯通是无线电工程师学会（Institute of Radio Engineers）的会长，本身也拥有一家无线电公司；他从不认为自己是收音机的第一发明人，而是将他人的一系列的发明专利综合运用于"连续波无线电频率装置"。他一直想亲自确定谁是无线电的最早发明者。这位朴实的贵族身着正式西装、笔挺的立领衬衫，戴着丝质领带，一副夹鼻眼镜用缎带连接至脖颈。他作证道：

马可尼的灵感来源于赫兹和里吉，他花了很长一段时间才认识到大地在无线传输中的重要性，……尽管他很早就意识到了将他的振荡器和地面连接具有重要的实用价值。……特斯拉关于地面电波的解释更加有用，因为它解释了……电波如何能够翻过或绕过山丘而传输，而不被地面凸起部分所阻碍。而马可尼的观点让人们认为：无线传输的可能范围十分有限。……通过去除天线上的火花隙、发展地面天线和扩大无线电站的规模，就能低频、高功率地传输电波，增加无线电的传输距离，而这正是特斯拉发明的无线电技术。

斯通总结说，虽然他自己从 20 世纪初就一直在设计无线电设备，并且经营了一家无线电公司，但和那些反对特斯拉的人一样，由于受制于知识分子"头脑聪明却目光狭隘"的毛病，直到他"开始研究无线电这一领域"，他才开始真正懂得特斯拉在该领域中作出了"先驱"式的巨大贡献。他总结道："我想我们大家都误解特斯拉了，他走在了我们这个时代的前面，以至于我们中的佼佼者都认为他只是一位空想家。"[19]

在马可尼和美国海军打了第一起官司的两年后，1916 年 7 月 29 日，马可尼和美国海军之间的另一起官司没有受到太大关注，但却对 1943 年最高法院的判决中特斯拉的胜诉至关重要。马可尼起诉美国海军侵犯其 1904 年 6 月申请的第 763772 号基础无线电专利，要求得到 43000 美元的侵权赔偿。

海军部长助理 E.F. 斯威特与富兰克林·D. 罗斯福于 9 月通过信函，回顾了特斯拉 1899 年向灯塔委员会递交的文件。[20] 马可尼向美国专利局申请专利的记录提供了额外的有力依据。就在这一时期，专利局长约翰·西摩曾帮助特斯拉驳回了迈克尔·普平申请交流电发明专利权的申请；1900 年，鉴于洛奇、布劳恩，尤其是特斯拉，都在马可尼之前申请过无线电专利，马可尼一开始的专利申请都被西摩一一否决了。西摩写道："马可尼假装不知道'特斯拉振荡器'的原理，简直是荒谬可笑。自从特斯拉在 1891 年到 1893 年间发表过的一系列演讲被翻译成各国文字出版后，'特斯拉振荡器'这个术语在欧美大陆已经家喻户晓。"专利局也引用了马可尼的话，证明马可尼曾亲口承认他使用了特斯拉振荡器。

两年后，即 1902 年，斯通获得了调谐的专利权（政府认为他在这项发明上先于马可尼）。但到了 1904 年，西摩退休，马可尼就获得了他所谓的 1904 年专利。[21]

埃德温·阿姆斯特朗

"我在哥伦比亚大学目睹了不少笑话。"阿姆斯特朗说。那学期的物理课老师傲慢地诋毁了尼古拉·特斯拉的所有实验。"他甚至宣称特斯拉几乎没有什么原创性。"阿姆斯特朗一直都是个大胆的学生，他利用这位教授对特斯拉理论的一无所知，让他体验了一次由一种电气设备引起的强烈的触电。"他的手紧紧地抓着桌子不放，把桌上的大部分设备都拖曳到了地上，直到电流被关闭。"[22]

刚毕业，阿姆斯特朗就发明了一种回馈放大器（feedback amplifier），这本质上是对德福雷斯特三极管的完善和发展。特斯拉在 19 世纪 90 年代初曾在研发他的"电刷"电子管的时候研究过"爱迪生效应"（即热电放射效应）；阿姆斯特朗在"爱迪生效应"的影响下发现有一种方法能增强德福雷斯特三极管的灵敏度——通过把一个二级回路（即翼电路）连接到三极管内的网格，将二极回路的电流反馈给网格，从而大幅提升德福雷斯特三极管的功率。结果，通过这个新发明，这位年轻傲慢的发明家能够接收到来自加拿大新斯科舍、旧金山、爱尔兰、德国甚至是火奴鲁鲁的无线信号。

由于阿姆斯特朗是普平教授的得意门生，因此普平创造机会，让阿姆斯特朗结识了李·德福雷斯特、马可尼无线电公司的代表大卫·萨尔诺夫，以及大西洋通信公司的董事长卡尔·弗兰克博士。由于德福雷斯特的三极管被安装在了阿姆斯特朗新发明的中心，德福雷斯特宣称"超三极管"（ultra-audion）是自己的发明。于是，马可尼无线电公司只好退而静等这一切尘埃落定。另一方面，弗兰克在塞维尔无线电站应用了阿姆斯特朗的发明，并每个月支付他 100 美元的专利权税。[23] 德福雷斯特生性不喜欢墨守成规，他曾参与调幅（AM）和调频（FM）收音机的发明。当大多数无线电领域的同行们仍在使用马可尼的火花隙无线设备时，阿姆斯特朗拒绝使用这种效率较低的设备，而是像斯通一样，倾心研究由特斯拉开创的连续波技术，他也因此有了 1912 年的发明。

普平教授教过的学生很多都成了新兴的电气行业中的电气工程师，但他们中很少有人能像阿姆斯特朗那样有勇气质疑马可尼：首先，马可尼的成功是建立在别人的研究成果基础上的；再者，马可尼是在对特斯拉的发明意图一知半解的前提下获得了成功。由于马可尼一心沉浸在赫兹火花隙的研究上，他盲目地通过普平向无线电领域的广大研究者传播了他"目光短浅的构想"，而且这种错误的认识一直持续到今天。鉴于马可尼很早就获得了举世瞩目的成功，拥有大型无线电公司，并且有诺贝尔奖作为砝码，把无线电发明归功于他就变成了意料中的事了。当时正在进行的世界大战进一步遮盖了这件事情的真相，因为大西洋通信公司（德律风根）和马可尼无线电公司间的重大官司之战还没有了断就被迫中止了。

由于当时海上的风浪很大，加之有谣言称德国人准备取他的人头，马可尼这位意大利参议员没敢乘坐"卢西塔尼亚"号返航，而是用了一个假名，伪装了自己的身份，乘坐"圣保罗"号回到了意大利。

　　马可尼起航返回意大利的同时，约翰·S.斯通当选美国电气工程师学会的新会长，并举行了就职晚宴，业界的许多领袖人物皆出席了晚宴，包括李·德福雷斯特、J.A.怀特、大卫·萨尔诺夫、鲁道夫·戈尔德施密特、弗里茨·洛温斯坦和尼古拉·特斯拉。李·德福雷斯特将他的专利卖给了美国电话电报公司，即将获得该公司25万美元的报酬；J.A.怀特是《无线通信》杂志社的主编；大卫·萨尔诺夫所创办的无线电帝国即将启动；鲁道夫·戈尔德施密特是塔克顿无线电站的重要支撑力量；弗里茨·洛温斯坦将他的一项发明卖给了美国电话电报公司，即将收到该公司15万美元的报酬。合影留念的时候，特斯拉站在了德福雷斯特和洛温斯坦的中间。[24]

　　两周后，1915年5月，一艘德军潜艇用鱼雷击沉了"卢西塔尼亚"号，造成1134人死亡。对于这样一艘毫无武装的客轮，不是按正常程序登船检查货物，而是直接将其击沉，这简直是骇人听闻。他们的袭击目标很有可能是马可尼，然而，德军借口说攻击的原因是船上运载着运往英国的军火。仅有750名乘客幸存了下来，这次针对无辜平民的"惨无人道的"袭击夺去的生命数量几乎与"泰坦尼克"号的遇难者人数相当。海军顾问委员会（Navy Consulting Board）的劳埃德·斯科特说："据媒体报道，对于这次罪行，德国人似乎还扬扬得意，他们在国内为此进行了各种各样的庆祝活动。他们还为这次沉船事件制作了纪念勋章，学校也因此放假庆祝。"[25]泰迪·罗斯福总统不再保持中立，他称这起事件为"公海上的谋杀"。

　　尽管德军的罪行造成了巨大的平民伤亡，但是乔治·西尔威斯特·菲尔埃克并没有改变他支持德国的立场。第一次世界大战期间，菲尔埃克曾乘坐齐柏林飞艇在柏林上空飞行；他在《纽约时报》发文声称："假如船上的武器运到了英国，那么这些武器将杀死比沉船事件中死亡人数更多的德国人。"菲尔埃克冷酷无情的言论激起了大众对他的愤怒和反感。这位曾极富声望的诗人，如今却因此被人们称为"满口毒液的叛国贼"。[26]

　　敌人似乎已打入美国内部，到处都是德国间谍。众多报道开始慢慢传开，说德国正在缅因州海岸附近的岛屿上建造秘密潜艇基地。同时也有消息称，塞维尔无线电站不只向柏林发送美国中立的消息，还将加了密的信息发送给德军战舰和潜艇。

几个月前，特斯拉还和摩根吹嘘说他正在为德国人工作。《纽约时报》也曾在头版报道说："德国海军上将冯·蒂尔皮茨正在考虑对货船采取更加严厉的措施，……并计划在美国大西洋海岸建立秘密基地。"[27] 所以，特斯拉很可能被认为已经多少沾染了德国这一"毒蟾蜍的血液"。

1915 年 1 月 2 日，华盛顿参议院遭到了恐怖分子的炸弹袭击。第二天，策划了这起袭击的狂热分子、康奈尔大学的德籍教师弗兰克·霍尔特左右手各持一把六发左轮手枪，闯入了杰克·摩根位于长岛的家里。摩根的妻子和女儿扑向这位行凶者，摩根也同时猛扑向他。虽然摩根的腹股沟部位被击中两枪，但是在勇猛的妻子的帮助下，摩根成功夺下了弗兰克的枪，将他抓住。摩根住院恢复期间，特斯拉写了封信给这位英雄，祝他早日康复。[28]

受审时，霍尔特宣称他并不打算杀死这位华尔街大佬，他只是想让摩根停止向欧洲输送武器。摩根很快就康复了，几天后，他解雇了公司所有的德国和奥地利籍员工。霍尔特这个自以为是的和平主义者在监狱的牢房里自杀身亡。他的秘密也被公之于众：霍尔特的真名叫埃里克·明特尔，博士，之前是哈佛大学的德籍教师，1906 年毒死了妻子后便消失无踪。[29]

一周后，恰逢特斯拉 59 岁生日，《纽约时报》报道称，德国用齐柏林飞艇在伦敦空投炸弹，还通过辐射动力学原理"操纵空中鱼雷"。据说，这种"德国空中鱼雷"从飞艇上发射后，"理论上能在空中停留 3 个小时，而且能从两英里之外对其进行操控……毫无疑问，我们私底下听过很多次的这种秘密武器是德国为英国舰队准备的。"[30] 尽管特斯拉发明设计的魔鬼式自动遥控武器似乎已经成为了现实——就如他 10 年前所预测的一样，但特斯拉向媒体宣称："虽然这种充满魔力的炸弹向我们揭示了遥控机械有许多惊世的潜能，但是我们无法肯定报道的消息是真的。"

特斯拉"被德国的邪恶政权惊呆了"，他控诉德国是"一台能带来前所未闻的系统的、残酷无情的大规模破坏的冷血机器……为了保护自己的文化和征服世界，德国不断完善着它可怕的国家机器。"特斯拉的塞尔维亚同胞们过去曾为了生存而反抗德国皇帝，现在，他已经预测到他的祖国即将战败，于是停止了和冯·蒂尔皮茨的交易——尽管他可能仍与在道义上反对战争的斯拉比教授保持着往来。

特斯拉认为，有两个途径可以消除战争：一是运用他正在研究的发明来建立一个更强大的星球大战式的自动化防御体系；二是"消除人们心底的民族主义"。如果人们能用"对自然的热爱和科学理想"取代盲目的爱国主义，那么"永久和平就能实现"。[31]

从 1915 年到美国开始参与第一次世界大战（1917 年），期间有关间谍的报道层出不穷。比如，众多间谍渗透进了布鲁克林的海军工厂，利用那儿的无线电站给柏林发送加密消息；他们还通过塞维尔无线电站主管理查德·芬德，在德律风根公司办公室所在的百老汇 3 号建筑的楼顶安装了无线设备。[32] 美国加入第一次世界大战后不久，特斯拉告知舍夫，"塔克顿无线发射站的主管"埃米尔·迈耶斯上尉由于被怀疑从事间谍活动，"已经被关进了乔治亚州的拘留营。"[33] 德律风根每月给特斯拉支付的薪水也突然中止。[34]

海军部长约瑟夫斯·丹尼尔斯被指派接管所有无线电站的工作，他的助理为富兰克林·德拉诺·罗斯福。1915 年夏，正忙于监视杰克·哈蒙德工作的丹尼尔斯读到了近期一篇对托马斯·阿尔瓦·爱迪生的采访。采访内容给他留下了深刻的印象，于是他打电话给爱迪生，与他商议创立一个发明家咨询委员会的想法。如果美国参与战争的话，他希望这个发明家咨询委员会能起到一个民间智囊团的作用，就像英国的一样（英国的咨询委员会成员有 J.J. 汤姆森、W.H. 布喇格、威廉·克鲁克斯爵士、奥利弗·洛奇爵士和欧内斯特·卢瑟福）。尽管爱迪生本人受到了第五纵队的死亡威胁，但他还是成为了"海军咨询委员会"的会长。他和富兰克林·罗斯福一起，为该委员会招揽了许多发明家，包括：加诺·邓恩、雷金纳德·费森登、本杰明·拉米、欧文·朗缪尔、R.A. 米利肯、迈克尔·普平、查尔斯·S. 斯科特、埃尔默·斯佩里、弗兰克·斯普拉格和伊莱林·汤姆森；记者沃尔德马·肯普弗特也因其深厚的文字功底被纳入其中。[35]

特斯拉的名字之所以没有进入海军咨询委员会的名单，可能与他跟德律风根的关系有关，尽管许多其他发明家也没被纳入该委员会，比如，哈蒙德、斯通和德福雷斯特。特斯拉也可能是因为这个原因，此后再没有为托马斯·爱迪生工作过。然而，特斯拉的研究发明对于政府来说显然是十分重要的——威尔逊总统批准其顾问威廉·豪斯为哈蒙德提供秘密基金，用以推进开发特斯拉的发明。也正是因此，特斯拉才开始被划入了更加隐秘的境地。[36]

第四十一章
隐形听众（1915—1921）

亲爱的特斯拉：

　　当你拿到诺贝尔奖的时候，请记得我正拮据度日，勉强维持着不变卖房子，我迫切需要现钱。

　　恕我提及此事！

罗伯特·安德伍德·约翰逊[1]

1915 年 11 月 6 日，《纽约时报》在头版上曝出：特斯拉和爱迪生将一起荣获当年的诺贝尔物理学奖。此消息来源于英国《每日电报》驻哥本哈根记者（此消息还被众多其他刊物转载）。[2] 尽管特斯拉曾把载有这则消息的报纸寄给小 J.P. 摩根，但他和爱迪生都没有获得那年的诺贝尔奖。

为了弄清事情的原委，特斯拉的传记作者伊内兹·亨特和沃奈塔·德雷珀曾于 20 世纪 60 年代初写信给瑞典皇家科学院的鲁德贝里博士，咨询详情。在提及发生在半世纪前的这件事时，鲁德贝里回复道："一个人没有获得诺贝尔奖，然后说那是因为他自己故意拒绝接受该奖项——这样的传言是很荒谬的。"因此，两人将这件事归结为"一个有讽刺意味的笑话"。[3]

奇怪的是，在《纽约时报》的这篇头版报道中，所提及的 4 位诺贝尔文学奖、诺贝尔化学奖提名者，同年都没有获得诺贝尔奖，尽管 4 人中有 3 个后来还是获得了诺贝尔奖；而另一位，即特伦·伦德，和特斯拉、爱迪生一样，从未获此殊荣。[4]

尽管这则新闻刊登于 1915 年 11 月，但是诺贝尔奖的提名工作实际上在 9 个月前就已经结束。物理学奖评选委员会由 19 名科学家组成，每人可投两票。在这 38 个有效投票中，两票分别投给了无线电领域的发明家 E. 布朗利和 A. 里吉，两票给了量子物理学家马克斯·普朗克；爱迪生获得一票，布喇格父子获得四票。根据瑞典皇家科学院的记载，特斯拉并未获得当年的提名。（但是，在皇家科学院的档案里，编号 33 和 34 的提名票缺失。）11 月 14 日，即《纽约时报》刊登提名名单一周后，瑞典宣布威廉·H.布喇格教授和他儿子一起获得当年的诺贝尔物理学奖。

20 年前曾授予特斯拉荣誉博士学位的哥伦比亚大学校长亨利·费尔菲尔德·奥斯本提名了爱迪生，并因为这一提名向委员会道歉。在解释他提名爱迪生的理由时，他写道："虽然这样有点不合以往规矩，但我仍想提名托马斯·A.爱迪生先生，……因为他的发明极大地造福了人类。"直到 1937 年，特斯拉才获得诺贝尔奖提名（提名他的是之前提名过阿尔伯特·爱因斯坦的维也纳人 F.埃伦哈夫特）。[5]

毫无疑问，特斯拉和爱迪生都具备诺贝尔奖获得者的资格。可令人感到奇怪的是，他们两人都不曾获得此奖，而且当时也没人发现隐藏在这一离奇历史插曲背后的原因。

特斯拉的传记作者奥尼尔就此件事采访了特斯拉，特斯拉认为"发明家和科学发现者之间有明确的区分，发明家的工作是改进已有的技术，而科学发现者则以创建新的理论为使命……特斯拉宣称自己是科学发现者，而爱迪生是发明家。他认为将这两者归为一类会彻底损毁这两类人成就的相对价值"[6]。

我们可以从特斯拉 1899 年在科罗拉多斯普林斯实验站给华盛顿灯塔委员会写的一封信中找到支持他这种论断的证据。海军部给特斯拉回信道：他们"更愿意"和一个美国人签署迫近的无线电合同，而不是意大利人马可尼。

特斯拉简略回信道："尊敬的各位先生，非常感谢你们的友善和好意，但为了给自己公道，我不得不说，我绝不会接受基于任何理由的照顾，……我不想跟那些按照我的研究路径在走的人一起竞争，……利用自己的公民身份而获得经济上的优势，是我最不屑的一件事。"[7]就算其他人不认可他的才华，特斯拉也会认可自己。如果要被拿来和别人做对比，比如拿他和马可尼进行比较，特斯拉会毫不犹豫放弃钱财。

接下来这封信是《纽约时报》宣布特斯拉获奖 4 天后、瑞典皇家科学院决定把物理学奖颁给布喇格父子 4 天前，特斯拉写给约翰逊的，字迹认真工整：

亲爱的卢卡：

　　谢谢你的祝贺！……对于一个和你一样拥有雄心抱负的人来说，这个奖项意义重大。未来一千年中会有成千上万的诺贝尔奖获得者。在科技文献中，涉及我名字的发明少说也有四五十项。这些荣誉是真实且永久的，它们并非由少数几个容易犯错的人授予，而是由全人类授予的，而全人类几乎不会犯错。我希望能把接下来的一千年中将要颁发的诺贝尔奖授予这些被全世界认可的发明。[8]

这段文字完整地包含在了亨特和德雷珀的特斯拉传记中。然而，两人错误地以为：因为《纽约时报》宣了特斯拉获奖的消息，这条消息的"喜悦"远远超过其"冷峻"。[9] 约翰逊也误解了这封信的含义，因为 1916 年 3 月他提到这次诺贝尔评奖时，他完全以为特斯拉将获得那年的诺贝尔奖。[10]

《纽约时报》刊登诺贝尔奖获奖者提名名单次日，《纽约时报》采访了特斯拉。特斯拉在采访中说，以爱迪生的成就，爱迪生"有资格获得十几次诺贝尔奖"。众多特斯拉传记作者都认为，特斯拉的这番话是对爱迪生的公开祝贺，而事实上，特斯拉的字句之间是对诺贝尔奖评奖委员会辛辣的讽刺和斥责：诺贝尔奖只认可一些微小的成就，却忽略了真正独创性的重要理论。

"有人在我的（特斯拉）线圈中加了一种火花隙，结果获得诺贝尔奖……对此，我无力阻止。"[11] 因此，在特斯拉看来，爱迪生的很多犹如"改良版捕鼠器"一样的发明虽然都能被提名诺贝尔奖，但这些发明无一和创造性理论有关，它们只是对原有发明的改进。

在这点上，爱迪生也许会赞同特斯拉，因为他的大部分发明确实只是对前人成果的改进。不过，爱迪生也有许多独特的发现和发明。他自己认为他最重要的发明是留声机；即使以特斯拉的标准来看，留声机也堪称天才的创造，应当获得诺贝尔奖。从另一方面来说，爱迪生能成功地使一些有潜力的发明更加成熟、最终投入使用，他的这种能力无与伦比，而这正是特斯拉失败的地方；爱迪生的这种天赋使他占据了独一无二的地位。

特斯拉很有可能也向诺贝尔奖委员会寄了一封类似于他发给约翰逊或灯塔委员会的信。如果这一假设成立，那么委员会可能因此一直对特斯拉和爱迪生存在偏见，也就能很好地解释为什么瑞典皇家科学院从未授予这两位伟大科学家诺贝尔奖。

男巫债台高筑

特斯拉承认其负债于华道夫酒店，银行里无分文存款。[12]

1915 年底，特斯拉开始发现自己陷入了愈来愈严重的财务危机。虽然他该年设计的一款高效饮水机顺利被采用 [13]，但由此获得的专利收入也只是杯水车薪，他的日常花销仍然过高，这些花销包括：维持爱迪生水畔发电站涡轮运行的开销，伍尔沃思大厦他的办公室的租金，给助手以及新秘书斯凯里特夫人的薪水，他欠约翰逊夫妇和乔治·舍夫的旧债，沃登克里弗发射站的维护费用，无线电权利之争的法律诉讼费用，以及他在华道夫-阿斯多里亚酒店的住宿费。

　　这其中的一些债务一拖再拖，尤其是华道夫酒店的住宿费用。酒店总经理博尔特先生的耐心已经达到了极限。特斯拉神秘高贵的气度慢慢消失。开始有传言说，特斯拉的套房里有股难闻的气味，常传出咯咯的嘲笑声。女仆们抱怨说窗台上的鸽子粪太多。博尔特先生给特斯拉发了一份将近 19000 美元的酒店账单。与此同时，特斯拉因拖欠沃登克里弗发射站 935 美元的土地租金而遭到了起诉。

　　特斯拉被传唤进州最高法院后，签字将沃登克里弗发射站的资产转让给了博尔特。面对芬奇法官，特斯拉坦露，"他没有任何固定资产，也没有股票，他所有的财产加起来也微不足道"。特斯拉发誓坦白说，他基本上是以赊账的方式居住在著名的华道夫酒店的；他的公司"没有资产，仅靠专利权税来维持开销"；他的大部分专利已经出售或签约转让给其他公司了。法官问特斯拉有无汽车或马匹，他说没有。

　　"那么，你没有一点珠宝吗？"

　　"没有，我讨厌珠宝。" [14]

　　这篇让人难堪的文章发表在了《世界》杂志上，现在所有人都知道了特斯拉的窘境。特斯拉有个习惯，就是凡是遇到与他有关的文章，他都会剪下来放进剪报中。和往常一样，特斯拉让秘书把这篇有关他认错的文章粘贴到最新的一册剪报上。特斯拉的这种剪报有多册，看起来很像一部多卷的百科全书。这些剪报加上他的其他档案资料和书信，使后来人能够更准确地了解特斯拉丰富多彩而又错综复杂的一生。在起誓向法官陈述时，特斯拉字斟句酌，非常谨慎。虽然他很讨厌成为债务人，但他很想让摩根、马可尼、富兰克林·罗斯福以及伍德罗·威尔逊这些人知道他的困境，因为这种耻辱归根结底也是他们的耻辱。此时甚至连 T.C. 马丁都反对他，马丁写信给伊莱休·汤姆森，抱怨二三十年前他编撰《尼古拉·特斯拉的发明、研究及著述》时，特斯拉如何蚕食了他的钱。[15]

　　特斯拉试着通过多种途径筹集资金。他继续推销他的速度计，向美国公司推销无叶涡轮，从洛温斯坦那里以及德律风根的塔克顿和塞维尔两个分公司那里获得专利费。这位发明界的元老还给《世界》杂志和《太阳报》撰稿，以获得一些稿费。同时，他着手他的其他发明，比如他和莫雷尔博士一起开发他的电疗机器。特斯拉在给舍夫的信中说，他预计他的电疗器如果进入医疗市场，将能带来三四百万美元的收入。[16]

随着特斯拉的惨状被公之于众，加之他的沃登克里弗发射站被迫转让，特斯拉无比愤怒而又深感耻辱。现在，全世界都将他看成了一个无用的废物。如果仅从物质的角度来衡量成败的话，特斯拉肯定一败涂地。

表面上，特斯拉还在硬撑门面，但这起事件注定将成为他人生的转折点。他渐渐开始厌世。这段时期，他搬到了其他州生活，一方面是为了创造新的生意环境，另一方面是为了让自己远离敌对的环境。他给底特律的亨利·福特写信，希望这位汽车大王能认可他发明的蒸汽机。

"我看得出，福特不管怎样都会与我签约的，他将帮我脱离苦海。"特斯拉在当时为他工作的、科尔曼的儿子朱利叶斯·齐托面前自信地估计道。几年后，特斯拉透露道："果不其然，一个明媚的早上，福特汽车公司的数名工程师代表找到了我，要和我商谈一个重大项目。"

"看吧，我跟你说福特公司会找我的。"这位预言家扬扬得意地说道。

"特斯拉先生，您真神了，"朱利叶斯回应道，"一切都和您预计的结果一样。"

"这些蠢货一坐下，"特斯拉继续道，"我当然立马就开始推介我发明的涡轮的神奇之处，直到他们打断我说：'您说的我们都知道，但我们来此另有差事。我们刚成立了一个研究通灵现象的心理学会，我们希望您能加入该学会。'"这让特斯拉大吃一惊，他强压住怒火，悻悻地将这些让他吃惊的家伙送到了街上。[17]

与公主的会晤

1916 年的整个 1 月，特斯拉都被流感困扰。此时，人气很旺的画家维尔马·利沃夫－保尔洛吉公主给特斯拉画肖像的新闻登上了各家报纸。维尔马是冯·佐伦道夫男爵夫人之女，嫁给了俄罗斯的利沃夫王子，后又离了婚。维尔马曾给菲尔德·马歇尔·冯·莫尔特克、俾斯麦、罗斯柴尔德男爵夫人、安德鲁·卡内基、托马斯·爱迪生和泰迪·罗斯福等著名人物画过画像。特斯拉起初因为迷信原因，觉得画画像不祥而不愿意配合画像，但很快又答应了，找了一个舒服的椅子坐下，椅子四周满是公主的各种宠物。公主曾经养过的宠物有"两条狗、一只安哥拉猫、一头熊、一头幼狮、短吻鳄、朱鹭和两头猎鹰"。也许，公主和特斯拉这位塞尔维亚贵族当时曾一起大笑，因为他们当时同样都处于困境之中——公主最近由于未支付高达12000美元的账单而被禁止进入购物中心。这幅由维尔马公主所画的特斯拉画像于1919年首次刊登在《电气实验者》（*Electrical Experimenter*）上，而后于1931年被《时代周刊》选做封面，以庆祝他75岁生日。[18]

　　这一时期，特斯拉还见证了侄子尼古拉斯·特尔博耶维奇的出生。特尔博耶维奇后来也和特斯拉一样成了一名发明家，并希望成为特斯拉的助手。但是，特斯拉显然没能和侄子共事太久。备感被责难的特尔博耶维奇转而加盟当地的塞尔维亚圈子。在那里他认识了迈克尔·普平教授，教授很乐意接受他，对这位年轻人"呵护有加"，还带他遍游了所在的城市。特尔博耶维奇十分钦慕杰出的普平教授，并和他成了朋友。20世纪二三十年代，特尔博耶维奇发明了准双曲面齿轮，还在汽车的转向方面做了多项精心的改良，为汽车行业的发展作出了贡献。他利用数学原理，想出了一个巧妙的方法，降低了从发动机到后桥之间的传动轴的高度。这一改进淘汰了踏脚板，使得汽车造型更加流线化，同时也给特尔博耶维奇带来了丰厚的收入。20世纪20年代末，特尔博耶维奇搬到了底特律，继续与他的叔叔尼古拉·特斯拉保持着联系；特斯拉也在经济大萧条时期去看望过他。[19]

　　2月，特斯拉收到一封来自热心崇拜者约翰·奥尼尔的信。约翰当时是长岛一家日报的新闻记者，正准备跳槽到《国际先驱论坛报》。奥尼尔在信中提到他们1907年在地铁站的偶遇，并附上了下面这首名为《致尼古拉·特斯拉》的诗，以"向特斯拉的伟大略表自己的赞颂"：

> 有史以来最光辉的人物啊，
> 你的问世预示着更美妙的未来——
> 你用魔力所预言的一个个奇迹，
> 终将革新我们陈旧的生存方式。
>
> 你的线圈在电流的激荡中
> 所发送的电脉冲可以穿透地球；
> 振荡器的能量可以从一个中心
> 浩浩荡荡传播至最远处的宇宙。

你的智慧是一股无处不在的力量，

探求着深不可测的宇宙的奥秘；

这智慧向一位少年预言了

全人类未来的一次次胜利！[20]

特斯拉给这位"少年"回了信，在信中说，虽然"你的赞美言过其实"，但我还是"由衷地感谢你"。令人费解的是，他建议奥尼尔为约翰·皮尔庞特·摩根也写一首诗，称摩根"是当今全世界最需要依赖的人"。如果奥尼尔写了，"也许他能获得一张支票作为回报"。[21] 考虑到皮尔庞特已经辞世，这一建议实在让人觉得古怪。

爱迪生奖章

如果从工业社会中拿去特斯拉先生的成果，那么工业的车轮将停止转动，城市将一片漆黑，工厂也将闲置废弃。没错，特斯拉的研究成果影响是如此深远，它已经成为了工业发展的基础。

博纳尔德·A.贝伦德，1917[22]

对于那些目睹了真相的人来说，特斯拉的经济危机十分深重，有一位工程师对此尤为清楚，他就是瑞士籍移民博纳尔德·A.贝伦德。曾经有段时间，特斯拉在交流电的专利问题上遭到恶意起诉，贝伦德拒绝作对特斯拉不利的证词。贝伦德显然希望能帮助恢复他的精神导师特斯拉的名誉，他一生中有很大一部分时间都用在了改进特斯拉发明的感应电动机上。他告诉他的导师特斯拉，特斯拉已经被提名获得爱迪生奖章。事实上，正是贝伦德自己向评奖组委会提名了特斯拉。过去这一奖章的获得者有亚历山大·格雷厄姆·贝尔、伊莱休·汤姆森和乔治·威斯汀豪斯。

特斯拉竟然被提名获得一个以爱迪生命名的奖项，这让这位忧心忡忡的塞尔维亚人着实感到震惊。爱迪生肯定同意授予特斯拉爱迪生奖章。时年刚满70岁的爱迪生似乎并不因特斯拉表现出来的敌意而怨愤。相反，一想到授予特斯拉爱迪生奖章，爱迪生的脸上很有可能会浮现出一阵得意扬扬的笑容。

对此，特斯拉起初很是反感，他断然拒绝了这一提议，但是贝伦德坚持要将此奖颁给他。贝伦德认为这是一个给予特斯拉非凡的成就应有认可的机会。"难道您甘心将您自己的成就拱手让与别人，让费拉里斯、沙伦伯格、史迪威或斯坦梅茨这些人因你自己发明的电力系统而青史留名吗？"贝伦德诘问道。

爱迪生奖章的颁奖典礼定于1917年5月18日。（两个月后，特斯拉通过电话得知一群恶棍闯进了他的沃登克里弗实验室，毁坏了价值68000美元的设备，"发射塔塔身将会被炸药摧毁。"[23]）许多特斯拉熟悉的人参加了这次颁奖典礼，如约翰逊夫妇、梅林顿小姐、查尔斯·斯科特，以及最极力将特斯拉推荐给尼亚加拉大瀑布电力公司的爱德华·迪安·亚当斯。

爱迪生的老密友A.E.肯内利做了颁奖典礼的开场致辞。肯内利当时在哈佛大学教书。他一直与特斯拉敌对，在19世纪80年代初激烈的直流电交流电之争中，他总是不遗余力地用交流电处死动物，故意与特斯拉过不去。在这位杰出教授长达15分钟的演讲中，他竟然一次都没有提及特斯拉的名字。

肯内利教授开始说道："许多人以为爱迪生奖章是由爱迪生先生颁发的，这是误解。事实上，爱迪生一生都在忙着获奖，哪有什么时间颁奖呢。"肯内利喋喋不休地讲着，每一句奉承的话都让特斯拉很不自在。"每次有人被授予爱迪生奖章时，爱迪生本人也同时受到尊崇。"他继续说道，"事实上，我们可以设想，一千年后在这样的夜晚，第1007人获得爱迪生奖章时，爱迪生的成就仍会受人尊崇。"[24]

据说特斯拉当时起身离开了房间。贝伦德顿时慌了神，匆匆跑出去找他。而与此同时，西屋公司的杰出执行官查尔斯·特里回顾了特斯拉的伟大成就。据说，贝伦德在马路对面的图书馆旁找到了特斯拉，当时特斯拉正独自喂着他心爱的鸽子。[25]

也许是为了表达对肯内利的开幕致辞的不满，贝伦德在介绍特斯拉时说道："特斯拉的名字和法拉第、爱迪生一样，都将会永垂青史。一个人能做到这一点，夫复何求？正如蒲柏评价牛顿一般：自然与自然规律隐藏于黑暗中。上帝说：'让特斯拉出现吧！'于是一切都明朗了起来。"

"女士们、先生们，"特斯拉开始发言，"在此我衷心感谢你们的好意和赏识。我不想欺骗自己，也希望你们能意识到一点，那就是刚刚几位讲话人都极力夸大了我那些微小的成就。我希望大家相信这只是一个开始，它昭示着更大的成就；我一定会再接再厉，继续研发我的设计，并开拓新的研究事业。"

"我发自内心地深信（并一直乐在其中）——人类自身的一个个巨大的奥秘仍有待去探索。死亡本身可能并不是我们所能看见的人类神奇蜕变的终结，尽管事实证据与此相反。在这种思维下，我保持了平和宁静的心态，不断地为自己寻找战胜逆境的精神食粮，甚至从人生的阴暗面和生存的艰难困苦中，我也能汲取快乐，感受满足。"

这位电学专家接着回顾他的很多人生经历，比如小时候一只雄鹅几乎把他的脐带扯了出来的轶事、他早期和爱迪生的相识、他为威斯汀豪斯工作的经历、他在欧洲讲学，以及尼亚加拉大瀑布电力开发的成功；他还谈及了他未来在无线电领域的研究计划。

"我名扬四方，拥有数之不尽的财富，"特斯拉最后说道，"可是，有多少文章称我是一个不切实际的失败者，又有多少贫困的、仍为生存挣扎的作者称我为空想家。这便是世人的愚昧和短见！"[26]

当得知华道夫酒店总经理博尔特没有好好保护沃登克里弗发射站时，特斯拉惊异万分，因为沃登克里弗发射站的市值至少是15万美元，远远高出他欠酒店的债务。虽然他的确签字转让了沃登克里弗发射站，但是他自认为，他这么做是为了暂时缓一缓，"在计划成功实现之后"再还债务；沃登克里弗发射站建成投产后，每天能产生2~3万美元的收益。所以，当特斯拉得知博尔特竟然真的付诸行动，要毁了他的发射站时，他顿时哑然失色，惊诧不已。虽然特斯拉将自费购置的机械设备作为"动产抵押"，并以此为证据，但以博尔特为首的"酒店管理层"却已经将沃登克里弗发射站看成是他们手中的财产，已经与特斯拉没有牵连，可以随心所欲地处置。酒店的保险费只有5000美元，而特斯拉机械设备的保险估计有68000美元。奇怪的是，如果特斯拉自己的利益在合同中没有得到任何体现，那他为什么还要主动去试图通过这种方式保护沃登克里弗的财产呢？特斯拉将他与酒店的合同看成是"安全抵押"，但是他签的合约中却没有具体体现出这种"安全"的可能性。华道夫酒店的律师弗兰克·哈钦斯（来自鲍德温 - 哈钦斯公司）冷酷无情地说道："这是两年前就已经签订的抵押契据，从上面我们没有发现您有任何权益。"[27]

特斯拉怒火冲冲地走进他们位于松树街（Pine Street）的办公室，要求他们当面向他解释发生了什么。

"你得问斯迈利钢铁公司（Smiley Steel Company），他们负责沃登克里弗发射站的财产处理事宜。"

J.B. 斯迈利写信告诉特斯拉，事实上，他们将拆掉沃登克里弗发射塔，卖掉其部件，以抵销债务。特斯拉回信道："你们犯了一个巨大的错误，但我相信正义最终会得到伸张！"[28]

和哈钦斯商量后，斯迈利告诉他的拆迁队："完全不用理会特斯拉，按照合同立马开始拆迁。"[29]

致华道夫酒店集团

诸位先生：

我所听闻的诸多报告令我惊愕至极，尤其是因为我目前正在为政府做重要的工作，希望我的沃登克里弗发射站能在重大时刻发挥特殊功能。……

我相信你们定能意识到事情的严重性，务必保护好沃登克里弗的财产，看护好所有仪器设备。

您真诚的：特斯拉

1917 年 7 月 12 日[30]

特斯拉认为，拯救沃登克里弗发射站的唯一办法就是将其宣扬为保家卫国的利器。借着诺贝尔奖事件给他带来的高人气，特斯拉的这一目标又一次令得知者几乎难以置信。

新发明似雷神托尔之闪电：
特斯拉欲为无线引擎申请专利，称拉动控制杆即可摧毁海军
亦可粉碎陆军

1915 年诺贝尔物理学奖获得者、发明家尼古拉·特斯拉已经申请了一种机器主体部分的专利，这一专利超出了一般外行人的想象，就如雷神托尔从天而降的霹雳，以惩罚冒犯神灵的人们。特斯拉先生坚称这绝非耸人听闻，哗众取宠……

"无线发射能量，远距离产生破坏是完全切实可行的。我已经建成了一个无线发射装置，使这一切成为了现实。"

"无论是 10 英里还是 1000 英里，该装置都能产生相同的效果。"特斯拉说。无论在海上或陆地作战，它都能精确地打击目标，按预期使其瘫痪或毙命。如果特斯拉的设想得以实现，那么长岛上的沃登克里弗发射塔里只需一人把守，他只需操纵一根控制杆，便可以保卫纽约不受外敌军舰或陆军的侵犯。[31]

之后过了 20 年，特斯拉都没有为这种粒子束武器（又称"死亡射线"）正式起草专利申请书，但有一点是明确的：他在 20 年前就构想过这种武器。早在 1896 年，他就设计了用伦琴射线轰击目标的武器原型。

陷入"严重危机"而又无处求援的特斯拉再一次联络摩根,向其请求帮助,这是他保护他的无线电专利和沃登克里弗发射站的最后一线机会。"言语已经无法表达残酷现实给我带来的痛苦,我不得不再次向您求助。"特斯拉解释说。但这只是徒劳。[32] 他仍然欠摩根 25000 美元,外加利息。摩根不但对他的乞求不予理睬,还悄悄地将特斯拉列入了坏账名单。

1917 年 2 月,美国与德国断交,查封了位于塞维尔的无线发射站。"这个德属无线发射站的 30 名德国员工突然被迫离职,由新征入伍的美国海军新兵取代了他们的位置。"[33] 在海军最高指挥部确定了对沿海其余广播站的处理办法后,塞维尔无线发射站的周围布满了警卫。各种文章如雨后春笋般涌现,纷纷称可能还"存在更多隐蔽的无线广播站,它们能为德国潜艇提供关于美国军舰行踪的信息"[34]。

19 人被疑为德国间谍遭扣押

前塞维尔无线电站站长卡尔·乔治·弗兰克博士也在其列 [35]

1917 年 4 月 6 日,威尔逊总统签署了一份公告,宣布"查封所有的广播站,委派海军部长丹尼尔斯执行。……凡是在美国海军无线系统中找不到的无线广播站(包括业余的广播设备)将马上被勒令停业,政府对其进行严格搜查"[36]。显然,沃登克里弗发射站已处于命运的十字路口,因为政府必然会对其作出明确的处理决定。

海军部长丹尼尔斯和助理富兰克林·罗斯福对特斯拉的专业造诣非常清楚,他们在专利诉讼中曾积极运用特斯拉的科学成果对付马可尼。再加上特斯拉宣称他的沃登克里弗发射塔能抵御外敌入侵,沃登克里弗发射塔肯定会被列为特殊的类别。然而,这个发射塔有两个非常明显的不利因素。首先,为了偿还华道夫酒店的债务,特斯拉已经将沃登克里弗塔转让给博尔特先生;其次,沃登克里弗塔的发射记录为零。沃登克里弗塔一直处于休眠状态,这是很多人抨击特斯拉的梦想只是愚昧空想的最好证据。对这些人而言,沃登克里弗塔只是一座死寂的纪念碑,它象征着一个误入歧途的创造者的夸张预言。在美国海军看来,特斯拉是无线电的原始发明者,但他显然不是让无线电投入实际应用的人。

特斯拉与美国海军的关系史

1899 年,美国海军通过海军少将弗朗西斯·J. 希金森,请求特斯拉"在马萨诸塞州的楠塔基特浅滩(Nantucket Shoals)的 66 号灯标船上安装无线电报系统,该地位于楠塔基特岛南部 60 英里处"[37]。当时特斯拉正在前往科罗拉多的路上，无法答应这个请求；而且，海军并不想为设备出资，想让特斯拉自己垫资。佩里司令官用美国财政部的信笺写信给特斯拉，厚颜无耻地说他无法为特斯拉安装无线电报系统拨款，特斯拉从中见识到海军部长约翰·D. 朗的吝啬，想到美国是这样富有的一个国家，特斯拉刻意表现出无比的震惊。

1900 年，特斯拉一回到纽约就再次写信给美国海军，表明他对在军舰上安装无线电很感兴趣。灯塔委员会的主席、海军少将希金森回信道，灯塔委员会将于 10 月 10 号与议会开会讨论，"估算成本"[38]。希金森在 19 世纪 90 年代末的时候曾参观过特斯拉的实验室，他想要帮助特斯拉，但由于各级官僚的浅薄愚昧，他不得不撤销财政拨款，使自己处于十分尴尬的境地。特斯拉径直来到华盛顿，与最高指挥部面对面协商——霍布森也以特斯拉朋友的立场参与了协商。结果，特斯拉基本上没有被理会，他两手空空地回到了纽约，对自己所遭到的待遇深恶痛绝。

在美国海军看来，无线电技术当时是一个全新的领域，他们对无线电的用途并不清楚。而且，特斯拉的自负令他们很反感，尤其是当他们拿自己和马可尼作比较时，特斯拉会表现得很恼火。（不过，我们不要忘了，哈蒙德曾为美国海军研制无线制导导弹，美国海军过了 10 年多才对他进行了报偿，而且最后一刻还差点没通过。所以，特斯拉绝不是唯一一个受到军方推诿的人。哈蒙德之所以和美国海军关系较好，和他父亲的影响力不无关系。）

1902 年，美国海军情报处将已经退休、在法国颐养天年的 F.M. 巴伯召回美国，让他负责测试和购置无线电装备。尽管美国海军抠门的立场未改，但美国海军还是拿出了近 12000 美元的资金，从几个欧洲公司采购了无线电设备。收到美国海军订单的公司包括德国的阿尔科 - 斯拉比公司和布劳恩 - 西门子 - 哈尔斯克公司，以及法国的波波夫 - 迪克勒泰 - 罗什福尔公司。美国科学家德福雷斯特、费森登、特斯拉以及英国科学家洛奇·缪尔黑德也投了标。自负的马可尼持"要么不参与要么独揽生意"的态度，因此被排除在考虑范围之内。[39]

费森登对美国海军从国外采购无线电设备的做法很是愤怒，因此没有参与竞标。特斯拉或许仍愤愤于之前遭受的待遇，加之他的心思全放在正在建设的沃登克里弗发射站上，因此也没有参与竞标。于是，美国海军选择了向德弗雷斯特和洛奇·缪尔黑德购买更多的无线电设备。

1903 年，美国北大西洋舰队在距科德角海岸 500 英里处举行了一场模拟战役，由海军少将 J.H. 桑兹和特斯拉的盟友、海军少将希金森分别指挥"白舰队"和"蓝舰队"。在演习中，无线电的使用对战役的胜负起到了关键作用。希金森上校所指挥的舰队在演习中获胜，他评价道："对我而言，今天的演习让我感触最深的是：美国海军舰队必须装备无线电。你们可知道在无线电应用方面我们已经落后 3 年了？"[40]

经测试比较发现，阿尔科 - 斯拉比公司的无线电装置性能优于其他公司，因此美国海军又向该公司增购了 20 套无线电设备。与此同时，他们还购买了马可尼专利 11 年的使用期限。[41]

第一次世界大战爆发后，无线电成为了指挥舰队移动、监听和洲际交流的必备手段。美国刚开始保持了中立，于是美国海军继续使用德国无线电装备，直到国内情绪开始倾向英国一方，才停止了使用。通过英国海军，马可尼将无线电发射装置安装在了加拿大、北大西洋百慕大群岛、牙买加、哥伦比亚、南大西洋福克兰群岛、北非、南非、锡兰（今斯里兰卡）、澳大利亚、新加坡和中国香港。马可尼公司实力非常雄厚。马可尼美国分公司由著名政治家约翰·格里格斯负责，格里格斯是前新泽西州州长、麦金莱任美国总统时的美国司法部长。美国马可尼公司在纽约、马萨诸塞州和伊利诺伊州都安装了无线发射装置。[42] 但是仍然存在一个很大的问题——马可尼的无线电装置中还在使用过时的火花隙方法。

到了 1917 年 4 月，美国海军已经查封了包括他们同盟的英国在内的所有无线电站。这时，马可尼正在购买亚力山德森交流电机（Alexanderson alternator），它实质上是特斯拉振荡器的改进。同时，阿姆斯特朗反馈电路（Armstrong feedback circuit）明显成为了所有无线电装置的必需物。然而，阿姆斯特朗的这一发明令司法部门极其头疼，因为它采用了德弗雷斯特的三极管作为核心，但法庭却推翻了德弗雷斯特的此发明专利，而肯定了由费森登改进的一种电子管。使关系更复杂的是，早在 1902 年，特斯拉就在这一技术的改进上在法庭上击败了费森登；而费森登的这项专利现在受马可尼控制。综上原因，法庭最后只好判决：任何人要使用阿姆斯特朗反馈电路，都必须同时征得涉及这项专利的所有这几人的同意。

无线电的真正发明者到底是谁？对于这一问题的判决意义极为重大，但由威尔逊总统通过的《战争权利法案》（War Powers Act）却巧妙地回避了这个激烈争论的问题，因为该法案要求战争期间搁置一切专利诉讼。法国最高法院此前已经承认了特斯拉的无线电发明专利权；在德国，通过斯拉比的肯定、德律风根公司向特斯拉支付专利权税，也使特斯拉的专利权得到了承认；而恰恰在自己的国家——美国，政府却避开了这个问题，而且阻挠法院维持判决。马可尼财团与两个国家的国王关系密切，而且在6块大陆上安装有无线电设备，具有很强的势力。

卷入了世界大战的美国，停止了一切专利诉讼，在此期间海军部长助理富兰克林·罗斯福写下了著名的"致法拉格特[1]的信"（Farragut letter），这一文件允许美国电话电报公司、西屋电气公司、美国马可尼公司等这些大公司整合资源，可以互相生产对方的产品设备，不用考虑向相应产品的发明者支付专利费的问题。而且，这一文件还"向产品生产承包商保证，政府将在侵权诉讼中承担侵权责任"[43]。

1918年7月1日，美国议会通过了一项法案，规定美国政府将负责支付"在美国境内申请过专利的发明"的一切专利使用费。截至1921年，美国政府为无线设备支付了4000万美元的专利费，相比18年前约翰·D.朗拒绝支付几千美元作为特斯拉无线电装备的补偿，前后简直是天差地别。因此，跨部门无线电董事会（Interdepartmental Radio Board）开会商讨，决定要求美国政府对使用各种无线电发明专利作出补偿；美国政府支付了总共近300万美元的赔偿金额。其中最大的受益者包括马可尼无线电公司（通过出售设备和承包安装——而非通过出售专利，获得了120万美元的利润）、国际无线电报（International Radio Telegraph，获得了70万美元）、美国电话电报公司（获利60万美元）和埃德温·阿姆斯特朗（获利89000美元）；而特斯拉却只是通过劳恩斯坦获得了区区23000美元的奖励。[44]

1921年，美国海军公布了一份名单，列举了所有收到美国海军赔偿的无线电发明者。该名单只包括1902年以后获得专利的发明者，包括布洛克曼、布劳恩、布隆德尔、德弗雷斯特、富勒、哈内曼、洛格伍德、迈斯纳、兰达尔、波尔森、希斯勒、冯·阿尔科、沃特金斯等。值得注意的是，该名单中并未包括特斯拉和马可尼。[45]马可尼未被列入其中可能有两个原因：一是他的专利已经失效，二是美国政府不承认他的专利，第二个原因的可能性较大。至于特斯拉，则是因为他的12项无线电专利都"已过期，成为了公共财产"[46]。但是，特斯拉1914年重新申请了一项根本性专利[47]，这应该和阿姆斯特朗的反馈电路专利一样，应被列入赔偿名单，但却没有。

---

[1] 法拉格特（Farragut，1801—1870）：美国内战期间海军联合舰队司令。——译者注

美国无线电公司

通过富兰克林·罗斯福，美国政府一直"心知肚明"——马可尼侵犯了特斯拉的根本性专利权；通过政府文档和专利局记录，他们了解到特斯拉要求合法专利权利的具体细节。事实上，正是特斯拉这一得到了证实的申诉，帮助美国政府在最高法院击败了恶人先告状的马可尼，也正是这一申诉，加上美国海军灯塔委员会的文档，最终在 25 年后（1943 年），为美国最高法院所用，证明了特斯拉的清白，此时特斯拉已过世 3 个月。

第一次世界大战时的罗斯福、丹尼尔斯、威尔逊总统和美国海军没有按事实真相行事，也没有援助特斯拉这位陷于困境中的天才（特斯拉当时的研究工作远远超越了简单的无线电话和无线发射装置），他们对于保护特斯拉的沃登克里弗发射塔毫无兴趣。

1917 年 7 月，特斯拉收拾好行李，辞别了华道夫酒店。在这里，他已经住了近 20 年！离开时，他请求小乔治·博尔特允许他将他的一大部分私人物品寄存在酒店地下室里，等他找到合适的居所再来搬离。老乔治·博尔特几个月前刚刚过世，特斯拉和这位酒店新经理说："听闻你父亲去世，我很难过。"

特斯拉打算搬往芝加哥，继续研发他的无叶涡轮。临行前，约翰逊夫妇邀请他到家中，为他准备了告别晚宴。罗伯特现在是美国艺术与文学研究院（American Academy of Arts and Letters）负责人，该机构可谓众星云集，其成员包括丹尼尔·切斯特·弗伦奇[1]、查尔斯·达纳·吉布森[2]、温斯洛·霍默[3]、作家亨利·詹姆斯和他的兄弟威廉·詹姆斯、查尔斯·麦金[4]、亨利·卡伯特·洛奇[5]、泰迪·罗斯福和伍德罗·威尔逊。凯瑟琳得了流感，已经卧病在床一个多星期了。但是这天晚上太重要了，她拖着病躯下了床，穿上了最漂亮的衣服。

当天，特斯拉头戴草帽，手戴白手套，拄着手杖，脚穿他最喜欢的绿色绒皮高帮鞋，

---

[1] 丹尼尔·切斯特·弗伦奇（Daniel Chester French，1850—1931）：19 世纪末 20 世纪初美国知名的雕刻家，其第一件重要创作是为纪念马萨诸塞州康科德镇所做的《民兵》（1874）雕像。——译者注

[2] 查尔斯·达纳·吉布森（Charles Dana Gibson）：美国插画家，他笔下的吉布森女郎（Gibson Girl）已经成为 20 世纪初美国女郎的象征。——译者注

[3] 温斯洛·霍默（Winslow Homer，1836—1910）：美国画家。——译者注

[4] 查尔斯·麦金（Charles Mckim，1847—1909）：19 世纪末美国最杰出的建筑艺术家之一。——译者注

[5] 亨利·卡伯特·洛奇（Henry Cabot Lodge，1902—1985）：美国政治家、外交官。——译者注

怀抱一大束鲜花和一张给约翰逊的支票，来到约翰逊家。

"凯特病了……"罗伯特话音未落，女主人凯瑟琳已经从房间里走了出来。

和以往每次特斯拉到家里来一样，凯瑟琳成了家里的主角。她强忍住泉涌般的泪水，脸上洋溢着多情和骄傲的神情，嘴里唠叨着她"如何深爱着她的孙子孙女"[48]。

一个周末，特斯拉乘火车来到芝加哥，住进了芝加哥大学附近的黑石酒店（Blackstone Hotel）。周一上午，他雇了一辆豪华轿车，来到国立派尔公司（Pyle National Corporation）总部。产品原型之前已经运抵芝加哥，所以特斯拉一到这里，就在这全新的环境中开始紧锣密鼓地工作，他的目标就是完善他具有革命意义的无叶涡轮。[49]

到了晚上，特斯拉喜欢走出酒店，沿着街道一直散步至艺术与科学博物馆（Museum of Arts and Sciences）——这是1893年世博会遗留下来的唯一建筑。站在博物馆巨大的圆柱旁，他的思绪回到了当年的世博会上。当时，每天都有成千上万的游人涌入这座魔幻般的城市；而当时的照明系统都源自他的发明。一个周六，特斯拉顶着炎炎夏日，沿密歇根湖步行，来到一个小湖罗布的公园。这个公园曾经是荣誉法庭（Court of Honor）的所在地。在公园的入口处（曾经的荣誉法庭的大门），他欣喜地发现，共和国雕像依然矗立在那里，尽管它镀金的表层早已脱落。特斯拉的手里拿着一封乔治·舍夫写给他的信：

尊敬的特斯拉先生：

读到您来信的附件，我很震惊，并为您的损失深感痛惜。但我无比坚信，沃登克里弗的废墟之上将结出更加伟大的果实！

我希望并相信您在芝加哥的科研工作将进展顺利，称心如意！

您忠诚的：乔治·舍夫

1917年8月20日[50]

正当第一次世界大战进行得如火如荼之时，斯迈利钢铁公司的爆破专家将沃登克里弗发射塔围了起来，在每一根支柱上都装上了炸药，就这样将特斯拉的梦想送进了坟墓。美联社对此进行了跟踪报道。在军方人员的目睹之下，这座巨型的无线发射塔被夷为了平地，巨大的爆破声惊动了许多肖勒姆村的居民。

伴随特斯拉建立"世界电报中心"的梦想破灭而来的，是美国无线电广播公司

（Radio Broadcasting Corporation）的诞生。该公司是由美国政府支持的一个私有企业集团创立的。秘密的会议在华盛顿举行，参加秘密会议的有想让美国取得"无线电霸权"[51]的威尔逊总统，有海军部长丹尼尔斯和他的助理富兰克林·罗斯福，还有来自通用电气公司、美国马可尼公司、美国电话电报公司和西屋电气公司的代表们。由摩根公司担任董事会、以马可尼的专利作为支柱的美国无线电公司就这样成立了。公司整合了诸多大企业的资源，这些公司之间签订了相互使用对方享有专利产品的协议，它们共同享有该公司。[52]（政府拥有部分无线电专利，所以也签了该协议。）这又是一个政府偏袒企业的协议（让人想起了之前争论多相交流电发明者的日子），而政府偏袒和支持的对象却不是真正的发明者。特斯拉第二次被排除在涉及他自己发明专利的交易之外[53]。这是一次密谋的交易，通过封闭特斯拉的相关专利档案，政府得以免于向马可尼支付专利使用费，并白白获得了特斯拉专利的使用权。没过多久，大卫·萨尔诺夫当上了总经理，接管了整个公司。

《纽约太阳报》对沃登克里弗发射塔的爆破进行了并不符实的报道：

美国爆破沃登克里弗发射塔

美国联邦政府怀疑德国间谍正在使用尼古拉·特斯拉20年前在长岛肖勒姆建立的无线电发射塔，因此下令摧毁该塔。最近塔身已被爆破。过去几个月来，有人目睹若干陌生人在废墟附近出没。[54]

著名的特斯拉沃登克里弗发射塔的爆破强有力地显示，为防止重要的军事消息被敌方获知，政府正在大力采取各种措施。[55]

第一次世界大战结束后，威尔逊总统将以前查封的无线电站全都归还给了它们原先的合法拥有者。美国马可尼公司（如今已变成美国无线电公司）自然成了最大的受益者。[56]

1920年，西屋电气公司获得了"生产、使用和出售涉及马可尼公司专利的设备"[57]的授权，成立了一个独立的无线电站，并使其变得和美国无线电公司一样引人瞩目。当年年底，特斯拉写信给西屋电气公司的董事长 E.M. 赫尔，向其自荐他的无线电专利和设备。

尊敬的特斯拉先生：

在目前的情况下，我们无法和您开展任何进一步的合作，对此我深感抱歉。

1920 年 11 月 16 日 [58]

几个月后，西屋电气公司请求特斯拉"在不久后的某个周四晚上，通过我们的无线广播站，向'隐形听众'发表一次演讲"[59]。

先生：

20 年前，我向我的朋友约翰·皮尔庞特·摩根承诺过：我的全球无线电系统（当时正在建设中）将能把电话用户的声音传送到世界的任何一个角落。

我更愿意等我的沃登克里弗发射站建成后，再向"隐形听众"发表讲话，还望您谅解。

您忠实的朋友：尼古拉·特斯拉
1921 年 11 月 30 日 [60]

第四十二章
劫后转型（1918—1921）

> 我来自一个身材瘦长、结实的长寿民族。我的祖先中不乏百岁老人，其中一位甚至活了129岁。我决心要保持这个记录。每当我展望自己的远大前程时，我便会感到愉悦，大自然便会再次给我丰富的想象力。

尼古拉·特斯拉[1]

特斯拉毕生都在为他的"世界电报中心"奋斗。这一伟大理想的具体表现就是他的沃登克里弗发射塔，它是特斯拉的圣杯，是他在发明界封王的关键。1917年，沃登克里弗发射塔被政府爆破，特斯拉也随之崩溃。这个神秘主义者认识到了现实的荒唐，他只好凭着他超常的精力，通过幻想他宏伟计划的实现和寻求新的点金石来寻求重生。

一年前，当特斯拉的沃登克里弗项目处在最低谷时，他结识了《电气实验者》的编辑雨果·根斯巴克。根斯巴克对特斯拉极度崇拜，他第一次听说特斯拉是在19世纪90年代末，那时他还是个成长于卢森堡的孩子。这个10岁的孩子无意中看到了一张非常奇妙的插图，插图中的电学家特斯拉身着盛装，几十万伏的电压正流经他的身体；在插图所在的文章中，特斯拉宣称他是这个时代最伟大的奇才。多数未来学家都认为根斯巴克是"科幻小说之父"。1903年，19岁的根斯巴克还在欧洲的宾根中等技校学习电子学，后来才移居到了美国。[2]

年轻而精力旺盛的根斯巴克完全沉迷于将科学与幻想奇妙地结合起来，他创作了一个发生在2660年的引人入胜的故事，连载于他的新杂志《现代电子学》（*Modern Electronics*）上。与此同时，他还成立了雨果·根斯巴克电子进口公司，这是一家通用电子商店，位于富尔顿街的"高架铁道"下方。在那里，业余的无线电新手玩家可以在"你见过的最大的一堆废品杂物"中搜索出任何他们想购买的东西。[3]

根斯巴克与特斯拉第一次见面是在1908年，当时，根斯巴克拜访了特斯拉的实验室，参观了特斯拉的新涡轮机。[4]

根斯巴克写道："门开了，走出来一个大高个儿——超过 6 英尺高，身材瘦削而挺拔。老先生缓慢而庄重地向我靠近。你能立刻感觉到自己所面对的是一个高贵的人物。特斯拉先生向前和我握手，一个 60 多岁的人，手却依然强劲有力，让我有点惊讶。他深陷的眼窝里有一双动人的淡蓝灰色眼睛。他微笑起来时是那样迷人，让你立刻觉得他像家人一样亲切。"

"先生带我来到他的办公室。办公桌上整整齐齐，没有乱放的纸张，一切都整齐无比，一尘不染。这其实也反映出先生本人的性格。先生穿着整洁，举止端庄，一丝不苟。他穿着深色长礼服，身上看不到任何珠宝首饰——没有戒指，没有领带夹，甚至手表都没戴一块。"[5]

1916 年，特斯拉为根斯巴克编辑了一篇关于放大发射器（即特斯拉的谐波振荡器）的重要文章。他还答应根斯巴克，他会认真考虑把他的人生经历记录成文，而实际上，他之前就为《科学美国人》写过一篇类似的文章，相当于是初稿，稍加修饰，又用作了爱迪生奖章获奖演讲的内容。[6]

此时，根斯巴克还得到了天才插画家弗兰克·R.保罗的帮助。保罗是 20 世纪最有影响力的科幻小说插画家，他能"把任何一个哪怕仅仅是设想中的发明……转化成一幅科幻图"。保罗痴迷于用绘画描绘科幻情景，比如巨人般的大昆虫、绕行星旋转的宇宙飞船，以及征服银河帝国的众多疯狂的类人科学家。保罗先后成为了《电气实验者》、《神奇故事》（*Amazing Stories*）和《科学奇妙故事》（*Science Wonder Stories*）的首席封面艺术家。[7]他曾被雇请将完整版的特斯拉的沃登克里弗塔画出来。图中，沃登克里弗发射塔正在正常运转，特斯拉无翼飞行器正在向进港敌舰发射死亡射线。这幅图不仅成了《电气实验者》的新奇封面，还成了特斯拉新的信笺抬头背景。

特斯拉就像一位炼金大师，他把沃登克里弗发射塔的废墟变成了神奇的根斯巴克式的世界电报中心；同时，他自己也脱胎换骨，离开了纽约市，开始着手研发他的下一个重大发明。

1917 年 6 月，在特斯拉离开纽约之前，他给杰克·摩根写了封信，乐观地以为，凭着他的研究新进展，他可以"在约 4 个月后"还清他欠摩根的债务。"载有我实验设备的轮船还未到，但现在我有一个绝佳的机会——我已经完善了我的一项发明，它将震惊全世界！"特斯拉神秘地说道，这项发明"将成为对付敌军潜艇威胁的有效手段"。他说的这项发明到底是远程雷达系统、遥控鱼雷，还是一项其他的什么发明，不得而知。[8]

次月，特斯拉搬到了芝加哥，在那里一直住到 1918 年 11 月底。就在那里，他与国立派尔公司合作，共同完善他的涡轮机。这段时间，特斯拉白天是身型瘦长的技工，他另起炉灶，战胜重重困难，全身心投入到崭新的事业中。晚上他是一位富有创造力的作者，一点一点地累积他自传的初稿。

大多数时候，为避免给新的合作伙伴造成困难，特斯拉都是自己出资。[9]他知道最终他会得到补偿，因为他已经与芝加哥公司签署了一份协议，该公司承诺在买卖选择权期满后，将给特斯拉支付"现金和保证金"，但置存成本成了一个问题。[10]

为了解决其间的开销问题，特斯拉请舍夫给各个无线电公司增加点压力，以便从这些公司收取专利权税。他最大的收入来源可能是美国沃尔瑟姆钟表公司（Waltham Watch Company），该公司现在正积极地营销特斯拉的一款速度计。虽然世界大战仍在进行，特斯拉还是期望"战争停止后"从德律风根公司获得补偿，即使这意味着他首先必须"在《对敌贸易法》（Trading with the Enemy Act）的范围内，向战争贸易委员会（War Trade Board）申请一个收取报酬的许可证"。[11]

涡轮机的研发进展遇到了重重障碍。尽管如此，特斯拉还是因为有"极为高效的员工"和芝加哥公司这个全面的组织而感到欣喜。由于涡轮盘的旋转速度可以达到每分钟 10000 转到 35000 转，离心力会将涡轮盘拉长。因此，当这些涡轮盘运行时间过长时，很容易出现疲劳，且有破裂的危险。一些持怀疑态度的工程师认为这是一个致命的缺陷，特斯拉竭力阐释道：压力是所有发动机的其中一个要素。[12]因此，特斯拉在芝加哥时花了大量时间试验不同的合金材料，寻找方法来即时调节正转速度和离心压力，从而最大限度地减少压力因素的影响。"例如，假定机车的蒸汽压力范围为 50 磅到 200 磅，那么无论涡轮盘的转速有多快，都不会对涡轮的性能产生丝毫的影响……"[13]

1918 年 1 月，美国机器制造公司（U.S. Machine Manufacturing Company）表示愿意将特斯拉的其中一款涡轮机安置在飞机内；几个月后，芝加哥气动工具公司（Chicago Pneumatic Tool Company）也表示对特斯拉的涡轮机有兴趣。特斯拉写信给舍夫说，他预计这项发明每年会产生 2500 万美元的价值。然而，这项发明还有待完善，且很有难度；而且，特斯拉还面临着诸多其他问题，比如各种旧债缠身，深陷诉讼的泥塘，等等。那年夏天，特斯拉的背部被扭伤，使得他卧床数周。[14]

在芝加哥期间，特斯拉计算出他的营业开销为 17600 美元，而收入仅为 12500 美元。国立派尔公司给特斯拉寄了一张 1500 美元的支票，以图帮他摆脱债务，但特斯拉退回了这笔象征性的钱，并威胁要起诉该公司。与此同时，纽约的司法执行官没收了特斯拉在伍尔沃斯的办公室，特斯拉于是不得不从国立派尔公司争取一些资金，将他自己的公司赎出来。乔治·舍夫继续在纽约帮他处理所有的具体事务。

说到他与政府的关系（如本书第四十一章所述），特斯拉的无线电专利大多数已经过期，而且他 1914 年申请的专利与马可尼的申请有冲突，使情况变得更为复杂。不过，此时他正写信给蒸汽工程局（Bureau of Steam Engineering），与政府商谈一款用于飞机的引擎的问题。[15] 在官司方面，特斯拉在与洛温斯坦的诉讼中赢得了几千美元；但在与德拉·韦尔涅先生的官司中却输了 67000 美元（部分原因是他拒绝返回纽约出庭作证）；另外，他还要向 A.M. 福斯特支付他之前拖欠的 1600 美元的服务费。[16]

1918 年的最后几个月，在返回曼哈顿之前，特斯拉前往密尔沃基（Milwaukee），访问了阿利斯·查默斯公司。在那里，特斯拉遇见了精明而带有书生气的总工程师汉斯·达尔斯特兰德。特斯拉向其提供了他过去在爱迪生水畔发电站和国立派尔公司工作的相关文章和记录，双方随后拟定了一份合同，内容就是特斯拉回到密尔沃基后与达尔斯特兰德合作开发特斯拉的引擎。达尔斯特兰德从一开始就对此持怀疑态度，所以，这位博学的总工程师勉强同意顺从特斯拉的意愿，但在特斯拉来密尔沃基之前，他对特斯拉的涡轮机进行了充分的调查。

1917 年至 1926 年期间，特斯拉大多数时间都是在纽约市以外的地方度过的：1917 年到 1918 年，他在芝加哥与国立派尔公司合作；1919 年到 1922 年，他在密尔沃基与阿利斯·查默斯公司合作；1922 年的最后 1 个月，他在波士顿与沃尔瑟姆钟表公司合作；而 1925 年至 1926 年，他在费城巴德制造公司（Budd Manufacturing Company）研发汽油涡轮机。[17]

1918 年，特斯拉还向威斯康星电气公司（Wisconsin Electric）出售了一款用于电影设备的电动机，向一家石油公司（公司名称已不可考）出售了一种阀门导管（或叫作"单向液流管"）。[18] 后一项发明也可称为"射流二极管"，它不仅可以用于从地下泵油，还可以被安装到无叶片涡轮上，将其变为内燃机。据特斯拉研究专家利兰·安德森说，这项发明"是唯一没有活动机件的阀门专利，已被用于微型辐射硬化逻辑电路（radiation hardened logic circuits）和简易流体计算机的开发"。[19]

沃尔瑟姆速度计与汽车时钟

> 每一个具有进取精神的汽车制造商都在不断地改进自己的汽车。正因如此，由尼古拉·特斯拉发明、由沃尔瑟姆钟表公司加以完善和发展、现今世界上唯一的空气摩擦速度计赢得了世界上最伟大的汽车工程师们的绝对认同。在诸如坎宁安（Cunningham）、拉斐特（Lafayette）、利奇 - 比尔特威尔（Leach-Biltwell）、林肯、帕卡德（Packard）、皮尔斯 - 箭头（Pierce-Arrow）、雷诺（Renault）、劳斯莱斯、史蒂文斯 - 杜里埃（Stevens-Duryea）、威尔斯 - 圣地克莱尔（Wills-Sainte Claire）等品牌的汽车上，你都能发现这种速度计。
>
> ——《即时精确速度计》（The Speedometer of Instantaneous Accuracy）[20]

特斯拉到达波士顿后，在科普利广场（Copley Plaza）与沃尔瑟姆钟表公司的工厂经理梅先生洽谈了预付款和专利权税的事宜。[21] 在收入方面，1922 年，特斯拉签约将速度表和转速表相关的三项专利使用权卖给了沃尔瑟姆钟表公司，获得了 5000 美元；这项协议包含了直至 1929 年特斯拉将获得的专利权税。国立派尔公司最终向他支付了 15000 美元，可能在 1925 年又向他支付了 3 万美元。巴德制造公司也向特斯拉支付了 3 万美元的涡轮机专利权税。他还从阿利斯·查默斯公司获得了 3 万美元，该公司将每年向特斯拉提供价值 25 万美元的订单，特斯拉将从中获利。[22] 在上述的大部分合同中，乔治·舍夫获得了 5% 的利润。

1918 年年底，特斯拉回到纽约，与约翰逊夫妇共进圣诞晚餐。他先是在华道夫酒店短住，之后搬到了圣里吉斯酒店（Hotel St. Regis），在那里住了几年。此时，大规模的流感疫情开始蔓延，凯瑟琳也不幸被感染。在接下来的一年里，全世界有超过 10 亿人被感染，2000 万人死亡。凯瑟琳幸运地活了下来，但此后直至第二年圣诞节，她的健康状况日益恶化，期间多次发病，有一次甚至一天之内三次失去知觉。[23] 或许因为看到凯瑟琳病情的严重，刚好特斯拉也收到了沃尔瑟姆公司的报酬，特斯拉在此期间给罗伯特家总计汇了至少 1500 美元的支票。

1919 年一整年，特斯拉的自传在根斯巴克的《电气实验者》上连载。传记以一个天才儿童的故事为开端，并配有各种照片和一系列由弗兰克·保罗绘制的精美插画。这位天才儿童成长在另一个时代的遥远的土地上，他的童年生活故事充满了魅力和机智。特斯拉用马克·吐温的表达方式描写了许多趣闻轶事和悲惨经历，写到了他与善于创造的母亲、牧师父亲、浪子哥哥和3个被溺爱的姐妹在一起的生活。特斯拉深深地追忆了他的过去，深入地剖析了他哥哥死亡的悲剧，以及哥哥之死如何影响了他的职业抉择。自传中写到了他从田园般的农村痛苦地来到了嘈杂喧嚣的戈斯皮奇、他的大学时光、他去美国之前在欧洲接受的工程学训练，以及他与爱迪生、威斯汀豪斯和英国皇家学会一些成员的早期结识过程。特斯拉还在自传中罕见地描述了他特有的鲜明表象能力[1]、一些“灵魂出窍”的经历、童年疾病、恐惧症和癖好。特斯拉一个月又一个月地着迷于文献的阅读和梳理，最终，这位渊博的学者详细地描写了他的思想的发展历程，他曾经经历过的身体崩溃使得他“睁开了第三只眼”，最终激发了他的灵感，使他随后创建了旋转磁场理论，发明了无人驾驶遥控船，进行了科罗拉多斯普林斯实验，最后产生了沃登克里弗世界无线发射中心的宏伟设计。

与根斯巴克的这次合作使特斯拉获得了稳定的收入，另一方面也促使《电气实验者》的发行量猛增至差不多10万册。同时，《我的发明：尼古拉·特斯拉自传》（*My Inventions: The Autobiography of Nikola Tesla*）也通过自传的方式向世界证明：特斯拉是那个时代最卓越而又最具争议的人物之一。

就在这一年，大量的文章报道了马可尼截获了可能来自外星球的脉冲信号的消息。由于皮克林教授给伊莱休·汤姆森写信说，他好像已经探测到月球上有植被[24]，加之人们对“火星运河”的兴趣再度被燃起，新闻界对马可尼非常新奇的宣言争相追踪，并想方设法追问细节。

马可尼甚至在这一领域也不忘窃取特斯拉的思想，抢占特斯拉的风头，并宣称他“经常收到外星球发出的强烈信号，这些信号很有可能是从诸多恒星发出的”。关于跟火星人交流的语言问题，马可尼说：“这确实是一个障碍，但我认为这并非无法克服。比如，我们可以向外太空发出诸如‘2加2等于4’这样的信号，并不断地重复发送这一信号，直到获得一个‘对！’的答复。……数学运算在整个物质世界肯定是一样的。”[25]

---

[1] 鲜明表象能力（eidetic imagery）：又称“遗觉象”，在刺激停止作用后，脑中继续保持声音、图像和物体异常清晰、鲜明、生动的表象。——译者注

为了回应和纠正马可尼的这些观点，特斯拉想了各种方法。他在《电气世界》发表文章，把马可尼收到的信号归结为是其他无线电操作者发出的低音节拍器效果。特斯拉估计批评家们可能会用相同的原理去解释他自己 1899 年偶然收到天外信号的经历，所以他补充说："我进行同类探索研究的时候，当时还没有哪个无线电站（能够）……发出在半径超过几英里的范围内可察觉到的信号。"[26] 当然，特斯拉的这一说法是错误的，因为马可尼当时已经能将信息发送到几百英里之外了。

约翰逊给特斯拉写信道："马可尼重复（你的）思想时，人们已不再嘲笑。"但在某些圈子里，事实似乎并非如此。

天映电影

特斯拉先生对马可尼通过数学方法与外星人进行交流的思想不甚认同。他更愿意通过无线电向外星发送图片，比如人脸。但是，如果火星人不喜欢人脸，那么科学研究将遗憾受阻。如果火星上的文明如我们所认为的一样古老，那么火星人肯定已经形成了他们自己对脸的审美观。[27]

虽然 1919 年的圣诞晚餐因凯瑟琳的病而显得不足，但有一个好消息完全抵消了这一不足：威尔逊总统任命罗伯特·约翰逊为驻意大利大使！与此同时，凯瑟琳似乎也在慢慢恢复健康。带着复杂的情绪，特斯拉的朋友约翰逊夫妇动身去了欧洲，接下来的一整年，他们都在那里度过。

现在，约翰逊夫妇一走，特斯拉就彻底孤独了。在公众苛刻的目光之下，这位奇才继续走着下坡路。特斯拉被抄袭，被嘲笑，并最终被他为之奉献和创造的世界所遗弃。他曾一度试图让他的生活回归正轨，控制他的愤怒，并尽自己最大的努力去改变它，但具有讽刺意味的是，随着时间的推移，现实却处处与他为敌，使这个原本就有点古怪的人行为变得越发怪异和夸张。特斯拉的洁癖变得更加严重。在回到圣里吉斯酒店前，他有时会花数小时的时间在街上游逛，在他所在的街区绕三圈，并小心翼翼地避免踩到人行道上的裂缝。有传言说他喜欢透过窗偷窥别人。这位独身主义者向来"特别讲究饮食而又非常节俭"[28]，现在慢慢地开始厌恶主食，最后甚至讨厌吃所有的固体食物。他现在很少用钢笔写字，而是用笔迹不那么确定的铅笔。他会花更多的时间独处，比如半夜在四十二街的图书馆喂鸽子，或从斯塔滕岛悄悄乘船到一个安静的农场——在那里，他可以逃离城市，再次追寻他生命的本源。[29] 约翰逊夫妇离开后，特斯拉去了密尔沃基，完善他与阿利斯·查默斯的关系。

在威斯康星州的大部分时间，特斯拉都在致力于完善他的涡轮机。然而，他与总工程师汉斯·达尔斯特兰德陷入了僵局，这种无法预料结局、事与愿违的事件，萨特称之为"反结局"事件。谈判遭受挫败后，特斯拉无处求援，只好回到纽约。这件事令他非常沮丧，所以当他的传记作者杰克·奥尼尔询问他在密尔沃基的这一经历时，他拒绝谈论。[30]

阿利斯·查默斯公司公布了汉斯·达尔斯特兰德的一份详细报告，汉斯·达尔斯特兰德在报告中描述了他认为在生产特斯拉涡轮机的过程中存在的很多严重问题。除了涡轮盘容易疲劳和破裂外，达尔斯特兰德还提到了其他问题，比如只有38%的能效；机械效率会随着蒸汽压力增加而下降；在设计传动齿轮时遇到了一个问题（这种齿轮是连接特斯拉涡轮和其他装置的必备部件）；生产成本高昂；等等。另一个影响特斯拉涡轮机生产的因素是当时的发动机的运行效率非常令人满意，比如由西屋电气公司正在开发的帕森斯气涡轮机（Parsons turbine），还有通用电气公司正在开发的柯蒂斯电动机。[31]

特斯拉涡轮机为什么会失败？很多研究特斯拉的专家都思考了这一问题。利兰·安德森研究发现，对特斯拉涡轮机有兴趣的制造商们"都说特斯拉涡轮机的理念很好，机器性能也很出色，但与普通的涡轮机相比，特斯拉涡轮机有很多的配件系统需要更新，但其性能并没有比普通涡轮机高出太多。所以问题的答案就是——特斯拉涡轮机好是好，但是没有比普通涡轮机好太多。"[32]

美国开发和制造公司的董事长兼总工程师 C. R. 波塞尔对此给出了一些不同的解释。该公司是现存的致力于制造特斯拉无叶涡轮和泵的组织机构之一。波塞尔先生在朝鲜战争时期开始为军方研究特斯拉的"边界层拖曳涡轮机"，35 年来，他一直积极致力于特斯拉涡轮机的完善。他认为特斯拉涡轮机的主要问题在于研发成本太高。

波塞尔则认为，"特斯拉比他所处的时代超前了 25 年到 30 年。当时冶金技术不像今天这样，磁向位还是一门全新的科学，所以特斯拉找不到合适的材料。测量性能的仪器仪表还处于发展的起步阶段，很难充分论证特斯拉涡轮机的功能。从特斯拉涡轮机的第一个原型到它的第一次使用，其间需要经过成百上千小时的人工试验，而特斯拉涡轮机迄今为止还没有经过那么多试验"。波塞尔在这里仅仅是举了一个例子，像特斯拉涡轮机这样的例子还有很多，飞机经历了"数百万小时的人工试验"才实现以音速飞行。

如今，基于与特斯拉涡轮机相同的技术的特斯拉泵已被杰里·拉宾用于替代喷气式滑雪休闲车的发动机，并且被"Discflo 盘片泵"的发明者马克斯·居尔特做了进一步改进。居尔特利用特斯拉的两个基本思想和原理增加了涡轮盘之间的空间，这两个原理分别与旋涡结构（大旋涡和龙卷风正是由此引起）和层流（即通过流体实现自然的、温和的运动）有关。居尔特因此提高了特斯拉泵的性能，使其可以移动诸如固体废物和石化产品这样难以处理的物体。普通的泵接触混杂的物体后会留下凹痕或被腐蚀，而特斯拉的"边界层拖曳涡轮机"没有叶片，因此完全避免了这一问题！[33]

波塞尔不仅预见了特斯拉泵有朝一日会被用在人体内（比如用作心脏瓣膜），也预见了特斯拉涡轮机迟早会被完善。特斯拉无叶涡轮引擎的巨大优势之一是它承受极高温度的能力。波塞尔说，"有叶片涡轮机的性能目前几乎已经开发到极致"。他的意思是说，有叶片涡轮可以在约 2000 华氏度的环境中运行，"尽管通用电气公司正在试验可以在 2200 华氏度下运行的涡轮机。如果我们的涡轮可承受的温度再提升 350 华氏度，那么涡轮的输出马力将变成原来的两倍。"波塞尔深信使用新陶瓷组件构建的无叶涡轮可以在约 2700 华氏度下运行，将有效地"使马力性能变为 3 倍"。因此，波塞尔自己也在努力设计一款发动机，使其能与用在鹞式超音速垂直起落战机中的帕加索斯发动机媲美。后来的鹞式超音速垂直起落战机已被命名为"方阵"（Phalanx），但如果没有来自行业和政府最高水平的投入与资金支持，它将无法实现。[34]

一家餐馆还没有正式开始营业，只见一位优雅的绅士已经坐在早餐柜台边，服务员见此感到很惊讶，问道："您就是特斯拉博士吧？"这么一位重要人物多年后居然回到了镇上，着实让这位伙计讶异。

"是的。"特斯拉回答道。餐馆老板同意提早让他用餐。特斯拉从密尔沃基来到了科罗拉多斯普林斯，一面追寻他过去的足迹，一面展望未来——再建一个无线发射站。当地工程学院的院长埃文斯给了特斯拉一把实验室的钥匙，因此他能够利用实验室进行研究，处理一些技术测算问题。回到自己喜爱的隐居之地，特斯拉享受着他很需要的休息时光，有时进行一场短途旅行，有时泡泡温泉。在这里，这位敏捷的登山者可以像凤凰一样歇在悬崖上，坐下来沉思他雷神般的设计，远远望着波澜起伏的地平线上电闪雷鸣、大雨倾泻。[35]

第四十三章

兴旺的二十年代（1918—1927）

> 我养鸽子已经多年了，喂养过几千只。其中有一只特别漂亮，是只雌鸽，纯白的羽毛，翅尖带有浅灰色的斑纹。她是那样与众不同。只要我想她，呼唤她，她便会朝我飞来。
>
> 我喜爱这只鸽子，就像男人爱女人一样，她也喜欢我。有了她，我的生活就有了目标。
>
> ——尼古拉·特斯拉[1]

1918 年 11 月，德国签署了停战协议，第一次世界大战宣告结束。此后不久，德皇威廉二世逊位，逃往荷兰，而德国已经欠下了协约国 330 亿美元的债务。战机飞行员成了这个新时代的英雄，美国的埃迪·里肯巴克就是其中一位。他击落了 26 架德军的梅塞施米特战斗机，被誉为飞行员中的精英王牌。次年，人类实现了跨洋飞行——英国坚固的 R-34 飞船从爱丁堡飞到罗斯福机场，再飞回伦敦，全程历时 7 天。这次前所未有的往返大西洋的飞行是由英国皇家空军少校 G.H. 斯科特指挥的，他带领了 30 位飞行队员，同行的还有一位 23 岁的偷乘者威利·巴兰坦。同年，当特斯拉、汤姆森、马可尼和皮克林还在争论火星信号和月球植物生命时，军事火箭专家、克拉克大学的物理学教授罗伯特·戈达德提出了一项惊世骇俗的计划——将人类送上月球。就连特斯拉都认为该计划不切实际，因为现有的燃料还不具备足够的"爆发力"，而且即使解决了燃料问题，他也怀疑"火箭……能在零下 459 华氏度（行星际空间的温度）的环境中运行"。[2]

1920 年发生了很多大事件：威廉·詹宁斯·布莱恩领导了一场制定禁酒令的运动；安妮·摩根和其他女性参政权支持者们获得了选举妇女参政的权利；查理·卓别林、D.W. 格里菲思、玛丽·碧克馥和她的新任丈夫道格拉斯·范朋克等 4 位电影界名人共同创建了联美影片公司（United Artists）；随着战争硝烟散去，体育明星开始成为新英雄，波士顿红袜棒球队（Red Sox）的年轻投手贝比·鲁斯以 12.5 万美元的天价转会至纽约扬基队，相关消息不时见诸报端。

雨果·根斯巴克试图再请特斯拉撰稿，将其发表在规划中的《电气实验者》子刊物的核心部分，但是根斯巴克给的报酬在特斯拉看来实在是微不足道，加之特斯拉觉得之前的自传报酬过低，所以特斯拉拒绝了这一提议。他回复道："我欣赏你非凡的才华和事业心，但问题是你似乎只把自己考虑在第一位，一次又一次。"[3] 然而，根斯巴克从未动摇过对特斯拉的赞赏，他在自己的各个期刊上继续登载有关特斯拉的文章和图片。关于心灵感应（thought transference 或 telepathy）这个话题，作为唯物主义者的特斯拉拒绝接受任何有关超感官知觉（ESP：Extrasensory Perception）的概念；但他却相信，如果将电视设备连接到视网膜的视杆细胞和视锥细胞，就有可能读出另一个人大脑中的想法，因为特斯拉认为视网膜是认知过程发生的地方。[4] 关于这一思想的发明被称为"思想记录机"（thought recorder），它成了弗兰克·保罗的很多惊艳作品的基础，如 1929 年 10 月《神奇故事》的封面，描绘的就是两个头戴测心术头盔的人。

重访沃登克里弗

19 世纪 20 年代是一个动荡和革命的时期，社会内部平衡还有待实现。约翰逊夫妇还在欧洲，在没有这两位知己安慰的情况下，特斯拉再一次无奈而痛苦地面对了沃登克里弗塔官司的惨败。乔治·C.博尔特地产和华道夫-阿斯多里亚酒店的代理人再度尝试收回特斯拉未缴纳的约两万元房租，因此，特斯拉和他曼哈顿的律师小威廉·拉斯昆一起搭火车来到萨福尔克县（Suffolk County）的最高法院，与对方的代理人对簿公堂。当时的仲裁人是罗兰·迈尔斯阁下。

此案拖延数月，证词记录达 300 多页！特斯拉作证说，1915 年 3 月，他把沃登克里弗发射站抵押给乔治·C.博尔特和华道夫-阿斯多里亚酒店的私人律师弗朗西斯·S.哈钦斯，作为他过去欠款的抵押品。哈钦斯和酒店却认为是沃登克里弗发射站资产契约的完全转让。由于酒店现在认为他们拥有沃登克里弗发射站的资产所有权，所以他们有权变卖土地，拆除发射塔，并出售其木材和其他部件，以抵销债务。

当特斯拉站在证人席上时，他被问到是否记得那天他交付了契约。

"我清清楚楚地记得（我告诉过）哈钦斯先生，沃登克里弗发射站耗费了巨额资金，这个债务与之相比，简直就是微不足道的；如果发射站建成，我预计它每天能创造 3 万美元的价值。"特斯拉一直以为，如果他还清了所欠的 2 万美元债务，就能拿回他的发射站。他甚至认为，华道夫 - 阿斯多里亚酒店的人会悉心照管他发射站的财产，因为它具有巨大的价值。然而事实上，他们没有好好照管，无知的破坏者闯入其中，偷走了设备，包括昂贵的车床。

"你能描述一下实验室的构造和里面的各种设备吗？"特斯拉的辩护律师提问。原告律师试图阻止特斯拉回答，但法官允许他陈述。

特斯拉很自如地坐下，脱下他的白色手套，并把它们放在发言台上，开始陈述道："整座建筑长宽皆为 100 英尺。共分为四大块：一个办公室、一个机械室和两大块空旷区域……建筑的一侧安装了发电机，另一侧安装了锅炉，烟囱从中间拔地而起。"

当被问及锅炉有多大时，特斯拉说，两个 300 马力的锅炉被两个容量 16000 加仑的水槽包围着，水箱利用周围环境的温度给水加热。"锅炉房的右侧是引擎：有一个 400 马力的西屋引擎和一个 35 千瓦的装备，二者一起驱动发电机，发的电用来照明和带动其他便利设施。"里面还有高压和低压压缩机、各式水泵和一个可以控制所有设施的总开关板。

"朝向公路的一侧，位于铁路边的是机械室。机械室长 100 英尺、宽 35 英尺，中间有一扇门，里面应该有 8 个车床。此外，还有 1 个磨削机、1 个刨床、1 个成型机、1 个切板机、3 个钻孔机、4 个马达、1 台研磨机和 1 个锻铁炉。"

"机械室的对面是与机械室大小相当的办公室，里面摆放着非常昂贵的设备。有两个特殊的玻璃橱，里面保存着我曾在讲座和科技论文中展示或描述过的装置。至少有 1000 个灯泡和导管，每一个都代表着我科学研究的某个发展阶段。然后还有 5 个大容器，其中 4 个包含了专用变压器，用来为整个发射站转换能源。这 4 个容器每个大约 7 英尺高，长宽各 5 英尺，装满专用油，我们称之为变压器油，能承受 6 万伏的电压。而第 5 个相似的容器则用于其他的特殊用途。另外还有我的无线发射装置，此装置非常珍贵，因为它可以横跨大西洋发出无线信息，而且它是我早在 1894 年或 1895 年就建造的。"

整个法庭顿时对特斯拉肃然起敬。对方律师试图阻止特斯拉进一步提供证词，但是法官允许特斯拉继续往下说。

"机械室对面的房间里是若干电容器，"特斯拉继续说道，"它们能储存电能、释放电能，然后将电无线发送到世界各地。这些电容器中有一些构造比其余的电容器先进。然后是一台非常昂贵的设备：它是由我与西屋电气公司的工程师合作研发、由西屋公司帮我生产出来的，这种设备迄今为止只生产过两台。它是一个钢槽，里面含有非常精细的组合线圈和精致的调节装置，我当时设计它的初衷就是希望它能在我进行各种测量以及控制电能时为我提供我所需的一切调控。"

特斯拉还描述了"1个100马力的特殊电动机，这个电动机配有精密器件，可把交流电整流成直流电，并将其发送到电容器里。光在这个装置上我就花了几千美元。此外，在屋子中央还有一个珍贵设备"。特斯拉指的是他的遥控船。

"沃登克里弗发射站的东西大概就这么多？"

"哦，不，远不止这些。"特斯拉回答。他接着描述了一系列柜子，里面陈列了数量众多的器具，"每一件都代表着他科研的某个不同的阶段"。发射站有个测试室，里面包含有与他观点相反的开尔文勋爵赠送给他的珍贵仪器，以及诸如电压表、瓦特计、安培表等其他仪器，在这狭小的空间里有一笔巨大的财富。

对方律师要求把"有一笔巨大的财富"这一句从特斯拉的证词记录中删去。

"好，去掉它。"法官说道。

特斯拉接着又介绍了他的发射塔。他描述了地面结构，然后又描述了发射塔的地下轴状结构。"你们知道吗，地下装置是发射塔最昂贵的部分之一。"特斯拉说道。他这里特指的是他发明的用来"控制地球"的特殊装置。

"法官阁下，这个地下轴状结构表层是木质结构，内部则是钢筋结构。这个结构的中心有一个向下延伸的旋梯，旋梯的中心又有一个大型的轴，电流可以流经这个轴。这个轴状的构造可以帮助判断节点的准确位置，使我能够在方圆区区4英尺内，利用机器准确计算出地球的体积和半径。"

"此外，耗资真正巨大的工程是要把中心轴部分与地面连接起来。我用了些特殊的机器来推进铁管，一根接一根，推进了大概有16根，加起来约有300英尺。电流流经这些钢管时，就可以控制地面。这个地下结构的建造是整个工程中花费非常大的一个部分，它没有显示在发射塔上，但它是发射塔的一部分。"

"法官阁下，此发射塔的主要用途是打电话——将人的声音和类似的东西发送到全球各地。那是我于1893年宣布过的发现，如今所有无线电站都采用了这个原理，尚没有其他可替代的系统。这个原理就是：造出若干同样的装置，然后使其与中心无线电站（电话局）进行联系；这样一来，如果你想跟澳大利亚的电话用户通话，你只需拿起电话，呼叫中心无线电站，无线电站便会立刻帮你和对方接通电话。我曾设想利用沃登克里弗发射塔发射新闻消息、新闻图片、股票行情表、签名、支票等各种信息，但是……"

"我当时还打算吸引人们关注一项更大的工程，尼亚加拉电站还给我提供了1万马力电能……"

"你和哈钦斯先生或原告方任何代表就塔的拆卸或者类似这样的事情交谈过吗？"法官问道。

"没有，先生。发射塔被拆卸的消息来得犹如晴天霹雳！"

由于契约是在特斯拉完全愿意的情况下以合法的形式转让的，法官迈尔斯的裁决偏向支持酒店一方。特斯拉的律师进行了反驳，他认为华道夫酒店不加任何说明就出售了不属于他们的设备，试图抵销2万美元的债务，却毁坏了价值35万美元的财产。"酒店夺走的财产价值远超过了抵押价值，因此原告（酒店管理方）应该给被告特斯拉一个交代。"律师还引用了旧例作证。

然而，华道夫-阿斯多里亚酒店作了最后陈述，他们的律师写道，"假如之前特斯拉能实现他诸多白日梦中的一个，他能把所欠酒店的住宿费用还清的话，我们肯定会将这块荒凉的矮丛林以及建在它之上的特斯拉的'巴别塔'[1]欣然归还给他的。这对于特斯拉来说可能是一丝安慰，但不管特斯拉反诉的推论和解释怎么公正合理，也无法推翻法院的裁决。这种假设充其量只能是对这个才华横溢而又不切实际的人物的虚荣心的一种慰藉而已。法院的裁决终究还是会让特斯拉付出沉重的代价。"5

1922年夏天，罗伯特·约翰逊和他带病的"大使夫人"6从意大利回到了美国。他们是11月到的，正好赶上了帕岱莱夫斯基[2]在纽约卡耐基音乐厅举行从政后复出的钢琴演奏会。夫妇俩和他们的古怪朋友特斯拉一同参加了这次音乐会。

罗伯特在他刚刚完成的自传《追忆往昔》（*Remembered Yesterdays*）中，不仅着重描写了19世纪90年代末特斯拉和帕岱莱夫斯基的一次难忘的会面，也写到了这位钢琴演奏大师于1919年短暂担任波兰总理的事迹。由于任职仅仅10个月，特斯拉开玩笑说，这段时间"足以为他后来的巡回演出做好宣传"。

---

[1] 巴别塔（Tower of Babel，也译作巴贝尔塔、巴比伦塔）：据《圣经》的《旧约·创世记》第11章1—9节所载，巴比伦人想建造一座"塔顶通天"的高塔，上帝对他们的放肆感到不快，变乱了工人的语言，使他们相互难以沟通，破坏了此工事。塔未能建成，而人们却分散到世界各地。——译者注

[2] 帕岱莱夫斯基（Ignacy Paderewski，1860—1941）：波兰钢琴家、作曲家及政治家。第一次世界大战期间他致力于波兰的独立运动，并在1919年一度出任新波兰的首任总理，曾代表波兰参加巴黎和会。——译者注

"你这样说人家可不好，特斯拉先生。"凯特的眼睛激动地泛着光。说着，三人坐进了开往音乐会的豪华轿车。罗伯特和特斯拉身穿黑色斗篷，手执拐杖，头戴丝绸高帽，身材高挑，显得非常时髦。两位男士的身边是正在迅速康复、魅力四射的菲利波夫太太。

"再次见到帕岱莱夫斯基就像再次坠入爱河一样。"她对身边的两个男人说。特斯拉低头注意到了隐藏在她眉目间的忧伤，而他自己的忧伤对她来说也显而易见。罗伯特用他一流的口才让两人平静了下来。

在俄国，布尔什维克掌控了国家；全世界范围内，共产主义和无政府主义革命的浪潮此起彼伏。在美国国内，芝加哥发生了种族骚乱；明尼苏达州有黑人被私刑处死；纽约 J.P. 摩根大楼外发生了一起可疑的爆炸，造成 30 人死亡、300 人受伤；华盛顿有 40000 名三 K 党[1]成员在华盛顿游行。眼看势态已经发展到必须采取行动的时候了，于是，美国司法部长 A.M. 帕尔默在 33 个城市围捕了 300 多名闹事者。最后一批被捕者由于炸毁了帕尔默和海军部长助理富兰克林·罗斯福两家的窗户和房屋，被驱逐出境。美国劳工组织者尤金·V. 德布兹因抨击《间谍法案》仍在狱中，却再次被社会党提名为总统候选人。此外，伍德罗·威尔逊获得了诺贝尔和平奖。

1920 年的美国总统大选第一次通过无线电广播向全国听众进行了报道（4 年前，李·德福雷斯特就通过无线广播向一小部分听众宣布过竞选赢家，但他说错了结果）。沃伦·哈定与他的竞选伙伴卡尔文·柯立芝合力打败了民主党竞争者詹姆斯·考克斯和很有希望的副总统候选人富兰克林·罗斯福，在大选中胜出。

此时，美国无线电公司（RCA）已经是一个特大企业，能给小约翰·海斯·哈蒙德和埃德温·阿姆斯特朗签价值几百万美元的支票。美国无线电公司打开了一个巨大的新兴市场，1924 年，该公司的广播听众增加到了 500 万。公司的利润不仅来源于广告，也来源于收音机的销售。到 1928 年，全国性的广播电台已经覆盖全美 48 个州；不久后，像"巴克与威尔·罗杰斯"、"阿莫斯与安迪"、"伯恩斯与艾伦"、"影子主播"（the Shadow）、"斯图普内格尔与巴德"、"杰克·本尼"等这些广播节目已经成为日常生活的一部分。美国好彩香烟（Lucky Strike）、麦斯威尔咖啡（Maxwell House）、加拿大汽水（Canada Dry）、切斯特菲尔德服饰（Chesterfield）

---

[1] 三 K 党（Ku Klux Klan，简称 KKK）：美国（尤指其南部的）白人基督教徒的种族主义秘密组织，目的是要恢复白人对新近解放的黑人的优势地位。三 K 党人身穿长袍，头戴面罩，在夜间鞭笞或杀戮获得自由的黑奴和他们的白人支持者。——译者注

和庞蒂亚克汽车（Pontiac）等这些商家很快就巧妙地赢得了大众的青睐。特斯拉说他不爱听广播，因为他觉得广播"太让人分心了"。

在这期间的其他重大事件包括外号"马纳沙大槌子"的杰克·登普西成为了世界最重量级拳击冠军、飞速发展的股市和一些重大的审判事件。其中最著名的审判有："萨科-万泽蒂案"（Sacco-Vanzetti case，这两个无政府主义者因犯了谋杀罪而被指控）；"斯科普斯猴子案件"（Scopes monkey trial，一名叫约翰·T.斯科普斯的教师挑战了1925年3月13日通过的一项法律，这项法律禁止在田纳西州任何国立学校教授任何否定"上帝造人说"的理论，包括进化论，结果引发了巨大争论）；梅·韦斯特在百老汇演出她的卖座热剧《性》时，因下流的即兴表演被判500美元罚款和10天监禁。当时的一些流行元素包括地下酒吧、著名黑帮阿尔·卡彭模仿潮、轻佻的摩登女郎奇异装，还有查尔斯顿舞、倒地华尔兹和西迷舞。尽管在家里收音机是独裁者，但在城里的晚上，无声电影才是王者。在美国"兴旺的20年代"离世的人包括T.C.马丁、雅各布·希夫、亨利·克莱·弗里克、安德鲁·卡内基、恩里克·卡鲁索、威廉·伦琴、亚历山大·格雷厄姆·贝尔、伍德罗·威尔逊、沃伦·哈定和31岁的万人迷鲁道夫·瓦伦蒂诺。瓦伦蒂诺和魔术师哈利·霍迪尼一样都死于阑尾破裂。此外还有弗拉基米尔·列宁、萨拉·贝纳尔、利沃夫-保尔洛吉公主。1925年秋，凯瑟琳·约翰逊也离开了人世。[7]

亲爱的特斯拉：

约翰逊夫人临走前那晚嘱咐我，要我与特斯拉保持联系。这是件艰难的事，如果没能保持联系，也不是我的错。

你忠实的：卢卡

1925年10月15日[8]

神秘的贝蒂尼先生

全世界的无线电发明家们都开始成为"值钱货"。在意大利，墨索里尼"巧妙地"让意大利参议院的法西斯党员向古列尔莫·马可尼致敬，肯定他建立了一个全国性的广播系统。[9]几年之后，墨索里尼找到了杰克·哈蒙德，请他建立一个"安全保密的无线电系统"；这个系统后来变成了镇压反法西斯者的一个工具，这让杰克极其反感。[10]

在苏联，列宁联系了特斯拉，请他到苏联去推广他的多相交流电技术，建造"区域配电站"[11]，为此还派密使去邀请这位塞尔维亚贵族。特斯拉加入了一个叫作"苏联的朋友"（Friends of Soviet Russia）的隐蔽组织。1922年，俄国发生了饥荒事件。曼哈顿俄国工人俱乐部的伊万·马舍夫基夫和马萨诸塞州的一位共产党领导人埃尔西·布朗找到了特斯拉，请他在将于1922年6月在斯普林菲尔德的格兰奇大厅（Grange Hall）举行的一个"大型秘密集会"上发言。这个秘密会议是由一群"意大利激进分子"联合组织的，集会的目的就是筹集资金。这些资金的直接目的就是帮助那些挨饿垂死的俄罗斯人，给他们提供衣服和食物。但后来在曼哈顿的一个仓库中发现了一个俄罗斯的"炸弹工厂"，这说明，这些筹集的资金毫无疑问有一部分被挪用于不法活动。

特斯拉与马舍夫基夫一同前往斯普林菲尔德参加了集会。马舍夫基夫"极富想象地描述了俄罗斯的制造业"。在大会上，特斯拉听到第一个发言人宣称，"解决（欧洲）经济问题的唯一途径掌握在工人阶级手里……（因为工人阶级）将控制所有的生产资料。'他们这样做是为了人类的利益，而不是牟利。'这位发言人预言，欧洲的整个工业结构将出现经济崩溃，一旦崩溃，工人阶级将掌控全局。他还着重指出，俄罗斯现在的饥荒是由世界资本主义者所支持的反革命势力造成的，而不是因为人们所宣称的布尔什维克主义者的糟糕统治。"

监控了这次秘密集会的美国联邦调查局特工阿德里安·波特说："几个意大利人称尼古拉·特斯拉为'贝蒂尼'……他预言意大利很快就会建立共产主义政府。"[12]

显然，在某种程度上，特斯拉是一个拥护工人的革命者，但更多地是为了改变和提升他们的地位。特斯拉的发明设计都是有明确目的的，那就是降低消费成本、保护自然资源并减少人类不必要的体力劳动。特斯拉是认可盈利动机的，并且终其一生都在奋斗成为列宁所厌恶的一类人，所以读者在阅读这份联邦调查局报告时需谨慎，因为我们并不完全清楚特斯拉参加这次秘密会议的原因和动机，只能是猜测。特斯拉很有可能是出于对俄罗斯饥民困境的关心（据报道，美国政府在接下来的10年中向苏联援助了6千万美元，帮助苏联人民解决温饱问题）[13]，但同时他也在寻求机会，向苏联这个新兴政权推销他的发明，因为它有着巨大的市场潜力。

在苏联领导阶层联络特斯拉的同时，年迈且身材矮小的奇才、把资本主义和社会主义奇怪地混在一起的查尔斯·斯坦梅茨也开始主动与苏联联系。1922 年 2 月，斯坦梅茨给苏联总理写了封信。他"祝愿列宁获得成功，并相信，尽管条件比较艰苦，但列宁一定能完成俄罗斯社会和工业建设这项惊人的工作"。

斯坦梅茨参加了苏联的各种组织，还公开了他与列宁的信件，并"在《电气世界》发表了两篇文章，描述了俄罗斯的电气化计划"。这位自以为是、据说年薪达 10 万美元的大学学者用他粗糙的、患有关节炎的手指在通用电气公司的资本黑板报上描画着，并执拗地"呼吁美国资本来支持这个项目"。[14]

尽管我们找不到列宁与特斯拉之间的信件，但列宁对斯坦梅茨的回复却众所周知。"列宁回复说……他是几个月前才听说斯坦梅茨的名字的，因此'感到惭愧'……他感谢斯坦梅茨提出的帮助，但表示，由于美国和苏联外交关系的缺失，使得斯坦梅茨的帮助很难实现。"尽管如此，列宁还是公开了斯坦梅茨的来信，并给这位知名工程师回寄了他亲笔签名的照片；几个月后，斯坦梅茨收到了列宁的照片。[15]

一年后，查尔斯·普洛透斯·斯坦梅茨，这位 4 英尺高的电气工程大师，讲究美食和享受生活的居家男人，与世长辞，享年 58 岁。[16]

1920 年至 1923 年，特斯拉住在纽约第五大道的圣里吉斯酒店 1607 号房间，酒店与中央公园隔了两个街区。[17] 这段时间，特斯拉乘车往返于酒店和密尔沃基之间，酒店住宿的租金高达 15 美元一天。因为连续 7 个月没有给酒店支付房租，他很快就被起诉，并被要求赔偿 3000 多美元。[18] 特斯拉不得不另觅住所，最后搬到了纽约公园大道与第四十八街附近的马尔格里酒店（Hotel Marguery）。该酒店离他最喜欢散步的两个地方只隔了几个街区：一个是位于纽约公共图书馆背后的布莱恩特公园，一个是曼哈顿中央车站的乘客大厅。入夜几小时后，夜深人静之时，特斯拉便会抓起他的外套、手杖、白色手套和圆顶窄边礼帽，阔步走到图书馆旁的布莱恩特公园，一边思索问题，一边喂他心爱的鸽子们。由于特斯拉故意隐藏自己的身份，公园里有一个瘦瘦的喂鸽子的怪人的消息渐渐传开了。"这个人总是大半夜去逛公园……个头很高，穿着体面，举止端庄。他会吹几声口哨，停在大楼壁架上的鸽子便会闻声振翅飞下，落在他的脚边。他慷慨地从袋子里拿出花生，分撒在草坪上。一个高傲的人，却有着一颗谦卑的慈善之心——这就是尼古拉·特斯拉。"[19]

几位特斯拉的研究者称，特斯拉是一个同性恋者，据说住在马尔格里酒店时，他经常会见他的"特殊朋友"。虽然特斯拉本人很有可能是一个独身主义者，但他的确有一个同性恋崇拜者——年轻的记者肯尼思·斯威齐。[20]

斯威齐出生于 1905 年，成长在布鲁克林的一间公寓里，且一生都在那里度过。第一次世界大战期间，13 岁的斯威齐就制造了他的第一台收音机。之后不久，他便从中学辍学，开始为许多当地的报纸和杂志撰写科学文章，后来甚至还编写了一本化学教材。斯威齐善于把复杂的思想简化到可以被大众理解的水平，后来因为解释了阿基米德原理，他还得到了爱因斯坦的祝贺。[21]

在梳理了无线电的科技文献后，斯威齐开始意识到，特斯拉才是无线电发明的无名鼻祖。于是，他决定找到这位隐士进行一次采访。

斯威齐长着一张稚气的圆脸，戴着眼镜，思维敏捷，洞察力很强。斯威齐很快就和特斯拉亲密起来，而特斯拉也惊讶于这个作家的年轻——那时，斯威齐才 19 岁！两人随即开始了一段特别的友谊，一直持续到特斯拉去世。两人经常在特斯拉的房间见面，一起阅读斯威齐正在写的文章，或者讨论特斯拉工作的各方面问题。讨论完工作后，这位年轻作家有时会和特斯拉一起吃晚餐，或者特斯拉会步行将这个小伙子送到地铁站口。[22] 随着他们友谊的加深，这位年老的智者也开始在需要帮助的时候依赖斯威齐。等特斯拉快到 80 岁时，他们的关系甚至亲密到——按斯威齐所说——有时特斯拉会全裸着身子给斯威齐开门。随着年岁推移，特斯拉的这位新的宣传作家实际上已经成为了他大家庭中的一员，与罗伯特·约翰逊的女儿阿格尼丝·霍尔登和特斯拉的侄子萨瓦·科萨诺维奇都成为了朋友。科萨诺维奇是新建立的南斯拉夫的第一名驻美大使，经常前往纽约。

斯威齐把特斯拉形容为"一个绝对的独身主义者"。他开始汇编大量的文章、信件和原手稿，他不知道，他在不知不觉中已经与特斯拉的另一个朋友、记者杰克·奥尼尔展开了竞赛，看谁能写出堪称典范的特斯拉传记。关于特斯拉的个人习惯，斯威齐证实特斯拉的睡觉时间很少，特斯拉自己也说他每天晚上睡觉时间不足两小时。然而，特斯拉承认他会不时地"打盹儿，以此来给自己充电"。在身体锻炼方面，特斯拉每天散步 8~10 英里，还会在浴缸里放松身心（虽然他也大力吹捧一种无水的"电沐浴"——给自己身体通电，从而祛除身体里的所有杂质离子）。后来，特斯拉开始每天晚上按压脚趾，左右脚各 100 次。他说这种锻炼可以刺激他的脑细胞。"那么，特斯拉先生是如何工作的呢？我告诉你一个小故事吧……我正睡得像头死猪时，突然被电话铃声惊醒，时间已经是凌晨 3 点了。半睡半醒中，我听到他说：'斯威齐，你好！在干嘛呢？'这是让我很无语的众多对话中的一个。他生龙活虎、断断续续地说着……说他已经解决了一个问题，正在比较两种理论，还作了一些评论；然后，当他突然觉得自己找到了解决办法时，他会戛然挂掉电话。"[23]

1926 年，在他搬到宾夕法尼亚酒店不久后，特斯拉同意接受《科利尔周刊》杂志的采访。这位年入古稀的哲人把女性作为了那晚采访的话题。"又高又瘦、苦行僧一般的"特斯拉告诉采访者，他认为妇女运动将是"未来影响最深刻的一个趋势……这场女性争取性别平等的斗争将会形成新的性别秩序，女性将最终居于优越地位"。[24] 特斯拉对报道这次采访的文章非常满意，他寄了一份给仍然与他保持着联系的安妮·摩根。安妮在回信里回顾了她自己在过去 20 年里作为女性运动拥护者的奋斗历程。[25]

就在同一时期，特斯拉在《世界》杂志公开了他对这个城市的鸽子毫无保留的依恋。"有时候，我觉得自己为了工作而不结婚，作出的牺牲太大了，"他告诉记者，"所以我决定把我这个风华不再的男人所有的爱奉献给这群鸟儿。如果我做的任何事能有益于我们的子孙后代，我当然会很满足，但照顾那些无家可归、饥饿、生病的鸟儿也是我生活的乐趣，而且是我唯一的娱乐方式。"

就在《世界》杂志的这篇文章中，特斯拉不无心酸地流露了他对一只折断了翅膀和一条腿的鸽子的特殊疼爱。"我用自己所有的力学知识建造了一个装置，她能够舒适地支撑这只鸽子的身体，以便使她的骨骼痊愈。"从特斯拉把这只受伤的鸽子带回他的房间，之后有超过一年半的时间，特斯拉每天都会照料这只鸽子，他估算了一下，"治疗她花了我 2000 多美元"。将鸽子治愈后，特斯拉用手托着鸽子，来到他最喜爱的一个农场，"此时，她已经是一只我一生中见过最矫健最美丽的鸟儿。"[26]

关于特斯拉的同性恋倾向，他确实表现出了对健壮男性的喜爱，晚年时他曾邀请亨利·多尔蒂、吉米·阿达米克、南斯拉夫次重量级拳击冠军弗里齐·日维奇等拳击手一起吃饭或到他的公寓。[27]1927 年，特斯拉在对绅士吉姆·科比特和约翰·L. 沙利文1892 年（在新奥尔良进行）的冠军战进行了一番研究后，准确预测了吉恩·腾尼和杰克·登普西之间的第二次比赛结果，结果上了体育新闻头条。杰克·登普西外号"马纳萨大槌子"，他 在前一年的十回合赛中丢掉了他的冠军头衔。

特斯拉博士利用力学原理预测腾尼胜出

坐在宾夕法尼亚酒店的房间里，这位 71 岁高龄的发明家，没有闪烁其词，也没有含糊他的立场，他预测腾尼"至少有九成胜算，他将能随心所欲地持续攻击登普西……（而且）他是单身，在其他条件都相同的情况下，单身选手总要比已婚男士略胜一筹"。

特斯拉博士意味深长地笑了笑——他自己终生都是个单身汉。[28]

凯瑟琳去世后，特斯拉和卢卡变得更加亲密。他们会经常一起吃晚饭或者看电影。美西战争的英雄里士满·皮尔逊·霍布森带着妻子回到纽约后，也加入了他们。据霍布森太太说，"这两个要好的朋友（指特斯拉和霍布森）大约每月都邀约一次，有时更频繁，一起去看电影，然后去公园坐着聊天，一直聊到深夜。里士满常常带着对特斯拉的新发明的满腔热情回到家中。我记得有一天晚上，特斯拉对里士满说：'我可以让地球振离轨道，但我不会这样去做的，霍布森！'"[29]

毫无疑问，特斯拉和凯瑟琳的关系一度非常暧昧，很具挑逗性，而且特斯拉还给霍布森回忆过一些细节，但据他自己说，他"从未碰过一个女人"[30]。特斯拉有细菌恐惧症（奥尼尔的特斯拉传记极大地夸张了这一点[31]），我们似乎可以以此来解释这一问题，但他与那群鸽子的关系却打破了这一谜团。我们或许还可以从心理分析的角度去解释特斯拉为什么会厌恶与女性发生性接触。1924 年，特斯拉在给杰克·摩根的悼唁信中写道："母亲的逝世对一个人的打击是极大的，它比人生中的任何悲伤的经历都令人痛心！"[32]

第四十四章
快过光速（1927—1940）

> 亲爱的特斯拉先生：
>
> 听说您将要庆祝您的 75 岁大寿，我真心为您感到高兴！我还得知，您是在高频电流领域取得成功的先驱者，您过去一直在目睹这一领域的飞速发展。
>
> 祝贺您在毕生的事业中取得了巨大的成就！
>
> 阿尔伯特·爱因斯坦
> 德国波茨坦
> 1931 年 6 月 [1]

为了维持收支平衡，特斯拉这个奇才陆续神秘地推介了很多具有革命性的全新发明。这些发明包括：①一种能开发宇宙射线的机器；②一种传输机械能的工具；③一种粒子束武器；④一个与外星球进行交流的机制。除此之外，特斯拉还不停地说到他的沃登克里弗构想。记者和研究者们有点难以辨别清楚这些发明哪个是哪个，因为每一项发明都涉及远距离能量传输。上述第三个发明，即所谓的"死亡射线"，其最终形式包含了其他发明（即使不是全部）的特征。

在特斯拉 70~80 岁的那些年，也就是从 20 世纪 20 年代中期到 1934 年左右这段时间，特斯拉不停地穿梭于美国东北和中西部地区的工业中心，试图推销他的机器。在 1924 年和 1925 年这两年里，特斯拉在费城研发他的汽油涡轮机（在此之前，他在芝加哥和密尔沃基研发蒸汽轮机），期间遇到了约翰·B. 弗劳尔斯，弗劳尔斯是当地海军飞机制造厂的飞机和发电机检测员，两人早在 1917 年就认识了。[2]特斯拉越来越明显地感到，无叶涡轮陷入了研究和开发无休止的循环中，于是，他开始将研究的焦点重新放在了他最初的兴趣——电能无线传输上，并开始做宣传活动，宣扬电能无线传输的优点。作为一个资源保护主义者和实用主义者，特斯拉提出理论假设：如果建立了一系列中心无线发射站，并通过大地、空气等介质从发射站发射出电能，再在飞机和汽车上安装专门设计的电能接收装置，那么飞机、汽车即使不携带燃料，也能够运行，因为它们可以接收到从特斯拉的发射站无线发射出的电能。

1925 年 10 月 10 日，弗劳尔斯前往纽约，在宾夕法尼亚酒店特斯拉的套房里与他进行了商讨，并共同起草了完整的计划，准备将其呈交给物理学家 J.H. 迪林杰；迪林杰是位于华盛顿的美国标准局（Bureau of Standards）无线电实验室的负责人。

这份字斟句酌的、长达 10 页的文件还配有若干示意图，用图展示了特斯拉发明的驻波包围地球的情景。通过这份计划书，弗劳尔斯向迪林杰揭示了一个用电磁原理来为飞机和汽车提供电能的计划。他告诉迪林杰："特斯拉博士说，这个无线供电系统能为地球上任何一个位置的飞机提供电能。此外，特斯拉博士已经研发出了供电的振荡器。只要美国政府同意建造无线电能发射站，他将乐意向政府提供他的具体方案。"弗劳尔斯还在华盛顿组织了一个会议来探讨这一提案。

与此同时，迪林杰还将这一方案提交给了同行专家 H.L. 柯蒂斯。经过一番深思熟虑之后，柯蒂斯否定了这个方案。他反对的主要理由是，"按照他的理解，特斯拉的设想是用驻波包围地球，形成一个包围圈，这样就会有巨量的电能集中于节点处——特斯拉正是希望在节点处生成他所需要的电能。这位"花哨先生"（指特斯拉）提出的系统并不具有这一特征，他的设计是在任何一个点都能收集电能……（这样一来）我们还需要设计一些集中电能、使之可利用的方法。但特斯拉的方案里并没有提出这样的方法，所以我不认为这个方案具有任何可行性。……（再者，）据我所知，没有哪种无线电设备……强大到足以通过无线电波的方式就能高效地传输电能。"[3]

对特斯拉这一设想最主要的批评是：电能不可能在地球的任何一个位置都能接收到，只有在节点位置才可以接收到。对于这种批评，特斯拉在很多场合都反驳过（尽管很显然，如果无线接收塔的位置不靠近供电源，则无线接收塔就必须建在节点位置）。特斯拉有一个非常著名的类比，即把电看作是一种液体，而把无线发射器比作是若干泵。通过一个水压系统，液体就会在相应的压力下，被喷送到任何一个位置；特斯拉的电振荡也是同样的原理。他的另一个类比是：在地球上，所有相互连接的电源插口都有电，但只有当电器电源插头插入时，电源插口才会提供电能；同理，地球上的任何位置都可以接收并利用特斯拉无线传输的电能，但只有打开电能接收器，电能才可以使用。

1927 年 10 月，特斯拉在《电话与电报时代》（*Telegraph & Telephone Age*）杂志

上发表了一篇综合性论文。这篇文章也许是写来反驳柯蒂斯和迪林杰的。在这篇文章中，特斯拉也解释到，振荡从无线发射器开始传播的速度"……从理论上来说是无限快的，一开始速度会降得非常快，之后降得稍慢，等距离达到 6000 英里左右时，传播速度与光速相当；然后速度会再一次增加，刚开始增得很慢，之后增得越来越快，等达到地球对映点[1]时，速度几乎已经是无限快了。我们可以这样来描述无线电能传输的运动规律：电波在地球表面匀速传播，但我们必须明白的是，流经地球的电流对接收器所产生的效果是一样的，就像全部电流都紧紧围绕在由无线发射器和其地球对映点形成的地轴上，因此电波在地球表面传播的平均速度大约是每秒 471200 公里——比所谓的赫兹波的速度快 57%。"[4]

特斯拉把这一效应比作是在日食的时候月亮罩在地球上的阴影。这是特斯拉不认同爱因斯坦相对论的诸多例子中的第一个，即特斯拉认为，他所谓的"特斯拉波"传播速度比光速要快。[5]

1928 年，特斯拉去了费城，尝试制造他设计的直升机，可能他还与约翰·弗劳尔斯一起前往底特律，向通用汽车公司推销了这款"会飞的汽车"。更为务实的是，特斯拉还把他的速度计卖给了福特汽车公司。

特斯拉速度计的一个问题就是生产成本太高，只有在很昂贵的汽车上才会装他的这种高端设备。与此同时，特斯拉还找到了他的侄子尼古拉·特尔博耶维奇。特尔博耶维奇曾经资助特斯拉制造直升机；此时，凭着他的各种提高汽车传动和方向盘性能的发明，特尔博耶维奇日渐富有。和他的叔叔特斯拉一样，特尔博耶维奇也可以算得上是个工作狂。特斯拉提醒侄子的妻子，要给她的丈夫"无尽的关爱"，因为将来"你的丈夫必定会发大财，等他成为富翁后，你所有的愿望都将实现"。[6]

不久后，特斯拉回到底特律，见了特尔博耶维奇，请他到底特律最好的布克 - 卡迪拉克酒店（Book-Cadillac Hotel）吃晚饭，据威廉·泰尔博说，"酒店服务生领班建议他们稍等 5 分钟，否则将多收取 5 美元的服务费，特斯拉根本不听，径直走了进去"。当时正值大萧条时期，25 美分的硬币就可以买三个热狗和两杯可乐，5 美元的浪费是非常可观的。这件事成了特尔博耶维奇一家的一大笑料，他们更愿意

---

[1] 对映点（antipodal point，又称 antipode）：一个数学概念，即从一个球体的一点出发，直线经过球心，到达球体表面另一刚好相反的点，这个刚好相反的点就叫作对映点。拿地球举例，地轴另一端与地表相交的点就是对映点。——译者注

把他们的叔叔特斯拉看成是一个古怪的老头子，而不是世界上最伟大的发明家之一。每当特尔博耶维奇若无其事地提起这次吃饭的服务费时，特斯拉总是转移话题，说道："除非我赚钱的速度比我花钱的速度快，不然我到死也不会是个富人。"[7]

在 1925~1938 年的这段时间里，特斯拉还和美国钢铁公司的总裁迈伦·泰勒进行过商谈，他对美国钢铁公司感兴趣，有多方面的原因。这位伟大的发明家发明了一种特殊装置，它能净化矿石，"给钢脱气"，还能在钢铁加工过程中保存硫成分。20 世纪 20 年代末，特斯拉问泰勒是否能安装他发明的装置，看看这个装置能否正常运行。泰勒同意了。于是，1931 年 9 月，特斯拉前往泰勒的伍斯特（Worcester）工厂，安装自己的装置。尽管特斯拉希望这个装置能够试验成功，但他显然没能如愿，因为在美国钢铁公司的档案里，提到特斯拉与该公司打交道的地方只有短短的一段话。[8]特斯拉的终极设计（最后显然没能得到检验）是在排热系统上安装他的无叶涡轮，使其能将大量被浪费的热量转化为电力。特斯拉一直是一个环保主义者，这一设计是他最优秀的创意之一。

据特斯拉纽约的一个堂兄彼得·萨沃说，离开伍斯特后，特斯拉来到了布法罗，进行了一个最高机密的实验。据说，特斯拉改装了一辆汽车，结果这辆汽车靠外部电源运行了起来。

> 这辆车是皮尔斯-箭头汽车公司的一辆标准车，特斯拉把它的发动机移除掉，然后安装了一些其他部件，保留了标准的离合器、传动箱和驱动系统……在引擎盖下面有一个无刷式电动机，用于连接（或取代）发动机。……特斯拉并没有透露是谁制造了这个无刷式电动机。

> 特斯拉在改装车的控制板上安装一个盒状的"电能接收器"……里面含有 12 根无线电管。……一根 6 英尺的天线棒被垂直安装和连接到电能接收器上，电能接收器又通过两条又粗又显眼的电缆连接到电动机上。特斯拉将这一切安装完毕后，在启动改装车前，说道："车子已经有电了！"[9]

如果这个故事属实的话，那就意味着特斯拉同时也在尼亚加拉大瀑布附近安装了一个强大的特斯拉振荡器，来给这辆改装车无线提供电能。另一种可能是，特斯拉利用这辆改装车测试他的汽油涡轮机或汽轮机，但萨沃误把其当作是无线电动机了。"一个年迈的发明家，瘦瘦高高的，精神矍铄，穿一身他第一次世界大战前就开始穿的棕色旧礼服，在他所住的纽约客酒店的一间招待室接受了采访。在谈及他的最新成果前，他回顾了他过去的成就。这些成就让他超越爱迪生、斯坦梅茨等人，堪称'电力时代之父'……"[10]

科学之山诞生了一位新的王者。1919年，爱因斯坦的相对论得到证明——空间是弯曲的；不管光源如何运动，光是以匀速传播的。从那以后，爱因斯坦开始取代贝尔、爱迪生、莱特兄弟、特斯拉等这些科学天才，成为科学界的新兴之王。爱因斯坦的理论假设是1905年提出来的，他的理论不仅颠覆了主流的时空范式——保守派所信奉的牛顿世界学说，也威胁到了特斯拉作为顶尖科学理论家的地位。1919年日食发生时，对太阳周围发生弯曲的星光的测量成了爱因斯坦新假设的实验证据[11]，尽管如此，爱因斯坦这位理论物理学家在很大程度上也还是一个理论家；而特斯拉是一个实践新科技的发明家，他能在日常生活中证明他的科学设想。这是特斯拉的优势所在，而且特斯拉也以此来攻击爱因斯坦这位诺贝尔奖得主、科学界的"暴发户"。

爱因斯坦的理论摈弃了19世纪旧的以太学说，解释了大型物体周围光线的弯曲，认为这种弯曲是由时空的非欧几里得弯曲引起的。这种理论从本质上来说是新的、更抽象的以太学说。数学公式能够很精确地计算出光线弯曲的弧度。"用广义相对论来看，引力场和空间结构或空间几何学是一模一样的……引力场就是一个弯曲的空间。"[12]

特斯拉完全不同意空间弯曲的观点，称这种观点是"自相矛盾的"。按照特斯拉的"简单想法"，由于"每一个作用力都会伴随着一个同等的反作用力……因此弯曲的空间在遇到物体时会产生反应，从而产生相反的效应，使空间的曲线变直"。特斯拉认为，光线会弯曲是因为受到了大物体的力场的影响。[13]

具有讽刺意味的是，1929年，在爱因斯坦的同辈、华盛顿卡耐基研究所（Carnegie Institution of Washington）的研究人员运用特斯拉线圈进行原子分裂实验的同时[14]，特斯拉却在探讨一种更加深奥的能源——宇宙射线。

> 著名的物理学家、发明家尼古拉·特斯拉发现了一个重要原理，即驱动地球这台大机器运转的能量来源于使整个宇宙得以运转的宇宙能量。
>
> 根据这个原理，我们可以开发一种"随处可见、取之不竭"的能源，并通过有线或无线的方式，将这些能源从中央能源站传输到世界任何一个地方。如此一来，人类将不再需要煤、石油、天然气或其他普通能源……

特斯拉说："地球的宇宙能量的主要来源就是太阳……不过夜晚并不会阻断新的宇宙能量的持续供给。"[15]

1931 年 7 月 10 日，特斯拉年满 75 岁。为了向这位高龄发明家致敬，《时代周刊》将他的画像登在了封面上。《时代周刊》的这篇文章简要地回顾了特斯拉的生平，然后讨论了特斯拉最近一项关于开发"一种全新的未知能源"的研究。在接受《时代周刊》记者采访时，这位令人敬仰、不守陈规的大发明家并不愿过多透露这项研究的细节，但他含蓄地提到了他的一项非常神秘的发明——"特斯拉镜"，这是一种可以向邻近星球发出信号的装置。这令记者非常惊讶。"我认为星际交流极为重要，而且未来肯定能实现。宇宙中生存着其他人类，他们也和我们一样工作着、痛苦着、奋斗着——这样的想法能对人类产生神奇的效果，它将成为宇宙大同、宇宙大爱形成的基础，而且这种博爱将与人类同存。"[16]特斯拉的这番话比科幻大师雨果·根斯巴克都说得好。

与此同时，肯内斯·斯威齐向他能想到的所有名人发出邀请，请他们给特斯拉写祝寿词。赞美之词纷至沓来（很多引文贯穿本书）。发来祝词的人包括 E.F.亚历山德森、B.A.贝伦德、W.H.布喇格、李·德弗雷斯特、加诺·邓恩、杰克·哈蒙德、A.E.肯内利、阿瑟·科恩、奥利弗·洛奇爵士、罗伯特·米利肯、D.麦克法伦·摩尔、瓦尔德马尔·波尔森、查尔斯·F.斯科特、乔治·格拉夫·阿尔科、H.H.威斯汀豪斯和爱因斯坦等。回信拒绝写贺词的重要人物有古列尔莫·马可尼和迈克尔·普平。[17]

10 月，托马斯·阿尔瓦·爱迪生去世。全市熄灯，以悼念这位伟大的人物。也许因为劲敌爱迪生的去世，掀起了新一阵赞誉特斯拉这位大发明家的高潮，又或许因为自己年事已高，特斯拉一改往日回避媒体的风格。从 1931 年起，不管出于什么原因，特斯拉每年庆祝生日的时候，都会邀请媒体到他的住所去，然后宣布他的最新发现。这位电学家有着神秘作家般的才能，他把自己各种各样的发明的秘密分成了多次公开，每年只公开一点点。

1935 年，特斯拉庆祝了他的 79 岁生日，尽管此时的他极度憔悴，但依然生气勃勃，并相信自己能活过 110 岁。这位电气魔法师的脑子依旧非常好使，他在这一年生日这天，非常详尽地展示了他很多更加奇异的发明的细节。"特斯拉先生用丰盛的午宴招待了大约 30 名媒体工作人员……先生坐在长桌的一头"，只听见照相机咔嚓咔嚓地拍。特斯拉只吃了点面包和温牛奶，牛奶是他用餐桌上的保温炉加热的。这位魔法师谈论着，记者们则享受着这一"盛宴"。[18]

81 岁发明家谈论开启星际传播的钥匙
并谈及一种低成本高产量的产镭管体

媒体纷纷报道：昨天，在尼古拉·特斯拉博士 81 岁的生日宴会上，特斯拉博士宣布，他已经有了新发现，通过这些发现，与外星球进行交流将成为可能。生日当天，南斯拉夫和捷克斯洛伐克政府还给特斯拉授予了最高荣誉的勋章。

"我将用数据和计算给法兰西学院精确地描述我的这一发明。我希望能获得皮埃尔·古兹曼奖（Pierre Guzman prize）的 10 万法郎奖金，以奖励我发现了与外星世界进行交流的手段。我有十足的把握获得这笔奖金。当然，奖金是微不足道的，但我想成为创造星际交流这一奇迹的第一人。为了这一历史性的殊荣，我愿意付出我的一生。"

"我很确信我能够获得这个奖，它仿佛已经是我的囊中之物。他们理应把这个奖颁给我，因为我可以将几千马力的功率传输到其他星球上去，不管我们离外星球的距离有多远。就算我所做的一切其他事情都已被历史尘封，我的这一发现还会为人类所铭记。"[19]

讨论这个发明物时，我们也许会陷入一潭让人迷惑的浑水中，因为特斯拉似乎把生产镭的管体和星际间的交流传输器这两项发明联系在一起了，而二者可能是毫无关联的两个发明。另一个问题是，特斯拉与此同时还讨论了一种捕捉宇宙射线的发明。他认为宇宙射线的传播速度比光速快 50 倍。如果这项发明能够开发利用宇宙射线，那意味着特斯拉想以超越光速的速度与其他恒星进行交流。

仔细阅读这篇文章可以看出，特斯拉似乎并没有提及其他恒星，他说的其实是其他行星，因为行星离地球相对较近。另外，特斯拉并未真正讨论与外星人进行交流，更多的是讨论了星际能量传输。我们知道，早在 1918 年，特斯拉就与克莱曼·齐托的儿子朱利安一起合作，将一种类似激光的脉冲发送到了月球上，并测试了一种"天文镜"[20]。因此可以推断，特斯拉在传输能量到太空方面的研究发明应该不止一项。

据说在 19 世纪 90 年代末，特斯拉发明了一种能捕捉辐射能的机器，从而帮助他证明：世界上存在传播速度比光速还快的粒子。这个机器于 1901 年 11 月 5

日获得了专利，它主要是由一个形似苍蝇拍的绝缘板组成，这个绝缘板"以最好的云母作为它的绝缘材料"。这个机器被连接到一个电容器上。这种机器的发明源于他研究辐射能、X 射线和勒纳德阴极射线管的成果，它还能捕捉他所谓的宇宙射线。[21]

> 1899 年，我在解决这一谜题上取得了一些进展，我通过数学方法和实验证明：太阳和其他条件类似的星体发射出具有巨大能量的射线，这些射线由极其微小的粒子组成，它们传播的速度远远超出光速。这些射线的穿透力极强，只需要它的一小部分速度，就能穿透厚达几千英里的物体。当这些射线穿越充满宇宙尘埃的太空时，它们能产生强度恒定的次级辐射，昼夜不断地从四面八方均匀地射向地球。[22]

自从 1911 年维克托·赫斯发现了宇宙射线，罗伯特·米利肯也证实了宇宙射线存在后，已经有很多科学家研究过宇宙射线。我们今天知道，星体发射出的没有电荷的基本粒子（elementary particles）——中微子（neutrinos）——正如特斯拉所说具有穿透力，但据我所知，到目前为止，还没有人发现速度比光速还快的射线。特斯拉这种假设也违背了相对论。

特斯拉坚持认为这样的粒子是存在的，并将其视为能够转化为电力的能源。1932 年夏，特斯拉告诉杰克·奥尼尔，他成功地"利用了宇宙射线，并使其带动了一种动力装置……宇宙射线最诱人的特征是它们良好的恒定性。它们全天 24 小时大量源源不断地射向地球，所以如果建一个宇宙射线发电站，我们根本不需要储电装置，而风能、潮汐能和太阳能发电站则需要储电设备"。当奥尼尔想进一步追问更多细节时，特斯拉说他可以把"大体的操作原理"告诉他，"宇宙射线将空气离子化，释放出很多电荷——离子和电子。这些电荷被收集起来，储存在一个电容器里，电容器通过电动机的电路释放出电能"。特斯拉还告诉奥尼尔，他"希望将来能大量生产这样的电动机"。[23]

免费电能？

随着时间的推移，记者们要想从这位几乎骨瘦如柴的魔术师嘴里撬出他的发明的更多细节已经非常困难，因为特斯拉对于他研究发明的细节一贯都是守口如瓶。记者们利用集体的力量才从特斯拉嘴里问出了下面关于宇宙射线发电器的内容："我的宇宙射线发电器构造将会非常简单，它是用钢、铜和铝造的，经特殊的安装，它的结构非常稳定，通过旋转来发电……这样一种随处都可以获得的能源将解决人类面临的很多问题……开发利用这一能源的机器将可以持续使用 5000 多年。"[24]

特斯拉断言，宇宙射线是由"静电排斥"的力量产生的，它们由电荷极强的正粒子组成，从太阳和宇宙中的其他恒星射向地球。"经过实验"，特斯拉确定，太阳具有"大约 215 亿伏的电势"。[25]

> 由于太阳具有的电荷量极大，所以它能给带（正）电微粒提供巨大的速度；而这个速度是由这些微粒所带的电量与微粒的质量之间的比率决定的。有的微粒传播速度超过光速的 50 倍……
>
> 在海拔极高的高空，射线的强度比在海平面上时强 100 多倍……从各个方位射向地球的宇宙射线的能量大得惊人；如果把所有这些能量转化为热能的话，地球将瞬间熔化挥发……上升的气流会抵消掉这些射线的一部分强度。……那些还在怀疑太阳能够放射出强大的宇宙射线的人，显然忽略了这样一个事实：无论日盘位于天空的任何位置，它都能阻断从别处发出的辐射，并用它自己的辐射将其代替掉。[26]

特斯拉认为，宇宙中的所有天体都是从外界获取能量的，加之特斯拉受到艺术家、哲学家、他的终身好友之一沃尔特·罗素的影响（罗素提出假设：元素周期表是一个分层的、每层有 8 个元素的螺旋形结构），特斯拉因此"得出了一个确定无疑的结论：像太阳这样的天体吸收其他物体的速度比它们以发热和发光的形式散逸能量的速度快得多"[27]。同样，放射性衰变不是由原子核的裂变引起的，而是一种"外部射线的次生效应，包含两个部分——一部分来自储存的能量，另一部分来自不断供应的能量"[28]。换言之，对特斯拉来说，放射性物质显然是始终存在的基本物质——"以太"的一种载体，以太被吸收后，能使放射性物质放射出能量。

特斯拉的这些观点似乎在证明：一个天才已经误入歧途，因为特斯拉的各种发现和理论假设不仅违背了诸如相对论、量子物理学这样已经被认可的理论，而且从表面上看也违背了常识。特斯拉认为他能建造一个主要由一个接收板和一个电容器组成的装置，并利用它将宇宙射线转化成电能，带动电动机。这一观点可能会让读者回想起过去基利电动机大行其道的荒唐日子，想起基利曾经提出的利用永恒运动创造免费能源的荒诞理论。不过，在特斯拉这一理论的背后，蕴含着一个令人兴奋的思想——太阳在以某种方式吸收着来自宇宙的能量，而传播速度超越光速的某种宇宙能量是存在的。其他科学家将其称为"超光速粒子"（tachyon），顾名思义，就是指传播速度超过光速的粒子；它与很多概念——比如黑洞、虫洞[1]、弦理论非定域性（string theory nonlocality）、牵连次序（implicate order）、超空间（hyperspace）、引力子（graviton）、马赫原理（Mach's principle）等都有联系。如此看来，从新奇物理学的视角看，特斯拉的理论并非那么脱离现实。

特斯拉的另一项发明是机械能的远距离传输。通过把他的机械振荡器巧妙地安置在比较坚固的岩床上，就可以把机械脉冲送进地面，实现"至少四种实际功能：它将为世界提供一种全新的经久不衰的交流方式；它可以提供一种将海上船只导航入港的全新而安全的方式；它可以作为一种定位矿床的探矿杖；……此外，它还可以为科学家们提供一种探索地球内部情况的手段"[29]。当然了，这项发明背后的主要原理今天被用在了船只的声波定位仪上；地球物理学家们也利用这一原理研究地球的内部结构，比如，绘制断层线、研究地核，等等。

78 岁的特斯拉发明了新型"死亡粒子束"

> 特斯拉博士……已经完善了他的方法和一种机器……这种机器能通过自由大气发送密集的粒子束，这些粒子束的能量非常巨大，能在防卫国的边境将 250 英里外拥有一万架敌机的飞行队击毁，还能让几百万的军队瞬间毙命。[30]

特斯拉死亡射线的发明可以一直追溯到 19 世纪 90 年代初，当时他发明了一种按钮灯。这种按钮灯中心的灯丝几乎可以是任何物质（比如碳、金刚石、氧化锆、红宝石等）；这个按钮灯可以从其灯丝发射出电子，将电子射入一个自我反射的灯泡内，然后电子又被弹回发射电子的最初位置。这项装置不仅能产生极耀眼的光，还能把按钮灯的按钮"蒸发"掉。如前文所述，从这种按钮灯到红宝石激光器的发明，只有短短一步之遥。例如，如果按钮灯的外层玻璃上有划痕或裂缝，则能量就会像激光一样从这个缝隙泄漏出去。

19 世纪 90 年代末，特斯拉曾用 X 射线轰击 40 多英尺外的目标物。1915 年，

---

[1] 虫洞（Wormhole），又称爱因斯坦 - 罗森桥，是宇宙中可能存在的连接两个不同时空的狭窄隧道。此概念是 20 世纪 30 年代由爱因斯坦及纳森·罗森在研究引力场方程时假设的，他们认为透过虫洞可以做瞬时间的空间转移或者时间旅行。——译者注

他在《纽约时报》上宣布，自己发明了一个电子防御盾牌，它就相当于后来的星球大战战略防御措施（Strategic Defense Initiative，简称 SDI）。

哈利·格林德尔 - 马修斯

第一次世界大战期间，一位特斯拉的崇拜者哈利·格林德尔 - 马修斯，因发明了一种他自称能控制飞行器的探照灯射线（searchlight beam），获得了英国政府25000 英镑的奖励。哈利是一名无线电电学家，也是一名英国军队的退役老兵，在19 世纪末的波尔战争中受过伤。哈利最终完善了他的探照灯射线，使其成为了一种"恶魔射线"。他说，这种电子光束不仅能摧毁齐柏林飞艇和飞机，而且能使陆军和海上舰队瘫痪。尽管他没有透露他这项发明的细节，但他毫不掩饰他对特斯拉的崇拜，正是特斯拉的技术成果给了他灵感，为他的发明打下了基础。

1924 年 7 月，格林德尔 - 马修斯到美国去看一位眼科专家。当时他可能拜访了雨果·根斯巴克，可能还拜访了特斯拉。这位英国发明家住在范德比尔特酒店，接受了很多当地报社记者的采访。"让我为大家回顾一下世界大战期间敌军对伦敦的空袭。探照灯能发现德军的战机，将其照亮，同时对其开火；虽然击中了一些，但大多都没击中。但假如不用探照灯，而是用我的探照灯射线，那么只要射线击中飞机，飞机就会瞬间起火，进而坠毁。"[31]

哈利·马修斯相信德国也有类似的射线武器。德军使用的是一种有 200 千瓦的高频电流，但哈利认为他们"还无法掌控这项技术"。

格林德尔 - 马修斯在里昂与法国政府合作，并给英国战争办公室（British War Office）的官员进行了成功的展示和测验，结果测试出他的探照灯射线可以在 60 英尺的范围之内产生破坏性效果，但马修斯希望将它的杀伤力半径扩大至 6~7 英里。当被问及这项发明的细节时，他说，他的发明使用两种射线：一种是载体射线，另一种是"破坏性射线"。前者是低频率，能通过一个镜头发射；后者是高频率，从而提高了传导性，更易于传输和产生破坏力。例如，飞机的发动机可以作为这种射线的"接触点"，让飞机瘫痪。然而，他承认，如果目标物在地面上，将不受这种射线的威胁。[32]

雨果·根斯巴克和哥伦比亚大学的物理学家 W. 泽韦林豪斯博士一起尝试使用热

能射线、X 射线和紫外线来产生与格林德尔 - 马修斯的射线相同的效果，但未获得成功。根斯巴克不禁怀疑马修斯的论断。尽管如此，根斯巴克还是报道了马修斯的这种"恶魔射线"，他把由弗兰克·保罗绘制的华丽的"恶魔射线"图画作为了他杂志的封面，并在文章中对这项发明进行了大肆描绘和渲染。[33]

世界各国的领导人并不像根斯巴克那样苛刻，他们中很多人都声称自己国家的科学家也有这样的恶魔射线。德意志帝国国会成员赫尔·伍勒宣称，"德国的三个科学家已经完善了一种武器，它能击落飞机，使坦克瘫痪，能形成一个'死亡之幕'，就像最近战争中的毒云一样。"不甘示弱的苏联领导人列昂·托洛茨基称，苏联也发明了类似的武器。托洛茨基警告所有国家："我了解格拉马奇科夫射线的威力，所以最好不要招惹俄国！"[34]

随着 20 世纪 30 年代第二次世界大战开始萌芽，这种全能高效武器再次成为讨论的主题。当时，特斯拉在逐渐揭露他自己的"恶魔射线"的同时，也开始批评格林德尔 - 马修斯的发明。

特斯拉博士说："要发明这样的射线是不可能的，我一直在努力研制这样的武器，并在上面花了很多年的时间，最后我才开始明白并相信，这种射线武器不可能实现。我的新型射线就像一群运动速度极快的子弹，我们可以利用它随心所欲地发射出任何大小的能量，而整个发射站就像一支枪，但这是一支现有的所有枪都无法比拟的'枪'。"他接着宣称，这种新型武器将仅用于军事防御，它同时可以充当"四种新发明"：①产生这种射线的机器；②生产大量电能的方法；③发射电能的方法；④以及一种巨大的电子排斥力。[35]

在两个秘密的地方（其中包括第二大道旁第五十九街大桥下的一个秘密实验室）[36]，特斯拉完善了他的粒子束武器；同时，他还和无政府主义者、建筑家提图斯·德博布拉一起合作，秘密设计了一个全能的发电厂，它可以发出高压电，或者捕获宇宙射线，并将其转化成他的电子防御盾。[37]特斯拉认为，所有国家都可以用这样的电站来进行自我防卫，于是他秘密地接洽了各个协约国的国防部，介绍他的这项发明。

第四十五章
赊账度日（1925—1940）

> 如果说发明家是真正进行发明创造的人——进行原创，有新发现，而不仅仅
> 是改进他人的发明，那么毫无疑问，尼古拉·特斯拉堪称世界上最伟大的发明家，
> 不仅仅是现在，更可以说是前无古人后无来者。
>
> ——雨果·根斯巴克[1]

晚年时期的特斯拉过着双重人格的生活——一个是电力系统发明人、无线电之父，另一个是神秘而又疯狂的科学家，一心想着用自己的发明控制地球，乃至支配外星世界。

1935 年，在新闻摄影师们的帮助下，特斯拉设计并制作了一部电影作品，将其交给了派拉蒙电影公司。他告诉乔治·舍夫："派拉蒙称这部电影的效果非常好，不仅在画面上，在音效上也是如此，但影片的主题科技性太强。"[2] 尽管如此，特斯拉式的电影主题开始渐渐地深入人心。采纳特斯拉魔法师般电影思想的最重要的电影人是敢于改革创新的电影制作人卡尔·莱姆勒和他的电影特效专家肯尼斯·斯特里克法登。他们两人一同合作，在鲍里斯·卡洛夫的经典电影《科学怪人》（*Frankenstein*）里用到了一种令人印象深刻的特斯拉线圈。〔40 年后，当梅尔·布鲁克斯改编的恶搞电影《新科学怪人》（*Young Frankenstein*）拍摄时，斯特里克法登又用到了特斯拉线圈。〕[3] 特斯拉特别喜欢莱姆勒，称莱姆勒是个天才。他之所以喜欢莱姆勒，是因为莱姆勒在大约 30 年前也曾与强大的爱迪生集团展开竞争，并取得了成功。那时，爱迪生垄断了重要的电影制作专利，却不允许他的竞争者们使用这些专利。莱姆勒用他的产品进军欧洲，最后他顶住了 200 多起诉讼，创立了环球电影公司（Universal Pictures），击败了爱迪生。[4]

雨果·根斯巴克当然也不断地在他的《科学奇迹故事集》（*Science Wonder Stories*）[5] 里宣扬特斯拉式主题。该书中包含了一些新奇的银河系故事，比如《最强机器》（*The Mightiest Machine*）、《星际桥梁》（*Interplanetary Bridges*）和《海王

星城市》（*A City on Neptune*）。

特斯拉思想的其他追随者，像小约翰·海斯·哈蒙德和埃德温·阿姆斯特朗，都熬过了大萧条，过着国王一般的生活。整个20世纪30年代，哈蒙德的城堡变成了好莱坞明星、企业巨头和艺术大师们的憩息处，这里还是一个绝密的军事智库。

当特斯拉还在第五十九街大桥之下他的隐秘工作室里工作时，埃德温·阿姆斯特朗与李·德弗雷斯特就外差振荡器（heterodyne）的发明问题陷入了没完没了的官司斗争之中。阿姆斯特朗拥有美国无线电公司的8万股股份，他有足够的实力熬过这场诉讼战，同时还发明出了各种新的产品。他创立了自己的无线广播站，公布了他的最新发明——调频（FM）广播。调频广播是一套新颖的无线电系统，它解决了一些调幅广播常常出现的问题，比如调幅广播在受到地面干扰时，会产生静电噪音。阿姆斯特朗不知道的是，和他的这项发明所引来的官司相比，他与德福雷斯特之间的官司就像幼儿园小孩间的争吵，不值一提。[6]

如今的特斯拉年迈力衰，于是他雇了几个西部联盟的小男孩帮他喂养鸽子。这些小男孩戴着工作帽，身穿清爽的制服，每天上午9点和下午4点，他们会准时到三个不同的地方喂鸽子——纽约公共图书馆前、布莱恩特公园和圣帕特里克大教堂。[7]特斯拉还专门制作了带有饮水槽的木质笼子，用以照料那些受伤或是健康的鸟类朋友们。他还与其他爱鸽子的人交了朋友，并送鸽子给他们养。

1925年，特斯拉把他的办公室从纽约公共图书馆附近的第四十大街西8号，搬到了位于麦迪逊大道350号的时髦住宅区。在之后的几年里，他的两个秘书，多萝西·斯凯里特和缪里尔·阿尔比斯，与来自纽约大学的斯拉夫教授保罗·拉多萨夫列维奇（简称保罗·拉多）一起工作，为特斯拉编辑他的论文，帮他过滤一些访客。[8]然而，到1928年时，特斯拉已经无法承受办公室的维护费用，于是他将办公室永久性地关闭了。他的所有财产被装进了30个行李箱中，里面包含了他的珍贵信件、论文、发明原型；特斯拉用大车将它们搬运到了宾夕法尼亚酒店，之后一直存放到1934年11月21日，才又被运往位于第五十二大街和第七大道的曼哈顿存储库。[9]

在外人看来，特斯拉一生圆满成功，生活很讲究、很满足，而这只是假象；假象背后的特斯拉经常靠赊账度日，喜欢独居生活；他把自己的愤怒宣泄在了抨击爱迪生和马可尼的评论文章中，还把怒气无端地宣泄在了常常犹豫要不要将不付房租的特斯拉扫地出门的倒霉的酒店管理人员身上。1930年，他曾被遣送出宾夕法尼亚酒店，一方面因为居民抱怨他养的"野禽"排泄的没完没了的粪便，另一方面因为他已经"欠了 2000 美元的房租"[10]。B.A. 贝伦德一句话没说，尽最大努力悄悄地帮特斯拉偿还了他拖欠酒店的房租，而特斯拉却雇了一伙人，将他心爱的鸟类伙伴运到了市区北部乔治·舍夫的家中。这些鸽子最终从舍夫家逃了出来，然后又飞回到特斯拉的身边，并和他一起搬到了他的新住所——克林顿州长酒店（Hotel Governor Clinton）。[11]

为了进行一些新领域的研究，特斯拉有时不免和一些奸诈的代理商和政府首脑接触。因为又一次拖欠房租，他自然需要资金。

当特斯拉找到雨果·根斯巴克的办公室，跟他讨要 20 美元时[12]，这位科幻小说编辑给他看了一篇介绍西屋电气公司的新无线电产品的文章。看了文章，特斯拉意识到，西屋公司实际上在盗用他的无线电专利。于是，他大步走进西屋公司的办公室，要求他们赔偿他专利权税。他见到了公司副经理的助手维克托·比姆。

"要让我起诉一个其产业基本建立在我的发明之上的大公司，将是一件痛苦的事，"特斯拉实事求是地说，"我相信你们应该知道友善相处、互相理解的好处。"

"请您说明一下我们哪个地方侵犯了您的权利？"比姆装出一脸天真地问道。

"哪个地方？！"特斯拉反问道，"很肯定地说，你们必须得承认，我的要求显而易见，不容否认。"

比姆询问特斯拉，购买他的 1119732 号无线电专利的价格是多少，但这其实只是拖延战术，因为比姆并没有购买的诚意。这让特斯拉非常恼怒，他回到家便拟了一封技术性的信，清楚地说明了西屋电气公司对他的重要成果的每一处侵权的地方，他在信末写道："我们（查尔斯·斯科特和特斯拉）事实上已经按照你们的要求不止一次将这项革命性的发明提供给你们，但你们不想购买。你们更喜欢巧取豪夺。你们不仅不对我的成果给予应有的尊重，而且严重地损害了我的商业利益。你们不愿意以公正合理的方式解决这一问题，相反却想作对。也许你们认为你们在这些事情上有优势，但我们对此表示怀疑，而且如果我们把所有侵权事实公诸世界，你们将遭到公众的反对和谴责！"[13]

特斯拉不得不面对的问题之一是，西屋电气公司的一些员工一直对特斯拉心存怨恨。不幸的是，其中一个主要的对抗者就是安德鲁·W. 罗伯逊。罗伯逊是西屋电气公司的一名行政人员，不久后便晋升为了公司的董事长。仅仅几年后，特斯拉还在世时，罗伯逊就为 1939 年的世博会撰写了一篇关于多相交流系统的小论文。在文中，罗伯逊狡猾回避，没有明确提到特斯拉在多相交流系统的发明过程中的任何作用；而表示威廉·斯坦利才是多相交流系统的发明人。罗伯逊甚至斗胆写了下面这段文字：

> 在乔治·威斯汀豪斯的时代，一旦发明家的发明被认可，他就将被赋予一项专利，来保护自己的所有权。现在我们听到有人说专利其实是罪恶的垄断，因为它阻止人们对个人成果价值的充分利用。如果我们仔细地想想，就可以得出这样的结论：所有这些迹象都表明，人们对这个伟大的发明家有着普遍的敌意，如果这种敌意继续下去的话，将势必形成一个会阻碍个人研究和发明的环境。[14]

这只是弗洛伊德的一种叫作"投射"的防御体系的一个典型案例。投射就是指一个人把自己的真实感受强加到别人身上：罗伯逊说普通大众憎恶特斯拉，而实际上是他自己憎恨特斯拉。特斯拉在 20 世纪 30 年代初将他的无线电专利首次卖给了西屋电气公司，而这个问题过了很长时间才得到解决。

在特斯拉因为发明了恶魔射线而不断登上新闻头条的同时，他也越来越善于敷衍克林顿州长酒店经理的催款。如果他必须等待西屋电气公司落实赔偿的话，克林顿州长酒店也只能跟他一起等。

特斯拉现在正与臭名昭著的建筑学家、军火商提图斯·德博布拉合作。提图斯的办公室位于东四十三街 10 号。特斯拉雇请提图斯为他的"难以攻破的国家间防御体系"设计发射塔、电站和自己的住所。

"我们可以发射出破坏性的线形射线，发射距离与望远镜可观测的距离相当。"78 岁的特斯拉这样说道。"特斯拉博士的死亡射线能够歼灭一支 200 英里外的军队。除了最厚的装甲板外，这种射线能穿透所有物体；一个国家只要在边防线每隔 200 英里建一个这种射线的发射站，则这个国家的边疆安全就有了保障。"特斯拉博士总结道："因此，这种射线绝对不属于武器的范畴，它仅限于商业用途。"[15]

德博布拉于 1878 年出生于匈牙利，在"快乐的 90 年代"移民到了美国；他与特斯拉大概是通过普斯卡斯兄弟认识的。当时，特斯拉"对这位年轻人十分关照"，曾经帮他筹集旅费，帮助他回自己的家乡。[16]（几年后，德博布拉又回到美国学习建筑，此时的他身材矮小粗壮，留着八字胡，面色红润。）他跟特斯拉借了钱，表面上称他要在布达佩斯看病，没钱交医疗费，实际上却是因为他要回家帮父亲摆脱生意困境，同时他要到当地的一个"理工学校"完成其他课程的学习。德博布拉隐瞒了他借钱的真实意图，而且没有还钱给特斯拉。1901 年，德博布拉对此事道了歉，然后再次请求特斯拉借钱给他。他从俄亥俄州的玛丽埃塔市（Marietta）写信给特斯拉，说自己打算为一个教区设计一座学校和一个教堂，想跟特斯拉借 70 或 80 美元的钱。也许是作为赔偿，这位刚出道的建筑师答应帮特斯拉设计沃登克里弗发射站的实验室，但是，特斯拉当时已经将这项工作交由斯坦福·怀特来做了。[17]

1908 年前后，德博布拉搬到了宾夕法尼亚州的匹兹堡，在那里结识了伯利恒钢铁大王查尔斯·施瓦布的侄女尤雷娜·莫克，并与之成婚。不久后，德博布拉设计并建造了施瓦布的新豪宅，他也从这位钢铁巨头手里借了一笔钱，然后做起了一系列的房地产生意。

1910 年，德博布拉回到纽约，靠给曼哈顿和布朗克斯设计教堂和建造大型公寓楼赚了不少钱。对于他从施瓦布那儿借来的资金，德博布拉恣意使用。他又回到俄亥俄州，然后跨越边境来到了西弗吉尼亚州和肯塔基州，在那里买下了 11000 英亩的土地。[18] 此时的德博布拉已经建立了很好的人脉，这位匈牙利人告诉特斯拉，他可以网罗一些财力雄厚的英国钢铁界人士来资助特斯拉建设沃登克里弗发射站，他承诺自己可以"毫不费力地"筹集 100 万英镑资金，"当然前提是，我们要能向那些英国钢铁富翁们展示沃登克里弗的工程情况，要能让他们觉得满意。"但特斯拉拒绝了德博布拉的提议，而是"决心靠自己的力量进行战斗"。[19]

德博布拉是出了名的"骗子"，他在土地交易上从不缴纳税款，而且不承认他欠的一系列其他债务。施瓦布自然开始对德博布拉很生气，尤其是当德博布拉因债务纠纷入狱后，他不得不借钱将他从监狱中赎出来。让人觉得矛盾的是，德博布拉开始对工人权利和不断高涨的无政府主义运动很感兴趣。

在施瓦布眼里，德博布拉已经成了一个贪财的流氓。据说，这位富有的投资家曾说道："德博布拉是个骗子，如果他现在可以马上跳楼，我愿意给他 100 万。"这件事成了两人之间关系破裂、仇恨加剧的导火索。德博布拉起诉施瓦布损毁他的名誉，要求他赔偿 10 万美元作为名誉损失费；而施瓦布则彻底断绝了与德博布拉一家的关系，包括自己的侄女在内。[20]

德博布拉着迷于暴力活动，他和一些激进的准军事组织一直有联络，甚至引起了美国特情处（Secret Service）的注意。1923 年有一段时间，德博布拉行踪诡异，他回到布达佩斯的家中，加入了一个亲希特勒组织。此时，他还写了一篇攻击犹太人物理学的文章，并在文中支持建立一个新的国际秩序。后来因为被指控密谋推翻匈牙利政府，德博布拉又逃到了美国。

整个这一时期，德博布拉经常与特斯拉通信，讨论他的各种想法，比如如何完善一种投影仪炸弹，他正在申请这项发明的专利；他还和特斯拉讨论了他最近与一个国际军阀的阴谋集团的会面。下面这封信表明，特斯拉攻击爱因斯坦可能不仅仅是因为两人在思想上有分歧，还有可能是出于他的反犹太情绪：

纽约市麦迪逊大街 295 号，军需品公司

尊敬的特斯拉先生：

我非常欣赏您对相对论的评论。早在 1921 年，在我于布达佩斯发表的一篇文章中，我就抨击过相对论，认为它就是一个关于一些基本原理的理论，如果按照逻辑发展，这些基本原理将不可避免地推导出一个与人同形同性的耶和华，并随之对哲学和社会秩序作出邪恶的修改。

您真诚的：提图斯·德博布拉[21]

德博布拉全力支持特斯拉重建一个沃登克里弗发射站的想法，他为特斯拉精心绘制了一份建造蓝图——一座高 120 英尺的特斯拉粒子束武器发电站和发射塔；与此同时，他还和汉斯·陶舍上校一起在新泽西为他的军火公司建了一个工厂。德博布拉设计的这个塔有点像范·德格拉夫的高科技发电机，只是把范·德格拉夫发电机的纸板带换成了电离空气的真空流，并在圆形塔顶设计了一个可旋转的、用来发射粒子束大炮的小塔，它能向四周旋转，并根据接地电流雷达系统提供的信息攻击飞机和飞艇；这种接地电流雷达系统是特斯拉在他之前建造沃登克里弗发射塔的时候设计的。

陶舍是德裔美国人，他的女儿还住在德国，所以他通过女儿和自己的祖国保持着密切的联系。通过陶舍和其他渠道，特斯拉得以认识了很多潜在的武器买家。同时，他也通过这些人获得了少量的炸药，用于测试他的远程地球动力装置；他打算将这种装置卖给像德士古石油公司这样的公司，供其进行地球物理探测。[22]

此时的提图斯·德博布拉靠销售枪榴弹、杀伤性炸弹、毒气弹和其他一些武器谋生，销售对象既有国内的警察部门，又有欧洲和南美国家的政府。但不幸的是，一篇德博布拉不愿意看到的、有关他与陶舍之间官司的报纸文章引起了美国国内税

务局（Internal Revenue Service，简称 IRS）的注意。德博布拉一直隐藏自己和军火工厂的关系，此事一出，他不仅吸引了税务部门的注意，也让几乎无所不能的 J. 埃德加·胡佛给盯上了，接下来的 10 年中，胡佛一直监控他的活动。后来德博布拉被指控为德国特工、参与颠覆活动的非法移民，胡佛于是"建议，一旦发生国家紧急事件，可以考虑将德博布拉拘留察看"。

在这一动荡的时期里，尽管特斯拉和德博布拉还保持联系，但特斯拉提高了自己的警觉，尤其是当德博布拉宣布破产时还要跟特斯拉借钱，说什么"数量很小，保证一定归还"时——德博布拉已经欠了 75 万美元的债。德德布拉希望特斯拉成为自己公司的合伙人，但当他以特斯拉的名义和巴拉圭国防部长进行军火交易时，特斯拉被他激怒了，他打电话给德博布拉，郑重地告诉德博布拉，以后不准其再用特斯拉的名义。[23]

因为没能保住自己在曼哈顿的房子，德博布拉搬到了布朗克斯，在那里他被抓了起来。经过对他公寓的一番调查发现，德博布拉藏有一大批手榴弹、炸药和催泪瓦斯炸弹等军械，这个建筑师说那些只是他的军火公司库存的一部分而已。于是，他接受了审问，然后被释放。德博布拉可能是一名反犹太分子，加之他与亨利·福特明显有关系，所以他否认自己与共产党和美国纳粹组织德美联盟（German-American Bund）有任何关系。尽管德博布拉在整个第二次世界大战期间都受到监控，但联邦调查局没有发现什么证据来证明他违反了任何联邦法律法规。之后，德博布拉获准搬到华盛顿特区，就在那里，在市中心，他又设立了一个军械库！1949 年，他直接写信给 J. 埃德加·胡佛，"请他们不要再监控他"。胡佛显然同意了他的请求，因为从那之后，有关于他的文章和评论渐渐消失。[24]

随着经济大萧条的持续，特斯拉的开支不断攀升。他现在欠酒店的房租已经达到 400 美元，在当时经济不景气的情况下，这是一个很大的数目。当被酒店管理者逼交房租时，这位狡猾的理论科学家采用了他惯用的计谋——靠承诺拖延租金，这一招在他住在华道夫 - 阿斯多里亚酒店时用过，很奏效。于是，特斯拉拿出了他发明的"死亡射线"的"工作模型"，作为房租的抵押物，他告诉酒店，这个工作模型价值一万美元。酒店要求他写一个书面凭据（欠条），特斯拉同意了。这个并不可靠的发明和特斯拉的书面凭条被小心地放入了酒店秘密储藏室的 103 号保险柜里。[25]

尽管房租问题暂时得到了解决，但特斯拉的经济状况还是岌岌可危。他甚至付不起曼哈顿存储仓库每个月 15 美元的存储费。1934 年的时候，特斯拉曾强忍着痛苦，写了封信给小 J.P. 摩根。在信里，特斯拉说他已经向美国和英国的军事部门提出，准备将自己的"长城般的防御体系"卖给他们。"俄罗斯也非常希望加强其边境安全，以抵御日本的入侵。我交了一份提议给他们，他们正在认真考虑。"接着，特斯拉向摩根承认，之前因为他的涡轮机交易欠了摩根公司4万美元，并表示自己愿意偿还这笔债务。然后提出请求："如果我现在得到25000美元的资金，就可以保住我的资产，并成功地展示我的新发明，那么用不了多久，我就可以获得巨额的财富。"特斯拉在信末抨击了罗斯福的"新政"，说罗斯福"挥霍了几十亿的公共资产，仅仅是为了自己能一直连任"。在特斯拉看来，这一"谋取无限期执政的阴谋"是反民主的，"将对现在的工业造成毁灭性的打击，而且是明显的不良作风"。[26]

不用说，摩根没有借钱给特斯拉。不过，这封信中有一个令人感兴趣的地方——特斯拉提到他想保住自己的财产，目的是要成功地展示他的新发明。这表明他事实上已经建了一个可操作的死亡射线模型。这一信息对回答后来的一个问题有重要意义，即特斯拉是否真正建造出了一个能发挥实际功能的死亡射线模型。

据雨果·根斯巴克说，在他的努力争取下，西屋电气公司决定帮一把特斯拉这位公司曾经的中流砥柱。根斯巴克说，他于20世纪30年代后期邀约西屋电气公司的高管，"和他们讨论如何帮帮特斯拉。我提示他们一个事实：特斯拉是一个很骄傲的人，无论如何他都不会接受别人的施舍。我建议公司可以给特斯拉一个荣誉职位，聘请他作为他们的顾问。公司同意了我的提议。从那以后，直到特斯拉去世，特斯拉一直从西屋电气公司领取一份微薄的津贴。"[27]

根斯巴克肯定给西屋电气公司打过电话，但他对这段历史的解释与特斯拉跟公司签订合同的时间以及交易的理由存在冲突。在这个科幻小说出版商好心地给西屋公司打电话的4年前，特斯拉就和西屋公司达成了交易。从法律的角度出发，特斯拉不断地给公司施压，要求他们补偿他的发明专利使用权税。1934年1月2日，公司总裁F.A.梅里克最终勉强同意"特斯拉担任公司的顾问工程师，每月向他支付125美元作为报酬，聘期由双方共同商定"[28]。为了解决特斯拉这位年迈的元老不愿支付房租的心理问题，梅里克还答应帮特斯拉支付房租。特斯拉欠克林顿州长酒店的房租后来一直没有还上，他因此搬到了纽约客酒店，与该酒店签订了协议，在那里一直住到他去世。在此期间，他没有付过任何房屋租金。[29]

第四十六章
风烛残年（1931—1943）

接着，一个来自新奇世界的身影出现了。他长得瘦瘦高高的，眼睛里闪烁着
神秘的光芒。他默默地走进房间，安静得让人几乎意识不到他的存在，然后躬身
坐在了座位上……他（冲着菲尔埃克夫妇）露出了慈父般的笑容。见到宾客们，
他总是和蔼地向他们点头示意。还没等有人介绍特斯拉，图森便脱口而出："尼
古拉·特斯拉！"

——埃尔默·格茨（Elmer Gertz）[1]

斯坦科·斯托伊尔科维奇大使第一次看到这位塞尔维亚名人时，特斯拉正站在
图书馆前，两只白鸽落在他的手臂上，正在啄他手里拿的食物。那是在1918年的时候，
两人只是短暂地见了一面。10年后，斯托伊尔科维奇以南斯拉夫领事馆特使的身份
重返美国；在接下来的10年里，两人一直是知心好友。斯托伊尔科维奇在他90岁
时还能回忆起他与特斯拉每一次见面的场景。

和其他塞尔维亚人一样，斯托伊尔科维奇对特斯拉和普平之间的分裂很不满。
和先前的其他人一样，他努力想让此二人重归于好。在特斯拉眼里，普平是个忘恩
负义之人；普平与马可尼"那头蠢驴"的交往深深地伤害了他；所以，特斯拉不想
和这个塞尔维亚老乡有任何瓜葛。当然，这种情绪是相互的。

亲爱的斯威齐先生：

我已经有将近20年没见特斯拉先生了。在世界大战初期，由于意见分
歧造成了我们之间的决裂。自那以后，特斯拉先生和我都没有找到机会去
弥合我们之间关系的裂口。1915年，我通过一个我们共同的朋友，主动表
示愿意不计前嫌，原谅他，但是他并没有接受我的主动示好。因此，我非
常遗憾不能在他75岁寿辰之际，将我的问候和贺信送达特斯拉先生。

您最诚挚的：M.J.普平
1931年5月29日[2]

在邓拉普的经典著作《无线电史上的百位科学家》（*Radio's 100 Men of Science*）中，作者写道："普平是一个在学术上一丝不苟的人，如果他发现自己在黑板上演算等式时犯了错，他会立马承认错误，把黑板擦干净，然后重新开始演算。"[3]

我们之前已经讨论过，普平坚持声称许多特斯拉的发明是他自己的，还讨论了普平如何在自己获得了普利策奖的自传中，在讨论多相交流系统和无线电的发展史时，抹去了特斯拉的名字；他认为他的自传"很好地见证了理想主义，且内容很具有分量"[4]。他的这一伎俩同样被沿用在了他在哥伦比亚大学具有传奇色彩的课程中，在他的课上，他有意掩盖了特斯拉在很多发明中开创性的作用。"1927 年，马可尼来纽约作演讲时，……普平博士在无线电工程师学会主持了演讲。……他对马可尼说：'马可尼，我们非常喜爱你！我们来这里主要不是为了听你讲的内容，而是来看看你孩子般的纯真笑容。'"[5]

1935 年，普平病危，他派他的秘书去找斯托伊尔科维奇，"恳求他带特斯拉来医院看看普平，他想在临终之前和特斯拉握手言和。"

特斯拉开门迎接了斯托伊尔科维奇，身上穿着他最爱的就寝装——一身红色的睡袍，加一双蓝色拖鞋。听闻普平的请求，特斯拉吃了一惊。他说他需要考虑一下。第二天，他打电话给他的朋友斯托伊尔科维奇，说如果斯托伊尔科维奇陪他一起去的话，他将去见普平一面。

> 在普平的病房里，几个医生正陪护在他床边。他与特斯拉的这次见面非常感人。特斯拉走到憔悴不堪的普平旁边，握起他的手，说道："你好啊，老朋友！"
>
> 普平情绪激动，一时语塞。只见他开始失声痛哭，眼泪从他的脸颊滚落下来。我们都走出了病房，只留他俩在屋里。特斯拉注视着普平，和他交谈了起来……告别时，特斯拉告诉普平，他们会在科学俱乐部再见面的，他们还会像很久以前一样畅谈交流……特斯拉的这次拜访后不久，普平便去世了。特斯拉出席了葬礼。[6]

罗伯特·安德伍德·约翰逊比特斯拉年长 4 岁。1927 年，鳏夫约翰逊前往英国旅行，1928 年，又再次去了法国和意大利。特斯拉给他这位朋友借了 1300 美元，其中 500 美元作为他的旅行开支，另外 800 美元用于帮他还住房贷款。1929

年，约翰逊旅行归来，他和特斯拉、里士满·皮尔逊·霍布森一起看了一场电影；还有一晚，三人邀约去城里找乐子。霍布森此时和他的妻子格丽泽尔达住在第五十四大街的韦林酒店（Weylin Hotel）；他们在首都也有一处住宅。那段时期，特斯拉每天都会去看他的两位朋友。尽管儿女和孙子们常去看他，约翰逊还是非常孤独。第二年，这位80多岁的老诗人又动身去了欧洲，此行的目的是采访玛丽·居里夫人。

20世纪30年代的大部分时间，特斯拉和约翰逊是一起度过的，但霍布森只和他们度过了一小段时间，就和他的儿子一起搬到了温哥华，在那里买了一个牧场养牛。1937年4月，特斯拉把一本有关他生平的传记交给约翰逊，这部传记是由塞尔维亚-克罗地亚语翻译成英语的；约翰逊又将它交给了《纽约时报》的主编。85岁高龄的约翰逊由于身体太过虚弱，已无法亲手写感谢信给那位编辑，但还能够签上自己的名字"R.U.约翰逊——卢卡·菲利波夫"。此后不久，约翰逊和霍布森相继去世。霍布森去世时还不到60岁，这位赫赫有名的海军上尉被葬在了美国阿灵顿国家公墓。在罗伯特的女儿阿格尼丝·霍尔登的帮助下，特斯拉给霍布森的遗孀格丽泽尔达送去了一束"盛开的杜鹃花"，格丽泽尔达对这位好朋友的慰问十分感激。[7]

另一个在特斯拉晚年时期和他保持着友谊的人物是天才诗人乔治·西尔威斯特·菲尔埃克。菲尔埃克是个好色之徒，又是个愤世嫉俗者。第一次世界大战期间他曾是德国的政治宣扬者；在20世纪30年代和第二次世界大战期间，他又成了纳粹的代言人。特斯拉和菲尔埃克的关系可以追溯到30年前。那是在1906年，吉尔德和约翰逊将菲尔埃克的一些带有情色的诗篇发表在《世纪》杂志上。其中的一首诗名字叫作《鬼屋》，叙述的是一个迷人的情人，"哎哟！她的身体就是一个鬼屋……当我屈服于欲望的迫切命令时，你的一个情人用手抚摸了我。在情爱欢愉的疼痛里，我听到怪异摄魂的声音，彻夜不绝于耳。"[8]

菲尔埃克很可能是已退位的德国威廉二世的私生子的儿子。他是个多才多艺的人，自诩为天才。这位德裔美国知识分子曾采访过同时代的很多名人，并震撼了很多人的心灵，比如西奥多·罗斯福、乔治·萧伯纳、神秘术士阿莱斯特·克劳利、H.G.韦尔斯、西格蒙德·弗洛伊德、阿尔伯特·爱因斯坦、德国威廉皇帝和阿道夫·希特勒。菲尔埃克是一个非常感性的人，他长时间和西格蒙德·弗洛伊德来往，阐释了弗洛伊德这位伟大的理论家的性本能理论，影响了弗洛伊德的写作，并将这位大师的心理学应用于现实生活。菲尔埃克曾写道，"弗洛伊德的动力不仅来自于他完善自己世界观的强烈愿望，而且源于他的一个信念，即每一个个体都是上帝的一种特殊表达。"[9]

虽然菲尔埃克不是反犹分子，例如，他和一位犹太教授合写了多本书；但他却终身都是德国政治的辩护者，能以这样或那样的方式使他的纳粹言辞合理化，成为了阿道夫·希特勒的美国代言人。尽管弗洛伊德认为菲尔埃克这位"善于攀龙附凤"的新闻人很了不起，但他说，菲尔埃克患有"自恋癖、被迫害妄想症和对祖国的变态依恋"。自从菲尔埃克开始为希特勒的花言巧语辩解，弗洛伊德就认为这位新闻人是在"自我贬低"，而且后来没有再跟他联系。[10]

菲尔埃克多次采访过特斯拉。有一次，菲尔埃克发现了一个事实，他揭示到，特斯拉"并不是正统意义上的上帝的信徒。……对我来说，宇宙就是一个从未形成，也永不会停止运转的庞大机器。人类在这一自然秩序面前，也不例外。……我们所谓的'灵魂'和'精神'只不过是人身体机能的综合而已。当身体机能停止工作时，'灵魂'和'精神'也就跟着消失了"。按约翰·奥尼尔的说法，这个"肉体机器"理论完全是特斯拉用来掩饰他的无数神秘经历的一个策略。

特斯拉预言，21世纪时，优生学将会被"广泛普及"。他之所以会有这样的推断，一方面可能是受到菲尔埃克关于雅利安人预言的讨论的启发，另一方面则可能是看到了美国禁止罪犯和某些智障人士生育的不公做法。特斯拉支持这一思想，即"对于那些不符合优生原则的群体，应该禁止其生育，并有意地干涉其生育本能"。他甚至断言："对于一个正常人而言，和一个不符合优生原则的个体进行婚配并生育，其危害比和一个惯犯进行婚配的危害还大。"

谈及他的饮食，一向对饮食极讲究的瘦削的特斯拉透露道，他已经完全戒了肉食。他相信，将来，健康而便宜的食物将源自牛奶、蜂蜜和小麦。整个20世纪30年代，特斯拉所吃的食物不断发生变化，从吃动物肉类到吃鱼，再到吃蔬菜，最后改吃牛奶、面包和一种他称之为"积极因子……"的东西。这位越来越瘦的奇才放弃了所有的固体食物，自己用10多种蔬菜调制出了一种保健饮品，所用蔬菜包括白韭菜、白菜心、花椰菜、白萝卜和生菜心。[11]尽管特斯拉依旧认为他能活到140岁，但如果我们从心理分析的角度来看，这种缺乏营养的饮食"养生之道"其实等同于厌食症。特斯拉没有意识到，这只会导致他的自我毁灭。

"在离 21 世纪到来还有很长一段时间的时候，"特斯拉就如神一般预言道，"系统地重新造林和对自然资源的科学管理将可以避免破坏性极大的干旱、森林火灾和洪涝等灾害；利用瀑布进行发电，然后将这些电力远距离输送，将使人们不再需要靠燃料获取能源；机器人和会思考的机器将取代人脑；在战争上投入过多，而在教育上投入较少的趋势即将得到扭转。"而推动这一切发生的一个重要因素就是特斯拉的最新发明——国家间防御体系。

特斯拉解释道："如果任何一个国家都能成功地抵御外敌的侵袭，那么战争的动机也会跟着消失。我的发明使人类免于战争的威胁。当然，在世界各国接受我贡献的这项发明之前，不排除会发生几次破坏性战争的可能性。也许我有生之年是看不到这个世界接受我的这项发明了。"[12]

特斯拉习惯性地隔三岔五就到菲尔埃克在纽约哈德逊河滨江大道的家中去。这一次，特斯拉又应邀去参加菲尔埃克家的晚宴。出席宴会的人中有菲尔埃克的孙子彼得。如今的彼得是诗人和英语教授，曾获得普利策奖；在彼得的记忆里，那天晚宴上的特斯拉差不多就是一个叔叔。[13] 年轻的埃尔默·格茨也出席了宴会，当时他正在写菲尔埃克的传记。埃尔默·格茨是著名作家卡尔·桑德堡的朋友，也是耽于酒色的弗兰克·哈里斯的传记作者。格茨后来为很多著名人物进行过辩护，包括曾引起美国社会对死刑广泛思考的杀人犯内森·利奥波德和理查德·洛布、色情作家亨利·米勒以及枪杀了曾谋杀肯尼迪总统的刺客李·哈维·奥斯瓦德的凶手杰克·鲁比（在一次死刑诉讼中为其辩护）。85 岁却仍思维敏捷的格茨回忆了 57 年前的这次宴会，当时他才 29 岁。

席间，"特斯拉开怀畅谈，他以质朴简单而娓娓动听的语言平静地叙述了自己的人生经历。他谈到了自己柏拉图式的精神恋爱经历……阐释了他造福世界的诸多发明……还谈了他的计划、他的人生信条以及他的各种癖好。他的人生故事充满了奇迹，他讲述的语言朴实无华。"

在得知他们所在的宴会厅"曾招待过爱因斯坦、辛克莱·路易斯和无数其他名人"时，格茨很是吃惊。他说道："那天晚上，菲尔埃克相对比较安静，但时不时也会说出几句让全场人眼睛一亮的妙语来。"[14]

当被问及那次宴会的其他细节时，格茨透露说，"特斯拉对菲尔埃克的每一首诗都熟记于心"。特斯拉还谈到了他和萨拉·贝纳尔的一段柏拉图式的恋爱。他们是在 1889 年的巴黎世博会上认识的。据特斯拉的传记作者奥尼尔描述，特斯拉拿起萨拉的手绢时，不敢正眼看她；奥尼尔的这一描述常常被引用。与奥尼尔的描述不同的是，格茨说特斯拉和萨拉见过好几次面，可能在纽约也见过。特斯拉被萨拉深深迷住，直到宴会那天，"特斯拉一直珍藏着萨拉的手绢，没有洗过一次"。[15]

菲尔埃克给我们提供了特斯拉和西格蒙德·弗洛伊德理论之间的非常有趣的关联：自我否定和性。斯托伊尔科维奇讲述了一段经历，他曾被邀请到纽约客酒店特斯拉的房间去，一位男仆"端上来一瓶酒，放在装满冰块儿的盘子里"，但特斯拉却一直没有打开过这瓶酒。又有一个晚上，同样的情形再次上演，特斯拉解释说，他不去动那瓶酒是为了证明，他能够克制自己不去喝它。特斯拉保持了非常严格的行为习惯，坚决不去触碰某些享乐之事，他认为这样才能实现对自己的完全控制。但是另一方面，特斯拉却完全是他的癖好和各种恐惧症的奴隶。

特斯拉有着很多怪癖，比如有意地避免与人握手，将自己对异性的感情转移到鸟身上，和酒店服务员保持至少 3 英尺的距离，领结和手套用一次就扔掉，等等。他要求酒店为他专门留一张固定的餐桌，其他人不准在这张餐桌上用餐；如果有苍蝇落在这张餐桌上，那么就要重新收拾桌子，食物也得撤下再重新上一盘。在花钱这方面，特斯拉也几乎控制不了自己的怪癖，比如，我们之前提到过，他总是习惯性地拒绝交房租。按弗洛伊德的观点来看，特斯拉属于肛门期强迫人格，固定在了性压抑的潜伏阶段；他把自己的能量都用在了科学事业上。通过禁欲，他的自制力将他原始的性能量转化成了一系列古怪而不合逻辑的行为模式，这些行为模式分散、转移和净化了特斯拉极力否认的一些复杂的情结。

我们可以看出，菲尔埃克很有可能曾努力地用精神分析的方法来治疗特斯拉的心理问题。他让特斯拉深层挖掘自己的童年记忆，以便发现那些可能在精神层面上阻碍、扭曲了特斯拉成长的事件。众所周知，菲尔埃克服用"鸦片酊"，所以当他和特斯拉这位难以捉摸的预言家交谈时，他可能处于非正常的精神状态。[16] 当时，尽管特斯拉已年近 80 岁，身体极度瘦弱，他还是提笔给菲尔埃克写了一封长信，在信中回顾了自己童年的创伤。

　　那是一个阴沉的夜晚，下着瓢泼大雨。我年仅 18 岁的哥哥、聪明的少年天才去世了。我的母亲走进我的房间，把我揽入怀中，用小到几乎听不见的声音低语道："去亲一下你哥哥！"母亲抱我来到哥哥身旁，我用嘴用力地亲了一下哥哥冰冷的双唇，我知道一定是发生了什么可怕的事情。母亲把我放回床上，在房间停留了片刻，流着泪说道："上帝在半夜给了我一个生命，同样又在半夜夺走了另一个生命！"[17]

菲尔埃克不仅想让特斯拉激活潜藏在他脑中的、因哥哥达内之死所形成的情结，也想思考和分析特斯拉那丰富的头脑孕育出一个又一个新思想的具体过程。我们不禁会猜想，菲尔埃克是否深入理解了特斯拉的恋母情结、自恋情结、亲吻哥哥死尸所造成的阴影、他充满怪癖和自我否定的苦行僧式的生活方式，以及他转移到一群鸽子朋友身上的那种对异性的错置的感情。

1937年，特斯拉庆祝了他的81岁生日，在生日午宴上，特斯拉被授予了两项荣誉：由捷克斯洛伐克总理授命颁发的"白狮勋章"和由彼得大帝授命、由南斯拉夫摄政王子保罗亲授的南斯拉夫最高奖章——"白鹰大绶带"。南斯拉夫首都贝尔格莱德还设立了一项基金，即在特斯拉有生之年每月为他提供600美元的资金。特斯拉本身的长相就很像鹰，极其瘦削的面容上长了长长的鹰钩鼻。这位瘦骨嶙峋的发明家在颁奖仪式结束后，遵从往年生日的惯例，在他纽约客酒店的套房里，招待了各路新闻媒体人。特斯拉当时穿着他最好的无尾礼服，读了他事先准备好的论文，论文大致介绍了他的一些近期发明，以及联系附近星球的计划。[18]

几个月后，时至晚秋，特斯拉在和来自南斯拉夫、捷克斯洛伐克、英国、苏维埃联合政权、美国等国家的国防特使谈判期间，不幸被一辆出租车撞倒，3根肋骨被撞裂。特斯拉坚持不去看医生，而是一瘸一拐地回了家，之后在床上休整恢复了半年。1938年5月，特斯拉接到了国家移民福利院的一场颁奖典礼的邀请，但由于他还在康复当中，所以只好谢绝出席。这次颁奖的奖励对象除了特斯拉，还有哈佛大学法学院的费利克斯·法兰克福特和纽约大都会歌剧院的乔瓦尼·马蒂内利。

代特斯拉领奖的是纽约大学的教育学教授保罗·拉多萨夫列维奇博士。保罗宣读了特斯拉的一段领奖致辞，这段致辞明显证实了1885年有关爱迪生和特斯拉之间的一段传闻：爱迪生曾答应给特斯拉提供5万美元的资金，资助他重新设计机器，结果爱迪生最后却一笑而过，没有兑现他的诺言。[19]

1939年，第二次世界大战即将爆发之际，菲尔埃克秘密地回到祖国德国。在手举纳粹党卐字旗帜的盖世太保的盛大游行队伍中，菲尔埃克再一次见到了阿道夫·希特勒，并收到了由元首希特勒亲笔签署的一份公报，签署日期是 1939 年 2 月 26 日。回到美国后，菲尔埃克用笔名写了一些文章，发表在各类报纸杂志上，继续宣扬纳粹路线。他把美国总统富兰克林·德兰诺·罗斯福说成是一个"有救世主情结"的人，把希特勒宣扬成"一个充满活力的天才，一个充满激情的诗人……无论在战争中还是和平时，他在国民心中的地位都是至高无上的"。菲尔埃克因涉嫌两次煽动性阴谋被控告和逮捕。事实很快就明晰了，菲尔埃克表面上看是受雇于德国的记者，实际上却是被德国收买了的德国政治宣传者。这位自命不凡、自欺欺人、受人迷惑而又愚钝的哲学家就这样锒铛入狱。接下来的几年里，他在狱中写了一些诗歌。[20] 正如特斯拉的名字在工程类的科技文献里被删除一样，菲尔埃克的名字"在很多文学选集和名人录里"也被删除。[21] 就这样，特斯拉和菲尔埃克这两个人的名字都从历史书上消失，但原因却完全不同。

第二次世界大战开始时，特斯拉的身体变得更加虚弱，思维会不时地失去连贯性。头脑较清醒的时候，他在侄子萨瓦·科萨诺维奇的帮助下，为副总统亨利·华莱士的演讲《凡人的未来》（*The Future of the Common Man*）的塞尔维亚 - 克罗地亚译文写了一个序言。这篇序言一方面描述了一位憧憬更美好的未来世界的先知，另一方面揭露了他在和那些贪婪的资本家打交道的过程中所经历的冲突和蒙受的屈辱，这些资本家利用他的发明去谋取暴利，但却对他的福利漠不关心，更不用说去考虑全人类的福利了。特斯拉在序言中写道："这场人类有史以来最大规模的战争结束后，一个全新的世界即将诞生，它将证明人类的一切牺牲都是值得的；在这个全新的世界里，穷人不必忍受富人暴力的羞辱，知识、科学和艺术将造福社会，使人们的生活更美好，而不是作为个人谋取财富的工具；在这个新世界里，人类将获得自由，每个国家都将获得自由，人与人、国与国之间相互尊重，享有平等的尊严。"[22]

一位老人注视着窗外，他灵活的手指无意识地打理着他心爱的白鸽皱起的羽毛，那白鸽的翅尖带有棕色的斑纹。虽然此时才 1 月，却听到一阵雷电的隆隆声从远处传来。"我曾经制造的雷电比这还强！"这位男巫喃喃自语道。说着，只见阳光透过云层的间隙洒下来，照了另一只飞来的鸟儿的脖子羽毛上，折射出彩虹般的青、紫、绿、红诸种色彩。特斯拉充满深情地回忆起他的童年时光。那时的他在农场生活，和他心爱的宠物猫马查克在小山丘上无忧无虑地打着滚儿。他继而思绪翻转，想起他和摩根激烈的争论，想起他那座最终未能完成的 15 层高的沃登克里弗发射塔，还想起了他的朋友马克·吐温。马克·吐温此时陷入了经济困境，于是特斯拉向侄子科萨诺维奇要了些钱，托一名小信使给马克·吐温送去，信封的地址写的是他位于第五大道南的旧实验室，这条街此时已经不复存在。信使最终没能找到已故的马克·吐温，又拿着信回去找特斯拉。特斯拉并没有在意小信使的解释，只告诉小男孩，如果无法寄送，就自己留着那笔钱吧。[23]

特斯拉一面欠着曼哈顿存储仓库的寄存费用不还，一面却想方设法凑了一张500 美元的支票，给在印第安纳州的加里（Gary）举行的一个塞尔维亚教堂基金筹集活动寄去。[24] 曼哈顿存储仓库的经理 G.J. 韦莱奇警告特斯拉说，如果他再不交寄存费，将把他所存的财物拍卖掉。此时特斯拉已经欠了存储仓库高达 297 美元的费用，而特斯拉却由于对此非常失望而对韦莱奇的最后警告置之不理。韦莱奇说到做到，在当地的报纸上刊登了拍卖特斯拉财物的广告。杰克·奥尼尔看到这则广告后，赶紧联系了时任南斯拉夫驻美国使馆大使的特斯拉的侄子萨瓦·科萨诺维奇。科萨诺维奇付清了叔叔所欠曼哈顿存储仓库的寄存费，并答应一直帮叔叔支付后续的寄存费用（每月 15 美元），这才使得特斯拉的珍贵遗产免于灾难性的毁灭。

特斯拉写道："一天晚上，我躺在床上，和平时一样正在黑暗中思考问题，我心爱的白鸽从开着的窗户飞进屋来，停在我的书桌上。我一看她便明白了怎么回事，她是想告诉我，她快死了。当我明白她的讯息后，她的眼睛里出现了一道光芒——无比强烈的光芒。那只白鸽死后，我感觉我的生活缺失了什么东西。我知道，我人生的一件杰作就这样离开了我。"[25]

第二次世界大战开始的那几年里，特斯拉已经徘徊在死亡深谷的边缘。他一直过着双重的生活：一方面一有时间就去见见好友，拜访名流；另一方面把他的一些秘密论文借给神秘的人。几个月后，1943 年 1 月 7 日，特斯拉逝世，享年 86 岁。

2000 人参加了特斯拉的葬礼
科学家们纷纷出席

总统先生和我对于尼古拉·特斯拉先生的逝世感到深切悲痛！我们非

常感激他对科学、工业和我们国家所作出的贡献！

埃莉诺·罗斯福[1]

特斯拉的葬礼是按塞尔维亚人的习俗在纽约圣约翰大教堂（Cathedral of St. John the Divine）举行的。棺木打开后，圣萨瓦塞尔维亚东正教教堂（Serb Orthodox Church of St. Sava）的牧师——尊敬的杜尚·绍克莱托维奇牧师为特斯拉进行了布道。当前来哀悼的人排成长队经过特斯拉棺木前时，纽约市市长菲奥雷洛·拉瓜迪亚通过广播宣读了一篇克罗地亚作者路易斯·阿达米奇写的感人的颂词。前来为特斯拉送葬的人包括：美国通用电气公司的欧内斯特·亚历山德森博士（他因发明了一种高频发射机而名利双收）、西屋电气公司研究实验室主任哈维·伦奇勒、调频收音机之父埃德温·阿姆斯特朗、南斯拉夫驻美国领事馆总领事 D.M. 斯塔诺耶维奇、特斯拉常去参观冥思的纽约海登天文馆（Hayden Planetarium）馆长威廉·巴顿、J.G. 怀特工程公司（J. G. White Engineering）总裁加诺·邓恩——半个世纪前当特斯拉在离哥伦比亚大学仅隔几条街的地方做他的范式转变实验时，加诺·邓恩是特斯拉的助手。26

"我们现在无法预知，但很久以后，当时局发生改变时，评论家们可能会回顾和审视历史，"雨果·根斯巴克在他的杂志中慈悲地写道，"他们会把特斯拉和达·芬奇或富兰克林先生放在同等位置。"根斯巴克最后总结道："有一点是确定的，我们现在所处的这个世界并没有对特斯拉的非凡成就给予应有的赏识。"

美国无线电公司总裁大卫·萨尔诺夫上校也发表临时广播演讲，悼念特斯拉："尼古拉·特斯拉在电气科学上的一项项成就是一座又一座里程碑，象征着美国是一片充满自由与机遇的土地。……他的'通过太空传输振荡'的新思想使他成为了无线电发展的先驱。特斯拉的大脑就是人类的发电机，转动自己，造福了人类。"

埃德温·阿姆斯特朗当时正准备起诉萨尔诺夫和美国无线电公司侵犯了他的调频专利。他也对特斯拉作出恰当的历史评价："如今有谁在读了早在上个世纪就出版了的《尼古拉·特斯拉的发明、研究及著述》时，不会被书中描述的特斯拉实验的美妙所迷住？不会被他对自己所研究的现象的本质的非凡洞察力所打动和心生敬佩？又有谁能够意识到在特斯拉早期的科学研究中不得不克服的重重困难？但你们

---

[1] 埃莉诺·罗斯福（Eleanor Roosevelt）：美国的第一夫人和外交家，西奥多·罗斯福的侄女。1905 年与远房堂兄富兰克林·罗斯福结婚。——译者注

可以想象，这本书在 40 年前曾对一个少年产生了多么大的启发，促使他决定学习电学；这种影响是深远而具有决定性的。"[27]

1943 年 9 月 25 日，在特斯拉去世 9 个月后，位于巴尔的摩市附近的伯利恒·费尔菲尔德造船厂（Bethlehem Fairfield Shipyards）启用了"尼古拉·特斯拉"号，这是一艘载重 1 万吨的自由轮[1]。出席该船启动仪式的赞助者包括很多克罗地亚人，比如路易斯·阿达米奇和小提琴演奏家兹拉特科·巴洛科维奇，也有一些塞尔维亚人，比如特斯拉的两个侄子——萨瓦·科萨诺维奇和尼古拉斯·特尔博耶维奇。

《纽约太阳报》发表社论：

> 特斯拉先生去世时享年 86 岁。他孤独终老。他是一个怪胎——不管这个"怪"意味着什么。可以说他是一个不守常规的人。无论在何种情况下，他都会放下手中的实验，抽点时间去曼哈顿广场喂养那些愚蠢的、无关紧要的鸽子。他喜欢发表一些荒谬的言论，但真有那么荒谬吗？不得不承认，特斯拉是一个有点难相处的人，况且，有时候他的一些预言会挑战普通大众的智商；然而，他仍然是一个非凡的天才。他绝对是个天才。他看到了那划分已知世界和未知世界的、模糊而深奥的科学前沿……但今天我们知道，那位看似愚蠢的老绅士一直都在不时地用他的高智商去寻求科学谜题的答案。他的许多猜想常常正确得吓人。或许，几百万年以后，我们将能更好地欣赏他的天才。

---

[1] 自由轮（Liberty ship）：美国于第二次世界大战时大批建造的一种商船，每艘约能载重 11000 吨。——译者注

第四十七章
美国联邦调查局与特斯拉的文件
（1943—1956）

寄往：美国陆军部陆军情报局

尊敬的外侨资产管理局专员：

本单位已收到赖特机场航空技术服务指挥总部（Headquarters, Air Technical Service Command, Wright Field）的通知，要求我们查明已故科学家尼古拉·特斯拉博士的相关文件的下落，称这些文件可能包含了对指挥总部有重要价值的信息……鉴于这些文件极为重要……如果任何机构欲以任何方式获取这些文件，皆烦请告知本单位。

华盛顿分部主任

拉尔夫·E.多蒂上校谨呈

1946年1月22日[1]

特斯拉死后，美国联邦调查局、外侨资产管理局（Office of Alien Property，简称OAP）和美国陆军部各分部共同密谋将有关特斯拉秘密武器的文件收集并保护起来。美国此时正陷于第二次世界大战之中，而特斯拉生前通过他在南斯拉夫的侄子以及一个臭名昭著的德国政治宣传者，与军火商人和共产主义者有联系，这促使各个秘密机构严格保护特斯拉的资料，直至将其分析透彻。半个世纪过去了，这些机构仍没有公开特斯拉的这些文件资料。

特斯拉在斯拉夫国家间已上升到了民族英雄的地位，他几乎被看作皇家贵族。沾了他的光，他的侄子萨瓦·科萨诺维奇被提升为新组建的南斯拉夫共和国在"东欧规划委员会"（Eastern European Planning Board）的代表；该委员会设在捷克斯洛伐克。[2]科萨诺维奇和特斯拉一样，都希望国家统一，但是他们的定位不同。

1941年，纳粹德国继续实行恐吓和欺骗的政策，企图强迫南斯拉夫的彼得皇帝签订条约。在南斯拉夫人民的支持下，彼得拒绝与纳粹德国结盟。结果，德国联合保加利亚、意大利和匈牙利军队，对南斯拉夫发起了野蛮的侵略。期间，德国空军投放了300多枚炸弹。[3]

纽约长岛大学塞尔维亚裔的迈克尔·马尔科维奇教授在第二次世界大战期间居住在克罗地亚。他说有9万塞尔维亚人被克罗地亚人杀害。当我问其原因时，他说道："因为克罗地亚人是法西斯分子。"也就是说，他们已经和德国纳粹结盟。第二次世界大战时的马尔科维奇还是个少年，他当时目睹了一具具尸体在江面上漂流而下的场景。当被问及他为何得以生还时，他回答说，那"纯粹是运气"。

谈及特斯拉的神话时，马尔科维奇说，在他还是个孩子的时候，他就知道特斯拉被人们尊为民族大英雄。多年后，当希特勒的侵略逼近时，马尔科维奇和他的同胞们曾希望特斯拉回到南斯拉夫首都贝尔格莱德，利用他发明的攻不可破的死亡射线防御体系，帮助贝尔格莱德抵御纳粹德国的侵略！遗憾的是，特斯拉从没有回过贝尔格莱德。[4]

科萨诺维奇并非只会空想的人。虽然他是塞尔维亚人，但他放弃了流亡的皇帝，转而支持新崛起的克罗地亚领导人约瑟夫·铁托以及他的共产主义主张。铁托是一个强硬派领导人：虽然他是苏联的同盟者，但他却能维持独立自主权；他还努力团结敌对势力，他娶了一个塞尔维亚的妻子就是他努力靠近这一目标的一个强有力的标志。[5]

由于苏联是第二次世界大战同盟国的成员国之一，所以，作为南斯拉夫大使的科萨诺维奇能够自由进入美国，和美国新上任的领导层商讨各种外交战略。因此，在第二次世界大战期间，他能够照顾住在纽约的生病的叔叔特斯拉，并最终确定了在贝尔格莱德建立一座纪念大发明家特斯拉的博物馆的计划。

1942年，特斯拉的病情更加严重，他时常出现心悸，甚至昏厥过去。虽然特斯拉对被流放的年轻的彼得皇帝忠诚，但是特斯拉的侄子却哄骗他，让他写信给了铁托，鼓吹塞尔维亚和克罗地亚的统一。科萨诺维奇还承认，他有意让特斯拉避开塞尔维亚皇室的各个派系，但是当彼得抵达纽约的时候，他却积极为特斯拉与彼得皇帝安排了一次会面。

彼得皇帝同英国首相丘吉尔和美国总统罗斯福进行了商谈，但皆以失败告终，因为两国领袖虽有些不情愿，但支持的是铁托；令彼得感到些许安慰的是，有人在纽约的殖民俱乐部(Colony Club)为他专门准备了一场大型宴会，总统夫人埃莉诺·罗斯福出席了这个宴会。这次宴会是由美国南斯拉夫同乡会组织的，彼得皇帝的母亲玛丽女王和皮尔庞特·摩根的女儿安妮·摩根也出席了这次宴会，但特斯拉病情过重，没能出席。

因此，彼得皇帝和科萨诺维奇搭了一辆出租车来到纽约客酒店，和他们国家真正的元老特斯拉商谈。看到特斯拉面色苍白，憔悴不堪，彼得十分震惊。对他的国家发生的一连串事件感到沮丧的彼得告诉特斯拉，他希望特斯拉能够回到南斯拉夫，将他的祖国从纳粹手里解放出来。彼得在他的日记中透露，他和特斯拉当时皆因为他们的"祖国正经历磨难和悲痛"而潸然泪下。[6]

几个月后，特斯拉去世。1943 年 1 月 8 日，一位女仆发现了他的尸体。雨果·根斯巴克急忙赶去为特斯拉做了个遗体面部模型，肯尼思·斯威齐、萨瓦·科萨诺维奇以及美国无线电公司的博物馆和实验室的主任乔治·克拉克也同时赶到特斯拉所住的房间。在酒店管理人员和修锁匠在场的情况下，他们从特斯拉的保险柜里取走了各种文件资料。虽然美国联邦调查局声称，"特斯拉的一些重要的论文、电学公式、设计图纸等文件都被拿走了"，但经酒店管理人员证实，科萨诺维奇仅带走了 3 幅画，而斯威齐则带走了 1931 年特斯拉 75 岁生日时的祝寿签名簿。

这些事件皆受到了 J. 埃德加·胡佛的监控。胡佛是一个精明而强硬的反共产主义者，极力捍卫美国利益，以他为首的监控无处不在。胡佛在一本以"谍报工作"为标题的备忘录上写道，他担心特斯拉的财产继承人科萨诺维奇"可能会向敌人提供某些材料。"科萨诺维奇的公开身份是"东欧规划委员会"成员，但鉴于巴尔干诸国的复杂局势，胡佛基本无法确定科萨诺维奇的盟友究竟是谁，他的盟友可能是彼得皇帝、共产主义者铁托、与墨索里尼有关的各个法西斯派系、希特勒或苏联，或者上述的都不是。[7]

胡佛生性多疑。尽管特斯拉和副总统亨利·华莱士是朋友，而且由于特斯拉和总统夫人埃莉诺有书信往来，所以他与罗斯福总统也是好友，但胡佛同样质疑特斯拉的思想倾向。胡佛怀疑的一个重要缘由是特斯拉在马萨诸塞州斯普林菲尔德市的格兰奇大厅给"苏联的朋友"这一组织发表过一次演讲。[8]

1 月 8 日，特拉华州多佛国际橡胶公司［International Latex Corporation of Dover，今天的倍儿乐公司（Playtex）前身］总裁、42 岁的亚伯拉罕·N. 斯帕内尔给联邦调查局特工弗雷德里克·科内尔斯打电话，跟他讨论特斯拉的死亡射线实验。由于特斯拉刚刚去世，斯帕内尔担心科萨诺维奇获得与之相关的文件后，会将其提供给苏联。

斯帕内尔已经在媒体和军界声名鹊起，原因是他发明了一种专为登陆受伤士兵设计的水陆两用浮筒担架，而且还把一百余万的利润捐给政府作战时经费。斯帕内尔于 1901 年出生于俄国的敖德萨港市（Odessa），后来成了一个高调的反共产主义者。整个 20 世纪 40 年代和 50 年代期间，他花费了 800 多万美元，在美国的很多媒体上刊登那些促进人们理解世界问题的文章。1905 年，为了躲避德国的反犹大屠杀，还是个小孩儿的斯帕内尔和家人一起逃到了法国，后又于 1908 年来到了美国，那一年他 7 岁。斯帕内尔毕业于纽约罗切斯特大学（University of Rochester）。在他 1929 年创建多佛国际橡胶公司之前，早在 20 世纪 20 年代初，他就发明了一些电器和气动产品。[9] 斯帕内尔意识到，特斯拉发明的死亡射线武器对于"通过民主方式"争夺世界霸权有着潜在的重要意义，所以他联系了副总统华莱士的顾问洛扎多博士和美国司法部的博普金。博普金同意就此事联络埃德加·胡佛，洛扎多则与华莱士（或许还和富兰克林·德拉诺·罗斯福）进行了商议。此后不久，美国政府就回复了斯帕内尔，表示"对特斯拉的文件资料极其关切"[10]。

斯帕内尔还联系到了一个叫布洛伊斯·菲茨杰拉德的人，此人曾因联邦调查局认为他是"特斯拉手下的电气工程师"而受到监视；菲茨杰拉德也联系过科内尔斯。斯帕内尔是在几年前的一次工程学会议上认识菲茨杰拉德的。斯帕内尔对特斯拉的武器十分感兴趣，他可能是希望涉足为美军开发特斯拉死亡射线武器的行当，从中赚取利润。

从 20 世纪 30 年代末开始，才二十几岁的菲茨杰拉德就一直和特斯拉保持着书信往来。1938 年，在特斯拉生日那天，他打电话祝贺特斯拉高寿；接下来的 4 年里，每年特斯拉庆祝生日，他都会打电话祝贺特斯拉。1939 年，菲茨杰拉德曾试图和特斯拉见面，但他似乎没见到特斯拉。特斯拉去世两周前，菲茨杰拉德再次提议和特斯拉见面，这一次两人可能真见了面。当时，菲茨杰拉德正在麻省理工学院与基南、伍德拉夫、凯等几位教授一同合作，探索"解决某些与速射武器能量逸散有关问题的答案"，他希望和特斯拉这位年长的发明家探讨一下"辐射问题"。[11]

在这个微妙的时刻，菲茨杰拉德完全有可能从特斯拉手中借到他感兴趣的各种文件。巧合的是，特斯拉宣称："已经有人试图偷取我的发明，有人闯入我的房间，翻看了我的论文，但是……这些间谍最后空手而归。"[12] 同时为美国陆军法令部工作的菲茨杰拉德随后告诉科内尔斯，他"知道，关于特斯拉发明及其基本原理的完整设计方案、详细说明和解释都藏在特斯拉的随身物品中……特斯拉花费了一万多美元所建造的（死亡射线武器的）工作模型……存在克林顿州长酒店特斯拉的一个保险柜里"[13]。

特斯拉的另一个熟人可以证实这件事，他就是特斯拉雇来帮他照顾鸽子的查尔斯·豪斯勒。豪斯勒随后说，"在特斯拉房间的鸽子笼旁边有一个很大的箱子，他嘱咐我要非常小心，不要去碰这个箱子，因为里面所装的东西足以摧毁空中的飞机，他希望有一个机会能向全世界展示它。"豪斯勒还补充说，这个装有武器的箱子随后被储藏在一个酒店的地下室里。[14]

据菲茨杰拉德报道，特斯拉曾声称他有80个箱子，分别放置在纽约市的不同位置，箱子里面装了特斯拉的发明、手稿和还有各种各样的研究设计图。年轻的工程师菲茨杰拉德反复强调，政府很有必要获得特斯拉的这些文件，"以供战争使用"。菲茨杰拉德还担心萨瓦·科萨诺维奇和特斯拉的另一个侄子尼古拉斯·特尔博耶维奇缺乏"对同盟国的忠诚和爱戴"。

在这期间，科内尔斯的顶头上司、联邦调查局的副主任 D.E. 福克斯沃思请那些和菲茨杰拉德有着同样担心的人放心："这件事将会被妥善处理，"特斯拉的"财产继承人——他的侄子"不可能把特斯拉的文件交到"轴心国"手里。[15]就在这个关键时刻，另一个联邦调查局的特工 T.J. 多尼根想出了一招——纽约州检察官可以"以入室行窃的罪名秘密地"逮捕科萨诺维奇和斯威齐。不过，检方最后没有这么做。3天后，多尼根报告胡佛，这件事"将被当作敌国财产事务进行处理，所以我们不应该再进一步采取行动"。[16]

外侨资产管理局

实际情况似乎是这样的：美国联邦调查局想在特斯拉的案子上推卸责任，因此允许外侨资产管理局来接手负责此案。然而，由于联邦调查局最初的介入，多年来很多人曾与他们联系，试图获得特斯拉的遗产。因为特斯拉是美国入籍公民，所以外侨资产管理局自己都质疑干涉特斯拉财产的权力合法性。不过，由于科萨诺维奇可能是叔叔特斯拉财产的合法继承人，因此外侨资产管理局有权把特斯拉的文件资料认定为外侨资产。特斯拉死后，欧文·尤罗是处理特斯拉相关事宜的指派律师，据他称，"外侨资产管理局的做法不仅不'违法'，而且它是唯一不经法院下令而有合法权力扣留'敌方'财产的政府机构。"[17] 正因为外侨资产管理局有这一独特的权限，所以也唯有它对特斯拉的文件保持了合法的控制，直到 10 年后才公开。在一些不知情人士看来，控制特斯拉文件的行为是非法的；而之所以要控制特斯拉的文件，最关键的原因是，在世界大战的环境下，人们对特斯拉的文件不无担忧，尽管他们所担忧的问题有可能是真实的，也有可能是假想出来的。德国仍控制着欧洲的相当一大部分地区，而且 1943 年 1 月时，第二次世界大战的结果还完全无法确定。据谣传，敌人也在研发一种终极武器，而且这种谣言是有据可依的。[18]

外侨资产管理局专员沃尔特·戈萨奇于是下令将特斯拉的所有财物（包括他所住房间的保险柜和放在纽约客酒店地下室里的其他财物）运往曼哈顿存储仓库，那里储存了他另外的一些财产。然而，由于发现特斯拉尸体的那天，戈萨奇不在局里，所以这件事交由年轻的律师欧文·尤罗处理。

尤罗在 50 年后回忆道："那天是 1 月 9 日，星期六，大约中午的时候，我接到华盛顿办公室的电话，让我不要关门，等待进一步指示。他们告诉我，一个名叫尼古拉·特斯拉的人去世了，据说他发明且掌握了一种'死亡射线'，那是一种威力强大的武器，它能够摧毁迎面飞来的敌机（比如飞向美国西海岸的日本战机）——把粒子束射向空中，在空中形成一个'能量场'，从而使飞机'粉碎瓦解'。而且，他们怀疑德军特务正'紧急追踪'特斯拉的这种武器或者它的设计方案。"

尤罗接到命令，让他扣留特斯拉的所有财产，并"去特斯拉曾住过的所有宾馆，扣留与特斯拉相关的财物"。陪同尤罗一同前去的还有来自海军情报局、陆军情报局和联邦调查局的 4 个人。到达纽约客酒店时，"我们得知，一名女服务员最先发现特斯拉已经死亡。当时，特斯拉的尸体躺在床上……身上只穿着一双长袜。"几位工作人员还被告知，科萨诺维奇曾来过特斯拉的房间，并带走了 3 张照片。

那几个军方人员"很担心特斯拉的死亡射线武器模型，但只有我有权力控制它"。尤罗一行人打了一辆出租车，一一访问了特斯拉住过的所有酒店，包括圣里吉斯酒店、华道夫-阿斯多里亚酒店和克林顿州长酒店；他们还访问了曼哈顿存储仓库，并将特斯拉存在那里的财物一并扣留。被扣留的东西还包括克林顿州长酒店的一个保险箱。

尤罗和沃尔特·戈萨奇一同拜访了住在中央公园南部一家酒店的科萨诺维奇大使。在那里，他们显然还见了特斯拉的另一个侄子尼古拉斯·特尔博耶维奇和一位不会讲英文的老妇人。戈萨奇和尤罗看了放在一张桌上的照片后便离开了。尤罗回忆道："后来好像是外侨资产管理局的工作人员告诉我的，特斯拉的行李箱装的大多数都是报纸和鸟食，而克林顿州长酒店的那个保险箱里装的是一种设备的模型，至于这个模型是否是'死亡射线'模型，不得而知。还有谣言说，苏联曾出资5000万，邀请特斯拉去苏联研发他的'死亡射线'，但是被他拒绝了。"

由于在1943年1月8日之前，尤罗从未听说过特斯拉的名字，所以在得知特斯拉从来不支付住酒店的费用时，他把特斯拉看成是一个落魄的"无赖"。"特斯拉可能有'精神障碍'，因为他把太多时间用于喂鸽子。"尤罗说道。但特斯拉的故事对他来说太过陌生，他知道的真可谓冰山一角，于是他打电话向西屋电气公司的人确认特斯拉是什么人。尤罗回忆道："西屋电气的人说起特斯拉非常兴奋，他们说如果没有特斯拉，就不会有西屋电气公司。"[19]

鸟食在尤罗的回忆中有着突出的位置，但曼哈顿存储仓库的特斯拉存储财产清单里却没有提及鸟食。这个财产清单里包括了"12个上了锁的金属盒子、1个钢质橱柜、35个金属罐、5个桶和8个行李箱"。戈萨奇还命令"将特斯拉放在克林顿州长酒店的那个保险箱作为特斯拉未付酒店账单的抵押品，扣押并封存10年"。[20]杰克·奥尼尔所持有的特斯拉文件也被查抄[21]，但是这些文件后来很可能归还了他——因为一年后他就出版了一本翔实的特斯拉传记。

尽管科萨诺维奇让奥尼尔放心，"没什么好担心的"，而且外侨资产管理局已经将特斯拉文件的"所有权全部"移交于科萨诺维奇，但事实上，科萨诺维奇自己却非常担心。他从威腾伯格-卡林顿-法恩斯沃思律师事务所雇请了菲利普·威腾伯格律师来保护他的权益。虽然威腾伯格律师极力为科萨诺维奇辩护，但政府却以美国司法部战争政策处（War Policies Unit）的建议为依据，否定了科萨诺维奇对特斯拉文件的所有权。官方规定，科萨诺维奇不能接触特斯拉的财产。整个20世纪40年代，政府一直维持了这一禁令。特斯拉秘密武器的文件被美国军方的各个部门审查，尽管科萨诺维奇知道特斯拉保险箱的密码，并且在这一时期一直帮叔叔特斯拉支付曼哈顿存储仓库每月15美元的存储费。

特斯拉去世后那一周，沃尔特·戈萨奇和他的华盛顿代表约瑟夫·金见了面；同时，他和美国司法部反垄断署（Antitrust Division）的H.B.里肯一起召见了军事情报局的帕罗特上校和"美国陆军的布洛伊斯·菲茨杰拉德"（他们认为此人"之前曾是特斯拉的雇员"）。他们讨论的一个重要问题是：特斯拉"可能曾受雇于南斯拉夫流亡政府，为其服务"。菲茨杰拉德还谈论了特斯拉可能存放在克林顿州长酒店保险柜里的"死亡射线"武器模型。[22]

他们最后决定：在将特斯拉的财产移交给科萨诺维奇之前，要对其进行一番彻底的调查。麻省理工学院高压研究实验室的创始人和主任、美国科学研究与发展局（Office of Scientific Research and Development）国防研究委员会（National Defense Research Committee，简称 NDRC）微波研究处（Microwave Committee）的秘书约翰·O.特朗普教授受命去曼哈顿存储仓库调查特斯拉存在那里的 88 个古怪箱子里的东西。这些箱子存放在 5J 和 5L 两个储藏室里。特朗普腾出了两天时间专门完成这项调查任务。曼哈顿存储仓库的保卫员欧沙利文为特朗普提供了一份由他整理编录的特斯拉财物清单，以帮助特朗普进行调查。

协同特朗普一同调查的有 5 人：其中两位来自外侨资产管理局，分别是纽约办公室的约翰·纽因顿和华盛顿办公室的总调查主任查尔斯·赫德特涅米；另外 3 位来自美国海军情报局，分别是便衣特工威利斯·乔治、速记员约翰·科比特以及负责拍照和处理微缩胶片的爱德华·帕尔默。科比特和帕尔默都是美国海军储备部的一线专员。[23]

作为唯一能胜任和理解这项调查工作的科学家，特朗普差不多用了一天时间来仔细审查特斯拉的存储财物。赫德特涅米有些不情愿地透露道："第二天的调查草草收场，因为特朗普博士很肯定地认为，在这些箱子里不会找到什么有价值的东西。他完全确信，没有必要再接着搜查从 1933 年起就存在曼哈顿存储仓库的其余 29 个旧箱子。"[24]

特朗普的调查报告包含了对十多篇特斯拉写的或关于特斯拉的文章的概要，报告开头是一封公开信。特朗普教授承认，他和他的同事们于 1 月 26 日和 27 日两天调查了特斯拉存于曼哈顿存储仓库的众多箱子，他首先归纳道：第一，"对于特斯拉存在纽约客酒店地下室 10 年之久的箱子，并没有进行调查"；第二，"没有发现任何对本国有科学价值、落入敌人手中会构成危害的科学笔记或迄今尚未公布的方法、发明或设备……因此我认为无论从科技还是军事层面上看，都没有理由扣押特斯拉财产"。尽管如此，特朗普还是"取走了……一个文件夹，里面有很多书面材料，它们涉及并几乎全部涵盖了特斯拉晚年所关心的思想"，并将这个文件夹或它的附件递交给了外侨资产管理局的戈萨奇先生。

特朗普在他的报告中总结道，特斯拉最后 15 年的生活"本质上具有抽象、投机和多少有点自我吹嘘的特性"。

特朗普返回华盛顿后，见了调查与研究部主任霍默·琼斯。这位麻省理工学院的教授自鸣得意地对琼斯说道："先生，经我调查，我认为特斯拉的文件未包含任何对战争有价值的东西，即使落到敌军手里，也不会对敌人有任何帮助。"

"你对这个结论非常肯定吗，特朗普博士？"

"我愿意拿我的事业名声打赌。"[25]

琼斯对此很满意，他将特朗普的调查报告和建议书递交给了司法部战争分部特殊战争政策办公室（Special War Policies Unit）主任劳伦斯 M.C. 史密斯，就这样，因为这个小小的政府分支机构，特斯拉文件的风波就此告一段落。[26]

特朗普拟写的报告中描述了许多特斯拉写的文章、科学论文和对他的采访。报告中的附件 D、F、Q 涉及一篇技术含量很高、迄今为止尚未公开的特斯拉论文，该论文写于 1937 年，题为《在自然介质中发射非分散压缩能量的新技术》（*The New Art of Projecting Concentrated Non-dispersive Energy through the Natural Media*）。这篇论文与特朗普的说法相反，它包含了从未公开过的明确信息，描述了一种能摧毁坦克、击毁飞机和引爆炸弹的粒子束武器的实际工作原理。这种武器的新颖特征包括：①有一个末端开口的真空管，用类似燃气喷嘴的装置封闭着，"而与此同时可以允许和促进粒子流的射出"；②能够产生几百万伏的电荷，以提供给微小粒子；③能够产生并发射非分散的该种粒子流，射程可达数英里。

特斯拉写的这篇论文实际上是一份专利申请书，他在文中用清晰易懂的语言展现了他的"死亡射线"的数学等式和图表。特斯拉用画图和数学的方法分析了这种武器的性能，这些图画和数学演算没有公开发表；除此之外，该论文论述了这种武器的三个与众不同的特征。第一个特征便是这种武器产生非分散粒子束的机制。"我完善了极大增加粒子束强度的方法，但尽管我竭尽全力想极大地减少能量的分散，我还是遇到了障碍；我于是开始确信要克服这个不利因素，只有从发射机发射出速度极快的微小粒子，将其作为媒介来传输能量。静电排斥是能达到这个目的的唯一方法。……由于作为能量载体的这些粒子的横截面可以被缩小至几乎用显微镜才可观测到的大小，所以不管传输距离有多远，都能实现能量的高度聚集。"

　　这种武器的第二个特点是它拥有一个末端开口的真空管，用"高速的类似燃气喷嘴的装置"取代了带壁的壳和玻璃船。第三个特点是它具有能产生高压电荷的手段。特斯拉在研究了先驱范·德格拉夫的静电发电机（特斯拉称其几乎毫无用处，因为它无法产生足够的能量）之后，将该发电机中用于转化电荷的可旋转纸板带替换掉，代之以密封于 220 英尺长的圆形真空室里的粒子流。在干燥的天气下，当我们的鞋子与地毯发生摩擦时，会产生电流；与之相似，这种新的粒子流会产生相同的结果，只不过其强度"比带式静电发电机强很多倍"。这种武器所产生的电荷可以高达 6000 万伏，这些电荷转而被传递到发射塔顶的无数小型球状物上，它们的圆形形状和内部结构可以增加能量的集聚。

　　粒子束流武器安装在城堡一样的半球形发射塔上，这个发射塔的设计高度是 100 英尺。这个发射塔上的武器就像一挺超级大炮，钨线可以嵌入它的高真空发射室，然后钨线会剥落出微小的"细珠"，进而从长长的"炮管"里以每秒超过 40 万英尺的速度射出。[27] 这项发明显然也可以用于非军事目的，比如远距离传输大量电能，就像今天的微波无线电话干线的工作原理一样。

　　虽然特朗普不重视特斯拉的这篇有关"死亡射线"的论文，但直到今天，这篇论文仍被美国军方列为最高机密；当时，这篇论文的复印件被送交了海军情报局、联邦调查局、美外侨资产管理局、国防研究委员会、赖特 - 帕特森空军基地、麻省理工学院，很可能还被送往了白宫。

苏美贸易公司

　　"附件 D、F、Q"（即上文所提及的特斯拉关于"死亡射线"的科技论文）明确指出，特斯拉将他建造粒子束武器的计划卖给了苏美贸易公司的苏联代理人 A. 巴尔塔尼安。这些附件同时详细说明，特斯拉将这项武器提供给了美国军队、英国和南斯拉夫。[28]

　　令人惊讶的是，美国联邦调查局并没有深究特斯拉和苏联的这层关系——尽管 J. 埃德加·胡佛正是通过这方面的工作而飞黄腾达的。一个可能的原因是当时苏联是同盟国成员之一。而且，很多大公司，如伯利恒钢铁公司、美国无线电公司和西屋电气公司，都通过苏美贸易公司将它们的设备卖给苏联；第二次世界大战期间苏美贸易公司在美国做了价值超过 10 亿的生意。例如，1933 年，富兰克林·德兰诺·罗斯福总统同意贷款 400 万美元给苏美贸易公司，用于向美国供应商购买棉花；而苏美贸易公司则反过来向美国提供毛皮、鱼子酱、石油和贵金属。苏美贸易公司至今仍在美国运营。"在该公司的记录中，找不到任何提及特斯拉的地方。"[29]

苏联的公报显示，特斯拉 1935 年曾收到了苏美贸易公司的 25000 美元。如果真有其事的话，那他为什么没有拿这笔钱来偿还他欠宾夕法尼亚酒店和克林顿州长酒店的债务呢？又为什么不赎回他作为房租抵押品的秘密装置呢？在经济大萧条最严重时，25000 美元这样一大笔钱，其价值相当于今天同等数额的 20 倍；但是，没有任何迹象表明特斯拉在那段时期获得过巨大的财富，尽管特斯拉有可能接受了那笔钱，并用它来偿还了其他债务，或者购买了其他设备。

调查完特斯拉存在曼哈顿的财产几天后，特朗普又到了克林顿州长酒店，去调查特斯拉存在该酒店保险库里的"死亡射线"装置。外侨资产管理局的查尔斯·赫德特涅米报道说："酒店管理人员向我们展示了一封手写的信，特斯拉在信中说，他将把他的发明留下来作为房租的抵押品，并告诉他们，这个发明价值 1 万美元。"特朗普后来回忆了这件事："特斯拉警告酒店管理人员，这个发明是一种秘密武器，如果未经授权的人员将其打开，将会引起爆炸。刚一打开保险库……酒店经理和他的员工们便迅速离开了现场。"

特朗普的信接着描述道，他很不情愿地取掉那台装置的牛皮包装纸；他向外望去，外面阳光明媚，接着他鼓起勇气打开了装置。"包装里面是一个很漂亮的黄铜镶边的木盒子……内含一个几十年前用于惠斯通电桥电阻测量的那种电阻箱——19世纪末 20 世纪初所有电气实验室里都有的一种普通标准设备。"[30]

"这下子，"赫德特涅米总结说，"特朗普博士表示，他没有兴趣进一步调查特斯拉的文件和财产。"

在特朗普访问克林顿州长酒店两周前，联邦调查局写了一份报告，报告描述称，酒店经理对特斯拉的评价有些不同，而且他们并不像特朗普所说的那样把特斯拉当回事。"酒店经理说，就算过去 10 年特斯拉没有精神错乱，他的习性也非常古怪；他在这段时期是否发明出任何有价值的东西值得怀疑，虽然在此之前他也许算得上是一位非常杰出的发明家。"[31]

特斯拉是否曾真的建造过"死亡射线"原型?

特斯拉似乎告诉过帮他照顾鸽子的豪斯勒和军事工程师菲茨杰拉德,他确实建造过一个"死亡射线"的工作模型。齐托夫人丈夫的父亲和爷爷都是特斯拉很信任的员工;她回忆说,他公公曾讲述过特斯拉反射从月球发出的电子光束的故事。那并不是"死亡射线",但它毫无疑问能支持"特斯拉按照这些原理建造过工作模型"的假设。

著名的专栏作家约瑟夫·艾尔索普曾在纽约客酒店采访过特斯拉,他是第一个完整报道了特斯拉粒子束武器发明的人。他曾描述了特斯拉做阴极射线管实验的情景。"有时候,一个比电子大、但仍然非常微小的粒子会从阴极射线管里射出,击中特斯拉。他说,粒子进入他身体的部位能感受到一阵尖锐的刺痛,粒子离开他的身体的部位也能感受到同样的刺痛。他的'死亡射线'中粒子的传播速度……比这种实验中的粒子速度还要快很多。"[32]

从科勒姆的报道里也可以找到特斯拉"死亡射线"的证据。科勒姆认为,特斯拉的"死亡射线"是他19世纪90年代中期发明并获得过专利的X射线机器的延伸产物。按此推断,特斯拉的"死亡射线"至少可以追溯到他早期的三项发明:一项是19世纪90年代初的特斯拉感应线圈和高频电流成果;一项是1896年他用伦琴射线轰击目标的成果;另一项成果是从他的无线发射机发射出电离射线,然后将电离射线作为到达电离层的介质,从而实现能量的无线传输。特斯拉的设计是:利用这一原理,他不仅可以将信息发送到地球的每一个角落,还能为海上航道提供照明,并控制天气。

科勒姆在研究了贝尔格莱德特斯拉博物馆的沃登克里弗计划后写道,德博布拉帮特斯拉设计的沃登克里弗发射站实验室的建造示意图也被送往了阿尔科阿铝业公司(Alcoa Aluminum)。该公司称,只要特斯拉凑够了资金,他们已经准备好给他提供他需要的建造材料。[33]然而,在阿尔科阿铝业公司的记录里却找不到任何提及特斯拉的地方。[34]

81岁时,特斯拉在一次南斯拉夫和捷克斯洛伐克的总理都在场的午宴上称,他已经建造了很多粒子束传输设备,包括能抵御外敌侵袭的"死亡射线"和一个可以将脉冲传送到月球和其他星球的类似激光机的仪器(特朗普报告附件Ⅰ)。特斯拉还说，他将带着他的"死亡射线"发明，去参加在日内瓦举行的一个世界和平会议。当记者们要求他"完整地描述他的'死亡射线'发明时……特斯拉博士说，'但它不只是一个实验……我已经建造、演示和使用过它了，再等少许时日，我将向世界公布它'。[35]

特斯拉在 20 世纪 30 年代期间有两个秘密实验室，由于没有记者曾进入其中[36]，这给我们留下了一个谜。特斯拉是否真的只是在"欺诈"酒店——恐吓克林顿州长酒店的经理，使其接受他编造的发明，作为他欠酒店 400 美元的房租的抵押品？特斯拉一直觉得这个世界欠他一个安身之处，所以也许他故意选择不付房费。这无疑是特斯拉在他生命的最后 20 年中一种情不自禁的自我毁灭式的行为方式。一些仆人和下属成了他压抑的愤怒的发泄口。特斯拉对仆人和办公室员工的态度比较粗暴，这已不是什么秘密。在那些特斯拉不得不面对自己失败的郁闷的夜晚，当特斯拉想象着克林顿州长酒店那些家伙因为他存在该酒店的"死亡射线"而恐惧得发抖时，对赊账度日已经习以为常的他也许能从中获得巨大的快感。

密谋内幕

在科萨诺维奇全然不知的情况下，特工人员闯入了特斯拉所住的纽约客酒店，拿走了特斯拉存在克林顿州长酒店的保险箱的钥匙，并偷换了"死亡射线"的模型，换成了特朗普一两周后发现的设备。这件事可能确实发生过，可能发生在 1943 年 1 月 9 日（特斯拉去世）至 1 月 29 日（特朗普的调查结束）之间。如果真有其事，那么执行此任务的特工有可能是布洛伊斯·菲茨杰拉德和拉尔夫·多蒂，证据如下：

萨瓦·科萨诺维奇当时的秘书夏洛特·穆扎尔说，她在特斯拉去世前的一段时间见过特斯拉，因为她按照特斯拉的要求把钱交给他；特斯拉死后打开特斯拉保险箱时，她也在场。在场的人还有肯尼斯·斯威奇、萨瓦·科萨诺维奇和乔治·克拉克。按夏洛特的讲述和官方的报告，当时他们找了一名开锁匠，让其修改了保险箱的密码，设置了新密码，且这个新密码只有科萨诺维奇一人知道。在科萨诺维奇重新锁上保险箱之前，里面有一串钥匙和一枚特斯拉 1917 年获得的爱迪生奖章。大约 10 年后，特斯拉的遗产被运到了贝尔格莱德，打开保险箱后，发现钥匙和奖章都不见了。奖章后来再也没有找到过，但在"众多装文件的其中一个箱子里"发现了钥匙。[37]

据外侨资产管理局 1943 年 1 月 12 日的备忘录记载，克林顿州长酒店的副经理查尔斯·麦克纳马拉"允许外侨资产管理局密封 103 号保险箱，里面装了特斯拉价值 1 万美元的机器。……此保险箱并非如菲茨杰拉德描述的那样是特制的，不过它是低层箱子中最大的一个"。就在此前一天，特斯拉存在纽约客酒店的保险箱被打开了。据外侨资产管理局的另外一个备忘录记载，当时在场的除了斯威奇、克拉克和科萨诺维奇之外，还有两名纽约客酒店的工作人员，一位是酒店信用部经理 L.O. 多蒂先生，另一位是信用部副经理 L.A. 菲茨杰拉德先生。

令本书作者感到非常奇怪的是，纽约客酒店两位工作人员的姓氏恰巧与军事情报处的一个上校和触角无处不在的布洛伊斯·菲茨杰拉德的姓氏相同。

实际上，如果酒店信用部的这两个经理真的是政府特工人员的话，要取得（或配制一份）103 号保险箱的钥匙，然后将保险箱内的设备调包，会是一件很容易的事。

对美国联邦调查局文件的进一步研究显示，1945 年 10 月 17 日，联邦调查局纽约办公室的 E.E.康罗伊将特朗普关于特斯拉的调查报告的两份复件送交 J.埃德加·胡佛，并和胡佛一起再一次审视了菲茨杰拉德、斯帕内尔、一个被审查的名叫"X"的人以及科萨诺维奇这些人所扮演的角色。康罗伊说，"X"（可能是联邦调查局特工）怀疑斯帕内尔是"绝对的俄国支持者"，斯帕内尔在各个报纸整版地刊登宣扬社会主义的广告，同时却以诽谤为名起诉这些报纸商。康罗伊还再三重复，斯帕内尔与副总统亨利·华莱士有关系，建议对其多加防备。

1942 年 11 月，斯帕内尔在一次工程会议上遇见了（"X"的朋友）菲茨杰拉德。菲茨杰拉德当时是俄亥俄州代顿市（Dayton）赖特机场的一名士兵。在联邦调查局的报告中，他被描述成"一位 20 岁的杰出科学家，在特斯拉死前，他和特斯拉相处过很长时间。……菲茨杰拉德研制出了一种反坦克炮"。斯帕内尔试图与菲茨杰拉德形成伙伴关系，以将这种反坦克炮共同销售给雷明顿武器公司（Remington Arms Company）；但由于某些原因，"斯帕内尔最终终止了这次交易"，然后努力和新奥尔良的爱奥根斯造船公司（Eiogens Ship Building Company）达成利润更高的交易。

1943 年 11 月，爱奥根斯造船公司解雇了菲茨杰拉德。一年后，这位年轻的工程师又回到了部队。"现今（指 1945 年），菲茨杰拉德正在赖特机场致力于一项高度机密的试验项目……尽管他是士兵出身，但他却是这项研究的总负责人，他正在和许多顶尖的年轻科学家们一同努力……完善特斯拉的'死亡射线'武器。菲茨杰拉德认为，这项武器是抵御外敌原子弹攻击的唯一方式。"[38]

为了获得"对特斯拉财产的合法所有权"，康罗伊建议和菲茨杰拉德合作。他的目的当然是获得并保护特斯拉武器系统的细节，但也是为"纪念……和保护特斯拉的遗产"奠定基础。据说，菲茨杰拉德还将亨利·福特的兴趣吸引到了这个项目上来。

1945年10月19日，赖特机场总工程部设备控制科的L.C.克雷吉准将应布洛伊斯·菲茨杰拉德、大卫·普拉特、赫伯特·舒特和P.E.霍尔等几位工作于赖特机场的工程师的要求，写信联系联邦调查局纽约办公室的哈维·罗斯，"为了国防利益"，他正式"请求获准调查尼古拉·特斯拉博士寄存在曼哈顿存储仓库的财物"。华盛顿军事情报处的拉尔夫·多蒂上校跟进了这次调查，在调查中充当了美国陆军部、外侨资产管理局和联邦调查局之间的联络人。[39]

由于联邦调查局没有特斯拉遗产的管理权限，菲茨杰拉德、康罗伊和克雷吉向外侨资产管理局求助。

1945年9月5日，外侨资产管理局的劳埃德·肖利斯给推进装置及配件分部的设备实验室的霍利迪上校寄送了两份特朗普关于特斯拉遗产的调查报告。毫无疑问肖利斯给菲茨杰拉德也寄了一份。"这些都是全部的完整复印件，不光是摘要。"[40]两年后，赖特机场航空器材司令部（Colonel Duffy of Air Material Command）的达菲上校写信告知外侨资产管理局，特斯拉的文件仍在评估中。

到了1950年，科萨诺维奇都仍然被禁止进入叔叔特斯拉存放财物的曼哈顿存储仓库。[41]他现在是南斯拉夫驻美国和联合国的大使，他的耐心已经达到了极限。科萨诺维奇希望叔叔留下的财物能转移到贝尔格莱德特斯拉博物馆，这些财物在那里才能得到更好地纪念。3月，科萨诺维奇来到了曼哈顿存储仓库，告诉他们，叔叔特斯拉生前希望将他的遗产运往贝尔格莱德特斯拉博物馆。就在此时，科萨诺维奇得知联邦调查局已经用缩微胶卷拍下了特斯拉的所有财物。于是他致电J.埃德加·胡佛，请求联邦调查局提供一份叔叔财物的微缩胶片给他，但胡佛称他们没有这种微缩胶片。科萨诺维奇有可能是收到了错误的消息——曼哈顿存储仓库的一名员工可能误把特朗普一行调查人员当成了联邦调查局的人，也有可能是另外的一些人员在其他时间用微缩胶卷拍摄了特斯拉的文件（现在保存在美国国会图书馆）。

1952年，科萨诺维奇终于与相关方面交涉成功，将特斯拉的所有80个箱子运到了贝尔格莱德。这些箱子中包含了很多奥尼尔完全不知道的珍贵的原始文件，比如特斯拉 1899 年在科罗拉多时的工作日记、各种照片、1 万多封信件，箱子中还包含了特斯拉的大部分发明设计，比如他的遥控船、无线荧光灯、电动机、涡轮机、垂直起降直升机设计图以及一个无线发射机的模型。特斯拉的骨灰随后也被运到了贝尔格莱德。

斯帕内尔后来接受了约瑟夫·麦卡锡的审问，"死亡射线"文件变得更加机密。

秘密文件的踪迹

1984 年，纪念特斯拉世纪国际研讨会在科罗拉多斯普林斯举行，安德里亚·普哈里奇在会上介绍了特斯拉的"死亡射线"秘密论文；这篇论文还发表在了会议论文集中。普哈里奇告诉本书作者，这份资料的最初来源是拉尔夫·伯格斯特雷塞，拉尔夫 1957 年曾发表过一篇很有名的有关特斯拉的文章。普哈里奇认为，伯格斯特雷塞和他的一名合伙人（有可能是布洛伊斯·菲茨杰拉德）与美国联邦调查局有关联，因此他们借用这层关系弄到了特斯拉的这篇秘密论文。20 世纪 40 年代，伯格斯特雷塞曾受雇于美国无线电公司和马可尼。在我们的交谈中，他告诉我："我一直认为马可尼是无线电的第一发明人。……后来我发现这完全是一个骗局。"当时已经约 80 岁的伯格斯特雷塞回忆道，马可尼曾一度住在远海的一艘轮船上，以逃避特斯拉起诉他的传票。

第二次世界大战爆发时，伯格斯特雷塞开始"为抗战而努力……当时特斯拉将他的各种文件资料转交给我，我接受了这些文件，读完之后又归还了他"。根据一项文献，伯格斯特雷塞当时受命于一个新成立的秘密组织——战略情报局（Office of Strategic Services，简称 OSS，它是美国中央情报局的前身），由于职责所在，他分析了特斯拉的这些秘密文件的军事意义。

伯格斯特雷塞回忆道，他是在特斯拉去世 6 个月前认识特斯拉的。"那时的特斯拉瘦得几乎是皮包骨，身材很高，有些驼背，身体因饮食不当而非常虚弱。"经我进一步询问，他还说他认识杰克·奥尼尔及其同行威廉·劳伦斯。劳伦斯于 1940 年曾在《纽约时报》上发表了一篇关于"死亡射线"的文章，该文章一度引起了美国联邦调查局和美国军方的兴趣。他还谈及他和伯格斯特雷塞一同参加了 1943 年特斯拉的葬礼。

在谈话中，我问伯格斯特雷塞，既然他认为各个图书馆中的特斯拉的文件曾被系统地删除过，那他是否有什么证据证明这一点。他说，这是一个巨大且复杂的阴谋，最早可以追溯到 J. 皮尔庞特·摩根时期，当时，摩根极力阻挠特斯拉无线电能传输的发明，因为这些发明可以为广大群众提供廉价甚至是免费的电能，这将威胁到摩根的利益。伯格斯特雷塞表示，将特斯拉的所有财产"运送到……'铁幕'[1]后方"让他有些失望，而且认为部分责任在于劳伦斯，因为后来发现劳伦斯是一名共产主义者。他认同这样的观点，即布洛伊斯·菲茨杰拉德有可能将特斯拉的秘密文件交给了赖特 - 帕特森空军基地，但他拒绝评论他与菲茨杰拉德的任何关系以及这些秘密文件的踪迹。

普哈里奇说，关于"粒子束"的秘密文章先是在 1981 年左右由伯格斯特雷塞传给了美国超心理学协会（U.S. Psychotronics Society）的鲍勃·贝克，随后才通过鲍勃传到了他手上。[42]

麦卡锡时期的影响

没错，当美国联邦调查局和联邦政府积极介入、控制特斯拉的科学文件的时候，特斯拉已经淡出了公众的视线。但是，通过他的南斯拉夫老乡，特斯拉曾经与德国第五纵队或共产主义者产生了联系，这不仅有伤于他的名声，而且造成了一种非常神秘的气氛，这进一步淹没了特斯拉的科学成就。不仅如此，特斯拉的文件后来被运到了离美国非常遥远的贝尔格莱德市，这更促成了特斯拉销声匿迹的命运。

星球战争

特斯拉的许多发明都能以各种方式用于军事目的，比如粒子束武器、环球无线电探测器、地球振荡器、脑电波操控等。只需一个以上的无线发射器，估计就能穿透地球，将脉冲发送到地球的任何一个位置。因此，理论上，精准定位的几百万伏的电波振荡足以摧毁任何一个大城市的通信网络。1977 年左右，主要由陆军中尉汤姆·比尔登和超心理学家安德里亚·普哈里奇发起的关于未来作战技术前景的讨论

---

[1] 铁幕（Iron Curtain）：第二次世界大战结束后，苏联设置的政治、军事和意识形态屏障，旨在把本国及依附于它的东欧同盟国封闭起来，不与西方和其他非共产党地区公开接触。——译者注

表明，苏联已经应用了特斯拉的武器，包括他的地球振荡器、天气控制装置和脑电波操控仪。[43]

比尔登称，特斯拉的无线发射机能产生一种基本单点重力矢量波（或静电标量波），它能打破时空构架的束缚，从而不受光速的限制。因此理论上讲，从特斯拉无线发射机发射出的瞬时速度的特斯拉波，有可能可以影响地球的电磁脉冲，由此，它可以被发射到任何大陆上的任何数量的目标。[44]

这项研究极具争议性，且风险很大，所以需要谨慎审视。尽管如此，1977年，《航空周刊》在5月2日的那一期上刊登了一篇长达7000字的论文，内容是关于苏联的粒子束武器。此文一出，"震惊了华盛顿"，同时还被《科学》杂志摘录。文中配了粒子束武器的示意图，该示意图与特斯拉当时没有发表的绘于40年前的设计图极其相似。想到苏联在该领域的技术非常先进，这一信息也许能证明一种说法，即特斯拉在20世纪30年代的确将他的秘密武器的设计图卖给过苏联。

《航空周刊》还讲述了"俄亥俄州代顿市赖特-帕特森空军基地的一伙29岁以下年轻天才"被雇佣的事，这些年轻人正努力地想在粒子束武器这项技术上取得突破。《航空周刊》还提到，令人惊讶的是，"由于中央情报局和国防情报局的高度保密，吉米·卡特总统竟然对一些关键技术的发展毫不知情"。此消息的来源是空军情报处前负责人乔治·基根将军。[45]

这里出现了三个有趣的点：①粒子束武器的高度保密；②赖特-帕特森空军基地的提及；③雇用年轻天才的政策。所有这些点我们都能在此前已经审查过的联邦调查局调查特斯拉的文件中明显地找到相应的地方。有一个阴谋假说得到了很多人的支持，即为了保护这项顶级绝密的技术研究，特斯拉的成果和相关文件被严密地隐藏了起来，不为公众所知；这项研究今天被人们称为"星球大战计划"（Star Wars）。

直到现在（1996年），粒子束武器仍然只是空想，尚未变成现实。所以就产生了这样一个疑问：如果真是美国和苏联这两个超级强权获得了特斯拉粒子束武器的秘密设计方案，那为什么"死亡射线"武器从未被真正建造出来？也许有这种武器的模型，但在我看来，这种武器应该在越南战争、阿富汗战争或科威特（伊拉克）战争等这些战争中被试用过才说得通。关于这项武器发明的故事，至今仍是一个谜。

第四十八章
特斯拉的遗产

> 当一个人回顾与他的成就相关的诸多事件时……他便会意识到，在成就他事业的诸多事件中，他自身所起的作用是多么微小，而完全不受个人控制的环境却有着压倒性的作用。

> ——埃德温·阿姆斯特朗接受爱迪生奖章时的领奖发言[1]

尽管埃德温·阿姆斯特朗的 FM 调频广播是一种比 AM 调幅广播更优越的播送音乐的方式，但受到特斯拉与摩根风波的影响，他不得不与无线电巨头美国无线电公司竞争，来使人们认可他的调频广播。作为美国无线电公司和美国国家广播公司（NBC）的"拿破仑式"总裁，大卫·萨尔诺夫上校直接盗用了他的朋友阿姆斯特朗的调频广播发明，因为"他需要将它用于电视技术"。在哥伦比亚广播公司（CBS）的协助下，萨尔诺夫还操控美国联邦通信委员会（Federal Communications Commission，简称 FCC），制定了一条规定，限制调频发射机的性能，使调频广播"只能发挥其 1/10 的功能……并把调频波段改到一个很不利的频率范围"。这就是为什么调幅（AM）当时成为了远距离无线广播的主要波段的原因。

由于联邦通信委员会的新规，阿姆斯特朗不得不重建他的广播电台，同时还要同萨尔诺夫这位传媒巨头打专利侵权的官司，于是他把持有的美国无线电公司的所有股票兑换成了现钱，以支撑法律诉讼的巨大开支。美国国家广播公司聘请的律师说服纽约高等法院，调频广播是由他们公司的工程师发明的，而非阿姆斯特朗！尽管无线电工程师学会（Institute of Radio Engineers）集体拟了一份正式的抗议书（这样的行动史无前例），最终最高法院推翻了联邦通信委员会的新规，但这一切对于阿姆斯特朗来说来得太迟了。他的婚姻已经瓦解，主要专利已经过期，他的财富也已经被法律诉讼耗尽，他于是在 1954 年隆冬从 13 楼的窗户跳楼自杀。讽刺的是，使他的精神无法解脱的恰恰是那些从他的发明中获利的人！特斯拉能幸免于与阿姆斯特朗相似的命运，证明了他坚韧和超然的本性。[2]

1956 年有一个特斯拉诞辰 100 年的纪念活动。为此，一个特斯拉纪念大会隆重举行，诺贝尔奖获得者尼尔斯·玻尔在大会上做了演讲。与此同时，南斯拉夫邮政局（Yugoslav Postal Service）发行了一套特斯拉纪念邮票。此外，南斯拉夫政府还将特斯拉头像印在 100 第纳尔[1]（相当于 1 美元）的纸币上；萨格勒布和维也纳的博物馆里竖起了特斯拉的雕塑；伊利诺伊州的一所学校以特斯拉的名字命名；芝加哥专门设立了一个"特斯拉日"；在慕尼黑，电工学院委员会将"特斯拉"作为磁通量密度的单位。自此，和安培、法拉第、伏特和瓦特这些名人一样，特斯拉也在科学史上占据了他应有的地位。

20 年后，即 1976 年，南斯拉夫人民把由雕塑家弗朗哥·克尔斯尼奇创作的特斯拉雕塑，作为礼物送给了美国，竖立在尼亚加拉大瀑布旁；同时，在克罗地亚戈斯皮奇特斯拉童年成长的村庄广场上，也立起了一座一模一样的特斯拉雕塑（不幸的是，戈斯皮奇的这尊特斯拉雕塑在 1993 年的战争中被故意炸毁了）。南斯拉夫总统在特斯拉的家乡史密里安，给数千名克罗地亚、塞尔维亚和波斯尼亚观众（这些观众被武装警卫和分隔栅栏分开）发表了一个纪念特斯拉的演讲。同时，美国的纪念活动也在继续。在特斯拉曾住过的纽约市格拉赫酒店以及沃登克里弗发射站的实验室都挂上了特斯拉的纪念匾牌。位于长岛肖勒姆的沃登克里弗发射站的实验室至今还保留着。

1983 年，美国邮政局为了纪念特斯拉以及查理斯·斯坦梅茨、菲洛·法恩斯沃思[2]、埃德温·阿姆斯特朗等四人，发行了集合四人头像的纪念邮票。在波士顿科学博物馆，我们可以看到一个巨大的特斯拉感应线圈；华盛顿的史密森学会（Smithsonian Institution）[3]挂着特斯拉的画像。在美国，有两个主要的纪念特斯拉的组织，一个是位于纽约拉克万纳（Lackawanna）的特斯拉纪念协会（Tesla Memorial Society），一个是特斯拉研究国际协会（International Tesla Society）；特斯拉研究国际协会的总部设在科罗拉多斯普林斯，每两年举行一次会议。

---

[1] 第纳尔（dinar）：当时的伊朗、伊拉克、约旦、南斯拉夫等国家的货币单位。——译者注
[2] 菲洛·法恩斯沃思（Philo Farnsworth, 1906—1971）：美国发明家，阴极射线管电视机的发明者。——译者注
[3] 史密森学会（Smithsonian Institution）：为求科学知识的普及与进步，在 1846 年设立于美国华盛顿的学术机构，有国营的设施、博物馆、天文台、美术馆等。——译者注

威廉·怀特在他的《组织人》（*The Organization Man*）一书里写道，大型企业尽管福利诱人，但也有呆板、让人困惑和自我毁灭的一面。当企业职工和企业之间发生不可避免的冲突时，企业职工会陷入矛盾的困境中，因为一方面企业为职工提供了生活保障，但另一方面却牺牲了员工的个性。这就是怀特所谓的"相互欺骗"（mutual deception）："反抗专治是本能，然而抵抗仁慈却非易事。几乎没有什么东西能比'个人利益和集体利益是完全可以相协调的'这样一种思想更能让人卸下防卫。……一个愿意让组织做裁判的人最终会牺牲自己。"[3]

组织所倡导的观念成了理性的化身，它形成、重构进而控制了组织中个体的意识。[4]以特斯拉的境遇为例，企业界越排斥特斯拉的沃登克里弗构想，这个构想在业内工程师们看来就越显得不切实际，因为这些工程师们是企业世界的产品和延伸，企业的方针政策造就了他们的思想意识。最终，特斯拉的世界观在他们的眼里成为了一种威胁。所以，他们更容易将特斯拉视为一个怪胎，而不会去考虑他的计划也许可行。

一个因革新而遭人排挤的现代著名例子就是苹果电脑公司的联合创始人史蒂芬·乔布斯。20世纪80年代中期，乔布斯意识到，摩托罗拉公司的微处理器在图像处理的性能方面优于第二代苹果电脑和比尔·盖茨（微软公司）用在IBM计算机上的处理器，他于是创造了麦金塔微型计算机（Macintosh）。不得不承认，第一代麦金塔计算机对于商业用途并没有吸引力，它的构造决定了它不利于推广，因此并没有立即在市场上获得成功。相对较差的IBM公司的磁盘操作系统（DOS）毫无疑问是当时的标准。然而，乔布斯并未退却，他决定淘汰利润丰厚但已经过时的苹果二代机，开始完全转向麦金塔机的制造。

尽管乔布斯是身价超过10亿美元的苹果企业神童般的创始人之一，但他却威胁到了苹果公司的金融稳定。于是发生了令人震惊的一幕——乔布斯被苹果公司免职了！尽管乔布斯是苹果公司最大的股东，但他却真的被公司解聘了！10年后，尽管比尔·盖茨／IBM兼容芯片（英特尔／奔腾处理芯片）已经具备Windows图像处理能力，但它仍然基于相对Power-Mac较次的设计。不过，尽管Power-Mac在图形设计方面毫无疑问是这个领域的标准，但盖茨／英特尔芯片迄今为止依然是美国的主导操作系统配置。盖茨就这一问题委婉地说道："我们的同行正推出全新的操作系统，但是因为我们已经占据了主要的市场份额，所以我们可以通过较低价格保持我们的销量……（而且）请相信我，编写与 Windows 操作系统所兼容的应用软件比编写与 DOS 操作系统兼容的应用程序简单很多，因此在 Windows 操作系统上没必要去运行 DOS 软件。但我们很清楚，没有兼容性我们就无法渡过危机。"[5]

精神分析

尽管我很清楚人们对弗洛伊德式范式的批评，也知道人们在分析问题时常常过于简单化的问题，但我在我的博士论文中提出，要解释特斯拉异于常人的性格、他自己承认的独身主义以及外界传闻的他的同性恋倾向，我们也许可以这样推测：特斯拉 5 岁时，哥哥达内过早的夭折也许致使特斯拉一直怀着一种压抑的内疚感。特斯拉一直受到恋母情结的困扰，他自己也承认，他小时候过于依恋他的母亲；幼年的特斯拉经历了巨大的痛苦，不仅因为达内是母亲朱卡最爱的儿子，还因为哥哥夭折时特斯拉正处于形成性别认同、学会从自爱到爱人的转变的年龄。也许，哥哥达内死后，母亲有点嫌恶特斯拉，特斯拉因此只好将本该转移的爱又转移到自己身上，开始变得自恋。特斯拉一直想重新获得他自认为失去了的母爱和哥哥的爱，这使得他后来会不自觉地去寻找能同时给他母亲般的爱和兄长之爱的人物，比如像威斯汀豪斯和皮尔庞特·摩根这样实力雄厚而又能给他提供资助的权威人物。这种恋母情结和依恋哥哥情结的结合，也许还能解释特斯拉对性别认同的困惑。

为了重新找回缺失了的母爱和哥哥的爱，并从象征意义上召回他死去的哥哥（因为那也许是修复创伤的唯一方式），特斯拉便强迫自己形成了通过自我牺牲来进行忏悔的习惯。在与威斯汀豪斯合作时，他取消了合同中关于专利使用权税的条款，这使他损失了几百万美元（他本来完全可以制订一张长期支付专利权税的时间表）。[6] 而在和皮尔庞特·摩根合作时，尽管摩根建议利润五五分成，但特斯拉却坚持让摩根持有更多股份（即 51% 的股份）。

然而，由于他的很多性格因素（比如他的狂妄自大、过于野心勃勃以及急于击垮竞争对手），特斯拉违背了他和摩根之间的合约，擅自决定建造一个比原先约定规模更大的发射塔。这也是一个自我毁灭的举动（尽管这个计划也许会成功，而且，从另一层面说，它的风险并非不可估量）。从精神分析的角度来看，特斯拉在潜意识里相信摩根会原谅他的过失（会告诉继任他位置的小摩根，他仍然会支持特斯拉），并给他提供更多资金，帮他完成沃登克里弗发射塔的建造。当摩根说"不"的时候，特斯拉无法面对这样残酷的拒绝，所以特斯拉固执地试图让摩根回心转意，即使在摩根明确表示不可能再投资时，自以为能帮摩根实现理想的特斯拉还是没有停止努力。

至于特斯拉执着于联系外星人这件事，从精神分析的角度看，这些外太空的天体也许象征了阴间的灵物。人们对外星生物存在的信念非常强烈和普遍，这可以解释为什么有那么多人会认同珀西瓦尔·洛厄尔的"火星运河"假设，也可以解释为什么《星球大战》（*Star Wars*）、《星际迷航》（*Star Trek*）和《外星人》（*E.T.*）等这些电影会如此大受欢迎。对特斯拉而言，外星人在逻辑上也许就代表了他的母亲和死去的哥哥。他坚持认为外星人可能曾与他进行联系，这成为他的安全阀，使他能够转移（释放）哥哥之死给他带来的焦虑，因为这种观点使他感觉他的哥哥在某种意义上还活着。如果哥哥达内还活着，特斯拉就不会那么痛苦，他的母亲也就会一如既往地爱着他。

特斯拉这种怀旧的行为还解释了他对于鸽子的迷恋。达内死后，全家人很不情愿地从他们田园式的农场搬到了熙熙攘攘的戈斯皮奇市。鸽子不仅是特斯拉的"情人"替身，它们也象征着特斯拉向家乡史密里安无忧无虑的童年乌托邦的回归。

与精神分析范式不同的一种假设是，我们必须把特斯拉放在他所处的时代中。（首先申明一点：笔者尚未发现任何确凿的证据证明特斯拉是同性恋者。）当时，投身科学研究而不结婚的人并非只有特斯拉一个，威廉·詹姆斯和当时的其他知识分子也没有结婚。特斯拉非常清楚，婚姻的种种责任将会极大地影响他的发明精力。于是，他故意通过自我否定的方式，将他的生理本能转化成了高尚的科学研究的动力。然而，这个观点并不能完全解释他天性中的激情，尤其是当我们想到在"快乐的90年代"，特斯拉这个崛起的科学新星完全有可能任意挑选对他有意的女人，比如玛格丽特·梅林顿。这个观点同样也无法解释他对鸽子的过分依恋。

再者，弗洛伊德范式也不足以解释特斯拉魔法师般的天才，因为弗洛伊德范式倾向于将特斯拉的才华神圣化，而不是将其看成自然的结果。特斯拉很看重礼节，有洁癖，且容易自我否定，这些性格特征部分与他小时候曾因喝了不干净的水而饱受霍乱折磨有关，另外一个重要原因是他想通过一套固定的行为习惯来改变他的意识状态，以便在意志上为他的工作做好准备。和大部分发明家不同，特斯拉的发明创造不局限于某个领域。他将他的才智应用到了不同的领域，设计出了很多领域的基础性的发明，所涉领域包括照明、电力配送、机械设备、粒子束武器、空气动力学和人工智能。特斯拉的多才多艺和丰富多样的成就使他居于独一无二的地位。从始至终，特斯拉就像一位追寻圣杯的巨匠，他所追逐的目标就是要通过挑战极限、不断努力，从而改变人类的方向。

万人崇拜的怪才

> 我首先注意到的是那个线圈，因为多年前我曾见过类似线圈的图画……"汉克，你知道吗？这些人很久以前曾尝试发明一种能从大气中吸收静电、将其转化，然后边运动边自己发电的电动机，他们最终没能成功，放弃了，"她指着那个外形已经坏掉的物体说道，"但现在我们面前就有一个这样的电动机。"
>
> ——安·兰德[1]，《阿特拉斯耸耸肩》7

1975 年 6 月 20 日下午 8 点，在纽约市外交官酒店（Hotel Diplomat）的舞厅，《星际会议简报》（*Interplanetary Sessions Newsletter*）宣布他们将举行一次会议，以协调安排"太空客人"对地球的造访。这次活动是由三个人策划的，分别是乔治·范塔塞尔、乔治·金和玛格丽特·斯托姆。乔治·范塔塞尔是《我骑飞碟》（*I Rode a Flying Saucer*）一书的作者；乔治·金据说曾与乘飞碟的外星人有过超验接触；玛格丽特·斯托姆写了超自然的特斯拉传记《鸽子的回归》（*Return of the Dove*），此书的"手稿是用'特斯拉机'（Tesla set）接收的，这是特斯拉在 1938 年发明的一种用于星际交流的无线电设备"。7 月 1 日，"火星人"确定将对华盛顿、纽约以及"整个北美地区"进行"全面的军事行动"。另外，据透露，"特斯拉是 1856 年被带到地球的来自金星的婴儿，他当时被留在了如今的南斯拉夫的一个山区省份。"

一位神秘的人物悄悄出席了这次会议。他是美国联邦调查局派去的特工，受命继续调查神秘莫测的塞尔维亚发明家尼古拉·特斯拉。在联邦调查局的档案里可以

---

[1] 安·兰德（Ayn Rand, 1905—1982）：俄罗斯裔美国女作家，她的作品《阿特拉斯耸耸肩》（*Atlas Shrugged*）出版于 1957 年，是一部寓言式的科学幻想小说，和政治寓言结合在一起。——译者注

看到这份通讯，因此，J. 埃德加·胡佛很有可能也读了这份通讯；胡佛当时非常关注人们对飞碟现象不断高涨的兴趣以及飞碟现象追随者的秘密。

玛格丽特·斯托姆假想，特斯拉生于另一个星球，他是来给我们所有地球人送电力和大众通信系统的；斯托姆之所以有这一想法，是因为特斯拉曾一度热衷于"火星上肯定有生命"这一大众猜想，并与这一猜想发生了一系列有趣的关联。斯托姆受到（反共反进步的）麦卡锡主义、对共产主义渗透的恐惧以及通神文学的影响，她宣称，特斯拉是第六根种族（the sixth-root race，正在地球上进化的一个新兴人类种族）的后裔。使问题更复杂的是，斯托姆还是阿瑟·马修斯的朋友。马修斯是《光墙：尼古拉·特斯拉和金星宇宙飞船》（*Wall of Light: Nikola Tesla and the Venusian Spaceship*）一书的作者，他是一个很古怪的电学家，在20世纪30年代曾写信给特斯拉。他在书中写道，特斯拉是他的雇主，他们曾多次一同乘坐宇宙飞船，到附近的星球上去；直到1970年，特斯拉还健在，只不过是成为了外星人而已。[8]

在几十年的时间里，特斯拉一直被归入神秘人物的范畴，他变成了很多科幻文学里的疯狂科学家的原型，比如，在安·兰德的小说《阿特拉斯耸耸肩》里，特斯拉就成了一个复合型角色——新世纪英雄约翰·高尔特；在詹姆斯·雷德菲尔德1996年的畅销书《灵界大觉悟》（*The Tenth Insight*）里，特斯拉是未来科技的源泉；他还是尼古拉斯·罗格导演的电影《天外来客》（*The Man Who Fell to Earth*）中的外星人（由摇滚歌星大卫·鲍伊扮演）。特斯拉在一部分美国人当中备受崇拜；由于一支摇滚乐队的名字就叫特斯拉，特斯拉也开始受到年轻一代的推崇。

然而，在日本，特斯拉的偶像地位更为复杂。一方面，发明过软盘的世界顶级发明家中松义郎博士是特斯拉的强力支持者，曾举办过纪念特斯拉的庆祝活动。而另一方面，特斯拉秘密武器研究工作也引起了现代最危险的邪教组织之一的密切关注。

1995年1月，日本神户发生大地震，整个城市被摧毁，5000多人丧生。一个月后，曾经在东京地铁释放沙林毒气的"魅力超凡的疯子"麻原彰晃的一伙追随者飞往贝尔格莱德，潜入特斯拉博物馆，企图获取所谓的特斯拉远程地球动力地震器的设计图。麻原彰晃领导的邪教组织名叫"奥姆真理教"（Aum Supreme Truth），该组织宣称自己在6个国家有成千上万的成员，拥有最先进的高科技设备、存有大量军事秘密的数据库、枪支、激光装置以及其他更深奥的新世纪武器系统。这个邪教组织的目标是控制世界，但他们的计划被这次大地震终止了。麻原彰晃认为这次地震并非自然灾害，而是由日本某个大公司做电磁实验引起的，或者有可能是由美国或者俄罗斯试验特斯拉高度机密的地震武器所致。

生长在曾经目睹其城市遭原子弹摧毁的国家里，麻原彰晃受到世界末日主题科幻小说故事的影响，比如日本作家正树新藤的《超人特斯拉》（*Tesla Superman*），还受到了像汤姆·比尔登中校这样的特斯拉喜爱者的影响（比尔登宣称特斯拉无线发射机可以用作洲际"静电标量波"发送系统）。麻原彰晃认为世界末日已经临近——神户大地震就是证据，于是他计划建造他自己的"特斯拉榴弹炮"，同时完善"死亡射线"武器，从而来占据高地。[9]

克里斯托夫·埃文斯在其《非理性的邪教》（*Cults of Unreason*）一书中认为，邪教对于社会中的人们似乎是"权宜之计"——它可以帮助他们解决生命的种种谜题，还能缓解人们由于时代过快的节奏所产生的不安情绪。[10]在埃文斯看来，邪教存在的目的就是发现"圣杯"——人们所认为的宇宙背后的秘密。特斯拉将他的无线发射机称为"哲学家的基石"。对他而言，他的无线发射机是他改变社会、联系整个世界的机制。特斯拉追随了歌德式的道路，他的世界观向世界提出了智能层次理论。特斯拉的发明源自自然规律，而通过这些发明，人类可以获得神一般的本领，并能与其他星球上的邻居进行交流。

"根据神秘主义的观点，"俄罗斯哲学家P.D.邬斯宾斯基博士说道，"历史上从没有哪个文明是自发形成的。"[11]占星学家达内·拉迪亚说，神秘学说包括了其他（更高层次的）维度。他认为，某些常被称为天神化身的个体实际上就是"播种者"，他们拥有着这样或那样的特定知识，这些知识引领着一个文化走向卓越，出类拔萃。

特斯拉就拥有这样的特定知识，但由于种种原因，他的这种知识要么被主流科学界和主流社会所排斥，要么被那些把他的成就当成威胁的权威人物所压制。然而，这并不妨碍特斯拉的追随者获得他成果的精华。很受欢迎的新世纪作家罗伯特·安东·威尔逊将特斯拉描述成是一个"先觉者"。只有少数人真正懂得特斯拉，但他在这些人当中一直都是备受敬仰的英雄，因为他的人生和他的科学成就成了众多科幻小说和影视作品的原型或题材，因为他给那些深入研究他成果的内在意义的人提供了答案。[12]

然而，和其他深奥人物不一样的是，特斯拉的地位是独一无二的，因为他的许多发明都融入了我们的现代高科技世界。如果在特斯拉的鼎盛时期，他的世界终极无线传播计划能得以实现的话，很难说历史的进程和我们生活的质量将会发生怎样的改变。

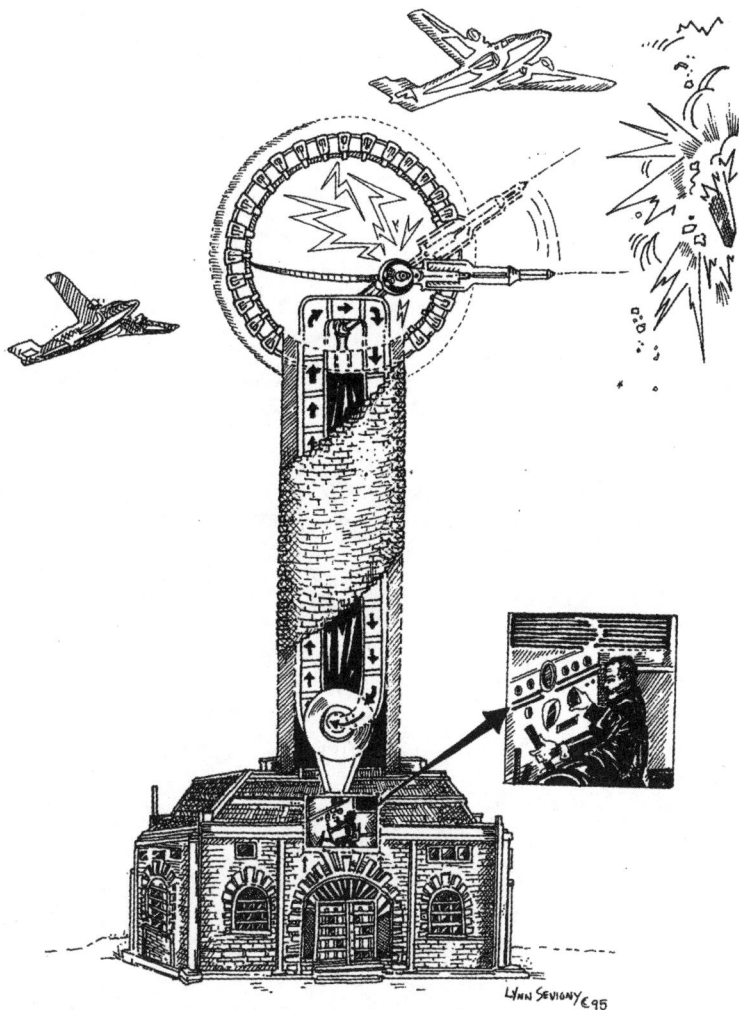

特斯拉的粒子束武器（© 林恩·萨维尼，1995）

附录一

关于放大发射器的技术讨论

1990 年在科罗拉多斯普林斯举行的特斯拉国际会议上，贝尔格莱德特斯拉博物馆馆长亚历山大·马林西克博士、参与建造了特斯拉所设计的大型放大发射器的唯一一位现代电气工程师罗伯特·戈尔卡和我一起讨论了特斯拉沃登克里弗发射塔计划的可行性。马林西克和戈尔卡都一致认为特斯拉的终极计划——将电能发射到世界各地，以供工业生产需要——是无法实现的。

电气工程师、研究特斯拉长达 40 年的专家利兰·安德森对此表示赞同。安德森认为，特斯拉在科罗拉多斯普林斯所做的实验的效果，可能是由于他偶然将他的发射塔建在大平原边缘的派克峰山脉附近而引起的。当特斯拉检测到雷电放电和驻波时，他错误地以为这些驻波能传遍整个地球。安德森写道，事实上，特斯拉检测到的驻波可能是因派克峰反射而产生的"未被识别出的加强效果"，特斯拉自己制造的波可能也产生了相同的效果。安德森的结论是建立在电气科学家拉尔夫·约勒测量派克峰雷暴的结果之上的。[1]

有两位专家认为特斯拉的放大发射器是可行的，分别是詹姆斯·科勒姆教授和埃里克·多拉德，两人皆是基于特斯拉的研究发现而成长起来的发射设备设计师。多拉德写道，斯坦梅茨的门徒欧内斯特·F.W. 亚历山德森（在 1920 年前后）发明的一种"多重负荷公寓楼顶天线"（multiple loaded flat top antenna）确实是模仿了特斯拉的诸多发明。该设备坐落在加利福尼亚州的波利纳斯（Bolinas），它在两个分开的"接地导板"和一个"高位导板"中间设立了一个谐振变压器，这套设备能产生三种不同的无线频率——"大气感应、天线感应和地磁感应"。天线将电能传导到地面上，产生出的驻波"不断地在地面和反射电容之间来回弹射，其频率与地磁感应的频率相协调"。[2]

我们可以用一个简单的音叉实验来解释接地装置的重要性。当音叉与某个接地装置（比如一张桌子）连接时，音叉产生的共振更加强烈。由于地面具有导电性，脉冲传输的个别化就变得更简单。电能"并不是从一般意义上穿过大地，它只能根据频率大小向地面渗透一定的深度。"[3]

物理学博士、前西弗吉尼亚大学教授科勒姆写道："过去，特斯拉富有远见的观点常常被认为是毫无根据的。我认为，对特斯拉的这种否定源于一些批评家，他们对特斯拉的实际技术测量和物理观察并不了解。"科勒姆自己做了大量的各种实验，因而推测：特斯拉在1900年5月16日的专利申请中所写的数学结论"可能是从地面共振的实际测量结果中得出的。"换句话说，他认为特斯拉宣布的两个结果基本上是正确的：①特斯拉测量到了从地球另一端反射回来的地面脉冲；②特斯拉计算出了地球的谐振频率。[4]

从技术的角度来看，沃登克里弗无线发射塔的主要建造目的是传输信息和少量的电能，这些电能仅仅能够支持运行钟表或是股票自动报价机，并不足以给工厂供电。每个塔要么作为发射塔，要么作为接收塔。特斯拉在给凯瑟琳·约翰逊的一封信中解释说，他需要30多个这样的塔。[5]

而且，一般认为，特斯拉的放大发射器传输电能的方式有好几种。如果建成，特斯拉可以利用载波（如舒曼谐振腔和／或地磁脉冲）在地内传输；他可以通过无线频率在空气中传输；还可以将载波发射到电离层，然后利用电离层进行传输：

> 我承认，当我按照这个思路进行大规模的试验时，我颇感失望，因为它们并未产生任何实质性的结果。当时，我曾使用过800万伏到1200万伏的电。我曾使用过一个强大的电弧，将其作为电离射线源，将电离射线反射到天空中，试图将高压电流和高层大气连接起来，因为我多年来梦寐以求的目标是将海洋的夜空点亮。[6]

中心发射塔的功能很像今天电话公司的无线主干微波发射器，它们发射的电能能被传统线缆捕获，进而传输给一定半径内的千家万户。

世界远程传输系统

据我所知，我认为特斯拉的放大发射器当时如果完全建成，可能会以以下方式运作：一个发射塔将被建立，其高度和传输电振荡的能力与发射塔的规模和地球的电属性及物理属性相协调。

特斯拉并非仅仅使用横电磁波，还使用了纵波（例如通过地震或声音传播的脉冲）。据估算，这个巨大的特斯拉感应线圈把光的波长也考虑在内。换句话说，感应线圈内的线缆的长度与光在特定时间内能传播的距离相对应。通过产生与地球频率相协调的驻波，地球表面上的"节点"就能被找出来。[8]

一股超强大的电荷——超过 3000 万伏，且其谐振频率与地球的地磁和（或）物理属性相一致——将沿着发射塔向下传送至地面，然后被传送到 16 根长达 300 英尺的铁辐条上，这些铁辐条呈螺旋形从上到下布满了深达 120 英尺的井中。这一强大的电脉冲会牢牢地吸住地面，产生与天然的地球脉冲频率相协调的电磁扰动，并到达地球的另一侧，然后又反射回来，回传入发射塔中。通过控制频率周期，我们可以调节脉冲，使其强度有实质性增长，就好比我们以精确的加速度敲一口钟，越敲越快，这口钟的回声也越来越响。电能将被储存在塔顶和实验室里特制的电容器中。与大地电流相协调的驻波将由此产生。[9]

特斯拉的这项装置就像一个震动弹簧，它使特斯拉能够判断和操控载波振荡的静电容量（相当于弹簧的弹性）和感应系数（相当于压在弹簧上的质量）。[10] 特斯拉还认为，使用零下 197 华氏度的液化空气将大大增强高频率的产生和接收能力，同时降低由摩擦和高温引起的阻抗。[11] 通过在反弹流上把电能转化成高频率，特斯拉提高了他的众多发射塔的效率。每一个发射塔都既可以充当发射塔，也可以充当接收塔。坐落在大瀑布旁的塔可以使电能"弹射"到地球另一个地方的另一座塔那里。

我们通过环绕地球的无数电线（也即无数电路）输送电能，同理，我们也可能通过地球本身的电磁网络输送电能。传统的方法必须先将插头插入插座，然后打开开关，才能使用电；同样，在特斯拉的无线输电系统中，系统必须连接一个无线设备并打开该无线设备，由该系统输送的电能才能被使用。如果建成，特斯拉无线传输系统在传输过程中不会造成浪费，至少不比现有的输电方式造成的能源浪费大——比如无线车载电话，又如变压器和电线杆之间的高压电线。[12]

特斯拉的无线发射系统当下可以在多方面发挥作用。例如，可理解信号（无线电话）可以传送到地球上任何一个地区。利用同一原理，还可以供电。一种是在某一发射塔的有限半径范围内给成千上万的机器供电，这些机器只需要向发射塔发送一个编了码的请求脉冲即可；或者向不在电源附近的另一个发射塔传送电能。另一种是给远在异地、不靠近电源的另一个发射塔输电，这第二处发射塔再通过传统电线或无线的方式给家用电器和电话供电。[13]

请看下图：能源（如煤或水）发出电，电进入到一个变压器中，该变压器包含了次级线圈（调节成与光波长一致）和初级线圈。发射塔内的次级线圈在里层，更细、更长且圈数更多。当次级线圈产生的频率传到更粗、更短且圈数更少的初级线圈中时，频率会降低。接着，发射器会将电能喷射到自然介质中，通过大地或空气这两种不同的介质进行远距离传输。特斯拉阐述道：

> 接收站使用结构类似的变压器，但该变压器的初级线圈更长、圈数更多，而次级线圈更短且圈数更少……值得注意的是，这一传输电能的过程是真正的传输，与电辐射现象不能混为一谈。[14]

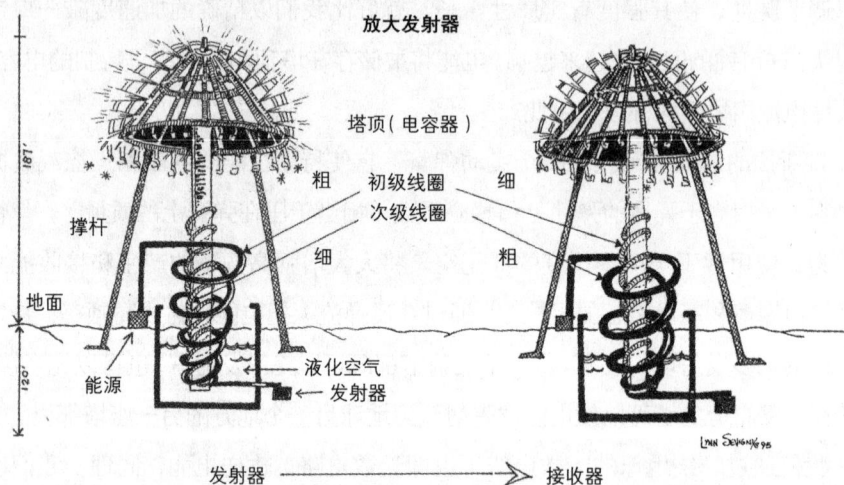

放大发射器

发射器 ⟶ 接收器

1. 变压器组件包括：

（1）粗线圈：短且圈数少，作为发射器中的初级线圈和接收器中的次级线圈。

（2）细线圈：长且圈数多，作为发射器中的次级线圈和接收器中的初级线圈。该线圈长度达 50 英里，而光波的电路长度达 185000 英里。[15]

（3）磁芯：连接地面和高架终端。

2. 能源：煤或瀑布。

3. 接地装置。

4. 液化空气池（−197 华氏度）：能超常增大谐振电路中的振荡。[16]

5. 高架终端（球形塔顶）：蓄积存储电荷。要使用一个小容量、高压的终端，以获得尽可能高的频率。

图注：发射塔和接收塔的建造方法基本上一样。发射塔（变压器）的高度和规模与地球的电磁属性相一致。当产生出的驻波和大地电流形成谐振关系时，则驻波可以用作传输电能的载波频率。

补充评论

布朗大学电气工程学教授 E. 科恩豪泽在看了这部分内容后，对能否通过这种方式有效实现电能传输表示怀疑，因为相比其他物质（如铜线）而言，地球并不是一种有效的导体。然而，就建立一个包围全球的无线通信系统而言，科恩豪泽认为这是可能的。他说，美国海军曾尝试建立一个使用极低频率的世界雷达系统，不过最后无果而终。据说这项名为"航海家计划"（Project Seafarer）的工程如果建成，它甚至能和地球上任何地方的深海潜艇进行通信。然而，这项计划最后似乎被废弃了，原因是它有可能会对现有的广播和电视频率产生巨大的干扰，而且可能会破坏环境。

科恩豪泽还怀疑特斯拉的无线电接收管的效能不够，因为直到 15 年之后才出现了有利用价值的电子管。不过，科恩豪泽承认，现代调幅广播电台确实把大地作为他们的主要脉冲传输途径；调频广播和电视也利用大地传输脉冲，但在这两种情形中，大气是传输脉冲的更重要的介质。

附录二

通古斯事件

有一个问题时常被问及，即特斯拉和1908年发生在通古斯地区的巨大爆炸是否有关联。由于现场没有发现任何陨石或坑洞，起源于安德里亚·普哈里奇的谣言（后来被塔德·怀斯写进他的特斯拉题材小说中）认为，通古斯爆炸是特斯拉利用他的沃登克里弗发射塔释放的巨大电流引起的。由于沃登克里弗发射塔在1903年就被废弃了，因此笔者觉得没有必要把通古斯事件写进本书中。但是，因为这个故事在电视上已被多次报道，谣言已经深入人心。罗伊·加伦特在他的《天空爆裂那天》(*The Day the Sky Split Apart*) 一书中估计，通古斯爆炸的破坏波及区域达到了40平方英里，释放出的能量是美国投在广岛的原子弹能量的2000倍！特斯拉研究专家詹姆斯·科勒姆分析说，如果特斯拉有能力释放理论上的地球1%的磁荷，他就可以得出可观的实验结果。但是，科勒姆和本书作者都一致认同：一方面，特斯拉并没有这么做；另一方面，沃登克里弗发射塔远不具有这样的威力。加伦特认为，通古斯爆炸可能是由于彗星或小行星引起的，它向着地球飞驰而来，经过与地球大气层的摩擦后，在爆炸地点上空两三英里的位置爆炸，险些和地球发生碰撞。

参考资料

常用缩写词

NT	Nikola Tesla
FOIA	Freedom of Information Act
CSN	Colorado Springs Notes
TS	International Tesla Society, Colorado Springs, Colo.
TMS	Tesla Memorial Society, Lackawanna, N.Y.

研究机构

LA	Leland Anderson, personal archives, Denver, Colo.
	American Friends of the Hebrew University, New York, N.Y.
SWP	Avery Library, Manuscript Division, Columbia University, New York,N.Y. (Stanford White papers)
BLCA	Bancroft Library, Manuscript Division, University of California, Berkeley, Calif.
	Brown University Library, Providence, R.I.
BLCU	Butler Library, Manuscript Division, Columbia University, New York, N.Y. (Robert U. Johnson, George Scherff, and Michael Pupin papers)
WBP	Cornell University Library, Manuscripts Division, Ithaca, N.Y. (William Broughton papers)
TAE	Edison National Historic Site, West Orange, N.J. (Thomas Alva Edison, Charles Batchelor, and Nikola Tesla papers)
	Engineering Societies Library, New York, N.Y.
FBI	Federal Bureau of Investigation, Washington, D.C.
	George Arents Research Library. Syracuse University, Syracuse, N.Y.
GP	Gernsback Productions, Farmingdale, N.Y.
HC	Hammond Castle, Gloucester, Mass.
	Health Research Publishers, Mokelumne, Calif.
HL	Houghton Library, Harvard University, Cambridge, Mass.
LC	Library of Congress, Washington, D.C. (Tesla correspondence on microfilm)
JPM	J. Pierpont Morgan Library, New York, N.Y.
	Lloyd's of London, England
MSF	Meta Science Foundation Library, Kingston, R.I.
	National Academy of Science, Stockholm, Sweden
NAR	National Archives, Washington, D.C.
NYPL	New York Public Library, New York, N.Y.
NYHS	New York Historical Society, New York, N.Y.
OAP	Office of Alien Property, Washington, D.C.
	Port Jefferson Library, Port Jefferson, N.Y.
	St. Louis Public Library, St. Louis, Mo.

KSP   Smithsonian Institution, Washington, D.C. (Kenneth Swezey Papers)
NTM   Tesla Museum, Belgrade, Yugoslavia
         University of Prague Library, Archiv Univerzity Karlovy, Prague, Czechoslovakia
         University of Rhode Island Library and Interlibrary Loan, Kingston, R.I.
         USX Corporation, Pittsburgh, Penn.
GWA   Westinghouse Corporation Archives, Pittsburgh, Penn.
YL   Yale University Library, New Haven, Conn.

经常引用的期刊

BE	Brooklyn Eagle
CL	Current Literature
EE	Electrical Engineer
EEX	Electrical Experimenter
ER	Electrical Review
EW	Electrical World
EW & E	Electrical World & Engeineer
NYHT	New York Herald Tribune
NYS	New York Sun
NYT	New York Times
NYW	New York World
PACE	Planetary Association for Clean Energy
R of R	Review of Reviews

特斯拉通信缩写的对应关系

JJA	John Jacob Astor
TdB	Titus de Bobula
RFL	Reginald Fessenden Litigation
JHH Jr	John Hays Hammond Jr.
JH	Julian Hawthorne
AH	Admiral Higginson
KJ	Katharine Johnson
RUJ	Robert Underwood Johnson
TCM	Thomas Commerford Martin
JPM	J. Pierpont Morgan
JPM Jr	J. Pierpont Morgan Jr.
GS	George Scherff
NT	Nikola Tesla
ET	Elihu Thomson
GSV	George Sylvester Viereck
SW	Stanford White
GW	George Westinghouse
GWC	George Westinghouse Corporation

For example: NT/JHHjr January 3, 1911: Tesla wrote Hammond on that date.
GS/NT April 7, 1902: Scherff wrote Tesla on that date.

经常被引用的特斯拉信息的引用来源

NT 1894 *The Inventions, Researches and Writings of Nikola Tesla.* T. C. Martin, ed. New York: Electrical Engineer.

NT 6/1900 "The Problem of Increasing Human Energy." *Century*, June 1900, pp. 175-211.

NT 1916 *Nikola Tesla: On His Work With Alternating Currents and their Application to Wireless Telegraphy, Telephone, and Transmission of Power.* L. Anderson (ed.), Denver Colo.: Sun, 1992.

NT 1919 *My Inventions: The Autobiography of Nikola Tesla.* Ben Johnston, ed., Williston, Vt.: Hart Brothers, 1981.

NT 1937 "The New Art of Projecting Concentrated Non-dispersive Energy Through the Natural Medium." In Elizabeth Raucher and Toby Grotz, eds. *Tesla: 1984: Proceedings of the Tesla Centennial Symposium*, Colorado Springs, Colo.: International Tesla Society, 1984, pp. 144-50.

NT 1956 *Nikola Tesla: Lectures, Patents, Articles.* Belgrade: Nikola Tesla Museum.

NT 1961 *Tribute to Nikola Tesla: Letters, Articles, Documents.* Belgrade: Nikola Tesla Museum, 1961.

NT 1979 *Colorado Springs Notes and Commentary.* Alexander Marincic, ed. Belgrade: Nikola Tesla Museum, 1979.

NT 1981 *Solutions to Tesla's Secrets.* J. Ratzlaff, ed. Milbrae, Calif.: Tesla Book Co., 1984.

NT 1984 *Tesla Said.* J. Ratzlaff, ed. Millbrae, Calif.: Tesla Book Co., 1984.

R & A. Ratzlaff, J., and Anderson, L. *Dr. Nikola Tesla Bibliography 1884-1978.* Palo Alto, Calif.: Ragusen Press, 1979.

主要参考书目

Abraham, J., and R. Savin. *Elihu Thomson Correspondence.* New York: Academic Press, 1971.

Adams, E. D. *Niagara Power: 1886-1918.* Niagara Falls, N.Y.: Niagara Falls Power Co., 1927.

Anderson, F, ed. *Mark Twain's Notebooks & Journals.* iii, 1883-91. Berkeley, Calif.: University of California Press, 1979.

Anderson, Leland, ed. "John Stone Stone on Nikola Tesla's Priority in Radio." *Antique Wireless Review*, 1 (1986).

_____. "Priority in the Invention of the Radio: Tesla v. Marconi." *Tesla Journal* 2, no. 3 (1982-83): pp. 17-20.

_____. *Nikola Tesla; Lecture Before the New York Academy of Sciences.* Breckenridge, Colo.: 21st Century Books.

Asimov, Isaac. *Asimov's Biographical Encyclopedia of Science and Technology.* Garden City, N.Y.: Doubleday, 1964.

Baker, Paul. *Stanny: The Gilded Life of Stanford White.* New York: Free Press, 1989.

Baker, E. C. *Sir William Preece: Victorial Engineer Extraordinary.* London: Hutchinson, 1976.

Barnow, Erik. *A Tower in Babel: A History of Broadcast USA.* New York: Oxford University Press, 1966.

Barrett, W., ed. *The Smithsonian Book of Invention.* New York: Norton, 1978.

Bearden, Tom. "Solutions to Tesla's Secrets and the Soviet Tesla Weapon." In *NT 1981*, pp. 1-45.

_____. "Tesla's Electromagnetics and Soviet Weaponization." In Raucher and Grotz eds. *NT 1984*, pp. 119-138.

Beckhard, A. *Electrical Genius, Nikola Tesla*. New York: Messner, 1959.

Behrend, B. A. *The Induction Motor*. New York: McGraw Hill, 1921.

Birmingham, Stephen. *Our Crowd*. New York: Pocket Books, 1977.

Blackmore, J. *Ernst Mach, His Work, Life and Influence*. Berkeley, Calif.: University of California Press, 1972.

Bulwer-Lytton, Edward. *The Coming Race*. London: Routledge, 1871.

Cameron, W. *World's Columbian Exposition*. New Haven, Conn.: James Brennan, 1893.

Cantril, H. *The Invasion of Mars: A Study in the Psychology of Panic*. New York: Harper, 1940/1966.

Carlson, Oliver. *Brisbane: A Candid Biography*. New York: Stackpole, 1937.

Cases Adjudged in the Supreme Court. United States v. Marconi. 373, pp. 1-80, April 9, 1943.

Cheney, M. *Tesla: Man Out of Time*. Englewood Cliffs, N.J.: Prentice-Hall, 1981.

Chernow, Ron. *The House of Morgan*. New York: Atlantic Monthly Press, 1990.

Clark, Roland. *Einstein: The Life and Times*. New York: World, 1971.

Crockett, Albert Stevens. *Peacocks on Parade*. New York: Sears, 1931.

Crookes, William. "Some Possibilities of Electricity." *Forthnightly Review* (February 1892): vol. no. 3, pp. 173-81.

Coit, Margaret. *Mr. Baruch*. New York: Houghton Mifflin, 1957.

Conot, R. *Streak of Luck: The Life Story of Edison*. New York: Bantam Books, 1980.

Corum, James, and Ken Corum. "A Physical Interpretation of the Colorado Springs Data." In Raucher and Grotz, *NT ITS 1984 Proceedings*.

Corum, James. "100 Years of Resonator Development." *NT ITS 1990 Proceedings*, pp. 2-1-2-18.

Cowles, Virginia. *The Astors*. New York: Knopf, 1979.

David, C., ed. *Chronicle of the 20th Century*. Mt. Kisco, N.Y.: Chronicle, 1987.

Davis, John. *The Guggenheims: An American Epic*. New York: Morrow, 1978.

De Forest, Lee. *Father of Radio: An Autobiography*. Chicago: Wilcox & Follett, 1950.

DelRay, L. *Science Fiction Art*. New York: Ballantine, 1975.

Dickson, W., and A. Dickson. *The Life & Inventions of T. A. Edison*. New York: Crowell, 1892.

Djilan, Milovan. *Land Without Justice*. New York: Harcourt Brace, 1958.

Edison, Thomas. "Pearl Street." *ER* (January 12, 1901): pp. 60-62.

Einstein, A., B. Podolsky, and N. Rosen. "Can Quantum Mechanical Description of Physical Reality be Considered Complete?" *Physical Review* 47 (1935): p. 777.

Elswick, Steven. *1986 Proceedings of the International Tesla Society. Colorado Springs, Colo: ITS Press*.

_____. *NT ITS 1988 Proceedings*.

_____. *NT ITS 1990 Proceedings*.

_____. *NT ITS 1992 Proceedings*. In press.

_____. *NT ITS 1994 Proceedings*. In press.

Encyclopedia of Science & Technology. New York: McGraw-Hill, 1987.

Evans, Christopher. *Cults of Unreason*. New York: Dell, 1973.

Fabin, Sky. *The Zenith Factor* (video). Santa Fe, N.M.: Southwestern College of Life Sciences, 1985.

Gates, John D. *The Astor Family*. Garden City, N.Y.: Doubleday, 1981.

Gardiner, P., ed. *Theories of History*. Glencoe, Ill.: Free Press, 1959.

Gernsback, Hugo. "Nikola Tesla: Father of Radio." *Radio Craft* February 1943, pp. 263-65; 307-10.

Gillifan, S. *The Sociology of Invention*. Cambridge, Mass.: MIT Press, 1935.

Gertz, Elmer. *Odyssey of a Barbarian: The Biography of G. S. Viereck*. Buffalo, N.Y.: Prometheus, 1978.

Goethe. *Faust*. C. Brooks, ed./trans. Boston: Ticknor & Fields, 1856.

Gorowitz, B., ed. *The Steinmetz Era*. Schenectady, N.Y.: Elfun Hall, 1977.

Hammond, John Hays Sr. *Autobiography of John Hays Hammond*. New York: Farrar & Rhinehart, 1935.

Hammond, John Hays Jr. "The Future in Wireless." *National Press Reporter*, 15, no. 110 (May 1912).

Harding, Robert. *George H. Clark Radiona Collection*. Washington, D.C.: Smithsonian Institution, 1990.

Hawkings, L. *William Stanley, His Life and Times*. New York: Newcomen Society, 1939.

Hayes, Jeffrey. *Boundary—Layer Breakthrough*. Security, Colo.: High Energy Enterprises, 1990.

Held, David. *Introduction to Critical Theory*. Berkeley, Calif.: University of California Press, 1980.

Howeth, L. S. *History of Communications-Electronics in U.S. Navy*. Washington, D.C.: U.S. Government Printing Office, 1963.

Hoyt, Edwin. *The House of Morgan*. New York: Dodd, Mead, 1966.

_____. *The Guggenheims and the American Dream*. New York: Funk & Wagnalls, 1967.

Huart, M. "The Genius of Destruction." *ER* (December 7, 1898): p. 365.

Hughes, T. *Networks of Power*. Baltimore, Md.: Johns Hopkins University Press, 1983.

Hunt, Inez, and Wanetta Draper. *Lightning in His Hands: The Life Story of Tesla*. Hawthorne, Calif.: Omni, 1964/1977.

Jobs, Steven. Interview. *Playboy*, February 1985, 49-50, 54, 58, 70, 174-80.

Johnson, Niel. *George Sylvester Viereck: German/American Propagandist*. Chicago: University of Illinois Press, 1972.

Johnson, R. U. *Songs of Liberty*. New York: Century, 1897.

_____. *Remembered Yesterdays*. Boston: Little, Brown, 1923.

Jolly, W. *Marconi*. New York: Stein & Day, 1972.

Josephson, M. *The Robber Barons*. New York: J. J. Little, 1934.

_____. *Thomas Alva Edison*. New York: McGraw-Hill, 1959.

Jovanovic, Branimir. *Tesla I Svet Vazduhoplovstva*. Belgrade: Nikola Tesla Museum Press, 1988.

Kuhn, T. *The Structure of Scientific Revolutions*. Chicago: University of Chicago Press, 1970.

Leonard, J. *Loki: The Life of Charles Proteus Steinmetz*. Garden City, N.Y.: Doubleday, 1928.

Lessing, Lawrence. *Man of High Fidelity: Edwin Howard Armstrong*. Philadelphia: Lippincott, 1956.

Lowell, Perceival. *Mars and its Canals*. New York: Macmillan, 1906.

Lyons, E. *David Sarnoff, A Biography*. New York: Pyramid, 1970.

Mannheim, K. *The Sociology of Knowledge*. London: Routledge, 1952.

Marconi, D. *My Father Marconi*. New York: McGraw-Hill, 1962.

Marconi, Guglielmo. "Wireless Telegraphy." *ER* 38 (June 15, 1901): pp. 754-56; 781-86.

Marincic, Alexander. "Research on Nikola Tesla in Long Island Laboratory." *Tesla Journal*, 6, no. 7, (1988/89): pp. 25-28.

Martin, T. C. "Nikola Tesla." *Century*, February 2, 1894, pp. 582-85.

Mooney, Michael. *Evelyn Nesbit & Stanford White*. New York: Morrow, 1976.

O' Hara, J. G., and W. Pricha. *Hertz & the Maxwellians*. London: Peregrinus, 1987.

O' Neill, John. *Prodigal Genius: The Life Story of N. Tesla*. New York: Ives Washburn, 1944. Reprinted by David McKay, circa 1972.

Ouspensky, P. D. *New Model of the Universe*. New York: Vintage, 1971.

Passer, Harold. *The Electrical Manufacturers: 1875-1900*. Cambridge, Mass.: Harvard University Press, 1953.

Petkovich, Dragislav. "A Visit to Nikola Tesla." *Politika*, March 27, 1927.

Petrovich, Michael Boro. *A History of Modern Serbia*. New York: Harcourt Brace, 1976.

Prout, Henry. *George Westinghouse: An Intimate Portrait*. New York: Wiley, 1939.

Pupin, M. *From Immigrant to Inventor*. New York: Scribner, 1925.

Rand, Ayn. *Atlas Shrugged*. New York: 1957.

Ratzlaff, J., and F. Jost, eds. *Tesla/Scherff Correspondence*. Milbrae, Calif.: Tesla Book Co., 1979.

Raucher, Elizabeth, and Toby Grotz, eds. *Tesla: 1984: Proceedings of the Tesla Centennial Symposium*. Colorado Springs, Colo.: International Tesla Society, 1984.

Robertson, Andrew. *About George Westinghouse and the Polyphase Currents*. New York: Newcomen Society, 1939.

Roman, Klara. *Handwriting: A Key to Personality*. New York: Free Press, 1971.

Rubin, C., and K. Strehlo. "Why So Many Computers Look Like 'IBM Standard.' " *Personal Computing* March 1984, pp. 52-65, 182-89.

Rubin, Nancy. *John Hays Hammond, Jr.: A Rennaissance Man in the 20th Century*. Gloucester, Mass.: Hammond Museum Press, 1987.

Rudhyar, Dane. *Occult Preparations for a New Age*. Wheaton, Ill.: Quest, 1975.

Sartre, J. *Search for a Method*. New York: Knopf, 1963.

Satterlee, H. *J. Pierpont Morgan: An Intimate Portrait*. New York: Macmillan, 1939.

Scott, Lloyd. *Naval Consulting Board of the U.S.* Washington, D.C.: U.S. Government Printing Office, 1920.

Siegel, Mark. *Hugo Gernsback: Father of Modern Science Fiction*. San Bernadino, Calif.: Borgo Press, 1988.

Silverberg, R. *Light for the World*. Princeton, N.J.: Van Nostrand, 1967.

Smith, Page. *The Rise of Industrial America*, vol. 6. New York: McGraw-Hill, 1984.

Sobel, Robert. *RCA*. New York: Stein & Day, 1986.

Steinmetz, Charles. *AC Phenomena*. New York: McGraw-Hill, 1900.

———. *Theoretical Elements of Electrical Engineering*. New York: McGraw-Hill, 1902.

Stockbridge, Frank Parker. "Tesla's New Monarch of Mechanics." *NYHT*, October 18, 1911, 1.

Stoilkovic, Stanko. "Portrait of a Person, a Creator and a Friend." *Tesla Journal*, 4, no. 5 (1986/87): pp. 26-29.

Storm, Margaret. *Return of the Dove*. Baltimore, Md.: Margaret Storm, 1956.

Tate, Alfred O. *Edison's Open Door*. New York: Dutton, 1938.

Telford, H. *Applied Geophysics*. New York: Cambrdidge University Press, 1976.

Thompson, Silvanus. *Polyphase Electric Currents*. New York: American Technical Book Co., 1897.

Toomey, J. *Location of Sources of Elf Noises*. Kingston, R.I.: University of Rhode Island Press, 1970; Philadelphia: Lippincott, 1963.

Wheeler, G. *Pierpont Morgan and Friends: Anatomy of a Myth*. Englewood Cliffs, N.J.: Prentice-Hall, 1973.

White, W. *The Organization Man*. Garden City, N.Y.: Doubleday, 1956.

Wise, Tad. *Tesla: A Biographical Novel*. Atlanta, Ga.: Turner, 1994.

Wolff, Robert Lee. *The Balkans in Our Time*. Cambridge, Mass.: Harvard University Press, 1956.

Wolff, Werner. *Diagrams of the Unconscious*. New York: Grune & Stratton, 1948.

Woodbury, David. *Beloved Scientist: Elihu Thomson*. New York: McGraw-Hill, 1944.

本书作者关于特斯拉的著述

1977 Nikola Tesla [Harry Imber, pseud.] "The Man Who Fell to Earth." *Ancient Astronauts*, September, pp. 23-26.

1978 (H. Smukler, coauthor) "The Tesla/Matthews Outerspace Connection," as told by Andrija Puharich. *Pyramid Guide*, May, part 1, p. 5; July, part 2, p. 5.

1979 "Forty Years of the Handwriting of Nikola Tesla." Paper presented before the National Society for Graphology, New York, N.Y.

1982 "On Nikola Tesla." Letter to Editor. *Radio Electronics*, June, p. 24.

1983 "Nikola Tesla: The Forgotten Inventor." In J. Dorinson and J. Atlas, eds. *Psychohistory: Persons & Communities*. New York: Long Island University, pp. 209-31.

1984 "The Belief in Life on Mars: A Turn-of-the-century Group Fantasy." In J. Dorinson and J. Atlas eds. *Proceedings: Sixth Annual International Psychohistory Convention*, pp. 101-19.

1984 *Tesla: Mad Scientist of the Gilded Age.* New York: Windsor Total Video, produced in association with Bob Henderson, directed by Marc Seifer, narrated by J. T. Walsh, original score by Marshall Coid. Videocassette.

1985 "Nikola Tesla: The Lost Wizard." In E. Raucher and T. Grotz, eds., *Tesla 1984: Proceedings of the Tesla Centennial Symposium*. Colorado Springs, Colo.: International Tesla Society, pp. 31-40.

1986 "The Inventor and the Corporation: Case Studies of Nikola Tesla, Steven Jobs and Edwin Armstrong." In S. Elswick, ed., *Proceedings: 1986 Tesla Symposium*. Colorado Springs, Colo.: International Tesla Society, pp. 53-74.

1986 "Nikola Tesla: Psychohistory of a Forgotten Inventor." Ph.D. diss., Saybrook Institute, San Francisco, Calif.

1988 "Tesla: The Interplanetary Communicator?" *Hands on Electronics*, December, pp. 62-66; 102.

1988 "The History of Lasers and Particle Beam Weapons." In S. Elswick, ed., *Proceedings: 1988 Tesla Symposium*. Colorado Springs, Colo.: International Tesla Society.

1988 *The Lost Wizard*. Screenplay, cowritten with Tim Eaton.

1989 "Nikola Tesla: Psychohistory of a Forgotten Inventor." 1990 Dissertation Chapter Abstracts. *Tesla Journal*. Lackawanna, N.Y.: Tesla Memorial Society, pp. 49-57.

1990 Nikola Tesla and John Hays Hammond, Jr.: "Pioneers in Remote Control." In S. Elswick, ed., *Proceedings: 1990 Tesla Symposium*. Colorado Springs, Colo.: International Tesla Society. In press.

1991 *Nikola Tesla: The Man Who Harnessed Niagara Falls*. Kingston, R.I.: MetaScience Publications.

1991 "Nikola Tesla and John Muir: Ecologists." *IV International Tesla Symposium*. Belgrade, Yugoslavia: Serbian Academy of Sciences and Arts and Nikola Tesla Museum, pp. 317-28.

1992 "Nikola Tesla and FDR: The Secret History of Wireless." In S. Elswick, ed., *Proceedings: 1992 Tesla Symposium*, Colorado Springs, Colo.: In press.

1994 Nikola Tesla: The Lost Years. In S. Elswick, ed., *Proceedings: 1994 Tesla Symposium*. Colorado Springs, Colo.: International Tesla Society. In press.

1996 "Taking on Einstein," *Extraordinary Science* 8, no. 1 (Jan., Feb., Mar.), pp. 38-43.

1996 "Wardenclyffe," *Extraordinary Science* 8, no. 2 (Apr., May, June), pp. 5-10.

1996 "John Jacob Astor and Nikola Tesla." *Proceedings*: *1996 Tesla Symposium*. Colorado Springs, Colo.: International Tesla Society. In press.

本书作者的其他作品

Handwriting & Brainwriting (collected works)
Staretz Encounter (novel)
Hail to the Chief (screenplay)
The Steven Rosati Story (true-crime biography)

下列受访者与本书主题的关系

Alker, Henry, Saybrook Institute, San Francisco, Calif.

† Anderson, Leland, Denver, Colo.

Basura, Nick, Los Angeles, Calif.

*Bearden, Tom, Huntsville, Ala.

‡ Bergstresser, Ralph, Phoenix, Ariz.

Bromberg, Joan, Woburn, Mass.

Burg, David, Lexington, Ky.

Call, Terrence, University of Rhode Island, Kingston, R.I.

*Corum, James, Columbus, Ohio

*Corum, Ken, Franconia, N.H.

Clark, Peggy McKinnon, Shoreham, N.Y.

† Czito, Nancy, Washington, D.C.

Eaton, Tim, Industrial Light & Magic, San Rafael, Calif.

Elswick, Steve, International Tesla Society, Colorado Springs, Colo.

Feeley, Terrence, Johnston, R.I.

‡ Gant, James, Washington, D.C.

‡ Gertz, Elmer, Chicago, Calif.

Gold, Harry, Tesla Coil Builders Association, Glens Falls, N.Y.

*Golka, Robert, Colorado Springs, Colo.

Grotz, Toby, Colorado Springs, Colo.

Hessen, Robert, Stanford University, Calif.

*Hardesty, James, Ithaca, N.Y.

† Jankovitch, M., Paris, France

*Jovanovich, Branimir, Belgrade, Yugoslavia

† *Jurow, Irving, Washington, D.C.

Kasanovich, Nicholas, Tesla Memorial Society, Lackawanna, N.Y.

Kline, Ronald, Cornel University, Ithaca, N.Y.

Kramer, Jurgen, Saybrook Institute, San Francisco, Calif.

Krippner, Stanley, Saybrook Institute, San Francisco, Calif.

McCabe, Bob, Flint, Mich.

McGinnis, J.W., Colorado Springs, Colo.

*Marincic, Alexander, Belgrade, Yugoslavia

*Markovitch, Michael, Brooklyn, N.Y.

Neuschatz, Sanford, Shannock, R.I.

Parry, F., Washington, D.C.

*Possell, Jake, Colorado Springs, Colo.

† Puharich, Andrija, Colorado Springs, Colo.

*Ratzlaff, John, Milbrae, Calif.

Romero, Sid, Salt Lake, Utah

Seifer, Stanley, West Hempstead, N.Y.

Seifer, Thelma, West Hempstead, N.Y.

Shriftman, Elliott, Manhassett, N.Y.

Smukler, Howard, Berkeley, Calif.

‡ Terbo, William, New York, N.Y.

Vagermeerch, Richard, University of Rhode Island

‡ Viereck, Peter, Mt. Holyoke, Mass.

*Vujovic, Ljubo, Brooklyn, N.Y.

Walsh, J.T., Studio City, Calif.

White, Debra, Saybrook Institute, San Francisco, Calif.

White, John, Cheshire, Conn.

*Interviewed because of special knowledge about the subject.

† Personally knew associates of Tesla.

‡ Personally met with Tesla.

各章引文注释

作者序

1. Margaret Storm, *Return of the Dove* (Baltimore: M. Storm Productions, 1956).

2. Nikola Tesla, *My Inventions: The Autobiography of Nikola Tesla* (Williston, Vt.: Hart Brothers, 1982) [Originally published, 1919].

第一章

1. Nikola Tesla, "Zmai Ivan Ivanovich, the Chief Servian Poet of To-day." In R. U. Johnson, ed., *Songs of Liberty and Other Poems* (New York: Century Company, 1897).

2. Personal trip to Yugoslavia, 1986.

3. Robert Lee Wolff, *The Balkans in Our Time* (Cambridge, Mass.: Harvard University Press, 1956).

4. Michael Markovitch, personal interview, 1988.

5. Louis Adamic, *My Native Land* (New York: Harper & Brothers, 1943).

6. Michael Boro Petrovich, *The History of Nineteenth-Century Serbia*, 2 vols. (New York: Harcourt Brace Jovanovich, 1976), p. 5.

7. Petrovich, *History*, p. xii.

8. Markovitch, interview, 1988.

9. Markovitch, interview, 1988.

10. Adamic, *My Native Land*, p. 270.

11. Ibid; Petrovich, *History*, pp. 142-43, 350-51.

第二章

1. NT,"A Story of Youth"(1939). In John Ratzlaff, ed., *Tesla Said* (Milbrae, Calif.: Tesla Book Co., 1984), pp. 283-84. Articles included in this volume will be referred to hereafter by two dates—of original composition and the date of the Ratzlaff anthology.

2. John O' Neill, *Prodigal Genius: The Life Story of Nikola Tesla*. (New York: Ives Washburn, 1944), p. 12.

3. Ibid., p. 13.

4. Nikola Pribic, personal correspondence, April 19, 1988.

5. V. Popovic, *Nikola Tesla*. (Belgrade: Tecnicka Knjiga, 1951).

6. O' Neill, *Prodigal Genius*, p. 11.

7. Nikola Tesla,"Scientists Honor Nikola Tesla."Unidentified newspaper article, 1894. Displayed at the Edison Archives, Menlo Park, N.J.

8. Nikola Tesla, *My Inventions: The Autobiography of Nikola Tesla* (Williston, Vt: Hart, 1982), p. 29; originally published in *Electrical Experimenter*, in six monthly installments, February–July, 1919.

9. William Terbo, interview, 1988.

10. Birth charts from M. Markovitch archives.

11. Tesla, *My Inventions*, p. 30.

12. Terbo interview, 1988.

13. T. C. Martin, "Nikola Tesla," *Century*, February 1894, pp. 582-85; Tesla, April 22, 1893. Branimira Valic, ed., *My Inventions* (Zagreb: Moji Pronalasci; Skolska Kanjiga, 1977).

14. O' Neill, *Prodigal Genius*, p. 10.

15. NT, My *Inventions*, p. 31.

16. O' Neill, *Prodigal Genius*, p. 12.

17. Tesla, 1939/1984.

18. T. C. Martin, "Nikola Tesla," *Electrical World* 15, no. 7 (1890), p. 106.

19. NT, *My Inventions*, p. 45.

20. NT, 1939/1984, p. 285.

21. Ibid., pp. 284-85 (condensed).

22. NT, *My Inventions*, p. 29.

23. Ibid., p. 30.

24. NT, "Nikola Tesla and His Wonderful Discoveries," *N.Y Herald*, April 23, 1893, p. 31.

25. D. Budisavljevic, "A Relative of Tesla's Comments on the Tesla Library," in Nikola Kasanovich, ed., *Tesla Memorial Society Newsletter*, Spring 1989, p. 3.

26. NT, *My Inventions*, p. 30; NT, 1939/1984, p. 283.

27. The date may have been 1861.

28. NT, *My Inventions*, p. 28. Rumors suggesting Niko pushed his brother down a flight of stairs stem from A. Beckhard, *Electrical Genius, Nikola Tesla* (New York: Julian Messner, 1959). Beckhard's book, clearly written for young adults, utilized only one referenced source, the O' Neill work. An imaginative writer, Beckhard made up the names of the townspeople from Tesla's childhood as well. In *Tesla: Man Out of Time* (Englewood Cliffs, N.J.: Prentice-Hall, 1981) Margaret Cheney repeats the rumor without referencing it. Leland Anderson, who helped on the research, stated that Cheney heard the story at the Tesla Museum. The original source was probably still Beckhard, as the book is prominently referred to by V. Popovic, professor at Belgrade University and vice president (in 1976) of the Tesla Society in Belgrade in his article "Nikola Tesla—True Founder of Radio Communications," in *Tesla: Life and Work of a Genius* (Belgrade: Nikola Tesla Society, 1976).

29. Ibid., p. 47.

30. Phillip Callahan, "Tesla the Naturalist," in Steven Elswick, ed., *Tesla Proceedings*, 1986, pp. 1-27.

31. Michael Markovitch personal archives, New York City.

32. NT, *My Inventions*, p. 46.

33. Ibid., p. 32, 36 (condensed).

34. Ibid., pp. 32-33 (condensed).

35. Ibid.

36. Ibid., pp. 36-37.

37. Marc Seifer, *Nikola Tesla: Psychohistory of a Forgotten Inventor* (San Francisco: Saybrook Institute, 1986). (Doctoral dissertation.)

38. NT, *My Inventions*, p. 53.

39. Ibid., pp. 35-36 (condensed).

40. TCM "Nikola Tesla," p. 106.

41. NT, *My Inventions*, p. 47 (condensed).

42. NT, April 23, 1893.

43. NT, *My Inventions*, p. 53.

44. Nikola Pribic, "Nikola Tesla: A Yugoslav Perspective," *Tesla Journal* 6&7 (1989/1990), pp. 59-61 (condensed).

45. NT, *My Inventions*, p. 54; Valic, 1977, p. 101.

46. Ibid., p. 53.

47. Ibid., p. 54.

48. Ibid., p. 55.

49. Ibid.

50. O' Neill, *Prodigal Genius*, p. 29.

51. NT to R. U. Johnson, April 5, 1900 [BLCU].

第三章

1. NT, *Electrical Engineer*, September 24, 1890.

2. NT, *My Inventions*, pp. 56-57.

3. Franz Pichler, "Tesla' s Studies in College," ITS Conference, Colorado Springs, 1994.

4. Kosta Kulishich, "Tesla Nearly Missed His Career as Inventor: College Roommate Tells," *Newark News*, August 27, 1931.

5. NT, *My Inventions*, p. 56.

6. Pichler, "Tesla' s Studies in College."

7. K. Kulishich, "Tesla Nearly Missed..."

8. NT, *My Inventions*, p. 37.

9. Thomas Edison, "A Long Chat With the Most Interesting Man in the World," *Morning Journal*, July 26, 1891, p. 17 [TAE].

10. T.C. Martin, *The Inventions, Researches and Writings of Nikola Tesla* (New York: Electrical World Publishing, 1894), p. 3.

11. NT, reconstructed from: "A New Alternating Current Motor," *The Electrician*, June 15, 1888, p. 173; NT, *My Inventions*, p. 57.

12. NT, *My Inventions*, p. 37.

13. Ibid.

14. Alfred O. Tate, *Edison' s Open Door* (New York: Dutton, 1938), p. 149.

15. Timothy Eaton, to author, quoting William Terbo, 1988.

16. W. Terbo, "Remarks at Washington, D.C., premiere of *The Secret Life ofNikola Tesla*." (Yugoslavia: *Zagreb Films*, 1983).

17. Kulishich, "Tesla Nearly Missed..."

18. Nikola Pribic, personal discussion with the author, Zagreb, 1986.

19. Dragislav Petkovich, "A Visit to Nikola Tesla," *Politika*, April 27, 1927, p. 4 [LA].

20. Blackmore, John T. *Ernst Mach: His Life and Work*. (Berkeley, Calif.: University of California Press, 1972), pp. 38-39.

21. Karel Litsch, director, Archiv Univerzity Karlovy, Prague, Czech Republic, to author, September 28, 1989.

22. William James, quoted in J. Blackmore, *Ernst Mach*, p. 76.

23. Ibid.

24. Robert Watson, *The Great Psychologists: Aristotle to Freud* (New York: Lippincott, 1963), pp. 198-200.

25. NT, "How Cosmic Forces Shape Our Destiny," (February 7, 1915), in *Lectures, Patents, Articles*, 11956, p. A-173.

26. Blackmore, *Ernst Mach*, pp. 41-43.

27. C. C. Gillispie, ed, "Ernst Mach," in *Dictionary of Scientific Biography* (New York: Scribners, 1977).

28. Ibid.

29. NT, *My Inventions*, p. 59.

30. Velac, p. 102.

31. Batchelor to Edison, October 24, 1881; Batchelor to Mr. Bailey, April 11, 1882 [TAE].

32. Inez Hunt and Waneta Draper, *Lightning in His Hands: The Life Story of Nikola Tesla* (Hawthorne, Calif.: Omni Publications, 1977), p. 33; originally published, 1964.

33. Petkovich, "A Visit to Nikola Tesla."

34. T. C. Martin, "Nikola Tesla," *Century*, February 1894, p. 583.

35. Anthony Szigeti, Deposition to the State of New York (February, 1889), in *Tribute to Nikola Tesla* (Belgrade: Tesla Museum, 1961), p. A-398.

36. NT, *My Inventions*, pp. 60-61.

37. For a full discussion of this event from both a neurological and metaphysical point of view, see author's doctoral dissertation, chapter 52 on "Creativity, Originality and Genius."

38. NT, *My Inventions*, pp. 59-60 (condensed).

39. P. Lansky, "Neurochemistry and the Awakening of Kundalini," in J. White, ed., *Kundalini, Evolution & Enlightenment* (Garden City, N.Y.: Doubleday, 1979), pp. 295-97.

40. NT, *My Inventions*, p. 61.

41. NT, "A New System of Alternate Current Motors and Transformers" (1888), in T. C. Martin (ed.), *The Inventions, Researches, and Writings of Nikola Tesla* (New York: Electrical Review, 1894), pp. 11-16.

42. NT, *My Inventions*, pp. 62-63.

43. Ibid., p. 65.

44. Ibid., p. 66.

45. Walter Baily, "A Mode of Producing Arago's Rotation," *Philosophical Magazine*, 1879, pp. 286-90.

46. Silvanus R. Thompson, *Polyphase Electrical Currents* (New York: American Technical Book Co., 1899), p. 86. *See also* Kline, 1987, p. 287.

47. Ronald Kline, "Science & Engineering Theory in the Invention and Development of the Induction Motor," *Technology & Culture* (April 1987), pp. 283-313.

48. "Marcel Deprez Gets Publicity for Efficient Power Transmission," *New York Times*, November 2, 1881.

49. Henry Prout, *George Westinghouse: An Intimate Portrait* (New York: Wiley, 1939), p. 102.

50. Ibid., p. 100.

51. Galileo Ferraris, "Electromagnetic Rotations With an Alternating Current," *Electrician*, vol. 36 (1895), pp. 360-75; C. E. L. Brown, "A Personal Conversation With G. Ferraris." *Electrical World*, February 6, 1892; O'Neill, *Prodigal Genius*, p. 115; Thompson, *Polyphased Electric Currents*, 1897, p. 88.

52. T. Hughes, *Networks of Power* (Baltimore: Johns Hopkins University Press, 1983), p. 118.

53. EW. Silvanus P. Thompson, portrait, January 9, 1892, p. 20; Thompson, 1897, pp. 93-96.

54. Tesla stated that the invention began to take form while he was attending the University of Prague. A review of the holdings of the university by the director of archives, K. Litsch, reveals that *Philosophical Magazine* was not subscribed to at that time.

55. Ibid., Tesla quoted in Thomson, 1897, pp. 96-97.

56. "Sweeping Decision of the Tesla Patents," *Electrical Review*, September 19, 1900, pp. 288-91.

57. "Westinghouse Sues General Electric on the Tesla Patents," *Electrical Review*, March 22, 1899, p. 183; 9/19/1900, pp. 288-91; "Tesla Split-Phase Patents," *Electrical World*, April 26, 1902, p. 734; "Tesla Patent Decision," May 17, 1902, p. 871; Septeraber 30, 1903, p. 470.

58. "Tesla Split-Phase Patents," *Electrical Review*, p. 291.

第四章

1. Thomas Edison, quoted in "Wizard Edison Here. 'Sage of Orange' Tells About Tesla's Enormous Appetite as a Youth," *Buffalo New York News*, August 30, 1896 [TAE].

2. Charles Batchelor to T. Edison, November 21, 1881 [TAEs].

3. Alfred O. Tate, *Edison's Open Door* (New York: Dutton, 1938), p. 148; *New York Evening Sun*, December 22, 1884.

4. Batchelor papers, Edison Archives; *New York Evening Sun*, ibid.

5. Szigeti, in NT, 1961.

6. Charles Batchelor to T. Edison, January 2, 1881 [TAE].

7. Ibid., November 26, 1881.

8. Ibid., October 22, 1883.

9. NT, *My Inventions*, p. 66.

10. Ibid.

11. TCM, "Nikola Tesla," *Century*, 1894, p. 4.

12. Branimir Jovanovich interview, Belgrade, 1986.

13. NT, *My Inventions*, p. 34.

14. Ibid., pp. 34-35.

15. The timing is taken from NT, *My Inventions*, and Batchelor to T. Edison, September 24, 1882, and November 22, 1882 [TAE].

16. Charles Batchelor Papers, 1883 [TAE].

17. NT, *My Inventions*, p. 67.

18. Batchelor to T. Edison, January .23, 1883 [TAE].

19. Batchelor to T. Edison, January 9, 1882 [TAE].

20. Ibid., October 28, 1883 [TAE].

21. NT, *My Inventions*, p. 67.

22. Ibid.

23. Szigeti, in NT, *Tribute to Nikola Tesla* (1961), pp. A399-400.

24. NT, *My Inventions*, p. 67.

25. Ibid., p. 70.

26. O' Neill, *Prodigal Genius*, p. 60.

27. Batchelor to T. Edison, March 1884 [TAE]. It is possible that Batchelor returned to Paris before Tesla' s arrival between March and late spring of 1884.

28. Edison, "Wizard Edison Here...," August 30, 1896.

29. O' Neill, *Prodigal Genius*, p. 58.

30. Thomas Edison, quoted in "An Interview With the Most Interesting Man in the World," *New York Journal*, July 26, 1891.

31. Batchelor to T. Edison, October 23, 1883 [TAE].

32. NT to RUJ, April 5, 1900 [BLCU].

33. Nicholas Kosanovich, ed. and trans., *Nikola Tesla: Correspondence with Relatives* (Lackawanna, New York: Tesla Memorial Society and the Nikola Tesla Museum, 1995), p. iv.

34. NT, *My Inventions*, p. 70.

35. NT, *Tesla Said*, Letter to the National Institute of Immigrant Welfare (May 11, 1938), in John Ratzlaff, ed. (Milbrae, Calif.: Tesla Book Co., 1984), p. 280.

36. M. Josephson, *Thomas Alva Edison* (New York: McGraw-Hill, 1959), p. 178.

37. Ibid., p. 184; H. Passer, *The Electrical Manufacturers: 1875-1900* (Cambridge, Mass.: Harvard University Press, 1953), pp. 144-45, 178-79.

38. Josephson, *Thomas Alva Edison*, pp. 194-99.

39. Robert Conot, *Streak of Luck* (New York: Bantam Books, 1979), pp. 151-52.

40. R. Silverberg, *Light for the World* (Princeton, N.J.: Van Nostrand, 1967), pp. 134-35.

41. Herbert Satterlee, *J. Pierpont Morgan* (New York: Macmillan, 1939), p. 207.

42. TCM, "Nikola Tesla," *Electrical World*, 1890, p. 106.

43. NT, "Letter to National Institute..." (May 11, 1938) in *Tesla Said*, p. 280.

44. Ibid.

45. NT, quoted in "Tesla Has Plan to Signal Mars," *New York Sun*, July 12, 1937.

46. NT, "Some Personal Recollections," *Scientific American*, June 5, 1915, p. 537, 576-77.

47. W. Dickson and A. Dickson, *The Life and Inventions of T. A. Edison* (New York: Thomas Crowell, 1892), p. 236.

48. NT, "Letter to National Institute..." (May 11, 1938), in *Tesla Said*, p. 208.

49. TCM, "Nikola Tesla," *Century*, February 1894, pp. 582-85.

50. NT, quoted in "Tesla Says Edison Was an Empiricist," *New York Times*, October 19, 1931, p. 25.

51. TCM, "Nikola Tesla," *Century*, February 1894, p. 583.

52. NT, *My Inventions*, p. 71.

53. NT, October 19, 1931, quoted in "Tesla Says Edison Was..." October 19, 1931.

54. NT, *My Inventions*, p. 72.

55. NT, October 19, 1931, quoted in "Tesla Says Edison Was..." October 19, 1931.

56. Josephson, *Thomas Alva Edison*, p. 9.

57. Harold Passer, *The Electrical Manufacturers: 1875-1900* (Cambridge, Mass.: Harvard University Press, 1953), p. 180.

58. Carole Klein, *Gramercy Park: An American Bloomsbury* (Boston: Houghton Mifflin, 1987).

59. T. Edison, "Pearl Street," *Electrical Review*, January 12, 1901, pp. 60-62 [condensed].

60. R. Conot, *Streak of Luck: The Life Story of Edison* (New York: Bantam, 1981), p. 305.

61. Ibid., p. 259.

62. David Woodbury, *Beloved Scientist: Elihu Thomson* (New York: McGraw-Hill, 1944), pp. 155-57.

63. F. Dyer and T. C. Martin, *Edison: His Life and Inventions* (New York: Harper Bros., 1910), p. 391.

64. Josephson, *Thomas Alva Edison*, pp. 230-32.

65. Edison, "Pearl Street," January 12, 1901.

66. Dickson and Dickson, *Life and Inventions*, p. 236.

67. NT, *My Inventions*, p. 72.

68. Kenneth Swezey, "Nikola Tesla," *Science*, May 16, 1958, pp. 1147-58; NT, *My Inventions*, p. 72.

69. Ibid., p. 41.

70. Alfred Tate, *Edison's Open Door* (New York: Dutton, 1938), p. 147.

71. Batchelor correspondence, July 14, 1884 [TAE].

72. Tate, *Edison's Open Door*, 146-47.

73. NT, "Some Personal Recollections," *Scientific American*, June 5, 1915, pp. 537,576-77.

74. NT, Letter to National Institute... May 11, 1938, in *Tesla Said*, p. 280.

75. Kenneth Swezey, archival material, Smithsonian Institution, Washington, D.C.

76. Conot, *Streak of Luck*, pp. 272-73 [condensed].

第五章

1. NT, "Tesla Has Plan to Signal Mars," *New York Sun*, July 12, 1937, p. 6.

2. Leland Anderson, ed., *Nikola Tesla: On His Work With Alternating Currents and Their Application to Wireless Telegraphy, Telephony and Transmission of Power* (Denver, Colo.: Sun Publishing, 1992). This work contains Tesla's original testimony before his patent attorneys on the origins of the invention of the wireless in 1916.

3. NT, March 18, 1891/1980, p. 15; NT, 1959, p. P-199; R. Conot, *Streak of Luck: The Life Story of Edison* (New York: Bantam, 1981), p. 597.

4. "Tesla Electric Co." (advertisement), *Electrical Review*, September 14, 1886, p. 14.

5. NT, *My Inventions: The Autobiography of Nikola Tesla*, Ben Johnston, ed., p. 72; Anderson, *Nikola Tesla*, p. 12.

6. "Tesla Electric Co.," September 14, 1886, p. 14.

7. Kulishich, "Tesla Nearly Missed His Career," 1931.

8. NT, Letter to the National Institute of Immigrant Welfare (May 11, 1938), in *Tesla Said*, 1984, p. 280.

9. NT, *My Inventions*, p. 72.

10. NT, Letter to the National Institute of Immigrant Welfare (May 11, 1938), in *Tesla Said*, 1984, p. 280.

11. Ibid.

12. Alfred S. Brown, "Arc Lamp Patents," *Electrician and Electrical Engineer*, 1886.

13. NT. 12/1931, p. 78.

14. Hugo Gernsback, "Tesla's Egg of Columbus," *Electrical Experimenter*, March 19, 1919, p. 775 [paraphrased].

15. NT. *Nikola Tesla: Lectures, Patents, Articles* (Belgrade: Nikola Tesla Museum, 1956).

16. O'Neill, *Prodigal Genius*, p. 67.

17. TCM, *Nikola Tesla*, 1890, p. 106.

18. "Thomas Commerford Martin Dies," *Electrical World*, May 24, 1924, p. 1100.

19. Ibid.; *Who's Who of Electrical Engineers*, 1924 ed.

20. W. J. Johnston, "Mr. Martin's Lawsuit: Why and How It Failed," *Electrical World*, Part I, September 30, 1893, pp. 253-54; Part VII, November 11, 1893, pp. 382-87.

21. "Thomas Commerford Martin Dies," *Electrical World*, May 24, 1924.

22. Ibid., p. 5.

23. M. Josephson, *Thomas Alva Edison* (New York: McGraw-Hill, 1959), p. 356.

24. H. Byllesby to GW, May 21, 1888 [GWA].

25. Leonard Curtis in Henry Prout, *George Westinghouse: An Intimate Portrait* (New York: Wiley, 1939), p. 101.

26. Prout, pp. 101-4.

27. Charles F. Scott, "Early Days in the Westinghouse Shop," *Electrical World*, September 20, 1924, p. 586.

28. T. Hughes, *Network of Power* (Baltimore: Johns Hopkins University Press, 1983), pp. 101-3.

29. Prout, *George Westinghouse*, p. 95.

30. Scott, "Early Days."

31. Robert Silverberg, *Light for the World* (Princeton, N.J.: Van Nostrand, 1967), p. 233.

32. Alfred O. Tate, *Edison's Open Door* (New York: Dutton, 1938), p. 148.

33. Laurence Hawkins, *William Stanley: His Life and Times* (New York: Newcomen Society, 1939).

34. George Westinghouse, "No Special Danger," *New York Times*, December 13, 1888, 5:3.

35. Josephson, *Thomas Alva Edison*, p. 346.

36. David Woodbury, *Beloved Scient4st: Elihu Thomson* (New York: McGraw-Hill, 1944), pp. 169, 179.

37. Josephson, *Thomas Alva Edison*, p. 346.

38. N. Tesla, "A New Alternating Current Motor," *Electrician*, June 15, 1888, p. 173.

39. Leland Anderson, Nikola Tesla (slide presentation) (Colorado Springs, Colo.: International Tesla Society, 1988) symposium. August 1988.

40. William Anthony, quoted in NT, "A New System of Alternate Current Motors and Transformers," (May 16, 1888), in *Lectures, Patents and Articles* (1956), p. Lll.

41. Elihu Thomson, quoted in NT, i bid., p. L12.

42. Ibid., p. L12.

43. H. Byllesby to GW, May 21, 1888.[GWA].

44. H. Byllesby to GW, May 21, 1888 [GWA].

45. Ibid.; see also Harold Passer, *The Electrical Manufacturers: 1875-1900* (Cambridge, Mass.: Harvard University Press, 1953), p. 175.

46. H. Byllesby to GW, December 13, 1888.

47. C. C. Chesney and Charles F. Scott, "Early History of the AC System in America," *Electrical Engineering*, March 1936, pp. 228-35.

48. NT. "Mr. Tesla on Alternating Current Motors," letter to the editor, *Electrical World*, May 25, 1888, pp. 297-98; NT, *Tesla Said*, (1984), p. 4.

49. Henry Carhart, "Professor Galileo Ferraris," *Electrical World*, February 1887, p. 284, "as I understand it, there is a gigantic step from Ferraris' whirling pool to Tesla's whirling magnetic field," Pupin to Tesla, December 19, 1891 [NTM].

50. Passer, *Electrical Manufacturers*, p. 177.

51. G. Westinghouse, internal memorandum. July 5, 1888 [GWA].

52. Ibid.; see also Passer, *Electrical Manufacturers*, pp. 277-78.

第六章

1. N. Tesla, "Death of Westinghouse," *Electrical World*, March 21, 1914, p. 637.

2. Charles F. Scott, "Early Days in the Westinghouse Shops," *Electrical World*, September 20, 1924, pp. 585-87.

3. Ibid., p. 586.

4. NT, "Tribute to George Westinghouse," *Electrical World & Engineer*, March 21, 1914, p. 637.

5. H. Passer, *The Electrical Manufacturers: 1875-1900* (Cambridge, Mass.: Harvard University Press, 1953), p. 279.

6. G. Westinghouse, memorandum, July 11, 1888 [GWA].

7. Undated memorandum [GWA]; Passer, *Electrical Manufacturers*, said that the author was Byllesby, July 7, 1888.

8. NT to GW, January 2, 1900 [LC].

9. NT to GW, September 12, 1892; November 29, 1898 [LC].

10. NT to JJA. January 6, 1899 [NTM].

11. Westinghouse Co. annual report, *Electrical Review*, June 30, 1897, p. 313.

12. The figure most often noted is $1 million, and the source is O'Neill. This same amount was mentioned by R. U. Johnson in his chapter on Tesla in his autobiography, "This to the man who had sold the inventions used at Niagara to the Westinghouse Company for a million dollars and lived to rue the bargain!" (*Remembered Yesterdays* [Boston: Little Brown, 1923], 401). As Johnson was Tesla's closest confidant, the figure must have originally come from Tesla.

13. Letter to Westinghouse Corporation, February 6, 1898 [LC]; Tesla may have also been influenced by the consensus concerning the noble profession of scientist. For instance, Louis Pasteur also refused to seek financial compensation for his discoveries. To do so, Pasteur said, a scientist would "lower himself.... A man of pure science would complicate his life and risk paralyzing his inventive faculties" (quoted in M. Josephson, *Thomas Alva Edison* [New York: McGraw-Hill, 1959], p. 336).

14. Leland Anderson, ed., *Nikola Tesla: On His Work With Alternating Currents...* (1916), pp. 64-65.

15. P. Callahan, "Tesla Stationary Obtained from Tesla Museum."

16. Scott, September 20, 1924.

17. Charles F. Scott, to NT, July 10, 1931 [BCU].

18. Ibid.

19. L. Hawkings, *William Stanley: His Life and Times* (New York: Newcomen Society, 1939), p. 32; Stanley advertisement, "The S.K.C. Two Phase System," *Electrical Review*, January 16, 1895, p. vii.

20. Charles F. Scott, *George Westinghouse Commemoration* (New York: American Society of Mechanical Engineers, 1936, 1985), p. 21.

21. Henry Prout, *W. Westinghouse: An Intimate Portrait* (New York: Wiley, 1939), p. 129.

22. NT, *My Inventions*, p. 23.

23. "Brown Executes Dogs," *New York Times*, July 31, 1888, 4: 7.

24. "A Humane Method of Capital Punishment," *Electrical Review*, December 24, 1887; "One Dead Dog," ibid., July 20, 1889, p. 2.

25. "Edison and Capital Punishment," *Electrical Review*, June 30, 1888, p. 1; "Edison Says It Will Kill," *New York Sun*, July 4, 1889.

26. "Electricity on Animals," *New York Times*, December 13, 1888, p. 2.

27. George Westinghouse, "No Special Danger," *New York Times*, December 13, 1888, p. 5.

28. Harold P. Brown, "Electric Currents," *New York Times*, December 18, 1888, p. 5.

29. "Cockran Debates McKinley at Madison Square Garden," *New York Press*, August 19, 1896, pp. 1-2.

30. "Electricity as a Means of Execution," *Elecrical Review*, August 3, 1889; "Edison Says It Will Kill," *New York Sun*, July 24, 1889.

31. "Electricity as a Means," *Electrical Review*, August 3, 1889.

32. "Electrical Execution a Failure," *Electrical Review*, August 16, 1890, pp. 1-2.

33. "Kemmler Dies in Electric Chair," *New York Times*, August 6, 1890, p. 1.

34. B. Lamme, *An Autobiography* (New York: Pumam's, 1926), p. 60.

35. O'Neill, *Prodigal Genius*, p. 83.

36. B. Lamme, *Autobiography*, p. 60.

37. Ibid., p. v.

38. Francis Jehl, *Menlo Park Reminiscences* (Dearborn, Mich.: Edison Institute, 1939), p. 336.

39. Charles F. Scott, "Nikola Tesla's Achievements in the Electrical Art," *AIEE Transactions*, 1943, p. 3.

第七章

1. "Who Is the Greatest Genius of Our Age?" *Review of Reviews*, .July 1890, p. 45.

2. Nikola Tesla, "The True Wireless," *Electrical Experimenter*, May 1919, p. 28, in NT, *Solutions to Tesla's Secrets*, J. Ratzlaff, ed. (1981), p. 62.

3. John O'Neill, *Prodigal Genius* (New York: Ives Washburn, 1944), p. 77.

4. NT to JPM, December 10, 1900 [LC]

5. NT, "On the Dissipation of the Electrical Energy of the Hertz Resonator," *Elecrical Engineer*, December 21, 1892; in NT, *Tesla Said*, J. Ratzlaff, ed. (Milbrae, Calif.: Tesla Book Co., 1984), p. 22.

6. J. G. O'Hara and W. Pricha, *Hertz and the Maxwellians* (London: Peter Peregrinus Ltd. in assoc, with the Science Museum, 1987), p. 42.

7. NT, December 21, 1892; "New Radio Theories," *New York Herald Tribune*, Sepember 22, 1929, in NT, *Tesla Said*, pp. 225-26.

8. Nikola Pribic, "Nikola Tesla: The Human Side of a Scientist," *Tesla Journal* no. 2/3, 1982-83, p. 25.

9. 1889 newspaper clipping, Edison Archives, Menlo Park, N.J.

10. R. Conot. *Streak of Luck* (New York: Bantam Books, 1981), pp. 344-46; M. Josephson, *Thomas Alva Edison* (New York: McGraw-Hill, 1959), pp. 335-37.

11. Ambrose Fleming,"Nikola Tesla,"in NT, *Tribute to Nikola Tesla: Letters, Articles* (1961), p. A-222.

12. Louis Hamon, *My Life With the Occult* (Garden City, N.Y.: Doubleday, 1933, 1972), p. 243.

13. *Review of Reviews*, July 1890, p. 45.

14. "Was Keely a Charlatan?" *Public Opinion*, December 1, 1898, p. 684.

15. T. Carpenter Smith, "Our View of the Keely Motor," *Engineering Magazine*, vol. 2, 1891-92, pp. 14-19.

16. "Keely Not Yet in Jail," *New York Times*, September 19, 1888, p. 1.

17. "Keely's Latest Move," *New York Times*, August 24, 1888, p. 5.

18. "Keely in Contempt," *New York Times*, November 11, 1888, p. 6.

19. "Inventor Keely in Jail," *New York Times*, November 18, 1888, p. 3.

20. Francis Lynde Stetson, quoted in *William Birch Rankine*, deLancy Rankine, ed. (Niagara Falls, N.Y.: Power City Press, 1926), p. 30.

21. "Science and Sensationalism," *Public Opinion*, December 1, 1898, pp. 684-85.

22. W. Barrett, "John W. Keely," in R. Bourne, ed., *The Smithsonian Book of Invention* (New York: Norton, 1978), pp. 120-21.

23. Ibid.

24. NT to RUJ, June 12, 1900 [BLCU].

第八章

1. Joseph Wetzler, "Electric Lamps Fed From Space, and Flames That Do Not Consume," *Harper's Weekly*, July 11, 1891, p. 524.

2. NT to Petar Mandic, August 18, 1890, in Nicholas Kosanovich, ed. and trans., *Nikola Tesla: Correspondence with Relatives* (1995), p. 15.

3. Ibid., May 17, 1894.

4. Ibid. Angelina Trbojevic to NT, January 2, 1897, p. 65.

5. Ibid. Jovo Trbojevic to Nikola Tesla, February 27, 1890; Milutin Tesla (a cousin) to Nikola Kosanovic, November 10, 1892.

6. Ibid. NT to Petar Mandic, December 8, 1893, p. 41.

7. Ibid. NT to Pajo Mandic, January 23, 1894, p. 42.

8. Ibid. Milkin Radivoj to NT, September 24, 1895, p. 51.

9. Karl Marx,"The Materialist Conception of History;"in P. Gardiner, ed., *Theories of History* (Glencoe, Ill.: Free Press, 1959), p. 134.

10. NT, "Problem of Increasing Human Energy," *Century*, June 1900, pp. 178-79.

11. T. C. Martin to NT, August 5, 1890 [NTM].

12. William Anthony, "A Review of Modern Electrical Theories," *AIEE Transactions*, February 1890, pp. 33-42. See also J. Ratzlaff and L. Anderson, *Dr. Nikola Tesla Bibliography, 1884-1978* (Palo Alto, Calif.: Ragusen Press, 1979), p. 6.

13. M. Pupin, *From Immigrant to Inventor* (New York: Scribners, 1923), p. 144.

14. Oscar May, "The High-Pressure Transmission of Power Experiments at Oerlikon," *Electrical Word*, April 18, 1891, p. 291.

15. Louis Duncan, "Portrait," *Electrical World*, April 5, 1890, p. 236; "Alternating Current Motors, Part 2," June 16, 1891, pp. 357-58; Ratzlaff and Anderson, *Bibliography*, p. 7.

16. Pupin, *From Immigrant to Inventor*, pp. 283-84.

17. Elihu Thomson, "Phenomena of Alternating Currents of Very High Frequency," *Electrical World*, April 4, 1891, p. 254.For previous aspects of the debate, see also E. Thomson, "Notes on Alternating

Currents of Very High Frequency, *Electrical World*, March 14, 1891, pp. 204-5; "Phenomena of Alternating Currents of Very High Frequency," *Electrical Word*, April 11, 1891, pp. 223-24.

18. NT, "High Frequency Experiments," *Electrical World*, February 21, 1891, pp. 128-30.

19. *Electrical World*, February 21, 1891, pp. 128-30.

20. Wetzler, "Electric Lamps Fed From Space," *Harper's Weekly*, July 11, 1891, p. 524.

21. Ibid.

22. E. Raverot, "Tesla's Experiments in High Frequency," *Electrical World*, March 26, 1892.

23. Gano Dunn to NT, June 1931, in NT, *Tribute to Nikola Tesla: Letters, Articles* (1961), LS-54.

24. It was the term "without effort" which I believe has been misinterpreted. From Tesla's point of view, energy was not truly available without effort. Machines instead of humans could be constructed that would extract this "free energy." Solar, wind, and water power are all ways to extract "free energy" without the exertion of human effort.

25. Sperry's gyroscope, of course, is based upon the principles inherent in the Tesla rotating egg, and Tesla should therefore be considered ahead of Sperry in this invention.

26. *Electrical Word*, May 20, 1891, p. 288.

27. Robert Millikan to NT, 1931, in NT, *Tribute to Tesla*, p. LS-30.

28. Petkovich, p. 3.

29. Michael Pupin to NT, December 19, 1891, in NT, *Tribute to Tesla*, p. LS-11.

第九章

1. Charles Steinmetz, *Alternating Current Phenomena* (New York: McGraw-Hill, 1900), pp. i-ii [condensed].

2. Oscar May, "The High-Pressure Transmission of Power Experiments at Oerlikon," *Electrical World*, April 18, 1891, p. 291.

3. T. Hughes, *Networks of Power* (Baltimore: Johns Hopkins University Press, 1983), pp. 131-33.

4. Ibid.

5. Dragislov Petkovich, "A Visit to Nikola Tesla," *Politika*, April 27, 1927, p. 3.

6. Hughes, *Network of Power*.

7. "C. E. L. Brown Portrait," *Electrical World*, October 12, 1891, p. 284.

8. M. Dobrowolsky, "Electrical Transmission of Power by Alternating Currents," *Electrical World*, September 14, 1891, p. 268.

9. Carl Hering, "Comments on Mr. Brown's Letter," *Electrical World*, November 7, 1891, p. 346.

10. Jonathan Leonard, *Loki: The Life of Charles Proteus Steinmetz* (Garden City, N.Y.: Doubleday, 1932), p. 109.

11. John Winthrop Hammond, *Charles Proteus Steinmetz* (New York: Century Co., 1924).

12. "Charles Steinmetz," in M. Pupin, "Pupin on Polyphasal Generators," *AIEE Transactious*, December 16, 1891, pp. 591-92.

13. Harold Passer, *The Electrical Manufcturers: 1875-1900* (Cambridge, Mass.: Harvard University Press, 1953).

14. NT to Villard, October 10, 1892 [Houghton Library, Harvard University].

15. M. Josephson, *Edison: A Biography* (.New York: McGraw-Hill, 1959), p. 361.

16. Ibid., p. 392.

17. Ibid.

18. J. Leonard, *Loki: The Life of Charles Proteus Steinmetz* (Garden City, N.Y.: Doubleday, 1928), p. 202.

19. H. Prout, *George Westinghouse: An Intimate Portrait* (New York: Wiley, 1939), p. 125.

20. *Electrical World*, September 16, 1893, p. 208, cited in Passer, *Electrical Manufacturers*, p. 292.

21. Charles Steinmetz, *Theoretical Elements of Electrical Engineering* (New York: McGraw-Hill, 1902), pp. iii-iv.

22. Pupin, *From Immigrant to Inventor*, pp. 285-86.

23. Ibid., p. 289.

24. Gisbert Kapp to NT, in NT, *Tribute to Nikola Tesla*, p. LS-6.

25. B. A. Behrend, *The Induction Motor* (New York: McGraw-Hill, 1921), p. 1.

26. C. E. L. Brown, "Reasons for the Use of the Three-Phase Current in the Lauffen-Frankfort Transmission," *Electrical World*, November 7, 1891, p. 346.

27. Carl Hering, "Comments on Mr. Brown's Letter," in ibid., p. 346.

28. W. H. Johnston, "Mr. Tesla and the Drehstrom Systems," *Electrical World*, February 6, 1892, p. 83.

29. Carl Hering, "Mr. Tesla and the Drehstrom System," *Electrical World*, February 6, 1892, p. 84.

30. Behrend, *Induction Motor*, pp. xiii-xiv.

31. Ibid., p. 261.

第十章

1. "Mr. Tesla Before the Royal Institution, London," *Electrical Review*, March 19, 1892, p. 57.

2. The Tesla oscillator conceived at this time became the basis for all of his later transmitters, such as at Colorado Springs and also Wardenclyffe (see especially, patent nos. 462,418—November 13, 1891; 514,168—February 6, 1894; and 568,178—September 22, 1896).

3. NT, "Electric Oscillators," *Electrical Experimentation* (July 7, 1919), in NT, *Nikola Tesla: Lectures*, 1956, p. A-78-93.

4. NT, "The Problem of Increasing Human Energy," *Century*, June 1900, p. 203.

5. T. C. Martin, "Tesla's Oscillator and Other Inventions," *Century*, April 1895.In NT, *Tribute to Nikola Tesla*, p. A-16.

6. "NT and J.J. Thomson" (1891), in NT, *Nikola Tesla: Lectures*, 1956, pp. A-16-21.

7. NT, "High Frequency Oscillators for Electro-Therapeutic and Other Purposes," *Electrical Engineer*, November 17, 1898, pp. 477-81.

8. T. C. Martin, J. Wetzler, and G. Sheep to Tesla, January 8, 1892 [NTM].

9. William Preece to NT, January 16, 1892 [NTM].

10. M. Josephson, *Thomas Alva Edison* (New York: McGraw-Hill, 1959), pp. 275-77; E. C. Baker, *Sir William Preece: Victorial Engineer Extaordinary* (London: Hutchinson, 1976), pp. 185-86.

11. "Mr. Tesla Before the Royal Institution, London," *Electrical Review*, March 19, 1892, p. 57; NT, *The Inventions, Researches and Writings of Nikola Tesla*, T. C. Martin, ed. (New York: Electrical Review Publishing Company, republished, Mokelumne Hill, Calif.: Health Research, 1970), p. 200.

12. Most of the titles of these distinguished scientists were obtained later in their career; for example, Dewar became knighted in 1904; Fleming in 1924.William Thomson became Baron or Lord Kelvin a few months after Tesla's lecture.

13. Ibid., p. 198 [paraphrased].

14. Ibid., p. 200.

15. Ibid., p. 186.

16. Ibid.

17. NT, *Inventions, Researches*, pp. 130-131; 228-229 [paraphrased in part].

18. Ibid., pp. 287-88 [paraphrased].

19. Ibid., p. 235.

20. W. Kock, *Engineering Applications of Lasers and Holography* (New York: Plenum Press, 1975), pp.

28-35. I Hunt and W. Draper, *Lightning in His Hands: The Life Story of Tesla* (Hawthorne, Calif.: Omni Publications, 1964), were the first to suggest that Tesla invented the laser.

21. NT, "On Electrical Resonance," *Electrical Engineer*, June 21, 1893, pp. 603-5.

22. NT, "On Light and High Frequency Phenomena," *Electrical Engineer,* March 8, 1893, pp. 248-49.

23. NT, 1916/1992, on his work with alternating currents, p. 62.

24. NT, "Mr. Tesla Before the Royal Institution," pp. 247-49.

25. Ibid., pp. 250-52.

26. Ibid., p. 292.

27. Ibid.

28. Ibid. [paraphrased in part].

29. Isaac Asimov, *Asimov's Biographical Encyclopedia of Science and Technology* (Garden City, N.Y.: Doubleday, 1964), p. 347.

30. NT, *My Inventions*, p. 82.

31. Leland Anderson, Slide presentation and lecture before the International Tesla Society, Colorado Springs, Colo., August 1988.

32. NT, *My Inventions*, p. 82 [condensed].

33. J. A. Fleming to NT, February 5, 1892, in NT, *Tribute to Nikola Tesla* 1961, p. LS-13.

34. Asimov, *Asimov's Biographical Encyclopedia*, p. 364.

35. William Crookes to NT, March 5, 1892, in NT, *Tribute to Nikola Tesla*, p. LS-12.

36. William Crookes, "Some Possibilities of Electricity," *Fortnightly Review*, February 1892. pp. 173-81.

37. Crookes became president of the Society of Psychical Research in 1896; Lodge, in 1901; and Rayleigh, in 1919.J.J. Thomson was a vice president. See A. Koestler, *Roots of Coincidence* (New York: Vintage, 1972), pp. 32-34.

38. William Crookes,"D.D. Home,"*Quarterly Journal of Science*, January 1874 [condensed]. See also C. J. Ducasse, "The Philosophical Importance of Psychic Phenomena," in J. Ludwig, ed., *Philosophy and Parapsychology* (Buffalo, N.Y.: Prometheus Books, 1978), p. 138.

39. Crookes to NT, March 5, 1892.

40. NT, "Elliott Cresson Gold Medal Presentation," in *Tribute to Nikola Tesla*, p. D-4.

41. NT, "Mechanical Therapy" (undated), in *Tesla Said*, p. 286.

42. Robert O. Becker, "Direct Current Neural Systems," *Psychoenergetic Systems* 2 (1976), pp. 190-91.

43. "Tesla's Experiments," *Electrical Review*, April 9, 1892, p. 1.

44. NT to GW, September 12, 1892 [LC].

45. NT, *Tribute to Nikola Tesla*, p. LS-69; see also B. A. Behrend, *The Induction Motor* (New York: McGraw-Hill, 1921), pp. 6-7.

46. NT, *My Inventions*, pp. 94-95.

47. Ibid., p. 95.

48. Ibid., p. 104.

49. Ibid.

50. Ibid., pp. 104-5.

51. William Broad to author, 1986.

52. "Honors to Nikola Tesla from King Alexander I," in *Electrical Engineer*, February 1, 1893, p. 125.

53. N. Pribic, "Nikola Tesla: The Human Side of a Scientist," *Tesla Journal* November 2 and 3, 1982/1983, p. 25.

54. Ambrose Fleming, "Nikola Tesla," *Journal of Institution of Electrical Engineers*, London, 91, February

1944, in *Tribute to Nikola Tesla*, p. A-215.

55. J. G. O' Hara and W. Pricha, *Hertz and the Maxwellians* (London: Peter Peregrinus, 1987), p. 5.

56. Hertz's decision to eliminate scalar potentials was also a puzzlement to Oliver Heaviside, who corresponded frequently with the German scientist during this same period. "I am quite of your opinion, that you have gone further on than Maxwell," Heaviside wrote in 1889, "[but] electrostatical (scalar) potential and magnetical (scalar) potential ought to remain I think." Heaviside, however, like Hertz, was in agreement with the idea of dispensing with vector potentials.

57. NT, "On the Dissipation of the Electrical Energy of the Hertz Resonator," *Electrical Engineer*, December 21, 1892, p. 587-88, in *Tesla Said*, pp. 22-23.

58. "NT tells of New Radio Theories," *New York Herald Tribune*, September 22, 1929, pp. 1, 29; in NT, *Tesla Said*, pp. 225-26.

59. NT, "The True Wireless," *Electrical Experimenter*, May 1919, p. 28.

60. Tesla researcher Tom Bearden has gone so far as to say that the Hertzian decision to eliminate scalar waves and vector potentials from Maxwell's equations created a flaw in the next theoretical development called quantum mechanics. It was for this reason, Bearden speculates, that Einstein could not create a unified field theory. Bearden suggests bringing back these components along with another abandoned aspect called quaternion theory. He further suggests that by utilizing Tesla transmitters to produce converging powerfully pumped scalar waves, spinners and twisters can be created, that is, local space/time can be curved, and large amounts of power can be transmitted wirelessly over long distances (Tom Bearden, "Scalar Waves and Tesla Technology," paper presented at the International Tesla Society Symposium, Colorado Springs, Colo., August 1988).

61. NT, *My Inventions*, p. 83.

第十一章

1. NT, *The Inventions, Researches, and Writings of Nikola Tesla*, T. C. Martin, ed. (1893), p. 149.

2. J. Ratzlaff and L. Anderson, *Dr. Nikola Tesla Bibliography, 1884-1978* (Palo Alto, Calif.: Ragusen Press, 1970), p. 21.

3. John O' Neill, *Prodigal Genius: The Life Story of N. Tesla* (New York: Ives Washburn, 1944), p. 101.

4. Moses King, *King's Handbook of New York* (New York: F. A. Ferris & Co., 1894), p. 230.

5. Walter Stephenson, "Nikola Tesla and the Electric Light of the Future," *Scientific American Supplement*, March 30, 1895, pp. 16408-09; NT to Simp. Majstorovic, Jan. 2, 1893, in *Correspondence with Relatives*, p. 31.

6. NT, "On the Dissipation of Electrical Energy of the Hertz Resolution," (Dec. 21, 1892), in *Tesla Said*, pp. 22-23.

7. NT, *Inventions, Researches and Writings*, p. 347.

8. NT to Fodor, September 9, 1892; November 27, 1892; January 1, 1893; March 19, 1893 [LC].

9. NT to Petar Mandic, Dec. 8, 1893, in *Correspondence with Relatives*, p. 41.

10. NT to Thurston, November 4, 1892; January 23, 1893; February 21, 1893; October 23, 1893 [WBP].

11. NT to GW, September 27, 1892 [LC].

12. Henry Prout, *George Westinghouse: An Intimate Portrait* (New York: Wiley, 1939), p. 143.

13. Reconstructed from NT to GW, September 12, 1892 [LC].

14. Benjamin Lamme, *An Autobiography* (New York: Putnam's, 1926), p. 66.

15. NT to GW, September 12, 1892 [LC].

16. Page Smith, *The Rise of Industrial America*. vol. 6 (New York: McGraw-Hill, 1984), p. 486-88.

17. NT, "On Light and Other High Frequency Phenomena" (Feb./Mar. 1893), in *Inventions*,

Researches, pp. 294-95.

18. Ibid.

19. Ibid., p. 299.

20. Ibid., p. 299.

21. James Coleman, *Relativity for the Layman*. New York: Mentor Books, 1958, p. 44.

22. NT, "Radio Power Will Revolutionize the World," *Modern Mechanix & Invention, 71,* 1934, pp. 40-42, 117-19.

23. T. C. Martin, "The Tesla Lecture in St. Louis," *Electrical Engineer*, March 18, 1893, pp. 248-49.

24. NT, "Experiments with Alternate Currents..." (May 20, 1891), in *Inventions, Researches*, p. 148.

25. "An infinitesimal world, with molecules and their atoms spinning and moving in orbits, in much the same manner as celesial bodies, carrying with them and probably spinning with them ether, or in other words, carrying with them static charges, seems to my mind the most probable view, and one which in a plausible manner, accounts for most of the phenomena observed. The spinning of the molecules and their ether sets up the ether tensions or electrostatic strains; the equalization of ether tensions sets up ether motions or electric currents, and the orbital movements produce the effects of electro and permanent magnetism." NT, "Experiments With Alternate Currents of Very High Frequency and Their Application to Methods of Artificial Illumination," lecture delivered before the American Institute of Electrical Engineers at Columbia College (May 20, 1891). In T. C. Martin, ed., *The Inventions, Researches, and Writings of Nikola Tesla* (New York: Electrical Engineer, 1893), p. 149.

26. Orrin Dunlop, *Radio's 100 Men of Science* (New York: Harper and Bros., 1944), pp. 156-58.

27. NT, "How Cosmic Forces Shape Our Destiny," *New York American*, February 27, 1925, in *Lectures, Patents, Articles*, p. A-172.

28. Ibid.

29. NT, "On Light and Other High Frequency Phenomena," (Feb/March 1893), in *Inventions, Researches*, p. 301.

30. Ibid., p. 347.

31. Ibid., p. 347.

32. William Broughton Jr., "William Broughton Dedication Speech," Schenectady Museum, Schenectady, N.Y., February 6, 1976 [Nick Basura Archives].

33. NT, *Inventions, Researches and Writings*, p. 348.

34. NT, *My Inventions*, p. 29.

35. William Preece, "On the Transmission of Electrical Signals Through Space," *Electrical Engineer*, August 30, 1893, p. 209.

36. O. E. Dunlap, 1944, pp. 58-59; also James Corum lecture, *One Hundred Years of Resonator Development*, ITS Conference, Colorado Springs, Colo., 1992.

37. M. Josephson, *Thomas Alva Edison* (New York: McGraw-Hill, 1959), p. 128.

38. R. Conot, *Streak of Luck* (New York: Bantam, 1981), p. 95.

39. Preece, "On the Transmission of Electrical Signals."

40. A. Slaby, "The New Telegraphy," *Century*, 1897, pp. 867-77.

41. Oliver Lodge, *Talks About Wireless* (New York: Cassell, 1925), p. 32.

42. NT, "The True Wireless," *Electrical Experimenter*, May 1919, pp. 28-30, 61-63, 87; in *Solutions to Tesla's Secrets*, pp. 62-68.

第十二章

1. "New Electric Inventions," *New York Recorder*, June 15, 1891.

2. NT, "Nikola Tesla and His Wonderful Discoveries," *Electrical World*, April 29, 1893, pp. 323-24.

3. "Tesla and His Wonderful Discoveries," *New York Herald*, April 23, 1893; NT, "Nikola Tesla and His Wonderful Discoveries," pp. 323-24.

4. [WBP].

5. TCM, "Tesla's Lecture in St. Louis," *Electrcial Engineer*, March 8, 1893, pp. 248-49.

6. [WBP].

7. TCM, "Tesla's Lecture in St. Louis," *Electrical Engineer*, March 8, 1893.

8. NT, "On Light and Other High Frequency Phenomena," *Electrical Engineer*, June 28, 1893, p. 627.

9. NT, "Nikola Tesla & His Wonderful Discoveries," *Electrical World*, April 29, 1893, pp. 323-24.

10. Ibid.

11. NT, "On Phenomena Produced by Electric Force," in *Inventions, Researches and Writings*, February/March 1893, p. 318.

12. Ibid., p. 318-19.

13. TCM, "A New Edison on the Horizon," *Review of Reviews*, March 1894, p. 355.

14. Martin, "Tesla's Lecture in St. Louis," March 8, 1893.

15. NT, *Inventions, Researches and Writings*, p. 349.

16. M. Josephson, *Thomas Alva Edison* (New York: McGraw-Hill, 1954), p. 235.

17. Thomas Edison, "A Long Chat With the Most Interesting Man in the World," *Morning Journal*, July 26, 1891 [TAE].

18. NT, "Nikola Tesla and His Wonderful Discoveries," *Electrical World*, April 29, 1893, from *New York Herald*, April 23, 1893.

19. NT, *My Inventions*, p. 41.

20. Ibid., p. 83.

21. TCM, "Tesla's Oscillator and Other Inventions," *Century*, April 1895, pp. 916-33.

22. Ibid. See also NT, *Nikola Tesla: Lectures* 1956, pp. P-141-145, P-225-231.

23. NT, "On Phenomena Produced by Electrostatic Force," in *Inventions, Researches, and Writings*, February/March, 1893, pp. 319-21.

24. William Cameron. *The World's Fair: A Pictorial History of the Columbian Exposition* (New Haven, Conn.: James Brennan & Co., 1894), pp. 108, 669-70; Stanley Applebaum, *The Chicago World's Fair of 1893: A Pictorial Record* (New York: Dover, 1980), pp. 96-97, 106.

25. W. E. Cameron, *World's Fair*, pp. 641-85.

26. Ibid., p. 316.

27. Ibid., p. 318.

28. J. Barrett, *Electricity at the Columbian Exposition* (Chicago: Donnelley & Sons, 1894), pp. 168-69; "Mr. Tesla's Personal Exhibit at the World's Fair," *Electrical Engineer*, November 29, 1893, pp. 466-68.

29. Cameron, *World's Fair*, p. 325; G. R. Davis, *World's Columbian Exposition, 1893* (Philadelphia: W. Houston & Co., 1893), p. 127; *World's Fair Youth Companion* (Boston: 1893), p. 19.

30. "Electricians Listen in Wonder to the 'Wizard of Physics,'" *Chicago Tribune*, August 26, 1893 (Edison Archives).

31. "Tesla's Egg of Columbus," *Electrical Experimenter*, March 1919, p. 775.

第十三章

1. TCM, "Nikola Tesla," *Century*, February 1894, pp. 582-85.

2. "Electricians Listen in Wonder to the 'Wizard of Physics'," August 26, 1893.

3. TCM, "A New on the Horizon," *Review of Reviews*, March 1894, p. 355.

4. Arthur Brisbane, "Our Foremost Electrician, Nikola Tesla," *World*, July 22, 1894.

5. Robert Underwood Johnson, *Remembered Yesterdays* (Boston: Little Brown, 1923).

6. W. T. Stephenson, "Electric Light of the Future," *Outlook* March 9, 1895, pp. 384-356.

7. Ibid. [The experience of this reporter was adapted to the Johnson meeting]

8. Ibid.

9. NT to RUJ, January 8, 1894 [BCU].

10. NT to RUJ, December 7, 1893 [BCU].

11. NT, "Introductory Note on Zmai," in R. U. Johnson, *Songs of Liberty and Other Poems* (New York: Century, 1897), pp. 43-47.

12. KJ to NT [NTM].

13. Ibid., April 3, 1896.

14. Ibid., December 6, 1897.

15. Ibid.,June 6, 1898.

16. TCM to KJ, January 8, 1894 [BLCU].

17. TCM to NT, January 22, 1894 [NTM].

18. Johnson, *Remembered Yesterdays*, p. 400.

19. Ibid.

20. Mark Twain to NT, March 4, 1894; RUJ to NT, March 5, 1894; NT to RUJ, April 26, 1894 [BLCU].

21. Mark Twain Papers [BLCU].

22. F. Anderson, ed., *Mark Twain's Notebooks and Journals*, vol. 3, 1883-1891 (Berkeley, Calif.: University of California Press, 1979), p. 431.

23. Ibid.

24. NT, My *Inventions*, p. 53.

25. NT, 1897, pp. 286-87.

26. NT to RUJ, May 2, 1894 [BLCU].

27. NT to KJ, May 2, 1894 [BLCU].

28. TCM to NT, February 17, 1894 [NTM].

29. Nicholas Pribic,"Nikola Tesla: The Human Side of a Scientist,"*Tesla Journal*, nos. 2 & 3 (1982-83), p. 25.

30. TCM to NT, February 6, 1894 [NTM].

31. J. Abraham and R. Savin, *Elihu Thomson Correspondence* (New York: Academic Press, 1971), p. 352.

32. TCM to RUJ, February 7, 1894 [BLCU].

33. NT, "Elliott Cresson Gold Medal Award," *Tribute to Nikola Tesla*, p. D-5.

34. RUJ to H. G. Osborn, May 7, 1894 [BLCU].

35. H. G. Osborn to Seth Low, January 30, 1894 [BLCU].

第十四章

1. NT, *My Inventions*, p. 48.

2. E. D. Adams, *Niagara Power: 1886-1918* (New York: Niagara Falls Power Co., 1927), pp. 148-49; H. Passer, *The Electrical Manufacturers: 1875-1900* (Cambridge, Mass.: Harvard University Press, 1953), pp. 283-84.

3. Ibid.

4. T. Hughes, *Networks of Power* (Baltimore: Johns Hopkins University Press, 1983), pp. 97-98, 238-39.

5. J. A. Fleming, "Nikola Tesla," in *Tribute to Nikola Tesla* (1961), p. A-222.

6. Hughes, in *Networks of Power*, wrote, "It is difficult to understand why he [Ferranti] and his financial backers

took such a great leap beyond the state of existing technology in their Depford project." Hughes, loath to give Tesla unequivocal credit, was therefore unable to make the connection.

7. H. Satterlee, *J. Pierpont Morgan: An Intimate Portrait* (New York: Macmillan, 1939), pp. 194, 221,228, 269, 300, 307, 325.

8. R. Conot, *Streak of Luck: The Life Story of Edison* (New York: Bantam Books, 1981), p. 340.

9. H. Passer, *Electrical Manufacturers*, p. 285.

10. E. D. Adams, *Niagara Power*, pp. 173, 176, 185.

11. Charles Scott, "Nikola Tesla's Achievements in the Electrical Art," *AIEE Transactions*, 1943 [Archives, Westinghouse Corp.].

12. Ibid.

13. Ibid., pp. 179-87.

14. David Woodbury, *Beloved Scientist: Elihu Thomson* (New York: McGraw-Hill, 1944), p. 214.

15. *Electrical World*, May 25, 1895, p. 603.

16. H. Passer, *Electrical Manufacturers*, p. 292.

17. H. Prout, p. 144.

18. H. Passer, p. 298.

19. Woodbury; Abraham and Savin. Interestingly, Passer, 1953, whose work is a primary source for this event, completely misunderstood Tesla's central role in the Niagara project, even though he had access to the files of G.E. and Westinghouse. Passer could not understand why the contract was given to Westinghouse over G.E.

20. H. Passer, p. 292.

21. F. L. Stetson, in de Lancey Rankine, *Memorabilia of William Birch Rankine*, (Niagara Falls: Power City Press, 1926), p. 28.

22. "Nikola Tesla and His Works," *Review of Reviews*, August 8, 1894, p. 215.

23. "Nikola Tesla and His Work," *New York Times*, September 16, 1894, 20: 1-4.

24. "Tesla's Work at Niagara," *New York Times*, July 16, 1895, 10: 5.

25. NT to JJA, January 6, 1899 [NTM].

26. "The Nikola Tesla Company," *Electrical Engineering*, February 13, 1895, p. 149.

27. NT to JJA, January 6, 1899 [NTM].

第十五章

1. D. McFarlan Moore to NT, June 13, 1931.In *Tribute to Tesla* 1961, p. LS-41.

2. TCM to NT, February 6, 1894 (some paraphrasing for readability's sake).

3. TCM to NT, May 7, 1894.

4. T. C. Martin, "Tesla's Oscillator and Other Inventions," *Century*, April 1895, in *Tribute to Nikola Tesla*, 1961, pp. A-11-32.

5. Ibid., July 18, 1894.

6. NT to RUJ, December 4, 1894 [BLCU].

7. Ibid., p. A-20.

8. EE. "American Electr-Therapeutic Association"; "An Evening in Tesla's Laboratory," *Electrical Engineering*, October 3, 1894, pp. 278-79.

9. NT vs. Reginald A. Fessenden, *Interference*, 21: 701, April 16, 1902, p. 20 [Scherff papers, BLCU].

10. Herbert Spencer, *The Principles of Biology* (New York: Appleton, 1896).

11. NT, April 16, 1902, p. 19; "The Transmission of Electrical Energy Without Wires As a Means for Furthering Peace," *Electrical World*, January 1905, pp. 21-24.

12. T. C. Martin, op. cir. April 1895, in *Tribute to Nikola Tesla*, 1961, pp. A-31-32.

13. Ibid.

14. "NT and his works," *Review of Reviews*, August 1894, p. 215.

15. "Tesla and Edison," *Watertower Times*, April 24, 1895 [TAE].

16. "Nikola Tesla," *Electrical World*, April 14, 1894, p. 489.

17. F. Jarvis Patten, "Nikola Tesla and His Work," *Electrical World*, April 14, 1894, pp. 496-99; "Tesla and Edison," *Watertower Times*, April 24, 1895 [TAE].

18. Arthur Brisbane, "Our Foremost Electrician," *New York World*, July 22, 1894, Sunday supplement.

19. "Tesla's Triumphs," *St. Louis Daily Globe Democrat*, March 2, 1893, p. 4.

20. NT, "Tuned Lightning," *English Mechanic and World of Science*, March 8, 1907, pp. 107-108.

21. W. T. Stephenson, "Electrical Light of the Future," *Outlook*, March 9, 1895, pp. 384-86.

22. NT vs. Fessenden, April 16, 1902, p. 14.

23. Ibid., Scherff's testimony, p. 89.

24. Patents 454,622 (June 23, 1891); 462,418 (November 3, 1891); 514,168 (February 6, 1894). In *Lectures, Patents, Articles*, pp. P-221-27.

25. Michael Pupin papers [BLCU].

26. NT, "High Frequency and High Potential Currents," February 1892, in *Inventions, Researches and Writings* (1894), p. 292.

27. Pupin papers, March 28, 1894 [BLCU].

28. Ibid., August 23, 1895.

29. Ibid., May 21, 1895.

30. Ibid., July 25, 1896.

31. NT to RUJ, December 21, 1894 [BLCU].

第十六章

1. Charles Dana, "The Destruction of Tesla's Workshop," *New York Sun*, March 13, 1895; in *Tribute*, 1961, p. LS-18.

2. D. McFarlan Moore to NT, June 13, 1931; in *Tribute*, 1961, p. LS-41.

3. John O'Neill, *Prodigal Genius*, 1944.

4. J. Ratzlaff and Leland Anderson, eds., *Dr. Nikola Tesla Bibliography* (Palo Alto, CA: Ragusen Press, 1979), p. 34.

5. T. C. Martin, "The Burning of Tesla's Laboratory," *Engineering Magazine*, April 1895, pp. 101-4.

6. "A Calamitous Fire," *Current Literature*, May 1895 [TAE].

7. Michael Boro Petrovich, *A History of Modern Serbia* (New York: Harcourt Brace, 1976), p. 523.

8. T. C. Martin, "The Burning..."

9. J. Ratslaff and L. Anderson, *Tesla Bibliography*, p. 34.

10. J. Abraham and R. Savin, *Elihu Thomson Correspondence* (New York: Academic Press, 1971), p. 352.

11. TCM to NT, May 20, 1895; May 21, 1895; May 28, 1895 [NTM].

12. H. Passer, *Electrical Manufacturers*, p. 297.

13. "Westinghouse Electric. Ad on Tesla polyphase system." *Review of Reviews*, June 1895, p. viii.

14. J. Ratzlaff and L. Anderson, *Tesla Bibliography*, p. 34.

15. John O'Neill, *Prodigal Genius*, p. 123. Concerning Tesla's expenses, including the loss from the fire and the construction of another lab, Tesla wrote, "Before I ever saw Colorado—I think my secretary knows that—I have expended certainly not less than $750,000," NT, *On His Work With A.C.*, p. 172.

16. NT to RUJ, February 14, 1895 [BLCU].

17. Ernest Heinreich to NT, February 13, 1895 [LC].

18. "Tesla in Jersey," *Rochester Express*, April 5, 1895 [TAE].

19. NT to A. Schmid (two letters combined), March 23, 1895; April 3, 1895 [LC].

20. Samuel Bannister to NT, April 8, 1895 [LC].

21. Brisbane, June 22, 1894.

22. "Edison's Rival," *Troy Press*, April 20, 1895 [TAE].

23. J. Ratzlaff and L. Anderson, *Tesla Bibliography*, p. 36.

24. "Tesla Solved the Problem," *Philadelphia Press*, June 24, 1895 [TAE].

25. "The Electric Combinations," *NY Com. Bulletin*, April 18, 1895 [TAE].

26. TCM to NT, May 22, 1895 [NTM].

27. TCM to NT, March 12, 1896 [NTM].

28. "Nikola Tesla and the Electrical Outlook," *Review of Reviews*, September 1895, pp. 293-94.

29. Ibid.

第十七章

1. Quoted in *New York Sun*, March 25, 1896.

2. John D. Gates, *The Astor Family* (Garden City, N.Y.: Doubleday, 1981), pp. 112-13.

3. Ibid.

4. Camille Flammarion, "Mars and Its Inhabitants," *North American Review* 162 (1896), p. 549.

5. William Pickering, "Pickering's Idea for Signaling Mars," *New York Times*, April 25, 1909, Pt. 5, 1: 1-6 [some paraphrasing to improve readability].

6. NT to JJA, February 6, 1895 [NTM].

7. John Jacob Astor, *A Journey in Other Worlds* (New York: D. Appleton, 1894), pp. 115-16.

8. Ibid., p. 161.

9. George DuMaurier, *The Martian* (Boston: Little Brown, 1896).

10. Camille Flammarion, *Stories of Infinity* (Boston: Roberts Brothers, 1873).

11. Carl Jung, *The Portable Jung* (New York: Viking Press, 1961), p. 311.

12, D. Cohan, "Heavenly Hoax," *Air & Space* 4-5 (1986), pp. 86-92.

13. E. Morse, *Mars and Its Mystery* (Boston: Little Brown, 1906), pp. 52-53.

14. Camille Flammarion, "Mars and Its Inhabitants," *North American Review* 162 (1896), pp. 546-57.

15. "Strange Lights on Mars," *Nature*, August 2, 1894; "Mars Inhabited Says Prof. Lowell," *New York Times*, August 30, 1907, 1: 7; "Signalling to Mars," *Scientific American*, May 8, 1909.

16. Perceival Lowell, *The Canals of Mars* (New York: Macmillan, 1906), pp. 376-77.

17. W. Von Braun et al., *The Exploration of Mars* (New York: Viking Press, 1956), pp. 84-85.

18. Ibid.; J. Abrahams and R. Savin, *Elihu Thomson Correspondence*.

19. NT, *Tribune*, p. LS-18.

20. "Is Tesla to Signal the Stars?" *Electrical World*, April 4, 1896, p. 369.

第十八章

1. Quoted in Paul Baker, *Stanny: The Gilded Life of Stanford White* (New York: Free Press, 1989), p. 137, circa February 25, 1894.

2. Frederick Finch Strong, "Electricity and Life," *Electrical Experimenter*, March 1917, pp. 798, 831.

3. Jennie Melvene Davis, "Great Master Magician Is Nikola Tesla," *Comfort*, May 1896 [NTM].

4. "The Field of Electricity: Edison, Tesla and Moore at Work," untitled newspaper clipping, Omaha, Nebraska, June 14, 1896 [TAE].

5. SW to E. D. Adams, May 14, 1891; August 16, 1892 [ALCU].

6. SW to Adams, December 1891; October 1891 [ALCU].

7. SW to NT, February 25, 1894 [ALCU].

8. SW to NT, February 5, 1895 [ALCU].

9. Ibid.

10. Michael Mooney, *Evelyn Nisbet and Stanford White* (New York: Morrow, 1976), pp. 193-99; Paul Baker, *Stanny*, pp. 249-50.

11. SW to NT, November 30, 1895 [ACU].

12. George Wheeler, *Pierpont Morgan and Friends: Anatomy of a Myth* (Englewood Cliffs, N.J.: Prentice-Hall, 1973), p. 17.

13. G. Scherff, 1902 [BLCU].

14. R. U. Johnson, *Remembered Yesterdays*, pp. 480-81; "True Buddhism, Brooklyn Standard Union," February 4, 1895, in *The Complete Works of Swami Vivekananda*, vol. 2 (Calcutta, India: Advaita Ashram, 1970); Tad Wise to author, April 10, 1996.

15. RUJ to NT, October 25, 1895 [BLCU].

16. NT to KJ, October 23, 1895 [BLCU].

17. Matthew Josephson, *The Robber Barons* (New York: J. J. Little & Ives Co., 1934), pp. 332-34.

18. H. J. Satterlee, *J. Pierpont Morgan*, p. 214.

19. TCM to NT, November 7, 1895; November 17, 1895 [NTM].

20. NT to JJA, December 20, 1895 [NTM].

21. NT to RUJ, December 13, 1895; December 22, 1895 [NTM].

22. NT to SW, January 4, 1896 [NTM].

23. NT to RUJ, January 10, 1896 [BLCU].

24. Swami Vivekananda to W. T. Stead (ed., *Review of Reviews*), in *Letters of Swami Vivekananda* (Pithoragarth, Himalays: Advaita Ashrama, 1981), pp. 281-83; *The Complete Works of Swami Vivekananda* (Calcutta, India: Advaita Ashrama, 1979).

25. JJA to NT, January 18, 1896 [NTM].

第十九章

1. "Phosphorescent Light," *New York Mail and Express*, May 22, 1896 [TAE].

2. Michael Pupin, *From Immigrant to Inventor* (New York: Scribners, 1925), p. 306.

3. John O'Neill, *Prodigal Genius*, 1944.

4. SØren Kierkegaard, *Either or Or*, 1848, translated by David and Lillian Svenson (New York: Oxford University Press, 1944).

5. NT, "On Roentgen Rays," *Electrical Review*, March 11, 1896; in *Nikola Tesla: Lectures* (1956), p. A-27.

6. Ibid., p. A-29.

7. Ibid., p. A-30.

8. NT, "On Roentgen Radiations," *Electrical Review*, April 8, 1896; in *Nikola Tesla: Lectures* (1956), p. A-43.

9. NT, "Roentgen Rays or Streams," *Electrical Review*, December 1, 1896; in *Nikola Tesla: Lectures* (1956), p. A-52.

10. Ibid.; "On the Roentgen Streams," *Electrical Review*, December 1, 1896; in *Nikola Tesla: Lectures* (1956), p. A-56. Tesla also associated this idea to Kelvin's "ether vortexes."

11. NT, "On Roentgen Rays: Latest Results," *Electrical Review*, March 18, 1896; in *Nikola Tesla: Lectures*(1956), pp. A-32-38; "On Roentgen Radiations," *Electrical Review*, April 8, 1896; in *Nikola Tesla: Lectures* (1956), p. A-41.

12. NT. "On the Roentgen Streams," *Electrical Review*, December 1, 1896; in *Nikola Tesla: Lectures* (1956),

p. A-58.

13. NT. "On the Hurtful Actions of Lenard and Roentgen Tubes," *Electrical Review*, May 5, 1897; in *Nikola Tesla: Lectures* (1956), p. A-65.

14. "Tesla Opposes Edison," *NY Evening Journal*, December 2, 1896 [TAE].

15. "Tesla Says 'Let us hope'." *Philadelphia Press*, November 20, 1896 [TAE].

16. "Scoffs at X rays for the blind," *NY Morning Journal*, December 3, 1896 [TAE].

17. "Combined Devices," *NY Evening Journal*, December 2, 1896; "Triumph of Science: Combination of Tesla and Edison contrivances," *Louisville KY Courier Journal*, November 24, 1896 [TAE].

18. "Edison Caught a Fluke," *NY Morning Journal*, August 10, 1897 [TAE].

第二十章

1. Charles Barnard, "Nikola Tesla, the Electrician," *The Chautauguan* 25, (1897),　pp. 380-84.

2. "Nikola Tesla: An Interesting Talk With America's Great Electrical Idealist," *Niagara Falls Gazette*, July 20, 1896, 1: 1.See also T. Valone, "Tesla's History in Western New York," in S. Elswick, ed., *Tesla Proceedings* (1986), pp. 27-51.

3. William Preece to NT, 1896 [NTM].

4. E. C. Baker, *Sir William Preece: Victorian Engineer Extraordinary* (London: Hutchinson, 1976), pp. 269-70.

5. NT, "Marconi and Preece," *New York World*, April 13, 1930, p. 229, in J. Ratzlaff, *Tesla Said*, p. 229.

6. KJ to N J, August 6, 1896 [NTM].

7. RUJ to NT, July 28, 1896 [LC].

8. RUJ to NT, November 7, 1896.

9. "History Making Celebration of the Only Electrical Banquet the World Has Ever Seen," *Buffalo Evening News*, January 13, 1897, 1: 1-2; 4: 2-5.

10. Nikola Tesla, "Niagara Falls Speech," *Electrical World*, February 6, 1897, pp. 210-11. Reprinted in *Nikola Tesla: Lectures* (1956), pp. A101-8.

11. Ibid.

12. Ibid.

13. *Buffalo Evening News*, January 12, 1897; see also D. Dumych, "Nikola Tesla and the Development of Electric Power at Niagara Falls," *Tesla Journal* 6, 7, 1989-90, pp. 4-10.

14. Ibid.

第二十一章

1. R. U. Johnson, *Remembered Yesterdays*, p. 402.

2. Ibid., March 13, 1896.

3. JJA to NT, January 29, 1897 [NTM].

4. SW to NT, January 29, 1897 [ACU].

5. NT to RUJ, March 28, 1896; salutation, March 12, 1896 [BLCU].

6. NT to RUJ, April 8, 1896 [BLCU].

7. R. U. Johnson, *Remembered Yesterdays*, pp. 402-3.

8. Ignace Paderewski and Mary Lawton, *The Paderewski Memoirs* (New York: Scribners, 1938), p. 205-6.

9. NT to KJ, April 8, 1896; April 9, 1896 [BLCU].

10. NT to KJ, April 10, 1896 [BLCU].

11. NT to R. Kipling, April 1, 1901 [BLCU].

12. NT to KJ, March 10, 1899 [BLCU].

13. NT to KJ, March 9, 1899 [BLCU].

14. Peter Browning, ed.,*John Muir in His Own Words* (Lafayette, Calif.: Great West Books, 1988).

15. NT to KJ, November 3, 1898 [BLCU].

16. P. Browning, *John Muir in His Own Words*, p. 12.

第二十二章

1. "Tesla Electrifies the Whole Earth," *New York Journal*, August 4, 1897, 1: 1-3.

2. Lee DeForest, *Father of Radio: An Autobiography* (Chicago: Wilcox & Follett, 1950), pp. 76, 81, 85.

3. NT, *Nikola Tesla: Lectures*, (1956). Essential patents for oscillators and transmitters: 454622 June 23, 1891; 462418 November 3, 1891; 514168 August 2, 1893; 568176-180 April 20, 1896-July 9, 1896; remote control: 613809 July 1, 1898; wireless communication: 649621 September 2, 1897; 1119732 January 18, 1902.

4. "Wizard Edison Here," *Buffalo (N.Y.) News*, August 30, 1896 [TAE].

5. "Nikola Tesla on Far Seeing—The Inventor Talks Interestingly on the Transmission of Sight by Wire," *New York Herald*, August 30, 1896. See also Ratzlaff & Anderson, 1979, p. 45.

6. NT, "Developments in Practice and Art of Telephotography," *Electrical Review*, December 11, 1920, in *Lectures* (1956), pp. A-94-97.

7. A. Korn to NT, May 1931, in *Tribute* (1961) pp. 25-27.

8. NT, "Developments in Practice and Art of Telephotography," *Electrical Review*, December 11, 1920, in *Lectures* (1956), p. A-97.

9. Chauncey Montgomery McGovern, "The New Wizard of the West," *Pearson's Magazine*, May 1899, pp. 291-97.

10. NT to Parker W. Page, August 8, 1897 [KSP].

11. Patent no. 649621, September 2, 1897; in *Lectures* (1956) pp. P293-96; C. M. McGovern, "The New Wizard of the West," p. 294.

12. Ibid., pp. P293-96.

13. Preece quoted in E. C. Baker, *Sir William Preece* 1976, p. 270.

14. Vyvyan quoted in D. Marconi, *My Father, Marconi* (New York: McGraw-Hill, 1962), p. 138.

15. W. Jolly, *Marconi* (New York: Stein & Day, 1972), p. 48.

16. D. E. W. Gibb, *Lloyds of London* (London: Lloyds of London Press, 1957), p. 158.

17. Frank Jenkins, "Nikola Tesla: The Man, Engineer, Inventor, Humanist and Innovator," in *Nikola Tesla: Life and Work of a Genius* (Belgrade: Yugoslav Society for the Promotion of Scientific Knowledge, 1976), pp. 10-21. Original source, O'Neill, 1944.

18. NT vs. Marconi, court transcripts, pp. 440-41 [LA].

19. C. M. McGovern, op. cit., 1899, p. 297.

20. "A Crowd to Hear Tesla," *New York Times*, April 7, 1897, 12:2; J. Ratzlaff and L. Anderson, *Tesla Bibliography*, p. 49.

21. For a discussion of this unpublished lecture, see L. Anderson (ed.), *On His Work with Alternating Currents* 1916/1992.

22. "Telegraphy without wires," *Scribners Monthly*, 1897, pp. 527-28.

23. NT vs. Reginald Fessenden litigation, op. cit., 1902 [BLCU].

24. Westinghouse Co. annual report, *Electrical Review*, June 30, 1897, p. 313.

25. Westinghouse memorandum, July 7, 1888.

26. NT to JJA, January 6, 1899 [NTM].

27. NT to E. Heinreich, December 4, 1897 [LC].

28. Marica to NT, March 27, 1891, in A. Marincic, ed., *Tesla's Correspondence with Relatives* (Belgrade: Nikola Tesla Museum) [Zoran Bobic, transl.].

29. "Tesla at 79 Discovers New Message Wave," *Brooklyn Eagle*, July 11, 1935, 1: 1, 3: 4; see also O'Neill, 1944, pp. 158-64.

30. Allan Benson, "Nikola Tesla: Dreamer," *The World To-Day*, 1915, pp. 1763-67 [Archives, Health Research, Mokelumne Hill, Calif.

第二十三章

1. Edward Bulwer-Lytton, *The Coming Race* (London: Routledge, 1871).

2. NT, "Tesla's Latest Invention: Electrical Circuits and Apparatus of Electrically Controlled Vessels," *Electrical Review*, November 16, 1898, pp. 305-12.

3. NT to RUJ, July 12, 1900 [BCU].

4. This connection between Tesla and Bulwer-Lytton was originally noticed by Desire Stanton, a newspaper columnist in Colorado Springs in 1899. See I. Hunt and W. Draper, *Lightning in His Hands: The Life Story of Nikola Tesla* (Hawthorne, Calif.: Omni Publications, 1964).

5. Bulwer-Lytton, *Coming Race*.

6. NT to JJA, January 27, 1897; July 3, 1897 [NTM].

7. NT to JJA, December 2, 1898 [NTM].

8. Virginia Cowles, *The Astors* (New York: Knopf, 1979), pp. 130-31.

9. NT, *My Inventions*, pp. 107-9.

10. John Oliver Ashton to Lee Anderson, July 17, 1953 [LA].

11. "Tom Edison's Son Explodes Desk by Accident," *New York Times*, May 3, 1898, 7: 1.

12. "Tesla's Latest Invention," *Electrical Review*, November 9 and 16, 1898.

13. NT, "Torpedo Boat Without a Crew," *Current Literature*, February 1899, pp. 136-37.

14. "Mr. Tesla and the Czar," *Electrical Engineering*, November 17, 1898, pp. 486-87.

15. NT, "The Problem of Increasing Human Energy," *Century*, June 1900, p. 188.

16. M. Huart, "The Genius of Destruction," *Electrical Review*, December 7, 1898, p. 36.

17. Mark Twain to NT, November 17, 1898 [NTM].

18. "Mr. Tesla and the Czar," *Electrical Engineering*, November 17, 1898, pp. 486-87.

19. "Was Keely a Charlatan?" and "Science and Sensationalism," *Public Opinion*, December 1, 1898, pp. 684-85.

20. NT to RUJ, January 1, 1898 [BLCU].

21. NT to RUJ, January 1, 1898 [BLCU].

22. NT to RUJ, November 28, 1898 [BLCU].

23. NT, "Mr. Tesla's reply," *Electrical Engineer*, November 24, 1898, p. 514.

24. Marc Seifer, *Nikola Tesla: Psychohistory*, 1986, p. 272. Survey derived from Ratzlaff and Anderson, 1979.

25. "His Friends to Mr. Tesla," *Electrical Engineer*, November 24, 1898, p. 514.

26. TCM to Elihu Thomson, January 16, 1917, in H. Abrahams and M. Savin, *Selections from the Scientific Correspondence of Elihu Thomson* (Cambridge, Mass.: MIT Press, 1971), p. 352.

27. T. C. Martin, "The Burning of Tesla's Laboratory," *Engineering*, 11: 1, April 1895.

28. NT, "The Problem of Increasing Human Energy," *Century*, June 1900, pp. 175-211.

29. NT, "How Cosmic Forces Shape Our Destiny," 1915, in *Nikola Tesla: Lectures* (1956), p. A-122.

30. NT, "The Problem of Increasing Human Energy," *Century*, June 1900, pp. 173-74.

31. NT, "How Cosmic Forces Shape Our Destiny," 1915/1956, p. A-172.

32. Ibid.

33. NT, "The Problem of Increasing Human Energy," *Century*, June 1900, pp. 184-85.

34. Ibid., pp. 185-86.

35. NT, *My Inventions*. It should also be noted that for many years, in order for a patent to be granted, the inventor *had to* demonstrate his invention.

第二十四章

1. NT to RUJ, November 29, 1897 [BLCU].

2. Virginia Cowles, *The Astors* (New York: Knopf, 1979), p. 126.

3. Albin Dearing, *The Elegant Inn* (Secaucus, N.J.: Lyle Stuart, 1986), pp. 75, 78, 87.

4. Ibid., p. 81.

5. NT to U.S. Navy, September 27, 1899 [NAR].

6. P. Delaney, "Telegraphing From a Balloon in War," *Electrical Review*, October 1898, p. 68.

7. NT to JJA, January 3, 1901 [NTM].

8. General Dynamics advertisement, *Smithsonian*, 1990.

9. "Offer of the Holland Owners," *New York Times*, June 4, 1898, 1: 4.

10. NT to U.S. Navy, 1899 [NAR].

11. "The Patience of Hobson," *New York Times*, April 20, 1908.

12. "The Merrimac Destroyed?" *New York Times*, June 4, 1898, 1: 4.

13. Martha Young, "Lieutenant Richmond P. Hobson," *Chautauguan* 27, 1898, p. 561.

14. "Lieut. Hobson's Promotion," *New York Times*, June 21, 1898, 1: 4.

15. KJ to NT, December 6, 1897 [NTM].

16. Ibid., June 6, 1898.

17. NT, "Tesla's Latest Advances in Vacuum Tubes," *Electrical Review*, January 5, 1898, p. 9.

18. Cheiro (Louis Hamon), *Cheiro's Language of the Hand* (New York: Transatlantic Publishing Co., 1895).

19. Sphynx. Analysis of Tesla's palm. Private correspondence, August 1990.

20. KJ to NT, February 8, 1898 [NTM].

21. Ibid., March 12, 1898; March 25, 1898.

22. NK to KJ, March 12, 1898 [BLCU].

23. Ibid., December 3, 1898.

24. NK to KJ, November 3, 1898 [BLCU].

25. Ibid., March 9, 1899.

26. Marguerite Merrington papers, Museum of New York City; John O'Neill, *Prodigal Genius*, p. 302.

27. Virginia Cowles, *The Astors* (New York: Knopf, 1979), pp. 124-25.

28. Ibid., p. 135.

29. NT to JJA, December 2, 1898; January 6, 1899 [NTM].

30. Ibid., December 2, 1898 [NTM].

31. NT to JJA, January 6, 1899 [NTM].

32. Ibid., January 6, 1899; January 10, 1899; March 27, 1899 [NTM]. Whether Tesla actually received the full amount is unknown.

33. John O'Neill, *Prodigal Genius*, p. 176.

34. NK to KJ, November 3, 1898 [BLCU].

35. R. U. Johnson, *Remembered Yesterdays*, pp. 418-19.

36. "The Gentle Art of Kissing," *New York Times*, August 15, 1899, 6: 2-4.

37. NT to RUJ, December 6, 1898 [BLCU].

38. Ibid., November 8, 1898.

39. "Lieut. Hobson's Career," *New York Times*, June 5, 1898, 2: 4.

第二十五章

1. Desire Stanton, "Nikola Tesla Experiments in the Mountains," *Mountain Sunshine*, Jul-Aug 1899, pp. 33-34.(Real name: Mrs. Gilbert McClurg.) Tesla's 1896 trip to Colorado was discovered by James Corum while researching articles at the Tesla Museum, Belgrade.

2. NT/Reginald Fessenden litigation, August 5, 1902 [BLCU].

3. NT. "Some Experiments in Tesla's Laboratory With Currents of High Potential and High Frequency," *Electrical Review*, March 29, 1899, pp. 193-97,204.

4. T. Hunt and M. Draper, *Lightning*, p. 110.

5. Ibid.; NT, *On His Work in A.C.*, 1916/1992, p. 109.

6. T. Hunt and M. Draper, *Lightning*, p. 110.

7. Ibid.

8. NT/RF litigation, August 5, 1902, p. 12 [BLCU].

9. Drawings pertaining to the design of the Colorado Springs experimental station were created in 1896 and 1897. In the same manner, while at Colorado, Tesla also worked out plans for his next transmitter, which was erected on Long Island. NT, *My Inventions*, pp. 116-17.

10. T. Hunt and M. Draper, *Lightning*, p. 108.

11. Ibid.

12. Ibid.

13. According to present-day understanding, the ionosphere, or Kennelly-Heaviside layer, does not act as a carrier of the electrical waves, as Tesla hypothesized, but as a reflector, causing the energy "to bounce back and forth rapidly for long-distance transmission," and that is how it goes around the entire curve of the earth (Stanley Seifer, private correspondence, 1985).

14. NT/RF litigation, August 5, 1902, p. 51 [BLCU].

15. Alexander Marincic, "Research on Nikola Tesla in Long Island Laboratory." *Tesla Journal* 6, no. 7 (1988/89) pp. 25-28.

16. NT/RF litigation, August 5, 1902, [BLCU].

17. NT to George Scherff, June 22, 1899 [LC].

18. NT/RF litigation, August 5, 1902, p. 26 [BLCU].

19. The primary of the coil was a specially prepared cable spanning the inside perimeter of the building itself, and the secondary was a tubular shaped smaller coil in the center of the structure which encircled a transmission tower that rose from a support column as a single spire. With a removable roof to augment the adjustment of the aerial, and a small bulb at its apex, the transmitter could be extended to a variable length that could reach a maximum of 200 feet from the ground. A. Marincic, *Colorado Springs Notes Commentary*, in Nikola Tesla, *Colorado Springs Notes*, A. Marincic, ed. (Belgrade, Yugoslavia: Nikola Tesla Museum, 1979).

20. Due to Tesla's extraordinary powers of eidetic imagery, a myth, perpetuated by O'Neill and Tesla's own autobiography, arose suggesting that the inventor worked out all designs and calculations solely in his mind. The original curators of the Tesla Museum therefore kept the Colorado notebook a secret, as they did not want to destroy this image of the inventor's extraordinary mental abilities. According to the present curator, Dr. Marincic, "The appearance of the Colorado notebook would show Tesla to be human, that he made mistakes, and so on." Marincic's position was totally different. He felt that the more people understood the real Tesla, the better would be the appreciation of his accomplishments. It was for this reason that Marincic prepared the notebook which was published by the musuem in 1979 (Tesla Museum, A. Marincic, Colorado Springs, August, 1990.)

21. NT/RF litigation, August 5, 1902, [BLCU].

22. NT, *My Inventions*, p. 86. See also *Colorado Springs Notes*, p. 174: "Now it was of importance to increase the magnifying factor...."

23. NT/RF litigation, August 5, 1902, p. 30 [BLCU].

24. NT, *Colorado Springs Notes*, pp. 28, 34.

25. NT to JJA, September 10, 1900 [NTM].

26. GS to NT, June 14, 1990 [LC].

27. GS to NT, June 22, 1899 [LC].

28. NT to GS, June 6, 1899 [LC].

29. A. Marincic, in *Colorado Springs Notes*, p. 15.

30. NT/RF litigation, Lowenstein testimony, August 5, 1902, pp. 99-101, 106 [BLCU].

31. NT, CSN, 1979, p. 37.

32. NT/RF litigation, Lowenstein testimony, August 5, 1902, pp. 106-8 [BLCU].

33. NT, *Colorado Springs Notes*, p. 61.

34. Ibid.

35. NT to GS, July 4 and 6, 1899 [LC].

第二十六章

1. NT to RUJ, January 25, 1901 [BLCU].

2. NT to JH, December 8, 1899, in *Colorado Springs Notes*, p. 314.

3. NT, "Talking With the Planets," *Current Literature*, March 1901, p. 360.

4. *Pyramid Guide*, 1977 [LA].

5. NT, *Colorado Springs Notes*, pp. 109-110.

6. NT/RF litigation, August 5, 1902 [BLCU].

7. Ibid., pp. 127-33.

8. NT, "Talking With the Planets," February 9, 1901, *Colliers*, pp. 405-6; *Current Literature*, March 1901, pp. 429-31.

9. NT, "Interplanetary Communication," *Electrical World*, September 24, 1921, p. 620.

10. NT, "Signalling to Mars," *Harvard Illustrated*, March 1907, in *Tesla Said*, pp. 92-93.

11. GS to NT, July 1, 1899 [LC].

12. *New York Times* articles on wireles operators: D'Azar, September 3, 1899, 17: 7; Marble November 7, 1899, 1: 3; Riccia September 10, 1899, 10: 4.

13. GS to NT, October 2, 1899 [LC].

14. NT to GS, September 27, 1899 [LC].

15. On July 28, in the *Colorado Springs Notes* Tesla also utilizes the word *feeble*. This same word appears in the 1901 article "Talking With the Planets." See also, Marc Seifer, 1979; 1984; 1986.

16. W. Jolly, *Marconi* (New York: Stein & Day, 1972), pp. 65-66.

17. Recent biographers, such as Hunt and Draper, attributed the impulses to "radio waves coming from the stars" or to pulsars. Tesla researcher Prof. James Corum suggests that he may have intercepted pulsed frequencies emanating from Jupiter or "the morning chorus," which are charged particles that "slosh back and forth between the North and South poles in the early morning." Additional possibilities include other natural phenomena associated with the lightning storms or telluric currents, faulty equipment, or self-delusion.

18. NT. Interplanetary communication. EW, September 9, 1921, p. 620.

19. R. Conot, *Streak of Luck: The Life Story of Edison* (N.Y.: Bantam Books, 1981), pp. 415-17.

20. Charles Batchelor, papers [TAE].

21. R. Conot, *Streak of Luck*, pp. 415-17.

22. Julian Hawthorne, "And How Will Tesla Respond to Those Signals From Mars?" *Philadelphia North American*, 1901 [BLCA].

23. Ibid.

24. Anonymous, "Mr. Tesla's Science," *Popular Science Monthly*, February 1901, pp. 436-37.The Tesla quotes are from NT, "The Problem of Increasing Human Energy," *Century*, June 1900.

25. NT to U.S. Navy, September 16, 1916 [NAR].

26. Francis J. Higginson to NT, May 11, 1899 [NAR].

27. NT to U.S. Navy, July 11, 1899 [NAR].

28. Ibid., August 20, 1899.

29. Ibid., September 14, 1899.

30. Ibid., September 27, 1899.

第二十七章

1. NT, "Tesla's reply to Edison," *English Mechanic & World Science*, July 14, 1905, p. 515, in *Tesla Said*, pp. 88-89.

2. Ibid., August 3, 1899.

3. Ibid., November 6, 1899.

4. John Ratzlaff and Fred Josst, *Dr. Nikola Tesla*: *English/Serbo-Croatian Diary Comparisons, Commentary and Tesla/Scherff Colorado Springs Correspondence*. (Millbrae, Calif.: Tesla Book Co., 1979), p. 73.

5. NT to GS, September 6, 1899 [LC].

6. NT to GS, September 22, 1899, in Ratzlaff and Jost, *Dr. Nikola Tesla*, p. 114.

7. Nancy Czito, Personal interview, November 1983, Inventor Commemoration Day, Washington, D.C.

8. NT, October 1919, p. 516; in *Tesla Said*, p. 216.

9. Leland Anderson, "John Stone on Nikola Tesla's Priority in Radio and Continuous-Wave Radiofrequency Apparatus," *Antique Wireless Association Review*, 1: 1, 1986.

10. NT to GS, October 29, 1899 [LC].

11. Alexander Marincic, *Colorado Springs Notes*, 1979, p. 421.

12. NT, *Colorado Springs Notes*, 1979, p. 111.

13. John O'Neill, "Tesla Tries to Prevent World War II" (Originally unpublished chapter from Tesla biography), *Tesla Coil Builders Association*, July-August, 1988, pp. 13-14.

14. NT to RUJ, October 1, 1899 [BLCU].

15. NT, *Colorado Springs Notes*, 1979, p. 219.

16. O'Neill, 1988, p. 14.This work has been replicated by Professor James Corum by setting up two coils near each other, one with a low frequency (90 KH) and the other with a high frequency (200 KH). When exciting both coils, small fireballs sometimes appear. Placing a "thumbprint of carbon" on one of the coils also helps augment the process. It is possible, in this latter case, that the microparticles of carbon, when electrified, attract additional charges. Robert Golka, another Tesla researcher, has also produced fireballs. He suggests that rotational motion of a boundary layer of charges may be involved in the process. James Corum, "Cavity Resonator Developments," lecture before the International Tesla Society, Colorado Springs, August 1990.

17. NT, *Colorado Springs Notes*, 1979, p. 228.

18. NT, "Can Radio Ignite Balloons?" *Electrical Experimenter*, October 1919, pp. 516, 591-92.(Archives, Gernsback Publications, Farmingdale, NY).

19. As "the loss [of propagated waves] is proportional to the cube of the frequency... with waves

300 meters in length, economic transmission of energy is out of the question, the loss being too great. With wave-lengths of 12,000 meters [loss] becomes quite insignificant and on this fortunate fact rests the future of wireless transmission of energy." NT, "The Disturbing Influence of Solar Radiation on the Wireless Transmission of Energy," *Electrical Review and Western Electrician*, July 6, 1912; in *Tesla Said*, pp. 121-27.

20. NT, *Colorado Springs Notes*, 1979, p. 76.

21. H. Winfield Secor, "The Tesla High Frequency Oscillator," *Electrical Experimenter*, March 1916, pp. 614-15, 663.

22. NT, "Can Radio Ignite Balloons?" *Electrical Experimenter*, October 1919, p. 591.

23. Ibid.

24. John O' Neill, *Prodigal Genius*, p. 187; NT, *Colorado Springs Notes*, 1899/1979, p. 348.

25. KJ to NT, December 22, 1899 [NTM].

第二十八章

1. RUJ to NT, July 7, 1900 [LC].

2. *Colorado springs Gazette*,"Nikola Tesla to Come Here,"October 30, 1903, 1: 7; Tesla Sued for $180 by Electrical Co.," April 6, 1904, 3: 1; "NT Says He Is Not Indebted to Duffner," September 6, 1905, 1: 2.See also Ratzlaff and Anderson, pp. 79, 81, 86.

3. "Signor Marconi Arrival from Europe," *New York Times*, January 3, 1900, 1: 3.

4. Dragislav Petkovich, "A Visit to Nikola Tesla," *Politika*, vol. XXIV, no. 6824, April 27, 1927 [LA].

5. Stanko Stoilovic, "Portrait of a Person, a Creator and a Friend," *Tesla Journal*, 4/5, 1986/87, pp. 26-29.

6. Pupin papers, patent no. 652,231, June 19, 1900 [BLCU].

7. Stanko, "Portrait," *Tesla Journal*, pp. 26-29.

8. U.S. patent letters to Pupin, June 30, 1896; July 25, 1896, Pupin papers [BLCU]; see also *Inventions, Researches, and Writings*, 1894, p. 292, and previous discussion in chapter 15.

9. NT, "Tesla's Wireless Torpedo," *New York Times*, March 20, 1907, 8: 5, in *Tesla Said*, p. 96.

10. NT, "The Transmission of Electrical Energy Without Wires as a Means for Furthering Peace," *Electrical World & Engineer*, January 7, 1905, p. 22.

11. Admiral Higginson to NT, October 8, 1900 [NAR].

12. Vojin Popovic, "NT, true founder of radio communications," in *Nikola Tesla: Life and Work of a Genius* (Belgrade: Yugoslavia Society for the Promotion of Scientific Knowledge, 1976), V. Popovic, ed., p. 82.

13. The letter also makes reference to Tesla's continuing partnership with Peck and Brown, Tesla owning 4/9ths of all royalties on the invention. NT to GW, January 22, 1900 [LC].

14. Bernard A. Behrend, *The Induction Motor and Other Alternating Current Motors: Their Theory and Principles of Design* (New York: McGraw-Hill, 1921), pp. 261-62.

15. "The Tesla Patents," *Electrical Review*, September 19, 1900, pp. 288 92; see also discussions on priority of AC in earlier chapter.

16. GW to NT, September 5, 1900 [LC].

17. 685,012; 787,412; 725,605.

18. Swami Vivekananda to E. T. Sturdy, February 13, 1896, in *Letters of Swami Vivekananda* (Pithoragarth Himalayas: Advaita Ashrama May Avati, 1981), pp. 281-83.

19. RUJ to NT, March 6, 1900 [LC].

20. NT to RUJ, March 6, 1900 [LC].

21. NT, "The Problem of Increasing Human Energy," *Century*, June 1900, pp. 175-211.

22. NT to Corinne Robinson, [HL].

23. NT to JJA, May 2, 1900; March 30, 1900.

24. NT to RUJ, June 21, 1900; June 29, 1900 [LC].

25. "A Tesla Patent in Wireless Transmission," *Electrical World and Engineer*, March 26, 1900, p. 792.

26. NT to RUJ, June 15, 1900 [LC].

27. "Science and Fiction," *Popular Science Monthly*, July 1900, pp. 324-26.

28. NT to RUJ, July 12, 1900 [BLCU].

29. R. A. Fessenden, "Wireless Telegraphy," *Electrical World and Engineer*, January 26, 1901, pp. 165-66.

30. KJ to NT, August 2, 1900 [NTM].

31. NT to KJ, August 12, 1900 [BLCU].

32. JJA to NT, September 1900 [NTM].

33. NT to.JJA, October 29, 1900 [NTM].

第二十九章

1. NT, "Our Future Motive Power," *Everyday Science and Mechanics*, December 1931, pp. 78-81, 86.

2. Ibid.

3. H. Satterlee, *J. Pierpont Morgan, An Intimate Portrait*, p. 344.

4. NT to RUJ, January 29, 1900 [BLCU].

5. Werner Wolff, *Diagrams of the Unconscious* (New York: Grune & Stratton, 1948), p. 267.

6. H. Satterlee, *J. Pierpont Morgan*, Morgan, *An Intimate Portrait*, p. 344.

7. NT to JPM, November 26, 1900 [LC].

8. H. Satterlee and J. P. Morgan, *An Intimate Portrait*, p. 345.

9. Cass Canfield, *The Incredible Pierpont Morgan: Financier and Art Collector* (New York: Harper & Row, 1974).

10. A. Satterlee and J. P. Morgan, *An Intimate Portrait*, p. 343-44.

11. G. Wheeler, *Pierpont Morgan and Friends: Anatomy of a Myth* (Englewood Cliffs, N.J.: Prentice-Hall, 1973), pp. 61-62.

12. NT to JPM, October 13, 1904 [LC].

13. Note: All conversations between Tesla and Morgan have been recreated from their correspondence. Some literary license has been taken when in conversation form. Blocked quotes are verbatim. NT to JPM, November 26, 1900 [LC].

14. NT to JPM, December 10, 1900 [LC].

15. "Marconi's Signals," *New York Times*, April 8, 1899, in Jolly, p. 66.

16. "New Electric Inventions: Nikola Tesla's Remarkable Discoveries," *New York Recorder*, June 15, 1891.

17. "Besides, in this country, I have protected myself, though not quite so completely, in England, Victoria, New South Wales, Austria, Hungary, Germany, France, Italy, Belgium, Russia and Switzerland" NT to JPM, December 10, 1900 [LC].

18. Robert Hessen, *Steel Titan: The Life of Charles M. Schwab* (New York: Oxford University Press, 1975), pp. 116-17.

19. M. Josephson, *The Robber Barrons* (New York: J. J. Little, 1934), p. 426 and Satterlee,*J. Pierpont Morgan*, p. 347.

20. Satterlee, p. 348.

21. Wheeler, p. 233.

22. E. Hoyt, *The House of Morgan* (New York: Dodd, Mead, 1966), p. 245.

23. NT to JPM, December 10, 1900 [LC].

24. NT to JPM, September 7, 1902 [LC].

25. NT to JPM, March 5, 1901 [LC].

26. NT to JPM, October 13, 1904 [LC].

27. NT to JPM, December 10, 1900 [LC].

28. NT to JPM, October 13, 1904 (size calculated from point 8) [LC].

29. NT to JPM, October 13, 1904 [LC].

30. Ibid.

31. JPM to NT, February 15, 1901 [LC].

32. NT to JJA, January 3, 1901 [NTM].

33. JPM to NT, March 5, 1901 [LC].

34. NT to JPM, October 13, 1904 [LC].

35. NT to JPM, February 18, 1901 [LC].

36. NT to JJA, January 11, 1901 [NTM].

37. NT to JJA, January 22, 1901 [NTM].

38. One curious feature to this episode is that aside from lighting patents dating from 1890 to 1992, no circa-1900 Tesla patents have been uncovered which are specifically written up to describe fluorescent or neon lighting. This conclusion is corroborated by correspondence with other Tesla researchers (e.g., Leland Anderson and John Ratzlaff). If Tesla drafted patents on this invention, they were never filed in Washington. There may be copies in Morgan's archives or the Tesla Museum, or the invention might be somehow linked to other patents. A congressional investigation provides tangential evidence that Morgan purposely squelched this invention: "The introduction of fluorescent lighting in this country was slowed up by GE and Westinghouse, through control of patents, lest its efficiency cut too drastically the demand for current." (*Invention and the Patent System*, Report of Joint Economic Committee Congress of the United States, 88th Cong., 2d sess., December 1964, p. 100.)

39. NT to JPM, March 5, 1901 [LC].

40. NT to GW, March 13, 1901 [LC].

第三十章

1. NT to JPM, February 12, 1901 [LC].

2. NT to RUJ, March 8, 1900; March 9, 1900 [BLCU].

3. EH to NT, February 25, 1901 [LC].

4. NT to TCM, December 12, 1900 [NTM].

5. TCM to NT, December 13, 1900 [NTM].

6. TCM to NT, December 18, 1900; December 17, 1900 [NTM].

7. NT to Miss Emma C. Thursby, March 3, 1901 [NHS].

8. Julian Hawthorne, "Tesla's New Surprise," *Philadelphia North American* circa 1900 [BLCU].

9. NT to JH, January 16, 1901 [BLCU].

10. Paul Baker, *Stanny: The Gilded Life of Stanford White* (New York: Free Press, 1989), p. 15.

11. Ibid., p. 289.

12. Ibid., p. 321.

13. Literary license taken on conversation. Adapted from R. Fleischer, director, *The Girl in the Red Velvet Swing* (film), 1955; Michael Macdonald Mooney, *Evelyn Nesbit and Stanford White: Love and Death in the Gilded Age* (New York: Morrow, 1976), pp. 45-46.

14. NT to KJ, June 11, 1900 [BLCU].

15. J. Ratzlaff and L. Anderson, p. 70.

16. O' Neill.

17. NT to RUJ, January 1, 1901 [BLCU].

18. Interview with Mrs. Robert Underwood Johnson, July 1, 1990.

19. "Nikola Tesla Inventor," *Long Island Democrat*, August 27, 1901, 1: 3.

20. O' Neill.

21. Historical Sketches of Northern Brookhaven Town: Shoreham, p. 68 [KSP].

22. "Mr. Tesla at Wardenclyffe, L.I." *Electrical World and Engineer*, September 28, 1901, pp. 509-10.

23. Ibid.: Warden' s quote: "the ultimate number spoken of is 2000 to 2500 [workers]."

24. "When the Man Who Talked to Mars Came to Shoreham,"*Port Jefferson Record*, March 25, 1971, p. 3.

25. W. Shadwell, *McKim, Mead & White: A Building List*, #818, NY, 1978.

26. SW to JPM, February 6, 1901; February 7, 1901 [SWP].

27. SW to NT, April 26, 1901 [SWP].

28. SW to NT, June 1, 1901 [SWP].

29. GS to NT, July 23, 1901 [LC].

30. SW to NT, January 1, 1901 [SWP].

31. G. Marconi, "Wireless Telegraphy and the Earth," *Electrical Review*, January 12, 1901; Recent Electrical Patents: "Marconi has been granted another patent on an improved receiver for electrical oscillations in his wireless telegraphy system...." *Electrical Review*, March 2, 1901; quotation in text is from "Syntonic Wireless Telegraphy," *Electrical Review*, part I, June 15, 1901, p. 755; part II, June 22, 1901, pp. 781-83.

32. NT to JPM, October 13, 1904 [LC].

33. NT, Wardenclyffe drawing and notes, May 29, 1901 [NTM].

34. Stephen Birmingham, *Our Crowd* (New York: Pocket Books, 1977). See also Satterlee, 1939 and Wheeler, 1973.

35. "Fear and Ruin in a Falling Market," *New York Times*, May 10, 1901, 1: 6.

36. Edwin Hoyt, *The House of Morgan*, p. 251.

37. NT to JPM, October 13, 1904 [LC].

第三十一章

1. Thomas Edison, private notebook, March 18, 1902 [TAE, Reel M94].

2. O' Neill.

3. NT to RUJ, June 14, 1901 [BLCU].

4. SW to NT, June 1, 1901 [SWP].

5. "Long Island Automobiles," *Electrical World and Engineer*, January 26, 1901, p. 165.

6. Paul Baker, p. 318.

7. Lawrence Grant White letter to Kenneth Swezey, December 21, 1955 [KSP]. Lawrence had provided Swezey with three letters from Tesla, copies of which are in the Library of Congress and the Swezey Collection. He had asked for their return, but the originals are missing and copies do not exist in the Stanford White papers at the Avery Library.

8. The Tesla Museum has a photo of Tesla in one of these bill-board photos.

9. NT to KJ, August 8, 1901 [NTM].

10. The Johnsons went to Maine every August for a number of years. Tesla probably joined them during one of these sojourns.

11. Satterlee, p. 360.

12. *New York Times*, May 2, 1901, 7: 1.

13. NT to JPM, February 8, 1903 [LC].

14. NT to JPM, October 13, 1904 [LC].

15. Sketch of Thomas E Ryan (description of JPM). *New York World*, June 18, 1905, 1: 3.

16. NT to JPM, August 8, 1901 [LC].

17. NT to SW, August 16, 1901 [SWP].

18. Paul Baker, *Stanny*, p. 326.

19. NT to SW, August 28, 1901 [LC].

20. NT to SW, August 30, 1901 [NTM].

21. Satterlee, p. 363.

22. NT to JPM, September 13, 1901 [LC].

23. NT to SW, September 13, 1901 [LC].

24. NT to SW, September 14, 1901 [NTM].

25. Shoreham, in *Historical Sketches of Northern Brookhaven Town*, pp. 69-70 [KSP].

26. Ibid.

27. NT to KJ, October 13, 1901 [BLCU].

28. NT to JPM, November 11, 1901 [LC].

29. NT to RUJ, November 28, 1901 [BLCU].

30. W. Jolly, *Marconi*, pp. 103-4.

第三十二章

1. Lee DeForest, "Passage From Private Notebook," in *Father of Radio: An Autobiography* (Chicago: Wilcox and Follett, 1950).

2. NT, "Tesla on Marconi's Feat," April 13, 1930, *New York World*.

3. JAF to ET, January 11, 1927, in Abraham and Savin, p. 239. Fleming's connection with Tesla actually began a year earlier, when he wrote the inventor that "I have been charged with [your] description... on alternating currents of high frequency [and] am very anxious to repeat these in England." (JAF to NT, July 22, 1891, NTM).

4. NT, "Tesla on Marconi's Feat," April 13, 1930, *New York World*.

5. ET to Alba Johnson, January 29, 1930, in Abraham and Savin, p. 325; Jolly, p. 111.

6. "The Institute Annual Dinner and Mr. Marconi," *Electrical World and Engineer*, January 18, 1902, pp. 107-8, 124-26.

7. Charles Steinmetz, *Alternating Current Phenomena* (New York: McGraw-Hill, 1900), preface; see also preface of *Theoretical Elements of Electrical Engineering* (New York: McGraw-Hill, 1902).

8. Ronald Kline, "Professionalism and the Corporate Engineer: Charles P. Steinmetz and the AIEE," *IEEE Transactions on Education*, vol. E-23, 3, August 1980.

9. *Electrical World and Engineer*, January 18, 1902, pp. 107-8, 124-26.

10. R. Conot, p. 413.

11. "Marconi Tells of His Wireless Tests," *New York Times*, January 14, 1902, p. 1.

12. *Electrical Worm and Engineer*, January 18, 1902, pp. 107-8, 124-26.

13. Ibid.

14. NT to JPM, January 9, 1902 [LC].

15. [KSP].

16. Lee DeForest, "A Quarter Century of Radio," *Electrical World*, September 20, 1924, pp. 579-80; D. McFarlane Moore quote from DeForest, 1950, p. 220.

17. Isaac Asimov, *Asimov's Biographical Encyclopedia of Science and Technology* (Garden City, N.Y.: Doubleday, 1964), pp. 464-65.

18. DeForest, *Electrical World*, September 20, 1924, p. 580.

19. R. Conot, pp. 413-14,444.

20. Tesla-Fessenden U.S. Patent Interference Case, August, 1902, pp. 87, 97-98.

21. Ibid., pp. 99, 102.

22. NT to GS, August 9, 1902 [BLCU].

第三十三章

1. "Cloudborn Electric Wavelets to Encircle the Globe," *New York Times*, March 27, 1904 [condensed].

2. Alexander Marincic, "Research on Nikola Tesla in Long Island Laboratory," *Tesla Journal*, 6/7, 1988/89, pp. 25-28, 44-48.

3. P. Baker, p. 326; TCM to NT, March 21, 1895 [NTM].

4. RUJ to NT, June 19, 1902 [BLCU].

5. NT to JPM, July 3, 1903 [LC]; NT, *On His Work with AC*, 1916/1992, pp. 152, 169.

6. Arthlyn Ferguson, "When the Man Who Talked to Mars Came to Shoreham," *Port Jefferson Record*, March 25, 1971, p. 3; Natalie Stiefel to M. Seifer, April 10, 1997.

7. NT to JPM, September 5, 1902 [LC].

8. NT to JPM, September 7, 1902.Obviously, some people knew of Morgan's interest at this time (e.g., the Johnsons, Astor), and *The Echo*, August 1901, a local Port Jefferson paper. had revealed Morgan's interest, but his connection at this time was at the level of rumor. Details of Morgan's connection were never revealed until well after Tesla's death with the publication of the Hunt and Draper biography in 1967.

9. Mr. Steele (JPM) to NT, October 21, 1902.

10. NT to KJ, September 25, 1902 [BLCU]; interview with Mrs. R. U. Johnson Jr., New York City, 1886.

11. NT to Agnes, January 2, 1903 [BLCU].

12. The biography, coauthored with Frank Oyer, took ten years to complete.

13. T. C. Martin, "The Edison of To-day," *Harper's Weekly*, *47*, Jan/Jun, 1903, p. 630.

14. NT to TCM, June 3, 1903 [NTM].

15. NT to RUJ, January 24, 1904 [BLCU].

16. NT to RUJ and GS corresp., March 14, 1905; January 10, 1909; March 24, 1909 [BLCU].

17. GS to NT, December 19, 1910; December 31, 1910 [BLCU].

18. NT to JPM, April 22, 1903; April 1, 1904 [LC].

19. "Cloudborn Electric Wavelets to Encircle the Globe," *New York Times*, March 27, 1904.

20. The workers included Mr. Hartman, Mr. Clark, Mr. Johannessen, Mr. Merckling, and Mr. Beers [GS to NT, April 14, 1903, BLCU].

21. These machines were probably hydraulically operated. Concerning the cupola, Tesla testified that one of his most important discoveries was that "any amount of electricity within reason could be stored provided [it was made] in a certain shape.... That construction enabled me to produce... the effect that could be produced by an ordinary plant of a hundred times the size," NT, *On His Work With AC*, pp. 170-77.

22. Mitchel Freedman, "Dig for Mystery Tunnel Ends With Scientist's Secret Intact," February 13, 1979, p. 24; "Famed Inventor, Mystery Tunnels Linked," March 10, 1979, p. 19. Both in *Newsday*. Also, personal interview with Edwin J. Binney, West Babylon, who as a boy, climbed down into the tunnels; personal inspection of site by author, 1984.Tesla was also conducting experiments with use of liquid nitrogen and energy transmission during his last days in Colorado.

23. KSP.

24. NT to GS, May 14, 1911 [BLCU].

25. A. Ferguson, op. cit., March 25, 1971.

26. Marnicic, 1989/90.

27. Strange Light at Tesla's Tower. *New York Herald Tribune*, July 19, 1903, 2: 4.

第三十四章

1. JPM to NT, July 16, 1903 [LC].

2. NT to GS, August 17, 1903 [BLCU].

3. NT to Dickson D. Alley, May 26, 1903 [BLCU].

4. Petar Mandic to NT, September 2, 1903, in *Tesla's Correspondence With Relatives*, p. 134 [NTM].

5. NT to JPM, September 13, 1903 [LC].

6. NT to GS, July 30, 1903 [BLCU].

7. NT to GS, August 17, 1903 [BLGU].

8. Virginia Cowles, *The Astors* (New York: Knopf, 1979), pp. 134-35.

9. JJA to NT, October 6, 1903 [NTM].

10. NT prospectus, January 1, 1904 [SWP].

11. NT to RUJ, September 22, 1903 [BLCU].

12. "NT Says We Will Be Soon Taking Around the World," *New York World*, July 14, 1905.

13. "The Reasons Why 5,000,000 Persons Demand that Higgins Investigate the Equitable," *New York World*, July 13, 1905, 1: 3-4.

14. Ibid.

15. "Eymard Seminary, Suffern, New York, Supported by Mrs. Ryan," *New York World*, July 1, 1905.

16. "What John Skelton Williams Thinks of Thomas F. Ryan," *New York World*, June 18, 1905, Editorial Sec., p. 1.[Williams was critical of Ryan. This section of article was compiled by the editors of the newspaper.]

17. NT to TFR, December 20, 1905? [NTM].

18. NT to JPM, October 13, 1903 [LC].

19. R. U. Johnson, p. 482.

20. NT to RUJ, December 2, 1903 [BLCU].

21. G. Wheeler, p. 263.

22. Ibid.

23. "What J. Skelton William Thinks of T. F. Ryan," *New York World*, June 18, 1905, Editorial Sec., p. 1.

24. H. Satterlee, p. 426.

25. Stephen Birmingham, p. 328.

26. G. Wheeler, p. 266.

27. Marc Seifer and Howard Smukler, "The Tesla/Matthews Outer Space Connection: An Interview With Andrija Puharich," *Pyramid Guide*, Parts I & II, May and July, 1978.

28. Andrija Puharich, in *The Zenith Factor*, video by Sky Fabin, 1984.

29. *New York World*, Sunday sec., March 8, 1896.

30. Robert McCabe, personal correspondence, January 15, 1991, Flint, Michigan.

31. On a number of occasions, Tesla stated that Wardenclyffe was set up primarily for transmitting telephone conversations. Apparently his plan was to create identical magnifying transmitter-receivers at strategic points around the globe. These would be connected by means of wireless; however, individual subscribers could be linked to the central stations by means of conventional wires although a wireless connection to the local central station was also possible. So, for instance, a subscriber in Australia calling up America would make the wireless connection via the main

intercontinental trunk line. Thus, the problem of providing free electricity was easily circumvented (*My Inventions*, p. 178).

32. Margaret Coit, *Mr. Baruch* (New York: Houghton Mifflin, 1957), p. 123.

33. "From 1905...to 1931 inclusive, the output was $2,871,300,000." John Hays Hammond Sr., *Autobiography* (New York: Farrar and Rinehart, 1935), p. 518.

34. Edwin Hoyt, *The Guggenheims and the American Dream* (United States: Funk and Wagnalls, 1967), p. 158.

35. NT to JPM, December 7, 1903 [LC].

36. R. Chernow, p. 140.

37. Ann Morgan to NT, April 26, 1928 [NTM]. Literary license taken on conversation. Adapted from John Kennedy, "When Woman Is Boss—An Interview with NT," *Colliers*, January 30, 1926.

38. Conversation recreated from NT to JPM December 11, 1903 and two undated communiques from the same period [LC].

39. Robert was publishing a paper by Madam Curie which Tesla was reading over. Tesla also conferred with Curie through the mail concerning her most recent discovery of radiant energy.

40. KJ to NT, December 20, 1903 [NTM].

41. NT to JPM, January 13, 1904 [LC].

42. NT to JPM, January 14, 1904 [LC].

43. NT to William Rankine, April 10, 1904 [Profiles in History Archives, Beverly Hills, Calif.].

44. NT, "The Transmission of Electric Energy Without Wires," *Electrical World and Engineer*, March 5, 1904, p. 429-31 [condensed].

第三十五章

1. NT, "The House of Morgan," in *Tesla Said*, p. 243.

2. K. Mannheim, *The Sociology of Knowledge* (London: Routledge and Kegan, Paul, 1952).

3. J. Goethe, *Faust*, C. Brooks, ed./transl. (Boston: Ticknor and Fields, 1856).

4. NT, "Man's Greatest Wonder," circa 1930 [KSP].

5. NT to JPM, possibly not sent, circa 1903 [LC].

6. "Langley Airship Proves a Failure," *New York Herald*, January 8, 1903, 5: 2.

7. NT, "Mr. Tesla Praises Professor Langley," *New York Herald*, October 9, 1903, 8: 6.

8. Marincic, "Research on L. I. Laboratory," 1989/90, p. 26.

9. NT to GS, December 9, 1903 [BLCU].

10. Ibid.

11. P. Baker, p. 339.

12. NT to GS, March 21, 1904 [BLCU].

13. NT to John S. Barnes, April 20, 1904 [NYHS].

14. John Flynn, *God's Gold: The Story of Rockefeller and His Times* (New York: Harcourt Brace, 1932).

15. P. Baker, p. 313; literary license taken on conversations between White and Tesla.

16. Alfred Cowles, "Harnessing the Lightning," *The Cleveland Leader*, March 27, 1904.

17. NT to Kerr, Page and Cooper, April 8, 1904 [NYHS].

18. NT to GS, June 1, 1904 [BLCU].

19. GW announcement, October 28, 1958 [KSP].

20. NT to JPM, July 22, 1904 [LC].

21. NT to GS, June 1, 1904 [BLCU].

22. NT to JPM, September 9, 1904 [LC].

23. H. Satterlee, p. 413.

24. NT to JPM, October 13, 1904 [LC].

25. JPM to NT, October 15, 1904 [LC].

26. NT to JPM, October 17, 1904 [LC].

27. Ibid., December 16, 1904.

28. JPM to NT, December 17, 1904 [LC].

29. NT to JPM, December 19, 1904 [LC].

30. NT, "The Transmission of Electrical Energy Without Wires As a Means for Furthering Peace," *Electrical World and Engineer*, January 7, 1905, pp. 21-24, in *Tesla Said*, pp. 78-86.

31. NT to JPM, February 17, 1905 [LC].

32. NT to GS, January 23, 1905 [BLCU].

33. NT to RUJ, March 10, 1910 [BLCU].

34. Ibid., March 22, 1905; March 24, 1905; March 28, 1905.

35. Ibid., April 5, 1905; April 12, 1905.

36. Hobson to NT, May 1, 1905 [KSP].

37. Ginzelda Hull Hobson to K. Swezey, February 14, 1955 [KSP].

38. NT to GS, July 25, 1905 [BLCU].

39. NT to GS, November 13, 1905 [BLCU].

40. JPM to NT, December 14, 1905 [LC].

41. NT to JPM, December 15, 1905 [LC].

42. TCM to NT, December 24, 1905 [NTM].

43. NT to JPM, January 24, 1906 [LC].

44. KJ to Mrs. Hearst, March 15, 1906. [Bancroft Library, Berkeley, Calif.]

45. Ibid., February 6, 1906.

46. NT to JPM, February 15, 1906 [LC].

47. GS to NT, April 10, 1906 [LC].

48. SW, April 24, 1906 [SWP].

49. B. Baker, 1989.

50. Marc Seifer, "Forty Years of the Handwriting of Nikola Tesla," Lecture before the National Society of Graphology, N.Y., 1979; "The Lost Wizard," in T. Grotz and E. Raucher, eds., *Tesla Centennial Symposium* (Colorado Springs, Colo.: International Tesla Society, 1984); *Nikola Tesla: Psychohistory of a Forgotten Inventor* (San Francisco: Saybrook Institute, 1986) doctoral diss.

51. NT to JPM, October 15, 1906 [LC].

第三十六章

1. NT, "The People's Forum," *The World*, May 16, 1907.

2. "Tesla Tower to be Sold," *New York Times*, October 27, 1907, 6: 4 (literary license on phone conversation).

3. NT to KJ, October 16, 1907 [LA].

4. "Miss Merrington, Long an Author," obituary column, *New York Times*, June 21, 1951.The play opened up in 1906 (literary license taken on related chain of events).

5. NT, "Sleep From Electricity," *New York Times*, October 16, 1907, 8: 5.

6. NT, *Tribute*, p. D-11.

7. "Nikola Tesla Sued," *New York Times*, July 21, 1912, 7: 2; "Syndicate Sues Nikola Tesla," *New York Sun*, July 21, 1912, 1: 3; "Tesla Property May Go for Debt," *New York City Telegram*, April 17, 1922. Tesla's mortgage with the Waldorf Astoria was consummated in May 1908.

8. H. Satterlee, p. 456.

9. John Davis, *The Guggenheims: An American Epic* (New York: William Morrow, 1978), p. 106.

10. R. Chernow, pp. 123-26.

11. NT to GS, November 20, 1907 [BLCU].

12. NT to GS, April 1, 1907 [BLCU].

13. NT, "Tesla on the Peary North Pole Expedition," *New York Sun*, July 16, 1907, in *Tesla Said*, pp. 90-91.

14. NT, "Signalling to Mars," *Harvard Illustrated*, March 1907; in *Tesla Said*, pp. 92-93.

15. NT, "Tesla's Tidal Wave to Make War Impossible," *English Mechanic and World of Science*, May 3, 1907; in *Tesla Said*, pp. 98-102.

16. NT, "Tesla's Wireless Torpedo," *New York Times*, March 20, 1907, 8: 5; in *Tesla Said*, pp. 96-97.

17. NT, *Tesla Said*, pp. 96-105.

18. NT, "Can Bridge Gap to Mars," *New York Times*, June 23, 1907, in *Tesla Said*, pp. 103-4.

19. O'Neill, 1944.

20. NT to J. O'Neill, February 26, 1916 [NTM]; "O'Neill Writes on Tesla's Life," *Nassau Daily Review Star*, 1944, p. 16; "Life of a Self-Made Superman," Book review of *Prodigal Genius, New York Times*, November 19, 1944 [KSP].

21. "Sheriff Takes Tesla Tower," *New York Sun*, June 13, 1907, 3: 3.

22. NT to JJA, June 8, 1908 [NTM].

23. NT, "Nikola Tesla's Forecast for 1908," *New York World*, January 6, 1908; "Aerial Warships Coming, Tesla Tells," *New York Times*, March 11, 1908, 1: 2; "Little Aeroplane Progress: So Says Nikola Tesla," *New York Times*, June 6, 1908, 6: 5.

24. Ibid.

25. "Zeppelin Flies Over 24 Hours," *New York Times*, May 30, 1908, 1: 1,2.

26. Carl Dienstback, "The Brucker Transatlantic Airship Expedition," *Scientific American*, January 21, 1911, pp. 1, 62.

27. R. U. Johnson, p. 580.

28. Dennis Eskow, "Silent Running," *Popular Mechanics*, July 1986, pp. 75-77.

29. Ibid.

30. Branimir, Jovanovic, *Tesla 1 Svet Vasduhoplovstva* (Belgrade: Tesla Museum, 1988), p. 42.

31. Frank Parker Stockbridge, "Tesla's New Monarch of Mechanics," *New York Herald Tribune*, October 15, 1911, p. 1.

32. *Illustrated World Encyclopedia* (Woodbury, N.Y.: Bobley Pub. Co., 1977).

33. *Encyclopedia of Science and Technology*, vol. 1, p. 288.

34. O. Chanute, "Progress in Aerial Navigation," *Engineering Magazine*, 2, 1891-92, pp. 1-15.

35. B. Jovanovic, *Tesla I Svet Vasduhoplovstva*, pp. 49-50.

36. John P. Campbell, "Vertical-Takeoff Aircraft," *Scientific American*, August 8, 1960, p. 48.

37. "A New Version of Space Shuttle," *Newsweek*, July 1, 1996, p. 69.

38. Wallace Cloud, "Vertical Takeoff Planes," *Popular Science*, August 1965, pp. 42-45; 176-77; *Wings*, [TV show], 1991.

39. *Encyclopedia of Science and Technology*, vol. 19, p. 203.

40. "The Allies' Firepower," *Newsweek*, February 18, 1991 (insert).

41. William Broad, "Flying on a Beam of Energy: New Kind of Aircraft Is on Horizon as Designers Try Microwave Power," *New York Times*, July 21, 1987, C1.

42. "Tesla Designs Weird Craft," *Brooklyn Eagle*, 8: 2.

43. NT, "Method of Aerial Transportation," patent numbers 1,655,113 and 1,655,114, filed September 9, 1921, accepted January 3, 1928.

44. "The New Weapons," *Newsweek*, September 10, 1990, p. 28.

第三十七章

1. NT to JJA, March 22, 1909 [NTM].

2. Literary license taken. "Messages From Dead Now Made Public; Sir Oliver Lodge Advertised," *New York Times*, September 15, 1908, 1: 5; "Talk of Signals to Mars, Astronomers Gather in Paris," *New York Times*, April 21, 1909, 1: 2; "How to Signal Mars, says N. Tesla," *New York Times*, May 23, 1909.

3. NT, "Tesla Predicts More Wonders," *New York Sun*, April 7, 1912, 1: 3,4,5; 2: 5.

4. O' Neill, 1944.

5. "French to Establish Wireless Station on Eiffel Tower," *New York Times*, January 26, 1908, 1: 6.

6. "DeForest Tells of New Wireless," *New York Times*, February 14, 1909, 1: 3.

7. "Dr. DeForest in Philadelphia. Wireless Telephone Soon," *New York Times*, March 23, 1909, 18: 4.

8. "Steel Towers for Waldorf Wireless," *New York Times*, March 6, 1909, 14: 2.

9. *Technical World Magazine*, circa 1911; in Jeffery Hayes, ed., *Tesla' s Engine: A New Dimension For Power* (Milwaukee, WI: Tesla Engine Builders Assoc., 1994), p. 58.

10. NT, "New Inventions by Tesla," Address at NELA. *Electric Review and Western Electrician*, May 20, 1911, pp. 986-87.

11. F. P. Stockbridge, "Tesla' s New Monarch of Mechanics," *New York Herald Tribune*, October 15, 1911, p. 1, in Hayes, ed., pp. 23-37.

12. Ibid.

13. GS to NT, January 10, 1909 [LC].

14. NT to GS, March 26, 1909 [LC].

15. GS to NT, November 11, 1909; November 4, 1910 [LC].

16. "Tesla Propulsion Company," *Electrical World*, May 27, 1909, p. 1263.

17. G. Freibott, "History and Uses of Tesla' s Inventions in Medicine," Talk before International Tesla Society, Colorado Springs, Colo., 1984; M. Seifer, *Psychohistory*, p. 429; Frederick Sweet, Ming-Shian Kao, and Song-Chiau Lee, "Ozone Selectively Inhibits Growth of Human Cancer," *Science*, August 22, 1980, pp. 931-32.

18. NT to GS, February 22, 1910 [LC].

19. NT to GS, February 19, 1909; November 23, 1909; the company in Providence was Corliss NT to GW Co., January 12, 1909 [LC].

20. "Col. Astor Estate," *New York Times*, June 22, 1913, V, p. 2.

21. NT to Charles Scott, December 30, 1908[LC].

第三十八章

1. NT to JHH Jr., November 8, 1910 [LC].

2. John O' Neill, p. 175.

3. Hammond Jr. to Swezey, May 11, 1956 [KSP]. Note: No letters between NT and Hammond Sr. were discovered at the Gloucester or Tesla Museums or in Hammond Sr.' s Yale papers.

4. John Hays Hammond, Sr., *Autobiography of John Hays Hammond* (New York: Farrar & Rhinehart, 1935).

5. M. Josephson, *Edison* (New York: McGraw-Hill, 1966), p. 292.

6. NT to JJA, January 6, 1899 [NTM].

7. John Hays Hammond, Jr., "The Future in Wireless," *National Press Reporter*, vol. XV, no. 110, May 1912.

8. John Hays Hammond Sr., *Literary Digest*, June 20, 1936, p. 27.

9. John Hays Hammond Sr., *Autobiography*, p. 129.

10. Ibid.

11. "Hammond's First Job," *New York Times*, December 31, 1915, 3: 6.

12. "JHH Explains Why Is Ambitious to Become Vice President," *New York Times*, June 7, 1908, v, p. 11.

13. Nancy Rubin, *John Hays Hammond, Jr.: A Renaissance Man in the Twentieth Century* (Gloucester, Mass.: Hammond Museum, 1987), p. 4.

14. John Hays Hammond Sr., *Autobiography*, pp. 481-82.

15. Rubin, *John Hays Hammond, Jr.*, p. 8.

16. "John Hays Hammond, Jr.," Franklin Institute, April 15, 1959 [HC].

17. Mort Weisinger, "Hammond: Wizard of Patents," *Coronet*, May 1949, pp. 67-72.

18. Rubin, op. cit.; Weisinger, ibid., pp. 67-68.

19. JHH Jr. to NT, February 16, 1911 [NTM].

20. JHH Jr. to JHH Sr., September 17, 1909 [HC].

21. NT to JHH Jr. September 27, 1909; September 29, 1909 [NTM].

22. Rubin, op. cit., p. 8.

23. JHH Jr. to NT, November 10, 1910 [NTM].

24. NT to Harris Hammond, December 19, 1901 [NTM]. The Nobel Prize for achievements in wireless was shared with Carl F. Braun, an electrical inventor working for Marconi competitor Telefunken of Germany.

25. Rubin, *John Hays Hammond*, p. 4; guest book, John Hays Hammond Jr. Estate [HC].

26. John Hays Hammond Jr., "The Future of Wireless," *National Press Reporter*, May 1912 [HC].

27. NT to JHH Jr., November 12, 1910 [LC].

28. JHH Jr. to NT, November 10, 1910 [LC].

29. NT to JHH Jr., November 12, 1910 [LC].

30. John Hays Hammond Jr., op. cit., May 1912.

31. Ibid.

32. NT, "Possibilities of Wireless," *New York Times*, October 22, 1907, 8: 6; in Ratzlaff, op. cit., p. 107.

33. Miessner to NT, November 8, 1915 [LC].

34. Swezey collection [KSP].

35. JHH Jr. to NT, February 16, 1911 [NTM].

36. NT to JHH Jr., February 18, 1911 [LC].

37. "New Inventions by Tesla," *Electrical Review and Western Electrician*, May 20, 1911, pp. 986-88.

38. "Tesla Tells of Wonders," *New York Times*, May 16, 1911, 22: 5.

39. "Tesla's Plan for 'Wireless' Electric Lightning," *Electrical Review and Western Electrician*, January 8, 1910, p. 91.

40. NT to JHH Jr., February 28, 1911 [NTM].

41. Ibid., April 22, 1911; February 14, 1913.

42. Cleveland Moffett, "Steered by Wireless: The Triumph of a Man of Twenty-five," *McClure's Magazine*, March 1914, pp. 27-33.

43. JHH Jr. to NT, January 1, 1912 [LC]; Kaempffert, W., *A Popular History of American Invention* (New York: Scribners, 1924).

44. NT to JHH Jr., February 1913 [NTM].

45. Ibid., July 16, 1913.

46. Moffett, "Steered by Wireless," *McClure's*, March 1914.

47. JHH Jr. to JHH Sr., December 2, 1914 [HC].

48. JHH Jr. to Secretary of Navy, October 11, 1924 [NAR].

49. National Archives, Washington, D.C.

50. "World Court for Peace says John Hays Hammond," *New York Times*, March 22, 1915, 4: 2; "To Test Hammond Torpedo," *New York Times*, August 29, 1916, 9: 2; "Control Ships with Radio," *New York Times*, February 15, 1919, 3: 8.

51. Rubin, *John Hays Hammond*, p. 12.

52. Hammond Jr., October 11, 1924.

53. NT, *On His Work in A.C.*, 1916/1992, pp. 19, 158.

54. Rubin, *John Hays Hammond*, p. 16.

55. Guest book [HC].

56. Andrija Puharich, *Beyond Telepathy* (Garden City, NY: Doubleday, 1962).

第三十九章

1. Fritz Lowenstein to NT, April 18, 1912 [KSP].

2. "Electrified Schoolroom to Brighten Dull Pupils," *New York Times*, August 18, 1912.5, p. 1; "Tesla Predicts More Wonders," *New York Times*, April 7, 1912, 5, 1: 4-6.

3. "Marconi Lecture Before NY Electrical Soc." *Electrical World*, April 20, 1912, p. 835.

4. Erik Barnouw, *A Tower in Babel: A History of Broadcast United States* (New York: Oxford University Press, 1966), pp. 76-77.

5. Robert Sobel, *RCA* (New York: Stein & Day, 1986), pp. 19-20; Robert Harding, *George H. Clark Radiona Collection* (Washington, D.C.: Smithsonian Institution, 1990).

6. NT to GS, January 18, 1913 [LC].

7. W. Jolly, *Marconi*, p. 190.

8. NT to JPM Jr., March 19, 1914 [JPM].

9. NT to JPM Jr., July 23, 1913 (re: Girardeau, M. E. testimony), [JPM].

10. "Judgment Against NT," *New York Sun*, March 24, 1912, 1: 3; "Syndicate [Stallo, Jacobash, Levy, and Sherwood Jr.] sues NT," *New York Sun*, July 21, 1912, 1: 3; "NT Sued," July 21, 1912, *New York Times*, 7: 2; "Wireless Litigation," *Electrical World*, June 28, 1913.

11. NT to JPM Jr., June 11, 1915 [LC].

12. NT to TAE, February 24, 1912 [TAE].

13. NT to GW, August 10, 1910; August 19, 1910; GW to NT, August 18, 1910 [LC].

14. Tesla received royalties of 5%, approximately $1200/month, until Tuckerton was seized in 1916, Tuckerton Radio Station to J. Daniels, Secretary of the Navy, July 3, 1916 [NA].

15. NT to JPM Jr., February 19, 1915 [JPM]; NT to Frank and NT to Pfund, circa 1912-1922 [NTM]; "19 More Taken as German Spies," *New York Times*, I, 1: 3; "Find Radio Outfit in Manhattan Tower," *New York Times*, March 5, 1918, 4: 4.

16. NT, *On His Work in A.C.*, 1916/1992, p. 133.

17. "Col. Astor Estate," *New York Times*, June 22, 1913, 5, p. 2.

18. NT to JPM Jr., sympathy letter, March 31, 1913 [LC]; NT to Anne Morgan, March 31, 1913 [NTM].

19. NT to JPM Jr., May 19, 1913; May 20, 1913 [LC].

20. R. U. Johnson, *Remembered Yesterdays*, p. 142.

21. NT to GS, July 13, 1913 [LC].

22. NT to JPM Jr., June 6, 1913 [LC].

23. JPM Jr. to NT, June 11, 1913 [JPM].

24. NT, "Open Letter to His Grace," *Electrical Magazine*, March 18, 1912 [JPM].

25. NT to JPM Jr.,June 15, 1913 [JPM].

26. NT to RUJ, December 24, 1914; December 27, 1914 [LC].

27. Josephson, *Edison*, 1959, p. 296.

28. JPM Jr. to NT, September 11, 1913 [JPM].

29. NT to JPM Jr., December 23, 1913 [LC].

30. There is some evidence that Tesla travelled to Krasnodar, Russia, east of the Black Sea, before the fall of the czar, circa 1914-16, where he lectured and gave demonstrations "at the circus building where the Kuban cinema is now," according to Semyon Kirlian (1896-1978). If he had actually seen Tesla (as opposed to a "Teslaic" demonstration by another engineer), this would mean that Tesla traveled to Europe probably right before World War I broke out. As he was negotiating with the king of Belgium, the kaiser of Germany, and engineers in Italy and Russia, it is possible that Tesla did indeed make a grand tour then, and if so, he would have most likely also visited his sisters in Croatia/Bosnia. Further evidence would be needed to support this hypothesis. *Source*: Victor Adamenko, "In Memory of Semyon Kirlian." *MetaScience*, 4 (1980): pp. 99-103, unpublished.

31. NT to JPM Jr., December 29, 1913 [LC]; NT to JPM Jr.,January 6, 1914 [JPM]; Ron Chernow, *The House of Morgan* (New York: Atlantic Monthly Press, 1990), p. 195.

32. NT to JPM Jr., March 14, 1914 [LC].

33. NT to RUJ, December 27, 1914 [LC].

34. Ron Chernow, *House of Morgan*, p. 190.

35. "Tribute of Former Associates for George Westinghouse." *Electrical World*, March 21, 1914, p. 637.

第四十章

1. FDR re: NT and wireless priority, September 14, 1916 [NAR].

2. W. Jolly, *Marconi*, 1972.

3. Niel M. Johnson, *George Sylvester Viereck: German/American Propagandist* (Chicago: University of Illinois Press, 1972).

4. "Nation to Take Over Tuckertown Plant" *New York Times*, September 6, 1914, II, 14: 1.

5. NT to JPM Jr., February 19, 1915 [JPM].

6. "Germans Treble Wireless Plant," *New York Times*, April 23, 1915, 1: 6.

7. "Tesla Sues Marconi," *New York Times*, August 4, 1915, 8: 1.

8. NT to JPM Jr., November 23, 1914; February 19, 1915 [JPM].

9. Erik Barnouw, *A Tower in Babel: A History of Broadcasting in the United States* (New York: Oxford University Press, 1966), vol. 1, pp. 35-36.

10. Hammond collection, National Archives.

11. Jolly, *Marconi*, p. 225.

12. J. Ratzlaff and L. Anderson, p. 100.

13. "Marconi Loses Navy Suit," *New York Sun*, October 3, 1914 [NT to JPM Jr. corresp., JPM].

14. "Prof. Pupin Now Claims Wireless His Invention," *Los Angeles Examiner*, May 13, 1915; R & A, p. 100.

15. "When Powerful High-Frequency Electrical Generators Replace the Spark-Gap," *New York Times*, October 6, 1912, VI, 4: 1.

16. "Marconi Wireless vs. Atlantic Communications Co.," 1915 [LA].

17. NT, *On His Work in A.C.*, 1916/1992, p. 105.

18. Orin Dunlap, *Radio's 100 Men of Science* (New York: Harper & Brothers, 1944); Marconi Wireless vs. United States, *Cases Adjudged in the Supreme Court*, October 1942, v. 320, p. 17.This feature was obviously also part of Tesla's design, although the court eventually ruled Stone as the originator.

19. Leland Anderson, ed., "John Stone Stone on Nikola Tesla's Priority in Radio and Continuous-Wave Radiofrequency Apparatus," *The Antique Wireless Review*, vol. l, 1986.

20. E. F. Sweet and FDR correspondence re: Tesla, September 14, 1916; September 16, 1916; September 26, 1916 [NAR].

21. Leland Anderson, "Priority in the Invention of the Radio: Tesla vs. Marconi," *The Tesla Journal*, vol. 2/3, 1982/83, pp. 17-20.

22. Lawrence Lessing, *Man of High Fidelity: Edwin Howard Armstrong* (New York: Lippincott, 1956), pp. 42-43.

23. Ibid., pp. 66-80.

24. [KSP].

25. Lloyd Scott, *Naval Consulting Board of the United States* (Washington, D.C.: Government Printing Office, 1920).

26. Johnson, *George Sylvester Viereck*, pp. 23, 34.

27. "Germany to Sink the Armenian. Navy May Seize Sayville Wireless," *New York Times*, July 1, 1915, 1: 4-7.

28. NT to JPM Jr., July 1915 [LC].

29. "JP Morgan Shot by Man Who Set the Capitol Bomb," *New York Times*, July 3, 1915.

30. "Wireless Controls German Air Torpedo," *New York Times*, July 10, 1915, 3: 6, 7.

31. NT, "Science and Discovery Are the Great Forces Which Will Lead to the Consummation of the War," *New York Sun*, December 20, 1914, in *Lectures, Patents, Articles*, pp. A-162-171.

32. "Federal Agents Raid Offices Once Occupied by Telefunken. Former Employee Richard Pfund Charged; No Arrests Made," *New York Times*, March 5, 1918, 4: 4.

33. NT to GS, December 25, 1917 [LC].

34. Royalty check to NT for $1,567 from Hochfrequenz Maschienen Aktievgesell Schaft for drachlose Telegraphic, 1917 [Swezey Col.]. Tuckertown was still owned by the Germans, although seized by the U.S. Navy, and Tuckertown, with full knowledge of the "Director of Naval Communications," had agreed to pay Tesla royalties, see NT to GS, October 12, 1917 [LC].

35. Lloyd Scott, *Naval Consulting Board of the U.S.* (Washington, D.C.: Government Printing Office, 1920).

36. Interview with A. Puharich, 1984. According to Puharich, the Hammond/Tesla documents were removed from the Hammond Museum in Gloucester, Mass., after Hammond's death, and classified as top secret sometime in 1965.This author has read through many of these documents from the National Archives through the FOIA.

第四十一章

1. RUJ to NT, March 1916 [LC].

2. NT to JPM Jr. [JPM].

3. Hunt and Draper, 1964/77, pp. 170-71.

4. For literature: Romain Rolland, Hendrik Pontoppidan, Troeln Lund, and Verner von Heidenstam were announced; Theodor Svedberg was named for chemistry.Rolland was the only winner that year out of that group, with the others, except for Lund, eventually also winning.

5. Nobel nominations for 1915 and 1937 [Archives, Royal Swedish Academy of Sciences]; L.

Anderson corresp., 1991.

6. The date of 1912 in the O' Neill book, and often echoed in various magazine articles, was probably a typographical error in the biography. O' Neill, 1944, p. 229.

7. NT to Light House Board, September 27, 1899 [NAR].

8. NT to RUJ, November 10, 1915 [BLCU].

9. Hunt and Draper, 1964/77, p. 167.

10. RUJ to NT, March 1916 [LC].

11. Probably Karl Braun who shared the 1909 Prize with Marconi; NT, *On His Work in A.C.*, p. 48.

12. "Tesla No Money; Wizard Swamped by Debts," *New York World*, March 16, 1916.

13. "NT' s Fountain," *Scientific American*, 1915.

14. "Can' t Pay Taxes," *New York Tribune*, March 18, 1916; "Wardenclyffe Property Foreclosure Proceedings," *NY Supreme Court*, circa 1923 [L. Anderson files].

15. Abraham and Savin, 1971.

16. NT to GS, April 25, 1916 [LC].

17. NT, *My Inventions*, p. 103.

18. Leland Anderson, "Tesla Portrait by the Princess Vilma Lwoff-Parlaghy," *The Tesla Journal*, nos. 4/5, 1986/87, pp. 72-73.

19. Trbojevitch immigrated circa 1912. Interviews with William Terbo, 1984-1991.

20. John O' Neill to NT, February 23, 1916 (greatly condensed) [NTM].

21. NT to J. O'Neill, February 26, 1916 [NTM].

22. B. A. Behrend, "Edison Medal Award Speech, 1917," in *Tesla Said*, p. 180.

23. NT to Waldorf-Astoria mgt., July 12, 1917 [LA].

24. Minutes of the Annual Meeting of the AIEE, May 18, 1917, in *Tesla Said*.

25. O' Neill, 1944.

26. Minutes of the AIEE, May 18, 1917, in *Tesla Said*, pp. 189.

27. Lester S. Holmes was represented for the hotel as owner of said Tesla property. Baldwin and Hutchins to NT, July 13, 1917, from: *Wardenclyffe Property Foreclosure Proceedings*, New York Supreme Court, circa 1923 [LA].

28. Quoted in J. B. Smiley to Frank Hutchins, July 16, 1917 [LA].

29. John B. Smiley to Frank Hutchins, July 13, 1917 [LA].

30. NT to Waldorf-Astoria, July 12, 1917 [LA].

31. "Tesla' s New Device Like Bolts of Thor," *New York Times*, December 8, 1915, 8: 3.

32. NT to JPM Jr., April 8, 1916 [LA].

33. "Reason for Seizing Wireless," *New York Times*, February 9, 1917, 6: 5.

34. "Spies on Ship Movements," *New York Times*, February 17, 1917, 8: 2.

35. "19 More taken as German spies," *New York Times*, April 8, 1917, 1: 3.

36. "Navy to Take Over All Radio Stations," *Enumeration*, April 7, 1917, 2: 2.

37. F. J. Higginson to NT, May 11, 1899 [NAR].

38. F. Higgenson to NT, August 8, 1900 [NAR]. For the full correspondence of this event, see chapter 26; R. P. Hobson to NT, May 6, 1902 [LA].

39. L. S. Howeth, *History of Communications-Electronics in U.S. Navy* (Washington, D.C.: U.S. Government Printing Office, 1963), pp. 518-19; A. Hezlet, *Electronics & Sea Power* (New York: Stein & Day, 1975), p. 41.

40. Howeth, *History of Communications*, p. 64.

41. Hezlet, *Electronics & Sea Power*, pp. 41-42.

42. Robert Sobel, p. 43; Hezlet, p. 77.

43. Howeth, p. 256.

44. Ibid., pp. 375-76; Scherff to NT [LC]. U.S. Navy to Tuckerton Counsel, April 29, 1919 [NA].

45. Howeth, pp. 577-80.

46. NT, "Electric Drive for Battleships," *New York Herald*, February 25, 1917; in *Lectures, Patents, Articles*, p. A-185.

47. Patent no. 1,119,732, Apparatus for transmitting electrical energy, was applied for on January 16, 1902.The application was renewed on May 4, 1907 and granted on December 1, 1914. This patent, in essence, contains all of Tesla's key ideas behind the construction of Wardenclyffe.

48. KJ to Mrs. Hearst, circa 1917 [BLCU].

49. NT to GS, July 26, 1917 [LC].

50. GS to NT, August 20, 1917 [LC].

51. Howeth, p. 354.

52. The breakdown was as follows: GE 30%, Westinghouse 20%, AT&T 10%, United Fruit 4%, others 34%. Sobel, 1986, pp. 32-35.

53. Tesla would also be cut out of a secret agreement between GE and Westinghouse to hold back production of efficient fluorescent lighting equipment, as they did not want to undermine the highly profitable sale of normal Edison lightbulbs or "cut too drastically the demand for current" (S. C. Gilfillan, *Invention and the Patent System* (Washington, D.C.: U.S. Government Printing Office, 1964), p. 100.

54. "U.S. Blows Up Tesla Radio Tower," *Electrical Experimenter*, September 1917, p. 293.

55. "Destruction of Tesla's Tower at Shoreham, LI Hints of Spies," *New York Sun*, August 5, 1917.

56. Howeth, pp. 359-60.

57. Ibid., p. 361.

58. E. M. Herr to NT, November 16, 1920 [LC].

59. GW Corp. to NT, November 28, 1921 [LC].

60. NT to GW Corp., November 30, 1921 [LC].

第四十二章

1. NT, "Edison Medal Speech," May 18, 1917, in *Tesla Said*, 181-82.

2. Hugo Gernsback, "Nikola Tesla and His Inventions," *Electrical Experimenter*, January 1919, pp. 614-15; R. Hugo Lowndes, *Gernsback: A Man With Vision, Radio Electronics*, August 1984, pp. 73-75.

3. Erik Barnouw, *A Tower in Babel: A History of Broadcast USA* (New York: Oxford University Press, 1966), pp. 28-30.

4. [KSP].

5. H. Gernsback, "NT: The man," *Electrical Experimenter*, February 1919, p. 697.

6. H. Winfield Secor, "The Tesla High Frequency Oscillator," *Electrical Experimenter*, March 1916, pp. 614-15, 663; NT, "Some Personal Reflections," *Scientific American*, June 5, 1915, pp. 537,576-77.

7 Lester Del Ray, *Fantastic Science Fiction Art: 1926-1954* (New York: Ballantine, 1975).

8. NT to JPM Jr., June 13, 1917 [LC].

9. NT to GS, September 25, 1917 [LC].

10. Ibid., December 25, 1917.

11. Ibid.

12. O'Neill, pp. 222-28.

13. NT to GS, December 25, 1917.

14. NT to GS, June 11, 1918 [LC].

15. NT to GS, June 12, 1918 [LC].

16. NT to GS, May 15, 1918; June 22, 1918 [LC].

17. Leland Anderson, *Nikola Tesla' s Residences, Laboratories and Offices* (Denver, Colo.: 1990).

18. GS to NT, March 29, 1918 [BLCU]; November 4, 1925 [LC].

19. Leland Anderson to M. Seifer, April 28, 1988; see *International Science and Tech.*, November 1963, pp. 44-52, 103.

20. Waltham advertisements, *New York Times*, June 8, 1921, 36: 4, 5.

21. NT to GS, December 6, 1922 [LC].

22. NT to GS, October 18, 1918 and circa 1925 [LC].

23. RUJ to NT, December 30, 1919 [LC].

24. J. Abraham and R. Savin, *Elihu Thomson Correspondence* (New York: Academic Press, 1971), p. 400.

25. "Radio to Stars, Marconi' s Hope," *New York Times*, January 19, 1919.

26. NT, "Interplanetary Communication," *Electrical World*, September 24, 1921, p. 620.

27. "Celestial Movies," February 3, 1919, 14: 3.

28. H. Gernsback, "Nikola Tesla: The man," *Electrical Experimenter*, February 1919, p. 697.

29. Surmised in part from: "At Night and in Secret NT Lavishes Money and Love on Pigeons," *New York World*, November 21, 1926, Metropolitan Sec., p. 1.

30. O' Neill, 1944.

31. Ibid., pp. 224-26.

32. L. Anderson to M. Seifer, July 29, 1991.

33. C. R. Possell to Marc J. Seifer, phone interview and written correspondence, May 29, 1991; June 10, 1991; *Extraordinary Science*, IV, 2, 1992.

34. Jeffery Hayes, *Boundary-Layer Breakthrough* (Security, Colo.: High Energy Enterprise, 1990).

35. Interview with L. Anderson, July 29, 1988, Colorado Springs, Colo., as told to him and Inez Hunt. Also see James Caufield, "Radioed Light, Heat and Power Perfected by Tesla," *Harrisburg Telegraph*, March 22, 1924, Radio Sec., pp. 1-2: "The war was upon him and the gov' t requested that [Wardenclyffe] come down. After the war Prof. Tesla again started to prove his theory, but this time he chose Colorado Springs as the location of his laboratory. It was while at the 'Springs' that he first demonstrated power transmission without the aid of wires."

第四十三章

1. Tesla quote as told to John O' Neill and Bill Lawrence, O' Neill, pp. 316-17.

2. D. Wallechensky, November 1928, quoted in C. Cerf and V. Navasky, *The Experts Speak* (New York: Pantheon, 1984), p. 259.

3. NT to Hugo Gernsback, November 30, 1921 [KSP].

4. NT. "Views on Thought Transference," *Electrical Experimenter*, May 1911, p. 12.

5. Nikola Tesla v. George C. Bold Jr. Suffolk County Supreme Court, April 1921 [LA].

6. KJ to NT, April 24, 1920 [NTM].

7. Introduction compiled mostly from C. Daniel, ed., *Chronicle of the 20th Century* (Mt. Kisco, N.Y.: Chronicle, 1987); W. Langer, ed., *New Illustrated Encyclopedia of World History* (New York: Harry Abrams, 1975).

8. RUJ to NT, October 15, 1925 [LC].

9. W. Jolly, pp. 258-60.

10. Nancy Rubin, p. 25.

11. Dragislav Petkovich, "A Visit to Nikola Tesla," *Politika*, April 27, 1927, p. 6.

12. Adrian Potter, FBI report on Friends of Soviet Russia, 1921-1923 [FOIA].

13. George Seldes, *Witness to a Century* (New York: Ballantine, 1987), pp. 181-83.

14. Ronald Kline, "Professionalism and the Corporate Engineer: Charles P. Steinmetz," *IEEE Transactions*, August 1980, pp. 144-50.

15. L. Fischer, *The Life of Lenin* (New York: Harper & Row, 1964), p. 630.

16. There is a famous photo taken on April 3, 1921, during a trans-Atlantic wireless broadcast for RCA, GE, and AT&T. In a number of sources (M. Cheney, *Tesla: Man Out of Time* (Englewood Cliffs, N.J.: Prentice-Hall, 1981); M. Seifer, "The Inventor and the Corporation: Tesla, Armstrong & Jobs," *1986 Tesla Symposium Proceedings*; R. G. Williams, *Introducing Nikola Tesla Through Some of His Achievements* (Mokelumne Hill, Calif.: Health Research, 1970) it has been suggested that the man standing between Albert Einstein and Charles Steinmetz was Nikola Tesla. Other people in the photo include Irving Langmuir and David Sarnoff. After reviewing the original caption and conferring with Tesla expert Leland Anderson, it has been ascertained that the man is not Tesla at all, but rather John Carson of AT&T. Coincidentally, this photo has been used by the GE public relations people on numerous occasions with all people but Einstein and Steinmetz airbrushed out. See *Life Magazine*, 1965 and B. Gorowitz, ed., *The Steinmetz Era: 1892-1923: The GE Story* (Schenectady, N.Y.: Schenectady Elfun Society, 1977), p. 39.

17. [KSP].

18. "Judgment [of $3,299] Filed Against Tesla by St. Regis," *New York Times*, May 25, 1924, 14: 1.

19. "At Night and in Secret Nikola Tesla Lavishes Money and Love on Pigeons," *New York World*, Metropolitan Sec., November 21, 1926, 1: 2-5.

20. M. Cheney, p. 84. Original source, Kenneth Swezey.

21. A. Nenadovic, "100 Years Since the Birth of Nikola Tesla," *Politika*, July 8, 1956 [KSP].

22. K. Swezey, "How Tesla Evolved Epoch-Making Discoveries," *Brooklyn Eagle*, April 4, 1926, pp. 8-9.

23. A. Nenadovic, July 8, 1956.

24. John B. Kennedy, "When Woman Is Boss," *Collier's*, January 30, 1926, pp. 17, 34.

25. Anne Morgan to NT, April 26, 1928 [NTM].

26. "At Night and in Secret Nikola Tesla Lavishes Money and Love on Pigeons," *New York World*, Metropolitan sec., November 21, 1926, p. 1. Other sick birds that he could not care for, Tesla took to animal hospitals.

27. C. Hedetniemi to OAP, January 29, 1943 [FOIA].

28. "Dr. Tesla Picks Tunney," *New York Herald Tribune*, September 27, 1927, 2: 3.

29. Ginzelda Hull Hobson to K. Swezey, February 14, 1956 [KSP].

30. Petkovich, p. 4.

31. According to L. Anderson, Swezey said that the O'Neill stories of Tesla wiping his plates at the dinner table were untrue, the proof beign the pigeon link. "Meticulous," Tesla was clearly obsessed with avoiding contaminated water, phobic and fearful of germs, and so it seems likely to this researcher that he did, indeed, clean off his silverware and plates with napkins at eating establishments. Caring for pigeons, even in one's apartment (probably in a separate room where he kept a lab), is quite different than eating from unclean dishes.

32. NT to JPM Jr., November 21, 1924 [LC].

第四十四章

1. NT, 1960; translated from German by Edwin Gora.

2. NT to Flowers, 1917-1925 [NTM].

3. John B. Flowers, "Nikola Tesla's Wireless Power System and Its Application to the Propulsion of Airplanes," August 8, 1925 [Archives, Toby Grotz, Colorado Springs, Colo].

4. NT, "World System of Wireless Transmission of Energy," *Telegraph & Telephone Age*, October 16,

1927, pp. 457-60; in *Nikola Tesla*, 1981, pp. 83-86.

5. "In a solar eclipse the moon comes between the sun and the earth.... At a given moment, the shadow will just touch at a mathematical point, the earth, assuming it to be a sphere.... Owing to the enormous radius of the earth, [it] is nearly a plane. [Thus,] that point where the shadow falls will immediately, on the slightest motion of the shadow downward, enlarge the circle at a terrific rate, and it can be shown mathematically that this rate is infinite" (NT, *On His Work with AC*, pp. 137-39).

6. NT to Mrs. A. Trbojevic, November 20, 1928 [Wm. Terbo archives]; NT to Nikola Trbojevich, September 13, 1928, October 3, 1928; January 28, 1929; May 29, 1929, in *Correspondence with Relatives*, pp. 128, 135.

7. W. Terbo, Opening remarks, in S. Elswick, ed., *Proceedings of the 1988 Tesla Symposium*, Colorado Springs, Colo., 1988, pp. 8-11.

8. Myron Taylor, memorandum, September 28, 1931 [Archives, US Steel, USX Corp., Pittsburgh, PA]; Sava Kosanovic, August 30, 1952 [KSP].

9. Derek Ahlers, interview with Peter Savo, September 16, 1967 [Archives, Ralph Bergstresser].

10. "Beam to Kill Army at 200 Miles, Tesla's Claim on 78th Birthday," *New York Herald Tribune*, July 11, 1934, 1: 15; in *Solutions to Tesla's Secrets*, pp. 100-12.

11. Ronald Clark, *Einstein: The Life & Times* (New York: World Publishing—Times/Mirror, 1971).

12. Fritzof Capra, *The Tao of Physics* (Colo.: Shambhala, 1975), pp. 64, 208.

13. NT, New York paper on various theories, circa 1936 [KSP].

14. "Tesla Coil Used in Atom Splitting Machines," *N.Y. American*, November 3, 1929; O'Neill to NT, August 1, 1935 [NTM].

15. NT, "Tesla 'Harnesses' Cosmic Energy," *Philadelphia Public Ledger*, November 2, 1933; in *Solutions to Tesla's Secrets*, pp. 104-5.

16. "Tesla at 75," *Time*, July 20, 1931, pp. 27-28.

17. [KSP].

18. "Tesla, 79, Promises to Transmit Force," *New York Times*, July 11, 1935, 23: 8.

19. "Sending Messages to Planets Predicted by Dr. Tesla on Birthday," *New York Times*, July 11, 1937, 13: 2; in NT, *Solutions...*, pp. 132-34.

20. Nancy Czito, private corresp., Washington, D.C., 1983.

21. Patent numbers 685,957; 685,958, in NT, *Lectures, Patents, Aritcles*, 1956, pp. P-343-51. Robert Millikan coined the term "cosmic rays" in the mid-1920s. Tesla originally referred to the rays as a form of radiant energy. Dr. James Corum suggested that even if the rays did not travel faster than lightspeed, these statements by Tesla must have been based upon some real effect that had occurred (interview, 1992, Colorado Springs).

22. NT, "Dr. Tesla Writes of Various Phases of His Discovery," *New York Times*, February 6, 1932, 16: 2; in *Tesla Said*, p. 237.

23. John O'Neill, "Tesla Cosmic Ray Motor," *Brooklyn Eagle*, July 10, 1932, in NT, *Solutions...*, pp. 95-96. This may be the description of a solar energy machine.

24. Carol Bird, "Tremendous New Power Soon to Be Unleashed," *Kansas City Journal-Post*, September 10, 1933; in *Solutions...*, pp. 101-2.

25. NT, "Tesla, 79, Promises...," *New York Times*, July 11, 1935, 23: 8.

26. NT, "Expanding Sun Will Explode Some Day Tesla Predicts," *New York Herald Tribune*, August 18, 1935; in NT, *Solutions...*, pp. 130-32.

27. Joseph Alsop, "Beam to Kill Army at 200 Miles, Tesla's Claim," *New York Times*, July 11, 1934, pp. 1, 15; in *Solutions*, pp. 110-12; Walter Russell, *The Russell Cosmology: A New Concept of Light, Matter*

and Energy (Waynesboro, Va.: The W. R. Foundation, 1953).

28. NT, "Expanding Sun," August 18, 1935.

29. NT, "Tesla, 79, Promises," July 11, 1935.

30. "Tesla at 78 Bares New 'Death-Beam'," *New York Times*, July 11, 1934, 18: 1, 2.

31. H. Grindell-Mathews, "The Death Power of Diabolical Rays," *New York Times*, May 21, 1924, 1: 2; 3: 4, 5.

32. H. Grindell-Mathews, "Diabolical Rays," *Popular Radio*, August 8, 1924, pp. 149-54.

33. H. Gernsback, "The Diabolic Ray," *Practical Electrics*, August 1924, pp. 554-55,601.

34. H. Grindell-Mathews, "Three Nations Seek Diabolical Ray," *New York Times*, May 28, 1924, 25: 1,2.

35. Helen Welshimer, "Dr. Tesla Visions the End of Aircraft in War," *Everyday Week Magazine*, October 21, 1934, p. 3; in NT, *Solutions to Tesla's Secrets*, pp. 116-18.

36. L. Anderson, *NT's Residences, Labs & Offices* (Denver, Colo.: 1990). (Original source, a Dr. Watson of New York.)

37. Titus deBobula, Tesla tower blueprints, circa 1934 [NTM]; FBI archives [FOIA].

第四十五章

1. Hugo Gernsback, "NT and His Inventions," *Electrical Experimenter*, January 1919, p. 614.

2. NT to GS, July 11, 1935 [LC].

3. Branning, 1981, p. A-3.

4. NT to Carl Laemmle, July 15, 1937, Profiles in History Archives, Beverly Hills, Calif.; Neal Gabler, *An Empire of Their Own* (New York: Anchor Books, 1988), pp. 58, 205-6.

5. Mark Siegel, *Hugo Geinsback: Father of Modern Science Fiction* (San Bernardino, Calif.: The Borgo Press, 1988).

6. Lawrence Lessing, *Man of High Fidelity: Edwin Howard Armstrong* (New York: Lippincott, 1956).

7. "Tesla Is Provider of Pigeon RelieF" [KSP].

8. Leland Anderson, "Nikola Tesla's Patron Saint," *American Srbobran*, August 14, 1991, p. 4; L. Anderson, *NT's Residences, Labs and Offices*, 1990.

9. OAP files [FOIA].

10. NT to GW Co. circa Jan-July, 1930, written from the Hotel Pennsylvania [KSP]; $2,000 debt, OAP files [FOIA].

11. O'Neill, p. 274.

12. Hugo Gernsback, Westinghouse recollections [KSP].

13. NT to GW Co.,January 29, 1930; February 1, 1930; February 14, 1930; February 17, 1930; February 18, 1930; April 18, 1930 [LC].

14. A. W. Robertson, *About George Westinghouse and the Polyphase Electric Current* (New York: Newcomen Society, 1939), p. 28.

15. "Nikola Tesla," *Scientific Progress*, September 1934.

16. TdB to NT, November 1897; December 10, 1897 [NTM].

17. Ibid., July 26, 1901.

18. FBI deBobula files [FOIA].

19. TdB to NT, May 29, 1911; NT to TdB, May 31, 1911 [NTM].

20. Telephone interview with Robert Hessen, author of *The Steel Titan: The Life Story of Charles Schwab* (New York: Oxford University Press, 1975)—teaching at Stanford University; "Schwab Answers Suit of deBobula," *New York Times*, August 7, 1919, 15: 6.

21. TdB to NT, July 11, 1935 [NTM].

22. NT to GS, June 17, 1937 [LC].

23. TdB to NT, November 25, 1935; July 6, 1936 [NTM].

24. deBobula FBI files, circa 1936-1949 [FOIA].

25. FBI deBobula files [FOIA]; "Tauscher Accuses Munitions Partner," *New York Times*, July 25, 1934, 36: 4.

26. OAP NT files [FOIA].

27. Hugo Gernsback, Westinghouse recollections [KSP].

28. GW Co. to NT, January 2, 1934 [LC].

29. Mildred McDonald, December 1, 1952 [GWA].

第四十六章

1. Elmer Gertz, *Odyssey of a Barbarian: The Biography of G. S. Viereck* (Buffalo, NY: Prometheus Books, 1978).

2. M. Pupin to K. Swezey, May 29, 1931 [KSP].

3. D. Dunlap, *Radio's 100 Men of Science* (New York: Harper & Brothers 1944), p. 124.

4. M. Pupin, *From Immigrant to Inventor* (New York: Scribners, 1930). Tesla is mentioned once on p. 285 within the phrase, "Tesla's AC motor and Bradley's rotary transformer..." (see chapter 10).

5. "Dr. Pupin Inspired," *New York Times*, 1927 [KSP].

6. Stanko Stoilkovic, "Portrait of a Person, a Creator and a Friend," *The Tesla Journal*, nos 4, 5, 1986/87, pp. 26-29.

7. NT to RUJ, circa 1929-1937 [LC]; Grizelda Hull Hobson to K. Swezey, February 14, 1955; Richmond P. Hobson Jr., in "Books of the Times," *New York Times*, Decemer 21, 1955 [KSP].

8. A brief excerpt from "The Haunted House" by G. S. Viereck, circa 1907, from Gertz, 1978.

9. Niel Johnson, *G. S. Viereck: German/American Propagandist* (Chicago: University of Illinois Press, 1972), p. 143.

10. Ibid., pp. 138-42.

11. NT corresp., March 2, 1942 [LA].

12. NT, as told to G. S. Viereck, "A Machine to End War," *Liberty*, February 1935, pp. 5-7.

13. Peter Viereck, phone interview, September 8, 1991.

14. Gertz, p. 24.

15. Elmer Gertz, June 1991 phone interview.

16. Cheney, p. 243.

17. NT to GSV, 1934 [from L. Anderson, "N. Tesla's Patron Saint," *American Srbobran*, August 14, 1991, p. 4]; NT to GSV, December 17, 1934 [in Cheney, p. 244].

18. "Sending of Messages to Planets Predicted by Dr. Tesla on Birthday," *New York Times*, July 11, 1937, 1: 2-3; 2: 2-3.

19. "Immigrant Society Makes Three Awards: Frankfurter, Martinelli and Tesla," *New York Times*, May 12, 1938, 26: 1.

20. N. Johnson, pp. 204-10; GSV FBI files [FOIA].

21. "G. S. Viereck, 77, Pro-German Propagandist, Dies." *New York Times*, March 21, 1962.

22. NT, "Tesla and the Future," *Serbian Newsletter*, 1943.

23. O'Neill, 1944.

24. L. Anderson, August 14, 1991.

25. O'Neill, 1944.

26. "2000 Are Present at Tesla Funeral," *New York Times*, January 13, 1943.

27. Hugo Gernsback, "NT: Father of Wireless, 1857-1943," *Radio Craft*, February 1943, pp. 263-65, 307-10.

28. *Serbian Newsletter*, 1943, p. 5 [BLCU].

29. "NT Dead," editorial, *New York Sun*, January 1943.

第四十七章

1. January 22, 1946, OAP report [FOIA].

2. J. Edgar Hoover, memorandum, January 21, 1943 [FBI, FOIA].

3. Cheney, p. 258.

4. M. Markovitch, personal interview, 1984.

5. As I rewrite this chapter in November 1995, Yugoslavia is in the midst of a civil war, with essentially all of the provinces having declared their independence. The most bellicose new nation is Serbia. It has attacked Bosnia repeatedly for over the last three years in attempts to drive out Croats and Muslims and capture as much land as possible. Many women have been raped, thousands of people have been killed, and over one million have had to flee their homes. At this point a solution appears to be futile.

6. Cheney, 1981, pp. 260-61.

7. J. Edgar Hoover, memorandum, January 21, 1943 [FBI, FOIA].

8. FBI, January 21, 1943 [FOIA].

9. "Floating Stretchers for Landings," *New York Times*, August 27, 1944, IV, 9: 6; "Company Volunteers $1,500,000 Refund," *New York Times*, November 19, 1944, 1: 3; "France's Honors Heaped on Spanel," *New York Times*, March 3, 1957, 26: 5.

10. F. Cornels, January 9, 1943 [FBI, FOIA].

11. Fitzgerald to Tesla, March 8, 1939; December 20, 1942 [NTM]. MIT, however, had no record that Fitzgerald was a student in their school [M. Seifer to MIT, 1990]. Fitzgerald also met with Jack O'Neill to help on the biography. He also discussed with Jack the possibility of setting up a museum in the United States, perhaps with backing from Henry Ford.

12. J. O'Neill, "Tesla Tries to Prevent WWII," *TBCA News, 7, 3*, 8-9/1988, p. 15.

13. F. Cornels, FBI report, January 9, 1943 [FOIA].

14. L. Anderson, files from Cheney, 1981, p. 264.

15. D. E. Foxworth, FBI report, January 8, 1943 [FOIA].

16. D. E. Foxworth, FBI report, January 8, 1943; Donegan, FBI report, November 14, 1943 [FOIA].

17. Personal correspondence from Irving Jurow, Washington, D.C., July 5, 1993.

18. Werner Heisenberg, for instance, was in charge of the Nazis' version of the Manhattan Project. According to Heisenberg's autobiography, he knew that Germany did not have enough heavy water to construct an atom bomb, and he was just hoping that the war would end before such a device would be invented. Werner von Braun, of course, was also implementing the highly destructive V-2 rocket, which was yet another ultimate weapon.

19. Phone conversations and personal correspondence with Irving Jurow, June, July, 1993.

20. OAP memorandum, January 12, 1943; .January 12, 1942 [1943 typographical error] [FOIA].

21. Cheney, p. 270.

22. W. Gorsuch, OAP report, January 13, 1943 [FOIA].

23. Trump resort, January 30, 1943 [LC]; C. Hedetneimi, OAP report, January 29, 1943 [FOIA]; interview with a guard from Manhattan Storage, FBI report, April 17, 1950 [FOIA].

24. C. Hedetniemi, OAP report, January 29, 1943 [FOIA].

25. Trump's conclusion, was that since the device was similar to the Van de Graaff electrostatic generator, Soviet engineers would find no ultimate value in it. This is somewhat astonishing, as Trump also enclosed an article written by Tesla in 1934 in *Scientific American* where he states

explicitly that his device was, operationally, completely unlike the Van de Graaff generator. As Trump worked with Van de Graaff at MIT, it would seem that his cavalier dismissal of the particle-beam weapon was based on professional jealousy. To Trump's credit, however, here we are, a half century later, and the Tesla weapon has yet to be perfected. (Trump report, FBI archives; N. Tesla, "Electrostatic Generators," *Scientific American*, March 1934, pp. 132-34; 163-65.)

26. Homer Jones to Lawrence Smith, February 4, 194[3] [OAP, FOIA].

27. NT, "The New Art of Projecting Concentrated Non-dispersive Energy Through the Natural Media" (1937), in E. Raucher and T. Grotz, eds., *1984 Tesla Centennial Symposium*, pp. 144-50.

28. According to a letter to Sava Kosanovic, Tesla was planning on selling eight particle beam weapons to Yugoslavia, three to Serbia, three to Croatia and two to Slovenia. NT to SK, March 1, 1941, *Correspondence with Relatives*, p. 183.

29. "$3,500,000 Payment by Amtorg Today." *New York Times*, November 15, 1932, 29: 7; Amtorg and Bethlehem Steel, *New York Times*, April 30, 1935, 30: 2; "To Catch a Spy," *Newsweek*, May 19, 1986, p. 7; etc., Amtorg Trading Corp. to M. Seifer, April 4, 1988.

30. J. Trump, letter quoted in Cheney, p. 276.

31. FBI NT memorandum, January 12, 1943 [FOIA].

32. J. Alsop, "Beam to Kill Army at 200 Miles," *New York Herald Tribune*, July 11, 1934, 1: 15.

33. J. Corum and K. Corum, "A Physical Interpretation of the Colorado Springs Data," in E. Raucher and T. Grotz, eds., *The 1984 Tesla Centennial Proceedings*, pp. 50-58.

34. Alcoa Aluminum Co., private corresp., December 16, 1988.

35. NT, in *Tesla Said*, p. 278.

36. H. Welshimer, "Dr. Tesla Visions the End of Aircraft in War," *Every Week Magazine*, October 21, 1934, p. 3.

37. Charlotte Muzar, "The Tesla Papers," *The Tesla Journal*, 1982/83, pp. 39-42.

38. E. E. Conroy to J. Edgar Hoover, FBI, October 17, 1945 [FOIA].

39. Ralph Doty to OAP, January 22, 1946 [FBI, FOIA].

40. Cheney, p. 277.

41. M. Duffy to OAP, November 25, 1947 [FOIA]; FBI memorandum, April 17, 1950 [FOIA].

42. Andrija Puharich, phone interview, 1986; Ralph Bergstresser, phone interview, 1986.

43. "Are Soviets Testing Wireless Electric Power?" *Washington Star*, January 31, 1977, pp. 1, 5; "Russians Secretly Controlling World Climate," *Sunday Times*, Scranton, Penn., November 6, 1977, pp. 14-15.

44. Tom Bearden, "Tesla's Secret and the Soviet Tesla Weapons," *Solutions to Tesla's Secrets*, John Ratzlaff, ed., 1981, pp. 1-35; Tom Bearden, "The Fundamental Concepts of Scalar Electromagnetics," *Tesla Conference Proceedings*, Steve Elswick, ed., 1986, pp. 7: 1-20.

45. C. Robinson, "Soviet Push for a Beam Weapon," *Aviation Week*, May 2, 1977, pp. 16-27; N. Wade, "Charged Debate Over Russian Beam Weapons," *Science*, May 1977, pp. 957-59.

第四十八章

1. Lawrence P. Lessing, *Man of High Fidelity: Edwin Howard Armstrong* (New York: Lippincott, 1956, p. 286.

2. II. Fantel, "Armstsrong, Tragic Hero of Radio Music," *New York Times*, June 10, 1973, pp. 23-28; Lessing, 1956; Marc Seifer, "The Inventor and the Corporation: Case Studies of Innovators Nikola Tesla, Steven Jobs and Edwin Armstrong," *1986 Tesla Symposium*, S. Elswick, ed., pp. 53-74.

3. W. Whyte, *The Organization Man* (New York: Doubleday, 1956).

4. David Held, *Introduction to Critical Theory* (Berkeley, Calif.: University of California Press, 1980).

5. Bill Gates; interview, *Playboy*, September 1994, p. 64. In 1996, Jobs reemerged as an overnight billionaire with a highly successful stock offering of his new computer graphics company Pixar in 1996, and, in an amazing turnabout, Jobs was further resurrected as replacement CEO of Apple in 1997. Further, IBM has agreed to produce a Macintosh compatible computer.

6. Henry Aiken, corresp., phone interview, April 1986.

7. Ayn Rand, *Atlas Shrugged* (New York: 1957), p. 236.

8. M. Seifer and H. Smukler, "The Tesla/Matthews Outer Space Connection," *Pyramid Guide*, part I, May 1978, p. 5; part II, July 1978, p. 5 [FBI, FOIA].

9. "Tesla in Japan," *Tesla Memorial Society Newsletter*, Nicholas Kosanovich, ed., Fall-Winter 1995/96, pp. 2-3; David Kaplan and Andrew Marshall, "The Cult at the End of the World," *Wired*, July 1996, pp. 134-37, 176-84; Tom Bearden, "Tesla's Secret and the Soviet Tesla Weapons," *Solutions to Tesla's Secrets*, John Ratzlaff, ed., 1981, pp. 1-35.

10. P. O. Ouspensky, *New Model of the Universe* (New York: Vintage Books, 1971), pp. 29-31.

11. Dane Rudyar, *Occult Preparations for a New Age* (Wheaton, Ill.: Quest Books, 1975), p. 245.

12. Robert Anton Wilson, *Cosmic Trigger: The Final Secret of the Illumenati* (New York: Pocket Books, 1975).

附　录

1. J. R. Johler to Leland Anderson, August 15, 1959, in Anderson, "Nikola Tesla's Work in Wireless Power Transmission" (Denver, Colo., 1991, unpublished.

2. Eric Dollard, "Representations of Electric Induction: Nikola Tesla and the True Wireless," In S. Elswick, ed., *Proceedings of the 1986 Tesla Symposium* (Colorado Springs, Colo.: International Tesla Society, 1986), pp. 2-25-2-82.

3. NT, 1916/1992, p. 138.

4. James Corum and A-Hamid Aidinejad, "The Transient Propagation of ELF Pulses in the Earth-Ionosphere Cavity," *1986 International Tesla Symposium Proceedings*, pp. 3-1-3-12.

5. NT to KJ, April 19, 1907 [BLCU].

6. NT, "Terrestrial Night Light," *New York Herald Tribune*, June 5, 1935, p. 38.

7. NT, 1984, p. 225.

8. NT, *Colorado Springs Notes*, pp. 180-183; patent no. 649,621 in NT, 1956, p. P-293.

9. NT, May 16, 1900; patent no. 787,412, in NT, 1956, pp. P-332-33.

10. NT, "Tesla's New Discovery," 1901; in NT, 1984, p. 57.

11. NT, patent no. 685,012, in NT, 1956, pp. P-327-30. It is doubtful but possible that he considered using superconductivity, as this property of elements involving the expulsion of magnetism occurs at temperatures almost twice as cold. This effect, which is an abrupt and discontinuous transition from a magnetic state to a nonmagnetic state was officially discovered a decade later in 1911 by Kamerlingh Onnes (see J. Blatt, *Theories of Superconductivity* [New York: Academic Press, 1964]).

12. Discussions with Stanley Seifer, February 1991.

13. Tom Bearden, "Tesla's Secret," *Planetary Association for Clean Energy*, 3, pp. 12-24.

14. NT, 1897, in NT 1956, pp. P-293-94.

15. NT, 1956, p. P-293.

16. Ibid., p. P-328.

人名译名对照表

A.Bartanian　A. 巴尔塔尼安

A.E.Kennelly　A.E. 肯内利

A.F.Zahm　A.F. 扎姆

A.M.Palmer　A.M. 帕尔默

Abraham N.Spanel　亚伯拉罕·N. 斯帕内尔

Adolph Slaby　阿道夫·斯拉比

Adrian Potter　阿德里安·波特

Agnes Holden　阿格尼丝·霍尔登

Al Capone　阿尔·卡彭

Albert A.Michelson　阿尔伯特·A. 迈克尔逊

Albert Schmid　阿尔伯特·施密德

Albion Man　阿尔比恩·曼

Aleister Crowley　阿莱斯特·克劳利

Alexander Bain　亚历山大·贝恩

Alexander Graham Bell　亚历山大·格雷厄姆·贝尔

Alexander Marincic　亚历山大·马林西克

Alexandre Eiffel　亚历山大·埃菲尔

Alfred Cowles　阿尔弗雷德·考尔斯

Alfred Dreyfus　阿尔弗雷德·德赖弗斯

Alfred S.Brown　阿尔弗雷德·S. 布朗

Allé　奥勒

Allen　艾伦

Allis Chalmers　阿利斯·查默斯

Amatia Kussner　阿玛蒂亚·屈斯纳

Ambrose Fleming　安布罗斯·夫累铭

Amos　阿莫斯

Ana Kalinic　阿纳·卡利尼奇

André Blondel　安德烈·布隆德尔

Andrew Carnegie　安德鲁·卡内基

Andrew W.Robertson　安德鲁·W. 罗伯逊

Andrija Henry Puharich　安德里亚·亨利·普哈里奇

Andy　安迪

Angelina　安吉莉娜

Angelina Trbojevich　安吉莉娜·特尔博耶维奇

Anne Tracy Morgan　安妮·特雷西·摩根

Annie Besant　安妮·贝赞特

Anthony Szigeti　安东尼·西盖蒂

Anton Dvořák　安东·德沃夏克

Anton Puchta　安东·普赫塔

Arnold Sommerfeld　阿诺德·索末菲

Arthur Brisbane　阿瑟·布里斯班

Arthur Kennelly　阿瑟·肯内利

Arthur Korn　阿瑟·科恩

Arthur Matthews　阿瑟·马修斯

Arthur Schopenhauer　阿瑟·叔本华

Arthur Stem　亚瑟·斯特恩

August Belmont　奥古斯特·贝尔蒙

August Saint-Gaudens　奥古斯特·圣 - 高登斯

Ava Willing　阿娃·威林

Ayn Rand　安·兰德

B.A.Behrend　B.A. 贝伦德

B.A.Vail　B.A. 韦尔

Babcock　巴布科克

Babe Ruth　贝比·鲁斯

Bauzin　博赞

Benjamin Franklin Meissner　本杰明·富兰克林·迈斯纳

Benjamin Harrison　本杰明·哈里森

Benjamin Lamme　本杰明·拉米

Bernald A.Behrend　博纳尔德·A. 贝伦德

Bernard Baruch　伯纳德·巴鲁克

Bernard de Fontana　伯纳德·德丰塔纳

Bernarto Brothers　贝尔纳托兄弟

Bernhardt　伯恩哈特

Bessie　贝茜

Bettini　贝蒂尼

Blockmen　布洛克曼

Bloomfield-Moore　布卢姆菲尔德 - 摩尔

Bloyce Fitzgerald　布洛伊斯·菲茨杰拉德

Bob Beck　鲍勃·贝克

Bopkin　博普金

Boris Karloff　鲍里斯·卡洛夫

Brankovic　布兰科维奇

Buck　巴克

Budd　巴德

Bulwer-Lytton　布尔沃 - 立顿

Burns　伯恩斯

Butterworth　巴特沃斯

C.J.Duffner　C.J. 杜夫纳

C.R.Possell　C.R. 波塞尔

Calvin Coolidge　卡尔文·柯立芝

Camille Flammarion 卡米尔·弗拉马里翁
Carl Hering 卡尔·赫林
Carl Jung 卡尔·荣格
Carl Laemmle 卡尔·莱姆勒
Carl Sagan 卡尔·萨根
Carl Sandburg 卡尔·桑德堡
Carl Stumpf 卡尔·斯顿夫
Cecil Rhodes 塞西尔·罗德斯
Cervera 塞瓦拉
Charles A.Gerlach 查尔斯·A. 格拉赫
Charles Barnard 查尔斯·巴纳德
Charles Barney 查尔斯·巴尼
Charles Batchelor 查尔斯·巴彻勒
Charles Bradley 查尔斯·布拉德利
Charles Brush 查尔斯·布拉什
Charles Coaney 查尔斯·科尼
Charles Coffin 查尔斯·科芬
Charles Dana 查尔斯·达纳
Charles Dana Gibson 查尔斯·达纳·吉布森
Charles Eugene Lancelot Brown 查尔斯·尤金·兰斯洛特·布朗
Charles F.Peck 查尔斯·F. 佩克
Charles Hausler 查尔斯·豪斯勒
Charles Hedetniemi 查尔斯·赫德特涅米
Charles Knoll 查尔斯·诺儿
Charles McKim 查尔斯·麦金
Charles McNamara 查尔斯·麦克纳马拉
Charles Proteus Steinmetz 查尔斯·普洛透斯·斯坦梅茨
Charles R.Flint 查尔斯·R. 弗林特
Charles Schwab 查尔斯·施瓦布
Charles Scott 查尔斯·斯科特
Charles Sigsbee 查尔斯·西格斯比
Charles Terry 查尔斯·特里
Charles W.Price 查尔斯·W. 普赖斯
Charley Barney 查理·巴尼
Charlotte Muzar 夏洛特·穆扎尔
Chauncey DePew 昌西·迪普
Cheiro 谢罗
Christian Huygens 克里斯蒂安·惠更斯
Christopher Columbus 克里斯托夫·哥伦布
Christopher Evans 克里斯托夫·埃文斯
Clarence 克拉伦斯
Clarence McKay 克拉伦斯·麦凯
Clark 克拉克
Coleman Sellers 科尔曼·塞勒斯

Cornelius Vanderbilt 科尔内留斯·范德比尔特
Crocker 克罗克
Curtis Wilbur 柯蒂斯·威尔伯
Curtiss 柯蒂斯
D.Cunningham D. 坎宁安
D.E.Foxworth D.E. 福克斯沃思
D.M.Stanoyevitch D.M. 斯塔诺耶维奇
D.McFarlan Moore D. 麦克法伦·摩尔
D.W.Griffith D.W. 格里菲思
Dan Beard 丹·比尔德
Dane Rudyar 达内·拉迪亚
Daniel Chester French 丹尼尔·切斯特·弗伦奇
Daniel Hudson Burnham 丹尼尔·赫德森·伯纳姆
Daphne 达芙妮
Darius Ogden Mills 达柳斯·奥格登·米尔斯
d' Arsenoval 德·阿松瓦尔
David Bowie 大卫·鲍伊
David Hiergesell 大卫·耶格塞尔
David Hume 大卫·休谟
David Pratt 大卫·普拉特
David Sarnoff 大卫·萨尔诺夫
D' Azar 达扎尔
deReszke 德雷什克
Desire Stanton 德西雷·斯坦顿
Diaz Buitrago 迪亚斯·布伊特拉戈
Dickenson Alley 迪肯森·阿利
Djouka Mandić 朱卡·曼迪奇
Dorothy Skerrett 多萝西·斯凯里特
Douglas Fairbanks 道格拉斯·范朋克
Douglas Robinson 道格拉斯·鲁滨逊
Drury W.Cooper 德鲁里·W. 库珀
Dumesnil 迪梅尼
Dunlap 邓拉普
Dushan Shoukletovich 杜尚·绍克莱托维奇
E.F.Alexanderson E.F. 亚历山德森
E.G.Waters E.G. 沃特斯
E.Kornhauser E. 科恩豪泽
E.M.Kerr E.M. 克尔
E.Spooner E. 斯普纳
Earnest Heinrich 欧内斯特·海因里奇
Eddie Rickenbacker 埃迪·里肯巴克
Edmund Stallo 埃德蒙德·斯特洛
Edouard Branly 爱德华·布朗利
Edward Bulwer-Lytton 爱德华·布尔沃 - 利顿
Edward Dean Adams 爱德华·迪安·亚当斯
Edward H.Harriman 爱德华·H. 哈里曼

Edward Johnson 爱德华·约翰逊

Edward Muybridge 爱德华·迈布里奇

Edward Nicholas 爱德华·尼古拉斯

Edward Palmer 爱德华·帕尔默

Edward Teller 爱德华·特勒

Edwin Armstrong 埃德温·阿姆斯特朗

Edwin Gora 埃德温·戈拉

Edwin Houston 埃德温·休斯顿

Eileen Garrett 艾琳·加勒特

Eleanor Roosevelt 埃莉诺·罗斯福

Elena 埃琳娜

Eleonora Duse 埃莉奥诺拉·杜丝

Elihu Thomson 伊莱休·汤姆森

Elisha Gray 伊莱沙·格雷

Elmer Gertz 埃尔默·格茨

Elmer Sperry 埃尔默·斯佩里

Elsie Blanc 埃尔西·布朗

Emil Meyers 埃米尔·迈耶斯

Emma C.Thursby 埃玛·C.瑟斯比

Enrico Caruso 恩里克·卡鲁索

Eric Dollard 埃里克·多拉德

Erich Muenter 埃里克·明特尔

Ernest Alexanderson 欧内斯特·亚历山德森

Ernest Heinreich 欧内斯特·海因赖希

Ernest Rutherford 欧内斯特·卢瑟福

Ernest Wilson 欧内斯特·威尔逊

Ernst F.W.Alexanderson 欧内斯特·F.W.亚历山德森

Ernst Julius Berg 厄恩斯特·朱利叶斯·伯格

Ernst Mach 厄恩斯特·马赫

Eugene V.Debs 尤金·V.德布兹

Eurana Mock 尤雷娜·莫克

Evans 埃文斯

Evelyn Nesbit 伊夫琳·内斯比特

F.A.Merrick F.A.梅里克

F.A.O.Schwarz F.A.O.施瓦茨

F Augustus Heinze F.奥古斯特·海因策

F.Ehrenhaft F.埃伦哈夫特

F.Finch Strong F.芬奇·斯特朗

F.J.Hughes F.J.休斯

F.M.Barber F.M.巴伯

Farragut 法拉格特

Felix Frankfurter 费利克斯·法兰克福特

Ferenc Puskas 费伦茨·普斯卡斯

Ferranti 费兰蒂

Field Marshall von Moltke 菲尔德·马歇尔·冯·莫尔特克

Fiorello La Guardia 菲奥雷洛·拉瓜迪亚

Fodor 福多

Foster 福斯特

Francis J.Higginson 弗朗西斯·J.希金森

Francis Joseph 弗朗西斯·约瑟夫

Francis Lynde Stetson 弗朗西斯·林德·斯泰森

Francis S.Hutchins 弗朗西斯·S.哈钦斯

Francis Upton 弗朗西斯·厄普顿

Franco Krsinic 弗朗哥·克尔斯尼奇

Francois Arago 弗朗索瓦·阿拉戈

Frank Harris 弗兰克·哈里斯

Frank Holt 弗兰克·霍尔特

Frank Hutchins 弗兰克·哈钦斯

Frank Parker Stockbridge 弗兰克·帕克·斯托克布里奇

Frank R.Paul 弗兰克·R.保罗

Frank Sprague 弗兰克·斯普拉格

Franklin Delano Roosevelt 富兰克林·德拉诺·罗斯福

Franklin Pierce 富兰克林·皮尔斯

Franz Brentano 弗朗兹·布伦塔诺

Fredrich Cornels 弗雷德里克·科内尔斯

Friedrich Nietzche 弗里德里希·尼采

Fritz Lowenstein 弗里茨·洛温斯坦

Fritzie Zivic 弗里齐·日维奇

Fuller 富勒

G.D.Seely G.D.西利

G.Freibott G.弗赖博特

G.H.Scott G.H.斯科特

G.J.Weilage G.J.韦莱奇

G.Williams G.威廉斯

Galileo Ferraris 加利莱奥·费拉里斯

Gano Dunn 加诺·邓恩

Garret Hobart 加勒特·霍巴特

Gaston Bulmar 加斯顿·布尔玛

Gene Tunney 吉恩·腾尼

Geoffrey 杰弗里

Georg Graf von Arco 乔治·格拉夫·阿尔科

George Bernard Shaw 乔治·萧伯纳

George C.Boldt 乔治·C.博尔特

George Clark 乔治·克拉克

George duMaurier 乔治·杜莫里耶

George Forbes 乔治·福布斯

George Gershwin 乔治·格什温

George Gibbs 乔治·吉布斯

J.Edgar Hoover　J. 埃德加·胡佛

J.Gollier　J. 科利尔

J.H.Dillinger　J.H. 迪林杰

J.H.Sands　J.H. 桑兹

J.J.Thomson　J.J. 汤姆森

J.O.Ashton　J.O. 阿什顿

J.Pierpont Morgan　J. 皮尔庞特·摩根

J.W.Starr　J.W. 斯塔尔

Jack Ass　杰克·阿斯

Jack Benny　杰克·本尼

Jack Dempsey　杰克·登普西

Jack Ruby　杰克·鲁比

Jacob Schiff　雅各布·希夫

Jacques Charles　雅克·查尔斯

James Corum　詹姆斯·科勒姆

James Cox　詹姆斯·考克斯

James Harper　詹姆斯·哈珀

James I.Ayer　詹姆斯·I. 艾尔

James Jeffries　詹姆斯·杰弗里斯

James Keene　詹姆斯·基恩

James M.Brown　詹姆斯·M. 布朗

James Redfield　詹姆斯·雷德菲尔德

James Warden　詹姆斯·沃登

Jameson　詹姆森

Jan Purkyne　扬·普尔基涅

Jarvis Patten　贾维斯·帕特恩

Jerry LaBine　杰里·拉宾

Jim Corbett　吉姆·科比特

Jimmy Adamick　吉米·阿达米克

Jimmy Breese　吉米·布里斯

Johann von Goethe　约翰·沃尔夫冈·冯·歌德

John B.Flowers　约翰·B. 弗劳尔斯

John C.Moore　约翰·C. 摩尔

John Coffee Hays　约翰·科菲·海斯

John Corbett　约翰·科比特

John D.Long　约翰·D. 朗

John Dixon Gibbs　约翰·迪克逊·吉布斯

John E.Hudson　约翰·E. 赫德森

John Edison　约翰·爱迪生

John Ernst Worrell Keely　约翰·厄恩斯特·沃雷尔·基利

John Galt　约翰·高尔特

John Griggs　约翰·格里格斯

John Hay　约翰·海

John Hays Hammond　约翰·海斯·哈蒙德

John Jacob Astor　约翰·雅各布·阿斯特

John L.Sullivan　约翰·L. 沙利文

John Locke　约翰·洛克

John Muir　约翰·缪尔

John Newinton　约翰·纽因顿

John O.Trump　约翰·O. 特朗普

John O' Neill　约翰·奥尼尔

John P.Holland　约翰·P. 霍兰

John Ratzlaff　约翰·拉茨拉夫

John S.Barnes　约翰·S. 巴恩斯

John S.Stone　约翰·S. 斯通

John Seymour　约翰·西摩

John Skelton Williams　约翰·斯凯尔顿·威廉斯

John Stewart Mill　约翰·斯图尔特·米尔

John Tyndall　约翰·廷德耳

John W.Gates　约翰·W. 盖茨

Jonathan Zenneck　乔纳森·泽纳克

Joseph Alsop　约瑟夫·艾尔索普

Joseph Brucker　约瑟夫·布鲁克

Joseph Dozier　约瑟夫·多齐尔

Joseph Henry　约瑟夫·亨利

Joseph Hoadley　约瑟夫·霍德利

Joseph Jefferson　约瑟夫·杰斐逊

Joseph King　约瑟夫·金

Joseph MaCarthy　约瑟夫·麦卡锡

Joseph Swan　乔瑟夫·斯旺

Joseph Tito　约瑟夫·铁托

Joseph Wetzler　约瑟夫·韦茨勒

Josephus Daniels　约瑟夫斯·丹尼尔斯

Josh Wetzler　乔希·韦茨勒

Joshua　约书亚

Josie　乔茜

Josika　约希卡

Josip Tesla　约瑟普·特斯拉

Jovan Zmaj Jovanovich　约万·兹马伊·约万诺维奇

Jules Verne　儒勒·凡尔纳

Jules-Henri Poincare　朱尔斯 - 亨利·庞加莱

Julian Hawthorne　朱利安·霍桑

Julius Czito　朱利叶斯·齐托

Kaiser Wilhelm　凯泽·威廉

Karel Domalip　卡雷尔·多马利普

Karl Frank　卡尔·弗兰克

Karl George Frank　卡尔·乔治·弗兰克

Karl Mannheim　卡尔·曼海姆

Karl Zipernovski　卡尔·济佩尔诺夫斯基

Kay　凯

Keely 基利

Keenan 基南

Kenneth Strickfadden 肯尼斯·斯特里克法登

Kenneth Swezey 肯尼思·斯威齐

Koleman Czito 克莱曼·齐托

Kosta Kulishich 科斯塔·库里希奇

Küster 屈斯特

L.A.Fitzgerald L.A. 菲茨杰拉德

L.C.Craigee L.C. 克雷吉

L.O.Doty L.O. 多蒂

Lawrence Hargrave 劳伦斯·哈格雷夫

Lawrence M.C.Smith 劳伦斯·M.C. 史密斯

Lee De Forest 李·德福雷斯特

Lee Harvey Oswald 李·哈维·奥斯瓦德

Leland Anderson 利兰·安德森

Lemuel Serrell 莱缪尔·瑟雷尔

Leon Trotsky 列昂·托洛茨基

Leonard E.Curtis 伦纳德·E. 柯蒂斯

Leonardo da Vinci 列奥纳多·达·芬奇

Leopold Stokowski 利奥波德·斯托科夫斯基

Lewis B.Stillwell 刘易斯·B. 史迪威

Lindbergh 林德伯格

Lloyd Scott 劳埃德·斯科特

Lloyd Shaulis 劳埃德·肖利斯

Lodge Muirhead 洛奇·缪尔黑德

Logwood 洛格伍德

Longfellow 朗费罗

Louis Adamic 路易斯·阿达米奇

Louis Hamon 路易斯·哈蒙

Louis Pasteur 路易斯·巴斯德

Louis Rau 路易斯·劳

Louis Uhlman 路易斯·乌尔曼

Lozado 洛扎多

Lucien Gaulard 卢西恩·戈拉尔

Lucien Sanial 卢西恩·撒尼尔

Ludwig von Helmholtz 路德维格·冯·赫姆霍尔兹

Lynn Sevigny 林恩·萨维尼

M.Bonjean M. 邦让

M.E.Girardeau M.E. 吉拉尔多

M.Goupil M. 古皮

M.Huart M. 于阿尔

Madam Melba 梅尔巴夫人

Mae West 梅·韦斯特

Mahlon Loomis 马伦·卢米斯

Marble 马布尔

Marcel Deprez 马塞尔·德普雷

Margaret Cheney 玛格丽特·切尼

Margaret Storm 玛格丽特·斯托姆

Marguerite Merrington 玛格丽特·梅林顿

Marica 马里察

Marica Kosanovic 马里察·科萨诺维奇

Marie Carnegie 玛丽·卡内基

Marion Crawford 马里恩·克劳福德

Mark Twain 马克·吐温

Martin Rosanoff 马丁·罗萨诺夫

Martin Sekulic 马丁·塞库利奇

Mary Mapes Dodge 玛丽·梅普斯·道奇

Mary Pickford 玛丽·碧克馥

Masaki Shindo 正树新藤

Max Deri 马克斯·德里

Max Gurth 马克斯·居尔特

Max Planck 马克斯·普朗克

Mel Brooks 梅尔·布鲁克斯

Meyers 迈耶斯

Michael Faraday 迈克尔·法拉第

Michael Markovitch 迈克尔·马尔科维奇

Michael Obrenovich 迈克尔·奥布雷诺维奇

Michael Pupin 迈克尔·普平

Michael von Dolivo-Dobrowolsky 迈克尔·冯·多利沃 - 多布罗沃尔斯基

Milica Zoric 米莉察·佐里奇

Milka 米尔卡

Milka Glumicic 米尔卡·格卢米契奇

Milosh 米罗什

Milutin Tesla 米卢廷·特斯拉

Mons.Cabanellas 蒙斯·卡巴内利亚斯

Morely 莫雷利

Morrell 莫雷尔

Moses Farmer 摩西·法默

Muriel Arbus 缪里尔·阿尔比斯

Myron Taylor 迈伦·泰勒

N.E.Brady N.E. 布雷迪

Nathalie 纳塔莉

Nathan Leopold 内森·利奥波德

Nathaniel Hawthorne 纳撒尼尔·霍桑

Ned Abbey 内德·阿比

Ned Harriman 内德·哈里曼

Nicholas John Terbo 尼古拉斯·约翰·泰尔博

Nicholas Roeg 尼古拉斯·罗格

Nicholas Trbojevich 尼古拉斯·特尔博耶维奇

Nicolaes Ruts 尼古拉斯·鲁茨

Niels Bohr 尼尔斯·玻尔

Nikola Jovo Trbojevich 尼古拉·约沃·特尔博耶维奇

Nikola Mandić 尼古拉·曼迪奇

Nikola Pribic 尼古拉·普里比奇

Noël Coward 诺埃尔·考沃德

Norah 诺拉

O.Lilienthal 奥·利连索尔

Oliver Chanute 奥利弗·沙努特

Oliver Heaviside 奥利弗·亥维赛

Oliver Lodge 奥利弗·洛奇

Oliver Payne 奥利弗·佩恩

Orville and Wilbur Wright 奥维尔·莱特和威尔伯·莱特兄弟

Otto Blathy 奥托·布拉蒂

Owen 欧文

P.Bonestell P. 博尼斯尔泰尔

P.D.Ouspensky P.D. 邬斯宾斯基

P.E.Houle P.E. 霍尔

Pajo Mandić 帕约·曼迪奇

Parker W.Page 帕克·W. 佩奇

Parrott 帕罗特

Paul Noyes 保罗·诺伊斯

Paul Radosavljevich 保罗·拉多萨夫列维奇

Payne Whitney 佩恩·惠特尼

Perceival Lowell 帕西瓦尔·洛厄尔

Perry 佩里

Petar Mandic 佩塔尔·曼迪奇

Peter Cooper Hewitt 彼得·库珀·休伊特

Peter Savo 彼得·萨沃

Philip Lenard 菲利普·勒纳

Philip Reis 菲利普·赖斯

Philip Wittenberg 菲利普·威腾伯格

Philo Farnsworth 菲洛·法恩斯沃思

Poeschl 珀施尔

Pope 蒲柏

Pope Lco XIII 教皇利奥十三世

Prince Albert 阿尔伯特王子

R.H.Thurston R.H. 瑟斯顿

Ralph Bergstresser 拉尔夫·伯格斯特雷塞

Ralph E.Doty 拉尔夫·E. 多蒂

Ralph Johler 拉尔夫·约勒

Randahl 兰达尔

Raphael Netter 拉斐尔·内特

Ray 雷

Reginald Belfield 雷金纳德·贝尔菲尔德

Reginald Fessenden 雷金诺德·费森登

Rembrandt 伦勃朗

Riccia 里恰

Richard Adams Locke 理查德·亚当斯·洛克

Richard Grant White 理查德·格兰特·怀特

Richard Hammond 理查德·哈蒙德

Richard Loeb 理查德·洛布

Richard Pfund 理查德·芬德

Richard Pindell Hammond 理查德·平戴尔·哈蒙德

Richard Watson Gilder 理查德·沃森·吉尔德

Richmond Pearson Hobson 里士满·皮尔逊·霍布森

Righi 里吉

Robert Anton Wilson 罗伯特·安东·威尔逊

Robert E.Lee 罗伯特·E. 李

Robert Goddard 罗伯特·戈达德

Robert Golka 罗伯特·戈尔卡

Robert Lane 罗伯特·莱恩

Robert Millikan 罗伯特·米利肯

Robert O.Becker 罗伯特·O. 贝克尔

Robert Reid 罗伯特·里德

Robert Underwood Johnson 罗伯特·安德伍德·约翰逊

Robert Watson Gilder 罗伯特·沃森·吉尔德

Robinson 鲁滨逊

Rockefeller 洛克菲勒

Rogner 罗格纳

Rothschild 罗斯柴尔德

Rowland Miles 罗兰·迈尔斯

Roy Gallant 罗伊·加伦特

Rudberg 鲁德贝里

Rudolf Goldschmidt 鲁道夫·戈尔德施密特

Rudolf Valentino 鲁道夫·瓦伦蒂诺

Rudyard Kipling 拉迪亚德·吉卜林

Rudyard Kipling 鲁德亚德·吉卜林

S.L.Clemens S.L. 克莱门斯

S.S.McClure S.S. 麦克卢尔

Salvini 萨尔维尼

Sameul P.Langley 塞缪尔·P. 兰利

Samuel Bannister 塞缪尔·巴尼斯特

Samuel Duncan 萨缪尔·邓肯

Samuel Edison 塞缪尔·爱迪生

Samuel Morse 萨缪尔·摩尔斯

Sarah Bernhardt 萨拉·贝纳尔

Sava Kosanovic 萨瓦·科萨诺维奇

Wilhelm Bjerknes 威廉·比耶克内斯

Wilhelm Roentgen 威廉·伦琴

Will Rogers 威尔·罗杰斯

William Anthony 威廉·安东尼

William Astor Chamber 威廉·阿斯特·钱伯

William B.Rankine 威廉·B. 兰金

William Barton 威廉·巴顿

William Birch Rankine 威廉·伯奇·兰金

William C.Whitney 威廉·C. 惠特尼

William Crookes 威廉·克鲁克斯

William House 威廉·豪斯

William Howard Taft 威廉·霍华德·塔夫脱

William Kemmler 威廉·克姆勒

William Lawrence 威廉·劳伦斯

William Pickering 威廉·皮克林

William Preece 威廉·普利斯

William Randolf Hearst 威廉·伦道夫·赫斯特

William Rasquin Jr. 小威廉·拉斯昆

William Ryan 威廉·瑞安

William Sawyer 威廉·索耶

William Stanley 威廉·斯坦利

William Terbo 威廉·泰尔博

William Waldorf Astor 威廉·华道夫·阿斯特

William Wallace 威廉·华莱士

William Whyte 威廉·怀特

Willis George 威利斯·乔治

Willy Ballantyne 威利·巴兰坦

Willy Ley 威利·雷

Winslow 温斯洛

Winslow Homer 温斯洛·霍默

Wolff 沃尔夫

Wolfgang Kohler 沃尔夫冈·科勒

Woodrow Wilson 伍德罗·威尔逊

Woodruff 伍德拉夫

Wright 赖特

Yoshiro NakaMats 中松义郎

Zeppelin 齐柏林

Zlatko Balokovic 兹拉特科·巴洛科维奇

　　马克·J.塞费尔曾任《元科学》（*MetaScience*）、《新时代意识研究杂志》（*A New Age Journal on Consciousness*）的编辑，目前是《美国职业笔迹学家协会杂志》（*Journal of the American Society of Professional Graphologists*）的编辑。塞费尔先生是国际公认的笔迹学领域专家，也是发明家尼古拉·特斯拉的研究专家（他的博士论文研究的就是尼古拉·特斯拉），曾在《罗德岛商业季刊》（*Rhode Island Business Quarterly*）、《罗德岛酒吧杂志》（*Rhode Island Bar Journal*）、《实操电子学》（*Hands On Electronics*）、《非凡科学》（*Extraordinary Science*）、《超心理学评论》（*Parapsychology Review*）、《律师周刊》（*Lawyers Weekly*）和《北美精神治疗临床》（*Psychiatric Clinics of North America*）等刊物上发表论文70余篇。《世界杰出人物名录》（*Marquis' Who's Who in the World*）、《魅力》杂志（*Glamour*）、《大都会》杂志（*Cosmopolitan*）、《经济学人》杂志（*The Economist*）、《普罗维登斯日报》周日增刊［*Providence Journal*（Sunday supplement）］、《尼亚加拉瀑布评论》周日增刊［*Niagara Falls Review*（Sunday supplement）］、《迈阿密先驱报》（*Miami Herald*）和《华盛顿邮报》（*Washington Post*）等报纸杂志曾专题报道过塞费尔先生。塞费尔先生曾在联合国、伦敦国王学院、剑桥大学、牛津大学、温哥华大学、纽约市立大学、长岛大学、科罗拉多学院、克兰布鲁克疗养院（Cranbrook Retreat）、肯德尔学院（Kendall College）、西点军校等机构院校以及波士顿、芝加哥、科罗拉多斯普林斯、丹佛、底特律、普罗维登斯、纽约、圣达菲、图森、耶路撒冷和萨格勒布等地作过演讲。

　　马克·J.塞费尔的著作包括小说和戏剧《星际邂逅》（*Staretz Encounter*）、合著戏剧《特斯拉：被埋没的天才》（*Tesla: The Lost Wizard*）、著作集《笔迹与头脑书写》（*Handwriting & Brainwriting*）、戏剧《向领袖致敬》（*Hail to the Chief*）、犯罪纪实《斯特芬·罗萨蒂的故事》（*The Stephen Rosati Story*）、纪录短片《镀金时代的疯狂科学家》

（*Mad Scientist of the Gilded Age*）。他还写过一些关于威廉·赖希、葛杰夫、尤里·盖勒、J.皮尔庞特·摩根、小约翰·海斯·哈蒙德、约翰·缪尔、埃德温·阿姆斯特朗、尼古拉·特斯拉、艾伯特·爱因斯坦、富兰克林·罗斯福和史蒂夫·乔布斯等著名人物的文章。

马克·J.塞费尔本科就读于美国罗德岛大学，并取得理学学士学位，有五个学期在社会研究新学院（New School for Social Research）学习笔迹学，在视觉艺术学院学习摄影；随后取得了芝加哥大学的文学硕士学位和赛布鲁克研究院的哲学博士学位。塞费尔先生是笔迹学专家，常年在法庭上作证。他还是罗杰·威廉姆斯大学的心理学客座教授。

致 谢
Acknowledgments

本书的酝酿始于 20 世纪 70 年代末，此后至今（1996 年），一直没有松懈过。在这一漫长的过程中，很多人和机构在我的研究中给予了很大的帮助。我首先要感谢的是我在意识研究领域的前合作伙伴霍华德·斯马克勒，是他在 1976 年将奥尼尔的特斯拉传记以及阿瑟·马修斯构思诡异的小说《光墙：尼古拉·特斯拉和金星宇宙飞船》（*Wall of Light: Nikola Tesla and the Venusian Spaceship*）给了我。不久后，1977 年，我写了第一篇关于发明家尼古拉·特斯拉的文章。随后两年，通过罗德岛大学图书馆馆际互借部的罗伯塔·多伦，我从美国国会图书馆获取了微缩胶片拍摄的特斯拉与 J. 皮尔庞特·摩根、乔治·威斯汀豪斯、乔治·舍夫以及罗伯特·安德伍德·约翰逊等人之间的往来书信。经过仔细阅读和研究这些信件，到了 1979 年，我完成了撰写本书的第二项重大工作。罗伯塔调到其他部门后，韦尔尼切（薇姬）·伯内特接手了她的工作，之后的十多年里，一直持续不断地帮助我。我衷心地感谢足智多谋的薇姬为本书所做的巨大努力，也感谢罗德岛大学图书馆的其他工作人员。

1980 年，我在旧金山的赛布鲁克研究院开始做我的博士项目。这项研究的成果就是长达 725 页的博士论文，论文题目是《尼古拉·特斯拉：一位被遗忘的发明家的心理历史学研究》（*Nikola Tesla: Psychohistory of a Forgotten Inventor*）。斯坦利·克里普纳是我的博士生导师，他像一位敏锐的编辑，对我的整篇论文进行了细心修改，并提出了批评；这对于恩师来说是一项工作量巨大的工作，我对他十分感激！我还要感谢赛布鲁克研究院的亨利·沃克、阿狄伍·贝克、于尔根·克莱默和德布拉·怀特，以及帮我审阅论文的、位于得克萨斯州圣安东尼奥市的心智科学基金会（Mind Science Foundation）的威廉·布劳德。我的博士论文于 1986 年完成。

1987 年，我开始全身心地撰写特斯拉传记。我发现有很多重要的方面在我的博士论文中都没有论述到。很多关键人物，尤其是各位特斯拉研究专家给了我巨大的帮助。刚开始时，长岛大学的迈克·马尔科维奇给我提供了重要的原始资料和翻译文稿；特斯拉的外孙威廉·泰尔博多年来花费了无数时间与我讨论各种细节。贝尔格莱德特斯拉博物馆馆长亚历山大·马瑞瑟，尤其是他的助理布拉尼米尔（布兰科）·约万诺维奇在很多重要的方面帮助了我。我还要感谢美国的卢柏·乌耶维奇博士、吉姆·科洛、肯·科洛以及元老级人物、特斯拉研究专家利兰·安德森。利兰·安德森将他珍藏的资料提供给了我，这些资料和特斯拉博物馆提供的资料对于创作这本传记而言都是不可或缺的。

其他帮助过我的专家学者还有最早的特斯拉图书公司（Tesla Book Company）的约翰·拉茨拉夫、哈蒙德城堡的约翰·佩蒂伯恩，以及保罗·贝克、尼克·巴苏拉、汤姆·伯尔登、拉尔夫·博格斯杰斯、佐兰·博比奇、南希·泽多、史蒂夫·欧斯威克、尤里·盖勒、埃尔默·格茨、罗伯特·戈卡、托比·克罗兹、詹姆斯·哈德斯基、R. U. 约翰逊女士、小约翰·克兰弗拉乌斯基、尼古拉斯·克瑟诺维奇、约翰·兰登、J. W. 麦金尼斯、桑福德·诺埃夏茨、尼古拉斯·普瑞柏科、安德里亚·普哈瑞克博士、希德·罗梅罗、林恩·塞维尼、理查德·温格米尔奇、J. T. 沃尔什、塔德·怀斯，还有日本杰出发明家中松义郎博士。以下这些人的著作也对本书的完成起到了重要作用，他们是雨果·根斯巴克、肯内斯·斯威齐、伊内兹·亨特和沃奈塔·德雷珀、赫伯特·萨特利；马修·约瑟夫森和约翰·奥尼尔的著作对我的帮助尤其重要！

对本书的完成给予了重要帮助的还包括伯克利加州大学、纽约康纳尔大学、哈佛大学、麻省理工学院和耶鲁大学等院校的图书馆、捷克布拉格大学档案馆、哥伦比亚大学巴特勒图书馆和埃弗里图书馆、纽约公共图书馆、纽约历史学会（New York Historical Society）、门洛帕克爱迪生档案馆、J. 皮尔庞特·摩根图书馆、哈蒙德城堡、西屋电气公司档案室、雨果·根斯巴克出版社、美国国会图书馆、美国国家档案馆、史密森学会、美国联邦调查局、美国外侨资产管理局。当然，笔者还要特别感谢《信息自由法案》（Freedom of Information Act），它使笔者能够获得很多宝贵的资料和信息。

我还要感谢我的密友艾略特·希尔特曼，他富有智慧而且慷慨无私，一直给我鼓励；感谢已故的埃德温·戈拉教授，他对特斯拉与理论物理学的关系的见解令我受益匪浅；感谢普罗维登斯大学继续教育学院前院长罗杰·皮尔森；感谢马萨诸塞州布里斯托社区学院的雷蒙德·拉瓦尔图曾帮我解决生活困难；感谢我睿智的代理商约翰·怀特，他"跟踪我的这一研究项目十多年"；感谢卡罗尔出版集团（Carol Publishing Group）的艾伦·威尔逊（一直相信和支持我）和唐纳德·戴维森；感谢和我一起创作戏剧《特斯拉：被埋没的天才》（*Tesla: The Lost Wizard*）的忠诚而无私的合作人蒂姆·伊顿，他是旧金山马林县工业灯光与魔术公司（Industrial Light & Magic）的视觉艺术编辑。

我要将本书献给我的亲人——父亲斯坦利·塞费尔、母亲西尔玛·塞费尔、姐姐梅里·谢尔丁、姐夫约翰·柯斯利以及他们的孩子德文和达拉、哥哥布鲁斯·塞费尔和嫂子朱莉·戴维斯，以及我贤淑聪慧、善解人意的爱人洛伊斯·玛丽·帕西恩扎，感谢他们 20 年来在我创作本书的漫长旅程中一直陪伴着我。

我还要将本书献给所有的特斯拉研究专家们，是他们一直在不懈地探寻历史真相，为了人类的明天而探索尼古拉·特斯拉这位伟大科学家和发明家科学合理的、符合生态规律的思想。

图书在版编目（CIP）数据

特斯拉 /（美）马克·J.塞费尔（Marc J. Seifer）
著；李成文，杨炳钧译. --重庆：重庆大学出版社，
2018.9（2020.5重印）
书名原文：Wizard：The Life and Times of Nikola
Tesla
ISBN 978-7-5689-0932-7

Ⅰ.①特… Ⅱ.①马…②李…③杨… Ⅲ.①特斯拉
（Tesla，Nikola 1856—1943）—传记 Ⅳ.①K837.126.1

中国版本图书馆CIP数据核字（2017）第308129号

特斯拉

TE SI LA

［美］马克·J.塞费尔（Marc J. Seifer） 著
李成文 杨炳钧 译

策划编辑：张家钧
责任编辑：杨 敬 许红梅
责任校对：张红梅
责任印制：赵 晟

重庆大学出版社出版发行
出版人：饶帮华
社址：（401331）重庆市沙坪坝区大学城西路21号
网址：http://www.cqup.com.cn
重庆市国丰印务有限责任公司印刷

开本：720mm×1020mm 1/16 印张：36.5 字数：606千 插页：16开8页
2018年9月第1版 2020年5月第2次印刷
ISBN 978-7-5689-0932-7 定价：99.00元

WIZARD: THE LIFE AND TIMES OF NIKOLA TESLA

By

MARC J. SEIFER

Copyright © 1998, 1996 BY MARC J. SEIFER